한국재벌과
지주회사체제
CJ와 두산

한국재벌과
지주회사체제
CJ와 두산

김동운 지음

이담
Books

지은이의 말

　지주회사(持株會社, holding company)가 새로운 지배구조로 각광받고 있다.

　지주회사는 다른 회사의 주식 보유가 주된 목적인 회사로서 자회사, 손자회사 및 증손회사를 단계적으로 거느리면서 상하, 주종 관계의 지배체제를 형성한다. 1999년 2월 설립이 허용된 이후 지주회사에 대한 관심이 해를 거듭할수록 고조되어 오고 있으며, 2007년 이후 보다 큰 흐름을 형성하고 있다. 특히 한국경제에서 절대적인 비중을 차지하고 있는 재벌들의 참여가 매우 적극적이다.

　얼마나 많은 기업과 재벌들이 지주회사체제를 채택하고 있는가? 왜, 어떤 방식으로 채택하고 있는가? 채택한 이후 어떤 변화가 일어나고 있는가? 그 변화는 긍정적인가 부정적인가? 지주회사체제가 바람직한 대안적 지배구조로서 제대로 자리매김하고 있는가? 지금의 지주회사 설립 열기기 앞으로도 계속될 것인가?

　이 책은 이러한 궁금증들에 대한 답을 찾기 위해 그리고 실마리를 얻기 위해 집필되었다. 『한국재벌과 지주회사체제: LG와 SK』(2011)에 이은 두 번째 저서이다. 특히 독자적인 지주회사체제를 구축해 오고 있는 두 재벌 CJ그룹과 두산그룹의 경험을 심층 분석함으로써 시사점을 도출하려고 노력하였다.

　모두 다섯 개의 장으로 구성되어 있다: 제1장 공정거래법상 지주회사, 2000~2012년; 제2장 한국재벌과 지주회사체제, 2001~2011년; 제3장 CJ그룹의 지주회사체제; 제4장 두산그룹의 지주회사체제; 제5장 CJ그룹과 두산그룹의 지주회사체제: 비교 및 전망. 또한 부록에는 지주회사 관련 기초 자료를 정리하였다.

1.

지주회사제도는 1999년 2월 다시 도입되었으며 올해(2013년)로 14년째가 된다.

지주회사는 다른 회사의 주식 보유가 주된 목적인 회사로서 자회사, 손자회사 및 증손회사를 단계적으로 거느리며 그 결과 단선, 하향적인 지배체제를 형성한다. 그런 한편으로 지주회사는 적은 자본으로 다른 회사들을 용이하게 지배할 수 있는 조직이기도 하다.

1987년 정부는 재벌의 경제력집중 억제를 위한 대규모기업집단지정제도를 도입하면서 지배력의 부작용을 우려해 허용해 오던 지주회사의 설립을 금지시켰다. 하지만 재벌의 문어발식 확장은 계속되었으며 이는 1997년 외환위기의 주요 요인으로 작용하였다.

1998년 출범한 김대중 정부는 재벌의 구조조정을 최우선 과제로 추진하였고, 그 일환으로 1999년 2월 지주회사의 설립을 다시 허용하는 조치를 취하였다. 종래의 재벌들에서는 계열회사 상호 간에 출자가 순환적이고 중층적으로 얽혀 있었으며, 그 정점에는 극히 적은 지분을 갖는 그룹총수가 있었다. 소유가 뒷받침되지 않은 상태에서 경영권은 무분별하고 무책임하게 행사되었으며, 이는 계열회사의 문어발식 확장과 방만한 경영으로 이어졌다. 반면 지주회사체제는 '지주회사 → 자회사 → 손자회사 → 증손회사'로 이어지는 단선적인 소유구조를 갖는다. 이전의 그룹총수는 충분한 지분으로 지주회사를 소유하면서 경영하고 계열회사는 독자적으로 자율경영을 하게 함으로써 투명하고 민주적인 지배구조를 정착시킨다는 것이 지주회사 설립 재허용의 취지였다. 지주회사가 지배력 확장의 수단으로 악용되는 것을 막기 위한 조치들은 별도로 마련되었다.

1999년 2월 이후 지주회사제도를 가장 먼저 도입한 것은 4위 재벌인 SK그룹이었다. 계열회사인 SK엔론(이후 SK E&S)이 2000년 1월 제1호 공정거래법상 지주회사로 지정된 것이다. 2001년에는 3위 재벌인 LG그룹이 지주회사체제를 채택하였다.

이후 매년 다수의 재벌들이 새로운 지배구조로서의 지주회사 실험 대열에 동참하였고 2000년대 후반 들어 큰 흐름을 형성하였다. 지주회사체제를 채택한 재벌은 2001~2003년 사이 매년 2~4개이던 것이 2005~2006년에는 6~9개, 2007~2009년에는 11~14개, 그리고 2010년에는 17개로 늘어났으며 2011년에는 최고치인 20개로 더욱 늘어났다. 지주회사체제를 채택한 재벌이 공정거래법상 재벌(또는 대규모사기업집단) 전체에서 차지하는 비중 또한 꾸준히 증가하였다. 2001년 7%(30개 재벌 중 2개)이던 것이 2003~2006년 10~19%(42~52개 중 4~9개), 2007년 25%(55개 중 14개), 2009년 33%(39개 중 13개), 2010년 40%(43개 중 17개) 등으로 높아졌고 2011년에는 역시 최대치인 44%(45개 중 20개)를 기록하였다. 2001년 이후 지주회사체제를 채택한 재벌은 모두 28개이며 소속 일반지주회사는 39개이다.

한편, 재벌에 소속된 지주회사를 포함하는 공정거래법상 지주회사 전체의 수 또한 2000년 대 후반 들어 크게 증가하였다. 2000~2006년에는 매년 10개 미만(5~8개)이던 신설 지주 회사는 2007년 15개로 늘어났고 2008년에는 31개로 최고치를 기록하였다. 2009~2011년 에는 20~26개로 줄어들었고 2012년에는 9월 현재까지 18개이다. 2000년 이후 2012년까지 신설된 지주회사는 모두 173개(일반지주회사 152개, 금융지주회사 21개)이며, 공정거래법상 의 요건을 충족하면서 2012년 현재에도 존속하고 있는 지주회사는 115개(일반지주회사 103 개, 금융지주회사 12개)이다.

2.

제도가 도입된 지 10년을 훌쩍 넘기면서 재벌들 그리고 기업들이 새로운 지배구조로서의 지주회사 실험 대열에 대거 동참해 오고 있으며, 따라서 이러한 흐름의 성격이 무엇인지 그 리고 이 흐름이 올바른 방향으로 나아가고 있는지에 대한 진지한 성찰이 필요한 시점이다.

지주회사와 관련된 연구는 그동안 다양한 분야에서 그리고 다양한 각도에서 진행되어 오 고 있다. 반면 한국경제에서 절대적인 비중을 차지하는 재벌들에서 구축되고 있는 지주회사 체제와 관련해서는 이를 본격적으로 분석, 정리 및 평가하는 학계의 노력이 아직 미미한 실 정이다. 이 책은 이러한 노력의 일환이며, 『한국재벌과 지주회사체제: LG와 SK』(2011)에 이 은 두 번째 길음으로서 CJ그룹과 두산그룹의 지주회사체제에 초점을 맞추었다.

SK그룹은 2000년 재벌 최초로 지주회사체제를 채택하였고, LG그룹은 2001년 재벌 중 두 번째로 지주회사체제를 채택한 동시에 재벌 최초로 처음부터 본격적인 지주회사체제를 구축하였다. 두 그룹 모두 2000~2001년 이후 5대 재벌에 속해 있다. 이에 비해 CJ그룹과 두산그룹은 지주회사체제 도입 시기(2007년, 2009년)에 있어서나 재벌 순위(16~19위, 12 위)에 있어서 모두 뒤지지만, 나름대로의 방식으로 독자적인 지주회사체제를 구축해 오고 있다. LG와 SK의 지주회사체제와 마찬가지로 CJ와 두산의 지주회사체제 또한 '한국재벌과 지주회사체제'라는 큰 틀 속에서 진행되고 있는 독특한 경험이며 귀중한 실험임에 틀림없다.

본 연구자는 지주회사체제를 채택한 다른 재벌들에 대한 사례연구도 순차적으로 진행할 예정이며, 궁극적으로는 이 사례들을 바탕으로 '한국재벌과 지주회사체제'를 종합 분석하고 평가하며 대안을 제시하는 작업을 시도할 계획을 가지고 있다. 한국에서의 지주회사 역사는 일천하고 그 실험은 진행형이므로 새로운 지배구조로서의 성공 여부에 대한 판단은 상당 기간 잠정적으로 남을 수밖에 없으며, 그런 만큼 분석 및 평가 작업이 다양한 시각에서 지속적으로 진행될 필요가 있다. 이 책을 계기로 '한국재벌과 지주회사체제'가 학계의 주요 화두로 자리 잡고, 그럼으로써 한국재벌의 바람직한 지배구조에 대한 논의가 활발하게 진행될 수 있기를 기대해 본다.

3.

이 책은 이전 저서인 『한국재벌과 지주회사체제: LG와 SK』와 마찬가지로 5개의 장과 부록으로 나뉘어 집필되었다. 후속 연구로서 일관성을 가지는 것이 좋겠다는 판단에서 전체적인 구성을 그대로 유지하였다. 제1장과 제2장은 공정거래법상 지주회사와 지주회사체제를 채택한 재벌의 주요 추세 및 특징을 제시하였고, 제3장과 제4장은 CJ그룹과 두산그룹의 사례를 심층 분석하였으며, 제5장은 두 사례를 비교, 정리하였다. 부록에는 지주회사와 관련된 다양한 자료를 수록하였다.

한편 사례연구의 분석틀 또한 이전 저서에서와 동일하다. 즉, 제3장과 제4장의 본문은 그룹의 성장과정, 지주회사체제의 성립과정, 소유구조의 변화, 경영구조의 변화 등 네 가지 내용으로 구성되어 있다. 이 중 핵심 부분은 소유구조와 경영구조의 변화이다. 지주회사제도 도입의 취지가 '투명하고 민주적인 지배구조의 정착'이므로 CJ그룹과 두산그룹에서 이러한 취지가 제대로 달성되었는지를 확인하는 것이 중요하기 때문이다. 이를 위해 1990년대 말 이후의 기간을 대상으로 지주회사체제가 도입되기(CJ 2007년, 두산 2009년) 이전과 이후에 소유권 및 경영권에 어떤 변화가 일어났는지를 면밀하게 추적, 분석하였다.

그 결과, 두 그룹 모두에서 지주회사체제 도입 이후 지배구조가 투명하지만 비민주적인 성격으로 변질된 것으로 확인되었다. 소유구조가 외형적으로는 '지주회사 → 자회사 → 손자회사 → 증손회사'로 하향적으로 이어지면서 단순 명료해진 반면 소유권과 경영권은 동반 강화되어 최대주주 일가로 집중된 것이다. CJ그룹에서는 이재현 1인 지배체제가, 그리고 두산그룹에서는 박용곤 일가의 공동지배체제가 구축되었다. 이는 LG그룹(최대주주 구본무)과 SK그룹(최태원)에서도 사실임이 확인된 바 있다. 따라서 외형상으로는 지주회사제도 도입의 취지가 일견 성공적으로 달성된 것으로 보일 수도 있지만 본질적으로는 제도 도입의 취지가 크게 퇴색하거나 왜곡되고 있는 상황인 것으로 판단된다.

'소유권과 경영권의 동반 강화 및 최대주주에로의 집중'은 지주회사체제가 도입되는 과정에서 자연스럽게 나타나는 현상이며 이론의 여지가 없는 것으로 보일 수 있다. 문제는, CJ와 두산의 사례 그리고 LG와 SK의 사례에 비추어 볼 때, 지배구조의 개인화와 그로 인한 질적인 왜곡이 현실에서는 매우 심각하며 따라서 지주회사제도의 양날 중 우려했던 부정적인 측면이 우위를 점해가고 있는 것은 아닌지 하는 의구심을 증폭시키고 있다는 점이다. 그럼에도 재계와 정부는 이를 애써 외면하고 있으며 지배구조의 외형적인 성과에 주목하면서 지주회사제도를 적극 옹호하고 있는 상황이다. 지주회사체제를 채택한 다른 재벌들에서는 최대주주 일가의 개인적인 지배체제가 어느 정도로, 어떤 방식으로 구축되고 있는지, 그리고 지주회사체제가 한국재벌의 대안적인 지배구조로 제대로 자리매김하고 있는지에 대한 종합적인 점검과 평가가 절실한 소이이다.

4.

이 책의 주요 내용은 여러 형태로 학술지에 게재되거나 학술대회에서 발표되었으며, 이 과정에서 학술지 심사위원들 그리고 학술대회의 논평자와 참가자들로부터 유익하고 귀중한 지적을 많이 받았다. 감사드린다.

학술지 발표 논문: (1) '대규모기업집단과 지주회사' (2011년 3월), <지역사회연구> 제19권 제1호; (2) '공정거래법상 지주회사의 주요 추세와 특징 − 신설・존속 지주회사, 계열회사, 지주비율, 지산총액을 중심으로' (2011년 6월), <기업경영연구> 제18권 제2호; (3) '지주회사체제와 개인화된 지배구조의 강화: CJ그룹의 사례, 1997~2012년' (2012년 9월), <경영사학> 제27권 제3호; (4) '두산그룹 지주회사체제와 개인화된 소유지배구조의 강화, 1998~2011년' (2012년 9월), <질서경제저널> 제15권 제3호; (5) 'CJ그룹과 두산그룹의 지주회사체제 성립과정: 주요 추세 및 특징의 비교' (2012년 9월), <유라시아연구> 제9권 제3호; (6) '두산그룹 지주회사체제와 개인화된 경영지배구조의 강화, 1998~2011년' (2013년 3월), <질서경제저널> 제16권 제1호; (7) '한국재벌과 지주회사체제: 주요 추세 및 특징, 2001~2011년' (2013년 6월), <경영사학> 제28권 제2호..

학술대회 발표 논문: (1) '한국재벌과 지주회사체제: CJ그룹의 사례' (2009년 2월), 경제사학회, 2009 경제학공동학술대회, 성균관대 (토론: 인하대 김진방); (2) '한국에서의 지주회사

설립 동향, 2000~2010년' (2010년 11월), 한국기업경영학회 추계학술대회, 수원대 (토론: 극동정보대 이재춘); (3) '한국재벌과 지주회사체제: 현황과 전망' (2011년 6월), 한국산업조직학회 하계학술대회, 서울시립대 (토론: 한국경제연구원 김현종); (4) 'CJ그룹 지주회사체제의 성립과정과 의의' (2012년 5월), 한국경영사학회 춘계학술대회, 대한상공회의소 (토론: 충북대 이장희, 강남대 허남일); (5) '두산그룹 지배구조의 변화, 1998~2012년' (2012년 6월), 아시아유럽미래학회 춘계학술대회, 동국대 (토론: 서울대 서명천, 한국정부조달연구원 윤석); (6) '한국재벌과 지주회사체제: 두산그룹의 사례' (2012년 6월), 국제지역학회 춘계학술대회, 명지대 (토론: 한국외국어대 전종근, 중앙대 여경철); (7) 'CJ그룹 지주회사체제와 개인화된 지배구조의 강화' (2012년 6월), 한국산업조직학회 하계학술대회, 한양대 (토론: 한국경제연구원 김현종); (8) '두산그룹에서의 경영승계' (2012년 11월), 아시아유럽미래학회 추계학술발표대회, 경남과학기술대 (토론: 가천대 임외석); (9) '한국재벌과 지주회사체제: 주요 추세 및 특징, 2001~2011년' (2013년 2월), 한국산업조직학회, 2013 경제학공동학술대회, 고려대 (토론: 숭실대 조성봉); (10) 'CJ그룹과 두산그룹의 지주회사체제: 비교 및 전망' (2013년 2월), 한국사회경제학회, 2013 경제학공동학술대회, 고려대 (토론: 인하대 김진방).

원고 완성이 예정보다 많이 늦어졌다. 인내심을 가지고 기다리면서 격려해 주신 출판사의 지성영 님에게 진심으로 감사드린다. 추정미 님은 복잡한 내용으로 가득 찬 표를 깔끔하고 정성스럽게 편집해 주었다. 사투를 벌이던 취업전선을 뒤로 하고 어엿한 직장인으로 새 출발한 딸 명선, 그리고 휴전선을 호령하던 최고참병에서 애송이 사회초년병으로 돌아온 아들 한선에게는 축하와 격려를 보내며, 사랑하는 아내 미경에게는 언제나처럼 고마움의 마음을 전하고 싶다.

2013년 7월 7일

김 동 운

목 차

제2장 한국재벌과 지주회사체제, 2001~2011년 · 71

제3장 CJ그룹의 지주회사체제 · 179

제4장 두산그룹의 지주회사체제 · 251

표 목차

그림 목차

부록 표 목차

부록 그림 목차

제1장
공정거래법상 지주회사, 2000~2012년

1. 머리말

지주회사(持株會社, holding company)는 '다른 회사의 주식 보유가 주된 목적인 회사'를 말한다. 지주회사에 의해 주식이 보유되는 다른 회사는 자회사, 자회사에 의해 주식이 보유되는 다른 회사는 손자회사, 그리고 손자회사에 의해 주식이 보유되는 다른 회사는 증손회사이다. 따라서 지주회사체제는 '지주회사 → 자회사 → 손자회사 → 증손회사'로 이어지는 하향 단선적인 소유구조를 갖는다. 반면 지주회사는 그 성격상 적은 자본으로 다른 회사들을 용이하게 지배할 수 있는 가능성을 가진 조직이기도 하다.

이러한 양면성 중에서 지배력의 부작용을 우려해 정부는 1987년 재벌의 경제력집중을 억제하기 위하여 대규모기업집단지정제도를 도입하면서 지주회사의 설립·전환도 금지시켰다. 기존의 21개 지주회사들은 시정조치를 통해 순차적으로 정리되었으며, 이 중 1994년 6월에 시정조치를 받은 (주)화성사가 1998년 4월 마지막으로 법 위반 상태를 해소함으로써 지주회사가 한 개도 없는 상태가 되었다.

하지만 경제력집중 억제 조치들에도 불구하고 재벌의 문어발식 확장은 계속되었으며 이는 1997년 외환위기의 주요 요인으로 작용하였다. 1998년 2월 출범한 김대중 정부는 재벌의 구조조정을 최우선 과제로 추진하였으며, 그 일환으로 1999년 2월 지주회사의 설립·전환을 다시 허용하는 조치를 취하였다.

종래의 재벌들에서는 계열회사 상호 간에 출자가 순환적이고 중층적으로 얽혀 있었으며, 그 정점에는 극히 적은 지분을 갖는 그룹총수 또는 동일인이 있었다. 소유가 뒷받침되지 않은 상태에서 경영권은 무분별하고 무책임하게 행사되었으며, 이는 계열회사의 문어발식 확장과 방만한 경영으로 이어졌다. 반면 지주회사체제는 '지주회사 → 자회사 → 손자회사 → 증손회사'로 이어지는 하향 단선적인 단순한 소유구조를 갖는다. 이전의 그룹총수는 충분한 지분으로 지주회사만 소유 경영하고 계열회사는 독자적으로 자율경영을 하게 함으로써 투명하고 민주적인 지배구조를 정착시킨다는 것이 지주회사 설립 재허용의 취지였다.

지주회사 관련 내용은 <독점규제 및 공정거래에 관한 법률>(공정거래법)과 <독점규제 및 공정거래에 관한 법률 시행령>(시행령)에 자세하게 규정되었으며, 지주회사가 지배력 확장의 수단으로 악용될 소지를 최소화하기 위해 행위 제한 규정 또한 명시되었다 (<부록 1>, <부록 2>).

공정거래법(2012년 6월 22일 시행 제2조 제1호의2)에 의하면 지주회사는 '주식(지분 포함)의 소유를 통하여 국내회사의 사업내용을 지배하는 것을 주된 사업으로 하는 회사로서 자산총액이 대통령령이 정하는 금액 이상인 회사'이다. 시행령(2012년 6월 22일 시행 제2조 제1항, 제2항)은 이를 다음과 같이 구체화하였다. 즉 지주회사는 '해당 사업연도의 설립·합병·분할 등기일 현재 또는 직전 사업연도 종료일 현재의 대차대조표상의 자산총액이 1,000억 원 이상이면서, 회사가 소유하고 있는 자회사의 주식(지분 포함) 가액의 합계액(대차대조표 상의 금액)이 해당 회사 자산총액의 50% 이상인 회사'이다.

지주비율 '50% 이상'은 1999년 이후 변함이 없는 반면, 지주회사 자산총액은 1999년에는 '100억 원 이상'이었다가 2001년에 '300억 원 이상'으로 상향 조정되었으며 2002년에 다시 '1,000억 원 이상'으로 조정된 이후 오늘에 이르고 있다. 2001년 4월 출자총액제한제도가 재도입되면서 출자총액제한기업집단(2002년부터 지정; 기준 자산총액 2002년 5조 원 이상, 2005년 6조 원 이상, 2007년 10조 원 이상; 2009년 3월 지정 제도 폐지) 계열회사의 출자총액이 제한되는 점을 감안하여, 지배력 확장의 폐해가 적은 중소 규모의 지주회사가 원활하게 설립될 수 있도록 신고 및 규제 대상의 범위를 축소한 것이다.

한편, 자회사는 '지주회사에 의하여 그 사업내용을 지배받는 국내회사', 손자회사는 '자회사에 의하여 사업내용을 지배받는 국내회사', 그리고 증손회사는 '손자회사가 발행 주식 총수를 소유하는 국내계열회사(금융·보험업 영위 회사 제외)'로 규정되었다 (공정거래법 제2조 제1호의3, 제1호의4; 제8조의2 제4항 제4호, 제5항). 또 지주회사 및 일반지주회사의 자회사는 각각 자회사 및 손자회사 발행주식 총수의 40%(상장법인, 국외상장법인, 공동출자법인, 벤처지주회사의 자회사인 경우에는 20%) 이상을 소유해야 한다 (공정거래법 제8조의2 제2항 제2호, 제3항 제1호). 1999년 이후 2006년까지는 자회사 및 손자회사의 '주식 보유 기준'이 '50%(30%) 이상'이었는데, 2007년 4월 법 개정으로 '40%(20%) 이상'으로 하향 조정되었다. 지주회사가 시장에서 긍정적인 평가를 받는 것으로 보고 설립·전환을 보다 용이하게 하기 위해서였다.

공정거래위원회는 2000년부터 2012년까지 매년 지주회사의 설립 동향을 정리, 분석하여 발표해 오고 있다. 이들 자료를 바탕으로 두 가지 기초자료를 먼저 작성하였다. 하나는 '신설 지주회사 현황'이고, 다른 하나는 '존속 지주회사 현황'이다 (<부록 3>).

앞의 자료는 2000~2011년까지는 1~12월 동안, 그리고 2012년은 1~9월 동안 신규로 설립 또는 전환된 지주회사(회사명, 설립·전환 연월일)를 1개의 표로 정리하였다. 뒤의 자료는 2001년(7월), 2003년(7월), 2004년(5월), 2005년(8월), 2006년(8월), 2007년(8월), 2008년(9월), 2009년(9월), 2010년(9월), 2011년(9월) 등 모두 10개 연도 중반 현재 존속하는 지주회사의 현황을 각각 1개의 표로 정리하였다. 자산총액 기준의 순위, 회사명, 설립·전환 연월일, 상장 여부, 자산총액, 지주비율, 부채비율, 계열회사(자회사, 손자회사, 증손회사)의 수 등의 정보를 담았다. 2002년 자료는 없으며, 2012년에는 자료가 발표되기는 하였지만 이전 연도에서와는 달리 지주회사에 대한 자세한 정보가 포함되어 있지 않다.

제1장은 이 기초자료를 바탕으로 공정거래법상 지주회사의 설립 동향과 관련된 주요 추세 및 특징을 네 가지 측면에서 분석한다.

제2절(신설 및 존속 지주회사, 2000~2012년)에서는 신설 지주회사와 존속 지주회사의 현황을 정리한다. 2012년 9월 현재까지 신설된 지주회사는 모두 173개이며, 이 중 대부분인 152개는 일반지주회사이고 나머지 21개는 금융지주회사이다. 신설 지주회사 중 일부는 법률상의 요건을 충족하지 못하여 공정거래법상 지주회사에서 제외되었으며, 2012년 9월 현재 존속하고 있는 지주회사는 115개(일반지주회사 103개, 금융지주회사 12개)이다.

제3절(존속 지주회사의 자산총액, 2001~2011년)과 제4절(존속 지주회사의 지주비율, 2001~2011년)에서는 공정거래법상의 두 요건인 자산총액 및 지주비율과 관련된 주요 특징을 살펴본다. 자산총액은 2002년 이후 '1,000억 원 이상'이 법률상 요건이다. 일반지주회사에서는 5,000억 원 미만이 가장 큰 비중을 차지하고 있는 반면 금융지주회사의 대부분은 1조 원 이상의 자산을 가지고 있다. 일반지주회사의 경우, 1조 원 이상의 자산을 갖는 지주회사의 수가 매년 늘어나면서 이들이 상위 10위권 내에 자리를 잡았으며, 2010년부터는 10조 원 이상의 자산을 갖는 지주회사도 생겨났다. 한편, 지주비율은 '50% 이상'이 법률상 요건이며 90%대가 가장 큰 비중을 차지하고 있다.

제5절(존속 지주회사의 계열회사, 2001~2011년)에서는 존속 지주회사들의 계열회사 유형, 계열회사 수, 계열회사 수의 범위 등을 분석한다. 계열회사에는 자회사만 있는 경우, 자회사와 손자회사가 있는 경우, 그리고 자회사, 손자회사 및 증손회사가 있는 경우 등 세 부

류가 있다. 손자회사는 2003년부터 그리고 증손회사는 2008년부터 생겼다. 지주회사가 거느리는 총 계열회사 수는 매년 증가하는 가운데 2007년 이후 급증하였으며, 2011년 처음으로 1,000개를 넘어섰다. 계열회사 중에서는 자회사가 가장 많으며 손자회사는 2008년 이후 급증하였다. 2011년 9월 현재 지주회사는 105개이고 이들이 거느리는 계열회사는 1,187개 (자회사 575개, 손자회사 555개, 증손회사 57개)로서 모두 1,292개이다. 한편, 1개 지주회사가 거느리는 계열회사의 수는 1개에서 66개에 이르는 다양한 분포를 보이고 있다. '10개 미만'의 계열회사를 보유하는 지주회사가 가장 많으며, '20개 이상'의 계열회사를 보유하는 지주회사 또한 조금씩 늘어나 2008년 5개에서 2011년에는 14개가 되었다.

마지막으로 제6절(맺음말)에서는 앞의 논의를 요약, 정리한다.

2. 신설 및 존속 지주회사, 2000~2012년

2.1 신설 지주회사

1999년 2월 지주회사의 설립 및 전환이 재허용된 이후 처음 탄생한 지주회사는 SK엔론 (이후 SK E&S)이었다. 1999년 1월 SK그룹과 미국 엔론(Enron Corporation)의 50:50 합작지주회사로 설립되었으며, 이후 자산총액 및 지주비율의 법률상 요건(100억 원 이상; 50% 이상)을 충족하여 2000년 1월 공정거래법상 지주회사 제1호가 되었다. 지주회사 설립이 허용된 이후 11개월 만이었다.

같은 해 C&M커뮤니케이션(1월), 화성사(4월), 세종금융지주(4월), KIG홀딩스(5월), 온미디어(6월) 등 5개의 지주회사가 더 생겨 2000년 한 해 동안 모두 6개의 신설 지주회사가 등록되었다 (<표 1.1>, <그림 1.1>, <그림 1.2>, <부록표 3.1>).

이후 2006년까지 매년 비슷한 수준인 5~8개씩의 지주회사가 신규로 전환 또는 설립되었으며, 2007년부터는 자회사 및 손자회사에 대한 주식 보유 기준이 하향 조정되면서(상장회사 30% → 20%; 비상장회사 50% → 40%) 신설 지주회사가 대폭 증가하였다. 2006년 8개에서 2007년에는 15개로 2배가량 증가하였고 2008년에는 31개로 다시 2배 이상 급증하면서 최고치를 기록하였다. 2009~2010년에는 20개로 다소 주춤해졌다가 2011년에는 26개로 다시 증가하였으며, 2012년에는 9월 현재까지 18개가 새로 생겼다.

2012년에 신설된 18개 중 1개(농협금융지주)는 금융지주회사이고 나머지 17개는 일반지주회사이다: 베바스토동희홀딩스 (1월), 세화통운 (1월), 신송홀딩스 (1월), 오리온엔지니어드카본즈코리아 (1월), 우심산업개발 (1월), 이래엔에스 (1월), 인터파크 (1월), 자일자동차 (1월), 코암시앤시개발 (1월), 케이아이지홀딩스 (1월), 티브로드도봉강북방송 (1월), 한국유선미디어 (1월), GS에너지 (1월), 농협경제지주 (3월), 농협금융지주 (3월), 아이디스홀딩스 (7월), 나이스홀딩스 (8월), 에이케이홀딩스 (9월).

한편 누적 신설 지주회사 수는 2000년 6개에서 2003년에는 25개가 되었으며, 2007년부터는 급증하여 2007년(58개)에는 50개를, 2009년(109개)에는 100개를, 그리고 2011년에는 150개(155개)를 각각 넘어섰다. 2012년 9월 현재에는 173개로, 2000년 1월 이후 13년 동안 매년 평균 13개씩의 공정거래법상 지주회사가 새로 생긴 셈이다.

〈표 1.1〉 신설 및 존속 지주회사, 2000~2012년 (개)

(A) 신설 지주회사

연도	2000	2001	2002	2003	2004	2005	2006	2007	2008	2009	2010	2011	2012	합
일반지주회사	5	5	4	5	4	4	8	14	28	18	18	22	17	152
금융지주회사	1	2	1	2	1	1	0	1	3	2	2	4	1	21
합	6	7	5	7	5	5	8	15	31	20	20	26	18	173
(누계)														
일반지수회사	5	10	14	19	23	27	35	49	77	95	113	135	152	
금융지주회사	1	3	4	6	7	8	8	9	12	14	16	20	21	
합	6	13	18	25	30	35	43	58	89	109	129	155	173	

(B) 존속 지주회사

일반지주회사	−	9	−	15	19	22	27	36	55	70	84	92	103	
금융지주회사	−	2	−	4	5	3	4	4	5	9	12	13	12	
합	−	11	−	19	24	25	31	40	60	79	96	105	115	

주: 1) 신설 지주회사는 2000~2011년 12월, 2012년 9월 현재.
　　2) 존속 지주회사는 2001~2003년 7월, 2004년 5월, 2005~2007년 8월, 2008~2012년 9월 현재;
　　　 2000, 2002년 자료 없음.
출처: 〈부록 3〉.

〈그림 1.1〉 신설 지주회사, 2000~2012년: (1) 연도별 현황 (개)

(출처: <표 1.1>)

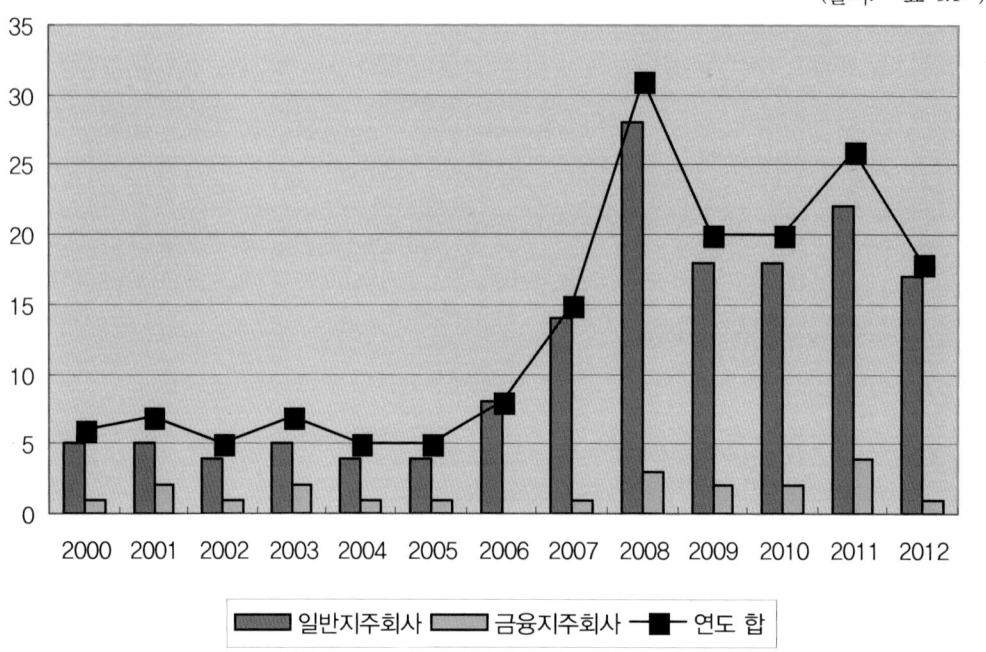

〈그림 1.2〉 신설 지주회사, 2000~2012년: (2) 누계 (개)

(출처: <표 1.1>)

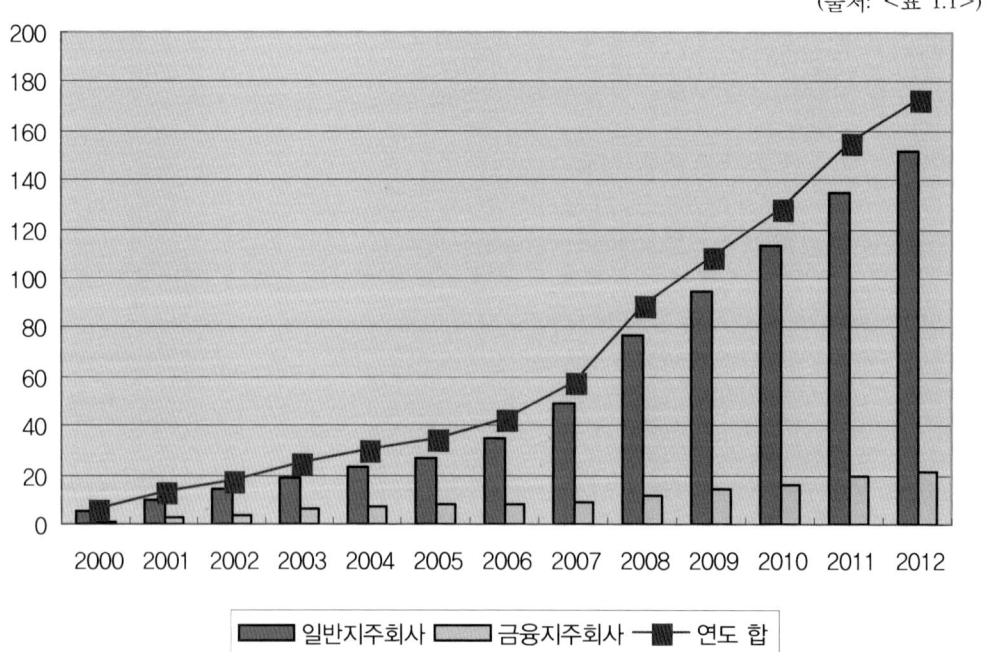

173개 신설 지주회사들 중 일반지주회사가 152개(88%)로 절대다수를 차지하고 있으며, 금융지주회사는 21개(12%)에 불과하다. 금융지주회사는 '금융업 또는 보험업을 영위하는 자회사의 주식을 소유하는 지주회사'(공정거래법 제8조의2 제2항 제4호)이며, 일반지주회사는 '금융지주회사외의 지주회사'(공정거래법 제8조의2 제2항 제5호)이다.

금융지주회사는 2006년을 제외하고 매년 1~4개씩 신설되었다. 21개 신설 금융지주회사는 다음과 같다: 2000년 (세종금융지주); 2001년 (우리금융지주, 신한금융지주회사); 2002년 (퍼스트씨알비); 2003년 (한국투자금융지주, 동원금융지주); 2004년 (삼성에버랜드); 2005년 (하나금융지주); 2007년 (에이오엔이십일); 2008년 (골든브릿지, KB금융지주, 한국투자운용지주); 2009년 (한국스탠다드차타드금융지주, 산은금융지주); 2010년 (미래에셋컨설팅, 한국씨티금융지주); 2011년 (동양파이낸셜대부, BS금융지주, 메리츠금융지주, DGB금융지주); 2012년 (농협금융지주).

2.2 존속 지주회사

신설 지주회사 중 일부는 시간이 지남에 따라 자산총액(1999~2000년 100억 원 이상, 2001년 300억 원 이상, 2002년 이후 1,000억 원 이상) 및 지주비율(50% 이상)의 법률상 요건 중 하나 이상을 충족하지 못하여 공정거래법상 지주회사에서 제외되었다. 공정거래위원회는 2002년을 제외하고 매년 중반(5~9월) 현재의 존속 지주회사 현황을 발표해 오고 있다 (<표 1.1>, <그림 1.3>).

예를 들이, 2004년 말 현재 신설 지주회사 누계는 30개인데 2005년 8월 현재 남아 있는 지주회사는 25개였다. 또 2005년 말 현재 신설 지주회사 누계는 35개인 반면 2006년 8월 현재 존속 지주회사는 31개였다. 2007년 이후에는 신설 회사가 급증하면서 존속 회사 또한 이 시기에 크게 늘어났다. 2006년 8월 31개이던 것이 2008년 9월에는 60개로 2배가량 증가하였으며, 2011년 9월(105개) 100개를 넘어선 후 2012년 9월 현재에는 115개가 되었다.

2012년 9월 현재 누적 신설회사는 173개인데 이 중 58개(34%)를 제외한 115개(66%)가 공정거래법상 지주회사로 존속하고 있다. 누적 신설 일반지주회사 152개 중에서는 49개를 제외한 103개(68%), 그리고 누적 신설 금융지주회사 21개 중에서는 9개를 제외한 12개(57%)가 남아 있다.

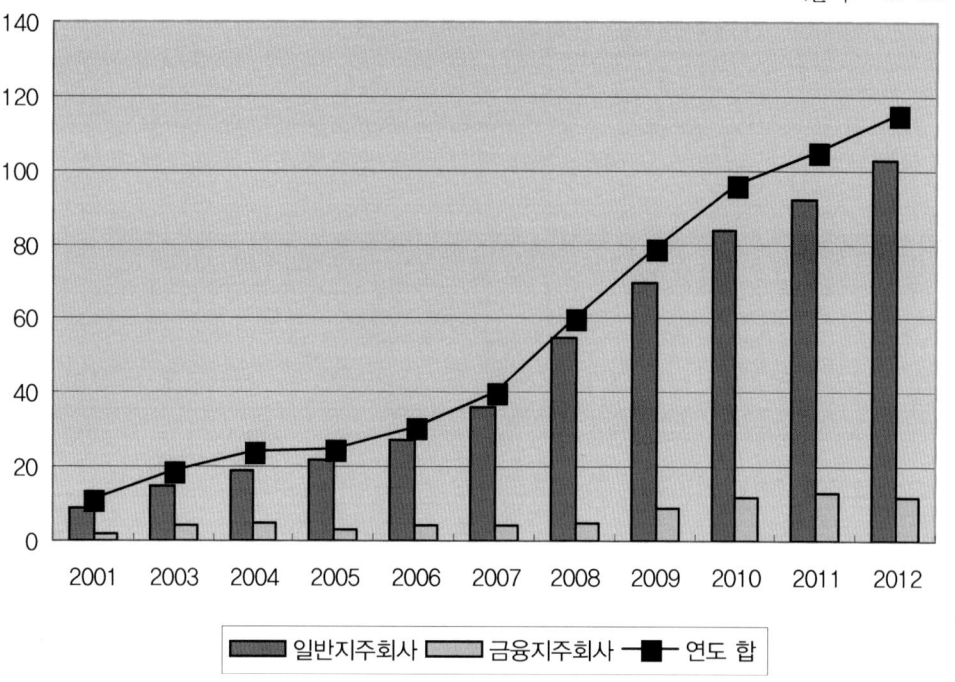

〈그림 1.3〉 존속 지주회사, 2001~2012년 (개)

(출처: <표 1.1>)

일반지주회사　금융지주회사　연도 합

　　2012년 현재의 115개 존속 지주회사 중 2000년에 신설된 회사(6개 = 일반지주회사 5개 +
금융지주회사 1개)는 없으며, 2001년 이후 매년 신설된 회사 중 각각 2~21개가 존속하고 있
다: ① 2001년 신설 6개 = 일반지주회사 4개 + 금융지주회사 2개 (신설 총수 7개 = 5+2);
② 2002년 신설 2개 = 2+0 (5개 = 4+1); ③ 2003년 신설 4개 = 3+1 (7개 = 5+2); ④
2004년 신설 2개 = 2+0 (5개 = 4+1); ⑤ 2005년 신설 2개 = 1+1 (5개 = 4+1); ⑥ 2006년
신설 6개 = 6+0 (8개 = 8+0); ⑦ 2007년 신설 6개 = 6+0 (15개 = 14+1); ⑧ 2008년 신설
21개 = 20+1 (31개 = 28+3); ⑨ 2009년 신설 13개 = 11+2 (20개 = 18+2); ⑩ 2010년
신설 14개 = 13+1 (20개 = 18+2); ⑪ 2011년 신설 21개 = 18+3 (26개 = 22+4); ⑫ 2012
년 신설 18개 = 17+1 (18개 = 17+1).

　　한편 2011년 10월부터 2012년 9월까지 공정거래법상 지주회사에서 제외된 12개 회사의
경우, 이유는 지주비율 50% 미만(7개), 자산 1,000억 원 미만(3개), 합병으로 인한 해산(1
개), 감사보고서 미발행(1개) 등이었다. 앞의 두 가지 이유로 제외된 지주회사들 중 다수는

지주사업을 주된 사업으로 계속 영위하면서 '실질적인 지주회사'의 지위를 유지해 오고 있는 것으로 보이며, 공정거래법은 이러한 지주회사의 존재를 부정하지 않는다. 사실 '공정거래법상 지주회사'는 신고 및 규제의 대상이 되는 소수의 지주회사들이며, 그렇지 않은 '실질적인 지주회사'가 더 많은 것이 현실이고 그렇게 되도록 하는 것이 지주회사제도 도입의 취지이기도 하다.

공정거래법상의 공식 분류는 아니지만 지주회사는 순수지주회사와 사업지주회사로 구분되기도 한다. 전자는 지주기능만을 하는 경우이고 후자는 고유의 사업을 하면서 지주기능을 병행하는 경우이다. 공정거래위원회 발표 자료 중에서는 2010년 5월 발표 자료에만 관련 정보가 포함되어 있는데, 82개 존속 일반지주회사들 중 54개(66%)가 순수지주회사 그리고 28개(34%)가 사업지주회사였다. 사업지주회사의 경우 고유의 사업과 지주기능 중 어느 쪽의 비중이 큰지는 회사에 따라 다르며 그 비중은 시간이 지남에 따라 변하는 것이 일반적이다.

3. 존속 지주회사의 자산총액, 2001~2011년

3.1 자산총액의 범위

공정거래법은 '일정 금액 이상'의 자산총액을 갖는 지주회사에 대해 신고 및 규제 대상으로 삼고 있다. 자산총액은 직전 사업연도 종료일 현재의 대차대조표 상의 자산총액이며, 금액 기준은 1999~2000년 '100억 원 이상', 2001년 '300억 원 이상', 그리고 2002년부터는 '1,000억 원 이상'으로 규정되었다 (<표 1.2>, <그림 1.4>).

첫째, 일반지주회사들의 대다수는 5천억 원 미만의 자산을 가지는 가운데, 1천억 원대와 2~4천억 원대가 반반 정도였다. 7개 연도(2001~2005, 2008~2009, 2011년)에는 1천억 원대의 지주회사 수가 2~4천억 원대의 지주회사 수보다 조금 더 많았으며, 반면 나머지 3개 연도(2006~2007, 2010년)에는 후자가 조금 더 많았다.

5천억 원 미만의 자산을 갖는 일반지주회사는 2001년에는 전체 일반지주회사 9개 중 5개(55%)로 절반을 조금 넘었는데, 2003년(15개 중 12개, 80%)과 2004년(19개 중 15개, 79%)에는 4/5 수준이나 되었다. 2005년 이후에는 그 비중이 다소 줄어 67~71% 수준이 유지되고 있다.

<표 1.2> 존속 지주회사의 자산총액 범위, 2001~2011년 (개, %)

(A) 존속 지주회사

연도	2001	2003	2004	2005	2006	2007	2008	2009	2010	2011
합	11	19	24	25	31	40	60	79	96	105
일반지주회사	9	15	19	22	27	36	55	70	84	92
금융지주회사	2	4	5	3	4	4	5	9	12	13

(B) 존속 지주회사의 자산총액 범위

(자산총액)	(해당 범위의 자산총액을 갖는 지주회사의 수 (개))									
3~4백억 원	1									
5~9백억 원	1									
1천억 원	4	10	9	8	9	11	25	28	29	36
2~4천억 원	2	4	7	7	10	13	14	25	33	32
5~9천억 원	1	2	2	5	5	7	7	9	11	9
1~4조 원	2	1	3	3	4	5	8	11	14	17
5~9조 원		2	3	1	1	2	3	2	3	4
10~19조 원				1	2	2	2	3	5	6
20조 원 이상								1	1	1	1
	(해당 범위의 자산총액을 갖는 지주회사의 비중 (%))									
1천억 원	36	53	38	32	29	28	42	35	30	34
2~4천억 원	18	21	29	28	32	32	23	32	34	30
(1~4천억 원)	(54	74	67	60	61	60	65	67	64	64)
5~9천억 원	9	11	8	20	16	18	12	11	11	9
1~4조 원	18	5	13	12	13	13	13	14	15	16
5~9조 원		11	13	4	3	5	5	3	3	4
10~19조 원				4	6	5	3	4	5	6

(C) 일반지주회사의 자산총액 범위

(자산총액)	(해당 범위의 자산총액을 갖는 지주회사의 수 (개))									
3~4백억 원	1									
5~9백억 원	1									
1천억 원	3	8	8	8	9	11	25	26	26	34
2~4천억 원	2	4	7	7	10	13	14	24	32	31
5~9천억 원	1	2	2	5	5	7	7	9	11	9
1~4조 원	1		1	2	3	4	7	9	12	14
5~9조 원		1	1			1	2	2	2	2
10~19조 원									1	2
	(해당 범위의 자산총액을 갖는 지주회사의 비중 (%))									
1천억 원	33	53	42	36	33	31	45	37	31	37
2~4천억 원	22	27	37	32	37	36	25	34	38	34
(1~4천억 원)	(55	80	79	68	70	67	70	71	69	71)
5~9천억 원	11	13	11	23	19	19	13	13	13	10
1~4조 원	11		5	9	11	11	13	13	14	15

(D) 금융지주회사의 자산총액 범위

(자산총액)	(해당 범위의 자산총액을 갖는 지주회사의 수 (개))										
1천억 원	1	2	1						2	3	2
2~4천억 원									1	1	1
1~4조 원	1	1	2	1	1	1	1	2	2	2	3
5~9조 원		1	2	1	1	1	1			1	2
10~19조 원					1	2	2	2	3	4	4
20조 원 이상								1	1	1	1
(해당 범위의 자산총액을 갖는 지주회사의 비중 (%))											
1~4조 원	50	25	40	33	25	25	20	22	17		23
5~9조 원		25	40	33	25	25	20			8	15
10~19조 원					33	50	50	40	33	33	31

주: 2001~2003년 7월, 2004년 5월, 2005~2007년 8월, 2008~2011년 9월 현재.
출처: 〈부록 3〉.

〈그림 1.4〉 존속 일반지주회사의 자산총액 범위, 2001~2011년 (개)

(출처: <표 1.2>)

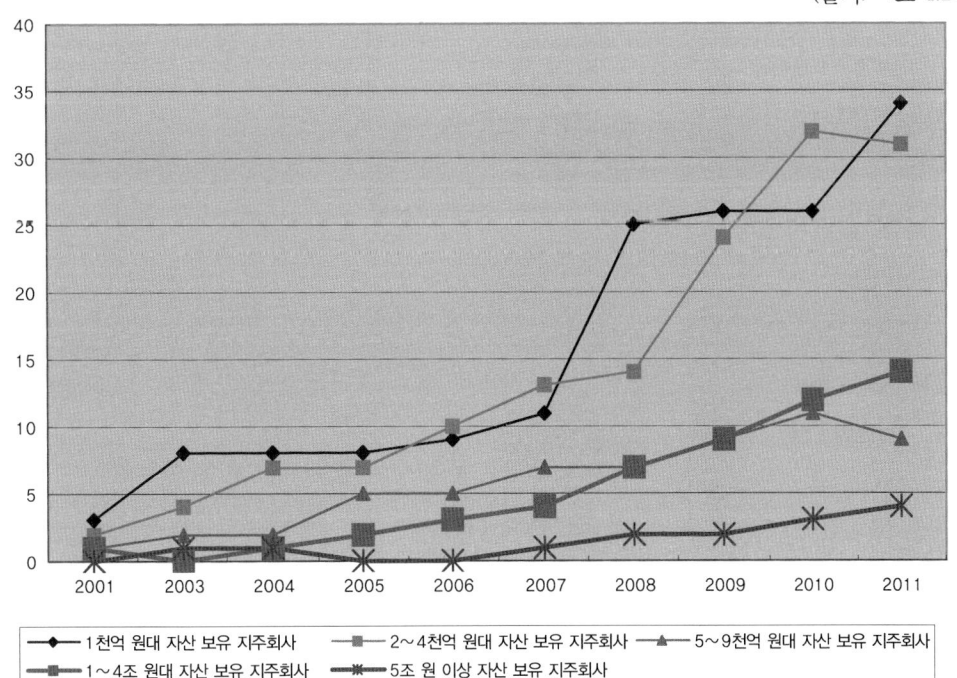

─◆─ 1천억 원대 자산 보유 지주회사   ─■─ 2~4천억 원대 자산 보유 지주회사   ─▲─ 5~9천억 원대 자산 보유 지주회사
─■─ 1~4조 원대 자산 보유 지주회사   ─✳─ 5조 원 이상 자산 보유 지주회사

둘째, 5~9천억 원대 및 1~4조 원 대의 자산을 갖는 일반지주회사의 수는 10% 내외로 비슷한 수준이다. 2003~2007년(11~23% vs. 5~11%)에는 전자의 비중이 더 컸으며 2010~2011년(10~13% vs. 14~15%)에는 후자의 비중이 약간 더 큰 상태가 유지되고 있다.

셋째, 1조 원 이상의 자산을 갖는 일반지주회사는 2001~2006년 사이에는 1~3개씩이다가, 2007년 5개, 2008년 9개, 2009년 11개, 2010년 15개, 2011년 18개 등으로 계속 증가해 오고 있다. 이들 중에는 5조 원 이상의 자산을 갖는 회사가 1~2개씩 포함되어 있으며, 10조 원 이상의 자산을 갖는 지주회사는 2010년 처음 생긴 이후 2011년에는 2개로 늘어났다.

2011년 9월 현재의 경우를 보면, 92개 일반지주회사 중 1천억 원대에 속하는 비중이 34개(37%)로 가장 많고, 그다음이 2~4천억 원대 31개(34%), 1~4조 원대 14개(15%), 5~9천억 원대 9개(10%) 순이다. 2개 일반지주회사는 5~9조 원대 그리고 다른 2개는 10조 원 이상의 자산을 보유하였다.

그리고 넷째, 금융지주회사의 자산규모는 일반지주회사보다 월등히 커서 대다수가 1조 원 이상이며, 10조 원 이상인 지주회사의 비중이 1/3에서 절반 정도를 차지하고 있다.

10조 원 이상의 자산을 갖는 지주회사는 모두 5개이다. 신한금융지주회사의 자산은 2005~2007년 사이에 10~15조 원이었다가 2008~2009년에는 25조 원으로 대폭 늘어났으며 2010년에는 27조 원 그리고 2011년에는 30조 원으로 더욱 증가하였다. 우리금융지주는 2006년 이후, KB금융지주는 2008년 이후, 하나금융지주는 2009년 이후, 그리고 산은금융지주는 2010년부터 각각 10조 원대의 자산을 유지해 오고 있다.

3.2 10대 일반지주회사

자산총액 기준 상위 10개 일반지주회사들을 좀 더 살펴보자. 1조 원 이상의 자산을 가진 지주회사들이 속속 등장하면서 이들이 10위권 내에 자리를 잡았다. 2001~2003년 1개, 2004~2005년 2개, 2006년 3개, 2007년 5개, 2008년 9개 등이다. 2009년, 2010년 그리고 2011년에는 1조 원 이상의 회사가 각각 11개, 15개, 18개로 늘어나고 이들 중 5조 원 이상의 회사가 각각 2개, 3개, 4개 포함되면서 10위 일반지주회사의 자산은 1조 원을 훨씬 상회하게 되었다 (<표 1.2>).

2001~2011년 사이에 10대 일반지주회사에 속한 적이 있는 회사는 모두 32개이며, 이 중 20개 지주회사는 17개 대규모사기업집단 소속이다. 사기업집단 소속 지주회사들은 규모가

커서 10대 지주회사의 대부분을 차지하였으며, 특히 2005년 이후에는 1～5위를 모두 차지하였다. 사기업집단 소속 지주회사가 10대 회사 중에서 차지하는 수는 2005년 8개, 2007년 9개, 2008년 7개, 2009년 8개, 2010년 9개, 그리고 2011년 10개였다 (<표 1.3>, <표 1.4>, <표 1.5>, <표 1.6>; 제2장 참조).

첫째, 상위 10위권에 속한 적이 있는 32개 일반지주회사 중 2001년 이후 줄곧 5위 이내에 든 회사는 LG그룹의 (주)LG(이전의 (주)LGCI)가 유일하다. 2001년 4월 설립 직후부터 2006년까지 1위 자리를 지켰으며, 2007년 이후에는 신설 SK(주)에 밀려 2위가 되었고 2011년에는 신설 SK이노베이션이 1위가 되면서 다시 3위로 밀려났다.

(주)LG는 2001년 이후 줄곧 자산총액이 1조 원 이상을 유지한 유일한 회사이기도 하다. 2001년 2.7조 원에서 2003년에는 5.8조 원으로 2배 이상 뛰었고 2004년에는 6.2조 원으로 더욱 늘어났다. 2005～2007년에는 4.3～4.8조 원 수준이 유지되었으며, 이후 다시 증가하여 2008년 5.6조 원, 2009년 7조 원, 그리고 2010년 8조 원이 되었다. 2011년 현재에는 다소 줄어든 7.3조 원이다.

둘째, 4개 일반지주회사는 설립 또는 전환 이후 2011년 현재까지 줄곧 5위 이내에 들었다. SK그룹의 SK(주)는 2007～2010년 1위, 2011년 2위, SK그룹의 SK이노베이션은 2011년 1위, GS그룹의 (주)GS는 2005～2011년 2～4위, 그리고 CJ그룹의 CJ(주)는 2008～2011년 5위였다.

SK(주)의 자산총액은 2007년 6.5조 원이던 것이 2008～2009년에는 9.5～9.6조 원으로 1/3가량 급증하였고, 2010년(10.2조 원)에는 일반지주회사들 중에서는 처음으로 10조 원을 돌파하였다. 2011년에는 11조 원으로 더욱 늘어났디. 2011년에 신설된 SK이노베이션은 SK(주)보다 많은 14.1조 원의 자산을 보유하였다. (주)GS의 자산은 2005년 2.7조 원, 2007년 3.3조 원, 2009년 4.5조 원, 2010년 5.2조 원, 2011년 5.9조 원 등으로 꾸준히 증가하였으며, CJ(주)의 자산은 2008～2010년에 2.2～2.8조 원 수준이 유지되다가 2011년에는 3.8조 원으로 크게 늘어났다.

셋째, 다른 4개 일반지주회사는 설립 또는 전환 이후 2011년 현재까지 4～9위를 유지하였다. 두산그룹의 두산은 2009～2011년 4～6위, 부영그룹의 부영은 2010～2011년 4～8위, LS그룹의 (주)LS는 2008～2011년 6～7위, 그리고 웅진그룹의 웅진홀딩스는 2008～2011년 8～9위였다. 자산총액은 두산이 2.7～3.2조 원, 부영이 1.9～3.9조 원, (주)LS가 1.6～2.1조 원, 그리고 웅진홀딩스가 1.4～1.8조 원 수준이었다.

그리고 넷째, 상위 10위권에 속한 적이 있는 32개 일반지주회사들 중 나머지 23개 회사의 면면은 다음과 같다.

7개 지주회사는 공정거래법상의 지주회사로 존속하던 2010년 이전의 1~4개 연도 동안 줄곧 10위 이내에 속하였다. 금호아시아나그룹의 금호산업(2007~2008년 3위), 롯데그룹의 롯데물산(2005~2006년 3위), STX그룹의 (주)STX(2004~2005년 7~9위), 대우통신(2003년 4위; 2004년 6위), 몰트어퀴지션(2009~2010년 6~8위), 하이마트홀딩스(2006년 8위), C&M 커뮤니케이션(2001~2003년 6~10위) 등이다. 금호산업과 롯데물산은 5위 이내였고, 대우통신은 5위 이내에 든 적이 있었다.

〈표 1.3〉 10대 일반지주회사, 2001~2011년: (1) 연도별 순위

순위	2001	2003	2004	2005	2006
1	(주)LGCI*	(주)LG*	(주)LG*	(주)LG*	(주)LG*
2	SK엔론*	SK엔론*	삼성종합화학*	GS홀딩스*	GS홀딩스*
3	화성사	대교네트워크	SK엔론*	롯데물산*	롯데물산*
4	세아홀딩스	대우통신	대교네트워크	SK엔론*	SK E&S*
5	엘파소코리아홀딩	세아홀딩스	세아홀딩스*	삼성종합화학*	삼성종합화학*
6	C&M커뮤니케이션	화성사	대우통신	대교홀딩스	대교홀딩스
7	대교네트워크	풀무원	(주)STX	세아홀딩스*	세아홀딩스*
8	온미디어	온미디어	농심홀딩스*	농심홀딩스*	하이마트홀딩스
9	동원엔터프라이즈	농심홀딩스*	화성사	(주)STX*	농심홀딩스*
10	–	C&M커뮤니케이션	동화홀딩스	화성사	대상홀딩스

순위	2007	2008	2009	2010	2011
1	SK(주)*	SK(주)*	SK(주)*	SK(주)*	SK이노베이션*
2	(주)LG*	(주)LG*	(주)LG*	(주)LG*	SK(주)*
3	금호산업*	금호산업*	(주)GS*	(주)GS*	(주)LG*
4	GS홀딩스*	GS홀딩스*	두산*	부영*	(주)GS*
5	태평양*	CJ(주)*	CJ(주)*	CJ(주)*	CJ(주)*
6	SK E&S*	(주)LS*	몰트어퀴지션	두산*	두산*
7	CJ홈쇼핑*	태평양	(주)LS*	(주)LS*	(주)LS*
8	삼성종합화학*	웅진홀딩스	웅진홀딩스*	몰트어퀴지션	부영*
9	세아홀딩스*	하이트홀딩스	태평양	웅진홀딩스*	웅진홀딩스*
10	대교홀딩스	SK E&S*	한진중공업홀딩스*	하이트홀딩스*	하이트홀딩스*

주: 1) 2001~2003년 7월, 2004년 5월, 2005~2007년 8월, 2008~2011년 9월 현재.
    2) 대교네트워크 = 대교홀딩스, CJ홈쇼핑 = CJ오쇼핑, GS홀딩스 = (주)GS, (주)LGCI = (주)LG, SK엔론 = SK E&S.
    3) * 공정거래법상 대규모사기업집단 소속.
출처: 〈표 1.6〉.

〈표 1.4〉 10대 일반지주회사, 2001~2011년: (2) 회사별 순위

(A) 대규모사기업집단 소속 20개 지주회사

지주회사	2001	2003	2004	2005	2006	2007	2008	2009	2010	2011
(주)LG	1	1	1	1	1	2	2	2	2	3
SK(주)						1	1	1	1	2
SK이노베이션										1
(주)GS				2	2	4	4	3	3	4
CJ(주)							5	5	5	5
두산								4	6	6
부영									4	8
(주)LS							6	7	7	7
웅진홀딩스							(8)	8	9	9
금호산업						3	3			
롯데물산				3	3					
(주)STX			(7)	9						
SK E&S	2	2	3	4	4	6	10	15	16	13
세아홀딩스	(4	5)	5	7	7	9	(14)	14	17	16
삼성종합화학			2	5	5	8	13	16	15	15
태평양						5	(7	9	11	11)
농심홀딩스		9	8	8	9	13	(17	19	21	23)
하이트홀딩스							(9)	11)	10	10
한진중공업홀딩스						11	11	10	14	18
CJ오쇼핑						7	12	12	13	

(B) 기타 12개 지주회사

지주회사	2001	2003	2004	2005	2006	2007	2008	2009	2010	2011
대우통신		4	6							
몰트어퀴지션								6	8	
하이마트홀딩스					8					
C&M커뮤니케이션	6	10								
대교홀딩스	7	3	4	6	6	10	15	18	20	22
동원엔터프라이즈	9	12	14	14	15	16	21	27	29	21
동화홀딩스			10	12	14	20	23	33	49	47
대상홀딩스				15	10	17	22	30	35	33
온미디어	8	8	12	11	12	15	18	23	28	
화성사	3	6	9	10	11	18				
엘파소코리아홀딩	5	11	13	17						
풀무원		7	11	13	17	22				

주: 1) 10대 지주회사에 1회 이상 속한 적이 있는 회사들이며 10위 밖의 순위도 포함됨.
2) 괄호 안의 연도에는 공정거래법상 대규모기업집단으로 지정되지 않음.
3) 2001~2003년 7월, 2004년 5월, 2005~2007년 8월, 2008~2011년 9월 현재.
4) 대교홀딩스 = 2001~2004년 대교네트워크, 태평양 = 2011년 아모레퍼시픽그룹,
　　CJ오쇼핑 = 2007~2008년 CJ홈쇼핑, (주)GS = 2005~2008년 GS홀딩스, (주)LG = 2001년 (주)LGCI,
　　SK E&S = 2001~2005년 SK엔론.
5) 온미디어: 2007년 오리온그룹, 2010년 CJ그룹 소속.
출처: 〈표 1.6〉.

〈표 1.5〉 10대 일반지주회사, 2001~2011년: (3) 회사별 자산총액 (억 원)

(A) 대규모사기업집단 소속 20개 지주회사

지주회사	2001	2003	2004	2005	2006	2007	2008	2009	2010	2011
(주)LG	26,500	57,583	61,750	43,491	47,964	46,044	55,988	69,563	80,141	73,396
SK(주)						64,788	95,056	96,197	102,405	109,766
SK이노베이션										141,457
(주)GS				26,646	29,871	32,729	35,587	44,557	51,718	59,309
CJ(주)							21,594	27,811	27,914	38,228
두산								27,910	27,484	31,876
부영									39,396	19,249
(주)LS							17,364	16,180	17,971	20,711
웅진홀딩스							(13,790)	14,755	17,838	18,494
금호산업						38,868	41,240			
롯데물산				9,707	11,461					
(주)STX			(3,034)	3,301						
SK E&S	5,733	7,016	7,685	8,068	8,996	9,530	9,989			
세아홀딩스	(2,545	2,805)	3,831	5,304	6,423	7,291				
삼성종합화학			10,529	7,212	7,546	7,937				
태평양						13,705	(13,858	14,325)		
농심홀딩스		1,839	2,854	3,594	4,191					
하이트홀딩스							(10,801)		17,172	16,679
한진중공업홀딩스								10,892		
CJ오쇼핑						8,562				

(B) 기타 12개 지주회사

지주회사	2001	2003	2004	2005	2006	2007	2008	2009	2010	2011
대우통신		3,874	3,068							
몰트어퀴지션								22,534	17,943	
하이마트홀딩스					5,461					
C&M커뮤니케이션	1,254	1,660								
대교홀딩스	1,113	5,047	5,047	5,985	6,614	6,880				
동원엔터프라이즈	470									
동화홀딩스			2,380							
대상홀딩스					3,026					
온미디어	643	1,841								
화성사	2,625	2,634	2,634	2,863						
엘파소코리아홀딩	1,403									
풀무원		2,049								

주: 1) 10대 지주회사에 1회 이상 속한 적이 있는 회사들이며 10위까지의 자산총액임.
  2) 괄호 안의 연도에는 공정거래법상 대규모기업집단으로 지정되지 않음.
  3) 2001~2003년 7월, 2004년 5월, 2005~2007년 8월, 2008~2011년 9월 현재.
  4) 대교홀딩스 = 2001~2004년 대교네트워크, 태평양 = 2011년 아모레퍼시픽그룹, CJ오쇼핑 = 2007~2008년 CJ
  홈쇼핑.
  (주)GS = 2005~2008년 GS홀딩스, (주)LG = 2001년 (주)LGCI, SK E&S = 2001~2005년 SK엔론.
출처: 〈표 1.6〉.

〈표 1.6〉 10대 일반지주회사, 2001~2011년: (4) 자산총액 (A, 억 원), 계열회사 (B, 개)

순위	2001년	(A / B)	2003년	(A / B)
1	(주)LGCI*	(26,500 / 13)	(주)LG*	(57,583 / 37)
2	SK엔론*	(5,733 / 11)	SK엔론*	(7,016 / 14)
3	화성사	(2,625 / 1)	대교네트워크	(5,047 / 10)
4	세아홀딩스	(2,545 / 12)	대우통신	(3,874 / 2)
5	엘파소코리아홀딩	(1,403 / 1)	세아홀딩스	(2,805 / 11)
6	C&M커뮤니케이션	(1,254 / 13)	화성사	(2,634 / 1)
7	대교네트워크	(1,113 / 3)	풀무원	(2,049 / 18)
8	온미디어	(643 / 5)	온미디어	(1,841 / 11)
9	동원엔터프라이즈	(470 / 3)	농심홀딩스*	(1,839 / 4)
10	―		C&M커뮤니케이션	(1,660 / 21)
순위	2004년	(A / B)	2005년	(A / B)
1	(주)LG*	(61,750 / 37)	(주)LG*	(43,491 / 33)
2	삼성종합화학*	(10,529 / 1)	GS홀딩스*	(26,646 / 12)
3	SK엔론*	(7,685 / 13)	롯데물산*	(9,707 / 4)
4	대교네트워크	(5,047 / 10)	SK엔론*	(8,068 / 12)
5	세아홀딩스*	(3,831 / 14)	삼성종합화학*	(7,212 / 1)
6	대우통신	(3,068 / 2)	대교홀딩스	(5,985 / 10)
7	(주)STX	(3,034 / 5)	세아홀딩스*	(5,304 / 15)
8	농심홀딩스*	(2,854 / 6)	농심홀딩스*	(3,594 / 6)
9	화성사	(2,634 / 1)	(주)STX*	(3,301 / 8)
10	동화홀딩스	(2,380 / 6)	화성사	(2,863 / 1)
순위	2006년	(A / B)	2007년	(A / B)
1	(주)LG*	(47,964 / 28)	SK(주)*	(64,788 / 23)
2	GS홀딩스*	(29,871 / 15)	(주)LG*	(46,044 / 28)
3	롯데물산*	(11,461 / 4)	금호산업*	(38,868 / 21)
4	SK E&S*	(8,996 / 12)	GS홀딩스*	(32,729 / 14)
5	삼성종합화학*	(7,546 / 1)	태평양*	(13,705 / 4)
6	대교홀딩스	(6,614 / 11)	SK E&S*	(9,530 / 11)
7	세아홀딩스*	(6,423 / 14)	CJ홈쇼핑*	(8,562 / 13)
8	하이마트홀딩스	(5,461 / 4)	삼성종합화학*	(7,937 / 1)
9	농심홀딩스*	(4,191 / 6)	세아홀딩스*	(7,291 / 14)
10	대상홀딩스	(3,026 / 4)	대교홀딩스	(6,880 / 13)

순위	2008년	(A / B)	2009년	(A / B)
1	SK(주)*	(95,056 / 35)	SK(주)*	(96,197 / 58)
2	(주)LG*	(55,988 / 29)	(주)LG*	(69,563 / 45)
3	금호산업*	(41,240 / 22)	(주)GS*	(44,557 / 24)
4	GS홀딩스*	(35,587 / 17)	두산*	(27,910 / 21)
5	CJ(주)*	(21,594 / 43)	CJ(주)*	(27,811 / 50)
6	(주)LS*	(17,364 / 14)	몰트어퀴지션	(22,534 / 2)
7	태평양	(13,858 / 6)	(주)LS*	(16,180 / 19)
8	웅진홀딩스	(13,790 / 13)	웅진홀딩스*	(14,755 / 18)
9	하이트홀딩스	(10,801 / 11)	태평양	(14,325 / 6)
10	SK E&S*	(9,989 / 11)	한진중공업홀딩스*	(10,892 / 5)

순위	2010년	(A / B)	2011년	(A / B)
1	SK(주)*	(102,405 / 62)	SK이노베이션*	(141,457 / 16)
2	(주)LG*	(80,141 / 45)	SK(주)*	(109,766 / 66)
3	(주)GS*	(51,718 / 27)	(주)LG*	(73,396 / 50)
4	부영*	(39,396 / 2)	(주)GS*	(59,309 / 31)
5	CJ(주)*	(27,914 / 46)	CJ(주)*	(38,228 / 49)
6	두산*	(27,484 / 23)	두산*	(31,876 / 20)
7	(주)LS*	(17,971 / 24)	(주)LS*	(20,711 / 26)
8	몰트어퀴지션	(17,943 / 2)	부영*	(19,249 / 2)
9	웅진홀딩스*	(17,838 / 20)	웅진홀딩스*	(18,494 / 19)
10	하이트홀딩스*	(17,172 / 13)	하이트홀딩스*	(16,679 / 12)

주: 1) 2001~2003년 7월, 2004년 5월, 2005~2007년 8월, 2008~2011년 9월 현재.
  2) 대교네트워크 = 대교홀딩스, CJ홈쇼핑 = CJ오쇼핑, GS홀딩스 = (주)GS, (주)LGCI = (주)LG, SK엔론 = SK E&S.
  3) * 공정거래법상 대규모사기업집단 소속.
출처: 〈부록 3〉.

4개 지주회사는 2001년 이후 2011년까지 줄곧 존속하면서 일부 기간 10위 이내에 속한 적이 있었다. SK그룹의 SK E&S(2001~2006년 2~4위; 2007~2008년 6~10위; 2009~2011년 13~16위), 세아그룹의 세아홀딩스(2001~2004년 4~5위; 2005~2007년 7~9위; 2008~2011년 14~17위), 대교홀딩스(2003~2004년 3~4위; 2001, 2005~2007년 6~10위; 2008~2011년 15~22위), 동원엔터프라이즈(2001년 9위; 2003~2011년 12~29위) 등이다. 공정거래법상 지주회사 제1호인 SK E&S, 세아홀딩스 그리고 대교홀딩스는 5위 이내에 들기도 하였다.

7개 지주회사는 2003년 또는 그 이후부터 2011년까지 존속하면서 일부 기간 10위 이내에 속하였다. 삼성그룹의 삼성종합화학(2004~2006년 2~5위; 2007년 8위; 2008~2011년 13~16위), 태평양그룹의 태평양(2007년 5위; 2008~2009년 7~9위; 2010~2011년 11위), 농심그룹의 농심홀딩스(2003~2006년 8~9위; 2007~2011년 13~23위), 하이트그룹의 하이트홀딩스(2008, 2010~2011년 9~10위; 2009년 11위), 한진중공업그룹의 한진중공업홀딩스(2009년 10위; 2006~2007, 2010~2011년 11~18위), 동화홀딩스(2004년 10위; 2005~2011년 12~49위), 대상홀딩스(2006년 10위; 2005, 2007~2011년 15~35위) 등이다. 삼성종합화학과 태평양은 5위 이내에 든 적이 있었다.

나머지 5개 일반지주회사 중 CJ그룹의 CJ오쇼핑(2007년 7위; 2008~2010년 12~13위) 그리고 온미디어(2001~2003년 8위; 2004~2010년 11~28위)는 2010년까지 존속하면서 일부 기간 10위 이내에 속하였다. 온미디어는 2007년과 2010년에 각각 오리온그룹과 CJ그룹 소속이었다. 한편 화성사(2001년 3위; 2003~2005년 6~10위; 2006~2007년 11~18위)와 엘파소코리아홀딩(2001년 5위; 2003~2005년 11~17위)은 2001년 5위 이내에 들었다가 이후 순위가 점차 낮아졌고 각각 2007년과 2005년까지만 존속하였다. 마지막으로 풀무원(2003년 7위; 2004~2007년 11~22위)은 2003~2007년 사이 한 차례 10위 이내에 든 적이 있었다.

4. 존속 지주회사의 지주비율, 2001~2011년

지주비율은 '지주회사가 소유하고 있는 자회사의 주식 기액의 합게액'이 '지주회사 자산 총액'에서 차지하는 비율로서 '50% 이상'이 공정거래법상 지주회사의 요건이다 (<표 1.7>, <그림 1.5>).

첫째, 일반지주회사의 경우, 90%대의 지주비율이 가장 큰 비중을 차지하는 가운데 그보다 낮은 비율에서는 다양한 분포를 보이고 있다.

지주비율이 90%대인 지주회사의 비중은 2003~2006년에는 절반 정도(41~48%)로 상대적으로 높은 편이었으며, 2007년부터는 신설 지주회사의 수가 급증하면서 그 비중이 1/3 내외 수준으로 낮아졌다. 2006년의 48%(27개 일반지주회사 중 13개)를 정점으로 2007년에는 33%(36개 중 12개)로 줄어들었고 2008년에는 29%(55개 중 16개)로 더욱 줄어들었다. 2009년(70개 중 25개), 2010년(84개 중 30개) 그리고 2011년(92개 중 33개)에는 조금 늘어나

〈표 1.7〉 존속 지주회사의 지주비율 범위, 2001~2011년 (개, %)

(A) 존속 지주회사

연도	2001	2003	2004	2005	2006	2007	2008	2009	2010	2011
합	11	19	24	25	31	40	60	79	96	105
일반지주회사	9	15	19	22	27	36	55	70	84	92
금융지주회사	2	4	5	3	4	4	5	9	12	13

(B) 존속 지주회사의 지주비율 범위

(지주비율)	(해당 범위의 지주비율을 갖는 지주회사의 수 (개))									
40~49%								1		
50~59%	1	4	6	5	3	6	10	13	15	14
60~69%	2	2	2	2	4	9	13	10	17	10
70~79%	3	1	1	1	4	3	5	13	11	19
80~89%	1	3	6	6	5	7	11	12	14	20
90~99%	3	8	9	10	15	14	19	29	37	40
100~109%	1	1		1		1	2	1	2	2
	(해당 범위의 지주비율을 갖는 지주회사의 비중 (%))									
50~59%	9	21	25	20	10	15	17	16	16	13
60~69%	18	11	8	8	13	23	22	13	18	10
70~79%	27	5	4	4	13	8	8	16	11	18
80~89%	9	16	25	24	16	18	18	15	15	19
90~99%	27	42	38	40	48	35	32	37	39	38

(C) 일반지주회사의 지주비율 범위

(지주비율)	(해당 범위의 지주비율을 갖는 지주회사의 수 (개))									
40~49%								1		
50~59%	1	4	5	5	3	6	10	13	15	14
60~69%	2	1	2	2	4	9	13	9	15	9
70~79%	2	1		1	3	3	5	12	11	18
80~89%	1	1	4	4	4	5	10	10	12	18
90~99%	3	7	8	9	13	12	16	25	30	33
100~109%		1		1		1	1		1	
	(해당 범위의 지주비율을 갖는 지주회사의 비중 (%))									
50~59%	11	27	26	23	11	17	18	19	18	15
60~69%	22	7	11	9	15	25	24	13	18	10
70~79%	22	7		5	11	8	9	17	13	20
80~89%	11	7	21	18	15	14	18	14	14	20
90~99%	33	47	42	41	48	33	29	36	36	36

(D) 금융지주회사의 지주비율 범위

(지주비율)	(해당 범위의 지주비율을 갖는 지주회사의 수 (개))										
50~59%				1							
60~69%			1						1	2	1
70~79%		1		1		1			1		1
80~89%			2	2	2	1	2	1	2	2	2
90~99%			1	1	1	2	2	3	4	7	7
100~109%	1							1	1	1	2
	(해당 범위의 지주비율을 갖는 지주회사의 비중 (%))										
80~89%			50	40	67	25	50	20	22	17	15
90~99%			25	20	33	50	50	60	44	58	54

주: 2001~2003년 7월, 2004년 5월, 2005~2007년 8월, 2008~2011년 9월 현재.
출처: 〈부록 3〉.

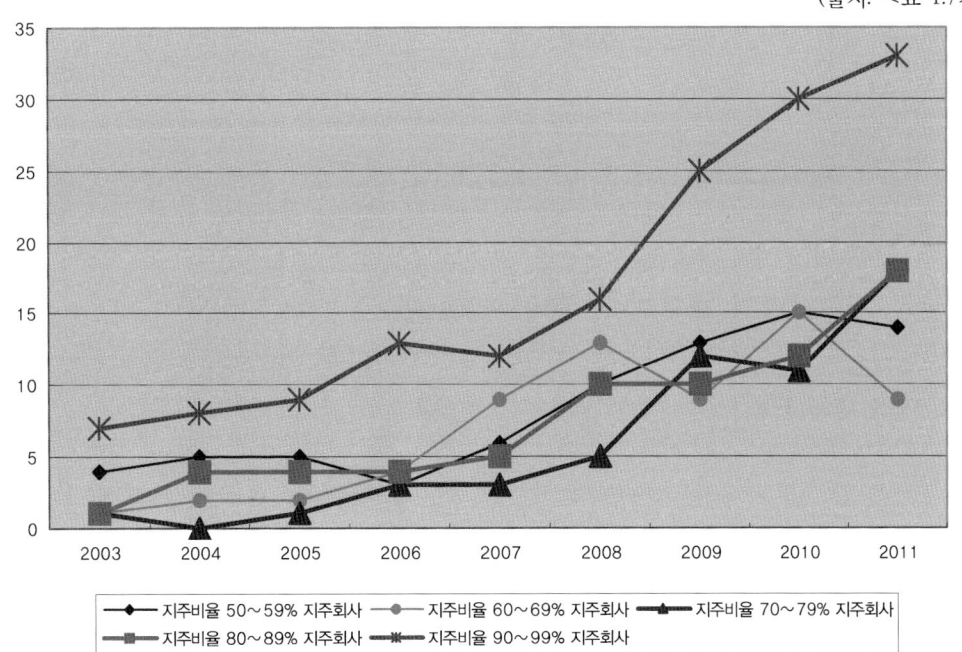

〈그림 1.5〉 존속 일반지주회사의 지주비율 범위, 2003~2011년 (개)

(출처: <표 1.7>)

범례:
—◆— 지주비율 50~59% 지주회사　　—●— 지주비율 60~69% 지주회사　　—▲— 지주비율 70~79% 지주회사
—■— 지주비율 80~89% 지주회사　　—✻— 지주비율 90~99% 지주회사

36% 수준이 유지되고 있다.

한편 지주비율이 50%대인 일반지주회사의 수(4~15개)는 5개 연도(2003~2005, 2009~2010년)에서 90%대 지주회사 수(7~30개) 다음으로 많았으며, 2개 연도(2007~2008년)에서는 60%대의 지주회사 수(9~13개)가 90%대의 지주회사 수(12~16개) 다음으로 많았다.

2011년 9월 현재의 92개 일반지주회사 지주비율의 분포를 보면, 90%대 비율을 갖는 지주회사가 33개(36%)로 가장 많고, 나머지는 고르게 분포되어 70%대와 80%대가 각각 18개씩(20%), 50%대가 14개(15%), 그리고 60%대가 9개(10%)이다.

둘째, 금융지주회사의 경우는 대부분에서 지주비율이 80% 이상을 보이고 있다. 2003~2005년에는 80%대의 지주비율을 갖는 지주회사(2개)가 90%대 비율의 회사(1개)보다 많았는데, 2006년 이후에는 전자보다 후자가 더 많아졌다 (1~2개 vs. 2~7개). 2011년 9월 현재의 13개 금융지주회사 중에서는, 90%대 비율의 회사가 7개(54%) 그리고 80%대가 2개(15%)이며, 나머지는 100% 2개, 70%대 1개, 60%대 1개 등이다.

그리고 셋째, 8개 지주회사(일반지주회사 2개, 금융지주회사 6개)의 경우 모두 11차례에 걸쳐 지주비율이 100% 또는 그 이상이었다: ① (주)LG (2003년 103.7%, 2005년 101.6%, 2007년 103.3%); ② (주)TAS (2008년 100%, 2010년 100%); ③ 우리금융지주회사 (2001년 100%); ④ KB금융지주 (2008년 100%); ⑤ 한국스탠다드차타드금융지주 (2009년 100%); ⑥ 한국씨티금융지주 (2010년 100%); ⑦ BS금융지주 (2011년 100%); ⑧ DGB금융지주 (2011년 100%).

5. 존속 지주회사의 계열회사, 2001~2011년

5.1 계열회사의 유형

계열회사는 자회사만 있는 경우, 자회사와 손자회사가 있는 경우, 그리고 자회사, 손자회사 및 증손회사가 있는 경우 등 세 부류가 있다 (<부록 3>).

2003년 7월 현재의 15개 존속 일반지주회사 중에서는 자회사만 보유하는 회사가 7개였고, 자회사·손자회사를 보유하는 회사가 8개였다. 2004년(10개 vs. 9개)과 2005년(10개 vs. 12개)에는 두 부류의 지주회사 수가 엇비슷하다가, 2006년(16개 vs. 11개)과 2007년(21개

vs. 15개)에는 전자가 좀 더 많아졌다. 그러다가 2008년 이후에는 자회사만 보유하는 지주회사에 비해 자회사·손자회사를 보유하는 지주회사 수가 월등하게 많아져 2008년(19개 vs. 32개), 2009년(20개 vs. 39개), 2010년(23개 vs. 49개) 그리고 2011년(24개 vs. 50개)에는 2배 가량의 차이가 났다.

2008년부터는 증손회사도 등장하기 시작하였다. 증손회사를 보유한 일반지주회사는 2008년에는 4개였으며 2009년 이후에는 10개 이상(11~18개)으로 점차 늘어났다: ① 2008년 4개 (전체 55개 일반지주회사의 7%; CJ(주), CJ홈쇼핑, 티브로드수원방송, 이지바이오시스템); ② 2009년 11개 (전체 70개의 16%; CJ(주), CJ오쇼핑(=CJ홈쇼핑) + SK(주), (주)LG, 두산, (주)LS, 웅진홀딩스, 티브로드홀딩스, 디와이홀딩스, 영앤선개발, 디와이에셋); ③ 2010년 12개 (전체 84개의 14%; CJ(주) + SK(주), (주)LG, 두산, (주)LS, 웅진홀딩스, 티브로드홀딩스, 디와이홀딩스, 영앤선개발, 디와이에셋 + 몰트홀딩, 코오롱); ④ 2011년 18개 (전체 92개의 20%; CJ(주), 이지바이오시스템 + SK(주), (주)LG, 두산, (주)LS, 웅진홀딩스, 티브로드홀딩스, 디와이홀딩스, 영앤선개발 + 코오롱 + (주)GS, 한진해운홀딩스, 동원엔터프라이즈, 대상홀딩스, 제일홀딩스, 하림홀딩스, 아주L&F홀딩스).

한편, 금융지주회사의 경우에는 대부분 '자회사와 손자회사'를 보유하였다. 2003년(4개), 2005년(3개), 2006년(4개), 2007년(4개) 등 4개 연도에는 지주회사 모두가 그랬고, 2004년(4개 vs. 1개), 2008년(3개 vs 1개), 2009년(4개 vs. 3개), 2010년(6개 vs. 3개), 2011년(6개 vs. 4개) 등 5개 연도에는 자회사·손자회사를 보유하는 지주회사가 자회사만 보유하는 지주회사보다 상대적으로 더 많았다.

증손회사를 보유하는 금융지주회사는 2008년 이후 매년 1~3개씩이었다. 2008년 1개 (우리금융지주); 2009년 2개 (우리금융지주 + 한국투자금융지주); 2010년 3개 (우리금융지주 + 한국투자금융지주 + 하나금융지주); 2011년 3개 (우리금융지주 + 한국투자금융지주 + KB금융지주).

5.2 계열회사 수

지주회사의 수가 증가하면서 지주회사가 거느리는 계열회사(자회사·손자회사·증손회사)의 수 또한 증가하였다. 자회사가 가장 많은 가운데 손자회사는 2008년 이후 급증하였으며, 2008년부터는 증손회사도 일부 생겨났다 (<표 1.8>, <그림 1.6>, <그림 1.7>).

〈표 1.8〉 존속 지주회사의 계열회사, 2001~2011년 (개)

(A) 존속 지주회사

		2001	2003	2004	2005	2006	2007	2008	2009	2010	2011
합	(a)	11	19	24	25	31	40	60	79	96	105
일반지주회사	(a1)	9	15	19	22	27	36	55	70	84	92
금융지주회사	(a2)	2	4	5	3	4	4	5	9	12	13

(B) 존속 지주회사의 계열회사

		2001	2003	2004	2005	2006	2007	2008	2009	2010	2011
자회사	(b)	69	152	160	159	196	262	375	462	530	575
손자회사	(c)		50	48	63	62	96	215	321	423	555
증손회사	(d)							9	30	38	57
합	(b+c+d=X)		202	208	222	258	358	599	813	991	1,187
	(a+X)		221	232	247	289	398	659	892	1,087	1,292
평균	(X÷a)		10.6	8.7	8.9	8.3	9.0	10.0	10.3	10.3	11.3
	(b÷a)	6.3	8.0	6.7	6.4	6.3	6.6	6.3	5.8	5.5	5.5

(C) 일반지주회사의 계열회사

		2001	2003	2004	2005	2006	2007	2008	2009	2010	2011
자회사	(b1)	62	128	134	137	167	233	334	402	457	499
손자회사	(c1)		38	36	48	46	81	197	292	370	481
증손회사	(d1)							8	27	31	52
합	(b1+c1+d1=X1)		166	170	185	213	314	539	721	858	1,032
	(a1+X1)		181	189	207	240	350	594	791	942	1,124
평균	(X1÷a1)		11.1	8.9	8.4	7.9	8.7	9.8	10.3	10.2	11.2
	(b1÷a1)	6.9	8.5	7.1	6.2	6.2	6.5	6.1	5.7	5.4	5.4

(D) 금융지주회사의 계열회사

		2001	2003	2004	2005	2006	2007	2008	2009	2010	2011
자회사	(b2)	7	24	26	22	29	29	41	60	73	76
손자회사	(c2)		12	12	15	16	15	18	29	53	74
증손회사	(d2)							1	3	7	5
합	(b2+c2+d2=X2)		36	38	37	45	44	60	92	133	155
	(a2+X2)		40	43	40	49	48	65	101	145	168
평균	(X2÷a2)		9.0	7.6	12.3	11.3	11.0	12.0	10.2	11.1	11.9
	(b2÷a2)	3.5	6.0	5.2	7.3	7.3	7.3	8.2	6.7	6.1	5.8

주: 2001~2003년 7월, 2004년 5월, 2005~2007년 8월, 2008~2011년 9월 현재.
출처: 〈부록 3〉.

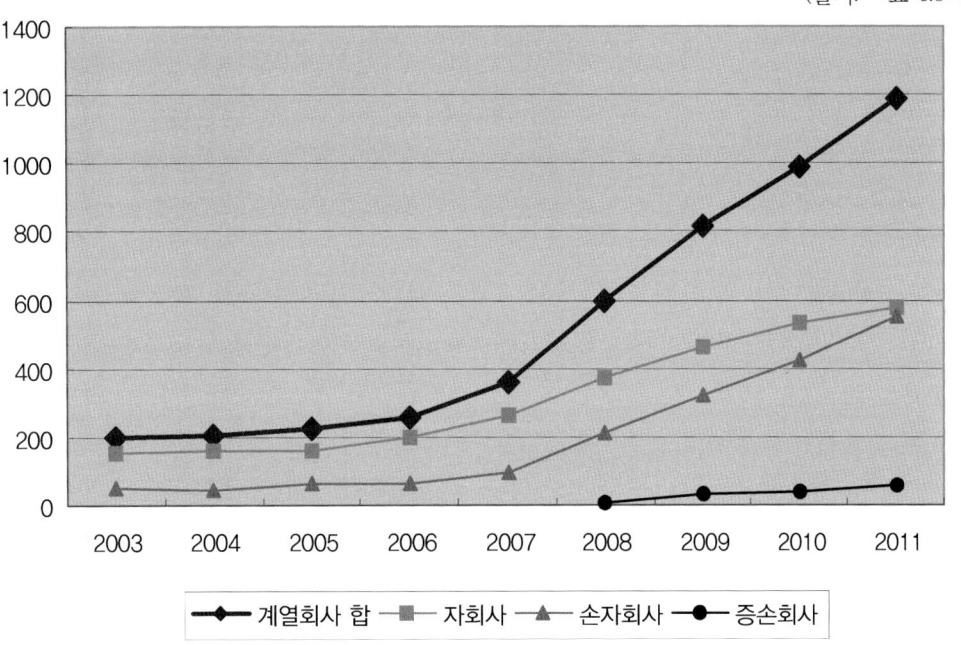

〈그림 1.6〉 존속 지주회사의 계열회사, 2003~2011년:
(1) 합, 자회사, 손자회사, 증손회사 (개)

(출처: <표 1.8>)

━◆━ 계열회사 합　━■━ 자회사　━▲━ 손자회사　━●━ 증손회사

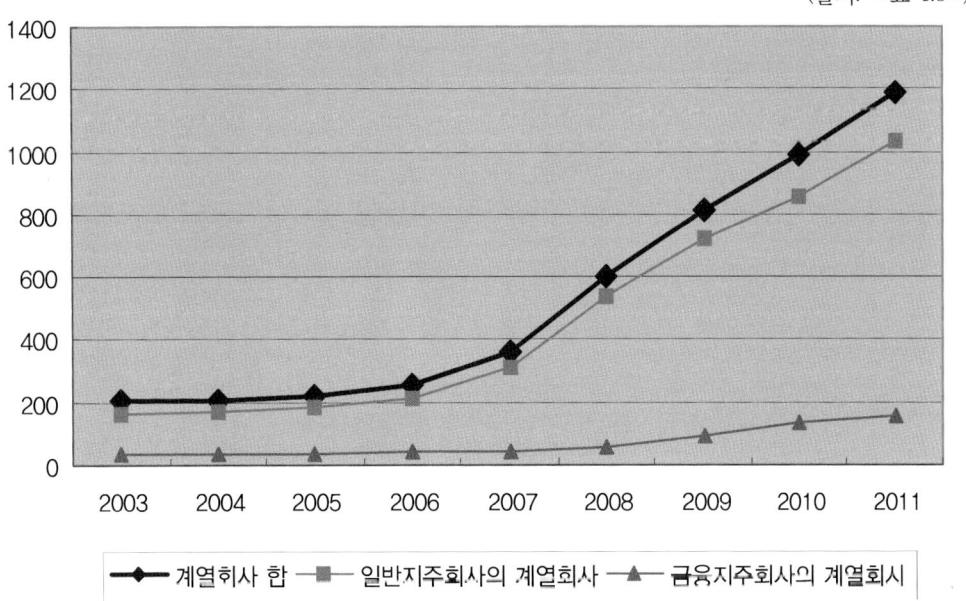

〈그림 1.7〉 존속 지주회사의 계열회사, 2003~2011년:
(2) 합, 일반지주회사의 계열회사, 금융지주회사의 계열회사 (개)

(출처: <표 1.8>)

━◆━ 계열회사 합　━■━ 일반지주회사의 계열회사　━▲━ 금융지주회사의 계열회사

2003년의 경우 존속 지주회사는 19개(일반지주회사 15개, 금융지주회사 4개)이며, 이들은 모두 202개의 계열회사(일반 166개, 금융 36개)를 거느렸다. 이 중 152개는 자회사(일반 128개, 금융 24개), 그리고 나머지 50개는 손자회사(일반 38개, 금융 12개)였다. 지주회사 1개당 평균 계열회사 수는 10.6개(일반 11.1개, 금융 9개)였다.

8년이 지난 2011년 현재의 상황은 판이하게 달라졌다. 존속 지주회사 수는 105개(일반 92개, 금융 13개)로 5.5배 그리고 계열회사 수는 1,187개(일반 1,032개, 금융 155개)로 5.9배 증가하였다. 계열회사 중 자회사는 575개(일반 499개, 금융 76개)로 3.8배 늘어난 반면 손자회사는 555개(일반 481개, 금융 74개)로 11.1배나 급증하였다. 또 증손회사도 57개(일반 52개, 금융 5개)가 새로 생겼다. 지주회사 1개당 평균 계열회사 수는 조금 늘어난 11.3개(일반 11.2개, 금융 11.9개)였다.

첫째, 지주회사의 총 계열회사 수는 2003년부터 2006년까지 202~258개 수준이다가 신설 지주회사가 급증하기 시작한 2007년 이후 계열회사 또한 급격하게 늘어났다. 2006년 258개에서 2007년 358개로 늘어났고 2009년까지는 2배 이상 더 늘어난 813개가 되었다. 2010년 991개로 더욱 늘어난 뒤 2011년(1,187개)에는 처음으로 1,000개를 넘어섰다. 지주회사 105개를 합하면 지주회사 및 계열회사의 수가 1,292개이다.

둘째, 자회사는 2003~2006년 사이에는 152~196개 수준이다가 2007년 262개로 늘어났으며, 2008년(375개)에 100개 이상 증가한 이후 증가 폭은 매년 조금씩 줄어들어 2009년 462개, 2010년 530개, 그리고 2011년 575개였다. 손자회사는 2006년까지는 50개 내외(48~63개)이던 것이 2007년 96개로 늘어났고, 2008년에는 215개로 2배 이상 급증하였다. 이후 매년 100개 이상씩 늘어나 2011년에는 555개가 되었다. 한편, 증손회사는 2008년 9개가 처음 생긴 이후 2011년 현재에는 6.3배 늘어난 57개이다.

2003년 현재 손자회사의 수(50개)는 자회사 수(152개)의 1/3 정도(33%)였으며, 이 수준은 2007년(96개 vs. 262개, 37%)까지 유지되었다. 이후 손자회사의 증가 정도가 더욱 빨라져 2008년 처음으로 손자회사 수(215개)가 자회사 수(375개)의 절반 이상(57%)이 되었고, 2009년(321개 vs. 462개, 69%)에는 2/3 이상으로, 그리고 2010년(423개 vs. 530개, 80%)에는 4/5 수준으로 더욱 늘어났다. 이 추세는 2011년(555개 vs. 575개, 97%)에 더욱 두드러져 손자회사와 자회사의 수가 엇비슷해졌다.

셋째, 존속 지주회사 중 절대 다수는 일반지주회사이며, 따라서 계열회사의 대다수도 일반지주회사 소속이다. 일반지주회사는 2003년 15개이던 것이 2011년까지는 92개로 6.1배 늘어난 반면 금융지주회사는 4개에서 13개로 3.3배 늘어났다. 계열회사 또한 같은 기간 일반지주회사 소속은 6.2배(166개 → 1,032개), 그리고 금융지주회사 소속은 4.3배(36개 → 155개) 증가하였다. 2003년에는 전체 계열회사(202개) 중 일반지주회사 소속(166개)이 77%였는데, 2008년(599개 vs. 539개)에는 90%까지 늘어났으며 이후 조금 줄어들어 2011년 현재에는 87%(1,187개 vs. 1,032개)였다.

그리고 넷째, 지주회사 1개가 평균적으로 거느리는 총 계열회사 수는 2003년 이후 10개 내외이다. 2003년 10.6개이던 것이 2004~2006년에는 9개 이하로 내려갔고, 이후 조금씩 늘어나 2007년 9개, 2008년 10개, 그리고 2009~2010년에는 10.3개였으며, 2011년에는 11.3개로 더욱 늘어나 최고치를 기록하였다. 반면 지주회사 1개가 평균적으로 거느리는 자회사 수는 2003년 8개이던 것이 이후 점차 감소하여 2004~2008년에는 6개 수준 그리고 2009~2011년에는 5개 수준이 되었다.

한편 지주회사 1개가 평균적으로 거느리는 총 계열회사 및 자회사 수는 2005년 이후 금융지주회사(10.2~12.3개, 5.8~8.2개)가 일반지주회사(7.9~11.2개, 5.4~6.5개)에 비해 조금 더 많은 편이다.

5.3 계열회사 수의 범위

5.3.1 계열회사 수의 분포

1개 지주회사가 거느리는 계열회사 수는 1개에서 66개에 이르기까지 다양한 분포를 보이고 있다 (<표 1.9>, <그림 1.8>, <부록 3>).

첫째, 일반지주회사의 2/3 정도는 '10개 미만'의 계열회사를 가졌다. '10개 미만'의 계열회사를 갖는 일반지주회사의 비중은 2003년에는 절반 이하(전체 일반지주회사 15개 중 6개, 40%)였다가 2005년에는 2/3 이상(22개 중 15개, 68%)으로 늘어났으며, 이후 비중이 조금 줄어 2/3에 약간 못 미치는 수준(57~64%)이 유지되고 있다. 한편 2007년까지는 '1~4개'의 계열회사를 갖는 일반지주회사(5~12개)가 '5~9개'를 갖는 일반지주회사(1~9개)보다 더 많았는데, 2008~2010년에는 후자가 더 많아졌다가(12~24개 vs. 23~26개) 2011년 현재에는 다시 전자가 많아졌다(27개 vs. 25개).

⟨표 1.9⟩ 존속 지주회사의 계열회사 수 범위, 2003~2011년 (개, %)

(A) 존속 지주회사

연도	2003	2004	2005	2006	2007	2008	2009	2010	2011
합	19	24	25	31	40	60	79	96	105
일반지주회사	15	19	22	27	36	55	70	84	92
금융지주회사	4	5	3	4	4	5	9	12	13

(B) 존속 지주회사의 계열회사 수 범위

(계열회사 수)	\multicolumn{9}{c}{(해당 범위의 계열회사를 보유하는 지주회사의 수 (개))}								
1~4개	6	8	9	12	12	12	20	27	31
5~9개	2	7	7	6	11	25	29	29	28
10~14개	7	6	4	8	12	14	14	22	17
15~19개	2	2	4	4	2	4	8	6	15
20~29개	1			1	3	3	5	9	7
30~39개	1	1	1			1			4
40~49개						1	1	2	1
50~59개							2		1
60~69개								1	1
	\multicolumn{9}{c}{(해당 범위의 계열회사를 보유하는 지주회사의 비중 (%))}								
1~9개	42	63	64	58	58	62	62	58	56
10~19개	47	33	32	39	35	30	28	29	31
20개 이상	11	4	4	3	7	8	10	13	13

(C) 일반지주회사의 계열회사 수 범위

(계열회사 수)	\multicolumn{9}{c}{(해당 범위의 계열회사를 보유하는 지주회사의 수 (개))}								
1~4개	5	6	8	12	12	12	19	24	27
5~9개	1	6	7	4	9	23	25	26	25
10~14개	6	5	4	8	11	13	12	20	15
15~19개	1	1	2	2	1	3	7	4	13
20~29개	1			1	3	2	4	7	7
30~39개	1	1	1			1			2
40~49개						1	1	2	1
50~59개							2		1
60~69개								1	1
	\multicolumn{9}{c}{(해당 범위의 계열회사를 보유하는 지주회사의 비중 (%))}								
1~9개	40	63	68	59	58	64	63	60	57
10~19개	47	32	27	37	33	29	27	29	30
20개 이상	13	5	5	4	9	7	10	11	13

(D) 금융지주회사의 계열회사 수 범위

(계열회사 수)	(해당 범위의 계열회사를 보유하는 지주회사의 수 (개))								
1~4개	1	2	1				1	3	4
5~9개	1	1		2	2	2	4	3	3
10~14개	1	1			1	1	2	2	2
15~19개	1	1	2	2	1	1	1	2	2
20~29개						1	1	2	
30~39개									2
	(해당 범위의 계열회사를 보유하는 지주회사의 비중 (%))								
1~9개	50	60	33	50	50	40	56	50	54
10~19개	50	40	67	50	50	40	33	33	31
20개 이상						20	11	17	15

주: 2003년 7월, 2004년 5월, 2005~2007년 8월, 2008~2011년 9월 현재.
출처: 〈부록 3〉.

〈그림 1.8〉 존속 일반지주회사의 계열회사 수 범위, 2003~2011년 (개)

(출처: <표 1.9>)

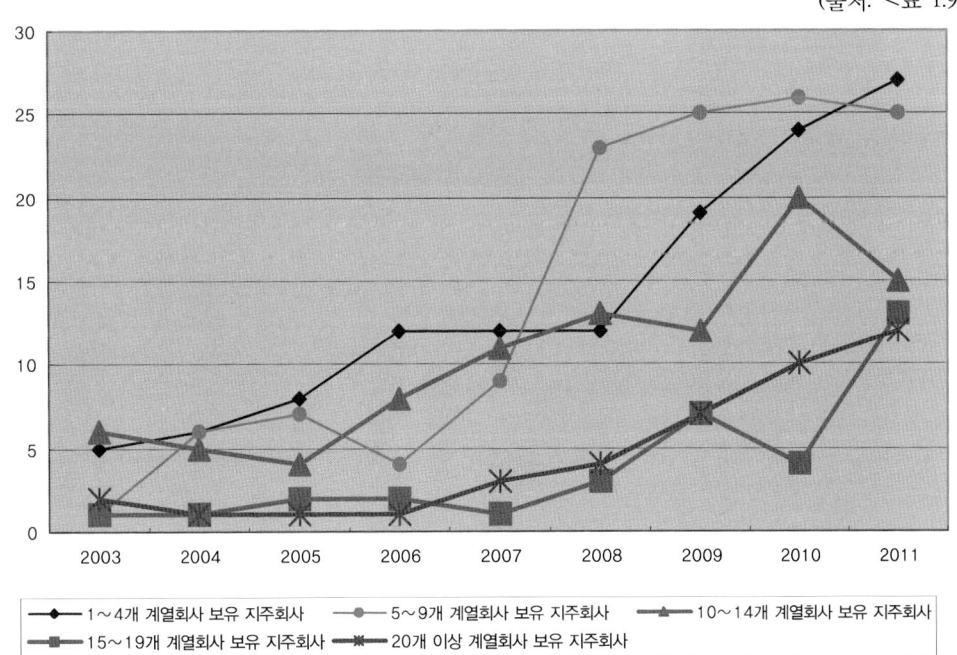

둘째, '10~19개'의 계열회사를 가지는 일반지주회사의 비중은 1/3 내외였다. 2003년에는 그 비중이 절반가량(전체 일반지주회사 15개 중 7개, 47%) 되었는데, 이후 줄어들어 2006년(27개 중 10개, 37%)을 제외하고는 1/3 이하 수준(27~33%)이 유지되고 있다. 대부분은 '10~14개'의 계열회사를 가졌는데, 2011년 들어 '15~19개'의 계열회사를 갖는 지주회사의 수(13개)가 '10~14개'의 계열회사를 갖는 지주회사의 수(15개)와 엇비슷해졌다.

셋째, '20개 이상'의 계열회사를 가지는 일반지주회사의 경우는 그 비중이 2004~2008년에는 10% 미만이다가 2009년(전체 일반지주회사 70개 중 7개, 10%), 2010년(84개 중 10개, 11%), 그리고 2011년(92개 중 12개, 13%)에는 10% 이상이 되었다. 2008년부터는 40개 이상, 2009년부터는 50개 이상, 그리고 2010년부터는 60개 이상의 계열회사를 갖는 일반지주회사들이 차례로 생겨났다.

그리고 넷째, 금융지주회사의 경우에는 대부분이 '20개 미만'의 계열회사를 가졌다. 2006~2008년(40~50% vs. 40~50%)에는 '10개 미만'과 '10~19개'의 두 범주에 속하는 비중이 절반 정도로 서로 같았는데, 2009년(56% vs. 33%), 2010년(50% vs. 33%), 그리고 2011년(54% vs. 31%)에는 '10개 미만'의 계열회사를 갖는 회사 수가 조금 더 많아졌다. '20개 이상'의 범주에 속하는 금융지주회사의 비중(2008~2011년 11~20%)은 일반지주회사의 경우(7~13%)에 비해 조금 더 높기는 하지만, 40개 이상의 계열회사를 갖는 금융지주회사는 없다.

2011년 9월 현재의 분포를 보면, 92개 일반지주회사 중 52개(57%)가 '10개 미만'의 계열회사를 가지고 있는 가운데, '1~4개'(27개 지주회사)와 '5~9개'(25개)의 범주에 속하는 비중이 비슷하다. 또, 28개 지주회사(30%)는 '10~19개'의 계열회사를 가지고 있는데, 이 중 15개 지주회사는 '10~14개'의 범주에 속하고 나머지 13개 지주회사는 '15~19개'의 범주에 속한다.

92개 일반지주회사 중 나머지 12개(13%)는 '20개 이상'의 많은 계열회사를 가지고 있다. '20~29개' 보유 회사가 7개, '30~39개' 보유 회사가 2개, 그리고 '40~49개', '50~59개', '60~69개' 보유 회사가 각각 1개씩이다.

한편, 13개 금융지주회사 중에서는 7개(54%)가 '10개 미만'의 계열회사를, 4개(31%)가 '10~19개'의 계열회사를, 그리고 나머지 2개(15%)는 '30~39개'의 계열회사를 각각 가지고 있다.

5.3.2 20개 이상 계열회사를 보유한 지주회사

20개 이상의 계열회사를 보유하는 지주회사의 수는 2003~2007년 사이에는 1~3개였는데 모두 일반지주회사였다. 2008년에는 5개(일반지주회사 4개 + 금융지주회사 1개)로 늘어났고 여기에는 금융지주회사가 처음으로 1개 포함되어 있다. 2009년에는 8개(7개 + 1개), 2010년에는 12개(10개 + 2개), 그리고 2011년에는 14개(12개 + 2개)로 더욱 늘어났다 (<표 1.9>).

모두 16개의 일반지주회사와 2개의 금융지주회사가 관련되어 있다. 16개 일반지주회사 중 9개는 대규모사기업집단 소속으로 지주회사체제에 대한 기업집단들의 관심이 매우 높음을 짐작할 수 있다. 20개 이상 계열회사를 보유한 적이 있는 18개 지주회사의 면면은 다음과 같다 (<표 1.6>; 제2장 참조).

첫째, LG그룹 소속인 (주)LG는 2003년 이후 2011년 현재까지 줄곧 20개 이상의 계열회사를 거느려 왔다. 2003~2004년 37개, 2005년 33개, 2006~2007년 28개, 2008년 29개, 2009~2010년 45개, 2011년 50개 등이다. '50개' 계열회사는 2000년 공정거래법상 지주회사가 탄생한 이후 네 번째로 많은 계열회사 수이다.

둘째, SK그룹의 SK(주)는 2007년(23개)부터 20개 이상을 보유하면서 계열회사를 3배가량이나 늘렸으며(2007년 23개, 2008년 35개, 2009년 58개, 2010년 62개, 2011년 66개), '66개', '62개' 및 '58개' 계열회사는 2000년 공정거래법상 지주회사가 처음 생긴 이후 첫 번째, 두 번째 그리고 세 번째로 많은 계열회사 수이다.

셋째, CJ그룹의 CJ(주)는 2008년(43개)부터 40개 이상의 계열회사를 보유하고 있으며(2008년 43개, 2009년 50개, 2010년 46개, 2011년 49개), '50개' 계열회사는 2000년 공정거래법상 지주회사 탄생 이후 네 번째로 많은 계열회사 수이다.

넷째, 3개 일반지주회사는 3년의 기간 동안 각각 20~31개씩의 계열회사를 가졌다. GS그룹의 (주)GS(2009년 24개, 2010년 27개, 2011년 31개), 두산그룹의 두산(2009년 21개, 2010년 23개, 2011년 20개), 대웅(2009년 23개, 2010년 22개, 2011년 22개) 등이다.

다섯째, 4개 일반지주회사는 2년의 기간 동안 각각 21~30개씩의 계열회사를 보유하였다. LS그룹의 (주)LS(2010년 24개, 2011년 26개), 코오롱그룹의 코오롱(2010년 29개, 2011년 30개), 금호아시아나그룹의 금호산업(2007년 21개, 2008년 22개), 프라임개발(2009년 24개, 2010년 21개) 등이다.

여섯째, 20개 이상의 세열회사를 보유하는 16개 일반지주회사 중 나머지 6개는 1개 연도에 각각 20~29개씩의 계열회사를 가졌다. 웅진그룹의 웅진홀딩스(2010년 20개), C&M커뮤니케이션(2003년 21개), 대상홀딩스(2011년 25개), 제일홀딩스(2011년 20개), 농수산홀딩스(2011년 20개), 아주L&F홀딩스(2011년 27개) 등이다.

마지막으로 일곱째, 20개 이상의 계열회사를 보유하는 2개 금융지주회사는 우리금융지주(2008년 21개, 2009년 25개, 2010년 29개, 2011년 36개)와 산은금융지주(2010년 21개, 2011년 31개)이다.

6. 맺음말

지주회사의 설립 및 전환은 1987년 금지되었다가 1999년 2월 다시 허용되었으며, 11개월이 지난 2000년 1월 SK엔론(이후 SK E&S)이 공정거래법상 지주회사 제1호로 등록되었다. 이후 매년 다수의 지주회사가 생겨나고, 특히 2000년대 후반에 그 수가 급증하여 큰 흐름을 형성하고 있다. 2012년 9월 현재까지 모두 173개의 공정거래법상 지주회사가 신설되었으며, 이들 중 115개는 2012년 현재에도 존속하고 있다. 2000년 이후 공정거래법상 지주회사의 설립과 관련된 주요 추세 및 특징은 다음과 같다.

(1) 신설 및 존속 지주회사

(1.1) 신설 지주회사: 2000~2006년에는 매년 5~8개씩의 지주회사가 신규로 전환 또는 설립되었으며, 2007년 자회사 및 손자회사에 대한 주식 보유 기준이 하향 조정되면서(상장회사 30% → 20%; 비상장회사 50% → 40%) 신설 지주회사가 대폭 증가하였다. 2006년 8개에서 2007년에는 15개로 늘어났고 2008년에는 31개로 더욱 늘어나 최고치를 기록하였다. 이후 다소 줄어들어 2009~2010년 20개, 2011년 26개, 2012년 18개 등이다.

누적 신설 지주회사는 2000년 6개에서 2003년에는 25개가 되었으며, 2007년부터 급증하여 2007년 58개, 2009년 109개, 2011년 155개 등이었다. 2012년 9월 현재에는 173개이며, 2000년 1월 이후 13년 동안 매년 평균 13개씩의 공정거래법상 지주회사가 새로 생겼다. 173개 중 절대다수인 152개(88%)는 일반지주회사이며 나머지 21개(12%)는 금융지주회사이다.

(1.2) 존속 지주회사: 신설 지주회사 중 일부는 시간이 지남에 따라 자산총액(1999~2000년 100억 원 이상, 2001년 300억 원 이상, 2002년 이후 1,000억 원 이상) 및 지주비율(50%

이상)의 법률상 요건 중 하나 이상을 충족하지 못하여 공정거래법상 지주회사에서 제외되었다. 2012년 9월 현재에는 누적 신설회사 173개 중 58개를 제외한 115개(66%)가 존속하고 있다. 누적 신설 일반지주회사 152개 중에서는 49개를 제외한 103개(68%)가, 그리고 누적 신설 금융지주회사 21개 중에서는 9개를 제외한 12개(57%)가 남아 있다.

(2) 존속 지주회사의 자산총액, 2001~2011년

(2.1) 자산총액의 범위: 일반지주회사들의 대다수는 5천억 원 미만의 자산을 가졌으며, 1천억 원대와 2~4천억 원대가 반반 정도였다. 5천억 원 미만의 자산을 갖는 일반지주회사는 2001년에는 전체 일반지주회사 중 55%로 절반을 조금 넘었는데, 2003년(80%)과 2004년(79%)에는 4/5 수준이나 되었다. 2005년 이후에는 그 비중이 다소 줄어 67~71% 수준이 유지되고 있다.

5~9천억 원대 및 1~4조 원 대의 자산을 갖는 일반지주회사의 수는 10% 내외로 비슷한 수준이다. 2003~2007년에는 전자의 비중이 더 컸으며 2010~2011년에는 후자의 비중이 약간 더 큰 상태가 유지되었다.

1조 원 이상의 자산을 갖는 일반지주회사는 2001~2006년 사이에는 1~3개씩이다가 2007년 5개, 2008년 9개, 2009년 11개, 2010년 15개, 2011년 18개 등으로 계속 증가해 오고 있다. 이들 중에는 5조 원 이상의 자산을 갖는 회사가 1~2개씩 포함되어 있으며, 10조 원 이상의 자산을 갖는 지주회사는 2010년 처음 생긴 이후 2011년에는 2개로 늘어났다.

금융지주회사의 자산규모는 일반지주회사보다 월등하게 커서 대다수가 1조 원 이상이며, 10조 원 이상인 지주회사의 비중이 1/3~1/2 정도를 차지하였다.

(2.2) 10대 일반지주회사: 1조 원 이상의 자산을 가진 일반지주회사들이 속속 등장하면서 이들이 10위권 내에 자리를 잡았다. 2001~2011년 사이에 10대 일반지주회사에 속한 적이 있는 회사는 모두 32개이며, 이 중 20개는 17개 대규모사기업집단 소속이었다. 사기업집단 소속 지주회사들은 규모가 커서 10대 지주회사의 대부분을 차지하였으며, 특히 2005년 이후에는 1~5위를 모두 차지하였다. 사기업집단 소속 지주회사가 10대 지주회사 중에서 차지하는 수는 2005년 8개, 2007년 9개, 2008년 7개, 2009년 8개, 2010년 9개, 그리고 2011년 10개였다.

(2.3) 존속 지주회사의 지주비율, 2001~2011년: 일반지주회사의 경우 90%대의 지주비율이 가장 큰 비중을 차지하는 가운데 그보다 낮은 비율에서는 다양한 분포를 보였다.

지주비율이 90%대인 지주회사의 비중은 2003~2006년에는 절반 정도(41~48%)로 상대적으로 높은 편이었으며, 2007년부터는 신설 지주회사의 수가 급증하면서 그 비중이 1/3 내외 수준으로 낮아졌다. 2006년의 48%를 정점으로 2007년에는 33%로 줄어들었고 2008년에는 29%로 더욱 줄어들었다. 2009~2011년에는 조금 늘어나 36% 수준이 유지되고 있다.

지주비율이 50%대인 일반지주회사의 수는 5개 연도(2003~2005, 2009~2010년)에서 90%대 지주회사 수 다음으로 많았으며, 2개 연도(2007~2008년)에서는 60%대의 지주회사 수가 90%대의 지주회사 수 다음으로 많았다.

금융지주회사의 경우는 대부분에서 지주비율이 80% 이상을 보이고 있다. 2003~2005년에는 80%대의 지주비율을 갖는 지주회사가 90%대 비율의 회사보다 많았는데, 2006년 이후에는 전자보다 후자가 더 많아졌다.

(3) 존속 지주회사의 계열회사, 2001~2011년

(3.1) **계열회사의 유형**: 계열회사는 자회사만 있는 경우, 자회사와 손자회사가 있는 경우, 그리고 자회사, 손자회사 및 증손회사가 있는 경우 등 세 부류가 있다.

일반지주회사의 경우, 2003~2005년에는 자회사만 보유하는 지주회사의 수와 자회사·손자회사를 보유하는 지주회사의 수가 엇비슷하다가, 2006~2007년에는 전자가 좀 더 많아졌다. 그러다가 2008년 이후에는 자회사만 보유하는 지주회사에 비해 자회사·손자회사를 보유하는 지주회사 수가 월등하게 많아져 2배가량의 차이가 났다. 증손회사를 보유한 일반지주회사는 2008년 4개였으며 2009년 이후에는 11~18개로 늘어났다.

금융지주회사의 경우에는 대부분 자회사와 손자회사를 보유하였다. 2003, 2005~2007년에는 지주회사 모두가 그랬고, 2004, 2008~2011년에는 자회사·손자회사를 보유하는 지주회사가 자회사만 보유하는 지주회사보다 상대적으로 더 많았다. 증손회사를 보유하는 금융지주회사는 2008년 이후 매년 1~3개씩이었다.

(3.2) **계열회사 수**: 지주회사의 수가 증가하면서 지주회사가 거느리는 계열회사의 수 또한 증가하였다. 자회사가 가장 많은 가운데 손자회사는 2008년 이후 급증하였으며, 2008년부터는 증손회사도 일부 생겨났다.

총 계열회사 수는 2003~2006년에는 202~258개 수준이다가 2007년 이후 급격하게 늘어나 2007년 358개, 2009년 813개, 2010년 991개, 2011년 1,187개 등이었다. 자회사는 2003~2006년 사이에는 152~196개 수준이다가 2007년 262개, 2009년 462개, 2010년 530

개, 2011년 575개 등으로 계속 증가하였다. 손자회사는 2006년까지는 48~63개이던 것이 2007년 96개로 늘어났고, 2008년에는 215개로 급증하였다. 이후 매년 100개 이상씩 늘어나 2011년에는 555개가 되었다. 증손회사는 2008년 9개가 처음 생긴 이후 2011년 현재에는 57개이다.

2003년 현재 손자회사는 자회사의 1/3 정도(33%)였으며, 이 수준은 2007년(37%)까지 유지되었다. 이후 손자회사의 증가 정도가 더욱 빨라져 2008년 처음으로 손자회사가 자회사의 절반 이상(57%)이 되었고, 2009년(69%)에는 2/3 이상으로, 그리고 2010년(80%)에는 4/5 수준으로 더욱 늘어났다. 이 추세는 2011년(97%)에 더욱 두드러져 손자회사와 자회사의 수가 엇비슷해졌다.

지주회사 중 절대 다수는 일반지주회사이며, 계열회사의 대다수도 일반지주회사 소속이다. 일반지주회사는 2003년 15개에서 2011년에는 92개로 6.1배 늘어난 반면 금융지주회사는 4개에서 13개로 3.3배 늘어났다. 계열회사 또한 같은 기간 일반지주회사 소속은 6.2배 (166개 → 1,032개) 그리고 금융지주회사 소속은 4.3배(36개 → 155개) 증가하였다. 전체 계열회사 중 일반지주회사 소속 회사가 차지하는 비중은 2003년 77%에서 2008년에는 90%까지 늘어났으며 이후 조금 줄어들어 2011년 현재에는 87%였다.

한편, 지주회사 1개가 평균적으로 거느리는 계열회사 수는 2003년 이후 10개 내외이다.

(3.3) 계열회사 수의 범위: 1개 지주회사가 거느리는 계열회사 수는 1개에서 66개에 이르기까지 다양한 분포를 보이고 있다.

일반지주회사의 2/3 정도는 '10개 미만'의 계열회사를 가졌다. '10개 미만'의 계열회사를 보유하는 일반지주회사의 비중은 2003년에는 절반 이하(40%)였다가 2005년에는 2/3 이상 (68%)으로 늘어났으며, 이후 비중이 조금 줄어 2/3에 약간 못 미치는 수준(57~64%)이 유지되고 있다. '10~19개'의 계열회사를 가지는 일반지주회사의 비중은 1/3 내외였다. 2003년에는 그 비중이 절반가량(47%) 되었는데, 이후 줄어들어 2006년(37%)을 제외하고는 1/3 이하 수준(27~33%)이 유지되고 있다.

'20개 이상'의 계열회사를 가지는 일반지주회사의 경우는 그 비중이 2004~2008년에는 10% 미만이다가 2009년(10%), 2010년(11%) 그리고 2011년(13%)에는 10% 이상이 되었다. 2008년부터는 40개 이상, 2009년부터는 50개 이상, 그리고 2010년부터는 60개 이상의 계열회사를 갖는 일반지주회사들이 차례로 생겨났다.

금융지주회사의 경우에는 대부분이 '20개 미만'의 계열회사를 가졌다. 2006~2008년에는

'10개 미만'과 '10~19개'의 두 범주에 속하는 비중이 절반 정도로 서로 같았는데, 2009~2011년에는 '10개 미만'의 계열회사를 갖는 회사 수가 조금 더 많아졌다. '20개 이상'의 범주에 속하는 금융지주회사의 비중은 일반지주회사의 경우에 비해 조금 더 높기는 하지만, 40개 이상의 계열회사를 갖는 금융지주회사는 없다.

한편, 20개 이상의 계열회사를 보유하는 지주회사는 2003~2007년 사이에는 1~3개였는데 모두 일반지주회사였다. 2008년에는 5개(일반지주회사 4개 + 금융지주회사 1개)로 늘어났고 여기에는 금융지주회사가 처음으로 1개 포함되어 있다. 2009년에는 8개(7개 + 1개), 2010년에는 12개(10개 + 2개), 그리고 2011년에는 14개(12개 + 2개)로 더욱 늘어났다. 모두 16개의 일반지주회사와 2개의 금융지주회사가 관련되어 있으며, 16개 일반지주회사 중 9개는 대규모사기업집단 소속이었다.

제2장

한국재벌과 지주회사체제, 2001~2011년

1. 머리말

1999년 2월 지주회사제도가 다시 허용된 이후 가장 먼저 제도를 도입한 것은 4위 재벌인 SK그룹이었다. 계열회사인 SK엔론(이후 SK E&S)이 2000년 1월 제1호 공정거래법상 지주회사로 지정된 것이다. 2001년에는 3위 재벌인 LG그룹이 지주회사체제를 채택하였다.

이후 매년 다수의 재벌들이 새로운 지배구조로서의 지주회사 실험 대열에 동참하였고 2000년대 후반 들어 큰 흐름을 형성하였다. 지주회사체제를 채택한 재벌은 2001~2003년 2~4개이던 것이 2005~2006년에는 6~9개, 2007~2009년에는 11~14개, 그리고 2010년에는 17개로 늘어났으며 2011년에는 최고치인 20개로 더욱 늘어났다. 지주회사체제를 채택한 재벌이 전체 공정거래법상 재벌(또는 대규모사기업집단)에서 차지하는 비중 또한 꾸준히 증가하였다. 2001년 7%이던 것이, 2003~2006년 10~19%, 2007년 25%, 2009년 33%, 2010년 40% 등으로 높아졌고 2011년에는 역시 최대치인 44%를 기록하였다. 2001년 이후 지주회사체제를 채택한 재벌은 모두 28개이며 소속 일반지주회사는 39개이다.

제2장에서는 2001년 이후 2011년까지 지주회사체제를 채택한 재벌 및 소속 일반지주회사와 관련된 주요 추세 및 특징들을 분석한다. 분석 기간은 10개 연도(2001, 2003~2011년)이며 이용 자료는 공정거래위원회 자료이다. 2002년의 경우에는 자료가 발표되지 않았으며, 2012년의 경우에는 발표 자료가 있기는 하지만 이전 연도에서와는 달리 지주회사에 대한 자세한 정보가 포함되어 있지 않다.

지주회사 관련 자료는 매년 중순 발표되었다. 2001~2003년 7월, 2004년 5월, 2005~2007년 8월, 2008~2011년 9월 등이다. 한편 대규모기업집단 관련 자료는 매년 4월 기준이다. 이 두 자료를 결합하여 각 연도의 '재벌과 지주회사체제' 현황을 '재벌 계열회사 중 지주회사체제 편입 회사의 비중'과 '재벌 소속 일반지주회사'로 나누어 표로 정리하였다. 앞의 표에는 그룹(이름, 순위, 계열회사), 지주회사체제(지주회사, 순위, 계열회사), 지주회사체제 달성 비율 등의 정보를, 그리고 뒤의 표에는 지주회사 이름, 순위, 설립·전환 시기, 상장 여부, 자산총액, 지주비율, 부채비율, 계열회사(자회사, 손자회사, 증손회사) 등의 정보를 담았다 (<부록 4>).

이 기초자료를 근거로 지주회사체제를 채택한 재벌과 소속 일반지주회사들이 2001년 이후 2011년까지 어떤 추세로 변해 왔고 어떤 특징을 보이고 있는지를 몇 가지 관점에서 분석하였다.

제2절(재벌과 지주회사체제, 2001~2011년: 개관)에서는 연도별 추세, 지주회사체제를 채택한 28개 재벌, 재벌 소속 39개 일반지주회사 등 세 항목으로 나누어 전반적인 현황을 살펴본다.

먼저, 지주회사체제를 채택한 재벌은 2~20개 그리고 일반지주회사는 2~26개 사이에서 증가 추세를 보였으며, 이들 중 적극적인 지주회사체제를 채택한 재벌과 소속 지주회사가 각각 1~15개, 1~21개로 대다수를 차지하였고 소극적인 지주회사체제를 채택한 재벌과 소속 지주회사는 1~5개, 1~6개 수준이었다. 지주회사체제를 채택한 재벌이 전체 공정거래법상 재벌 중에서 차지하는 비중은 7~44% 사이에서 증가 추세를 보인 반면 재벌 소속 일반지주회사가 전체 공정거래법상 일반지주회사에서 차지하는 비중은 2001~2007년에는 22~45% 사이에서 증가 추세이다가 2008년 이후에는 25% 내외 수준이 유지되었다. 둘째, 28개 재벌 중 20개는 2011년 현재에도 지주회사체제를 유지하고 있고, 28개 중 21개는 적극적인 지주회사체제를 채택하였으며, 28개 중 22개는 2005년 이후에 지주회사체제를 채택하였다. 셋째, 39개 일반지주회사 중 31개는 2011년 현재 지주회사체제를 채택하고 있는 20개 재벌 소속이고, 39개 중 30개는 적극적인 지주회사체제를 채택한 21개 재벌 소속이며, 39개 중 33개는 2005년 이후에 재벌에 소속되기 시작하였다. 또 39개 중 17개는 2~4개씩 각각 7개 재벌에 속하였다.

제3절(재벌과 지주회사체제: 2011년)에서는 2011년 현재의 현황을 두 항목(지주회사체제를 채택한 20개 재벌, 재벌 소속 26개 일반지주회사)으로 나누어 서술한다.

20개 재벌 중 15개는 적극적인 지주회사체제를 채택하였으며, 20개 중 6개는 재벌 순위 10위 이내이다. 지주회사체제 달성 비율은 100~3%, 그리고 지주회사체제에 편입된 계열회사는 72~2개 사이이다. 또 4개 재벌은 2~3개씩의 지주회사를 가지고 있다. 한편, 26개 일반지주회사 중에서는 21개가 적극적인 지주회사체제를 채택한 15개 재벌 소속이며, 자산총액은 14조~1,100억 원, 계열회사는 66~1개, 그리고 지주비율은 98.4~58.3% 사이이다.

또 설립 시기는 2000년부터 2011년까지 다양하다.

제4절(지주회사체제를 채택한 재벌, 2001~2011년: (1) 연도별 현황)과 제5절(지주회사체제를 채택한 재벌, 2001~2011년: (2) 재벌별 현황)에서는 지주회사체제를 채택한 재벌을 두 가지 관점에서 조명한다.

제4절에서는 먼저 28개 재벌의 적극적인 지주회사체제 채택 여부, 재벌 순위, 지주회사체제 달성 비율, 지주회사체제 편입 계열회사 등 네 가지 측면과 관련된 주요 추세를 개관하며, 뒤의 세 측면의 특징을 보다 상세하게 분석한다. 첫째, 28개 재벌 중 9개는 재벌 순위 10위 이내 그리고 9개는 11~30위에 속한 적이 있었다. 둘째, 28개 재벌 중 10개에서는 지주회사체제 달성비율이 70% 이상 그리고 6개에서는 50~69% 사이에 속한 적이 있었다. 셋째, 28개 재벌 중 6개에서는 지주회사체제에 편입된 계열회사가 30개 이상 그리고 12개에서는 10~29개 사이에 속한 적이 있었다.

제5절에서는 28개 재벌을 세 부류(2011년 현재 적극적인 지주회사체제를 채택한 15개, 2011년 이전에 적극적인 지주회사체제를 채택한 6개, 소극적인 지주회사체제를 채택한 7개)로 나누어 각 재벌에서의 지주회사체제 성립과정을 재조명한다. 2011년 현재 지주회사체제를 채택하고 있는 15개 재벌에는 1~10위 4개(SK, LG, GS, 한진), 11~30위 6개(두산, LS, CJ, 부영, 현대백화점, 한진중공업), 31위 이하 5개(웅진, 코오롱, 하이트진로, 대성, 세아) 등이 포함되어 있다. 2011년 이전에 적극적인 지주회사체제를 채택한 6개 재벌은 금호아시아나, STX, 동원, 농심, 태평양 그리고 오리온이다. 소극적인 지주회사체제를 채택한 7개 재벌 중에서는 5개(삼성, 한화, 동부, 대한전선, 태광)는 2011년 현재에도 체제를 유지하고 있고 2개(현대자동차, 롯데)는 2011년 이전에 체제를 유지한 적이 있었다.

제6절(재벌 소속 일반지주회사, 2001~2011년)에서는 28개 재벌 소속 39개 일반지주회사와 관련된 내용을 분석한다.

먼저 적극적인 지주회사체제를 채택한 재벌 소속 여부, 일반지주회사 순위, 자산총액, 계열회사, 지주비율 등 다섯 가지 측면과 관련된 주요 추세를 정리하며, 뒤의 네 측면과 관련된 특징을 보다 상세하게 살펴본다. 첫째, 39개 일반지주회사 중 20개는 전체 공정거래법상 일반지주회사 중 10위 이내 그리고 11개는 11~30위에 속한 적이 있었다. 둘째, 39개 지주회사 중 19개는 1조 원 이상 그리고 15개는 2~9천억 원의 자산을 보유한 적이 있었다. 셋째, 39개 지주회사 중 5개는 30개 이상 그리고 16개는 1~29개의 계열회사를 가진 적이 있었다. 넷째, 39개 지주회사 중 18개는 90% 이상 그리고 10개는 70~89%의 지주비율을 가진 적이 있었다.

마지막으로 제7절(맺음말)에서는 앞의 논의를 요약, 정리한다.

2. 재벌과 지주회사체제, 2001~2011년: 개관

2.1 연도별 추세

'공정거래법상 일반지주회사'를 계열회사로 둔 '공정거래법상 대규모사기업집단(이하 재벌)'은 2001년 이후 28개이며 관련 일반지주회사는 모두 39개이다 (<표 2.1>, <그림 2.1>, <그림 2.2>, <그림 2.3>, <그림 2.4>).

첫째, 일반지주회사를 가진 재벌은 2001년 2개이던 것이 2005년에는 9개로 늘어났으며 2007년(14개)에는 처음으로 10개를 넘어섰다. 2008~2009년에는 11~13개로 조금 줄어들었다가 2010년 17개로 다시 늘어났으며 2011년에는 20개로 더욱 늘어나 역대 최고치를 기록하였다. 2001년 이후 지주회사체제를 채택한 재벌은 모두 28개이며, 이 중 8개 재벌 소속의 8개 일반지주회사는 2011년 이전에 법률상의 지주회사 지위를 상실하였다.

둘째, 전체 공정거래법상 재벌 중에서 일반지주회사를 보유한 재벌이 차지하는 비중 또한 지속적으로 증가하였다. 2001년 7%(30개 재벌 중 2개)에 불과하던 것이 2005년에는 19%(48개 중 9개)로, 그리고 2007년에는 25%(55개 중 14개)로 늘어났다. 2009년에는 33%(39개 중 13개)로 더욱 증가하였으며, 2011년 현재의 비중은 44%(45개 중 20개)로 역대 최고치를 보이고 있다.

셋째, 지주회사체제를 채택한 28개 재벌 중 21개는 적극적인 지주회사체제를 채택하였다. 즉 재벌 전체 계열회사의 대다수가 일반지주회사 및 그 계열회사였다. 나머지 7개 재벌은 소극적인 지주회사체제를 채택하여 계열회사의 일부만이 지주회사체제에 편입되었다. 적극적인 지주회사체제를 채택한 21개 재벌 중 4개는 처음에는 소극적인 지주회사체제를 채택하였다가 이후에 적극적인 지주회사체제로 발전하였다.

2001년(1개 vs. 1개)과 2005년(4개 vs. 5개)을 제외하고는 적극적인 지주회사체제를 채택한 재벌이 소극적인 지주회사체제를 채택한 재벌보다 많았는데, 2006년까지(3~5개 vs. 1~4개)는 1~2개 차이가 나다가 2007년부터는 매년 격차가 더욱 벌어져 5~10개의 차이가 났다. 2007년 6개(10개 vs. 4개), 2008년 5개(8개 vs. 3개), 2009년 7개(10개 vs. 3개), 2010년 9개(13개 vs. 4개), 2011년 10개(15개 vs. 5개) 등이었다.

넷째, 2001년 이후 28개 재벌에 소속된 일반지주회사는 모두 39개이다. 2001~2004년에는 재벌 소속 일반지주회사의 수(2~6개)가 재벌 수(2~6개)와 같았다. 즉 재벌들이 각각 1개씩의 일반지주회사만 보유하였다. 그러다가 2005년부터 2개 이상의 일반지주회사를 보유

〈표 2.1〉 지주회사체제를 채택한 재벌, 2001~2011년 (개, %)

(A) 지주회사체제를 채택한 재벌

	2001	2003	2004	2005	2006	2007	2008	2009	2010	2011	총합
공정거래법상 재벌 (a, 개)	30	42	45	48	52	55	68	39	43	45	
지주회사체제 채택 재벌 (b, 개)	2	4	6	9	9	14	11	13	17	20	28
적극적 지주회사체제	1	3	4	4	5	10	8	10	13	15	21
소극적 지주회사체제	1	1	2	5	4	4	3	3	4	5	7
b/a (%)	7	10	13	19	17	25	16	33	40	44	

(B) 재벌 소속 일반지주회사

	2001	2003	2004	2005	2006	2007	2008	2009	2010	2011	총합
공정거래법상 지주회사 (c, 개)	9	15	19	22	27	36	55	70	84	92	
재벌 소속 지주회사 (d, 개)	2	4	6	10	10	15	13	16	22	26	39
적극적 지주회사체제 소속	1	3	4	4	5	11	10	13	18	21	30
소극적 지주회사체제 소속	1	1	2	6	5	4	3	3	4	5	9
d/c (%)	22	27	32	45	37	42	24	23	26	28	

주: 1) 재벌은 4월 현재; 지주회사는 2001~2003년 7월, 2004년 5월, 2005~2007년 8월, 2008~2011년 9월 현재.
2) 2001년에는 30대 대규모기업집단만 지정, 2003~2011년 공기업집단 제외.
3) 3개 연도(2001, 2004, 2006년)의 공정거래위원회 '지주회사' 자료에는 집단 소속 지주회사 표시 없음. '집단' 자료 및 다른 연도의 '지주회사' 자료로 보완함.
4) 사기업집단 중 금융 관련 집단인 한국투자금융그룹(2009~2011년)과 미래에셋그룹(2010~2011년)은 분석에서 제외함.
5) 금융지주회사 중 대규모기업집단 소속: 2003년 1개 (동원그룹 동원금융지주), 2004년 2개 (삼성그룹 삼성에버랜드; 동원그룹 동원금융지주), 2009년 2개 (한국투자금융그룹 한국투자금융지주, 한국투자운용지주), 2010년 3개 (한국투자금융그룹 한국투자금융지주, 한국투자운용지주; 미래에셋그룹 미래에셋컨설팅), 2011년 2개 (한국투자금융그룹 한국투자금융지주, 한국투자운용지주).
출처: 〈부록 4〉, 공정거래위원회 홈페이지 자료.

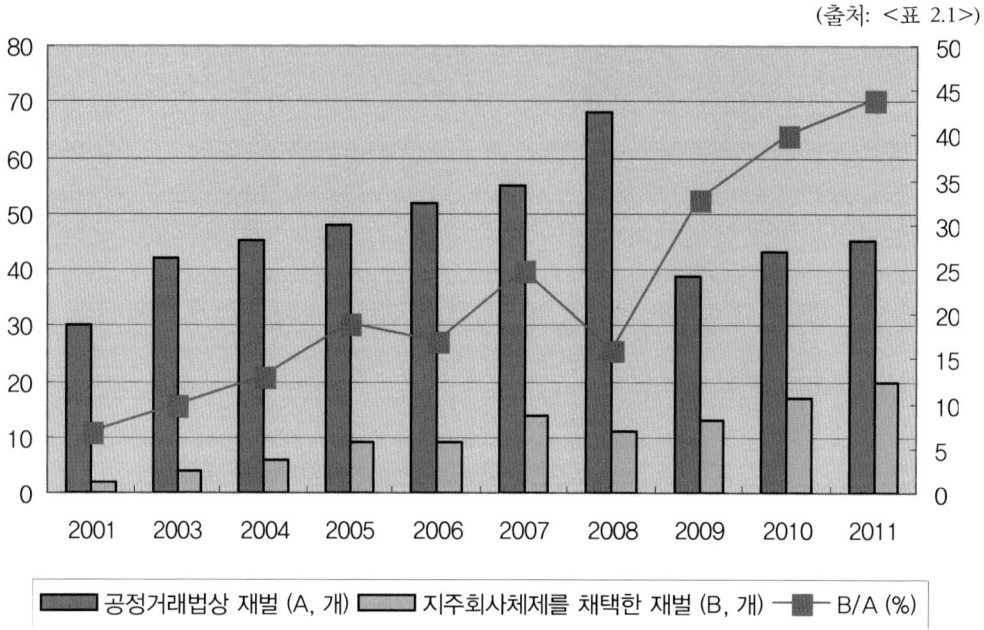

〈그림 2.1〉 지주회사체제를 채택한 재벌, 2001~2011년:
(1) 연도별 비중 (개, %)

(출처: <표 2.1>)

공정거래법상 재벌 (A, 개) ■ 지주회사체제를 채택한 재벌 (B, 개) ■ B/A (%)

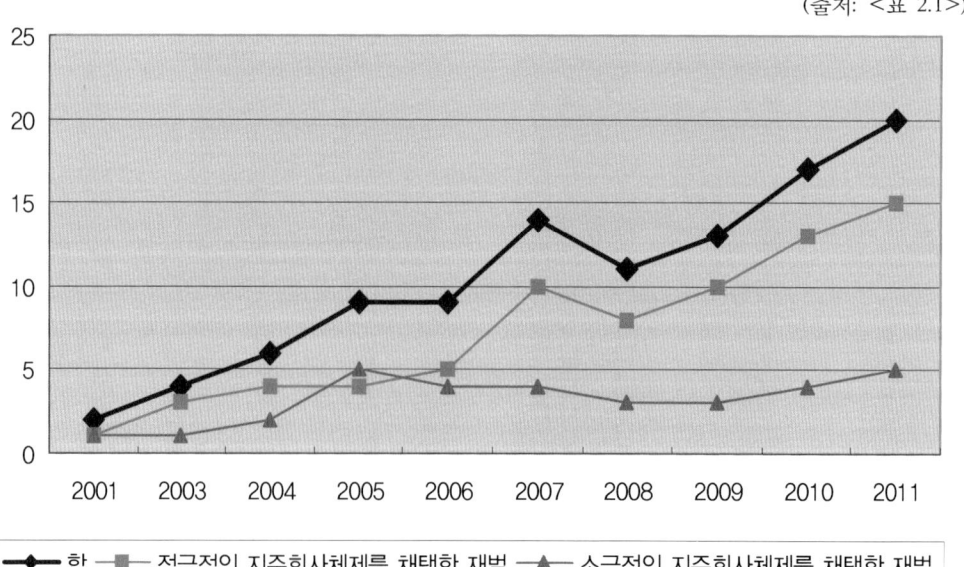

〈그림 2.2〉 지주회사체제를 채택한 재벌, 2001~2011년:
(2) 적극적인 지주회사체제를 채택한 재벌 vs. 소극적인 지주회사체제를 채택한 재벌 (개)

(출처: <표 2.1>)

합 ■ 적극적인 지주회사체제를 채택한 재벌 ▲ 소극적인 지주회사체제를 채택한 재벌

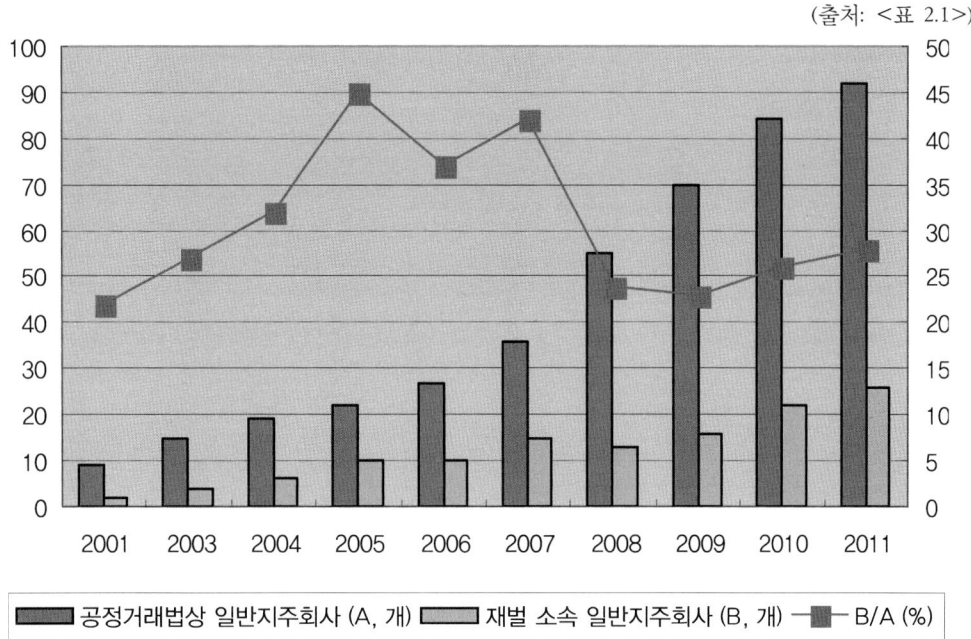

〈그림 2.3〉 재벌 소속 일반지주회사, 2001~2011년:
(1) 연도별 비중 (개, %)

(출처: <표 2.1>)

공정거래법상 일반지주회사 (A, 개) 재벌 소속 일반지주회사 (B, 개) B/A (%)

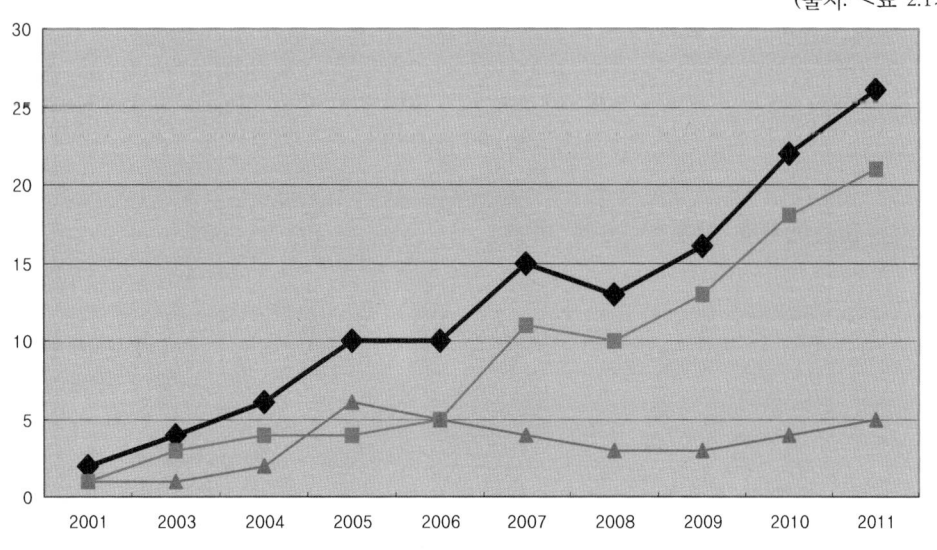

〈그림 2.4〉 재벌 소속 일반지주회사, 2001~2011년:
(2) 적극적인 지주회사체제를 채택한 재벌 소속 일반지주회사 vs.
소극적인 지주회사체제를 채택한 재벌 소속 일반지주회사 (개)

(출처: <표 2.1>)

합 적극적인 지주회사제제를 채택한 재벌 소속 일반지주회사 소극적인 지주회사체제를 채택한 새벌 소속 일반시주회사하는 재벌들이 생기면서 재벌 소속 일반지주회사의 수가 재벌 수보다 1~6개 많아졌으며 매년 격차가 더 벌어졌다. 2005~2007년 1개(재벌 소속 일반지주회사 10~15개 vs. 재벌 9~14개), 2008년 2개(13개 vs. 11개), 2009년 3개(16개 vs. 13개), 2010년 5개(22개 vs. 17개), 2011년 6개(26개 vs. 20개) 등이었다.

다섯째, 전체 일반지주회사 중에서 재벌 소속 지주회사가 차지하는 비중은 '증가 후 감소'의 추세를 보이고 있다. 2001년에는 1/4 이하(22%, 9개 일반지주회사 중 2개 지주회사)이던 것이 2005년(45%, 22개 중 10개)과 2007년(42%, 36개 중 15개)에는 절반 가까이 되었는데, 이후 신설 지주회사의 수가 급속하게 늘어나면서 그 비중이 1/4 수준으로 낮아졌다. 2008년 24%(55개 중 13개), 2009년 23%(70개 중 16개), 2010년 26%(84개 중 22개), 그리고 2011년 28%(92개 중 26개)였다.

마지막으로 여섯째, 재벌 소속 39개 일반지주회사 중 30개는 적극적인 지주회사체제를 채택한 21개 재벌 소속이고 나머지 9개는 소극적인 지주회사체제를 채택한 7개 재벌 소속이다. 앞의 30개 일반지주회사 중 4개가 속한 4개 재벌은 처음에는 소극적인 지주회사체제를 채택했다가 이후 적극적인 지주회사체제로 전환되었다.

2001년(1개 vs. 1개)과 2005~2006년(4~5개 vs. 5~6개)을 제외하고는 적극적인 지주회사체제를 채택한 재벌에 소속된 지주회사가 소극적인 지주회사체제를 채택한 재벌에 소속된 지주회사보다 더 많았는데, 2003~2004년(3~4개 vs. 1~2개)에는 2개 차이가 나다가 2007년부터는 매년 격차가 벌어져 7~16개의 차이가 났다. 2007년 7개(11개 vs. 4개), 2008년 7개(10개 vs. 3개), 2009년 10개(13개 vs. 3개), 2010년 14개(18개 vs. 4개), 2011년 16개(21개 vs. 5개) 등이었다.

2.2 지주회사체제를 채택한 28개 재벌

2001년 이후 2011년까지 지주회사체제를 채택한 28개 재벌 중 20개는 2011년 현재에도 지주회사체제를 유지하고 있고, 28개 중 21개는 적극적인 지주회사체제를 채택하였으며, 28개 중 22개는 2005년 이후에 지주회사체제를 채택하였다 (<표 2.2>).

첫째, 2011년 현재 지주회사체제를 채택하고 있는 20개 재벌 중 15개는 적극적인 지주회사체제를, 그리고 5개는 소극적인 지주회사체제를 채택하였다. 2011년 이전에 지주회사체제를 채택한 적이 있는 8개 재벌 중에서는 6개가 적극적인 지주회사체제를 유지하였다.

둘째, 적극적인 지주회사체제를 채택한 21개 재벌 중 15개는 2011년 현재에도 체제를 유지하고 있다. 재벌 순위 10위 이내인 재벌이 4개(3위 SK, 4위 LG, 8위 GS, 9위 한진), 11~30위가 5개(12위 두산, 15위 LS, 16위 CJ, 23위 부영, 30위 현대백화점), 그리고 31위 이하가 6개이다(31위 한진중공업, 32위 웅진, 33위 코오롱, 42위 하이트진로, 43위 대성, 44위 세아). 지주회사체제 달성 비율, 즉 재벌 전체 계열회사 중 지주회사체제에 편입된 회사의

〈표 2.2〉 지주회사체제를 채택한 28개 재벌, 2000~2011년

	2011년 현재 존속	2011년 이전 존속
적극적인 지주회사체제	(15개) 1~10위: SK, LG, GS, 한진 11~30위: 두산, LS, CJ, 부영, 현대백화점 31위 이하: 한진중공업, 웅진, 코오롱, 　　　　　하이트진로, 대성, 세아	(6개) 금호아시아나 STX 동원, 농심, 태평양, 오리온
소극적인 지주회사체제	(5개) 1~10위: 삼성, 한화 11~30위: 동부 31위 이하: 대한전선, 태광	(2개) 현대자동차, 롯데
2000~2004년 시작	(4개) 2000: SK 2001: LG 2003: - 2004. 세아, 심성	(2개) 동원, 농심
2005~2009년 시작	(9개) 2005: GS, 한화 2006: 현대백화점 2007: CJ, 한진중공업 2008: LS, 대한전선 2009: 두산, 웅진	(6개) STX, 롯데 금호아시아나, 태평양, 오리온, 현대자동차
2010~2011년 시작	(7개) 2010: 한진, 코오롱, 하이트진로, 부영 2011: 대성, 동부, 태광	

주: 시작 연도는 공정거래법상 대규모기업집단으로서 지주회사를 보유한 첫 연도.
출저 〈부록 4〉.

비중은 4개 재벌(부영, 한진, GS, 현대백화점)에서는 50% 미만으로 상대적으로 낮은 반면 나머지 11개에서는 80% 내외로 매우 높으며 100%인 재벌도 1개(한진중공업) 있다. 4개 재벌(SK, GS, CJ, 부영)의 경우에는 처음에는 소극적인 지주회사체제를 채택하였으며 이후 적극적인 지주회사체제로 재편되었다.

2011년 이전에 적극적인 지주회사체제를 유지한 적이 있는 6개 재벌 중에서는 1~10위가 1개(금호아시아나, 2007~2008년 9~10위), 11~30위가 1개(STX, 2005년 28위), 그리고 31위 이하가 4개(동원, 2003~2004년 31~32위; 농심, 2003~2007년 39~46위; 태평양, 2007년 48위; 오리온, 2007년 54위)이다. 지주회사체제 달성 비율은 60% 내외였다.

한편 2011년 현재 소극적인 지주회사체제를 채택하고 있는 재벌은 5개이며, 순위가 1~10위인 재벌이 2개(삼성 1위, 한화 10위), 11~30위 1개(동부 20위), 그리고 31위 이하 2개(대한전선 39위, 태광 46위)이다. 또 2011년 이전에 소극적인 지주회사체제를 채택했던 2개 재벌(롯데, 2005~2006년 5위; 현대자동차, 2007년 2위)은 순위가 5위 이내였다. 지주회사체제 비율은 10% 미만이 3개(삼성, 동부, 현대자동차), 10~19%가 1개(롯데), 그리고 20~22%가 3개(한화, 대한전선, 태광)였다.

그리고 셋째, 28개 재벌 중 6개는 2000~2004년 사이에, 그리고 나머지 22개는 2005년 이후에 지주회사체제를 도입하였다.

지주회사체제를 최초로 도입한 재벌은 2000년의 SK그룹이다. 2006년까지는 소극적인 지주회사체제를 유지하다가 2007년부터 적극적인 지주회사체제를 구축하기 시작하였다. 2001년 LG그룹이 두 번째로 지주회사체제를 도입하였으며, 2003년에는 동원과 농심이, 그리고 2004년에는 세아와 삼성이 그 뒤를 이었다.

따라서 지주회사체제를 채택한 28개 재벌 중 1/5가량(6개, 21%)만 2000년대 전반에 시작하였으며, 이들 중 4개(SK, LG, 세아, 삼성)는 2011년 현재에도 지주회사체제를 유지하고 있고, 앞의 3개 재벌은 적극적인 지주회사체제를 채택하고 있다. 2011년 현재 SK그룹의 지주회사체제 역사가 11년으로 가장 오래되었고, 그다음이 LG그룹 10년, 세아그룹 7년 등의 순이다.

28개 재벌 중 대다수인 22개(79%)는 2005년 이후 지주회사체제를 채택하였으며 따라서 도입 역사가 6년 또는 그 이하로 짧다. 2005~2009년 사이에 15개 재벌이 그리고 2010~2011년에 7개 재벌이 지주회사체제를 도입하였으며, 2007년에 가장 많은 6개가 관련되어 있다: 2005년 4개 (GS, 한화, 롯데, STX); 2006년 1개 (현대백화점); 2007년 6개 (CJ, 한진중공업, 금호아시아나, 태평양, 오리온, 현대자동차); 2008년 2개 (LS, 대한전선); 2009년 2개 (두산, 웅진); 2010년 4개 (한진, 코오롱, 하이트진로, 부영); 2011년 3개 (대성, 동부, 태광). 이들 중 GS(2005년), CJ(2007년), 부영(2010년) 등 3개 재벌은 첫해에는 소극적인 지주회사체제로 출발하였다가 2년째부터 적극적인 지주회사체제를 구축하였다.

2005년 이후 지주회사체제를 도입한 22개 재벌 중 16개는 2011년 현재에도 지주회사체제를 유지하고 있으며, 이들 중 12개(GS, 현대백화점, CJ, 한진중공업, LS, 두산, 웅진, 한진, 코오롱, 하이트진로, 부영, 대성)는 적극적인 지주회사체제를, 그리고 나머지 4개(한화, 대한전선, 동부, 태광)는 소극적인 지주회사체제를 채택하고 있다.

2.3 재벌 소속 39개 일반지주회사

2001년 이후 2011년까지 28개 재벌에 소속된 39개 일반지주회사 중 31개는 2011년 현재 지주회사체제를 채택하고 있는 20개 재벌 소속이고, 39개 지주회사 중 30개는 적극적인 지주회사체제를 채택한 21개 재벌 소속이며, 39개 지주회사 중 33개는 2005년 이후에 재벌에 소속되기 시작하였다. 또 39개 지주회사 중 17개는 2~4개씩 각각 7개 재벌에 속하였다 (<표 2.3>).

첫째, 39개 일반지주회사 중 31개는 2011년 현재 지주회사체제를 채택하고 있는 20개 재벌 소속이며, 이들 중 5개 지주회사(CJ오쇼핑 2007~2010년, CJ그룹; 오미디어홀딩스 2010년, CJ; 온미디어 2010년, CJ; 두산모트롤홀딩스 2009년, 두산; 드림파마 2007~2009년, 한화)는 2011년 이전에 존속하였다. 39개 지주회사 중 나머지 8개는 2011년 이전에 지주회사체제를 채택한 적이 있는 8개 재벌 소속이었다: 농심홀딩스 (농심그룹, 2003~2007년), 동원엔터프라이즈 (동원, 2003~2004년), (주)STX (STX, 2005년), 금호산업 (금호아시아나, 2007~2008년), 태평양 (태평양, 2007년), 온미디어 (오리온, 2007년), 롯데물산과 롯데산업 (롯데, 2005~2006년), 차산골프장지주회사 (현대자동차, 2007년). 1개 지주회사(온미디어)의 경우에는 소속 재벌(2007년 오리온, 2010년 CJ)이 변경되었다.

둘째, 39개 일반지주회사 중 30개는 적극적인 지주회사체제를 채택한 21개 재벌 소속이고, 나머지 9개는 소극적인 지주회사체제를 채택한 7개 재벌 소속이다.

적극적인 지주회사체제를 채택한 21개 재벌 소속의 30개 일반지주회사 중에서는 25개가 2011년 현재 적극적인 지주회사체제를 채택하고 있는 15개 재벌 소속이며, 25개 지주회사

〈표 2.3〉 28개 재벌 소속 39개 일반지주회사, 2001~2011년

(A) 2011년 현재 지주회사체제를 채택한 20개 재벌 소속 31개 지주회사
ⓐ 적극적인 체제를 채택한 15개 재벌 소속 25개 지주회사

그룹	2001	2003	2004	2005	2006	2007	2008	2009	2010	2011
SK	SK엔론	SK엔론	SK엔론	SK엔론	SK E&S	SK E&S SK(주)	SK E&S SK(주)	SK E&S SK(주)	SK E&S SK(주)	SK E&S SK(주) SK 이노베이션
CJ						CJ홈쇼핑	CJ홈쇼핑 CJ(주)	CJ오쇼핑 CJ(주) 오미디어홀딩스 온미디어	CJ오쇼핑 CJ(주)	CJ(주)
두산								두산 두산모트롤홀딩스	두산 디아이피홀딩스	두산 디아이피홀딩스
부영									부영	부영 동광주택산업
대성										대성홀딩스 대성합동지주 서울도시개발
LG	(주)LGCI	(주)LG	(주)LG	(주)LG	(주)LG	(주)LG	(주)LG	(주)LG	(주)LG	(주)LG
세아		세아홀딩스	세아홀딩스	세아홀딩스	세아홀딩스	세아홀딩스		세아홀딩스	세아홀딩스	세아홀딩스
GS				GS홀딩스	GS홀딩스	GS홀딩스	GS홀딩스	(주)GS	(주)GS	(주)GS
현대백화점	현대백화점				(주)HC&	(주)HC&	(주)HC&	(주)HC&	(주)HC&	현대HC&
한진중공업	한진중공업					한진중공업홀딩스	한진중공업홀딩스	한진중공업홀딩스	한진중공업홀딩스	한진중공업홀딩스
LS						(주)LS	(주)LS	(주)LS	(주)LS	(주)LS
웅진								웅진홀딩스	웅진홀딩스	웅진홀딩스
한진									한진해운홀딩스	한진해운홀딩스
코오롱									코오롱	코오롱
하이트진로	하이트진로								하이트홀딩스	하이트홀딩스

ⓑ 소극적인 체제를 채택한 5개 재벌 소속 6개 지주회사

그룹	2001	2003	2004	2005	2006	2007	2008	2009	2010	2011
한화			한화도시개발	한화도시개발	드림파마	드림파마	드림파마		한화도시개발	한화도시개발
삼성			삼성종합화학	삼성종합화학	삼성종합화학	삼성종합화학	삼성종합화학	삼성종합화학	삼성종합화학	삼성종합화학
대한전선							티이씨앤코	티이씨앤코	티이씨앤코	티이씨앤코
동부										동부인베스트먼트
태광										티브로드홀딩스

(B) 2011년 이전에 지주회사체제를 채택한 8개 재벌 소속 9개 지주회사
ⓐ 적극적인 체제를 채택한 6개 재벌 소속 6개 지주회사

농심	농심홀딩스	농심홀딩스	농심홀딩스	농심홀딩스	농심홀딩스		
동원	동원 엔터프라이즈	동원 엔터프라이즈					
STX			(주)STX				
금호아시아나						금호산업	금호산업
태평양						태평양	
오리온						온미디어	

ⓑ 소극적인 체제를 채택한 2개 재벌 소속 3개 지주회사

롯데			롯데물산	롯데물산	
			롯데산업	롯데산업	
현대자동차			차산골프장 지주회사		

주: 1) 2001~2003년 7월, 2004년 5월, 2005~2007년 8월, 2008~2011년 9월 현재.
　　2) SK엔론 = SK E&S, CJ홈쇼핑 = CJ오쇼핑, (주)LGCI = (주)LG, GS홀딩스 = (주)GS, (주)HC& = 현대HC&,
　　　하이트진로그룹 = 2010년 하이트맥주그룹.
　　3) 온미디어: 2007년 오리온그룹, 2010년 CJ그룹 소속.
출처: 〈부록 4〉.

중 4개(CJ오쇼핑 2007~2010년, CJ그룹; 오미디어홀딩스 2010년, CJ; 온미디어 2010년, CJ; 두산모트롤홀딩스 2009년, 두산)는 2011년 이전에 존속하였다. 21개 재벌 소속 30개 지주회사 중 나머지 6개는 2011년 이전에 적극적인 지주회사체제를 채택한 적이 있는 6개 재벌 소속이었다: 농심홀딩스 (농심그룹, 2003~2007년), 동원엔터프라이즈 (동원, 2003~2004년), (주)STX (STX, 2005년), 금호산업 (금호아시아나, 2007~2008년), 태평양 (태평양, 2007년), 온미디어 (오리온, 2007년). 1개 지주회사(온미디어)는 2개 재벌(오리온, CJ)에 관련되어 있었다.

　소극적인 지주회사체제를 채택한 7개 재벌 소속의 9개 일반지주회사 중에서는 6개가 2011년 현재 소극적인 지주회사체제를 채택하고 있는 5개 재벌 소속이며, 1개(드림파마 2007~2009년, 한화그룹)는 2011년 이전에 존속하였고 나머지 5개(한화도시개발(한화), 삼성종합화학(삼성), 티이씨앤코(대한전선), 동부인베스터먼트(동부), 티브로드홀딩스(태광))는 2011년 현재에도 존속하고 있다. 7개 재벌 소속 9개 지주회사 중 나머지 3개(롯데물산과 롯데산업 2005~2006년, 롯데; 차산골프장지주회사 2007년, 현대자동차)는 2011년 이전에 소극적인 지주회사체제를 채택한 2개 재벌 소속이었다.

셋째, 39개 일반지주회사 중 33개는 2005년 이후에 그리고 나머지 6개는 2001~2004년 사이에 재벌에 소속되기 시작하였다.

2005년 이전에 재벌에 소속되기 시작한 지주회사는 6개이다: 2000년 SK엔론(이후 SK E&S; SK그룹), 2001년 (주)LGCI(이후 (주)LG; LG), 2003년 농심홀딩스(농심)와 동원엔터프라이즈(동원), 2004년 세아홀딩스(세아)와 삼성종합화학(삼성). 이들 중 동원엔터프라이즈는 2004년까지 그리고 농심홀딩스는 2007년까지 각각 2년, 5년 동안만 존속하였으며, 나머지 4개 지주회사는 2011년 현재까지 존속해 오고 있다. 세아홀딩스는 2008년 소속 재벌이 공정거래법상 재벌에서 제외되었다. 한편 삼성종합화학 소속 재벌은 소극적인 지주회사체제를 채택하였으며, SK E&S 소속 재벌은 2006년까지 소극적인 체제를 유지하다가 2007년부터 적극적인 체제로 전환하였다. 나머지 4개 지주회사 소속 재벌은 적극적인 지주회사체제를 채택하였다.

2005년 이후에 재벌에 소속되기 시작한 33개 일반지주회사 중에서는 대다수인 20개가 2005~2009년과 관련이 있었다: ① 2005년 5개 지주회사 – GS홀딩스 (이후 (주)GS; GS그룹), 한화도시개발 (한화), 롯데물산과 롯데산업 (롯데), (주)STX (STX); ② 2006년 1개 – (주)HC& (이후 현대HC&; 현대백화점); ③ 2007년 8개 – SK(주) (SK), CJ홈쇼핑 (이후 CJ오쇼핑; CJ), 한진중공업홀딩스 (한진중공업), 금호산업 (금호아시아나), 태평양 (태평양), 온미디어 (오리온), 차산골프장지주회사 (현대자동차), 드림파마 (한화); ④ 2008년 3개 – CJ(주) (CJ), (주)LS (LS), 티이씨앤코 (대한전선); ⑤ 2009년 3개 – 두산과 두산모트롤홀딩스 (두산), 웅진홀딩스 (웅진).

이 20개 지주회사 중 10개는 2011년 이전에 각각 1~4년 동안만 존속하였다: (주)STX (2005년), 롯데물산과 롯데산업 (2005~2006년), 태평양 (2007년), 차산골프장지주회사 (2007년), 금호산업 (2007~2008년), 드림파마 (2007~2009년), CJ오쇼핑 (2007~2010년), 온미디어 (2007, 2010년), 두산모트롤홀딩스 (2009년). 한화도시개발의 경우에는 2005~2006년 그리고 2010~2011년의 기간에 존속해 오고 있다. 한편 롯데물산과 롯데산업, 한화도시개발과 드림파마, 차산골프장지주회사, 티이씨앤코 등 6개 지주회사 소속의 4개 재벌은 소극적인 지주회사체제를 채택하였고, GS홀딩스(2005년)와 CJ홈쇼핑(2007년) 소속의 2개 재벌은 소속 첫해에는 소극적인 지주회사체제를 채택하였고 2년째부터는 적극적인 지주회사체제로 발전하였다.

2005년 이후 재벌에 소속되기 시작한 33개 일반지주회사 중 나머지 13개는 2010~2011년과 관련이 있었다: ① 2010년 6개 지주회사 － 한진해운홀딩스 (한진그룹), 코오롱 (코오롱), 하이트홀딩스 (하이트진로, 이전 하이트맥주), 부영 (부영), 오미디어홀딩스 (CJ), 디아이피홀딩스 (두산); ② 2011년 7개 － SK이노베이션 (SK), 동광주택산업 (부영), 대성홀딩스, 대성합동지주 및 서울도시개발 (대성), 동부인베스트먼트 (동부), 티크보드홀딩스 (태광).

이 13개 지주회사 중 1개(오미디어홀딩스)는 2010년에만 존속하였다. 또, 2개 지주회사(동부인베트스먼트, 티브르드홀딩스)가 소속된 2개 재벌은 소극적인 지주회사체제를 채택하였으며, 1개 지주회사(부영)가 소속된 재벌은 첫해에는 소극적인 지주회사체제를 채택한 뒤 2년째부터 적극적인 지주회사체제로 재편되었다.

마지막으로 넷째, 39개 일반지주회사 중 19개는 7개 재벌(CJ, SK, 두산, 대성, 부영, 한화, 롯데) 소속이며, 나머지 20개 지주회사는 21개 재벌 소속이다. 1개 지주회사(온미디어)는 2개 재벌(오리온, CJ)에 관련되어 있었다. 즉 7개 재벌은 2개 이상의 지주회사를 가진 적이 있었으며 나머지 21개 재벌은 각각 1개씩의 지주회사를 가졌다. 앞의 7개 재벌 중 1개(롯데)를 제외한 나머지 6개 재벌은 2011년 현재에도 지주회사체제를 유지하고 있으며, 이 6개 중 1개(한화)를 제외한 나머지 5개는 적극적인 지주회사체제를 채택하고 있다.

CJ그룹이 가장 많은 4개의 지주회사를 보유한 적이 있었다. 2007년에는 1개 지주회사(CJ홈쇼핑, 이후 CJ오쇼핑)를 보유하여 소극적인 지주회사체제로 출발하였다가 2008년부터는 1~4개의 지주회사를 중심으로 적극적인 지주회사체제를 구축하였다. 2008년 2개 지주회사(CJ홈쇼핑, CJ(주)), 2009년 4개(CJ오쇼핑, CJ(주), 오미디어홀딩스, 온미디어), 2010년 2개(CJ오쇼핑, CJ(주)), 2011년 1개(CJ(주)) 등이었다.

SK, 두산 그리고 대성은 각각 3개씩의 일반지주회사를 보유하였다. SK는 2001~2006년에는 1개 지주회사(SK엔론, 이후 SK E&S)만 가지고 소극적인 지주회사체제를 유지하였으며, 2007년부터 2개 지주회사(SK E&S, SK(주))를 중심으로 적극적인 지주회사체제를 구축하였다. 2011년에는 1개 지주회사(SK이노베이션)가 더 추가되었다. 대성은 2011년 3개의 지주회사(대성홀딩스, 대성합동지주, 서울도시개발)로 출발하였다. 두산의 경우, 2009년(두산, 두산모트롤홀딩스)과 2010~2011년(두산, 다아피홀딩스)에 각각 2개의 지주회사를 가졌는데, 전체 수는 3개이다.

부영, 한화 그리고 롯데는 각각 2개씩의 일반지주회사를 보유하였다. 부영은 2010년에는 지주회사가 1개(부영)였다가 2011년에 1개(동광주택산업)가 추가되었다. 한화는 2005~

2006년과 2010~2011년에는 한화도시개발을 그리고 2007~2009년에는 드림파마를 지주회사로 두었다. 롯데는 2005~2006년 2개의 지주회사(롯데물산, 롯데산업)를 가진 적이 있었다.

3. 재벌과 지주회사체제, 2011년

3.1 지주회사체제를 채택한 20개 재벌

2011년 9월 현재 공정거래법상 일반지주회사를 계열회사로 가지고 있는 재벌은 20개이다. 지주회사체제를 채택한 재벌 '20개'는 2001년 이후 가장 큰 수치이며, 공정거래법상 재벌(45개) 중에서의 비중 또한 44%로 역대 최고치이다. 20개 재벌 중 15개는 적극적인 지주회사체제를 채택하였으며, 20개 중 6개는 재벌 순위가 10위 이내이다. 20개 재벌의 지주회사체제 달성 비율은 100~3%, 그리고 지주회사체제에 편입된 계열회사는 72~2개 사이이다. 또 20개 재벌 중 4개는 2~3개씩의 지주회사를 가지고 있다 (<표 2.4>, <그림 2.5>; <표 2.1>, <표 2.2>, <표 2.5> 참조).

첫째, 20개 재벌 중 15개는 적극적인 지주회사체제를 그리고 나머지 5개는 소극적인 지주회사체제를 채택하고 있다.

둘째, 적극적인 지주회사체제를 채택한 15개 재벌 중 4개는 공정거래위원회 지정(2011년 4월 현재) 재벌 순위 10위 이내에 속한다. 5개는 11~30위 그리고 6개는 31위 이하이다.

SK(3위)와 LG(4위)는 5위 이내이며, GS(8위)와 한진(9위)은 6~10위이다. 또 두산(12위), LS(15위), CJ(18위) 등 3개 재벌은 11~20위, 그리고 부영(23위)과 현대백화점(30위)은 21~30위이다. 31위 이하 순위의 6개 재벌 중에서는 30위권과 40위권이 각각 3개씩이다: 한진중공업 (31위), 웅진 (32위), 코오롱 (33위), 하이트진로 (42위), 대성 (43위), 세아 (44위).

한편 소극적인 지주회사체제를 채택하고 있는 5개 재벌 중에서는 2개가 10위 이내(삼성 1위, 한화 10위), 1개가 11~30위(동부 20위), 그리고 2개가 31위 이하이다(대한전선 39위, 태광 46위).

셋째, 적극적인 지주회사체제를 채택한 15개 재벌의 '지주회사체제 달성 비율'([지주회사체제에 편입된 회사의 수 ÷ 재벌 전체 계열회사 수] × 100)은 100%에서 31%에 이르기까지 다양한 분포를 보이고 있다.

〈표 2.4〉 재벌과 지주회사체제, 2011년 9월:
(1) 20개 재벌 계열회사 중 지주회사체제 편입 회사의 비중 (개, %)

(A) 적극적인 지주회사체제를 채택한 15개 재벌

그룹			지주회사체제				지주회사체제
이름	순위	계열회사 (A, 개)	지주회사 (a)	순위	계열회사 (b, 개)	a+b (B, 개)	달성 비율 (B/A,%)
SK	3	86	SK이노베이션	1	16	17	
			SK(주)	2	46	47	
			SK E&S	13	9	10 [72]	84
LG	4	59	(주)LG	3	50	51	86
GS	8	76	(주)GS	4	31	32	42
한진	9	40	한진해운홀딩스	17	13	14	35
두산	12	25	두산	6	18	19	
			디아이피홀딩스	43	2	3 [21]	84
LS	15	47	(주)LS	7	26	27	57
CJ	16	65	CJ(주)	5	49	50	77
부영	23	16	부영	8	2	3	
			동광주택산업	39	1	2 [5]	31
현대백화점	30	26	현대HC&	29	11	12	46
한진중공업	31	8	한진중공업홀딩스	18	7	8	100
웅진	32	31	웅진홀딩스	9	19	20	65
코오롱	33	39	코오롱	20	30	31	79
하이트진로	42	15	하이트홀딩스	10	12	13	87
대성	43	73	대성합동지주	27	18	19	
			대성홀딩스	40	9	10	
			서울도시개발	88	19	20 [49]	67
세아	44	21	세아홀딩스	16	14	15	71

(B) 소극적인 지주회사체제를 채택한 5개 재벌

이름	순위	계열회사 (A, 개)	지주회사 (a)	순위	계열회사 (b, 개)	a+b (B, 개)	달성 비율 (B/A,%)
삼성	1	78	삼성종합화학	15	1	2	3
한화	10	55	한화도시개발	41	10	11	20
동부	20	38	동부인베스트먼트	42	1	2	5
대한전선	39	23	티이씨앤코	86	4	5	22
태광	46	50	티브로드홀딩스	25	10	11	22

주: 1) 그룹 순위는 2011년 4월 현재 공기업집단을 제외한 47개 사기업집단 중에서의 순위; 지주회사 순위는 2011년 9월 현재 92개 일반지주회사 중에서의 순위; 금융지주회사를 보유한 한국투자금융그룹(45위; 한국투자금융지주, 한국투 자운용지주)은 제외함.

2) SK이노베이션과 SK E&S는 SK(주)의 자회사, 디아이피홀딩스는 두산의 자회사; 출처에는 계열회사의 수가 중복 계산 되어 있어 이들 소정함.

출처: 〈부록 4〉.

<그림 2.5> 재벌과 지주회사체제, 2011년 9월: (1) 지주회사체제 달성 비율 (개, %)

(출처: <표 2.4>)

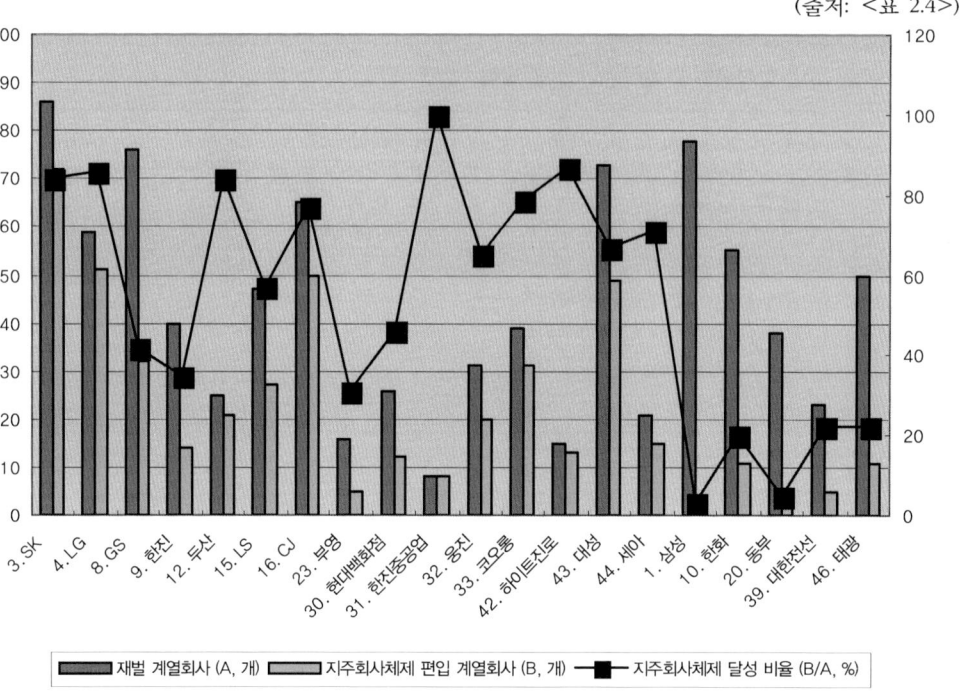

한진중공업(100%)이 가장 완벽한 지주회사체제를 구축하고 있으며, 하이트진로(87%), LG(86%), SK(84%), 두산(84%) 등 4개 재벌에서도 그룹 계열회사의 4/5 이상이 지주회사체제에 편입되어 있다. 또 코오롱(79%), CJ(77%), 세아(71%), 대성(67%), 웅진(65%), LS(57%) 등 6개 재벌에서는 그룹 계열회사의 2/3 내외가 지주회사체제와 관련되어 있다. 반면, 현대백화점(46%), GS(42%), 한진(35%), 부영(31%) 등 4개 재벌에서의 비율은 50% 미만으로 상대적으로 낮은 편이다.

한편 소극적인 지주회사체제를 채택한 5개 재벌 중에서는 대한전선(22%), 태광(22%), 한화(20%) 등 3개 재벌에서 전체 계열회사의 1/5 정도가 지주회사체제에 편입되어 있으며, 동부(5%)와 삼성(3%)에서의 비율은 매우 낮다.

넷째, 적극적인 지주회사체제를 채택한 15개 재벌의 '지주회사체제 편입 계열회사 수'는 72개에서 5개에 이르기까지 다양한 분포를 보이고 있다.

SK(72개)가 월등하게 많고, LG(51개)와 CJ(50개)는 50개 이상이다. 대성(49개), GS(32개),

코오롱(31개), LS(27개), 두산(21개), 웅진(20개) 등 6개 재벌은 20~49개, 그리고 세아(15개), 한진(14개), 하이트진로(13개), 현대백화점(12개) 등 4개 재벌은 10~19개이다. 나머지 2개 재벌은 10개 미만이다(한진중공업 8개, 부영 5개).

그룹 전체의 계열회사 수를 보면, SK(86개)가 가장 많고 그다음이 GS(76개), 대성(73개), CJ(65개), LG(59개), LS(47개), 한진(40개), 코오롱(39개), 웅진(31개) 등의 순이다. 따라서 그룹 계열회사 수 및 지주회사체제 편입 회사 수에서 으뜸인 재벌은 SK(86개 계열회사 중 72개)이며, 대성(73개 중 49개), CJ(65개 중 50개), LG(59개 중 51개), LS(47개 중 27개), 코오롱(39개 중 31개) 등 5개 재벌에서도 두 부류의 회사가 매우 많다.

한편, 소극적인 지주회사체제를 채택한 5개 재벌 중에서는 한화(11개)와 태광(11개)에서 지주회사체제 편입 회사의 수가 10개 이상이고, 대한전선(5개), 삼성(2개), 동부(2개)에서는 5개 이하이다. 그룹 전체 계열회사 수는 삼성(78개), 한화(55개), 태광(50개), 동부(38개), 대한전선(23개) 등의 순서로 많다.

마지막으로 다섯째, 2011년 현재 지주회사체제를 채택하고 있는 20개 재벌 중 4개(SK, 대성, 두산, 부영)는 2~3개씩의 일반지주회사를 가지고 있다. 모두 적극적인 지주회사체제를 채택하고 있는 재벌들이다. 나머지 14개 재벌에서는 지주회사가 1개씩이다.

SK그룹과 대성그룹은 각각 3개씩의 일반지주회사를 보유하고 있다. SK(지주회사체제 달성 비율 84%; 그룹 전체 계열회사 86개 vs. 체제 편입 회사 72개)에서는 주력 지주회사인 SK(주)가 다른 2개 지주회사인 SK이노베이션과 SK E&S를 자회사로 거느리고 있다. SK(주)가 2개 지주회사를 포함하는 46개의 자회사를 가지고 있고, SK이노베이션과 SK E&S가 자신의 계열회사를 각각 16개, 9개 가지고 있는 구조이다. 대성(67%; 73개 vs. 49개)의 경우에는 서울도시개발, 대성합동지주, 대성홀딩스 등 3개 지주회사가 독립적인 지위를 가지면서 각각 19개, 18개, 9개의 계열회사를 거느리고 있다.

두산그룹과 부영그룹은 2개씩의 일반지주회사를 가지고 있다. 두산(84%; 25개 vs. 21개)은 주력 지주회사 두산이 제2의 지주회사인 디아이피홀딩스를 포함하는 18개의 자회사를 가지고 있으며, 디아이피홀딩스는 2개의 계열회사를 별도로 가지고 있다. 부영(31%; 16개 vs. 5개)의 경우에는, 대성에서처럼, 부영과 동광주택산업이 독자적인 지주회사의 지위를 가지고 계열회사(2개, 1개)를 거느리고 있다. 부영은 적극적인 지주회사체제를 채택하고 있는 15개 재벌 중 지주회사체제 달성 비율이 가장 낮으며, 체제 편입 회사 수 또한 가장 적다.

3.2 재벌 소속 26개 일반지주회사

2011년 현재 지주회사체제를 채택하고 있는 20개 재벌 소속 일반지주회사는 모두 26개이다. 재벌 소속 지주회사 '26개'는 2001년 이후 가장 큰 수치이며, 공정거래법상 일반지주회사 전체(92개) 중에서의 비중은 1/3 정도(28%)이다. 26개 일반지주회사 중 21개는 적극적인 지주회사체제를 채택한 15개 재벌 소속이며, 26개 지주회사의 자산총액은 14조~1,100억 원, 계열회사는 66~1개, 지주비율은 98~58%, 그리고 설립 시기는 2000~2011년 사이이다 (<표 2.5>, <그림 2.6>; <표 2.1>, <표 2.3>, <표 2.4> 참조).

첫째, 재벌 소속 26개 일반지주회사 중 21개는 적극적인 지주회사체제를 채택한 15개 재벌 소속이고, 나머지 5개 지주회사는 소극적인 지주회사체제를 채택한 5개 재벌 소속이다.

둘째, 26개 일반지주회사의 자산총액은 14조 원에서 1,100억 원에 이르는 다양한 분포를 보이고 있다. 10조 원 이상을 보유한 회사가 2개, 5~7조 원 보유 회사 2개, 1~4조 원 보유 회사 11개, 5~9천억 원 보유 회사 3개, 1~4천억 원 보유 회사 8개 등이다. 공정거래법상 최소 금액은 1천억 원이다. 2011년 9월 현재의 92개 전체 일반지주회사 중 1조 원 이상을 보유한 회사는 18개인데, 이 중 3개를 제외한 15개가 재벌 소속이며 10개는 1~10위를 차지하였다.

10조 원 이상의 자산을 가진 2개 일반지주회사는 SK그룹 소속으로 SK이노베이션(14.1조 원, 92개 일반지주회사 중 1위)과 SK(주)(11조 원, 2위)이다. (주)LG(7.3조 원, 3위)와 (주)GS(5.9조 원, 4위)의 자산은 5조 원 이상이었다.

그다음으로 2~3조 원대와 1조 원대의 자산을 보유한 일반지주회사가 각각 3개, 8개였다: ① CJ(주) (3.8조 원, 5위), ② 두산 (3.2조 원, 6위), ③ (주)LS (2.1조 원, 7위), ④ 부영 (1.9조 원, 8위), ⑤ 웅진홀딩스 (1.8조 원, 9위), ⑥ 하이트홀딩스 (1.7조 원, 10위), ⑦ SK E&S (1.2조 원, 13위), ⑧ 삼성종합화학 (1.1조 원, 15위), ⑨ 세아홀딩스 (1.1조 원, 16위), ⑩ 한진해운홀딩스 (1.1조 원, 17위), ⑪ 한진중공업홀딩스 (1.1조 원, 18위).

1조 원 미만의 자산을 가진 나머지 11개 일반지주회사 중에서는 8천억 원대의 자산을 보유한 회사가 1개(코오롱 20위), 5천억 원대 2개(티브로드홀딩스 25위, 대성합동지주 27위), 4천억 원대 1개(현대HC& 29위), 3천억 원대 5개(동광주택산업 39위, 대성홀딩스 40위, 한화도시개발 41위, 동부인베스트먼트 42위, 디아이피홀딩스 43위), 그리고 1천억 원대가 2개(티이씨앤코 86위, 서울도시개발 88위)이다.

〈표 2.5〉 재벌과 지주회사체제, 2011년 9월: (2) 20개 재벌 소속 26개 일반지주회사

(A) 적극적인 지주회사체제를 채택한 15개 재벌 소속 21개 지주회사

지주회사	순위	설립·전환 시기 (연.월)	상장 여부	자산 총액 (억 원)	지주 비율 (%)	부채 비율 (%)	계열회사 (개)			
							합	자	손자	증손
SK이노베이션	1	2011.1	X	141,457	63.3	27.7	16	7	9	—
SK(주)	2	2007.7	O	109,766	96.1	45.6	66	8	48	10
(주)LG	3	2001.4	O	73,396	87.6	5.3	50	15	33	2
(주)GS	4	2004.7	O	59,309	90.4	22.0	31	6	24	1
CJ(주)	5	2007.9	O	38,228	60.6	31.7	49	18	28	3
두산	6	2009.1	O	31,876	58.3	55.9	20	9	8	3
(주)LS	7	2008.7	O	20,711	91.1	10.4	26	4	21	1
부영	8	2009.12	X	19,249	94.7	27.9	2	2	—	—
웅진홀딩스	9	2008.1	O	18,494	84.1	109.4	19	8	10	1
하이트홀딩스	10	2008.7	O	16,679	96.7	178.5	12	5	7	—
SK E&S	13	2000.1	X	12,235	79.8	87.1	9	9	—	—
세아홀딩스	16	2001.7	O	11,107	87.0	24.2	14	12	2	—
한진해운홀딩스	17	2009.12	O	10,887	89.3	19.3	13	2	10	1
한진중공업홀딩스	18	2007.8	O	10,538	88.2	3.5	7	4	3	—
코오롱	20	2010.1	O	8,600	77.2	36.6	30	7	22	1
대성합동지주	27	2011.1	O	5,254	85.2	18.0	18	9	9	—
현대HC&	29	2006.1	O	4,314	73.5	28.8	11	8	3	—
동광주택산업	39	2011.1	X	3,425	97.8	23.6	1	1	—	—
대성홀딩스	40	2009.10	O	3,360	61.5	48.3	9	9	—	—
디아이피홀딩스	43	2010.1	X	3,191	67.0	45.9	2	2	—	—
서울도시개발	88	2011.1	X	1,115	90.5	60.2	19	2	17	—

(B) 소극적인 지주회사체제를 채택한 5개 재벌 소속 5개 지주회사

지주회사	순위	설립·전환 시기 (연.월)	상장 여부	자산 총액 (억 원)	지주 비율 (%)	부채 비율 (%)	계열회사 (개)			
삼성종합화학	15	2004.1	X	11,436	88.9	2.8	1	1	—	—
티브로드홀딩스	25	2008.11	X	5,389	76.9	185.6	10	5	4	1
한화도시개발	41	2009.12	X	3,355	98.4	39.9	10	10	—	—
동부인베스트먼트	42	2011.1	X	3,269	88.5	292.8	1	1	—	—
티이씨앤코	86	2008.5	O	1,166	59.1	24.5	4	2	2	—

주: 순위는 자산총액 기준이며 92개 전체 일반지주회사 중에서의 순위임.
출처: 〈부록 4〉.

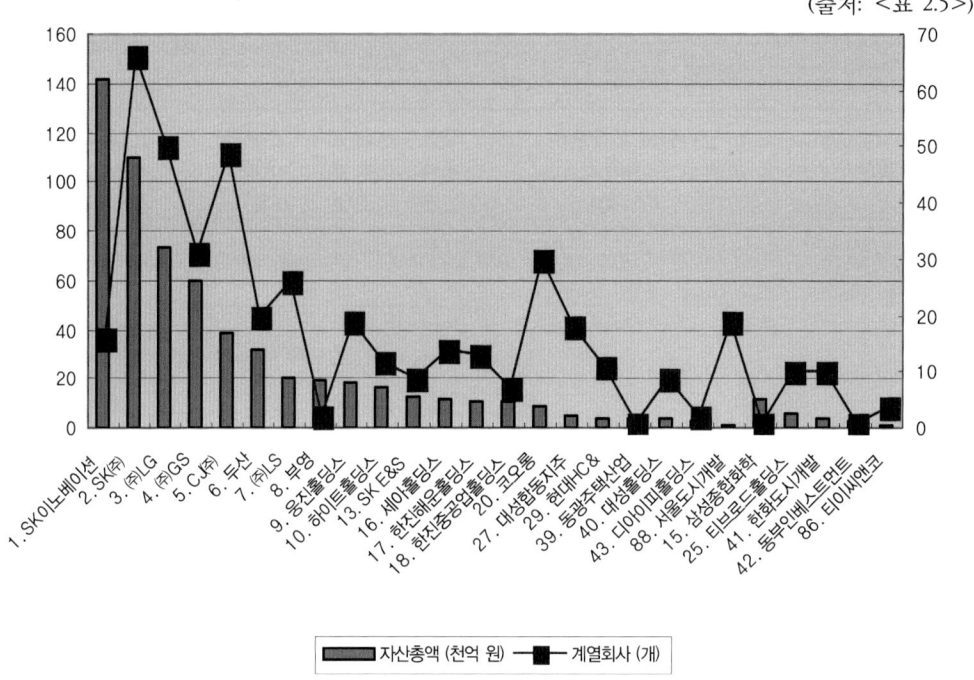

〈그림 2.6〉 재벌과 지주회사체제, 2011년 9월: (2) 일반지주회사의 규모 (천억 원, 개)

(출처: <표 2.5>)

자산총액 (천억 원) —■— 계열회사 (개)

셋째, 26개 일반지주회사가 거느리는 계열회사(자회사, 손자회사, 증손회사)의 수는 66개에서 1개에 이르기까지 다양하다. 50개 이상의 계열회사를 보유한 지주회사가 2개, 20~49개 보유 회사가 5개, 10~19개 보유 회사가 10개, 그리고 10개 미만 보유 회사가 9개이다. 또 20개 이상 계열회사를 보유한 7개 지주회사를 포함하는 10개 지주회사는 자회사, 손자회사 및 증손회사를 모두 가지고 있으며, 8개 지주회사는 자회사와 손자회사를, 그리고 나머지 8개는 자회사만 거느리고 있다.

SK(주)가 66개(자회사 8개 + 손자회사 48개 + 증손회사 10개)로 가장 많은 계열회사를 거느리고 있으며, 그다음이 (주)LG의 50개(15+33+2)이다. 다른 5개 지주회사는 20~49개의 계열회사를 가지고 있다. CJ(주) 49개(18+28+3), (주)GS 31개(6+24+1), 코오롱 30개(7+22+1), (주)LS 26개(4+21+1), 두산 20개(9+8+3) 등이다.

10개 일반지주회사는 각각 10~19개씩의 계열회사를 보유하였다: ① 웅진홀딩스 19개(8+10+1), ② 서울도시개발 19개 (2+17+0), ③ 대성합동지주 18개 (9+9+0), ④ SK이노베이션 16개 (7+9+0), ⑤ 세아홀딩스 14개 (12+2+0), ⑥ 한진해운홀딩스 13개 (2+10+1),

⑦ 하이트홀딩스 12개 (5+7+0), ⑧ 현대HC& 11개 (8+3+0), ⑨ 티브로드홀딩스 10개 (5+4+1), ⑩ 한화도시개발 10개 (10+0+0).

나머지 9개 일반지주회사에서의 계열회사는 10개 미만이며, 3개 지주회사의 계열회사는 1개뿐이다: ① SK E&S 9개 (9+0+0), ② 대성홀딩스 9개 (9+0+0), ③ 한진중공업홀딩스 7개 (4+3+0), ④ 티이씨앤코 4개 (2+2+0), ⑤ 부영 2개 (2+0+0), ⑥ 다이아피홀딩스 2개 (2+0+0), ⑦ 동광주택산업 1개 (1+0+0), ⑧ 삼성종합화학 1개 (1+0+0), ⑨ 동부인베스트먼트 1개 (1+0+0).

SK(주)의 계열회사 중에는 그룹 소속의 다른 2개 지주회사(SK이노베이션, SK E&S) 및 그 계열회사가, 그리고 두산의 계열회사 중에는 그룹의 다른 1개 지주회사(디아이피홀딩스) 및 그 계열회사가 포함되어 있다. 반면 대성그룹 소속의 3개 지주회사(서울도시개발, 대성합동지주), 그리고 부영그룹 소속의 2개 지주회사(부영, 동광주택산업)는 각각 독자적인 지위를 가지고 있다.

넷째, 26개 일반지주회사의 지주비율([소유하고 있는 자회사의 주식(지분 포함) ÷ 지주회사의 자산총액] × 100)은 98.4%에서 58.3%까지의 분포를 보이고 있다. 90%대 비율인 회사가 8개, 80%대 회사 8개, 70%대 회사 4개, 60%대 회사 4개, 50%대 회사 2개 등이다. 공정거래법상 최소 비율은 50%이다.

한화도시개발(98.4%)이 가장 높은 지주비율을 보이고 있으며, 동광주택산업(97.8%), 하이트홀딩스(96.7%), SK(주)(96.1%), 부영(94.7%), (주)LS(91.1%), 서울도시개발(90.5%), (주)GS(90.4%) 등 7개 일반지주회사의 비율도 90% 이상이다. 다른 12개 지주회사 역시 74~89%의 높은 비율을 가지고 있다: 한진해운홀딩스 (89.3%), 삼성종합화학 (88.9%), 동부인베스트먼트 (88.5%), 한진중공업홀딩스 (88.2%), (주)LG (87.6%), 세아홀딩스 (87%), 대성합동지주 (85.2%), 웅진홀딩스 (84.1%), SK E&S (79.8%), 코오롱 (77.2%), 티브로드홀딩스 (76.9%), 현대HC& (73.5%).

나머지 6개 일반지주회사는 58~67%의 상대적으로 낮은 지주비율을 가지고 있다. 디아이피홀딩스(67%), SK이노베이션(63.3%), 대성홀딩스(61.5%), CJ(주)(60.6%), 티이씨앤코(59.1%), 두산(58.3%) 등의 순이다.

마지막으로 다섯째, 26개 일반지주회사의 설립 또는 전환 연도는 2000년부터 2011년까지 다양하다. 2000~2004년이 5개, 2006~2009년이 14개, 그리고 2010~2011년이 7개이다. 연노별로 보면 다음과 같다: ① 2000년 1개 - SK E&S (이전 SK엔론; SK그룹); ② 2001

년 2개 – (주)LG (이전 (주)LGCI; LG), 세아홀딩스 (세아); ③ 2004년 2개 – (주)GS (이전 GS홀딩스; GS), 삼성종합화학 (삼성); ④ 2006년 1개 – 현대HC& (이전 (주)HC&; 현대백화점); ⑤ 2007년 3개 – SK(주) (SK), CJ(주) (CJ), 한진중공업홀딩스 (한진중공업); ⑥ 2008년 5개 – (주)LS (LS), 웅진홀딩스 (웅진), 하이트홀딩스 (하이트진로), 티브로드홀딩스 (태광), 티이씨앤코 (대한전선); ⑦ 2009년 5개 – 두산 (두산), 부영 (부영), 한진해운홀딩스 (한진), 대성홀딩스 (대성), 한화도시개발 (한화); ⑧ 2010년 2개 – 코오롱 (코오롱), 디아이피홀딩스 (두산); ⑨ 2011년 5개 – SK이노베이션 (SK), 대성합동지주와 서울도시개발 (대성), 동광주택산업 (부영), 동부인베스트먼트 (동부).

이들 중 7개 지주회사(세아홀딩스, (주)GS, 웅진홀딩스, 하이트홀딩스, 티브로드홀딩스, 부영, 대성홀딩스)의 경우에는 설립 이후 1～3년이 지난 다음에 소속 재벌이 공정거래법상 지주회사체제로 공식 출범하였다. 20개 재벌 기준으로 지주회사체제의 역사를 살펴보면 다음과 같다.

4개 재벌(적극적인 체제 SK, LG + 소극적인 체제 세아, 삼성)은 2000～2004년에, 9개(GS, 현대백화점, CJ, 한진중공업, LS, 두산, 웅진 + 한화, 대한전선)는 2005～2009년에, 그리고 나머지 7개(한진, 코오롱, 하이트진로, 부영, 대성 + 동부, 태광)는 2010～2011년에 지주회사체제를 채택하였다 (<표 2.2>, <표 2.3> 참조).

적극적인 지주회사체제를 채택한 15개 재벌 중 역사(공정거래위원회 자료 기준)가 가장 오래된 재벌은 SK그룹이다. 계열회사인 SK E&S(이전 SK엔론)가 2000년 1월 공정거래법상 지주회사 제1호로 등록되었으며, 이후 2006년까지 소극적인 지주회사체제가 유지되었다. 2007년 주력 지주회사인 SK(주)가 추가로 생기면서 적극적인 지주회사체제로 전환하였으며, 2011년에는 세 번째 지주회사 SK이노베이션이 신설되었다.

SK그룹 다음으로 긴 역사를 가진 재벌은 LG그룹으로 2001년 (주)LG(이전 (주)LGCI)를 중심으로 본격적인 지주회사체제로 재편되었다. 2004년에는 세아그룹이 그 뒤를 이었는데, 지주회사 (주)세아홀딩스는 2001년 7월부터 존속해 왔으며 2004년 처음으로 그룹이 공정거래법상 대규모집단으로 지정되었다.

2005년과 2006년에는 GS그룹과 현대백화점그룹이 각각 (주)GS(이전 GS홀딩스)와 현대HC&(이전 (주)HC&)를 중심으로 지주회사체제를 출범시켰다. (주)GS의 경우 설립 시기는 2004년 7월인데 그룹이 공정거래법상 집단으로 지정된 것은 2005년이었다. 또 GS그룹은 첫해에는 소극적인 지주회사체제였다가 2006년부터 적극적인 지주회사체제로 발전하였다.

2007년에는 CJ그룹과 한진중공업그룹(지주회사 한진중공업홀딩스)이 새로운 지배구조를 도입하였다. CJ그룹의 경우, 2007년에는 CJ오쇼핑(이전 CJ홈쇼핑)을 중심으로 한 소극적인 지주회사체제였다가 같은 해 CJ(주)가 신설되면서 2008년부터 적극적인 지주회사체제를 구축하기 시작하였다. 2010년에는 2개 지주회사(오미디어홀딩스, 온미디어)가 추가되어 공정거래법상 지주회사가 4개였으며, 2011년 현재에는 CJ(주) 1개로 줄어들었다.

2008년에는 LS그룹(지주회사 (주)LS)이, 그리고 2009년에는 두산그룹과 웅진그룹(웅진홀딩스)이 지주회사체제로 재편되었다. 두산의 경우 2009년 2개 지주회사(두산, 두산모트롤홀딩스)로 출발하였는데 2010년에는 두산모트롤홀딩스가 없어지고 디아이피홀딩스가 새로 생겼다. 한편 웅진홀딩스는 2008년 1월에 생겼으며 소속 그룹이 공정거래법상 집단으로 지정된 것은 2009년이었다.

적극적인 지주회사체제를 채택한 나머지 5개 재벌은 2010~2011년에 시작하였다: 2010년 - 한진 (지주회사 한진해운홀딩스), 코오롱 (코오롱), 하이트진로 (하이트홀딩스), 부영 (부영); 2011년 - 대성 (대성홀딩스, 대성합동지주, 서울도시개발). 이들 중 하이트홀딩스와 대성홀딩스는 각각 2008년 7월, 2009년 10월에 생겼으며, 소속 그룹이 공정거래법상 집단으로 지정된 것은 각각 2010년, 2011년이었다. 또 지주회사 한진해운홀딩스와 부영의 설립 시기는 2009년 12월이며, 2010년부터 공정거래위원회 자료에 포함되어 있다. 부영그룹은 2010년에는 소극적인 지주회사체제를 가졌다가 2011년 적극적인 지주회사체제로 발전하였다.

한편 소극적인 지주회사체제를 채택한 5개 재벌 중에서는 삼성이 2004년에 가장 먼저 지주회사(삼성종합화학)를 가졌고, 그다음이 2005년의 한화이다. 한화그룹의 지주회사는 2005~2006년에는 한화도시개발 그리고 2007~2009년에는 드림파마였고, 2010~2011년에는 새로 생긴 한화도시개발이다. 대한전선그룹(지주회사 티이씨앤코)은 2008년에, 그리고 동부그룹(동부인베스트먼트)과 태광그룹(티브로드홀딩스)은 2011년에 일반지주회사를 보유하였다. 티브로드홀딩스의 경우 설립 시기는 2008년 11월이며, 소속 그룹이 공정거래법상 집단으로 지정된 것은 2011년이었다.

4. 지주회사체제를 채택한 재벌, 2001~2011년: (1) 연도별 현황

4.1 개관

2001년 이후 2011년까지 지주회사체제를 채택한 적이 있는 재벌은 모두 28개이다. 적극적인 지주회사체제의 채택 여부, 재벌 순위, 지주회사체제 달성 비율, 지주회사체제 편입 계열회사 등과 관련된 주요 추세 및 특징은 다음과 같다 (<표 2.6>, <표 2.7>, <그림 2.7>, <그림 2.8>, <그림 2.9>, <그림 2.10>; <표 2.8>, <표 2.9>, <표 2.10> 참조).

첫째, 28개 재벌 중 21개는 적극적인 지주회사체제를 그리고 나머지 7개는 소극적인 지주회사체제를 채택하였다. 연도별로 보면 지주회사체제를 채택한 전체 재벌 수는 2~20개이며, 이 중 적극적인 지주회사체제를 채택한 재벌은 1~15개 그리고 소극적인 지주회사체제를 채택한 재벌은 1~5개이다.

2001~2006년에는 지주회사체제를 도입한 재벌(2~9개)이 10개 미만이었으며, 이들 중 적극적인 지주회사체제를 채택한 재벌(1~5개)과 소극적인 지주회사체제를 채택한 재벌(1~5개)이 각각 반반 정도였다. 2003, 2004, 2006년에는 전자가 1~2개 많았고(3~5개 vs. 1~4개), 2005년에는 후자가 1개 많았으며(4개 vs. 5개), 2001년에는 두 부류의 재벌 수가 동일하였다(1개 vs. 1개).

하지만, 2007년 이후 지주회사체제를 도입한 재벌(11~20개)이 10개를 훨씬 넘어서면서 대다수는 적극적인 지주회사체제(8~15개)를 채택하였다. 소극적인 지주회사체제를 채택한 재벌(3~5개)에 비해 2~3배 많았으며 5~10개의 차이가 났다. 2007~2009년에는 적극적인 지주회사체제를 도입한 재벌이 5~7개 더 많았고(8~10개 vs. 3~4개), 2010년에는 9개(13개 vs. 4개), 그리고 2011년에는 최고치인 10개(15개 vs. 5개)의 차이가 났다.

적극적인 지주회사체제를 채택한 것으로 분류된 21개 재벌 중 4개는 처음에는 소극적인 지주회사체제를 도입했다가 이후 적극적인 지주회사체제로 전환하였다.

둘째, 2001~2011년 사이 지주회사체제를 채택한 28개 재벌 중 9개는 공정거래법상 재벌 중 10위 이내에, 그리고 다른 9개 재벌은 11~30위에 속한 적이 있었다. 나머지 10개 재벌은 31위 이하였다. 연도별로 보면 지주회사체제를 채택한 전체 재벌 수는 2~20개이며, 이 중 10위 이내 재벌은 2~6개, 11~30위 재벌은 1~6개, 그리고 31위 이하 재벌은 1~8개이다.

(A) 지주회사체제를 채택한 재벌

	2001	2003	2004	2005	2006	2007	2008	2009	2010	2011	총합
지주회사체제 채택 재벌	2	4	6	9	9	14	11	13	17	20	28
적극적 지주회사체제	1	3	4	4	5	10	8	10	13	15	21
소극적 지주회사체제	1	1	2	5	4	4	3	3	4	5	7

(B) 재벌 순위

	2001	2003	2004	2005	2006	2007	2008	2009	2010	2011	총합
1~5위	2	2	3	4	4	4	3	3	3	3	5
6~10위				2	1	2	2	1	2	3	4
(1~10위)	(2	2	3	6	5	6	5	4	5	6	9)
11~20위					1	2	3	4	4	4	3
21~30위						1	2	2	2	2	6
(11~30위)					(1	3	5	6	6	6	9)
31위 이하		2	3	3	3	5	1	3	6	8	10

(C) 지주회사체제 달성 비율

	2001	2003	2004	2005	2006	2007	2008	2009	2010	2011	총합
90% 이상					1	2	1	2	2	1	3
80~89%			1	1			2	2	5	4	5
70~79%		1				1	1	2	1	3	2
(70% 이상)		(1	1	1	1	3	4	6	8	8	10)
60~69%				1	1	2	1	2	1	2	3
50~59%		2	3	2	1	1		1	1	3
(50~69%)		(2	3	3	2	3	1	2	2	3	6)
40~49%					1	3	2	1	2	2	3
30~39%	1				1	1	1	1	1	2	2
(30~49%)	(1				2	4	3	2	3	4	5)
30% 미만	1	1	2	5	4	4	3	3	4	5	7

(D) 지주회사체제 편입 계열회사

	2001	2003	2004	2005	2006	2007	2008	2009	2010	2011	총합
70~79개										1	1
60~69개									1		
50~59개							1	2	1	2	2
40~49개							1	1	1	1	1
30~39개		1	1	1		1	1		1	2	2
(30개 이상)		(1	1	1		1	3	3	4	6	6)
20~29개					1	2	1	3	4	3	4
10~19개	2	2	3	3	4	5	3	3	4	6	8
(10~29개)	(2	2	3	3	5	7	4	6	8	9	12)
10개 미만		1	2	5	4	6	4	4	5	5	10

주: 총합 - 상위 범주에 속한 적이 있는 재벌 기준.
출처: 〈표 2.7〉.

〈그림 2.7〉 지주회사체제를 채택한 재벌, 2001~2011년:
(1) 적극적인 지주회사체제를 채택한 재벌 vs. 소극적인 지주회사체제를 채택한 재벌 (개)

(출처: <표 2.6>)

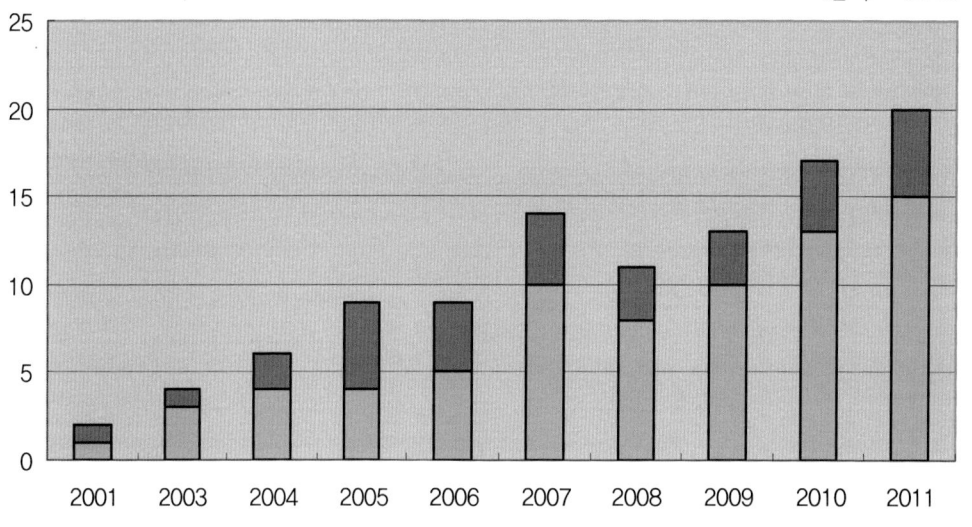

〈그림 2.8〉 지주회사체제를 채택한 재벌, 2001~2011년:
(2) 재벌 순위 (개)

(출처: <표 2.6>)

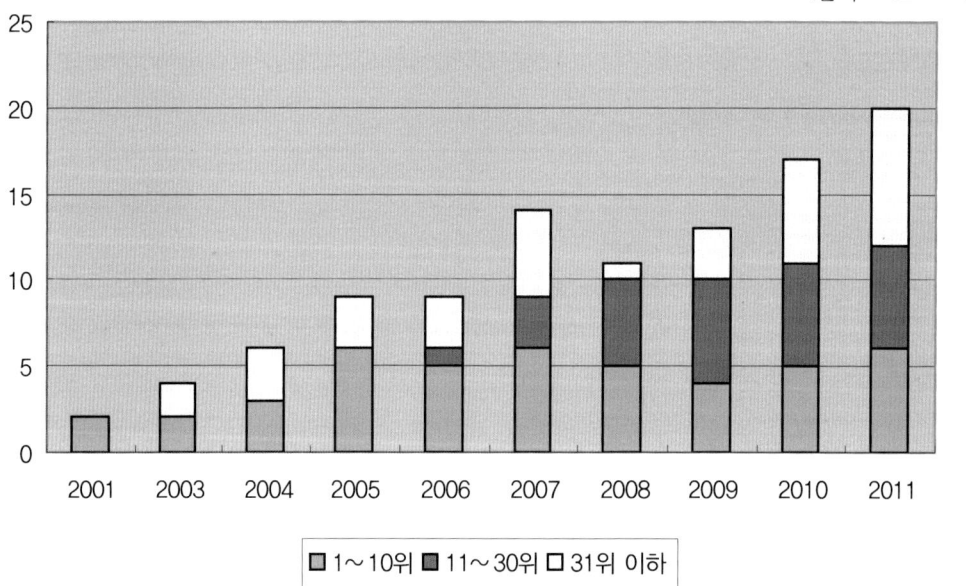

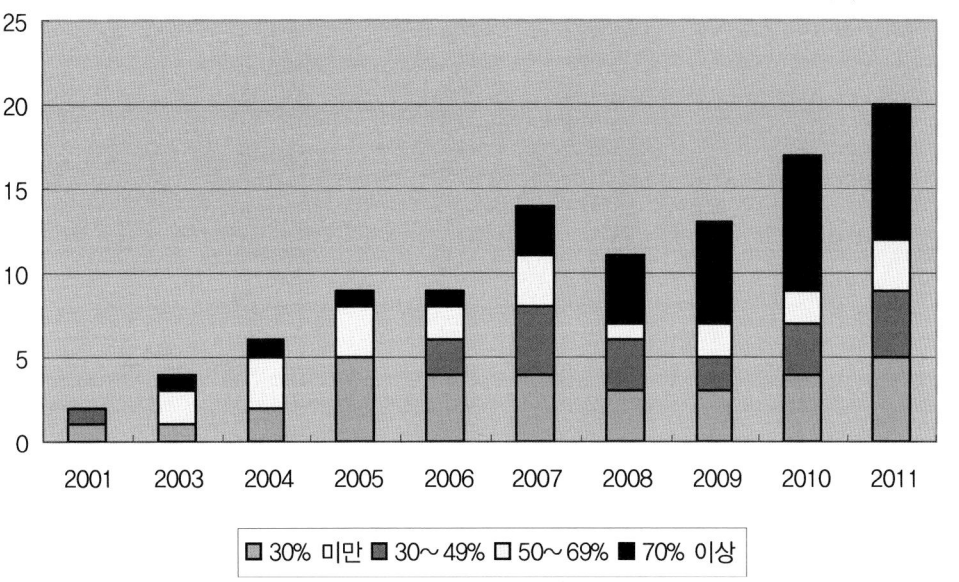

〈그림 2.9〉 지주회사체제를 채택한 재벌, 2001~2011년:
(3) 지주회사체제 달성 비율 (개)

(출처: <표 2.6>)

□ 30% 미만 ■ 30~49% □ 50~69% ■ 70% 이상

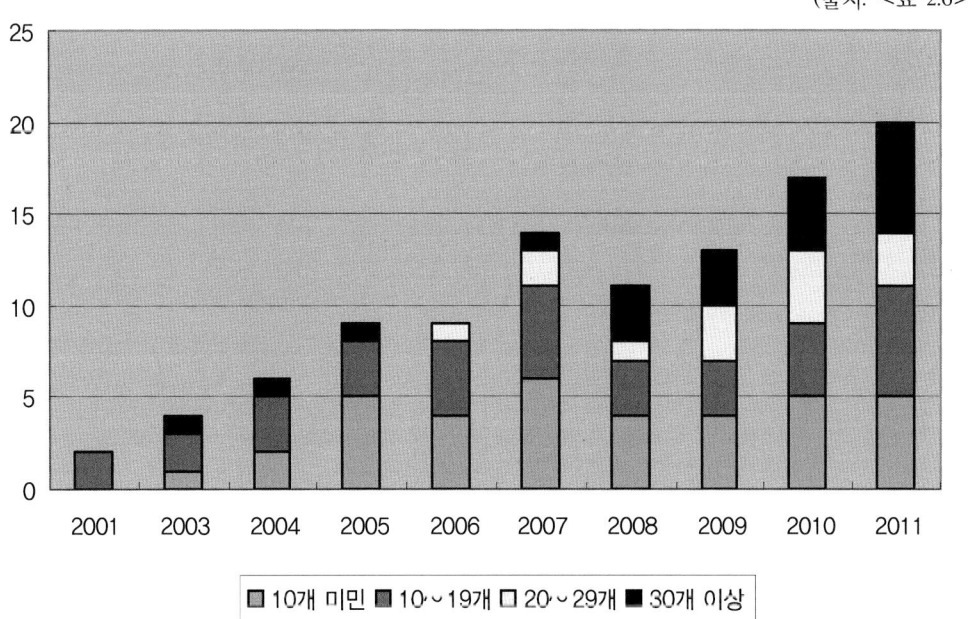

〈그림 2.10〉 지주회사체제를 채택한 재벌, 2001~2011년:
(4) 지주회사체제 편입 계열회사 (개)

(출처: <표 2.6>)

■ 10개 미민 ■ 10~19개 □ 20~29개 ■ 30개 이상

2001년에는 지주회사체제를 채택한 재벌 2개가 모두 5위 이내였다. 2003~2004년에는 지주회사체제를 채택한 재벌이 4~6개로 늘어났으며, 이들 중 절반(2~3개)은 5위 이내, 그리고 나머지 절반(2~3개)은 31위 이하로 순위가 크게 양분되어 있었다.

하지만 2005년 이후 지주회사체제를 채택한 재벌이 9~20개로 매년 조금씩 늘어나면서 2005년부터는 6~10위에 속하는 재벌이, 2006년부터는 11~20위에 속하는 재벌이, 그리고 2007년부터는 21~30위에 속하는 재벌이 각각 생겼다. 따라서 2007년부터는 지주회사체제를 채택한 재벌의 순위가 다양해져 5개 부류(1~5위, 6~10위, 11~20위, 21~30위, 31위 이하)에 속하게 되었다.

1~5위에 속한 재벌은 2001~2003년에는 2개 그리고 2004년 이후에는 3~4개 수준이 유지되어 오고 있다. 6~10위 소속 재벌은 2005~2010년에는 1~2개이다가 2011년 들어 3개로 늘어났다. 1~10위 전체로 보면 2001~2004, 2009년에는 2~4개였고, 2005~2008, 2010~2011년에는 5~6개 수준이었다. 상위 재벌들의 지주회사체제에 대한 관심이 매우 높음을 알 수 있다.

11~20위에 속하는 재벌은 2006년 1개이던 것이 2007년부터는 2~4개 수준이 유지되고 있으며, 21~30위 재벌은 2007년 1개이던 것이 2008년 이후에는 2개이다. 한편, 31위 이하의 재벌은 2003~2007년에는 2~5개 사이에서 조금씩 증가하였는데 2008년에는 1개로 5개 부류의 순위 중 관련 재벌이 가장 적었다. 하지만 2009년 관련 재벌이 3개로 늘어났고, 2010~2011년 들어 지주회사체제를 채택한 재벌이 17~20개로 크게 늘어나면서 이들 중 31위 이하에 속하는 재벌이 각각 6개, 8개로 5개 부류의 순위 중 가장 큰 비중을 차지하게 되었다.

셋째, 2001~2011년 사이 지주회사체제를 채택한 28개 재벌 중 10개는 지주회사체제 달성 비율(재벌 전체 계열회사 중 일반지주회사 및 그 계열회사의 비중)이 70% 이상이었던 적이 있었다. 즉 분석 기간 전체 또는 일부 동안 재벌 계열회사의 대다수가 지주회사체제로 조직되어 있었다. 6개 재벌 또한 50~69%의 높은 비율을 가진 적이 있었다. 따라서 28개 재벌 중 16개가 50% 이상의 지주회사체제 달성 비율과 관련되어 있었다. 나머지 12개 재벌의 비율은 50% 미만으로, 5개는 30~49% 그리고 7개는 30% 미만이었다. 30% 미만 비율을 가진 7개 재벌은 소극적인 지주회사체제를 채택한 것으로 분류된 재벌들이다.

연도별로 보면 지주회사체제를 채택한 전체 재벌은 2~20개이며, 이들 중 지주회사체제 달성 비율이 70% 이상인 재벌이 1~8개, 50~69%가 1~3개, 30~49%가 1~4개, 그리고 30% 미만이 1~5개이다.

2001~2006년에는 지주회사체제를 도입한 재벌이 2~9개였으며, 이들 중 적극적인 지주회사체제를 채택한 재벌(1~5개)과 소극적인 지주회사체제를 채택한 재벌(1~5개)이 각각 반반 정도였다. 적극적인 지주회사체제를 채택한 재벌들 중 지주회사체제 달성 비율이 50~69%인 재벌이 2~3개로 가장 많았고, 30~49%가 1~2개, 그리고 70% 이상이 1개였다. 70% 이상의 비율은 가진 1개 재벌의 경우, 2003년에는 70~79% 그리고 2004~2005년에는 80~89% 수준이었고 2006년에는 90% 이상이었다.

2007년부터는 적극적인 지주회사체제를 채택한 재벌의 수(8~15개)가 크게 늘어나면서 70% 이상의 비율을 가지는 재벌의 수도 3~8개로 크게 증가하였다. 2003~2006년에는 적극적인 지주회사체제를 채택한 재벌(3~5개) 중 70% 이상의 비율을 가지는 재벌은 매년 1개씩이었다. 그러던 것이 2007~2008년에는 70% 이상 비율의 재벌이 3~4개로 늘어나 적극적인 체제를 채택한 재벌 전체(10개, 8개) 중 1/3~1/2 정도가 되었고, 2009~2011년에는 6~8개로 더욱 늘어나 전체(13~15개)의 절반 이상을 차지하였다. 2007년 이후 80~89% 비율을 가지는 재벌이 2~5개로 상대적으로 많은 편이었고, 70~79%가 1~3개, 그리고 90% 이상이 1~2개 수준이었다.

한편 50~69% 비율을 가지는 재벌은 2003~2006년에는 2~3개 그리고 2007년 이후에는 1~3개 수준이며, 30~49% 비율을 가지는 재벌은 2001년 1개였고 2006년 이후에는 2~4개 수준이다. 30% 미만 비율을 가지는 재벌의 경우, 2001~2004년에는 1~2개이다가 2005년 이후 3~5개 수준이 유지되어 오고 있다.

마지막으로 넷째, 2001~2011년 사이 지주회사체제를 채택한 28개 재벌 중 6개에서는 30개 이상의 계열회사가 지수회사체제에 편입된 적이 있었다. 4개 재벌에서는 20~29개 회사가 그리고 8개 재벌에서는 10~19개 회사가 지주회사체제와 관련되어 있었으며, 나머지 10개 재벌에서는 체제 편입 회사가 10개 미만이었다.

연도별로 보면 지주회사체제를 채택한 전체 재벌 수는 2~20개이며, 이들 중 지주회사체제 편입 계열회사 수가 30개 이상인 재벌이 1~6개, 20~29개 회사 편입 재벌이 1~4개, 10~19개 회사 편입 재벌이 2~6개, 그리고 10개 미만 회사 편입 재벌이 1~6개였다.

2001년에는 지주회사체제를 채택한 2개 재벌 모두에서 체제 편입 회사가 10~19개였으며, 2003년 들어 편입 회사가 30개 이상 그리고 10개 미만인 재벌이 생겼다. 2003~2004년에는 편입 회사가 10개 이상인 재벌(3~4개)이 10개 미만인 재벌(1~2개)보다 2배 이상 많았다가 2005~2006년에는 전자(4~5개)와 후자(4~5개)가 비슷해졌다.

하지만 2007년 이후에는 지주회사체제에 편입된 회사가 10개 이상인 재벌이 월등하게 많아졌으며, 이는 이 시기에 적극적인 지주회사체제를 채택한 재벌이 크게 늘어나고 지주회사체제 달성 비율 또한 높아진 것과 관련이 있었다. 체제 편입 회사가 10개 이상인 재벌이 8~15개였던 반면 편입 회사가 10개 미만인 재벌은 4~6개 수준이었다. 2007~2008년에는 전자(8개, 7개)가 후자(6개, 4개)보다 1.5배 정도 많았는데, 2009~2010년(9개, 12개 vs. 4개, 5개)에는 2배 이상이 되었고 2011년(15개 vs. 5개)에는 3배로 격차가 더욱 벌어졌다.

특히 2007년 이후 체제 편입 회사가 30개 이상인 재벌이 많아졌다. 2003~2007년 1개이던 것이 2008~2009년에는 3개, 2010년에는 4개, 그리고 2011년에는 6개로 늘어났다. 2007년까지는 체제 편입 회사 수가 30~39개 수준이었는데, 2008년부터는 편입 회사가 40~49개 그리고 50~59개인 재벌이 생겼고, 2010년에는 편입 회사가 60~69개인 재벌이 그리고 2011년에는 70~79개인 재벌이 처음 등장하였다.

〈표 2.7〉 지주회사체제를 채택한 재벌, 2001~2011년: (2) 연도별 현황

(A) 2001년: 2개 재벌

그룹			지주회사체제				지주회사체제
이름	순위	계열회사 (A, 개)	지주회사 (a)	순위	계열회사 (b, 개)	a+b (B, 개)	달성 비율 (B/A, %)
LG	3	43	(주)LGCI	1	(13)	(14)	(33)
SK	4	54	SK엔론	2	(13)	(14)	(26)

(B) 2003년: 4개 재벌

이름	순위	계열회사 (A, 개)	지주회사 (a)	순위	계열회사 (b, 개)	a+b (B, 개)	달성 비율 (B/A, %)
LG	2	50	(주)LG	1	37	38	76
동원	32	17	동원엔터프라이즈	12	9	10	59
농심	42	10	농심홀딩스	9	4	5	50
SK	3	60	SK엔론	2	14	15	25

(C) 2004년: 6개 재벌

이름	순위	계열회사 (A, 개)	지주회사 (a)	순위	계열회사 (b, 개)	a+b (B, 개)	달성 비율 (B/A, %)
LG	2	46	(주)LG	1	37	38	83
동원	31	17	동원엔터프라이즈	14	9	10	59
세아	33	28	세아홀딩스	5	14	15	54
농심	39	12	농심홀딩스	8	6	7	59
삼성	1	63	삼성종합화학	2	1	2	3
SK	4	59	SK엔론	3	13	14	24

(D) 2005년: 9개 재벌

LG	3	38	(주)LG	1	33	34	89
STX	28	14	(주)STX	9	8	9	64
세아	32	28	세아홀딩스	7	15	16	57
농심	43	12	농심홀딩스	8	6	7	58
삼성	1	62	삼성종합화학	5	1	2	3
SK	4	50	SK엔론	4	12	13	26
롯데	5	41	롯데물산	3	4	5	
			롯데산업	16	1	2 [7]	17
GS	9	50	GS홀딩스	2	12	13	26
한화	10	30	한화도시개발	22	1	2	7

(E) 2006년: 9개 재벌

LG	4	30	(주)LG	1	28	29	97
GS	8	50	GS홀딩스	2	15	16	32
현대백화점	31	23	(주)HC&	16	9	10	43
세아	36	23	세아홀딩스	7	14	15	65
농심	44	12	농심홀딩스	9	6	7	58
삼성	1	59	삼성종합화학	5	1	2	3
SK	3	56	SK E&S	4	12	13	23
롯데	5	43	롯데물산	3	4	5	
			롯데산업	13	1	2 [7]	16
한화	11	31	한화도시개발	23	1	2	6

(F) 2007년: 14개 재벌

SK	3	57	SK(주)	1	23	24	
			SK E&S	6	11	12 [35]	61
LG	4	31	(주)LG	2	28	29	94
GS	8	48	GS홀딩스	4	14	15	31
금호아시아나	9	38	금호산업	3	21	22	58
현대백화점	27	24	(주)HC&	21	10	11	46
한진중공업	32	4	한진중공업홀딩스	11	4	5	125
세아	38	22	세아홀딩스	9	14	15	68
농심	46	15	농심홀딩스	13	6	7	47
태평양	48	7	태평양	5	4	5	71
오리온	54	22	온미디어	15	9	10	45
삼성	1	59	삼성종합화학	8	1	2	3
현대자동차	2	36	차산골프장지주회사	36	1	2	6
한화	12	34	드림파마	12	5	6	18
CJ	19	64	CJ홈쇼핑	7	13	14	22

(G) 2008년: 11개 재벌

SK	3	64	SK(주)	1	35	36	
			SK E&S	10	11	12 [47]	73
LG	4	36	(주)LG	2	29	30	83
GS	7	57	GS홀딩스	4	17	18	32
금호아시아나	10	52	금호산업	3	22	23	44
CJ	17	66	CJ(주)	5	43	44	
			CJ홈쇼핑	12	13	14 [57]	86
LS	18	24	(주)LS	6	14	15	63
한진중공업	29	5	한진중공업홀딩스	11	4	5	100
현대백화점	31	25	(주)HC&	24	10	11	44
삼성	1	59	삼성종합화학	13	1	2	3
한화	12	40	드림파마	16	5	6	15
대한전선	30	20	티이씨앤코	48	3	4	20

(H) 2009년: 13개 재벌

SK	3	77	SK(주)	1	48	49	
			SK E&S	15	10	11 [59]	77
LG	4	52	(주)LG	2	45	46	88
GS	8	64	(주)GS	3	24	25	39
두산	12	26	두산	4	20	21	
			두산모트롤홀딩스	46	1	2 [22]	85
LS	17	32	(주)LS	7	19	20	63
CJ	19	61	CJ(주)	5	43	44	
			CJ오쇼핑	12	13	14 [57]	93
한진중공업	29	6	한진중공업홀딩스	10	5	6	100
현대백화점	33	22	(주)HC&	29	9	10	45
웅진	34	29	웅진홀딩스	8	18	19	66
세아	38	23	세아홀딩스	14	15	16	70
삼성	1	63	삼성종합화학	16	1	2	3
한화	13	44	드림파마	20	5	6	14
대한전선	25	32	티이씨앤코	69	4	5	16

(I) 2010년: 17개 재벌

SK	3	75	SK(주)	1	53	54	
			SK E&S	16	9	10 [63]	84
LG	4	53	(주)LG	2	45	46	87
GS	7	69	(주)GS	3	27	28	41
한진	10	37	한진해운홀딩스	32	11	12	32
두산	12	29	두산	6	18	19	
			디아이피홀딩스	47	3	4 [22]	76
LS	15	44	(주)LS	7	24	25	57
CJ	18	54	CJ(주)	5	41	42	
			CJ오쇼핑	13	5	6	
			오미디어홀딩스	27	1	2	
			온미디어	28	9	10 [58]	107
한진중공업	29	7	한진중공업홀딩스	14	6	7	100
웅진	33	24	웅진홀딩스	9	20	21	88
현대백화점	34	29	(주)HC&	37	13	14	48
코오롱	36	37	코오롱	24	29	30	81
하이트맥주	38	16	하이트홀딩스	10	13	14	88
세아	44	19	세아홀딩스	17	12	13	68
삼성	1	67	삼성종합화학	15	1	2	3
한화	13	48	한화도시개발	33	8	9	19
부영	24	15	부영	4	2	3	20
대한전선	31	26	티이씨앤코	76	4	5	19

SK	3	86	SK이노베이션	1	16	17	
			SK(주)	2	46	47	
			SK E&S	13	9	10 [72]	84
LG	4	59	(주)LG	3	50	51	86
GS	8	76	(주)GS	4	31	32	42
한진	9	40	한진해운홀딩스	17	13	14	35
두산	12	25	두산	6	18	19	
			디아이피홀딩스	43	2	3 [21]	84
LS	15	47	(주)LS	7	26	27	57
CJ	16	65	CJ(주)	5	49	50	77
부영	23	16	부영	8	2	3	
			동광주택산업	39	1	2 [5]	31
현대백화점	30	26	현대HC&	29	11	12	46
한진중공업	31	8	한진중공업홀딩스	18	7	8	100
웅진	32	31	웅진홀딩스	9	19	20	65
코오롱	33	39	코오롱	20	30	31	79
하이트진로	42	15	하이트홀딩스	10	12	13	87
대성	43	73	대성합동지주	27	18	19	
			대성홀딩스	40	9	10	
			서울도시개발	88	19	20 [49]	67
세아	44	21	세아홀딩스	16	14	15	71
삼성	1	78	삼성종합화학	15	1	2	3
한화	10	55	한화도시개발	41	10	11	20
동부	20	38	동부인베스트먼트	42	1	2	5
대한전선	39	23	티이씨앤코	86	4	5	22
태광	46	50	티브로드홀딩스	25	10	11	22

주: 1) 그룹은 4월 현재; 지주회사 명단은 2001~2003년 7월, 2004년 5월, 2005~2007년 8월, 2008~2011년 9월 현재, 계열회사는 원칙적으로 이전 연도 12월 현재이며 일부 다른 기준이 적용됨.

 2) SK엔론 = SK E&S, (주)LGCI = (주)LG, GS홀딩스 = (주)GS, CJ홈쇼핑 = CJ오쇼핑, (주)HC& = 현대HC&, 하이트진로그룹 = 2010년 하이트맥주그룹.

 3) SK이노베이션과 SK엔론(=SK E&S)은 SK(주)의 자회사, 두산모트롤홀딩스와 디아피홀딩스는 두산의 자회사, CJ홈쇼핑(=CJ오쇼핑)은 CJ(주)의 자회사, 온미디어는 오미디어홀딩스의 자회사.

 4) (주)LGCI 2001년 계열회사 = 자회사 (손자회사 정보 없음); SK엔론 2001년 계열회사 = 자회사 11개 (2001년 7월) + 손자회사 2개 (2000년 3월; 2001년 7월 정보 없음).

 5) 지주회사가 2개 이상인 3개 그룹(SK, 두산, CJ)의 경우, 출처의 자료에는 지주회사의 계열회사 수가 중복 계산되어 있어 이를 바로잡음.

 6) 그룹의 기준 시점과 지주회사 기준 시점이 다르며, 따라서 지주회사체제 달성 비율은 대체적인 것임. 시점의 차이로 인해 비율이 100%를 넘는 경우가 있음.

 7) 세아그룹 2010~2011년 순위: 공정거래위원회 지정 사기업집단은 2010년 45개, 2011년 47개이며 이 중 세아그룹의 순위는 각각 44위임. 미래에셋그룹(42위, 40위)과 한국투자금융그룹(45위, 45위)은 분석에서 제외됨.

출처: 〈부록 4〉.

4.2 지주회사체제를 채택한 재벌의 순위

2001~2011년 사이 지주회사체제를 채택한 28개 재벌 중 9개는 공정거래법상 재벌 중 10위 이내(자산총액 기준)에 속한 적이 있었다. 다른 9개 재벌은 11~30위 그리고 나머지 10개 재벌은 31위 이하였다 (<표 2.8>, <그림 2.11>, <그림 2.12>, <그림 2.13>; <표 2.6>, <표 2.7> 참조).

첫째, 10위 이내에 속한 9개 재벌 중 5개는 1~5위에 줄곧 속하였다. 2개 재벌(LG, SK)은 적극적인 지주회사체제를 그리고 나머지 3개(삼성, 현대자동차, 롯데)는 소극적인 지주회사 체제를 채택하였다.

LG와 SK는 2001년 이후 서로 경쟁 관계였다. 2001~2005년에는 LG(2~3위)가 SK(3~4 위)보다 순위가 앞섰으나 2007년부터는 SK가 3위, LG가 4위인 상태가 계속되어 오고 있다. SK는 2000년 재벌 최초로 지주회사체제를 도입하였으며, 2001~2006년에는 소극적인 지주 회사체제를 유지하다가 2007년부터 적극적인 지주회사체제를 본격적으로 구축하기 시작하 였다. LG는 재벌 중 두 번째로 지주회사체제 채택한 재벌이자 최초로 적극적인 지주회사체 제를 채택한 재벌이기도 하다. 한편 삼성은 2004년 이후 재벌 순위 1위를 지키면서 소극적 인 지주회사체제를 유지해 오고 있다. 현대자동차(2위)와 롯데(5위)는 각각 2007년, 2005~ 2006년에 소극적인 지주회사체제를 채택한 적이 있었다.

둘째, 4개 재벌은 6~10위에 속하였으며, 이들 중 3개(GS, 한진, 금호아시아나)는 적극적 인 지주회사체제를 그리고 1개(한화)는 소극적인 지주회사체제를 채택하였다.

GS는 2005년 이후 재벌 순위가 7~9위이며, 2005년 소극적인 지주회사체제로 출발한 이 후 2006년부터 적극적인 지주회사체제로 전환하였다. 한진은 2010년 이후 9~10위이며, 금 호아시아나(9~10위)는 2007~2008년에 지주회사체제를 채택한 적이 있었다. 한편 한화의 순위는 2005년 이후 10~13위이다.

셋째, 11~30위에 속한 9개 재벌 중 3개(두산, LS, CJ)는 11~20위였다. 두산은 2009년 이후 12위, LS는 2008년 이후 15~18위, 그리고 CJ는 2007년 이후 16~19위이다. CJ는 2007년 첫해에는 소극적인 지주회사체제를 채택하였으며 2008년부터 적극적인 지주회사체 제로 발전하였다.

나머지 6개 재벌의 순위는 21위 이하였으며, 4개(부영, 현대백화점, 한진중공업, STX)는 적극적인 지주회사체제를 그리고 2개(동부, 대한전선)는 소극적인 지주회사체제를 채택하였다. STX(2005년 28위)를 제외한 나머지 5개는 2011년 현재에도 지주회사체제를 유지하고 있다 (부영 2010년 이후 23~24위; 현대백화점 2006년 이후 27~34위; 한진중공업 2007년 이후 29~32위; 동부 2011년 20위; 대한전선 2008년 이후 25~39위). 이들 중 부영은 첫해

〈표 2.8〉 지주회사체제를 채택한 재벌의 순위, 2001~2011년 (위)

재벌	2001	2003	2004	2005	2006	2007	2008	2009	2010	2011
LG	3	2	2	3	4	4	4	4	4	4
SK	4	3	4	4	3	3	3	3	3	3
삼성*			1	1	1	1	1	1	1	1
현대자동차*					2					
롯데*			5	5						
GS					9	8	8	7	8	7	8
한진									10	9
금호아시아나						9	10			
한화*					10	11	12	12	13	13	10
두산								12	12	12
LS							18	17	15	15
CJ						19	17	19	18	16
부영									24	23
현대백화점					31	27	31	33	34	30
한진중공업						32	29	29	29	31
STX				28						
동부*										20
대한전선*							30	25	31	39
웅진								34	33	32
세아			33	32	36	38		38	44	44
코오롱									36	33
하이트진로									38	42
대성										43
태광*										46
동원		32	31							
농심		42	39	43	44	46				
태평양						48				
오리온						54				

주: * 소극적인 지주회사체제를 채택한 재벌; 하이트진로 = 2010년 하이트맥주.
출처: 〈표 2.7〉.

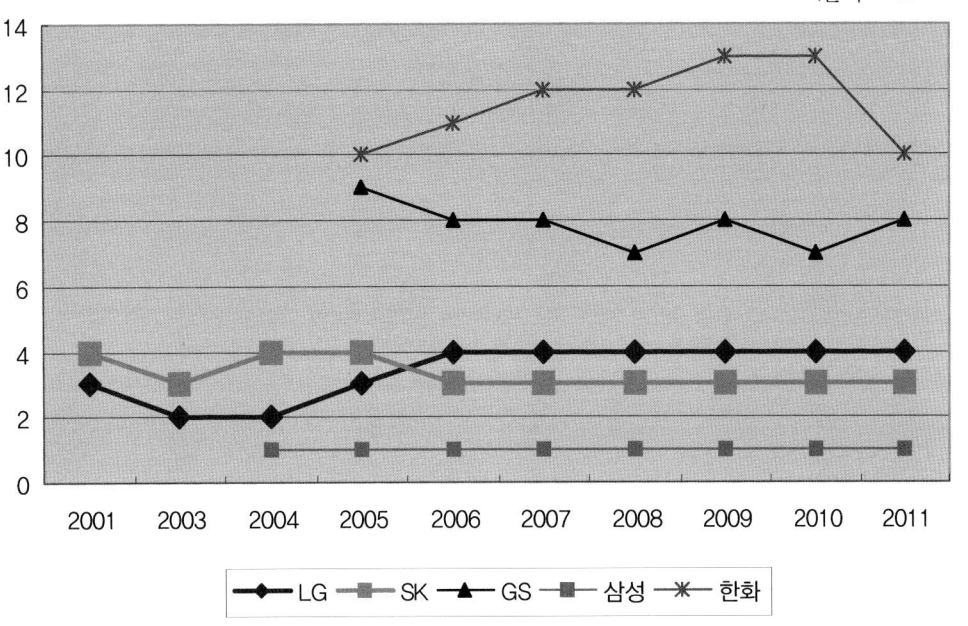

〈그림 2.11〉 지주회사체제를 채택한 재벌의 순위, 2001~2011년:
(1) 1~10위 5개 재벌 (위)

(출처: 〈표 2.8〉)

LG ─── SK ─── GS ─── 삼성 ─── 한화

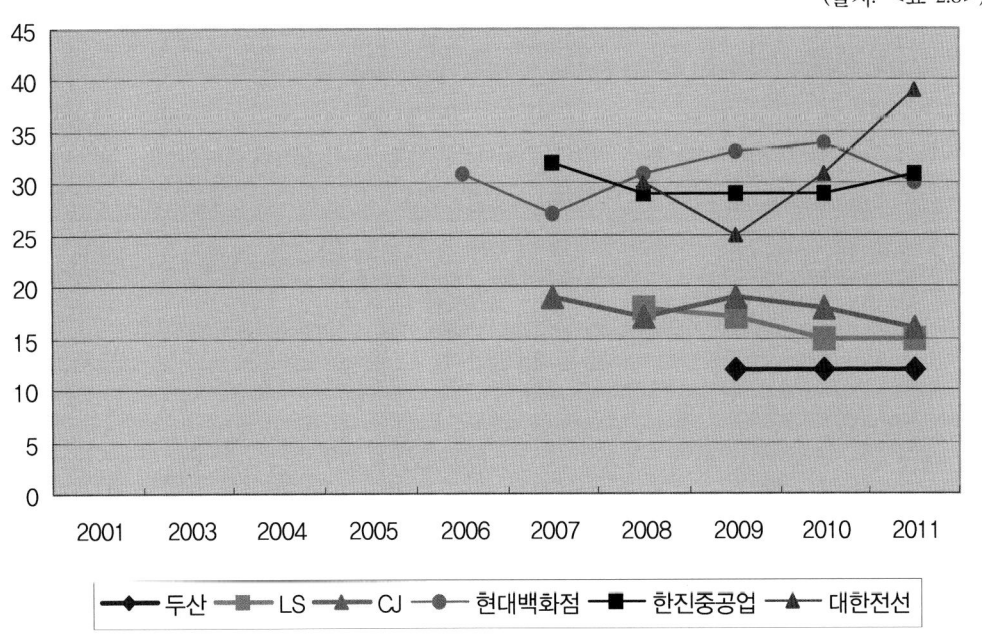

〈그림 2.12〉 지주회사체제를 채택한 재벌의 순위, 2001~2011년:
(2) 11~30위 6개 재벌 (위)

(출처: 〈표 2.8〉)

두산 ─── LS ─── CJ ─── 현대백화점 ─── 한진중공업 ─── 대한전선

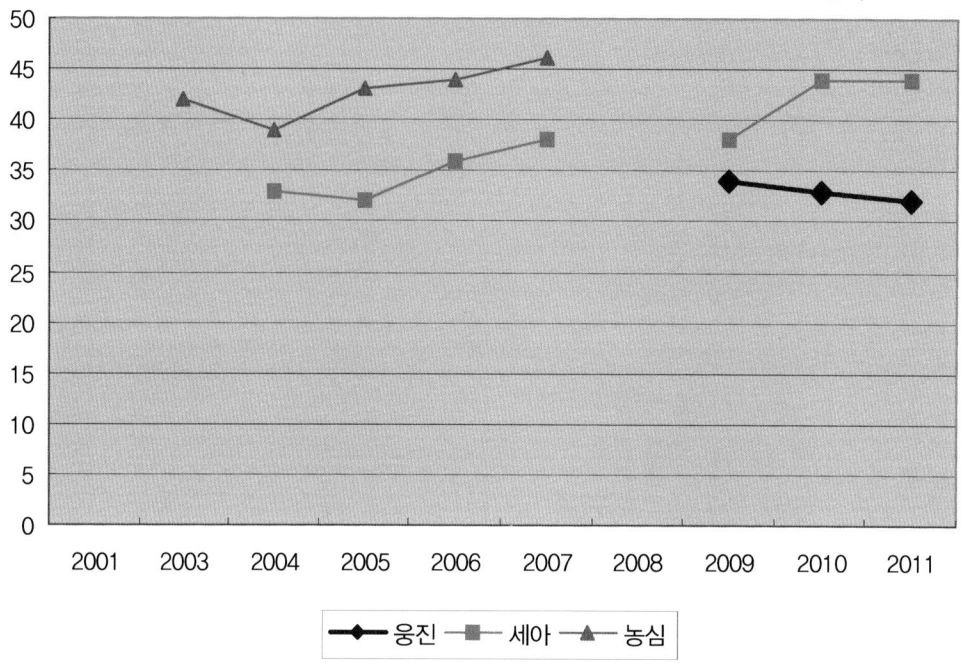

〈그림 2.13〉 지주회사체제를 채택한 재벌의 순위, 2001~2011년:
(3) 31위 이하 3개 재벌 (위)

(출처: <표 2.8>)

━━◆━━웅진 ━━■━━세아 ━━▲━━농심

인 2010년에는 소극적인 지주회사체제였다가 2011년 들어 적극적인 지주회사체제로 재편
되었다.

마지막으로 넷째, 10개 재벌의 순위는 31위 이하이다. 웅진(2009년 이후), 세아(2004년
이후), 코오롱(2010년 이후), 하이트진로(2010년 이후), 대성(2011년), 태광(2011년) 등 6개
재벌은 2011년 현재에도 지주회사체제를 유지하고 있으며, 태광을 제외한 5개 재벌은 적극
적인 지주회사체제를 채택하였다. 웅진(32~34위)과 코오롱(33~36위)은 31~39위였고, 세
아(32~44위)와 하이트진로(38~42위)는 30위권이었다가 40위권으로 순위가 낮아졌다. 대
성(43위)과 태광(46위)은 40위 이하였다.

나머지 4개 재벌(동원, 농심, 태평양, 오리온)은 2003~2007년 사이 일정 기간 동안 적극
적인 지주회사체제를 유지한 적이 있었다. 동원(31~32위)의 순위가 상대적으로 높았고 그
다음이 농심(39~46위), 태평양(48위), 오리온(54위) 등의 순이었다. 오리온의 54위는 2001~
2011년 사이 지주회사체제를 채택한 28개 재벌의 관련 순위 중 가장 낮은 순위이다.

4.3 지주회사체제를 채택한 재벌의 지주회사체제 달성 비율

2001~2011년 사이 지주회사체제를 채택한 28개 재벌 중 21개는 적극적인 지주회사체제를 채택하였으며, 이들 중 10개 재벌에서는 지주회사체제 달성 비율이 70% 이상인 적이 있었고 6개 재벌은 50~69% 그리고 5개 재벌은 30~49%와 관련이 있었다. 소극적인 지주회사체제를 채택한 7개 재벌에서의 비율은 30% 미만이었다 (<표 2.9>, <그림 2.14>, <그림 2.15>, <그림 2.16>; <표 2.6>, <표 2.7> 참조).

첫째, 70% 이상의 지주회사체제 달성 비율과 관련된 10개 재벌 중 3개(한진중공업, CJ, LG)는 90% 이상의 비율을 보인 적이 있었다.

한진중공업은 계열회사 전부가 지주회사체제에 편입된 유일한 경우이다. 2007년 출범 이후 줄곧 체제 달성 비율이 100%이다. 2007년에는 공정거래위원회 발표 자료의 시점 차이로 비율이 100% 이상(125%)으로 계산되어 있다. CJ의 경우에는 2007년 체제 출범 첫해에는 비율이 22%로 소극적인 지주회사체제였는데, 2008년부터 적극적인 지주회사체제로 재편되어 비율이 86%로 높아졌고 2009년에는 93% 그리고 2010년에는 107%로 계속 상승하였다. 2011년 현재에는 77%로 낮아졌다. LG는 2001년 출범부터 적극적인 지주회사체제를 구축하였다. 2001년에는 33%로 비율이 낮았는데 2003년에는 76%로 크게 높아졌고 2004년 이후 83~97% 수준이 유지되어 오고 있다. 2006년(97%)과 2007년(94%)에는 비율이 90% 이상이었다.

둘째, 7개 재벌에서는 지주회사체제 달성 비율이 70~89% 수준인 적이 있었다. 5개(하이트진로, 웅진, 두산, SK, 고오롱)에서는 80%대 그리고 2개(세아, 태평양)에서는 70%대와 관련이 있었다.

하이트진로(87~88%)에서는 2010년 이후 80%대가 유지되었고, 두산(76~85%)과 웅진(65~88%)에서는 2009년 이후 그리고 코오롱(79~81%)에서는 2010년 이후 1~2년 동안 80%대를 달성한 적이 있었다. SK의 경우에는 2001~2006년 소극적인 지주회사체제를 유지하던 동안에는 비율이 23~26%였으며, 2007년부터 적극적인 지주회사체제로 전환하면서 비율이 61~84%로 계속 높아졌다. 2007년 61%, 2008~2009년 73~77%, 그리고 2010~2011년 84%였다. 한편 세아에서는 2004년 이후 비율이 54~71% 수준에서 점진적으로 증가하였고, 태평양은 2007년에 71%의 비율로 지주회사체제를 가진 적이 있었다.

셋째, 6개 재벌에서는 체제 달성 비율이 50~69% 수준인 적이 있었다. 3개(대성, LS,

STX)에서는 60~69% 비율과 관련이 있었고, 다른 3개(동원, 농심, 금호아시아나)에서는 50~ 59% 비율과 관련이 있었다.

〈표 2.9〉 지주회사체제를 채택한 재벌의 지주회사체제 달성 비율, 2001~2011년 (%)

재벌	2001	2003	2004	2005	2006	2007	2008	2009	2010	2011
한진중공업						125	100	100	100	100
CJ						22	86	93	107	77
LG	33	76	83	89	97	94	83	88	87	86
하이트진로									88	87
두산							85	76	84
웅진								66	88	65
코오롱									81	79
SK	26	25	24	26	23	61	73	77	84	84
세아			54	57	65	68		70	68	71
태평양						71				
대성										67
LS							63	63	57	57
STX				64						
동원		59	59							
농심		50	59	58	58	47				
금호아시아나						58	44			
현대백화점					43	46	44	45	48	46
GS				26	32	31	32	39	41	42
오리온						45				
한진									32	35
부영									20	31
태광*										22
대한전선*							20	16	19	22
한화*			7	6	18	15	14	19	20
동부*										5
삼성*		3	3	3	3	3	3	3	3
롯데*				17	16					
현대자동차*						6				

주: * 소극적인 지주회사체제를 채택한 재벌; 하이트진로 = 2010년 하이트맥주.
출처: 〈표 2.7〉.

〈그림 2.14〉 지주회사체제를 채택한 재벌의 지주회사체제 달성 비율, 2011~2011년:
(1) 70% 이상 비율 6개 재벌 (%)

(출처: <표 2.9>)

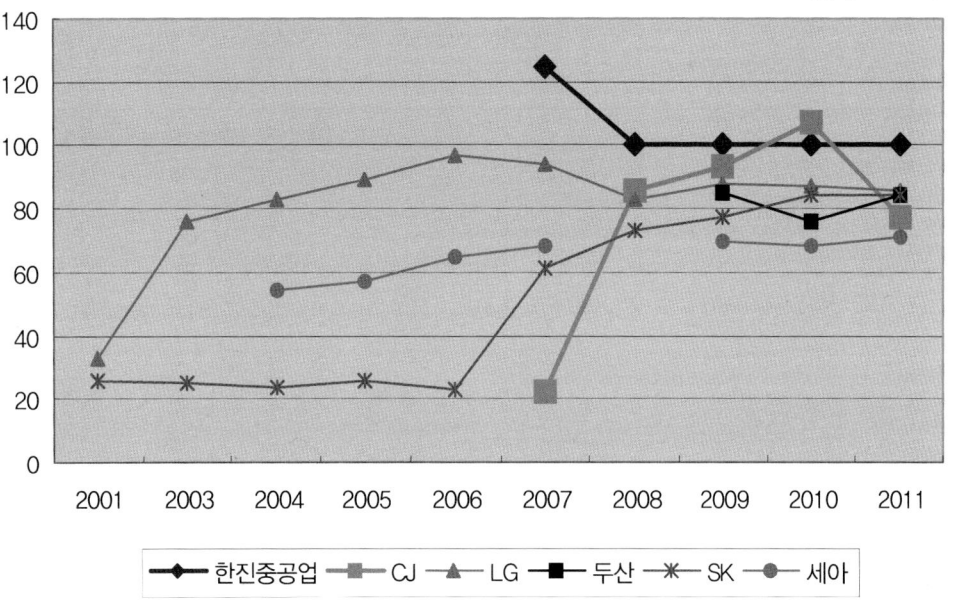

〈그림 2.15〉 지주회사체제를 채택한 재벌의 지주회사체제 달성 비율, 2001~2011년:
(2) 30~69% 비율 4개 재벌 (%)

(출처: <표 2.9>)

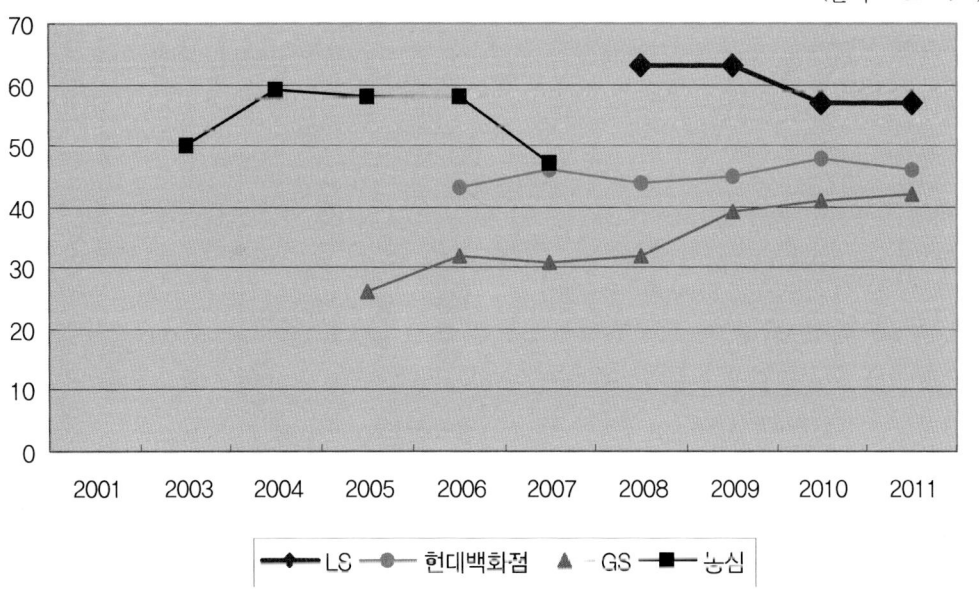

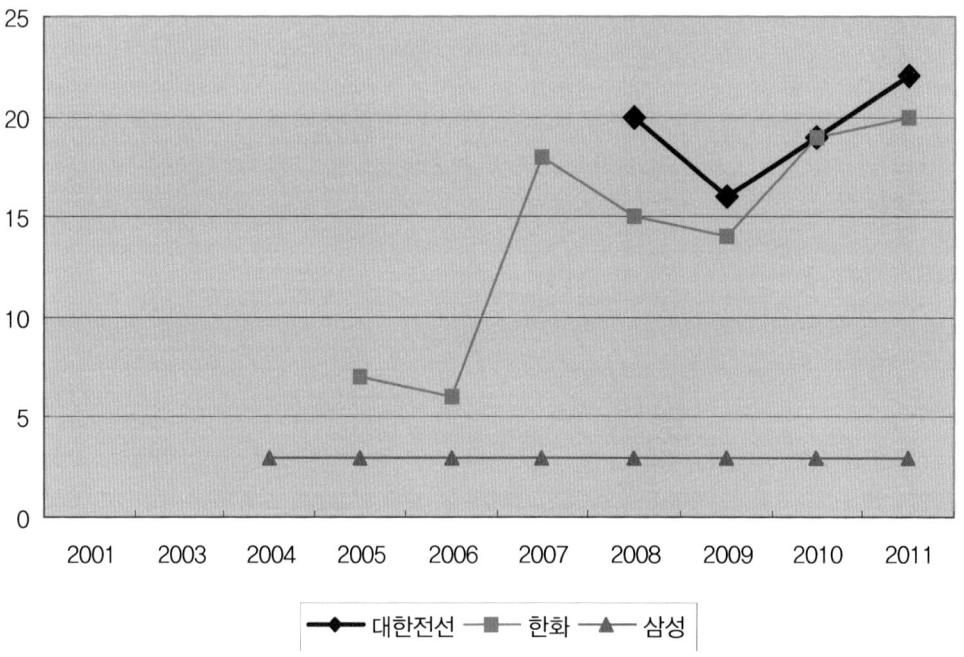

〈그림 2.16〉 지주회사체제를 채택한 재벌의 지주회사체제 달성 비율, 2001~2011년:
(3) 30% 미만 비율 3개 재벌 (%)

(출처: <표 2.9>)

대성(67%)은 첫해인 2011년에 비율이 60% 이상이었고, STX(64%)는 2005년에 60% 이상이었다. LS에서는 2008년 이후 체제 달성 비율이 57~63% 수준이다. 동원(2003~2004년, 59%), 농심(2003~2007년, 47~59%) 그리고 금호아시아나(2007~2008년, 44~58%)에서는 2011년 이전 2~5년 동안 50% 내외의 비율로 적극적인 지주회사체제를 유지한 적이 있었다.

넷째, 적극적인 지주회사체제를 채택한 21개 재벌 중 나머지 5개(현대백화점, GS, 오리온, 한진, 부영)는 30~49%의 비율을 가진 적이 있었다.

현대백화점(43~48%)에서는 2006년 이후 40%대가 유지되어 오고 있고, 오리온에서는 2007년 비율이 45%였다. GS의 경우에는, 첫해인 2005년에는 26%의 비율로 소극적인 지주회사체제였는데, 2006년부터 적극적인 체제로 점진적으로 재편되어 오고 있다. 2006~2009년(31~39%)에는 비율이 30%대였고 2010~2011년(41~42%)에는 40%대로 높아졌다. 부영의 경우에도 2010년(20%) 첫해에는 소극적인 지주회사체제였다가 2011년(31%) 들어 적극적인 체제를 구축하기 시작하였다. 한진에서의 비율은 32~35%이다.

마지막으로 다섯째, 소극적인 지주회사체제를 채택한 7개 재벌(태광, 대한전선, 한화, 동부, 삼성, 롯데, 현대자동차)의 지주회사체제 달성 비율은 30% 미만이며 3~22% 수준이다.

태광은 첫해인 2011년의 비율이 22%였고, 대한전선은 2008년 이후 16~22% 수준이다. 한화의 경우에는 2005~2006년(6~7%) 10% 미만이던 비율이 2007~2010년(14~19%)에는 10% 이상으로 그리고 2011년에는 20%로 증가해 오고 있다. 롯데에서의 비율은 2005~2006년 16~17%였다. 한편 현대자동차(2007년, 6%), 동부(2011년, 5%), 삼성(2004년 이후, 3%)에서의 비율은 10% 미만이다. 삼성의 3%는 2001~2011년 사이 지주회사체제를 채택한 28개 재벌과 관련된 비율 중 가장 낮은 비율이다.

4.4 지주회사체제를 채택한 재벌의 지주회사체제 편입 계열회사

2001~2011년 사이 지주회사체제를 채택한 28개 재벌 중 6개에서는 체제에 편입된 계열회사의 수가 30개 이상인 적이 있었다. 4개 재벌에서는 20~29개 회사가 그리고 8개 재벌에서는 10~19개 회사가 지주회사체제와 관련되어 있었다. 나머지 10개 재벌에서는 체제 편입 회사가 10개 미만이었다 (<표 2.10>, <그림 2.17>, <그림 2.18>, <그림 2.19>; <표 2.6>, <표 2.7> 참조).

첫째, 30개 이상의 회사를 편입한 적이 있는 6개 재벌(SK, CJ, LG, 대성, 코오롱, GS) 중 70개 이상 그리고 60~69개의 회사를 편입한 재벌은 SK가 유일하다. 2001~2006년 사이 소극적인 지주회사체제를 유지하던 시기에는 편입회사가 13~15개였는데, 2007년 적극적인 지주회사체제로 전환되면서 편입 회사가 매년 큰 폭으로 증가하였다. 2007년 35개, 2008년 47개, 2009년 59개, 2010년 63개, 2011년 72개 등이었다. 72개, 63개 및 59개는 2001~2011년 사이 지주회사체제를 채택한 28개 재벌 관련 편입 회사 수 중 첫 번째, 두 번째, 세 번째로 큰 수치이다.

CJ와 LG에서는 편입 회사가 50개를 넘은 적이 있었다. CJ에서는 2007년 소극적인 지주회사체제 하에서는 편입 회사가 14개였는데, 2008년부터 적극적인 지주회사체제로 바뀌면서 편입 회사가 50~58개 수준이 유지되었다. LG의 경우에는 2001년 첫해에는 편입 회사가 14개로 적었으며, 2003년 이후 29~51개 사이에서 증가-감소-증가 추세를 보이고 있다. 2003~2004년 38개, 2005~2007년 29~34개, 그리고 2009~2011년 46~51개 수준이다.

대성에서는 첫해인 2011년 체제 편입 회사가 49개였으며, 코오롱에서는 2010~2011년

30~31개였다. GS의 경우 소극적인 지주회사체제를 채택한 2005년에는 편입 회사가 13개였으며, 2006년부터 적극적인 지주회사체제를 구축하면서 편입 회사가 점차 늘어났다. 2006~2008년 15~18개, 2009~2010년 25~28개, 그리고 2011년 32개였다.

〈표 2.10〉 지주회사체제를 채택한 재벌의 지주회사체제 편입 계열회사, 2001~2011년 (개)

재벌	2001	2003	2004	2005	2006	2007	2008	2009	2010	2011
SK	14	15	14	13	13	35	47	59	63	72
CJ						14	57	57	58	50
LG	14	38	38	34	29	29	30	46	46	51
대성										49
코오롱									30	31
GS				13	16	15	18	25	28	32
두산								22	22	21
LS							15	20	25	27
웅진								19	21	20
금호아시아나						22	23			
세아			15	16	15	15		16	13	15
하이트진로									14	13
한진									12	14
현대백화점					10	11	11	10	14	12
동원		10	10							
오리온						10				
태광*										11
한화*				2	2	6	6	6	9	11
한진중공업						5	5	6	7	8
부영									3	5
STX				9						
농심		5	7	7	7	7				
태평양						5				
대한전선*							4	5	5	5
삼성*			2	2	2	2	2	2	2	2
동부*										2
롯데*				7	7					
현대자동차*						2				

주: * 소극적인 지주회사체제를 채택한 재벌; 하이트진로 = 2010년 하이트맥주.
출처: 〈표 2.7〉.

〈그림 2.17〉 지주회사체제를 채택한 재벌의 지주회사체제 편입 계열회사, 2001~2011년: (1) 30개 이상 회사 편입 4개 재벌 (개)

(출처: <표 2.10>)

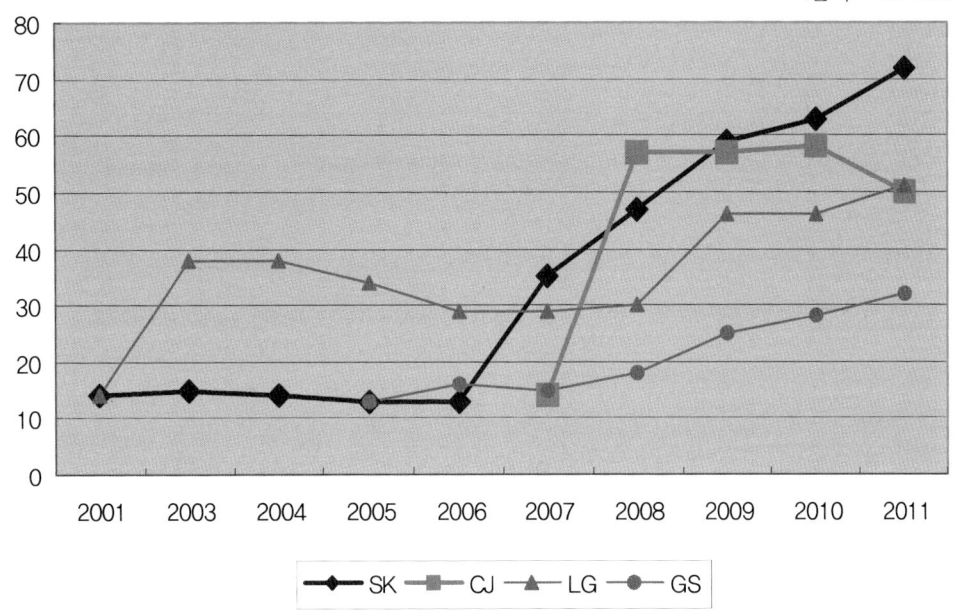

〈그림 2.18〉 지주회사체제를 채택한 재벌의 지주회사체제 편입 계열회사, 2001~2011년: (2) 10~29개 회사 편입 5개 재벌 (개)

(출처: <표 2.10>)

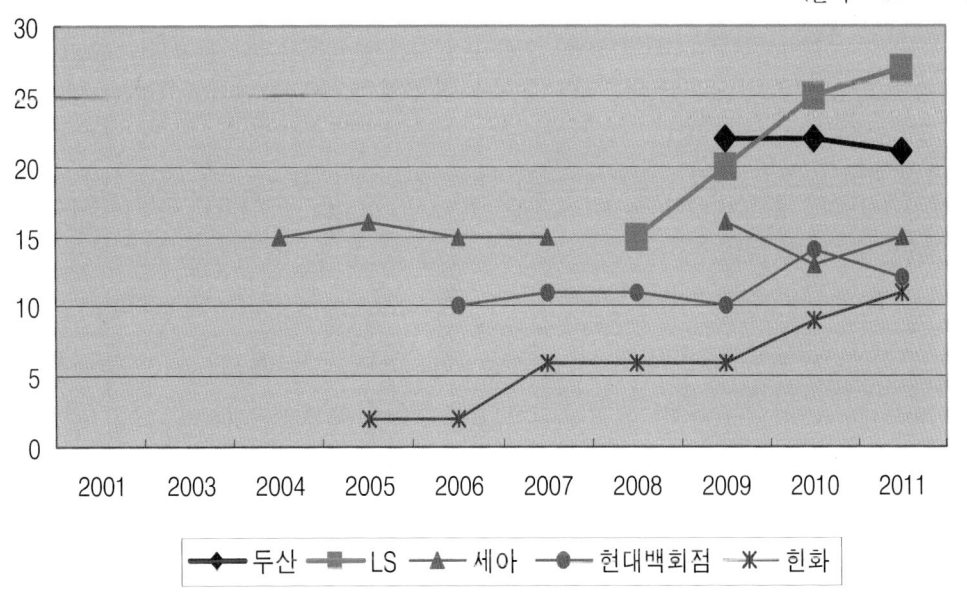

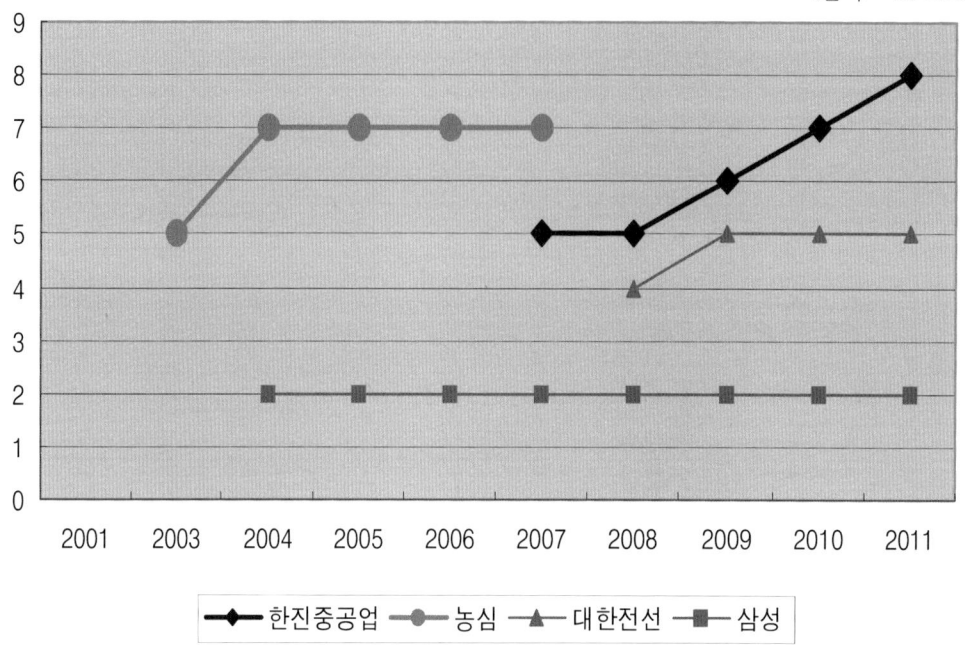

〈그림 2.19〉 지주회사체제를 채택한 재벌의 지주회사체제 편입 계열회사, 2001~2011년:
(3) 10개 미만 회사 편입 4개 재벌 (개)

(출처: <표 2.10>)

한진중공업　농심　대한전선　삼성

둘째, 4개 재벌(두산, LS, 웅진, 금호아시아나)에서는 편입 회사가 20~29개인 적이 있었다. 두산(21~22개)에서는 2009년 이후 그리고 금호아시아나(22~23개)에서는 2007~2008년에 20개 이상이었다. 또 LS(15~27개)에서는 2008년 이후 그리고 웅진(19~21개)에서는 2009년 이후 20개 내외의 회사를 중심으로 지주회사체제를 구축해 오고 있다.

셋째, 8개 재벌에서의 편입 회사 수는 10~19개 수준이었다. 이들 중 2개(태광, 한화)는 소극적인 지주회사체제를 채택한 재벌이다. 세아(2004년 이후, 13~16개), 하이트진로(2010년 이후, 13~14개), 한진(2010년 이후, 12~14개), 현대백화점(2006년 이후, 10~14개), 태광(2011년, 11개), 동원(2003~2004년, 10개), 오리온(2007년, 10개) 등 7개 재벌에서는 10개 이상의 회사가 지주회사체제에 편입되어 있었으며, 한화에서는 2005년 이후 편입 회사가 계속 증가하여 2005~2006년 2개, 2007~2009년 6개, 2010년 9개, 그리고 2011년 11개였다.

마지막으로 넷째, 나머지 10개 재벌에서는 지주회사체제에 편입된 회사의 수가 10개 미만이었다. 이들 중 5개(한진중공업, 부영, STX, 농심, 태평양)는 적극적인 지주회사체제를 그리고 5개(대한전선, 삼성, 동부, 롯데, 현대자동차)는 소극적인 지주회사체제를 채택한 재벌이다.

지주회사체제 달성 비율이 유일하게 100%를 유지한 한진중공업은 2007년 이후 전체 계열회사 5∼7개 모두가 체제에 편입되어 있다. 부영(2010∼2011년, 3∼5개), STX(2005년, 9개), 농심(2003∼2007년, 5∼7개), 태평양(2007년, 5개) 등 4개 재벌에서는 5개 내외의 계열회사가 지주회사체제와 관련되어 있었다.

소극적인 지주회사체제를 채택한 5개 재벌 중에서는 대한전선(2008∼2011년, 4∼5개)과 롯데(2005∼2006년, 7개)에서 편입 회사가 5개 내외였고, 삼성(2004년 이후), 동부(2011년), 현대자동차(2007년) 등 나머지 3개 재벌에서의 지주회사체제는 각각 1개 일반지주회사와 1개의 계열회사로 구성되어 있었다. 편입 회사 2개는 2001∼2011년 사이 지주회사체제를 채택한 28개 재벌과 관련된 편입 회사 수 중 가장 적은 수치이다.

5. 지주회사체제를 채택한 재벌, 2001∼2011년: (2) 재벌별 현황

2001년 이후 2011년까지 지주회사체제를 채택한 재벌은 28개이다. 20개는 2011년 현재에도 체제를 유지하고 있고 나머지 8개는 2011년 이전에 체제를 유지한 적이 있었다. 28개 재벌 중 21개는 적극적인 지주회사체제를 그리고 7개는 소극적인 지주회사체제를 채택하였으며, 이들 중 2011년 현재에도 체제를 유지하고 있는 재벌은 각각 15개, 5개이다. 아래에서는 재벌 순위 순서로 각 재벌에서의 지주회사체제 현황을 살펴본다.

2011년 현재 적극적인 지주회사체제를 채택하고 있는 15개 재벌 중 4개(SK, LG, GS, 한진)는 1∼10위에 그리고 6개(두산, LS, CJ, 부영, 현대백화점, 한진중공업)는 11∼30위에 속한 적이 있었다. 나머지 5개(웅진, 코오롱, 하이트진로, 대성, 세아)의 순위는 31위 이하였다. 2011년 이전에 적극적인 지주회사체제를 채택한 적이 있는 6개 재벌 중에서는 1∼10위에 1개 재벌(금호아시아나), 11∼30위에 1개 재벌(STX), 그리고 31위 이하에 4개 재벌(동원, 농심, 태평양, 오리온)이 관련되어 있었다.

한편, 2011년 현재 소극적인 지주회사체제를 채택하고 있는 5개 재벌 중 2개(삼성, 한화)는 1∼10위, 2개(동부, 대한전선)는 11∼30위, 그리고 1개(태광)는 31위 이하에 속한 적이 있었다. 2011년 이전에 소극적인 지주회사체제를 채택한 2개 재벌(현대자동차, 롯데)은 모두 10위 이내였다.

5.1 적극적인 지주회사체제를 채택한 재벌: 2011년 현재 15개

2011년 현재까지 적극적인 지주회사체제를 유지해 오고 있는 재벌은 15개이다. SK(2001년 이후 3~4위)와 LG(2001년 이후 2~4위)는 지주회사체제를 채택한 기간 내내 재벌 순위가 5위 이내였으며, GS(2005년 이후 7~9위)와 한진(2010년 이후 9~10위)은 6~10위에 속하였다. 두산(2009년 이후 12위), LS(2008년 이후 15~18위), CJ(2007년 이후 16~19위) 등 3개 재벌의 순위는 11~20위 사이였으며, 부영(2010년 이후 23~24위)은 21~30위 사이였다. 현대백화점(2006년 이후 27~34위)과 한진중공업(2007년 이후 29~32위)은 일정 기간 동안 30위 이내에 든 적이 있었다. 웅진(2009년 이후 32~34위), 코오롱(2010년 이후 33~36위), 하이트진로(2010년 이후 38~42위), 대성(2011년 43위) 그리고 세아(2004년 이후 32-44위)의 순위는 31위 이하였다. 한편 4개 재벌(SK, GS, CJ, 부영)은 처음에는 소극적인 지주회사체제로 출발했다가 이후 적극적인 지주회사체제로 발전하였다 (<표 2.11>, <그림 2.20>, <그림 2.21>, <그림 2.22>, <그림 2.23>).

5.1.1 1~10위 재벌 4개

(1) SK그룹: SK그룹은 재벌 중 최초로 2000년에 지주회사체제를 도입하였다. 계열회사 SK엔론(2006년 이후 SK E&S; 일반지주회사 순위 2~16위)이 2000년 1월 공정거래법상 지주회사 제1호로 지정되면서였다. 1987년 금지되었던 지주회사제도가 1999년 2월 다시 허용된 이후 거의 1년이 지난 뒤였다.

2001년 현재 SK엔론은 13개의 계열회사를 가지고 있었으며, 따라서 54개 그룹 계열회사 중 1/4가량(14개, 26%)만 지주회사체제에 편입되어 있었다. 소극적인 지주회사체제는 2006년까지 계속되었다. 그룹 계열회사 50~60개 중 지주회사사체제에 편입된 회사는 13~15개로 지주회사체제 달성 비율은 23~26% 수준이었다.

2007년 SK E&S의 모회사이자 주력 회사인 SK(주)(일반지주회사 순위 1~2위)가 지주회사로 전환되면서 SK그룹은 2개의 지주회사를 중심으로 적극적인 지주회사체제를 구축하기 시작하였다. 지주회사체제 달성 비율은 2006년 23%(56개 그룹 계열회사 중 13개가 체제에 편입)이던 것이 2007년에는 61%(57개 중 35개)로 3배가량 껑충 뛰었다.

SK E&S와 그 계열회사는 2001~2004년 14~15개이던 것이 2005~2006년 13개, 2007~2008년 12개, 2009년 11개, 2010년 10개 등으로 서서히 줄어들었다. 반면 (주)SK와 그 계열회사는 2007년 24개, 2008년 36개, 2009년 49개, 2010년 54개 등으로 크게 증가하였다. 이에 따라 지주회사체제 달성 비율 또한 2007년 61%(57개 그룹 계열회사 중 35개가 체제에 편입), 2008년 73%(64개 중 47개), 2009년 77%(77개 중 59개), 2010년 84%(75개 중 63개) 등으로 지속적으로 증가하였다.

2011년에는 세 번째 지주회사이자 SK(주)의 자회사인 SK이노베이션(일반지주회사 순위 1위)이 신설되어 SK그룹은 3개 지주회사를 보유하게 되었다. 지주회사 SK(주)가 2개 지주회사(SK이노베이션과 SK E&S)를 포함하여 47개 계열회사를 거느리고, SK이노베이션과 SK E&S가 각각 17개, 10개의 계열회사를 거느리는 구조로 재편되었으며, 결과적으로 86개 그룹 계열회사 중 72개가 지주회사체제로 편입되었다. 지주회사체제 달성 비율은 2010년과 같은 84%였다.

(2) LG그룹: SK그룹에 이어 재벌 중 두 번째로 지주회사체제를 채택하였다. 2001년 주력회사인 LG화학이 지주회사 (주)LGCI(2003년 이후 (주)LG; 일반지주회사 순위 1~3위)로 전환되면서였다. 산하 계열회사는 13개였으며, 따라서 그룹 전체 계열회사 43개 중 1/3 정도(14개, 33%)가 지주회사체제로 재편되었다.

2003년 (주)LGCI는 (주)LG로 확대 개편되었으며 이때부터 본격적인 지주회사체제가 구축되기 시작하였다. (주)LG는 전자부문 지주회사 (주)LGEI(2002년 주력회사 LG전자가 전환되어 생긴 회사)를 흡수 합병하고 (주)LGEI의 계열회사를 (주)LG의 계열회사로 편입하였으며, 결과적으로 그룹 계열회사 50개 중 38개가 지주회사체제로 재편되었다. 지주회사체제 달성 비율은 2001년의 33%에서 2003년에는 76%로 2배 이상 크게 높아졌다.

2004년 이후 지주회사체제 달성 비율은 83~97%의 높은 수준이 유지되어 오고 있다. 그룹 계열회사는 2003년 50개이던 것이 2006년까지는 30개로 크게 줄어들었는데, 이 기간 중 지주회사체제 달성 비율은 오히려 증가하였다. 2003년 76%(50개 그룹 계열회사 중 38개가 체제에 편입), 2004년 83%(46개 중 38개), 2005년 89%(38개 중 34개), 2006년 97%(30개 중 29개) 등이었다.

2007년부터 그룹 계열회사 수는 다시 증가 추세로 돌아서 2006년의 30개에서 2011년 현재에는 59개로 2배가량 늘어난 상태이다. 지주회사체제 달성 비율은 2006년의 97%를 정점으로 2007년에는 94%(31개 그룹 계열회사 중 29개가 체제에 편입)로 낮아졌고 2008년에는 83%(36개 중 30개) 더욱 낮아졌는데, 이후 조금 회복되어 86~88% 수준이 유지되어 오고 있다. 2009년 88%(52개 중 46개), 2010년 87%(53개 중 46개), 2011년 86%(59개 중 51개) 등이다.

　(3) GS그룹: GS그룹의 지주회사 GS홀딩스(2009년 이후 (주)GS; 일반지주회사 순위 2~4위)는 2004년 7월 신설되었다. LG그룹의 지주회사 (주)LG가 2개의 지주회사((주)LG, GS홀딩스)로 분할되면서였다. GS홀딩스 관련 회사들은 LG그룹 창업주 구인회의 사돈인 허준구 일가가 주로 관여해 왔으며, 2005년 1월 LG그룹에서 분리되었고 4월에 GS그룹으로 공식 출범하였다.

〈표 2.11〉 2011년 현재 적극적인 지주회사체제를 채택하고 있는 15개 재벌: 1~10위 재벌 4개, 11~30위 재벌 6개, 31위 이하 재벌 5개

(A) SK그룹

연도	그룹		지주회사체제				지주회사체제 달성 비율 (B/A, %)
	순위	계열회사 (A, 개)	지주회사 (a)	순위	계열회사 (b, 개)	a+b (B, 개)	
2001	4	54	SK엔론	2	(13)	(14)	(26)
2003	3	60	SK엔론	2	14	15	25
2004	4	59	SK엔론	3	13	14	24
2005	4	50	SK엔론	4	12	13	26
2006	3	56	SK E&S	4	12	13	23
2007	3	57	SK(주)	1	23	24	
			SK E&S	6	11	12 [35]	61
2008	3	64	SK(주)	1	35	36	
			SK E&S	10	11	12 [47]	73
2009	3	77	SK(주)	1	48	49	
			SK E&S	15	10	11 [59]	77
2010	3	75	SK(주)	1	53	54	
			SK E&S	16	9	10 [63]	84
2011	3	86	SK이노베이션	1	16	17	
			SK(주)	2	46	47	
			SK E&S	13	9	10 [72]	84

(B) LG그룹

2001	3	43	(주)LGCI	1	(13)	(14)	(33)
2003	2	50	(주)LG	1	37	38	76
2004	2	46	(주)LG	1	37	38	83
2005	3	38	(주)LG	1	33	34	89
2006	4	30	(주)LG	1	28	29	97
2007	4	31	(주)LG	2	28	29	94
2008	4	36	(주)LG	2	29	30	83
2009	4	52	(주)LG	2	45	46	88
2010	4	53	(주)LG	2	45	46	87
2011	4	59	(주)LG	3	50	51	86

(C) GS그룹

2005	9	50	GS홀딩스	2	12	13	26
2006	8	50	GS홀딩스	2	15	16	32
2007	8	48	GS홀딩스	4	14	15	31
2008	7	57	GS홀딩스	4	17	18	32
2009	8	64	(주)GS	3	24	25	39
2010	7	69	(주)GS	3	27	28	41
2011	8	76	(주)GS	4	31	32	42

(D) 한진그룹

2010	10	37	한진해운홀딩스	32	11	12	32
2011	9	40	한진해운홀딩스	17	13	14	35

(E) 두산그룹

2009	12	26	두산	4	20	21	
			두산모트롤홀딩스	46	1	2 [22]	85
2010	12	29	두산	6	18	19	
			디아이피홀딩스	47	3	4 [22]	76
2011	12	25	두산	6	18	19	
			디아이피홀딩스	43	2	3 [21]	84

(F) LS그룹

2008	18	24	(주)LS	6	14	15	63
2009	17	32	(주)LS	7	19	20	63
2010	15	44	(주)LS	7	24	25	57
2011	15	47	(주)LS	7	26	27	57

(G) CJ그룹

2007	19	64	CJ홈쇼핑	7	13	14	22
2008	17	66	CJ(주)	5	43	44	
			CJ홈쇼핑	12	13	14 [57]	86
2009	19	61	CJ(주)	5	43	44	
			CJ오쇼핑	12	13	14 [57]	93
2010	18	54	CJ(주)	5	41	42	
			CJ오쇼핑	13	5	6	
			오미디어홀딩스	27	1	2	
			온미디어	28	9	10 [58]	107
2011	16	65	CJ(주)	5	49	50	77

(H) 부영그룹

2010	24	15	부영	4	2	3	20
2011	23	16	부영	8	2	3	
			동광주택산업	39	1	2 [5]	31

(I) 현대백화점그룹

2006	31	23	(주)HC&	16	9	10	43
2007	27	24	(주)HC&	21	10	11	46
2008	31	25	(주)HC&	24	10	11	44
2009	33	22	(주)HC&	29	9	10	45
2010	34	29	(주)HC&	37	13	14	48
2011	30	26	현대HC&	29	11	12	46

(J) 한진중공업그룹

2007	32	4	한진중공업홀딩스	11	4	5	125
2008	29	5	한진중공업홀딩스	11	4	5	100
2009	29	6	한진중공업홀딩스	10	5	6	100
2010	29	7	한진중공업홀딩스	14	6	7	100
2011	31	8	한진중공업홀딩스	18	7	8	100

(K) 웅진그룹

2009	34	29	웅진홀딩스	8	18	19	66
2010	33	24	웅진홀딩스	9	20	21	88
2011	32	31	웅진홀딩스	9	19	20	65

(L) 코오롱그룹

2010	36	37	코오롱	24	29	30	81
2011	33	39	코오롱	20	30	31	79

(M) 하이트진로그룹

2010	38	16	하이트홀딩스	10	13	14	88
2011	42	15	하이트홀딩스	10	12	13	87

(N) 대성그룹

2011	43	73	대성합동지주	27	18	19	
			대성홀딩스	40	9	10	
			서울도시개발	88	19	20 [49]	67

(O) 세아그룹

2004	33	28	세아홀딩스	5	14	15	54
2005	32	28	세아홀딩스	7	15	16	57
2006	36	23	세아홀딩스	7	14	15	65
2007	38	22	세아홀딩스	9	14	15	68
2009	38	23	세아홀딩스	14	15	16	70
2010	44	19	세아홀딩스	17	12	13	68
2011	44	21	세아홀딩스	16	14	15	71

주: 1) 그룹은 4월 현재; 지주회사 명단은 2001~2003년 7월, 2004년 5월, 2005~2007년 8월, 2008·2011년 9월 현재, 계열회사는 원칙석으로 이전 연도 12월 현재이며 일부 다른 기준이 적용됨.
   2) SK엔론 – SK E&S, (주)LGCI = (주)LG, GS홀딩스 = (주)GS, CJ홈쇼핑 = CJ오쇼핑, (주)HC& = 현대HC&, 하이트진로그룹 = 2010년 하이트맥주그룹.
   3) SK이노베이션과 SK엔론(=SK E&S)은 SK(주)의 자회사. 두산모트롤홀딩스와 디아피홀딩스는 두산의 자회사, CJ홈쇼핑(=CJ오쇼핑)은 CJ(주)의 자회사, 온미디어는 오미디어홀딩스의 자회사.
   4) (주)LGCI 2001년 계열회사 = 자회사 (손자회사 정보 없음);
      SK엔론 2001년 계열회사 = 자회사 11개 (2001년 7월) + 손자회사 2개 (2000년 3월; 2001년 7월 정보 없음).
   5) 지주회사가 2개 이상인 3개 그룹(SK, 두산, CJ)의 경우, 출처의 자료에는 지주회사의 계열회사 수가 중복 계산되어 있어 이를 바로잡음.
   6) 그룹의 기준 시점과 지주회사의 기준 시점이 다르며, 따라서 지주회사체제 달성 비율은 대체적인 것임. 시점의 차이로 인해 비율이 100%를 넘는 경우가 있음.
   7) 세아그룹 2010~2011년 순위: 공정거래위원회 지정 사기업집단은 2010년 45개, 2011년 47개이며 이 중 세아그룹의 순위는 각각 44위임. 미래에셋그룹(42위, 40위)과 한국투자금융그룹(45위, 45위)은 분석에서 제외됨.
출처: 〈부록 4〉.

<그림 2.20> 2011년 현재 적극적인 지주회사체제를 채택한 재벌:
(1) 1~20위 6개 재벌의 지주회사체제 달성 비율, 2001~2011년 (%)

(출처: <표 2.11>)

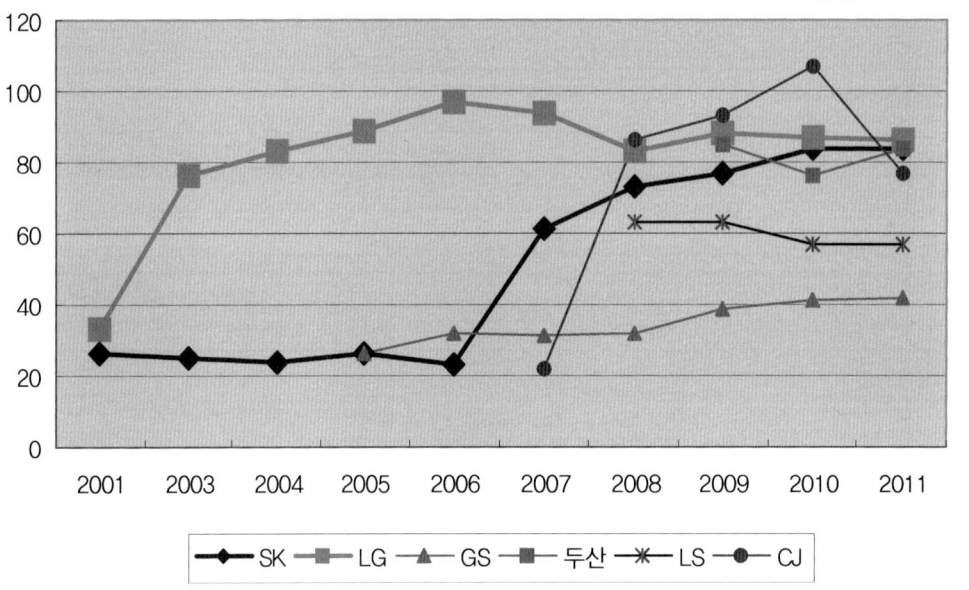

<그림 2.21> 2011년 현재 적극적인 지주회사체제를 채택한 재벌:
(2) 21위 이하 4개 재벌의 지주회사체제 달성 비율, 2001~2011년 (%)

(출처: <표 2.11>)

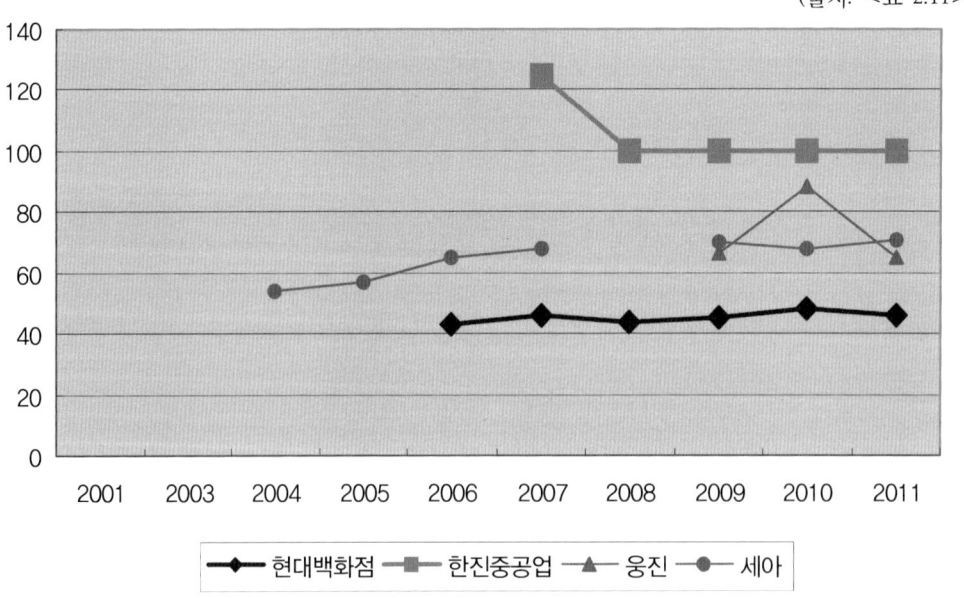

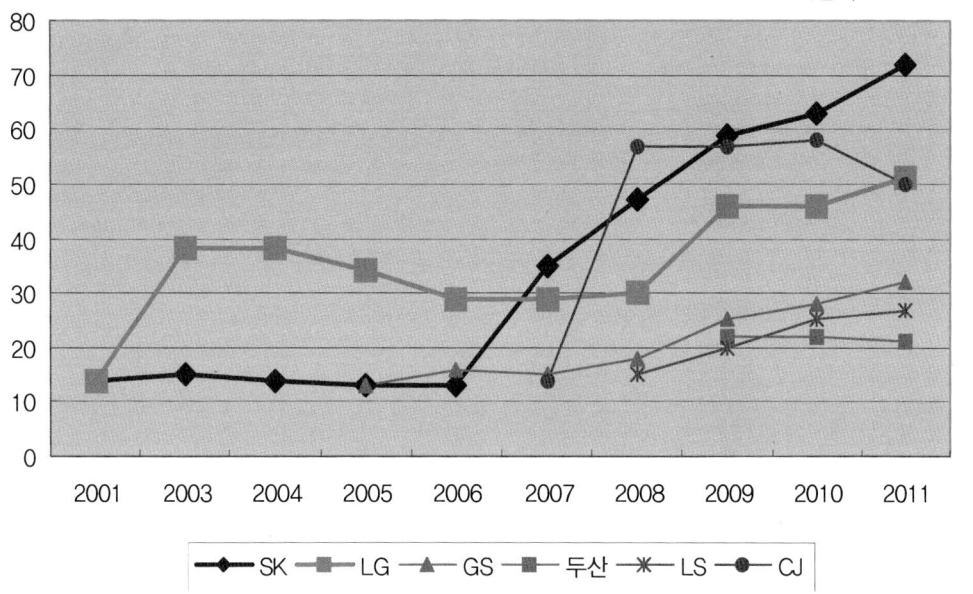

〈그림 2.22〉 2011년 현재 적극적인 지주회사체제를 채택한 재벌:
(3) 1~20위 6개 재벌의 지주회사체제 편입 계열회사, 2001~2011년 (개)

(출처: <표 2.11>)

◆SK ■LG ▲GS ■두산 ✳LS ●CJ

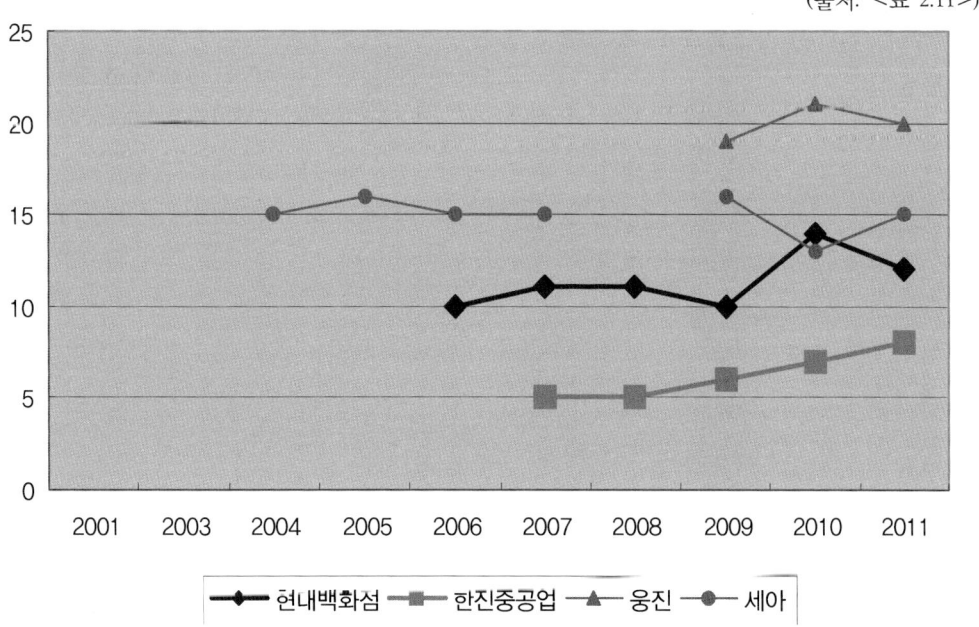

〈그림 2.23〉 2011년 현재 적극적인 지주회사체제를 채택한 재벌:
(4) 21위 이하 4개 재벌의 지주회사체제 편입 계열회사, 2001~2011년 (개)

(출처: <표 2.11>)

◆현내백화점 ■한진중공업 ▲웅진 ●세아

그룹 출범 첫해인 2005년에는 50개 계열회사 중 지주회사 GS홀딩스 산하의 회사는 12개였으며, 지주회사체제 달성 비율은 26%로 낮았다. 소극적인 지주회사체제로 분류될 수 있는 상황이었다.

하지만 2006년부터는 적극적인 지주회사체제로 점진적으로 바뀌어져 갔다. 2006~2008년 사이에는 체제 달성 비율이 31~32%(48~57개 그룹 계열회사 중 15~18개가 체제에 편입)로 여전히 낮기는 하였지만 30%를 넘어섰고, 2009~2011년에는 비율이 39~42%로 더욱 높아졌다. 그룹 계열회사는 2007년 최저치인 48개에서 점차 늘어나 2011년에는 76개로 1.6배 늘어났으며, 이들 중 지주회사체제에 편입된 계열회사 또한 2007년 15개에서 2011년에는 32개로 2배 이상 늘어났다. 체제 달성 비율은 2007년 31%(48개 그룹 계열회사 중 15개가 체제에 편입), 2008년 32%(57개 중 18개), 2009년 39%(64개 중 25개), 2010년 41%(69개 중 28개), 2011년 42%(76개 중 32개) 등이었다.

(4) 한진그룹: 지주회사 한진해운홀딩스(일반지주회사 순위 11~13위)는 2009년 12월 생겼으며 산하 계열회사는 2010~2011년 12~14개였다. 그룹 전체 계열회사 37~40개 중에서의 비중은 32~35%이다.

한진그룹은 1990년대 들어 창업주 조중훈의 네 아들(조양호, 조남호, 조수호, 조정호)이 경영에 참여해 왔으며, 2005년에 조정호와 조남호가 각각 메리츠금융그룹과 한진중공업그룹으로 분가하였다. 한진해운홀딩스 관련 회사는 조수호(2006년 사망) 및 부인 최은영 일가 몫으로서 한진그룹에 속해 있으면서도 독자성을 유지하고 있다. 반면 한진그룹의 동일인인 조양호가 담당하는 그룹의 주력 회사들은 지주회사체제에 관련되어 있지 않다.

5.1.2 11~30위 재벌 6개

(1) 두산그룹: 2009년 이후 2개의 지주회사를 중심으로 지주회사체제를 구축해 오고 있다. 2009년에는 (주)두산과 두산모트롤홀딩스, 그리고 2010~2011년에는 (주)두산과 디아이피홀딩스이다.

(주)두산(일반지주회사 순위 4~6위)은 2009년 공정거래법상 지주회사로 공식 지정되었으며 20개의 계열회사를 거느렸다. 자회사인 두산모트롤홀딩스(일반지주회사 순위 46위) 또한 같은 해 공정거래법상 지주회사가 되었으며, 1개 계열회사를 별도로 가지고 있었다. 결과적으로 그룹 계열회사 26개 중 22개(85%)가 지주회사체제로 조직되었다.

2010년에는 두산모트롤홀딩스가 (주)두산에 합병되고 대신 자회사인 디아이피홀딩스(일반지주회사 순위 43～47위)가 새로 지주회사로 지정되었다. 2010～2011년 (주)두산의 계열회사는 18개 그리고 디아이피홀딩스의 계열회사는 2～3개였다. 지주회사체제 달성 비율은 2009년 85%에서 2010년에는 76%(그룹 계열회사 29개 중 22개가 체제에 편입)로 낮아졌다가 2011년에 84%(25개 중 21개)로 이전 수준을 회복하였다.

(2) LS그룹: 그룹 출범(2004년) 4년 뒤인 2008년부터 (주)LS(이전 LG전선; 일반지주회사 순위 6～7위)를 중심으로 지주회사체제를 구축해 오고 있다. 그룹 계열회사는 2008년 24개에서 2011년에는 47개로 2배가량 늘어났으며, (주)LS의 계열회사 또한 14개에서 26개로 2배가량 늘었다. 지주회사체제 달성 비율은 2008～2009년 63%(그룹 계열회사 24～32개 중 15～20개가 체제에 편입) 그리고 2010～2011년 57%(44～47개 중 25～27개)이다.

LS그룹 관련 회사들은 2003년 11월 LG그룹에서 계열 분리되었다. 2005년 1월 GS그룹 관련 회사들이 분리되기 1년 2개월 전이었다. 2004년 4월 LG전선그룹으로 출범하였으며 2005년 3월 그룹명을 LS그룹으로 변경하였다. LS그룹 관련 회사들은 LG그룹 창업주 구인회의 세 동생(구태회, 구평회, 구두회) 일가에서 주로 담당해 왔으며, 2003년 3월 이후 LG그룹이 통합지주회사 (주)LG를 중심으로 본격적인 지주회사체제를 구축하는 과정에서 체제에는 편입되지 않은 상태로 있었다.

(3) CJ그룹: CJ그룹은 2007년 소극적인 지주회사체제로 시작하였다. CJ홈쇼핑(2009년 이후 CJ오쇼핑; 일반지주회사 순위 7～13위)이 공정거래법상 지주회사로 지정되면서였다. 그룹 계열회사 64개 중 14개가 CJ홈쇼핑 및 그 계열회사였으며 지주회사체제 달성 비율은 22%로 낮았다.

2008년에는 주력회사인 CJ(주)(일반지주회사 순위 5위)가 지주회사로 전환되었고 이에 따라 2개 지주회사를 중심으로 적극적인 지주회사체제가 구축되었다. CJ(주)가 자회사인 지주회사 CJ오쇼핑을 포함하는 44개의 계열회사를, 그리고 CJ오쇼핑이 13개의 계열회사를 보유하였다. 그룹 계열회사 66개 중 57개가 지주회사체제에 편입되면서 체제 달성 비율이 2007년의 22%에서 2008년에는 86%로 껑충 뛰었다. 2009년에는 93%(그룹 계열회사 61개 중 57개가 체제에 편입)로 더욱 높아졌다.

2010년에는 오미디어홀딩스(이후 CJ C&M; 일반지주회사 순위 27위)와 온미디어(28위)가 새로운 지주회사로 이름을 올렸고, 따라서 CJ그룹은 4개의 지주회사를 보유하게 되었다. '4개 지주회사'는 2001～2011년 사이 지주회사체제를 채택한 28개 재벌과 관련된 지주회사 수 중 가장 많은 경우이다. 오미디어홀딩스는 CJ오쇼핑이 분할되면서 신설되었고 CJ(주)의 자회사로 편입되었다. 하지만 공정거래위원회 자료에는 CJ(주)와 오미디어홀딩스가 서로 관련이 없는 것으로 되어 있다. 온미디어는 오리온그룹 소속이다가 2010년 CJ오쇼핑의 자회사로 편입되었으며 이후 다시 오미디어홀딩스 자회사로 바뀌었다.

CJ(주)는 CJ오쇼핑을 포함하여 41개의 계열회사를 그리고 CJ오쇼핑은 5개의 계열회사를 가졌다. 또 오미디어홀딩스는 온미디어 1개만 계열회사로 두었고, 온미디어는 9개의 계열회사를 거느렸다. 결국 58개의 계열회사가 지주회사체제에 편입되었으며 이는 그룹 계열회사 54개의 107%에 해당한다. 공정거래위원회 자료의 시점 차이로 지주회사체제 달성 비율이 100%를 넘는 것으로 계산되었다.

4개이던 지주회사는 2011년 들어 CJ(주) 1개로 줄어들었다. 온미디어는 오미디어홀딩스에 합병되었고, 오미디어홀딩스와 CJ오쇼핑은 공정거래법상 지주회사에서 제외된 때문이었다. 지주회사체제 달성 비율은 77%(65개 그룹 계열회사 중 50개가 체제에 편입)였으며, 이는 2008년 적극적인 지주회사체제를 구축한 이후 가장 낮은 수치이다.

(4) 부영그룹: 첫해인 2010년에는 소극적인 지주회사체제였다. 그룹 계열회사 15개 중 지주회사체제 관련 회사는 지주회사 부영(일반지주회사 순위 4～8위) 및 2개 계열회사였으며 체제 달성 비율은 20%였다. 그러다가 2011년에는 체제 달성 비율이 31%로 높아져 적극적인 체제로 진전되었다. 그룹 계열회사 16개 중 체제 편입 회사는 5개였다. 부영에 더하여 독자적인 지위를 갖는 지주회사 동광주택산업(일반지주회사 순위 39위)이 추가로 생겼고 각각 2개, 1개의 계열회사를 거느리는 구조로 재편되었다.

(5) 현대백화점그룹: 2006년 이후 43～48%의 지주회사체제 달성 비율이 유지되어 오고 있다. 그룹 계열회사는 22～29개 그리고 지주회사 (주)HC&(2011년 현대HC&; 일반지주회사 순위 16～37위) 및 그 계열회사는 10～14개 수준이다.

(6) 한진중공업그룹: 그룹 출범 1년여가 지난 2007년 주력 회사인 한진중공업이 한진중공업홀딩스(일반지주회사 순위 10～18위)로 전환되면서 지주회사체제가 구축되었다. 그룹 계열회사는 4～8개로 적은 편이며, 이 모두가 지주회사체제로 조직되었다. 지주회사체제 달성 비율 100%가 유지된 재벌은 한진중공업그룹이 유일하다. 2007년의 경우 자료의 시점 차이로 인해 비율이 125%로 계산되어 있다.

한진그룹 소속이던 한진중공업 관련 회사들은 그룹 창업주 조중훈의 둘째 아들 조남호가 경영을 담당해 왔으며, 2005년 10월 한진중공업그룹으로 분리되었고 2006년 4월 공정거래법상의 대규모기업집단으로 공식 출범하였다.

5.1.3 31위 이하 재벌 5개

(1) 웅진그룹: 2009년 이후 웅진홀딩스(일반지주회사 순위 8~9위)를 중심으로 지주회사체제가 구축되었다. 그룹 계열회사는 24~31개 그리고 체제 편입 회사는 19~21개이며, 체제 달성 비율은 2009년 66%, 2010년 88%, 그리고 2011년 65%였다.

(2) 코오롱그룹: 2010~2011년 코오롱(일반지주회사 순위 20~24위)이 29~30개의 계열회사를 가졌으며 이들이 그룹 전체의 계열회사(37~39개)에서 차지하는 비중은 79~81%였다.

(3) 하이트진로그룹 (2010년 하이트맥주그룹): 2010~2011년 하이트홀딩스(일반지주회사 순위 10위) 및 그 계열회사가 13~14개였으며, 그룹 계열회사 15~16개 중에서의 비중은 87~88%였다.

(4) 대성그룹: 2011년 처음 지주회사체제를 채택하였다. 대성합동지주(일반지주회사 순위 27위), 대성홀딩스(40위), 서울도시개발(87위) 등 각자 독자적인 지위를 갖는 3개의 지주회사가 각각 18개, 9개, 19개의 계열회사를 보유하였다. 그룹 계열회사 73개 중 49개가 지주회사체제로 편입되어 체제 달성 비율이 67%였다.

(5) 세아그룹: 세아홀딩스(일반지주회사 순위 5~17위)는 2001년부터 공정거래법상 지주회사였는데 그룹이 공정거래법상 대규모기업집단으로 지정된 것은 2004년이었다. 또 2008년에는 공정거래법상 집단에서 제외되었다. 그룹 계열회사는 19~28개 사이에서 감소하는 추세를 보였으며, 반면 세아홀딩스 및 그 계열회사는 2010년(13개)을 제외하고는 15~16개 수준이 유지되었다. 결과적으로 지주회사체제 달성 비율은 2004~2005년 54~57%, 2006~2007년 65~68%, 2009년 70%, 2010년 68%, 2011년 71% 등으로 꾸준히 증가해 오고 있다.

5.2 적극적인 지주회사체제를 채택한 재벌: 2011년 이전 6개

2011년 이전에 적극적인 지주회사를 채택한 적이 있는 재벌은 6개이다. 금호아시아나(2007~2008년 9~10위)가 유일하게 재벌 순위 10위 이내였고 STX(2005년 28위)는 30위 이내였다. 동원(2003~2004년 31~32위), 농심(2003~2007년 39~46위), 태평양(2007년 48위), 오리온(2007년 54위) 등 4개 재벌은 31위 이하였다. 농심(5년)을 제외한 나머지 5개 재벌은 1~2년의 짧은 기간 동안만 공정거래법상 지주회사체제를 유지하였다 (<표 2.12>, <그림 2.24>, <그림 2.25>).

<표 2.12> 2011년 이전에 적극적인 지주회사체제를 채택한 6개 재벌: 1~10위 재벌 1개, 11~30위 재벌 1개, 31위 이하 재벌 4개

(A) 금호아시아나그룹

연도	그룹		지주회사체제				지주회사체제 달성 비율 (B/A, %)
	순위	계열회사 (A, 개)	지주회사 (a)	순위	계열회사 (b, 개)	a+b (B, 개)	
2007	9	38	금호산업	3	21	22	58
2008	10	52	금호산업	3	22	23	44

(B) STX그룹

2005	28	14	(주)STX	9	8	9	64

(C) 동원그룹

2003	32	17	동원엔터프라이즈	12	9	10	59
2004	31	17	동원엔터프라이즈	14	9	10	59

(D) 농심그룹

2003	42	10	농심홀딩스	9	4	5	50
2004	39	12	농심홀딩스	8	6	7	58
2005	43	12	농심홀딩스	8	6	7	58
2006	44	12	농심홀딩스	9	6	7	58
2007	46	15	농심홀딩스	13	6	7	47

(E) 태평양그룹

2007	48	7	태평양	5	4	5	71

(F) 오리온그룹

2007	54	22	온미디어	15	9	10	45

주: <표 2.11> 참조.
출처: <부록 4>.

<그림 2.24> 2011년 이전에 적극적인 지주회사체제를 채택한 재벌:
(1) 3개 재벌의 지주회사체제 달성 비율 (%)

(출처: <표 2.12>)

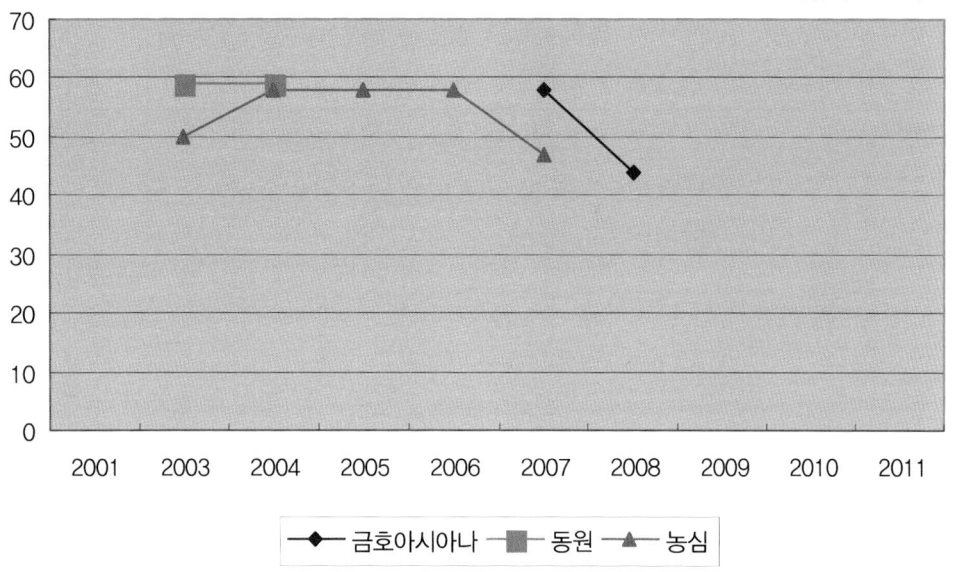

<그림 2.25> 2011년 이전에 적극적인 지주회사체제를 채택한 재벌:
(2) 3개 재벌의 지주회사체제 편입 계열회사 (개)

(출처: <표 2.12>)

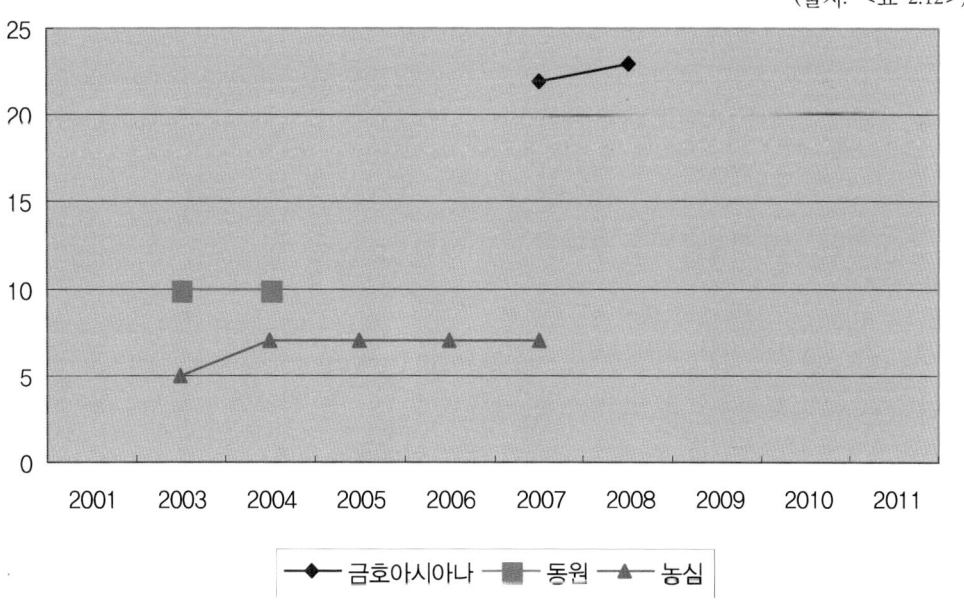

(1) 금호아시아나그룹: 주력회사인 금호산업(일반지주회사 순위 3위)은 2007~2008년 2년 동안 공정거래법상 지주회사로 지정되었다. 지주회사의 계열회사는 21~22개였으며, 반면 그룹 계열회사는 2년 사이에 38개에서 52개로 늘어났다. 이에 따라 지주회사체제 달성 비율은 2007년 58%에서 2008년에는 44%로 감소하였다.

(2) STX그룹: 주력회사인 (주)STX는 2004년 4월 지주회사(일반지주회사 순위 9위)로 전환되었으며, 그룹은 2005년 4월 공정거래법상 대규모기업집단으로 지정되었다. 하지만 (주)STX가 2005년 10월 법률상의 지주회사에서 제외됨으로써 STX그룹은 2005년 1년 동안만 공정거래법상 지주회사체제를 가지게 되었다. 그룹 계열회사 14개 중 9개(64%)가 (주)STX 및 그 계열회사였다.

(3) 동원그룹: 2003~2004년 사이 동원엔터프라이즈(일반지주회사 순위 12~14위)가 9개의 계열회사를 보유하였다. 그룹 계열회사는 17개였으며, 지주회사체제 달성 비율은 59%였다.

(4) 농심그룹: 2003~2007년 사이 5년 동안 지주회사체제를 유지하였다. 농심홀딩스(일반지주회사 순위 8~13위)의 계열회사는 5~7개 그리고 그룹 계열회사는 10~15개였다. 체제 달성 비율은 47~58% 수준이었다.

(5) 태평양그룹: 2007년 지주회사 태평양(일반지주회사 순위 5위)이 4개의 계열회사를 보유하였다. 그룹 계열회사는 7개로 체제 달성 비율은 71%였다. 2011년 이전에 적극적인 지주회사체제를 채택한 6개 재벌 관련 비율 중 가장 높은 비율이다.

(6) 오리온그룹: 2007년 지주회사 온미디어(일반지주회사 순위 15위)가 10개의 계열회사를 가지고 있었다. 그룹 계열회사는 22개로 지주회사체제 달성 비율은 45%로 낮은 편이었다. 온미디어는 2010년 CJ그룹 계열회사로 편입되었다.

5.3 소극적인 지주회사체제를 채택한 7개 재벌

2001~2011년 사이 지주회사체제를 채택한 28개 재벌 중 소극적인 지주회사체제를 채택한 재벌은 7개이다. 5개(삼성, 한화, 동부, 대한전선, 태광)는 2011년 현재에도 체제를 유지하고 있고 2개(현대자동차, 롯데)는 2011년 이전에 체제를 유지한 적이 있었다.

삼성(2004년 이후 1위), 현대자동차(2007년 2위), 롯데(2005~2006년 5위) 등 3개 재벌의 순위는 1~5위였으며, 한화(2005년 이후 10~13위)는 일정 기간 10위에 속한 적이 있었다. 동부(2011년 20위)는 20위였고, 대한전선(2008년 이후 25~39위)은 일정 기간 21~30위에 속하였다. 태광(2011년 46위)은 31위 이하였다 (<표 2.13>, <그림 2.26>, <그림 2.27>).

(1) 삼성그룹: 삼성종합화학(일반지주회사 순위 2~16위)은 2004년 공정거래법상 지주회사로 지정되었다. 이후 2011년 현재까지 1개 계열회사만 보유해 오고 있다. 그룹 전체의 계열회사는 2004~2005년 62~63개, 2006~2008년 59개, 2009~2011년 63~78개 등으로 감소 후 증가하는 추세를 보였으며, 지주회사체제 비율은 3%가 유지되었다. 체제 비율 3%는 2001~2011년 사이 지주회사체제를 채택한 28개 재벌 관련 비율 중 가장 낮은 수치이다.

(2) 한화그룹: 2개 지주회사가 관련되어 있으며 3개 시기로 나누어진다. 2005~2006년에는 한화도시개발(일반지주회사 순위 22~23위)이 공정거래법상 지주회사였다. 계열회사는 1개였으며, 그룹 계열회사 30~31개 중 지주회사체제 편입 회사는 2개로 편입 비율은 6~7%였다. 2007~2009년 사이에는 지주회사가 드림파마(일반지주회사 순위 12~20위)로 바뀌었다. 계열회사는 5개였으며, 그룹 계열회사는 34~44개 수준이었다. 지주회사체제 달성 비율은 14~18%로 이전보다 2배 이상 높아졌다.

2010~2011년에는 다시 한화도시개발(일반지주회사 순위 33~41위)로 지주회사가 변경되었는데, 이 회사는 이전 회사와 이름은 같지만 2009년 12월에 새로 생긴 회사이다. 보유 계열회사는 8~10개로 이전 지주회사에 비해 많았으며, 그룹 전체 계열회사 또한 48~55개로 더욱 증가한 상태였다. 또 지주회사체제 달성 비율도 19~20%로 이전보다 조금 더 높아졌다.

(3) 동부그룹: 2011년 그룹 계열회사 38개 중 2개가 동부인베스트먼트(일반지주회사 순위 42위) 및 그 계열회사였으며, 지주회사체제 달성 비율은 5%였다.

(4) 대한전선그룹: 2008년 이후 티이씨앤코(일반지주회사 순위 48~85위)를 중심으로 그룹 계열회사의 1/4 정도가 지주회사체제로 조직되어 있다. 그룹 계열회사는 20~32개 그리고 지주회사 계열회사는 4~5개이며, 체제 달성 비율은 16~22%로 높은 편이다. 2011년의 22%는 소극적인 지주회사체제를 채택한 7개 재벌 관련 비율 중 가장 높은 수치이다.

(5) 태광그룹: 2011년 그룹 계열회사 50개 중 1/4 이상(22%)이 티브로드홀딩스(일반지주회사 순위 25위)와 그 계열회사였다. 체제 달성 비율 22%는 소극적인 지주회사체제를 채택한 7개 재벌 관련 비율 중 가장 높은 수치이다.

(6) 현대자동차그룹: 2007년 차산골프장지주회사(일반지주회사 순위 36위)가 1개의 계열회사를 보유한 적이 있었다. 이 2개 회사가 그룹 전체 계열회사 36개에서 차지하는 비중은 6%였다.

(7) 롯데그룹: 2005～2006년 롯데물산(일반지주회사 순위 3위)과 롯데산업(13～16위)이 공정거래법상 지주회사로 존속하였다. 각자 독자적인 지위를 가지면서 5개, 2개의 계열회사를 보유하였다. 그룹 계열회사는 41～43개였으며, 지주회사체제 달성 비율은 16～17%였다.

〈표 2.13〉 소극적인 지주회사체제를 채택한 7개 재벌:
2011년 현재 5개 재벌, 2011년 이전 2개 재벌

(A) 삼성그룹

| 연도 | 그룹 | | 지주회사체제 | | | | 지주회사체제 달성 비율 (B/A, %) |
	순위	계열회사 (A, 개)	지주회사 (a)	순위	계열회사 (b, 개)	a+b (B, 개)	
2004	1	63	삼성종합화학	2	1	2	3
2005	1	62	삼성종합화학	5	1	2	3
2006	1	59	삼성종합화학	5	1	2	3
2007	1	59	삼성종합화학	8	1	2	3
2008	1	59	삼성종합화학	13	1	2	3
2009	1	63	삼성종합화학	16	1	2	3
2010	1	67	삼성종합화학	15	1	2	3
2011	1	78	삼성종합화학	15	1	2	3

(B) 한화그룹

연도	순위	계열회사 (A, 개)	지주회사 (a)	순위	계열회사 (b, 개)	a+b (B, 개)	달성 비율 (B/A, %)
2005	10	30	한화도시개발	22	1	2	7
2006	11	31	한화도시개발	23	1	2	6
2007	12	34	드림파마	12	5	6	18
2008	12	40	드림파마	16	5	6	15
2009	13	44	드림파마	20	5	6	14
2010	13	48	한화도시개발	33	8	9	19
2011	10	55	한화도시개발	41	10	11	20

(C) 동부그룹

연도	순위	계열회사 (A, 개)	지주회사 (a)	순위	계열회사 (b, 개)	a+b (B, 개)	달성 비율 (B/A, %)
2011	20	38	동부인베스트먼트	42	1	2	5

(D) 대한전선그룹

연도	순위	계열회사 (A, 개)	지주회사 (a)	순위	계열회사 (b, 개)	a+b (B, 개)	달성 비율 (B/A, %)
2008	30	20	티이씨앤코	48	3	4	20
2009	25	32	티이씨앤코	69	4	5	16
2010	31	26	티이씨앤코	76	4	5	19
2011	39	23	티이씨앤코	86	4	5	22

(E) 태광그룹

2011	46	50	티브로드홀딩스	25	10	11	22

(F) 현대자동차그룹

2007	2	36	차산골프장지주회사	36	1	2	6

(G) 롯데그룹

2005	5	41	롯데물산	3	4	5	
			롯데산업	16	1	2 [7]	17
2006	5	43	롯데물산	3	4	5	
			롯데산업	13	1	2 [7]	16

주: 〈표 2.11〉 참조.
출처: 〈부록 4〉.

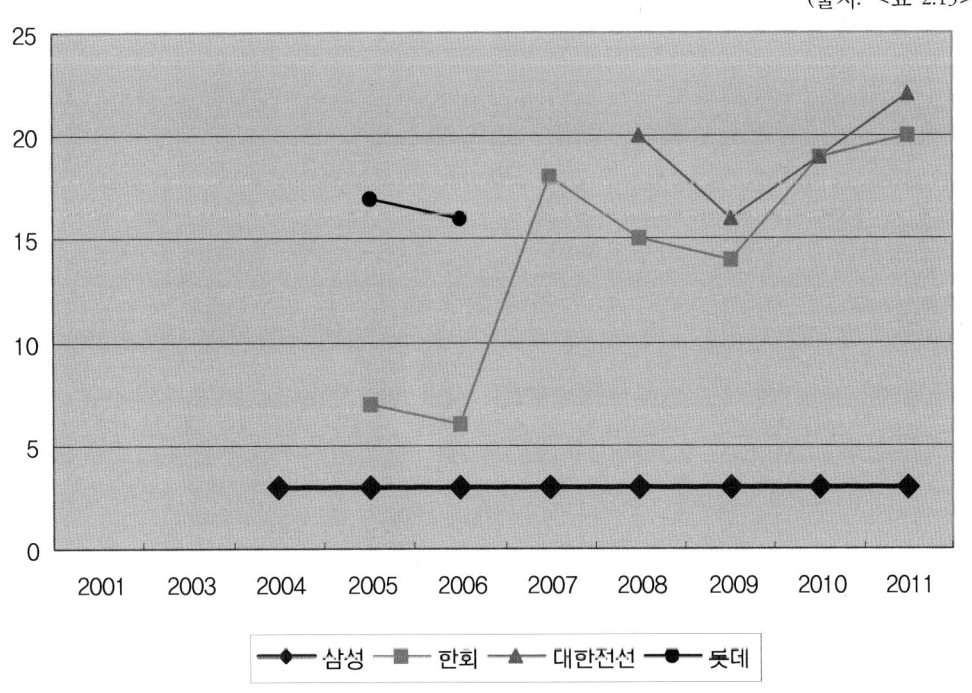

〈그림 2.26〉 소극적인 지주회사체제를 채택한 재벌:
(1) 4개 재벌의 지주회사체제 달성 비율, 2001∼2011년 (%)

(출처: <표 2.13>)

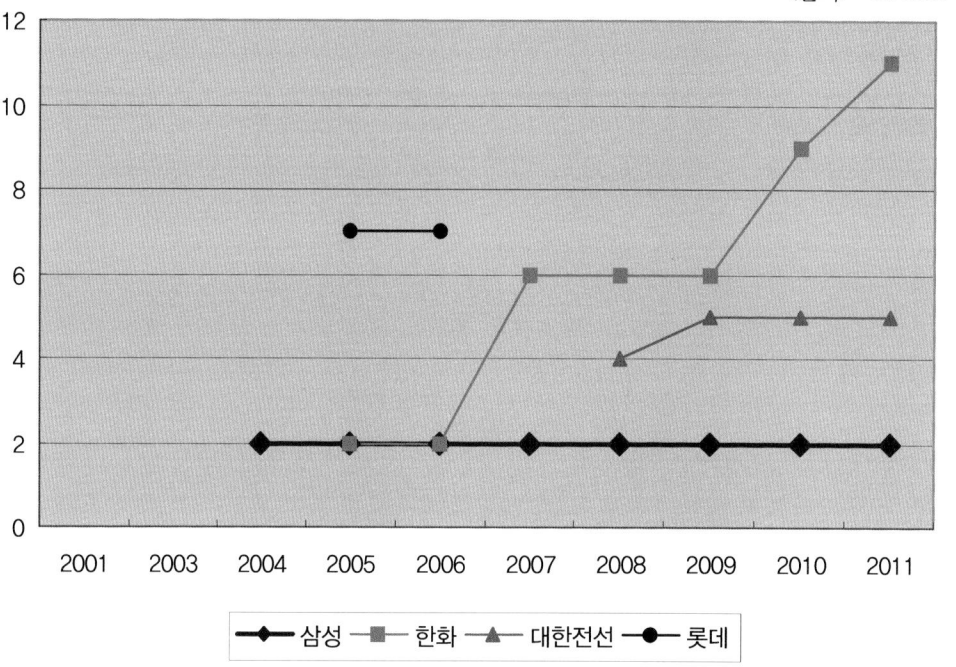

〈그림 2.27〉 소극적인 지주회사체제를 채택한 재벌:
(2) 4개 재벌의 지주회사체제 편입 계열회사, 2001~2011년 (개)

(출처: <표 2.13>)

삼성 ── 한화 ── 대한전선 ── 롯데

6. 재벌 소속 일반지주회사, 2001~2011년

6.1 개관

2001년 이후 2011년까지 지주회사체제를 채택한 28개 재벌에 소속된 일반지주회사는 모두 39개이다. 적극적인 지주회사체제를 채택한 재벌 소속 여부, 일반지주회사 순위, 자산총액, 계열회사, 지주비율 등과 관련된 주요 추세 및 특징은 다음과 같다 (<표 2.14>, <그림 2.28>, <그림 2.29>, <그림 2.30>, <그림 2.31>, <그림 2.32>; <표 2.3>, <표 2.6> 참조).

첫째, 39개 일반지주회사 중 30개는 적극적인 지주회사체제를 채택한 21개 재벌 소속이고 나머지 9개는 소극적인 지주회사체제를 채택한 7개 재벌 소속이다. 연도별로 보면 재벌 소속 전체 일반지주회사의 수는 2~26개이며, 이 중 적극적인 지주회사체제를 채택한 재벌 소속 지주회사가 1~21개 그리고 소극적인 지주회사체제를 채택한 재벌 소속 지주회사가 1~6개이다.

2001~2006년에는 재벌 소속 일반지주회사(2~10개)가 10개 이하였으며, 이들 중 적극적인 지주회사체제 채택 재벌 소속(1~5개)과 소극적인 지주회사체제 채택 재벌 소속(1~6개) 지주회사가 반반 정도였다. 2003~2004년에는 전자가 2개 많았고(3~4개 vs. 1~2개), 2005년에는 후자가 2개 많았으며(4개 vs. 6개), 2001년과 2006년에는 두 부류의 지주회사 수가 동일하였다(1~5개 vs. 1~5개).

하지만 2007년 이후 재벌 소속 일반지주회사(13~26개)가 10개를 훨씬 넘어서면서 대다수는 적극적인 지주회사체제를 채택한 재벌의 소속(10~21개)이었다. 소극적인 지주회사체제를 채택한 재벌 소속의 지주회사(3~5개)에 비해 3~5배 많았으며 7~16개의 차이가 났다. 2007~2008년에는 적극적인 지주회사체제를 채택한 재벌 소속 지주회사가 7개 더 많았고(10~11개 vs. 3~4개), 2009년에는 10개(13개 vs. 3개), 2010년에는 14개(18개 vs. 4개), 그리고 2011년에는 최고치인 16개(21개 vs. 5개)의 차이가 났다.

한편 적극적인 지주회사체제에 소속된 30개 일반지주회사 중 4개가 속한 4개 재벌은 처음에는 소극적인 지주회사체제를 채택했다가 일정 기간이 지난 뒤 적극적인 지주회사체제로 재편되었다.

둘째, 2001~2011년 사이 재벌에 속한 39개 일반지주회사 중 20개는 전체 공정거래법상 일반지주회사 중 10위 이내의 순위(자산총액 기준)에 그리고 다른 11개 지주회사는 11~30위에 속한 적이 있있다. 나머지 8개 지주회사의 순위는 31위 이하였다. 연도별로 보면 재벌 소속 일반지주회사의 전체 수는 2~26개이며, 이 중 10위 이내에 속한 지주회사는 2~10개, 11~30위 지주회사는 1~9개, 그리고 31위 이하 지주회사는 1~7개 수준이었다.

2001년에는 재벌 소속 일반지주회사 2개가 모두 5위 이내였다. 2003~2004년에는 지주회사가 4~6개로 늘어났으며, 이들 중 절반 이상(2~4개)이 5위 이내에 속하였고, 1개는 6~10위 그리고 1개는 11~20위의 순위를 가졌다.

2005년 이후 일반지주회사가 10~26개로 매년 조금씩 증가하면서 2005년부터는 21~30위에 속하는 지주회사가 그리고 2007년부터는 31위 이하인 지주회가가 각각 생겼다. 따라서 2007년부터는 일반지주회사의 순위가 다양해져 5개 부류(1~5위, 6~10위, 11~20위, 21~30위, 31위 이하)에 속하게 되었다.

〈표 2.14〉 재벌 소속 일반지주회사, 2001~2011년: (1) 개관 (개)

(A) 재벌 소속 일반지주회사

	2001	2003	2004	2005	2006	2007	2008	2009	2010	2011	총합
재벌 소속 지주회사	2	4	6	10	10	15	13	16	22	26	39
적극적 지주회사체제 소속	1	3	4	4	5	11	10	13	18	21	30
소극적 지주회사체제 소속	1	1	2	6	5	4	3	3	4	5	9

(B) 일반지주회사 순위

	2001	2003	2004	2005	2006	2007	2008	2009	2010	2011	총합
1~5위	2	2	4	5	5	5	5	5	5	5	13
6~10위		1	1	3	2	4	2	3	4	5	7
(1~10위)	(2	3	5	8	7	9	7	8	9	10	20)
11~20위		1	1	1	2	4	4	5	5	6	6
21~30위				1	1	1	1	1	3	3	5
(11~30위)		(1	1	2	3	5	5	6	8	9	11)
31위 이하						1	1	2	5	7	8

(C) 자산총액

	2001	2003	2004	2005	2006	2007	2008	2009	2010	2011	총합
10조 원 이상									1	2	2
5~9조 원		1	1			1	2	2	2	2	2
1~4조 원	1		1	2	3	4	4	6	9	11	15
(1조 원 이상)	(1	1	2	2	3	5	6	8	12	15	19)
5~9천억 원		1	1	4	3	6	5	5	3	3	4
2~4천억 원			2	2	3	3	1	1	6	6	11
(2~9천억 원)	(1	1	3	6	6	9	6	6	9	9	15)
1천억 원		2	1	2	1	1	1	2	1	2	5

(D) 계열회사

	2001	2003	2004	2005	2006	2007	2008	2009	2010	2011	총합
60~69개									1	1	1
50~59개								2		1	2
40~49개							1	1	2	1	
30~39개		1	1	1			1			2	2
(30개 이상)		(1	1	1			2	3	3	5	5)
20~29개					1	3	2	2	5	2	4
10~19개	2	1	2	3	3	5	5	5	5	10	12
(10~29개)	(2	1	2	3	4	8	7	7	10	12	16)
10개 미만		2	3	6	6	7	4	6	9	9	18

(E) 지주비율

90% 이상	1	3	4	5	7	6	6	6	10	8	18
80~89%			1	2	2	2	3	5	4	8	6
70~79%	1					2				4	4
(70~89%)	(1		1	2	2	4	3	5	4	12	10)
60~69%				1	4	3	2	5	4	10
50~59%		1	1	3		1	1	3	3	2	1
(50~69%)		(1	1	3	1	5	4	5	8	6	11)

주: 총합 - 상위 범주에 속한 적이 있는 지주회사 기준.
출처: 〈표 2.15〉.

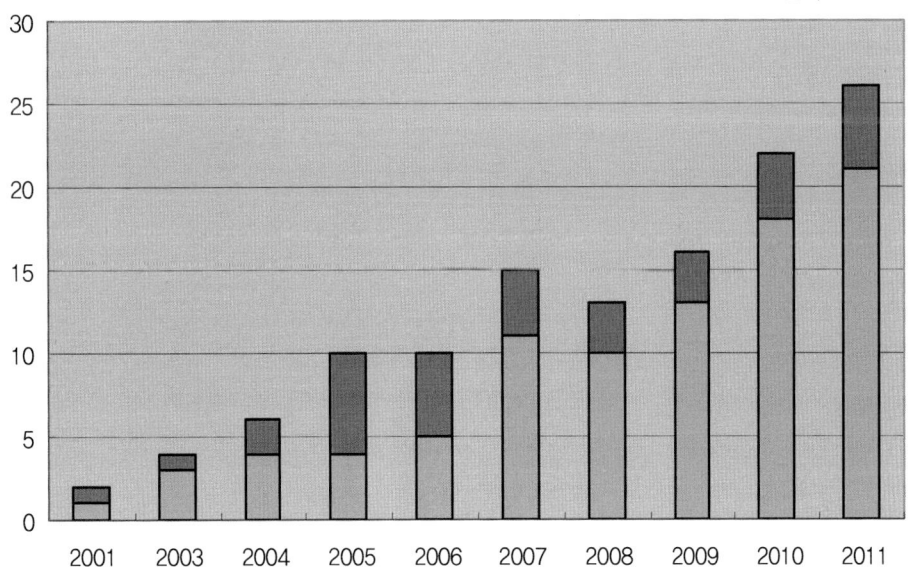

〈그림 2.28〉 재벌 소속 일반지주회사, 2001~2011년:
(1) 적극적인 지주회사체제 재벌 소속 일반지주회사 vs.
소극적인 지주회사체제 재벌 소속 일반지주회사 (개)

(출처: <표 2.14>)

■ 적극적인 지주회사체제 재벌 소속 일반지주회사 ■ 소극적인 지주회사체제 재벌 소속 일반지주회사

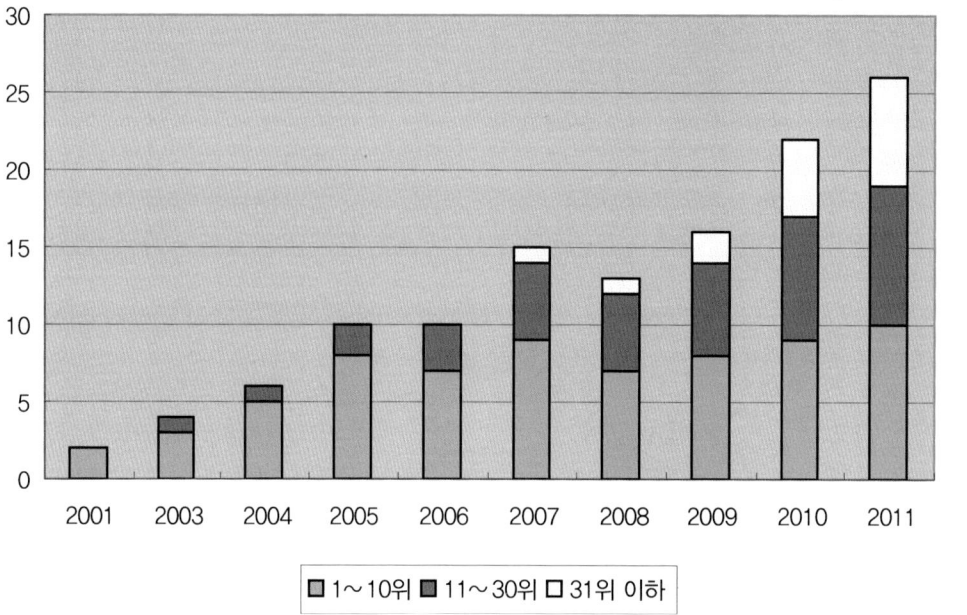

〈그림 2.29〉 재벌 소속 일반지주회사, 2001~2011년: (2) 일반지주회사 순위 (개)

(출처: <표 2.14>)

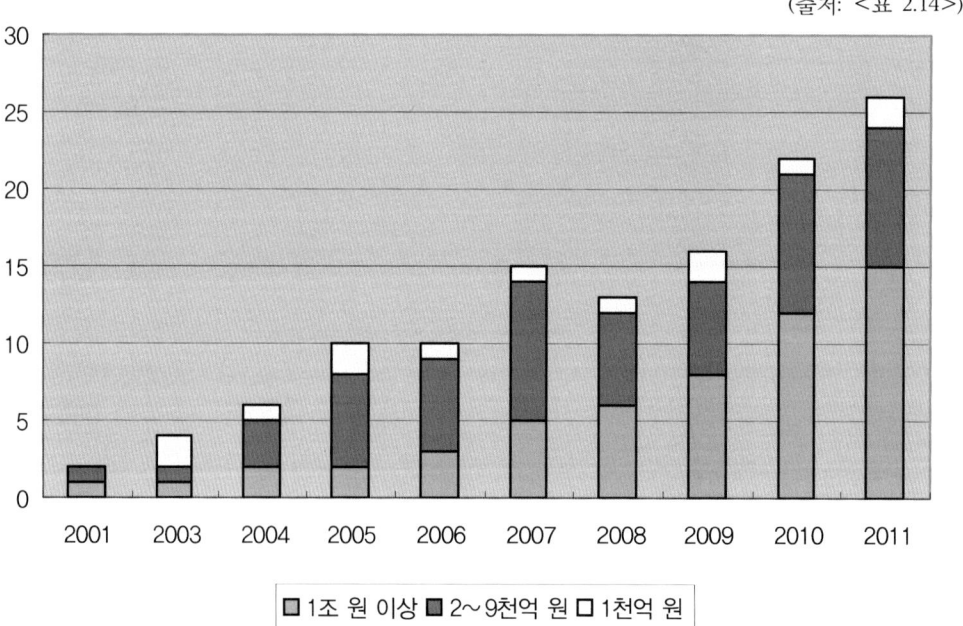

〈그림 2.30〉 재벌 소속 일반지주회사, 2001~2011년: (3) 자산총액 (개)

(출처: <표 2.14>)

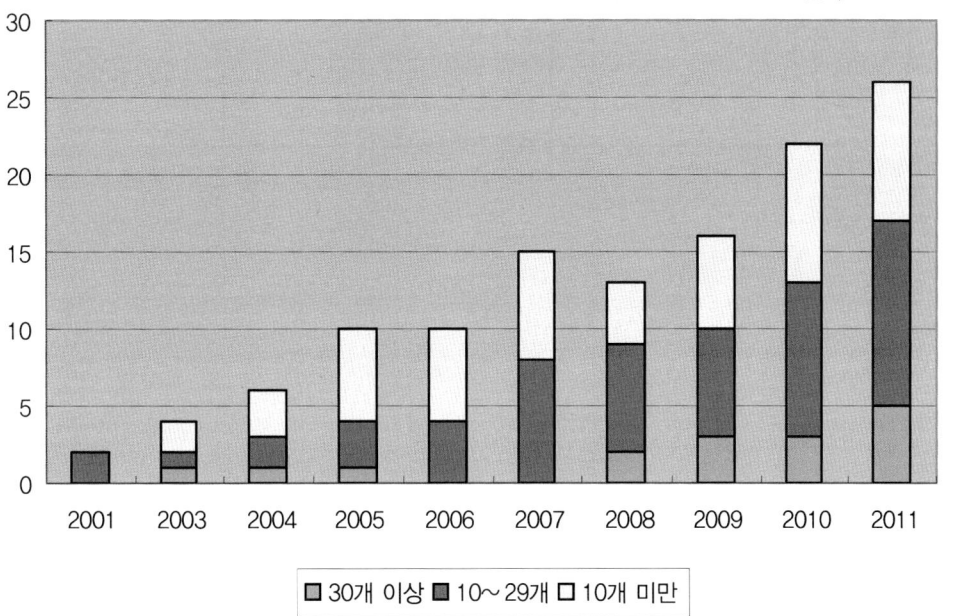

〈그림 2.31〉 재벌 소속 일반지주회사, 2001〜2011년: (4) 계열회사 (개)

(출처: <표 2.14>)

30개 이상 ■ 10〜29개 □ 10개 미만

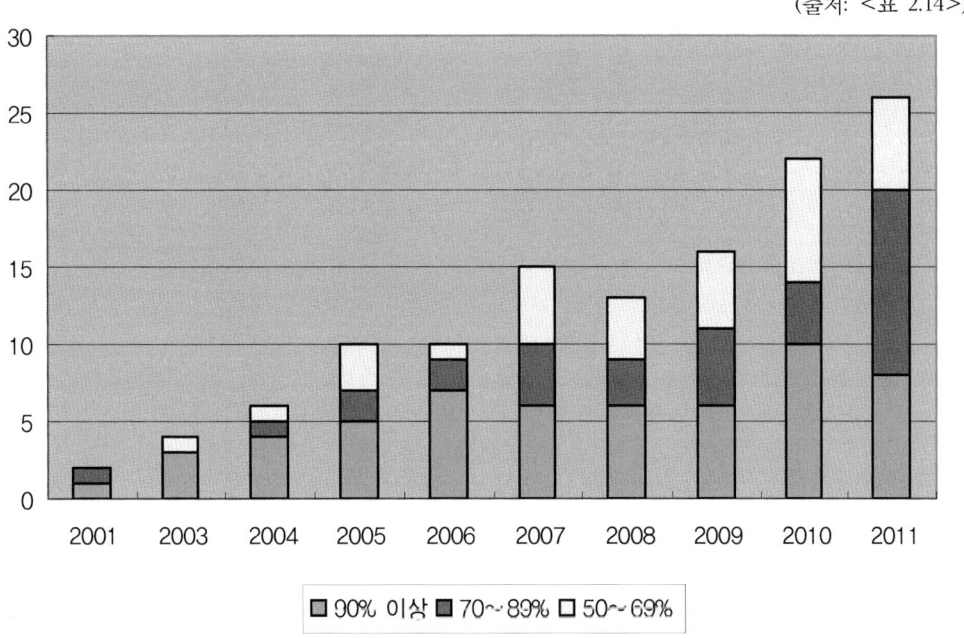

〈그림 2.32〉 재벌 소속 일반지주회사, 2001〜2011년: (5) 지주비율 (개)

(출처: <표 2.14>)

90% 이상 ■ 70〜89% □ 50〜69%

1~5위에 속하는 일반지주회사는 2001~2003년에는 2개, 2004년에는 4개였는데, 2005년부터 2011년까지는 5개가 유지되었다. 또 6~10위 소속 지주회사는 2003~2004년 1개이던 것이 2005~2010년에는 2~4개였으며 2011년에는 5개가 되었다. 1~10위 전체로 보면 2001~2004년 2~5개, 2005~2006, 2008~2009년 7~8개, 2007, 2010년 9개, 그리고 2011년 10개였다. 즉, 재벌 소속 일반지주회사는 규모가 커서 2005년 이후 전체 일반지주회사들 중 상위 10위의 대부분을 차지하였으며, 2005~2011년에는 1~5위를 그리고 2011년에는 1~10위를 모두 차지하였다.

10위 밖의 일반지주회사들도 점차 늘어났다. 2003~2004년 1개이던 것이 2005~2008년에는 2~6개가 되었으며, 2009년에는 8개로 더욱 늘어나 10위 이내의 지주회사 수와 같아졌다. 2008년까지는 1~10위 소속 지주회사(2~9개)가 더 많은 상태가 유지되어 왔다. 하지만 2010~2011년 들어 재벌 소속 지주회사(22~26개)가 20개를 넘어서면서 1~10위 지주회사(9~10개)에 비해 10위 밖의 지주회사(13~16개)가 더 많아졌다. 11~20위 지주회사의 수가 꾸준히 증가하는 가운데(2003~2006년 1~2개, 2006~2008년 4개, 2009~2011년 5~6개), 21~30위 지주회사(2005~2009년 1개, 2010~2011년 3개)와 31위 이하 지주회사(2007~2009년 1~2개, 2010~2011년 5~7개)는 최근 2년 동안 큰 폭으로 늘어났다. 특히 2011년에는 31위 이하 지주회사(7개)가 다른 4개 부류 소속 지주회사(3~6개)보다 처음으로 많아졌다.

셋째, 2001~2011년 사이 재벌에 속한 39개 일반지주회사 중 19개는 1조 원 이상의 자산총액을 보유한 적이 있었다. 다른 15개 지주회사는 2~9천억 원의 자산 그리고 나머지 5개는 1천억 원대의 자산과 각각 관련이 있었다. 공정거래법상 지주회사의 최저 자산총액은 1천억 원이다. 연도별로 보면 재벌 소속 전체 일반지주회사는 2~26개이며, 이들 중 1조 원 이상 자산 보유 지주회사가 1~15개, 2~9천억 원대 자산 보유 지주회사가 1~9개, 그리고 1천억 원대 자산 보유 지주회사가 1~2개이다.

1조 원 이상의 자산을 보유한 지주회사는 2001~2006년 1~3개이던 것이 2007~2009년에는 5~8개로 그리고 2010~2011년에는 12~15개로 증가하였다. 1~4조 원대 자산 보유 지주회사(2001~2008년 1~4개, 2009~2010년 6~9개, 2011년 11개)가 대다수를 차지하는 가운데 2003년부터는 5~9조 원대 자산 보유 지주회사(2003~2004, 2007년 1개, 2008~2011년 2개)도 생겼고 2010~2011년에는 10조 원 이상 자산 보유 지주회사도 1~2개 등장하였다.

1조 원 미만의 자산을 보유한 지주회사는 2003~2008년 사이에는 1조 원 이상 보유 지주회사보다 많았는데(3~10개 vs. 1~6개), 2009년 두 부류의 지주회사(8개)가 같아졌고 2010~2011년에는 전자가 더 적어졌다(10~11개 vs. 12~15개). 5~9천억 원대 자산 보유 지주회사는 2001년 이후 꾸준히 증가하였으며(2001~2004년 1개, 2005~2006, 2010~2011년 3~4개, 2007~2009년 5~6개), 2~4천억 원대 자산 보유 지주회사 또한 2004~2009년 1~3개에서 2010~2011년에는 6개로 크게 늘어났다. 반면 1천억 원대 자산 보유 지주회사는 2003년 이후 1~2개에 불과하다.

넷째, 2001~2011년 사이 재벌에 속한 39개 일반지주회사 중 5개는 30개 이상의 계열회사를 가진 적이 있었다. 다른 16개 지주회사는 10~29개의 계열회사를 그리고 나머지 18개 지주회사는 10개 미만의 계열회사와 관련되어 있었다. 연도별로 보면 재벌 소속 일반지주회사 전체 수는 2~26개이며, 이들 중 30개 이상 계열회사 보유 지주회사가 1~5개, 10~29개 계열회사 보유 지주회사가 1~12개, 그리고 10개 미만 계열회사 보유 지주회사가 2~9개 수준이었다.

30개 이상의 계열회사를 보유한 지주회사는 2003~2005년 1개였다. 30~39개 사이의 계열회사를 보유하였다. 2006~2007년에는 관련 지주회사가 없다가 2008년 2개, 2009~2010년 3개, 그리고 2011년 5개로 조금씩 증가하였다. 2008년에는 40~49개 계열회사 보유 지주회사가, 2009년에는 50~59개 보유 지주회사가, 그리고 2010년에는 60~69개 보유 지주회사가 각각 처음으로 등장하였다. 2011년에는 처음으로 4개 부류(30~39개, 40~49개, 50~59개, 60~69개 계열회사) 모두에 지주회사가 관련되어 있었다.

30개 미만의 계열회사를 보유한 지주회사 중에서는, 2003~2006년에는 10~29개 계열회사 보유 지주회사(1~4개)가 10개 미만 보유 지주회사(2~6개)보다 적었으며 2007년 이후 전자가 더 많아졌다(7~12개 vs. 4~9개). 10~29개 계열회사 보유 지주회사 중에서는 10~19개 보유 지주회사(2001년 이후 1~10개)가 20~29개 보유 지주회사(2006년 이후 1~5개)보다 많은 수준이 유지되었다.

보유 계열회사 수를 30개 이상, 20~29개, 10~19개, 10개 미만 등 4개로 분류해 보면, 대부분의 연도에서 10개 미만 보유 지주회사(2003~2007, 2009~2010년 2~9개)가 가장 많았으며, 2개 연도(2008, 2011년)에서만 10~19개 보유 지주회사(5~10개)보다 1개씩 적었다.

마지막으로 다섯째, 2001~2011년 사이 재벌에 속한 39개 일반지주회사 중 18개는 지주비율이 90% 이상이었던 적이 있었다. 다른 10개 지주회사에서의 비율은 70~89% 그리고 나머지 11개 지주회사에서의 비율은 50~69%와 관련이 있었다. 공정거래법상 지주회사의 최저 지주비율은 50%이다. 연도별로 보면 재벌 소속 전체 일반지주회사 수는 2~26개이며, 이들 중 90% 이상 지주비율 보유 지주회사가 1~10개, 70~89% 비율 보유 지주회사가 1~12개, 그리고 50~69% 비율 보유 지주회사가 1~8개 수준이다.

90% 이상의 지주비율을 갖는 지주회사는 2001~2004년 1~4개, 2005~2009년 5~7개, 그리고 2010~2011년 8~10개였다. 2011년 한 해를 제외하고는 70~89%(0~5개) 그리고 50~69%(1~8개) 부류에 속하는 지주회사보다 많은 수가 유지되어 왔다. 2011년에는 90% 이상 비율 지주회사가 8개인 데 비해 70~89% 비율 지주회사가 12개였다. 70~89% 부류와 50~69% 부류 중에서는 2009년까지는 서로 비슷하였으며(0~5개 vs. 1~5개), 2010년(4개 vs. 8개)에는 후자가 그리고 2011년(12개 vs. 6개)에는 전자가 2배나 많았다.

지주비율을 90% 이상, 80~89%, 70~79%, 60~69%, 50~59% 등 5개 부류로 나누어보면, 2001년과 2011년을 제외하고는 90% 이상과 관련된 지주회사의 수가 3~10개로 가장 많았고, 80~89% 관련 지주회사와 60~69% 관련 지주회사는 1~5개로 엇비슷하였다. 2001년에는 2개 지주회사 중 90% 이상과 70~79%가 1개씩이었고, 2011년의 26개 지주회사 중에서는 90% 이상과 80~89%가 8개씩, 70~79%와 60~69%가 4개씩, 그리고 50~59%가 2개였다.

〈표 2.15〉 재벌 소속 일반지주회사, 2001~2011년: (2) 연도별 현황

(A) 2001년: 2개 지주회사

지주회사	순위	설립·전환 시기 (연.월)	자산 총액 (억 원)	지주 비율 (%)	부채 비율 (%)	계열회사 (개)		
						합	자	손자
(주)LGCI	1	2001.4	26,500	77.0	121.6	(13)	13	—
SK엔론*	2	2000.1	5,733	96.1	—	(13)	11	(2)

(B) 2003년: 4개 지주회사

지주회사	순위	설립·전환 시기 (연.월)	자산 총액 (억 원)	지주 비율 (%)	부채 비율 (%)	계열회사 (개)		
						합	자	손자
(주)LG	1	2001.4	57,583	103.7	58.7	37	17	20
SK엔론*	2	2000.1	7,016	92.9	6.1	14	11	3
농심홀딩스	9	2003.7	1,839	50.8	0	4	4	—
동원엔터프라이즈	12	2001.4	1,398	95.4	49.7	9	8	1

(C) 2004년: 6개 지주회사

(주)LG	1	2001.4	61,750	97.0	44.3	37	17	20
삼성종합화학*	2	2004.1	10,529	51.2	89.7	1	1	–
SK엔론*	3	2000.1	7,685	92.7	6.1	13	11	2
세아홀딩스	5	2001.7	3,831	82.1	33.6	14	14	–
농심홀딩스	8	2003.7	2,854	99.9	2.0	6	6	–
동원엔터프라이즈	14	2001.4	1,398	96.9	7.0	9	8	1

(D) 2005년: 10개 지주회사

(주)LG	1	2001.4	43,491	101.6	25.7	33	15	18
GS홀딩스*	2	2004.7	26,646	93.8	37.6	12	4	8
롯데물산*	3	2005.1	9,707	55.8	11.9	4	1	3
SK엔론*	4	2000.1	8,068	94.6	1.8	12	11	1
삼성종합화학*	5	2004.1	7,212	97.1	1.3	1	1	–
세아홀딩스	7	2001.7	5,304	88.8	26.6	15	14	1
농심홀딩스	8	2003.7	3,594	99.8	6.8	6	6	–
(주)STX	9	2004.4	3,301	58.0	153.0	8	4	4
롯데산업*	16	2005.1	1,910	86.4	37.8	1	1	–
한화도시개발*	22	2005.1	1,007	57.7	68.7	1	1	–

(E) 2006년: 10개 지주회사

(주)LG	1	2001.4	47,964	96.0	18.0	28	14	14
GS홀딩스	2	2004.7	29,871	96.0	29.0	15	5	10
롯데물산*	3	2005.1	11,461	61.4	20.1	4	1	3
SK E&S*	4	2000.1	8,996	93.0	11.0	12	11	1
삼성종합화학*	5	2004.1	7,546	98.3	0.3	1	1	–
세아홀딩스	7	2001.7	6,423	90.8	25.8	14	14	–
농심홀딩스	9	2003.7	4,191	98.6	27.6	6	6	–
롯데산업*	13	2005.1	2,282	84.5	27.7	1	1	–
(주)HC&	16	2006.1	2,506	87.7	91.4	9	9	–
한화도시개발*	23	2005.1	1,366	99.2	6.5	1	1	–

(F) 2007년: 15개 지주회사

SK(주)	1	2007.7	64,788	88.3	86.3	23	7	16
(주)LG	2	2001.4	46,044	103.3	8.6	28	14	14
금호산업	3	2007.1	38,868	65.8	240.9	21	11	10
GS홀딩스	4	2004.7	32,729	95.0	24.7	14	5	9
태평양	5	2007.1	13,705	68.2	12.3	4	4	—
SK E&S	6	2000.1	9,530	94.5	14.8	11	10	1
CJ홈쇼핑*	7	2007.1	8,562	71.0	86.4	13	5	8
삼성종합화학*	8	2004.1	7,937	96.7	2.7	1	1	—
세아홀딩스	9	2001.7	7,291	91.2	23.7	14	14	—
한진중공업홀딩스	11	2007.8	5,872	54.1	52.3	4	4	—
드림파마*	12	2007.4	5,280	63.8	104.1	5	5	—
농심홀딩스	13	2003.7	4,494	97.8	24.4	6	6	—
온미디어	15	2000.6	4,121	60.1	4.0	9	8	1
(주)HC&	21	2006.1	2,797	87.1	0.9	10	9	1
차산골프장지주회사*	36	2006.1	1,002	70.8	—	1	1	—

(G) 2008년: 13개 지주회사

지주회사	순위	설립·전환 시기 (연.월)	상장 여부	자산 총액 (억 원)	지주 비율 (%)	부채 비율 (%)	계열회사 (개)			
							합	자	손자	증손
SK(주)	1	2007.7	O	95,056	92.7	42.8	35	7	28	–
(주)LG	2	2001.4	O	55,988	98.3	10.2	29	14	15	–
금호산업	3	2007.1	O	41,240	57.4	272.8	22	8	14	–
GS홀딩스	4	2004.7	O	35,587	94.5	26.5	17	5	12	–
CJ(주)	5	2007.9	O	21,594	84.8	25.8	43	15	27	1
(주)LS	6	2008.7	O	17,364	89.7	16.1	14	4	10	–
SK E&S	10	2000.1	X	9,989	94.8	17.7	11	10	1	–
한진중공업홀딩스	11	2007.8	O	9,958	85.6	9.6	4	4	–	–
CJ홈쇼핑	12	2007.1	O	8,886	68.4	85.9	13	5	7	1
삼성종합화학*	13	2004.1	X	8,833	98.3	3.3	1	1	–	–
드림파마*	16	2007.4	X	5,166	62.1	99.4	5	5	–	–
(주)HC&	24	2006.1	X	3,018	93.2	19.1	10	9	1	–
티이씨앤코*	48	2008.5	O	1,280	61.4	13.5	3	3	–	–

(H) 2009년: 16개 지주회사

지주회사	순위	설립·전환 시기 (연.월)	상장 여부	자산 총액 (억 원)	지주 비율 (%)	부채 비율 (%)	계열회사 (개)			
							합	자	손자	증손
SK(주)	1	2007.7	O	96,197	96.6	41.7	58	8	42	8
(주)LG	2	2001.4	O	69,563	92.0	11.6	45	15	28	2
(주)GS	3	2004.7	O	44,557	89.9	25.6	24	5	19	–
두산	4	2009.1	O	27,910	57.6	78.3	21	11	8	2
CJ(주)	5	2007.9	O	27,811	62.8	40.4	50	14	33	3
(주)LS	7	2008.7	O	16,180	91.4	11.3	19	4	14	1
웅진홀딩스	8	2008.1	O	14,755	93.9	103.0	18	10	7	1
한진중공업홀딩스	10	2007.8	O	10,892	89.0	4.1	5	4	1	–
CJ오쇼핑	12	2007.1	O	9,699	57.8	94.1	13	5	7	1
세아홀딩스	14	2001.7	O	9,293	86.8	24.7	15	14	1	–
SK E&S	15	2000.1	X	9,095	89.0	13.7	10	9	1	–
삼성종합화학*	16	2004.1	O	8,693	92.6	2.1	1	1	–	–
드림파마*	20	2007.4	X	5,130	62.8	102.6	5	5	–	–
(주)HC&	29	2006.1	X	3,530	84.9	37.4	9	9	–	–
두산모트롤홀딩스	46	2009.1	X	1,947	95.6	298.7	1	1	–	–
티이씨앤코*	69	2008.5	O	1,013	58.8	14.0	4	2	2	–

(I) 2010년: 22개 지주회사

SK(주)	1	2007.7	O	102,405	96.4	43.5	62	9	44	9
(주)LG	2	2001.4	O	80,141	92.2	8.3	45	16	27	2
(주)GS	3	2004.7	O	51,718	90.4	26.7	27	6	21	—
부영*	4	2009.12	X	39,396	96.9	0.5	2	2	—	—
CJ(주)	5	2007.9	O	27,914	68.8	35.8	46	16	27	3
두산	6	2009.1	O	27,484	66.1	51.4	23	9	12	2
(주)LS	7	2008.7	O	17,971	89.6	12.6	24	4	19	1
웅진홀딩스	9	2008.1	O	17,838	90.0	118.5	20	9	9	2
하이트홀딩스	10	2008.7	O	17,172	95.7	91.7	13	5	8	—
CJ오쇼핑	13	2007.1	O	11,321	50.0	104.6	5	3	2	—
한진중공업홀딩스	14	2007.8	O	10,543	89.3	3.4	6	4	2	—
삼성종합화학*	15	2004.1	X	10,442	94.0	2.3	1	1	—	—
SK E&S	16	2000.1	X	9,612	88.8	56.5	9	9	—	—
세아홀딩스	17	2001.7	O	9,220	86.1	22.5	12	11	1	—
코오롱	24	2010.1	O	5,388	54.3	35.5	29	5	23	1
오미디어홀딩스	27	2010.9	X	4,749	92.1	58.1	10	1	9	—
온미디어	28	2000.6	O	4,493	67.0	2.6	9	9	—	—
한진해운홀딩스	32	2009.12	O	3,776	65.9	30.0	11	2	9	—
한화도시개발*	33	2009.12	X	3,619	95.0	36.6	8	8	—	—
(주)HC&	37	2006.1	X	3,482	90.3	40.9	13	8	5	—
디아이피홀딩스	47	2010.1	X	2,920	66.0	77.6	3	3	—	—
티이씨앤코*	76	2008.5	O	1,203	57.7	19.8	4	2	2	—

(J) 2011년: 26개 지주회사

SK이노베이션	1	2011.1	X	141,457	63.3	27.7	16	7	9	—
SK(주)	2	2007.7	O	109,766	96.1	45.6	66	8	48	10
(주)LG	3	2001.4	O	73,396	87.6	5.3	50	15	33	2
(주)GS	4	2004.7	O	59,309	90.4	22.0	31	6	24	1
CJ(주)	5	2007.9	O	38,228	60.6	31.7	49	18	28	3
두산	6	2009.1	O	31,876	58.3	55.9	20	9	8	3
(주)LS	7	2008.7	O	20,711	91.1	10.4	26	4	21	1
부영	8	2009.12	X	19,249	94.7	27.9	2	2	—	—
웅진홀딩스	9	2008.1	O	18,494	84.1	109.4	19	8	10	1
하이트홀딩스	10	2008.7	O	16,679	96.7	178.5	12	5	7	—
SK E&S	13	2000.1	X	12,235	79.8	87.1	9	9	—	—
삼성종합화학*	15	2004.1	X	11,436	88.9	2.8	1	1	—	—
세아홀딩스	16	2001.7	O	11,107	87.0	24.2	14	12	2	—
한진해운홀딩스	17	2009.12	O	10,887	89.3	19.3	13	2	10	—
한진중공업홀딩스	18	2007.8	O	10,538	88.2	3.5	7	4	3	—
코오롱	20	2010.1	O	8,600	77.2	36.6	30	7	22	1
티브로드홀딩스*	25	2008.11	X	5,389	76.9	185.6	10	5	4	1
대성합동지주	27	2011.1	O	5,254	85.2	18.0	18	9	9	—
현대HC&	29	2006.1	O	4,314	73.5	28.8	11	8	3	—
동광주택산업	39	2011.1	X	3,425	97.8	23.6	1	1	—	—
내성홀닝스	40	2009.10	O	3,360	61.5	48.3	9	9	—	—
한화도시개발*	41	2009.12	X	3,355	98.4	39.9	10	10	—	—
동부인베스트먼트*	42	2011.1	X	3,269	88.5	292.8	1	1	—	—
디아이피홀딩스	43	2010.1	X	3,191	67.0	45.9	2	2	—	—
티이씨앤코*	86	2008.5	O	1,166	59.1	24.5	4	2	2	—
서울도시개발	88	2011.1	X	1,115	90.5	60.2	19	2	17	—

주: 1) 지주회사 명단은 2001~2003년 7월, 2004년 5월, 2005~2007년 8월, 2008~2011년 9월 현재;
　　　재무 현황 및 계열회사는 원칙적으로 이전 연도 12월 현재이며 일부 다른 기준이 적용됨.
　　2) * 소극적인 지주회사체제를 채택한 재벌 소속.
　　3) SK엔론 = SK E&S, (주)LGCI = (주)LG, GS홀딩스 = (주)GS, CJ홈쇼핑 = CJ오쇼핑, (주)HC& = 현대HC&.
출처: 〈부록 4〉.

6.2 재벌 소속 일반지주회사의 순위

2001~2011년 사이 재벌에 속한 39개 일반지주회사 중 20개는 전체 공정거래법상 일반지주회사 중 10위 이내에 그리고 다른 11개는 11~30위에 속한 적이 있었다. 13개는 1~5위, 7개는 6~10위, 6개는 11~20위, 그리고 5개는 21~30위와 관련이 있었다. 나머지 8개 지주회사의 순위는 31위 이하였다 (<표 2.16>, <그림 2.33>, <그림 2.34>; <표 2.14>, <표 2.15> 참조).

첫째, 1~5위에 속한 적이 있는 13개 일반지주회사 중 8개는 1~5위에 줄곧 속하였다. 5개((주)LG(LG그룹), (주)GS(GS), CJ(주)(CJ), SK(주)와 SK이노베이션(SK))는 2011년 현재에도 존속하고 있고 3개(금호산업(금호아시아나), 롯데물산(롯데), 태평양(태평양))는 2011년 이전에 존속한 적이 있었다. 8개 지주회사 중 1개(롯데물산)는 소극적 지주회사체제를 채택한 재벌 소속이고, 나머지 7개는 적극적인 지주회사체제를 채택한 재벌 소속이다.

2001년 이후 1~5위를 유지한 지주회사는 (주)LG(이전 (주)LGCI)가 유일하다. 2001~2006년 1위, 2007~2010년 2위, 그리고 2011년 3위이다. SK(주)는 2007~2010년 사이 (주)LG 대신 1위 자리를 가졌으며, 2011년에는 다시 (주)LG를 3위로 밀어내고 2위를 차지하였다. 2011년 1위는 SK이노베이션이었다. (주)GS(이전 GS홀딩스)는 2005~2006년 2위였다가 2007년 이후 3~4위이며, CJ(주)는 2008년 이후 줄곧 5위이다. 한편 금호산업(2007~2008년 3위), 롯데물산(2005~2006년 3위), 태평양(2007년 5위) 등 3개 지주회사는 2005~2008년 사이 1~2년 동안 3~5위의 순위를 가진 적이 있었다.

1~5위에 속한 적이 있는 13개 일반지주회사 중 나머지 5개(SK E&S(SK그룹), 삼성종합화학(삼성), 세아홀딩스(세아), 두산(두산), 부영(부영))는 일정 기간 동안 1~5위에 속한 적이 있었다. 모두 2011년 현재에도 존속하고 있으며, 1개(삼성종합화학)를 제외한 4개 지주회사는 적극적인 지주회사체제를 채택한 재벌 소속이다.

공정거래법상 지주회사 제1호인 SK E&S(이전 SK엔론)의 순위는 2001~2006년 2~4위, 2007~2008년 6~10위, 2009~2011년 13~16위 등으로 점차 낮아졌다. 삼성종합화학(2004~2006년 2~5위, 2007년 8위, 2008~2011년 13~16위)과 세아홀딩스(2004년 5위, 2005~2007년 7~9위, 2009~2011년 14~17위)도 순위가 5위 내외에서 10위 밖으로 큰 폭으로 변하였다. 두산(2009~2011년 4~6위)과 부영(2010~2011년 4~8위)은 5위 내외의 순위를 유지하였다.

지주회사	2001	2003	2004	2005	2006	2007	2008	2009	2010	2011
(주)LG	1	1	1	1	1	2	2	2	2	3
(주)GS				2	2	4	4	3	3	4
SK(주)						1	1	1	1	2
CJ(주)							5	5	5	5
SK이노베이션										1
금호산업						3	3			
롯데물산*				3	3					
태평양						5				
SK E&S	2	2	3	4	4	6	10	15	16	13
삼성종합화학*			2	5	5	8	13	16	15	15
세아홀딩스			5	7	7	9		14	17	16
두산								4	6	6
부영									4	8
(주)LS							6	7	7	7
웅진홀딩스								8	9	9
하이트홀딩스									10	10
(주)STX				9						
한진중공업홀딩스						11	11	10	14	18
CJ오쇼핑						7	12	12	13	
농심홀딩스		9	8	8	9	13				
현대HC&					16	21	24	29	37	29
한진해운홀딩스									32	17
롯데산업*				16	13					
동원엔터프라이즈		12	14							
드림파마*						12	16	20		
온미디어						15			28	
코오롱									24	20
티브로드홀딩스*										25
대성합동지주										27
한화도시개발*				22	23				33	41
오미디어홀딩스								27		
동광주택산업										39
대성홀딩스										40
동부인베스트먼트*										42
디아이피홀딩스									47	43
티이씨앤코*							48	69	76	86
서울도시개발										88
차산골프장지주회사*						36				
두산모트롤홀딩스								46		

주: 1) * 소극적인 지주회사체제를 채택한 재벌 소속.
  2) (주)LG = 2001년 (주)LGCI, (주)GS = 2005~2008년 GS홀딩스, SK E&S = 2001~2005년 SK엔론, CJ오쇼핑 = 2007~2008년 CJ홈쇼핑, 현대HC& = 2006~2010년 (주)HC&.
출처. 〈표 2.15〉.

<그림 2.33> 재벌 소속 일반지주회사의 순위, 2001~2011년: (1) 1~5위 8개 일반지주회사 (위)

(출처: <표 2.16>)

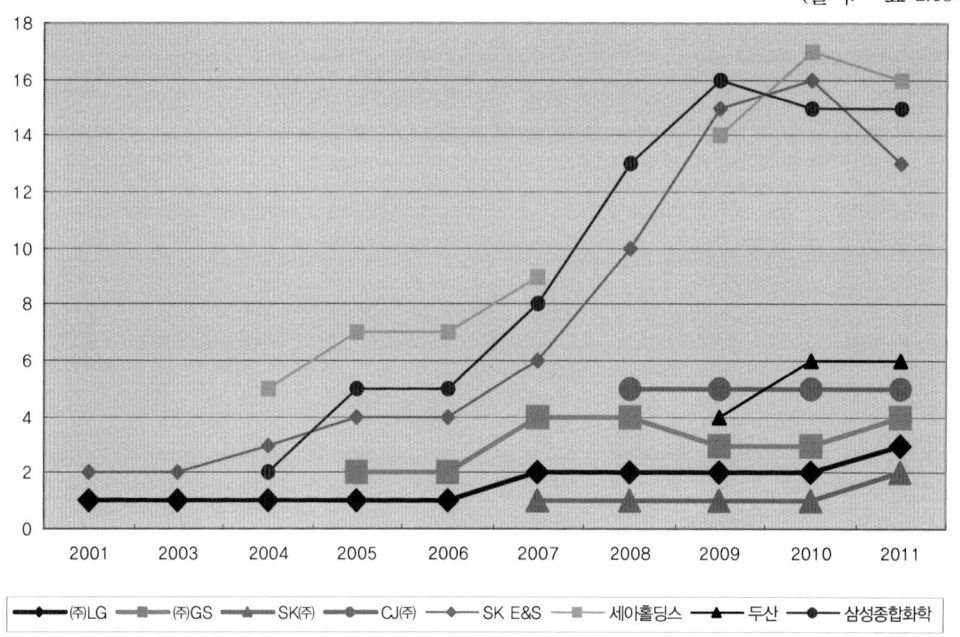

◆ ㈜LG	■ ㈜GS	▲ SK㈜ ● CJ㈜ ◆ SK E&S ■ 세아홀딩스 ▲ 두산 ● 삼성종합화학

<그림 2.34> 재벌 소속 일반지주회사의 순위, 2001~2011년: (2) 6위 이하 8개 일반지주회사 (위)

(출처: <표 2.16>)

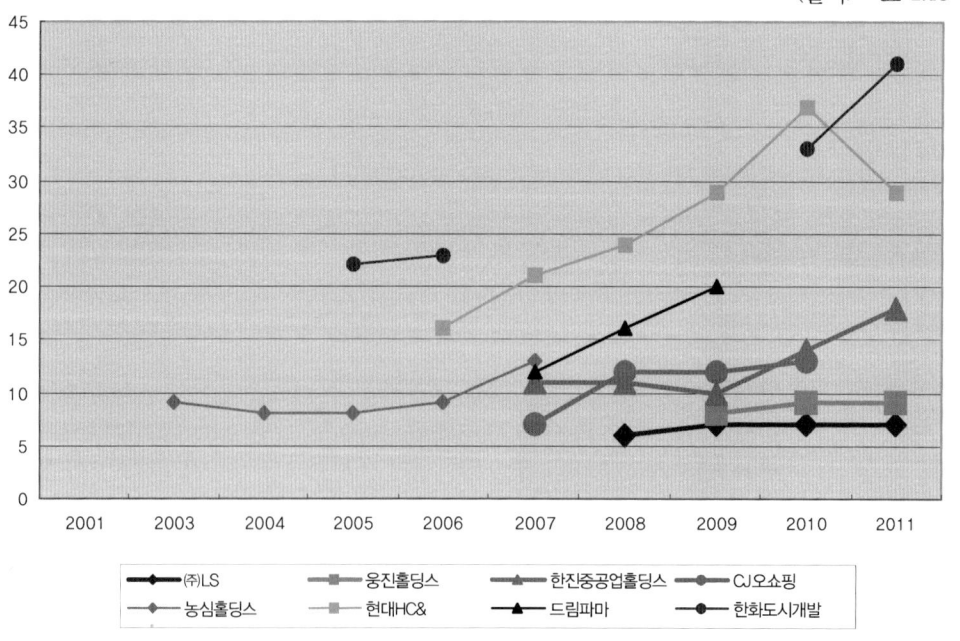

◆ ㈜LS	■ 웅진홀딩스	▲ 한진중공업홀딩스 ● CJ오쇼핑
◆ 농심홀딩스	■ 현대HC&	▲ 드림파마 ● 한화도시개발

한편, SK E&S(2001~2006년), (주)GS(2005년), 부영(2010년) 등 3개 지주회사의 경우 초기에는 소속 재벌(SK, GS, 부영)이 소극적인 지주회사체제였으며 이후 적극적인 체제로 재편되었다.

둘째, 7개 일반지주회사는 6~10위에 속한 적이 있었다. 4개 지주회사((주)LS(LS그룹), 웅진홀딩스(웅진), 하이트홀딩스(하이트진로), 한진중공업홀딩스(한진중공업))는 2011년 현재에도 존속하고 있고, 3개((주)STX(STX), CJ오쇼핑(CJ), 농심홀딩스(농심))는 2011년 이전에 존속한 적이 있었다. 모두 적극적인 지주회사체제를 채택한 재벌 소속이다.

(주)LS(2008년 이후 6~7위), 웅진홀딩스(2009년 이후 8~9위), 하이트홀딩스(2010년 이후 10위), (주)STX(2005년 9위) 등 4개 지주회사는 줄곧 6~10위의 순위를 유지하였다. 나머지 3개 지주회사는 일정 기간 동안 10위 이내에 든 적이 있었다. 농심홀딩스는 2003~2006년에는 8~9위였다가 2007년 13위로 순위가 낮아졌으며, 한진중공업홀딩스(2009년 10위, 2006~2007, 2010~2011년 11~18위)와 CJ오쇼핑(이전 CJ홈쇼핑; 2007년 7위, 2008~2010년 12~13위)은 1년 동안만 10위 이내에 속하였고 나머지 기간에는 11~20위의 순위였다. CJ오쇼핑의 경우, 첫해(2007년)에는 소속 재벌(CJ)이 소극적인 지주회사체제였으며 2년째부터 적극적인 체제로 바뀌었다.

셋째, 6개 일반지주회사는 11~20위에 속한 적이 있었다. 2개 지주회사(현대HC&(이전 HC&, 현대백화점그룹), 한진해운홀딩스(한진))는 2011년 현재에도 존속하고 있고, 4개(롯데산업(롯데), 동원엔터프라이즈(동원), 드림파마(한화), 온미디어(오리온, CJ))는 2011년 이전에 존속한 적이 있었다. 이들 중 2개(롯데산업, 드림파마)는 소극적인 지주회사체제를 채택한 재벌 소속이다.

롯데산업(2005~2006년 13~16위), 동원엔터프라이즈(2003~2004년 12~14위), 드림파마(2007~2009년 12~20위) 등 3개 지주회사는 줄곧 11~20위 순위를 가졌다. 현대HC&의 순위는 2006년 16위, 2007~2009, 2011년 21~29위, 2010년 37위 등으로 큰 폭으로 변하였다. 한진해운홀딩스는 2010년 32위에서 2011년에는 17위로 상승하였고, 반대로 온미디어는 2007년(오리온그룹 소속) 15위에서 2010년(CJ그룹)에는 28위로 하락하였다.

넷째, 5개 일반지주회사는 21~30위에 속한 적이 있었다. 4개 지주회사(코오롱(코오롱그룹), 티브로드홀딩스(태광), 대성합동지주(대성), 한화도시개발(한화))는 2011년 현재에도 존속하고 있고, 1개(오미디어홀딩스(CJ))는 2011년 이전에 존속한 적이 있었다. 2개 지주회사(티브로드홀닝스, 한화도시개발)가 속한 재벌은 소극적인 지주회사체제를 채택하였다.

코오롱(2010~2011년 20~24위), 티브로드홀딩스(2011년 25위), 대성합동지주(2011년 27위), 오미디어홀딩스(2010년 27위) 등 4개 지주회사는 30위 이내의 순위를 가졌다. 반면 한화도시개발의 순위는 2005~2006년 22~23위에서 2010년에는 33위로 그리고 2011년에는 41위로 크게 낮아졌다.

마지막으로 다섯째, 재벌에 속한 39개 일반지주회사 중 나머지 8개의 순위는 31위 이하였다. 6개 지주회사(동광주택산업(부영그룹), 대성홀딩스(대성), 동부인베스트먼트(동부), 디아이피홀딩스(두산), 티이씨앤코(대한전선), 서울도시개발(대성))는 2011년 현재에도 존속하고 있고 2개(차산골프장지주회사(현대자동차), 두산모트롤홀딩스(두산))는 2011년 이전에 존속한 적이 있었다. 3개 지주회사(동부인베스트먼트, 티이씨앤코, 차산골프장지주회사)는 소속 재벌이 소극적인 지주회사체제를 채택하였다.

동광주택산업(2011년 39위)과 차산골프장주식회사(2007년 36위)는 31~40위 수준이었으며, 대성홀딩스(2011년 40위), 동부인베스트먼트(2011년 42위), 디아이피홀딩스(2010~2011년 43~47위), 두산모트롤홀딩스(2009년 46위) 등 4개는 41~50위 수준이었다. 티이씨앤코의 순위는 2008년 48위, 2009년 69위, 2010년 76위, 2011년 86위 등으로 크게 낮아졌다. 서울도시개발(2011년)의 순위 88위는 2001~2011년 사이 재벌에 속한 39개 일반지주회사와 관련된 순위 중 가장 낮은 순위이다.

6.3 재벌 소속 일반지주회사의 자산총액

2001~2011년 사이 재벌에 속한 39개 일반지주회사 중 19개는 1조 원 이상의 자산을 그리고 다른 15개는 2~9천억 원의 자산을 보유한 적이 있었다. 2개 지주회사는 10조 원 이상, 2개는 5~9조 원, 15개는 1~4조 원, 4개는 5~9천억 원, 그리고 11개는 2~4천억 원의 자산과 관련이 있었다. 나머지 5개 지주회사는 1천억 원대의 자산을 보유하였다 (<표 2.17>, <그림 2.35>, <그림 2.36>; <표 2.14>, <표 2.15> 참조).

첫째, 10조 원 이상의 자산을 보유한 2개 지주회사(SK(주), SK이노베이션)는 모두 SK그룹 소속이다. SK(주)의 자산은 2007년 6.5조 원에서 2008~2009년 9.5~9.6조 원으로 늘어났고 2010년(10.2조 원) 일반지주회사 중에서는 처음으로 10조 원 이상이 되었다. 2011년에는 11조 원으로 조금 더 증가하였다. 2011년 신설된 SK이노베이션의 자산은 SK(주)보다 많은 14.1조 원이었다.

〈표 2.17〉 재벌 소속 일반지주회사의 자산총액, 2001~2011년 (억 원)

지주회사	2001	2003	2004	2005	2006	2007	2008	2009	2010	2011
SK이노베이션										141,457
SK(주)						64,788	95,056	96,197	102,405	109,766
(주)LG	26,500	57,583	61,750	43,491	47,964	46,044	55,988	69,563	80,141	73,396
(주)GS				26,646	29,871	32,729	35,587	44,557	51,718	59,309
부영									39,396	19,249
CJ(주)							21,594	27,811	27,914	38,228
두산								27,910	27,484	31,876
(주)LS							17,364	16,180	17,971	20,711
웅진홀딩스								14,755	17,838	18,494
하이트홀딩스									17,172	16,679
금호산업						38,868	41,240			
태평양						13,705				
SK E&S	5,733	7,016	7,685	8,068	8,996	9,530	9,989	9,095	9,612	12,235
삼성종합화학*			10,529	7,212	7,546	7,937	8,833	8,693	10,442	11,436
세아홀딩스			3,831	5,304	6,423	7,291		9,293	9,220	11,107
한진해운홀딩스									3,776	10,887
한진중공업홀딩스						5,872	9,958	10,892	10,543	10,538
롯데물산*				9,707	11,461					
CJ오쇼핑						8,562	8,886	9,699	11,321	
코오롱									5,388	8,600
티브로드홀딩스*										5,389
대성합동지주										5,254
드림파마*						5,280	5,166	5,130		
현대HC&					2,506	2,797	3,018	3,530	3,482	4,314
동광주택산업										3,425
대성홀딩스										3,360
동부인베스트먼트*										3,269
디아이피홀딩스									2,920	3,191
오미디어홀딩스									4,749	
온미디어						4,121			4,493	
(주)STX				3,301						
한화도시개발*				1,007	1,366				3,619	3,355
농심홀딩스		1,839	2,854	3,594	4,191	4,494				
롯데산업*				1,910	2,282					
티이씨앤코*							1,280	1,013	1,203	1,166
서울도시개발										1,115
두산모트롤홀딩스								1,947		
동원엔터프라이즈		1,398	1,398							
차산골프장지주회사*						1,002				

주: 1) * 소극적인 지주회사체제를 채택한 재벌 소속.
2) (주)LG = 2001년 (주)LGCI, (주)GS = 2005~2008년 GS홀딩스, SK E&S = 2001~2005년 SK엔론,
CJ오쇼핑 = 2007~2008년 CJ홈쇼핑, 현대 HC& = 2006~2010년 (주)HC&.
출처. 〈표 2.15〉.

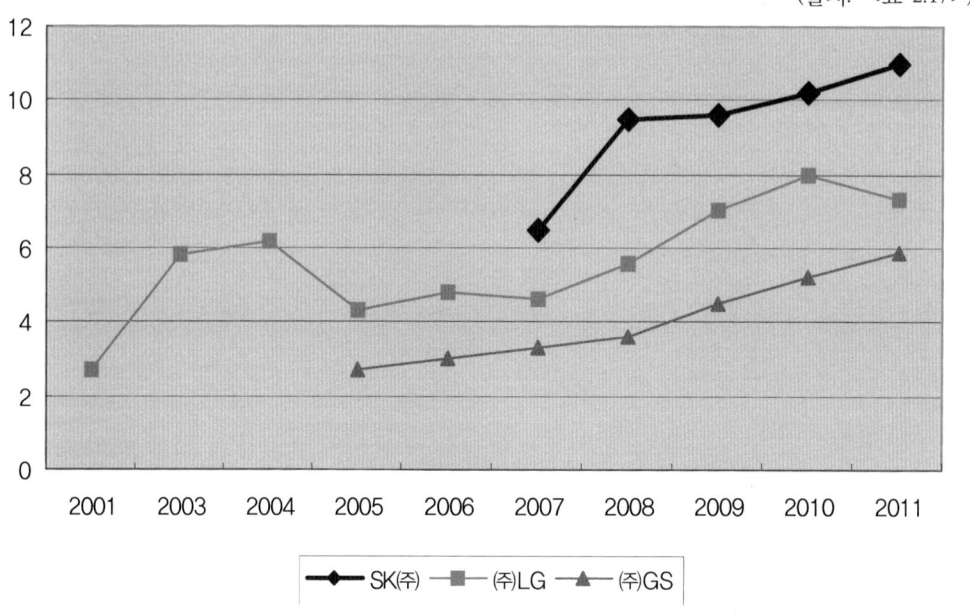

〈그림 2.35〉 재벌 소속 일반지주회사의 자산총액, 2001~2011년:
(1) 5조 원 이상 3개 일반지주회사 (조 원)

(출처: <표 2.17>)

●—SK(주) ■—(주)LG ▲—(주)GS

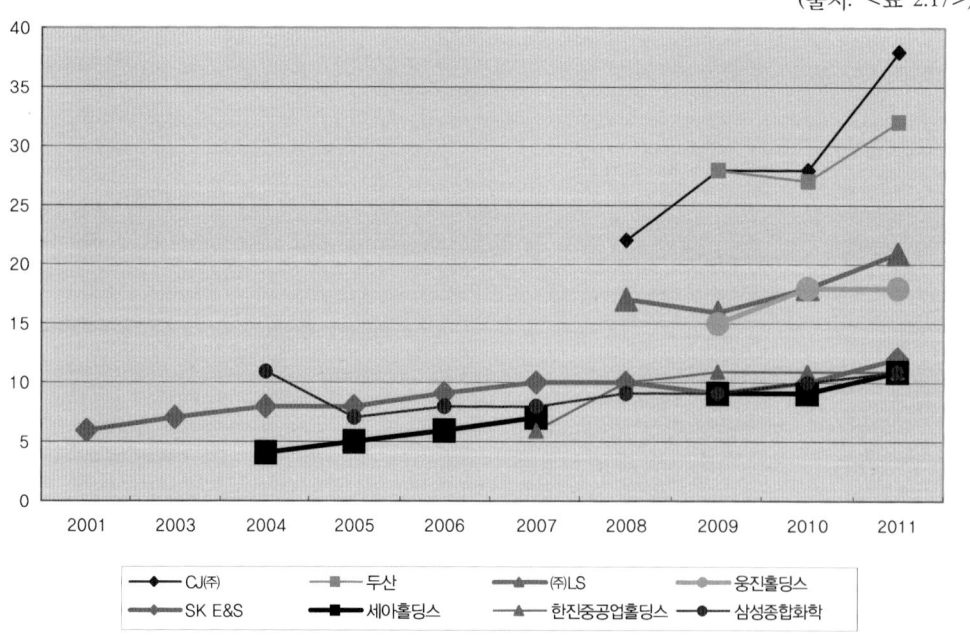

〈그림 2.36〉 재벌 소속 일반지주회사의 자산총액, 2001~2011년:
(2) 1~4조 원 8개 일반지주회사 (천억 원)

(출처: <표 2.17>)

◆—CJ(주) ■—두산 ▲—(주)LS ●—웅진홀딩스
◆—SK E&S ■—세아홀딩스 ▲—한진중공업홀딩스 ●—삼성종합화학

둘째, 2개 일반지주회사((주)LG, (주)GS)의 자산은 5∼9조 원대에 속한 적이 있었다. (주)LG는 2001년 이후 줄곧 1조 원 이상의 자산을 보유한 유일한 지주회사이다. 2001년 2.7조 원이던 것이 2003∼3004년에는 5.8∼6.2조 원으로 늘어났으며, 2005∼2007년(4.3∼4.8조 원) 5조 원 미만으로 줄어들었다가 이후 다시 증가하여 2008년 5.6조 원, 2009년 7조 원, 그리고 2010년에는 8조 원이 되었다. 2011년 현재에는 7.3조 원으로 조금 줄었다. (주)GS도 2005년 이후 줄곧 1조 원 이상의 자산을 보유하였다. 2005년 2.7조 원, 2006∼2008년 3∼3.6조 원, 2009년 4.5조 원, 2010∼2011년 5.2∼5.9조 원 등으로 지속적으로 증가하였다.

셋째, 15개 일반지주회사는 1∼4조 원의 자산을 보유한 적이 있었다. 8개 지주회사는 줄곧 1∼4조 원대의 자산을 유지하였다. 부영(2010년 이후 1.9∼3.9조 원), CJ(주)(2008년 이후 2.2∼3.8조 원), 두산(2009년 이후 2.7∼3.2조 원), (주)LS(2008년 이후 1.6∼2.1조 원), 웅진홀딩스(2009년 이후 1.5∼1.8조 원), 하이트홀딩스(2010년 이후 1.7조 원), 금호산업(2007∼2008년 3.9∼4.1조 원), 태평양(2007년 1.4조 원) 등이다.

나머지 7개 지주회사의 자산은 일정 기간 동안 1∼4조 원대에 속하였다. SK E&S의 자산은 2001∼2010년 사이에 5∼9천억 원 수준이었으며, 2011년(1.2조 원) 처음으로 1조 원을 넘어섰다. 한진중공업홀딩스(2007∼2008년 5∼9천억 원, 2009년 이후 1.1조 원), 롯데물산(2005년 9천억 원, 2006년 1.1조 원), CJ오쇼핑(2007∼2009년 8∼9천억 원, 2010년 1.1조 원) 등 3개 지주회사에서도 비슷한 상황이었다.

삼성종합화학의 경우에는 2004년에는 자산이 1.1조 원이었다가 2005∼2009년에는 7∼8천억 원 수준으로 낮아졌으며 2010년 이후(1∼1.1조 원) 다시 1조 원 이상으로 증가하였다. 나머지 2개 지주회사의 자산은 변화의 폭이 상대적으로 더 컸다. 세아홀딩스이 자산은 2004년 3천억 원, 2005∼2010년 5∼9천억 원, 2011년 1.1조 원 등으로 늘어났고, 한진해운홀딩스의 자산은 2010년 3천억 원에서 2011년에는 1.1조 원으로 크게 증가하였다.

넷째, 4개 일반지주회사는 5∼9천억 원 수준의 자산을 보유하였다. 코오롱(2010년 이후 5∼8천억 원), 티브로드홀딩스(2011년 5천억 원), 대성합동지주(2011년 5천억 원), 드림파마(2007∼2009년 5천억 원) 등이다.

다섯째, 11개 일반지주회사는 2∼4천억 원대의 자산을 가진 적이 있었다. 8개 지주회사는 줄곧 2∼4천억 원 수준의 자산을 유지하였다. 현대HC&(2006년 이후 2∼4천억 원), 동광주택산업(2011년 3천억 원), 대성홀딩스(2011년 3천억 원), 동부인베스트먼트(2011년 3천억 원), 디아이피홀딩스(2010년 이후 2∼3천억 원), 오미디어홀딩스(2010년 4천억 원), 온미디어(2007, 2010년 4천억 원), (주)STX(2005년 3천억 원) 등이다.

나머지 3개 지주회사는 일정 기간 2~4천억 원 수준의 자산을 보유하였다. 한화도시개발의 자산은 2005~2006년에는 1천억 원 수준이다가 2010~2011년에는 3천억 원 수준으로 증가하였다. 농심홀딩스(2003년 1천억 원, 2004~2007년 2~4천억 원)와 롯데산업(2005년 1천억 원, 2006년 2천억 원)은 2년째부터 2천억 원 이상의 자산을 보유하였다.

마지막으로 여섯째, 재벌 소속 39개 일반지주회사 중 나머지 5개는 자산이 1천억 원 수준이었다. 티이씨앤코(2008년 이후), 서울도시개발(2011년), 두산모트롤홀딩스(2009년), 동원엔터프라이즈(2003~2004년), 차산골프장지주회사(2007년) 등이다.

6.4 재벌 소속 일반지주회사의 계열회사

2001~2011년 사이 재벌에 속한 39개 일반지주회사 중 5개는 30개 이상의 계열회사를 그리고 다른 16개 지주회사는 10~29개의 계열회사를 보유한 적이 있었다. 1개 지주회사는 60~69개 계열회사, 2개 지주회사는 50~59개 계열회사, 2개 지주회사는 30~39개 계열회사, 4개 지주회사는 20~29개 계열회사, 그리고 12개 지주회사는 10~19개 계열회사와 관련이 있었다. 나머지 18개 지주회사는 10개 미만의 계열회사를 가졌다 (<표 2.18>, <그림 2.37>, <그림 2.38>; <표 2.14>, <표 2.15> 참조).

첫째, 60개 이상의 계열회사를 보유한 회사는 SK(주)가 유일하다. 2007년에는 계열회사가 23개였는데 2008년 35개, 2009년 58개로 증가하였고, 2010년에는 일반지주회사 중 처음으로 60개 이상(62개)의 계열회사를 보유하였다. 2011년에는 66개로 더 늘어났다.

둘째, 2개 일반지주회사(CJ(주), (주)LG)는 50~59개의 계열회사를 보유한 적이 있다. CJ(주)의 계열회사는 2008년 43개에서 2009년에는 50개로 늘어났으며 이후 46~49개로 다소 줄어들었다. (주)LG는 2001년 이후 10개 이상의 계열회사를 유지해 온 유일한 지주회사이다. 2001년 13개에서 2003~2004년에는 37개로 3배가량 늘어났으며, 2005~2008년에는 28~33개로 줄었다가 2009~2010년 45개, 2011년 50개로 다시 증가하였다.

셋째, 2개 일반지주회사((주)GS, 코오롱)는 1년 동안 30개 이상의 계열회사를 가진 적이 있다. (주)GS의 계열회사는 2005~2008년 12~17개, 2008~2009년 24~27개, 2011년 31개로 꾸준히 증가하였다. 코오롱은 2010년에는 29개 그리고 2011년에는 30개의 계열회사를 보유하였다.

〈표 2.18〉 재벌 소속 일반지주회사의 계열회사, 2001~2011년 (개)

지주회사	2001	2003	2004	2005	2006	2007	2008	2009	2010	2011
SK(주)						23	35	58	62	66
CJ(주)							43	50	46	49
(주)LG	13	37	37	33	28	28	29	45	45	50
(주)GS				12	15	14	17	24	27	31
코오롱									29	30
두산								21	23	20
(주)LS							14	19	24	26
웅진홀딩스								18	20	19
금호산업						21	22			
서울도시개발										19
대성합동지주										18
SK이노베이션										16
세아홀딩스			14	15	14	14		15	12	14
하이트홀딩스									13	12
한진해운홀딩스									11	13
티브로드홀딩스*										10
오미디어홀딩스									10	
SK E&S	13	14	13	12	12	11	11	10	9	9
현대HC&					9	10	10	9	13	11
한화도시개발*				1	1				8	10
CJ오쇼핑						13	13	13	5	
대성홀딩스										9
동원엔터프라이즈		9	9							
온미디어						9			9	
(주)STX				8						
드림파마*						5	5	5		
한진중공업홀딩스						4	4	5	6	7
농심홀딩스		4	6	6	6	6				
티이씨앤코*							3	4	4	4
디아이피홀딩스									3	2
부영									2	2
롯데물산*				4	4					
태평양						4				
삼성종합화학*			1	1	1	1	1	1	1	1
동광주택산업										1
동부인베스트먼트*										1
롯데산업*				1	1					
차산골프장지주회사*						1				
두산모트롤홀딩스								1		

주: 1) * 소극적인 지주회사체제를 채택한 재벌 소속.

　　2) (주)LG = 2001년 (주)LGCI, (주)GS = 2005~2008년 GS홀딩스, SK E&S = 2001~2005년 SK엔론,
　　　　CJ오쇼핑 = 2007~2008년 CJ홈쇼핑, 현대HC& = 2006~2010년 (주)HC&.

출처: 〈표 2.15〉.

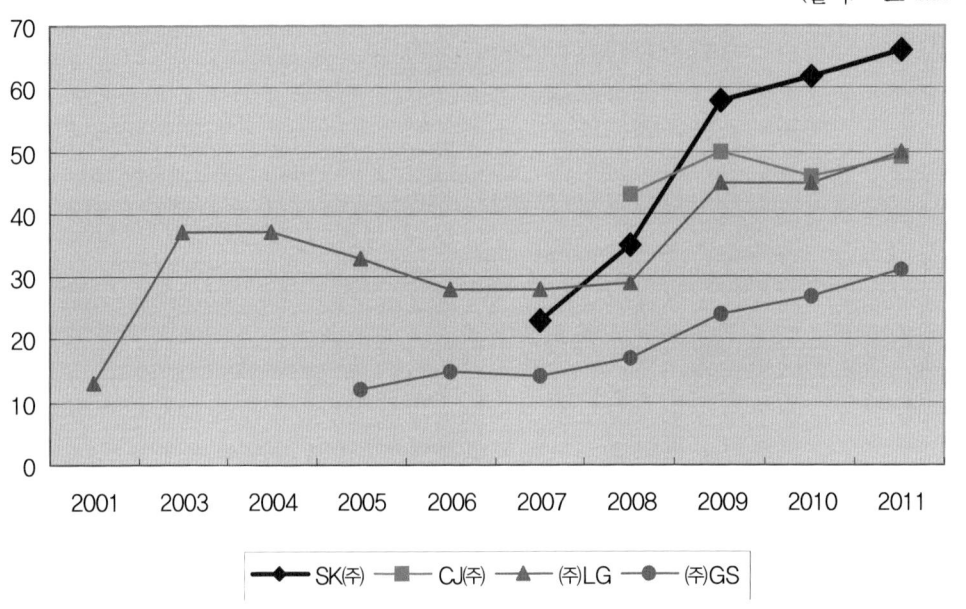

〈그림 2.37〉 재벌 소속 일반지주회사의 계열회사, 2001~2011년:
(1) 30개 이상 보유 4개 일반지주회사 (개)

(출처: <표 2.18>)

SK㈜ CJ㈜ ㈜LG ㈜GS

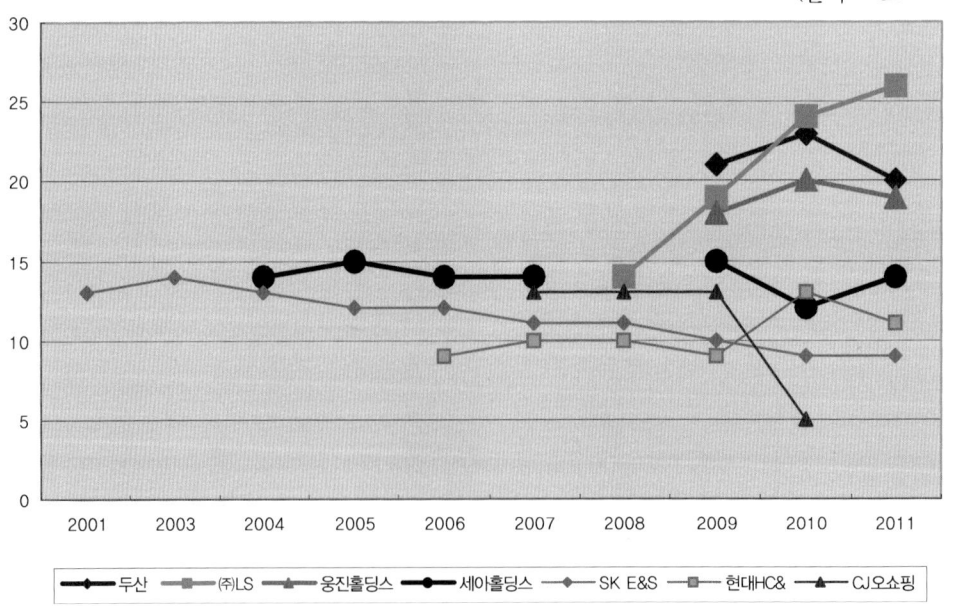

〈그림 2.38〉 재벌 소속 일반지주회사의 계열회사, 2001~2011년:
(2) 10~29개 보유 7개 일반지주회사 (개)

(출처: <표 2.18>)

두산 ㈜LS 웅진홀딩스 세아홀딩스 SK E&S 현대HC& CJ오쇼핑

넷째, 4개 일반지주회사(두산, (주)LS, 웅진홀딩스, 금호산업)는 20~29개 수준의 계열회사를 보유하였다. 두산(2009년 이후 20~23개)과 금호산업(2007~2008년 21~22개)은 줄곧 20개 이상의 계열회사를 유지하였다. (주)LS의 계열회사는 2008~2009년 14~19개, 2010~2011년 24~26개로 매년 늘어났으며, 웅진홀딩스에서는 2009년 18개, 2010년 20개, 2011년 19개 등으로 계열회사가 변하였다.

다섯째, 12개 일반지주회사의 계열회사는 10~19개 수준이었다. 8개 지주회사에서는 줄곧 10~19개 수준이 유지되었다. 서울도시개발(2011년 19개), 대성합동지주(2011년 18개), SK이노베이션(2011년 16개), 세아홀딩스(2004년 이후 12~15개), 하이트홀딩스(2010년 이후 12~13개), 한진해운홀딩스(2010년 이후 11~13개), 티브로드홀딩스(2011년 10개), 오디미어홀딩스(2010년 10개) 등이다.

4개 지주회사의 계열회사는 10개 내외였다. 한화도시개발의 계열회사는 2005~2006년에는 1개였다가 2010~2011년에는 8~10개로 크게 늘어났다. 현대HC&의 계열회사는 2006년 이후 9~13개 사이에서 증가와 감소가 반복되었다. 한편, SK E&S의 계열회사는 감소 추세를 보였다. 2001~2004년 13~14개, 2005~2006년 12개, 2007~2008년 11개, 2009년 10개, 2010~2011년 9개 등이었다. CJ오쇼핑에서도 2007~2009년 13개이던 계열회사가 2010년에는 5개로 절반 이상 감소하였다.

마지막으로 여섯째, 재벌 소속 39개 일반지주회사 중 거의 절반에 해당하는 나머지 18개는 10개 미만의 계열회사를 거느렸다. 5개 지주회사의 계열회사는 5개 이상이었다. 대성홀딩스(2011년 9개), 동원엔터프라이즈(2003~2004년 9개), 온미디어(2007, 2010년 9개), (주)STX(2005년 8개), 드림파마(2007~2009년 5개) 등이다. 또 한진중공업홀딩스(2007~2008년 4개, 2009년 이후 5~7개)와 농심홀딩스(2003년 4개, 2004~2007년 6개)는 계열회사가 5개 내외였다.

5개 지주회사는 2~4개의 계열회사를 보유하였다. 티이씨앤코(2008년 이후 3~4개), 디아이피홀딩스(2010년 이후 2~3개), 부영(2010년 이후 2개), 롯데물산(2005~2006년 4개), 태평양(2007년 4개) 등이다. 한편 삼성종합화학(2004년 이후), 동광주택산업(2011년), 동부인베스트먼트(2011년), 롯데산업(2005~2006년), 차산골프장지주회사(2007년), 두산모트롤홀딩스(2009년) 등 나머지 6개 지주회사는 1개씩의 계열회사만 보유하였다.

6.5 재벌 소속 일반지주회사의 지주비율

2001~2011년 사이 재벌에 소속된 39개 일반지주회사 중 거의 절반인 18개는 90% 이상의 지주비율을 가진 적이 있었다. 또 10개 지주회사에서의 비율은 70~89% 그리고 11개 지주회사에서의 비율은 50~69%와 관련이 있었다. 뒤의 21개 지주회사 중 6개에서는 80~89%, 4개에서는 70~79%, 10개에서는 60~69%, 그리고 1개에서는 50~59% 수준이었다 (<표 2.19>, <그림 2.39>, <그림 2.40>; <표 2.14>, <표 2.15> 참조).

첫째, 90% 이상의 지주비율을 보인 18개 지주회사 중에서는 (주)LG가 100% 이상의 비율을 가진 적이 있었다. 2001년 77%이던 비율은 2003년 104%로 늘어났으며 2005년과 2007년에도 102%, 103%였다. 2004, 2006, 2008년에는 96~98% 수준이었으며, 2009~2010년에는 92%로 낮아졌고 2011년 88%로 더욱 낮아졌다.

7개 지주회사는 90% 이상의 지주비율을 줄곧 유지하였다. 동광산업주택(2011년 98%), 부영(2010년 이후 95~97%), 하이트홀딩스(2010년 이후 96~97%), 서울도시개발(2011년 91%), 동원엔터프라이즈(2003~2004년 95~97%), 두산모트롤홀딩스(2009년 96%), 오미디어홀딩스(2010년 92%) 등이다.

10개 지주회사의 지주비율은 90% 내외 수준에서 다양한 양상으로 변하였다. 한화도시개발(2005년 58%, 2006, 2010~2011년 95~99%), SK(주)(2007년 88%, 2008년 이후 93~97%), 농심홀딩스(2003년 51%, 2004~2007년 98~99%) 등 3개 지주회사에서의 비율은 증가 추세를 보였고, 반대로 SK E&S(2001~2008년 93~96%, 2009년 이후 80~89%), (주)GS(2005~2008년 94~96%, 2009년 이후 90%), 웅진홀딩스(2009~2010년 90~94%, 2011년 84%) 등 3개에서는 감소 추세였다. 또 삼성종합화학(2004년 51%, 2005~2010년 93~98%, 2011년 89%)에서는 증가 후 감소하는 추세였다. 나머지 3개 지주회사에서의 지주비율은 증가와 감소를 반복하였다. (주)LS(2008년 이후 89.6~91.4%), 현대HC&(2006~2007년 87~88%, 2008년 93%, 2009년 85%, 2010년 90%, 2011년 74%), 세아홀딩스(2004~2005년 82~89%, 2006~2007년 91%, 2009년 이후 86~87%) 등이다.

둘째, 6개 일반지주회사의 지주비율은 80~89%에 속한 적이 있었다. 동부인베스트먼트(2011년 89%), 대성합동지주(2011년 85%), 롯데산업(2005~2006년 85~86%) 등 3개 지주회사에서는 80% 이상이었다. 한진중공업홀딩스(2007년 54%, 2008년 이후 86~89%)와 한진해운홀딩스(2010년 66%, 2011년 89%)에서는 비율이 상승하였고, 반대로 CJ(주)(2008년

〈표 2.19〉 재벌 소속 일반지주회사의 지주비율, 2001~2011년 (%)

지주회사	2001	2003	2004	2005	2006	2007	2008	2009	2010	2011
(주)LG	77.0	103.7	97.0	101.6	96.0	103.3	98.3	92.0	92.2	87.6
동광주택산업										97.8
부영									96.9	94.7
하이트홀딩스									95.7	96.7
서울도시개발										90.5
동원엔터프라이즈		95.4	96.9							
두산모트롤홀딩스								95.6		
오미디어홀딩스									92.1	
한화도시개발*				57.7	99.2				95.0	98.4
SK(주)						88.3	92.7	96.6	96.4	96.1
농심홀딩스		50.8	99.9	99.8	98.6	97.8				
SK E&S	96.1	92.9	92.7	94.6	93.0	94.5	94.8	89.0	88.8	79.8
(주)GS				93.8	96.0	95.0	94.5	89.9	90.4	90.4
웅진홀딩스								93.9	90.0	84.1
삼성종합화학*			51.2	97.1	98.3	96.7	98.3	92.6	94.0	88.9
(주)LS							89.7	91.4	89.6	91.1
현대HC&					87.7	87.1	93.2	84.9	90.3	73.5
세아홀딩스			82.1	88.8	90.8	91.2		86.8	86.1	87.0
동부인베스트먼트*										88.5
대성합동지주										85.2
롯데산업*				86.4	84.5					
한진중공업홀딩스						54.1	85.6	89.0	89.3	88.2
한진해운홀딩스									65.9	89.3
CJ(주)							84.8	62.8	68.8	60.6
티브로드홀딩스*										76.9
차산골프장지주회사*						70.8				
코오롱									54.3	77.2
CJ오쇼핑						71.0	68.4	57.8	50.0	
디아이피홀딩스									66.0	67.0
SK이노베이션										63.3
대성홀딩스										61.5
태평양						68.2				
온미디어						60.1			67.0	
드림파마*						63.8	62.1	62.8		
롯데물산*				55.8	61.4					
티이씨앤코*							61.4	58.8	57.7	59.1
금호산업						65.8	57.4			
두산								57.6	66.1	58.3
(주)STX				58.0						

주: 1) * 소극적인 지주회사체제를 채택한 재벌 소속.
   2) (주)LG = 2001년 (주)LGCI, (주)GS = 2005~2008년 GS홀딩스, SK E&S = 2001~2005년 SK엔론,
      CJ오쇼핑 = 2007~2008년 CJ홈쇼핑, 현대HC& = 2006~2010년 (주)HC&.
출처: 〈표 2.15〉.

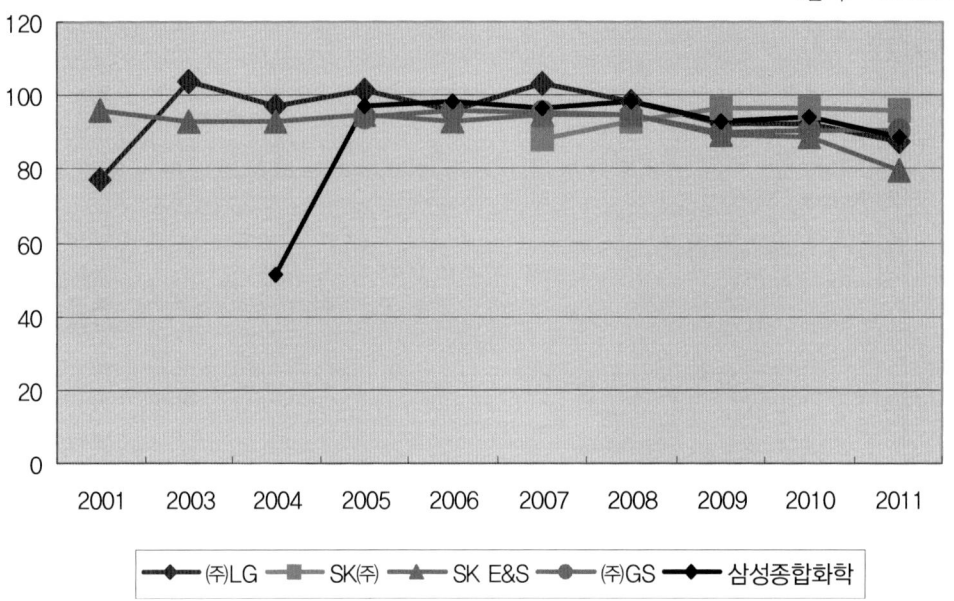

〈그림 2.39〉 재벌 소속 일반지주회사의 지주비율, 2001~2011년:
(1) 90% 이상 비율 5개 일반지주회사 (%)

(출처: <표 2.19>)

━◆━ ㈜LG ━■━ SK㈜ ━▲━ SK E&S ━●━ ㈜GS ━◆━ 삼성종합화학

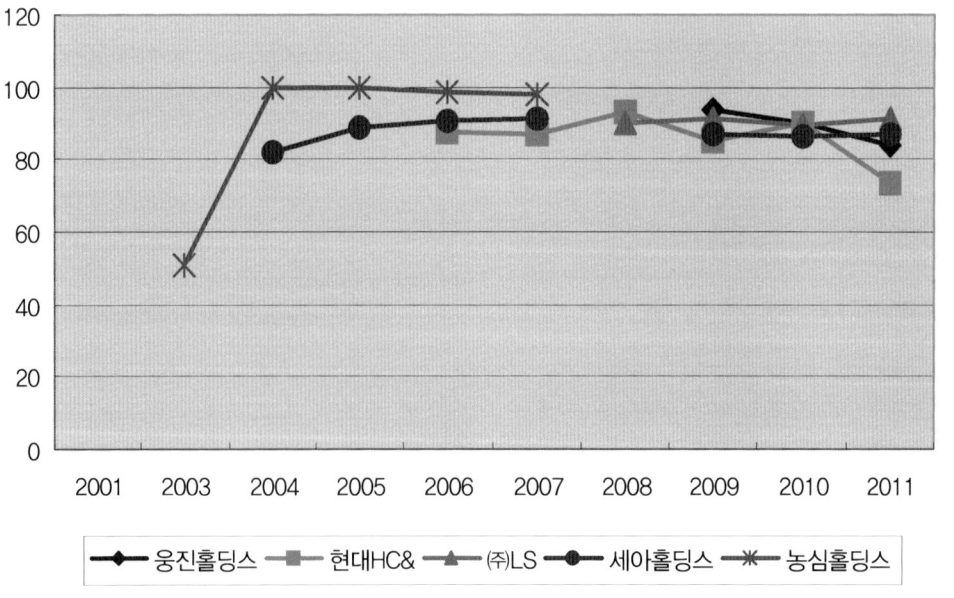

〈그림 2.40〉 재벌 소속 일반지주회사의 지주비율, 2001~2011년:
(2) 90% 이상 비율 5개 일반지주회사 (%)

(출처: <표 2.19>)

━◆━ 웅진홀딩스 ━■━ 현대HC& ━▲━ ㈜LS ━●━ 세아홀딩스 ━✳━ 농심홀딩스

85%, 2009년 이후 61~69%)에서는 하락하였다.

셋째, 4개 일반지주회사에서의 비율은 70~79%와 관련이 있었다. 티브로드홀딩스(2011년 77%)와 차산골프장지주회사(2007년 71%)에서는 70% 이상이었다. 코오롱(2010년 54%, 2011년 77%)에서는 비율이 증가하였고, 반대로 CJ오쇼핑(2007년 71%, 2008년 68%, 2009~2010년 50~58%)에서는 감소하였다.

넷째, 10개 일반지주회사는 60~69%의 비율을 가진 적이 있었다. 6개 지주회사에서의 비율은 60% 이상이었다. 디아이피홀딩스(2010년 이후 66~67%), SK이노베이션(2011년 63%), 대성홀딩스(2011년 62%), 태평양(2007년 68%), 온미디어(2007, 2010년 60~67%), 드림파마(2007~2010년 62~64%) 등이다. 롯데물산(2005년 56%, 2006년 61%)에서는 비율이 증가하였고, 반대로 티이씨앤코(2008년 61%, 2009년 이후 58~59%)와 금호산업(2007년 66%, 2008년 57%)에서는 감소하였다. 두산에서의 비율은 2009년 58%, 2010년 66%, 2011년 58% 등으로 증가 후 감소하였다.

마지막으로 다섯째, 지주비율이 50~59%인 지주회사는 (주)STX가 유일하다. 2005년에 58%였다. 한편, 50~59%에 속한 적이 있는 지주회사는 (주)STX 외에 10개가 더 있었다. 한화도시개발(2005년 58%), 삼성종합화학(2004년 51%), 농심홀딩스(2003년 51%), 한진중공업홀딩스(2007년 54%), 코오롱(2010년 54%), CJ오쇼핑(2009~2010년 50~58%), 두산(2009년 58%), 티이씨앤코(2009년 이후 58~59%), 금호산업(2008년 57%), 롯데물산(2005년 56%) 등이다. CJ오쇼핑의 '2010년 비율 50%'는 2001~2011년 사이 재벌에 속한 39개 일반지주회사 관련 비율 중 가장 낮은 비율이다.

7. 맺음말

1999년 지주회사제도가 다시 허용된 이후 가장 먼저 제도를 도입한 것은 2000년 SK그룹이었다. 2001년에는 LG그룹이 그 뒤를 이었다. 이후 지주회사체제를 채택하는 재벌의 수는 매년 늘어나 2011년에는 최고치인 20개였으며, 지주회사체제를 채택한 재벌이 공정거래법상 재벌 전체에서 차지하는 비중 또한 꾸준히 증가하여 2011년에 역시 최고치인 44%를 기록하였다. 2001년부터 2011년까지 지주회사체제를 채택한 재벌은 모두 28개이며 소속 일반지수회사는 39개이다. 이들과 관련된 주요 추세 및 특징은 다음과 같다.

(1) 재벌과 지주회사체제, 2001~2011년: 개관

(1.1) 연도별 추세: 2001~2011년 사이 지주회사체제를 채택한 재벌은 모두 28개이다. 지주회사체제를 채택한 재벌은 2001년 2개에서 2005년에는 9개로 늘어났으며 2007년(14개)에는 처음으로 10개를 넘어섰다. 2008~2009년 11~13개로 조금 줄어들었다가 2010년 17개로 다시 늘어났으며 2011년에는 20개로 역대 최고치를 기록하였다. 지주회사체제를 채택한 재벌이 전체 공정거래법상 재벌 중에서 차지하는 비중 또한 지속적으로 증가하였다. 2001년 7%이던 것이 2005년에는 19%로 그리고 2007년에는 25%로 늘어났다. 2009년에는 33%로 더욱 증가하였으며, 2011년 현재의 비중은 44%로 역대 최고치를 보이고 있다.

28개 재벌에 소속된 일반지주회사는 모두 39개이다. 2001~2004년에는 재벌 소속 지주회사의 수가 재벌 수와 같았다. 그러다가 2005년부터 2개 이상의 지주회사를 보유하는 재벌이 생기면서 재벌 소속 지주회사의 수가 재벌 수보다 1~6개 많아졌으며 매년 격차가 더 벌어졌다. 재벌 소속 일반지주회사가 전체 일반지주회사 중에서 차지하는 비중은 '증가 후 감소'의 추세를 보이고 있다. 2001년에는 1/4 이하(22%)이던 것이 2005년(45%)과 2007년(42%)에는 절반 가까이 되었는데, 이후 신설 지주회사의 수가 급속하게 늘어나면서 그 비중이 1/4 수준(23~28%)으로 낮아졌다.

(1.2) 지주회사체제를 채택한 28개 재벌: 28개 재벌 중 20개는 2011년 현재에도 지주회사체제를 채택하고 있으며, 20개 재벌 중 15개는 적극적인 체제를 그리고 5개는 소극적인 체제를 채택하였다. 2011년 이전에 지주회사체제를 채택한 적이 있는 8개 재벌 중에서는 6개가 적극적인 체제를 유지하였다.

2011년 현재 적극적인 지주회사체제를 유지하고 있는 15개 재벌 중 4개(SK, LG, GS, 한진)는 재벌 순위가 10위 이내이고, 5개(두산, LS, CJ, 부영, 현대백화점)는 11~30위 그리고 6개(한진중공업, 웅진, 코오롱, 하이트진로, 대성, 세아)는 31위 이하이다. 2011년 이전에 적극적인 체제를 유지한 적이 있는 6개 재벌 중에서는 1~10위가 1개(금호아시아나), 11~30위가 1개(STX), 그리고 31위 이하가 4개(동원, 농심, 태평양, 오리온)이다. 한편 2011년 현재 소극적인 체제를 채택하고 있는 5개 재벌 중에서는 순위가 1~10위인 재벌이 2개(삼성, 한화), 11~30위 1개(동부), 그리고 31위 이하 2개(대한전선, 태광)이다. 또 2011년 이전에 소극적인 체제를 채택했던 2개 재벌(롯데, 현대자동차)은 순위가 5위 이내였다.

28개 재벌 중 6개(SK, LG, 동원, 농심, 세아, 삼성)는 2000~2004년 사이에 지주회사체제를 도입하였다. 또, 15개(GS, 한화, 롯데, STX, 현대백화점, CJ, 한진중공업, 금호아시아나,

태평양, 오리온, 현대자동차, LS, 대한전선, 두산, 웅진)는 2005~2009년 사이에 그리고 나머지 7개(한진, 코오롱, 하이트진로, 부영, 대성, 동부, 태광)는 2010~2011년에 지주회사체제를 도입하였다.

(1.3) 재벌 소속 39개 일반지주회사: 39개 일반지주회사 중 31개는 2011년 현재 지주회사체제를 채택하고 있는 20개 재벌 소속이며, 나머지 8개는 2011년 이전에 체제를 채택한 적이 있는 8개 재벌 소속이었다.

39개 지주회사 중 30개는 적극적인 지주회사체제를 채택한 21개 재벌 소속이고 나머지 9개는 소극적인 지주회사체제를 채택한 7개 재벌 소속이다. 적극적인 체제를 채택한 21개 재벌 소속의 30개 지주회사 중에서는 25개가 2011년 현재 적극적인 체제를 채택하고 있는 15개 재벌 소속이며, 나머지 6개는 2011년 이전에 적극적인 체제를 채택한 적이 있는 6개 재벌 소속이었다. 소극적인 체제를 채택한 7개 재벌 소속의 9개 지주회사 중에서는 6개가 2011년 현재 소극적인 체제를 채택하고 있는 5개 재벌 소속이며, 나머지 3개는 2011년 이전에 소극적인 체제를 채택한 2개 재벌 소속이었다.

39개 지주회사 중 6개는 2001~2004년 사이에, 20개는 2005~2009년 사이에, 그리고 나머지 13개는 2010~2011년에 재벌에 소속되기 시작하였다.

39개 지주회사 중 19개는 7개 재벌(CJ, SK, 두산, 대성, 부영, 한화, 롯데) 소속이며, 나머지 20개 지주회사는 21개 재벌 소속이다. 1개 지주회사(온미디어)는 2개 재벌(오리온, CJ)에 관련되어 있었다. 즉 7개 재벌은 2개 이상의 지주회사를 가진 적이 있으며 나머지 21개 재벌은 각각 1개씩의 지주회사를 가졌다. CJ그룹이 가장 많은 4개의 지주회사를 보유한 적이 있으며, SK, 두산, 대성은 각각 3개씩, 그리고 부영, 한화, 롯데는 각각 2개씩의 지주회사를 보유하였다.

(2) 재벌과 지주회사체제, 2011년

(2.1) 지주회사체제를 채택한 20개 재벌: 2011년 현재 지주회사체제를 채택하고 있는 20개 재벌 중 15개는 적극적인 체제를 그리고 나머지 5개는 소극적인 체제를 채택하고 있다.

적극적인 체제를 채택한 15개 재벌 중 4개(SK, LG, GS, 한진)는 재벌 순위 10위 이내이며, 5개(두산, LS, CJ, 부영, 현대백화점)는 11~30위 그리고 6개(한진중공업, 웅진, 코오롱, 하이트진로, 대성, 세아)는 31위 이하이다. 소극적인 체제를 채택하고 있는 5개 재벌 중에서는 2개(삼성, 한화)가 10위 이내, 1개(동부)가 11~30위, 그리고 2개(대한전선, 태광)가 31위 이하이다.

적극적인 체제를 채택한 15개 재벌의 지주회사체제 달성 비율은 100%에서 31%에 이르는 다양한 분포를 보이고 있다. 한진중공업이 가장 완벽한 지주회사체제를 구축하고 있으며, 4개 재벌(하이트진로, LG, SK, 두산)에서는 그룹 계열회사의 4/5 이상이 그리고 6개 재벌(코오롱, CJ, 세아, 대성, 웅진, LS)에서는 2/3 내외가 체제에 편입되어 있다. 반면, 4개 재벌(현대백화점, GS, 한진, 부영)에서의 비율은 50% 미만으로 상대적으로 낮은 편이다. 한편 소극적인 체제를 채택한 5개 재벌(대한전선, 태광, 한화, 동부, 삼성)에서의 비율은 22~3% 수준이다.

적극적인 체제를 채택한 15개 재벌의 지주회사체제 편입 계열회사 수는 72~5개 사이이다. SK(72개)에서 월등하게 많고, LG와 CJ에서는 50개 이상이다. 또 6개 재벌(대성, GS, 코오롱, LS, 두산, 웅진)에서는 20~49개, 4개 재벌(세아, 한진, 하이트진로, 현대백화점)에서는 10~19개, 그리고 나머지 2개 재벌(한진중공업, 부영)에서는 10개 미만이다. 소극적인 체제를 채택한 5개 재벌의 경우에는 한화와 태광에서 체제 편입 회사의 수가 10개 이상이고, 대한전선, 삼성 그리고 동부에서는 5개 이하이다.

20개 재벌 중 SK와 대성은 3개씩 그리고 두산과 부영은 2개씩의 지주회사를 가지고 있으며, 나머지 14개 재벌에서는 지주회사가 1개씩이다.

(2.2) 재벌 소속 26개 일반지주회사: 2011년 현재의 20개 재벌에 소속된 일반지주회사는 26개이며, 이 중 21개는 적극적인 체제를 채택한 15개 재벌 소속이고 나머지 5개는 소극적인 체제를 채택한 5개 재벌 소속이다.

26개 일반지주회사의 자산총액은 14조 원에서 1,100억 원에 이르는 다양한 분포를 보이고 있다. 10조 원 이상을 보유한 회사가 2개, 5~7조 원 보유 회사 2개, 1~4조 원 보유 회사 11개, 5~9천억 원 보유 회사 3개, 1~4천억 원 보유 회사 8개 등이다. 2011년 9월 현재의 92개 전체 일반지주회사 중 1조 원 이상을 보유한 회사는 18개인데, 이 중 3개를 제외한 15개가 재벌 소속이며 10개는 1~10위를 차지하였다.

26개 지주회사가 거느리는 계열회사(자회사, 손자회사, 증손회사)의 수는 66개에서 1개에 이르기까지 다양하다. 50개 이상의 계열회사를 보유한 지주회사가 2개, 20~49개 보유 회사가 5개, 10~19개 보유 회사가 10개, 그리고 10개 미만 보유 회사가 9개이다.

26개 지주회사의 지주비율은 98.4%에서 58.3%까지의 분포를 보이고 있다. 90%대 비율인 회사가 8개, 80%대 회사 8개, 70%대 회사 4개, 60%대 회사 4개, 50%대 회사 2개 등이다.

26개 지주회사의 설립 또는 전환 연도는 2000~2004년이 5개, 2006~2009년이 14개, 그리고 2010~2011년이 7개이다. 이들 중 7개(세아홀딩스, (주)GS, 웅진홀딩스, 하이트홀딩스, 티브로드홀딩스, 부영, 대성홀딩스)는 설립 이후 1~3년이 지난 다음에 소속 재벌이 공정거래법상 지주회사체제로 공식 출범하였다.

(3) 지주회사체제를 채택한 재벌, 2001~2011년: (1) 연도별 현황

(3.1) 개관: 2001~2011년 사이 지주회사체제를 채택한 28개 재벌 중 21개는 적극적인 체제를 그리고 나머지 7개는 소극적인 체제를 채택하였다. 연도별로 보면 지주회사체제를 채택한 전체 재벌 수는 매년 2~20개이며, 이 중 적극적인 체제를 채택한 재벌은 1~15개, 소극적인 체제를 채택한 재벌은 1~5개이다.

28개 재벌 중 9개는 공정거래법상 재벌 중 10위 이내에 그리고 다른 9개 재벌은 11~30위에 속한 적이 있었다. 나머지 10개 재벌은 31위 이하였다. 연도별로는 10위 이내 재벌이 매년 2~6개, 11~30위 재벌이 1~6개, 그리고 31위 이하 재벌이 1~8개이다.

28개 재벌 중 10개는 지주회사체제 달성 비율이 70% 이상 그리고 6개 재벌은 50~69%인 적이 있었다. 나머지 12개 재벌의 비율은 50% 미만으로, 5개는 30~49% 그리고 7개는 30% 미만이었다. 연도별로는 비율이 70% 이상인 재벌이 매년 1~8개, 50~69%가 1~3개, 30~49%가 1~4개, 그리고 30% 미만이 1~5개이다.

28개 재벌 중 6개에서는 30개 이상의 계열회사가 지주회사체제에 편입된 적이 있었다. 또 4개 재벌에서는 20~29개 회사가 그리고 8개 재벌에서는 10~19개 회사가 체제와 관련되어 있었으며, 나머지 10개 재벌에서는 체제 편입 회사가 10개 미만이었다. 연도별로 보면 체제 편입 계열회사 수가 30개 이상인 재벌이 매년 1~6개, 20~29개 회사 편입 재벌이 1~4개, 10~19개 회사 편입 재벌이 2~6개, 그리고 10개 미만 회사 편입 재벌이 1~6개였다.

(3.2) 지주회사체제를 채택한 재벌의 순위: 28개 재벌 중 9개는 공정거래법상 재벌 중 10위 이내에 속한 적이 있었다. 5개(LG, SK, 삼성, 현대자동차, 롯데)는 1~5위에 그리고 4개(GS, 한진, 금호아시아나, 한화)는 6~10위에 속하였다. 다른 9개 재벌은 11~30위였으며, 이 중 3개(두산, LS, CJ)는 11~20위 그리고 6개(부영, 현대백화점, 한진중공업, STX, 동부, 대한전선)는 21위 이하였다. 나머지 10개 재벌(웅진, 세아, 코오롱, 하이트진로, 대성, 태광, 동원, 농심, 태평양, 오리온)의 순위는 31위 이하였다.

(3.3) 지주회사체제를 채택한 재벌의 지주회사체제 달성 비율: 28개 재벌 중 10개에서는

지주회사체제 달성 비율이 70% 이상인 적이 있었다. 이들 중 3개(한진중공업, CJ, LG)는 90% 이상의 비율을 보인 적이 있으며, 한진중공업에서는 유일하게 계열회사 전부가 체제에 편입되었다. 다른 7개 재벌에서는 비율이 70~89% 수준인 적이 있었다. 5개(하이트진로, 웅진, 두산, SK, 코오롱)에서는 80%대 그리고 2개(세아, 태평양)에서는 70%대와 관련이 있었다.

28개 재벌 중 6개는 50~69% 수준인 적이 있었다. 3개(대성, LS, STX)는 60~69%와 관련이 있었고 3개(동원, 농심, 금호아시아나)는 50~59%와 관련이 있었다. 또 28개 재벌 중 5개(현대백화점, GS, 오리온, 한진, 부영)는 30~49%의 비율을 가진 적이 있었다. 한편 28개 재벌 중 소극적인 지주회사체제를 채택한 7개 재벌(태광, 대한전선, 한화, 동부, 삼성, 롯데, 현대자동차)의 체제 달성 비율은 30% 미만(3~22%)이었다.

(3.4) 지주회사체제를 채택한 재벌의 지주회사체제 편입 계열회사: 28개 재벌 중 6개(SK, CJ, LG, 대성, 코오롱, GS)에서는 체제에 편입된 계열회사의 수가 30개 이상인 적이 있었다. 이들 중 70개 이상 그리고 60~69개의 회사를 편입한 재벌은 SK가 유일하며, CJ와 LG에서는 편입 회사가 50개를 넘은 적이 있었다. 28개 재벌 중 4개(두산, LS, 웅진, 금호아시아나)에서는 20~29개 회사가 그리고 8개(세아, 하이트진로, 한진, 현대백화점, 태광, 동원, 오리온, 한화)에서는 10~19개 회사가 체제와 관련되어 있었다. 나머지 10개 재벌(한진중공업, 부영, STX, 농심, 태평양, 대한전선, 삼성, 동부, 롯데, 현대자동차)에서의 체제 편입 회사는 10개 미만이었다.

(4) 지주회사체제를 채택한 재벌, 2001~2011년: (2) 재벌별 현황

(4.1) 적극적인 지주회사체제를 채택한 재벌: 2011년 현재 15개: SK그룹 - 지주회사체제 채택 연도 (2000년) / 지주회사체제 달성 비율 (2001~2006년 23~26%, 2007년 61%, 2008~2009년 73~77%, 2010~2011년 84%); LG그룹 - 2001년 / 2001년 33%, 2003년 76%, 2004~2005년 83~89%, 2006~2007년 94~97%, 2008~2011년 83~88%; GS그룹 - 2005년 / 2005년 26%, 2006~2009년 31~39%, 2010~2011년 41~42%; 한진그룹 - 2010년 / 2010~2011년 32~35%; 두산그룹 - 2009년 / 2009, 2011년 84~85%, 2010년 76%; LS그룹 - 2008년 / 2008~2009년 63%, 2010~2011년 57%; CJ그룹 - 2007년 / 2007년 22%, 2008년 86%, 2009년 93%, 2010년 107%, 2011년 77%; 부영그룹 - 2010년 / 2010년 20%, 2011년 31%; 현대백화점그룹 - 2006년 / 2006~2011년 43~48%; 한진중공업그룹 - 2007년 / 2007~2011년 100~125%; 웅진그룹 - 2009년 / 2009, 2011년 65~

66%, 2010년 88%; 코오롱그룹 — 2010년 / 2010년 81%, 2011년 79%; 하이트진로그룹 — 2010년 / 2010~2011년 87~88%; 대성그룹 — 2011년 / 2011년 67%; 세아그룹 — 2004년 / 2004~2005년 54~57%, 2006~2007, 2009~2011년 65~71%.

(4.2) **적극적인 지주회사체제를 채택한 재벌: 2011년 이전 6개:** 금호아시아나그룹 — 2007년 / 2007년 58%, 2008년 44%; STX그룹 —2005년 / 2005년 64%; 동원그룹 — 2003년 / 2003~2004년 59%; 농심그룹 — 2003년 / 2003~2006년 50~58%, 2007년 47%; 태평양그룹 — 2007년 / 2007년 71%; 오리온그룹 — 2007년 / 2007년 45%.

(4.3) **소극적인 지주회사체제를 채택한 7개 재벌:** 삼성그룹 — 2004년 / 2004~2011년 3%; 한화그룹 — 2005년 / 2005~2006년 6~7%, 2007~2011년 14~20%; 동부그룹 — 2011년 / 2011년 5%; 대한전선그룹 — 2008년 / 2008~2011년 16~22%; 태광그룹 — 2011년 / 2011년 22%; 현대자동차그룹 — 2007년 / 2007년 6%; 롯데그룹 — 2005년 / 2005~2006년 16~17%.

(5) 재벌 소속 일반지주회사, 2001~2011년

(5.1) **개관:** 28개 재벌 소속 39개 일반지주회사 중 30개는 적극적인 지주회사체제를 채택한 21개 재벌 소속이고 나머지 9개는 소극적인 지주회사체제를 채택한 7개 재벌 소속이다. 연도별로 보면 재벌 소속 전체 일반지주회사의 수는 매년 2~26개이며, 이 중 적극적인 체제를 채택한 재벌 소속 지주회사가 1~21개, 소극적인 체제를 채택한 재벌 소속 지주회사가 1~6개이다.

39개 지주회사 중 20개는 전체 공정거래법상 일반지주회사 중 10위 이내의 순위에 그리고 다른 11개 지주회사는 11~30위에 속한 적이 있었다. 나머지 8개 지주회사의 순위는 31위 이하였다. 연도별로는 10위 이내에 속한 지주회사가 매년 2~10개, 11~30위 지주회사가 1~9개, 그리고 31위 이하 지주회사가 1~7개 수준이다.

39개 지주회사 중 19개는 1조 원 이상의 자산총액을 보유한 적이 있었다. 또 15개 지주회사는 2~9천억 원의 자산 그리고 나머지 5개는 1천억 원대의 자산과 각각 관련이 있었다. 연도별로는 1조 원 이상 자산 보유 지주회사가 매년 1~15개, 2~9천억 원대 자산 보유 지주회사가 1~9개, 그리고 1천억 원대 자산 보유 지주회사가 1~2개이다.

39개 지주회사 중 5개는 30개 이상의 계열회사를 가진 적이 있었다. 다른 16개 지주회사는 10~29개의 계열회사를 그리고 나머지 18개 지주회사는 10개 미만의 계열회사와 관련되어 있었다. 연도별로는 30개 이상 계열회사 보유 지주회사가 매년 1~5개, 10~29개 계열회사 보유 지주회사가 1~12개, 그리고 10개 미만 계열회사 보유 지주회사가 2~9개 수준이다.

39개 지주회사 중 18개는 지주비율이 90% 이상이었던 적이 있었다. 다른 10개 지주회사에서의 비율은 70~89% 그리고 나머지 11개 지주회사에서의 비율은 50~69%와 관련이 있었다. 연도별로 보면 90% 이상 지주비율 보유 지주회사가 매년 1~10개, 70~89% 비율 보유 지주회사가 1~12개, 그리고 50~69% 비율 보유 지주회사가 1~8개 수준이다.

(5.2) 재벌 소속 일반지주회사의 순위: 39개 일반지주회사 중 20개는 전체 공정거래법상 일반지주회사 중 10위 이내에 그리고 다른 11개는 11~30위에 속한 적이 있었다.

1~5위 13개((주)LG, (주)GS, CJ(주), SK(주), SK이노베이션, 금호산업, 롯데물산, 태평양, SK E&S, 삼성종합화학, 세아홀딩스, 두산, 부영), 6~10위 7개((주)LS, 웅진홀딩스, 하이트홀딩스, 한진중공업홀딩스, (주)STX, CJ오쇼핑, 농심홀딩스), 11~20위 6개(현대HC&, 한진해운홀딩스, 롯데산업, 동원엔터프라이즈, 드림파마, 온미디어), 21~30위 5개(코오롱, 티브로드홀딩스, 대성합동지주, 한화도시개발, 오미디어홀딩스) 등이다.

나머지 8개 지주회사의 순위는 31위 이하였다 (동광주택산업, 대성홀딩스, 동부인베스트먼트, 디아이피홀딩스, 티씨앤코, 서울도시개발, 차산골프장지주회사, 두산모트롤홀딩스).

(5.3) 재벌 소속 일반지주회사의 자산총액: 39개 일반지주회사 중 19개는 1조 원 이상의 자산을 그리고 다른 15개는 2~9천억 원의 자산을 보유한 적이 있었다.

10조 원 이상 2개 지주회사(SK(주), SK이노베이션), 5~9조 원 2개((주)LG, (주)GS), 1~4조 원 15개(부영, CJ(주), 두산, (주)LS, 웅진홀딩스, 하이트홀딩스, 금호산업, 태평양, SK E&S, 한진중공업홀딩스, 롯데물산, CJ오쇼핑, 삼성종합화학, 세아홀딩스, 한진해운홀딩스), 5~9천억 원 4개(코오롱, 티브로드홀딩스, 대성합동지주, 드림파마), 2~4천억 원 11개(현대 HC&, 동광주택산업, 대성홀딩스, 동부인베스트먼트, 디아이피홀딩스, 오미디어홀딩스, 온미디어, (주)STX, 한화도시개발, 농심홀딩스, 롯데산업) 등이다.

나머지 5개 지주회사는 1천억 원대의 자산을 보유하였다 (티이씨앤코, 서울도시개발, 두산모트롤홀딩스, 동원엔터프라이즈, 차산골프장지주회사).

(5.4) 재벌 소속 일반지주회사의 계열회사: 39개 일반지주회사 중 5개는 30개 이상의 계열회사를 그리고 다른 16개 지주회사는 10~29개의 계열회사를 보유한 적이 있었다.

1개 지주회사(SK(주))는 60~69개 계열회사, 2개 지주회사(CJ(주), (주)LG)는 50~59개 계열회사, 2개 지주회사((주)GS, 코오롱)는 30~39개 계열회사, 4개 지주회사(두산, (주)LS, 웅진홀딩스, 금호산업)는 20~29개 계열회사, 그리고 12개 지주회사(서울도시개발, 대성합동지주, SK이노베이션, 세아홀딩스, 하이트홀딩스, 한진해운홀딩스, 티브로드홀딩스, 오디미어홀딩스, 한화도시개발, 현대HC&, SK E&S, CJ오쇼핑)는 10~19개 계열회사와 관련이 있었다.

나머지 18개 지주회사는 10개 미만의 계열회사를 보유하였다 (대성홀딩스, 동원엔터프라이즈, 온미디어, (주)STX, 드림파마, 한진중공업홀딩스, 농심홀딩스, 티이씨앤코, 디아이피홀딩스, 부영, 롯데물산, 태평양, 삼성종합화학, 동광주택산업, 동부인베스트먼트, 롯데산업, 차산골프장지주회사, 두산모트롤홀딩스).

(5.5) 재벌 소속 일반지주회사의 지주비율: 39개 일반지주회사 중 18개는 90% 이상의 지주비율을 가진 적이 있었다 ((주)LG, 동광산업주택, 부영, 하이트홀딩스, 서울도시개발, 동원엔터프라이즈, 두산모트롤홀딩스, 오미디어홀딩스, 한화도시개발, SK(주), 농심홀딩스, SK E&S, (주)GS, 웅진홀딩스, 삼성종합화학, (주)LS, 현대HC&, 세아홀딩스).

또 10개 지주회사의 비율은 70~89% 그리고 11개 지주회사의 비율은 50~69%와 관련이 있었다. 이들 중 6개(동부인베스트먼트, 대성합동지주, 롯데산업, 한진중공업홀딩스, 한진해운홀딩스, CJ(주))에서는 80~89%, 4개(티브로드홀딩스, 차산골프장지주회사, 코오롱, CJ오쇼핑)에서는 70~79%, 10개(디아이피홀딩스, SK이노베이션, 대성홀딩스, 태평양, 온미디어, 드림파마, 롯데물산, 티이씨앤코, 금호산업, 두산)에서는 60~69%, 그리고 1개((주)STX)에서는 50~59% 수준이었다.

제3장

CJ그룹의 지주회사체제

1. 머리말

　제3장에서는 CJ그룹이 2007년 지주회사체제를 도입한 이후 그룹의 소유구조와 경영구조에 어떤 변화가 일어났는지 그리고 이 과정에서 소유권과 경영권이 어느 정도로 어떤 방식으로 동반 강화되면서 최대주주인 이재현에게 집중되어 오고 있는지를 고찰한다. 이를 위해 1997년 이후 2012년 초까지 15년여의 기간을 대상으로 소유·경영구조의 주요 추세 및 특징을 분석한다.

　CJ그룹(이전 제일제당그룹; 2012년 4월 현재 재벌 순위 14위)은 1996년 결성되었으며 이듬해인 1997년 삼성그룹으로부터 분리되어 독자적인 그룹으로 공식 출범하였다. 1999년 공정거래법에 따라 30대 대규모기업집단으로 처음 지정되었고 2년 뒤인 2001년 20대 집단의 반열에 올라 오늘에 이르고 있다.

　출범 10년이 지난 2007년 CJ그룹은 새로운 지배구조인 지주회사체제를 공식 도입하였으며 이후 2011년 말까지 5년여의 짧은 기간 동안 수차례의 변화를 거치면서 독자적인 지주회사제제를 구축해 오고 있다. 세 차례의 분할, 한 차례의 합병, 한 차례의 인수 등을 통해 모두 5개의 지주회사가 생겨났으며, 이들을 중심으로 지주회사체제가 다단계의 피라미드식 구조를 가지면서 변화에 변화를 거듭해 오고 있다. 지주회사체제가 5년여의 짧은 기간 동안 다양한 변화를 겪으면서 새로운 형태로 재편에 재편을 거듭해 오고 있는 것은 다른 재벌들에서는 찾아볼 수 없는 독특한 경험이며, 그런 만큼 CJ그룹의 지주회사체제는 '한국재벌과 지주회사체제'라는 큰 틀 속에서 진행되고 있는 귀중한 실험이라고 할 수 있다.

　지주회사체제로 전환된 이후 CJ그룹 지배구조에 나타난 가장 큰 특징은 '이재현 1인 지배체제의 강화'이다. 삼성그룹 창업주 이병철의 장손인 이재현은 1993년 CJ(주)(이전 제일제당)가 삼성그룹으로부터 경영 분리된 이후 경영에 관여해 왔으며, 1997년 CJ그룹의 분리독립 이후에는 수력회사인 CJ(주)의 최대주주 및 최고경영자로서 그룹을 이끌어 왔다. 2007

년 지주회사체제가 도입되면서 이재현의 소유권은 보다 강화되었으며 이와 함께 경영권 또한 동반 강화되면서 이재현에게로 집중되었다.

제2절(CJ그룹의 성장 과정)에서는 CJ그룹의 성장 과정을 개관한다. 1953년 CJ(주)(이전 제일제당)의 설립, 1997년 CJ그룹(이전 제일제당그룹)의 출범, 1999년 공정거래법상 대규모 기업집단으로 지정된 이후 2012년까지의 재벌 순위, 계열회사 및 자산총액 등을 살펴본다.

제3절(CJ그룹 지주회사체제의 성립 과정)에서는 2007년 이후 CJ그룹이 어떻게 독자적인 지주회사체제를 구축해 왔는지를 단계별로 자세하게 정리한다. 2011년까지 모두 6개 단계를 거치면서 순차적으로 진행되었다: ① CJ오쇼핑의 공정거래법상 지주회사로의 전환 (2007년 1월) → ② CJ(주)의 인적 분할 및 공정거래법상 지주회사로의 전환 (2007년 9월) → ③ CJ오쇼핑의 공정거래법상 지주회사 온미디어 인수 (2010년 6월) → ④ CJ오쇼핑의 2개 공정거래법상 지주회사(CJ오쇼핑, CJ E&M)로의 인적 분할 (2010년 9월) → ⑤ CJ E&M 의 지주회사 온미디어 및 4개 그룹 계열회사 합병 (2011년 3월) → ⑥ CJ E&M의 2개 지주회사(CJ E&M, CJ게임즈)로의 물적 분할 (2011년 11월). 그 결과 5개의 지주회사(CJ오쇼핑, CJ(주), 온미디어, CJ E&M, CJ게임즈)가 생겼으며, 그룹 계열회사의 3/4 이상이 지주회사체제에 편입되었다.

제4절과 제5절에서는 지주회사체제 도입 이전과 이후에 CJ그룹의 소유구조와 경영구조에 각각 어떤 변화가 일어났으며 이 과정에서 이재현 1인 체제가 어떻게 강화되었는지를 심층 분석한다.

제4절(소유구조의 변화)은 세 가지 내용을 담고 있다. 첫째, 2011년 현재 CJ그룹의 지주회사체제가 어떤 모습을 띠고 지분구조는 어떤지를 살펴본다. 66개 그룹 계열회사 중 60개 (91%)가 지주회사체제에 편입되었으며, 이들이 최대주주 이재현을 정점으로 하는 7단계 하향 피라미드 구조로 조직되어 있다. 즉 '이재현 → 지주회사 CJ(주) → 자회사 12개 → 손자회사 37개 → 증손회사 5개 → 고손회사 4개 → 고고손회사 1개'의 구조이다. 둘째, 1999년 이후 CJ(주)와 주요 계열회사들이 다른 계열회사들에 어느 정도로 지분을 보유해 오고 있는지를 추적한다. 2011년 현재 지주회사체제에 편입된 60개 계열회사 중 자신의 계열회사를 거느리고 있는 회사는 모두 16개(CJ(주), 자회사 8개, 손자회사 4개, 증손회사 2개, 고손회사 1개)이다. 이들은 2007년 지주회사체제 도입 이전 또는 이후부터 그룹의 다른 계열회사에 지분을 보유해 오고 있으며, 특히 CJ(주)의 지분 보유 회사는 가장 많은 20개 내외이다. 셋째, 1997년 이후 CJ(주)의 최대주주인 이재현과 특수관계인 지분은 어떻게 변해 오고 있는

지를 분석한다. 이재현의 1인 소유지배가 지속되는 가운데 지분이 2007년 이전 20% 내외에서 2007년 이후에는 40% 이상으로 대폭 증가하였다.

제5절(경영구조의 변화) 또한 세 가지 내용으로 구성되어 있다. 첫째, 1998년 이후 CJ(주)의 최고경영진에 어떤 변화가 일어났으며 이 과정에서 이재현의 경영권이 어떻게 강화되어 갔는지를 고찰한다. 2007년 이전에는 최고경영자의 지위를 가지면서도 외숙부인 손경식과 함께 공동경영체제를 유지하였으며, 2007년 이후 비로소 단독경영을 하면서 경영권을 완전 장악하였다. 둘째, 2000년 이후 이재현을 비롯한 CJ(주)의 핵심 임원들이 다른 계열회사들에서 어떤 겸직을 가졌는지를 분석한다. 특히 이재현은 2007년 이후 보다 많은 겸직을 보유하면서 1인 경영지배체제를 강화하였다. 셋째, 2007년 이후 순수지주회사 CJ(주)의 업무조직은 어떤 모습으로 변해 왔는지를 살펴본다. 100명 내외의 임직원들이 담당, 총괄, 팀 등으로 조직되어 지주기능을 수행하였다.

마지막 제6절(맺음말)에서는 앞의 논의를 요약, 정리한다.

2. CJ그룹의 성장 과정

CJ그룹(이전 제일제당그룹)은 1997년 4월 CJ(주)(이전 제일제당)가 삼성그룹에서 계열 분리되면서 공식 출범하였다. 2012년 4월 현재 대규모사기업집단 중 14위이며, 계열회사는 84개, 자산총액은 22.9조 원이다 (<표 3.1>, <그림 3.1>).

CJ(주)는 6.25진쟁이 막 끝난 1953년 8월 부산에서 제일제당공업(주)로 출발하였다. 이병철(1910~1987년)이 삼성상회(1938년 설립, 1952년 이후 삼성물산)에 이어 세운 두 번째 회사였으며 제조회사로는 첫 번째였다. 1953년 11월 제당공장을 준공하였고 1958년에는 제분공장도 가동하기 시작하였다. 1968년 서울로 본사를 이전한 이후 1973년에 기업을 공개하였고 1979년에는 상호를 제일제당(주)으로 변경하였다.

제일제당은 1993년 6월 삼성그룹에서 경영 분리되었다. 이병철은 슬하에 3남5녀를 두었는데, 1987년 세상을 떠난 직후 3남 이건희가 그룹회장으로 추대되면서 제일제당은 장남 이맹희 일가 몫으로 주어진 상태였다. 1991년에는 전주제지(이후 한솔제지, 한솔그룹 주력회사)가 장녀 이인희 일가에게로 이미 넘어갔으며, 1995년에는 제일합섬(이후 (주)새한, 새한그룹 주력회사)이 차남 이창희 일가의 소유가 되었다. 또 1997년 4월에는 신세계백화점

<표 3.1> CJ그룹의 성장, 1999~2012년:
순위 (A, 위), 계열회사 (B, 개), 자산총액 (C, 10억 원),
1개 계열회사 평균자산 (D, 10억 원)

연도	A	B	C	D	연도	A	B	C	D
1999	28	15	2,728	182	2006	18	56	6,797	121
2000	23	18	3,538	197	2007	19	64	8,423	132
2001	19	30	4,763	159	2008	17	66	10,257	155
2002	18	28	4,316	154	2009	19	61	12,324	202
2003	18	33	4,538	138	2010	18	54	13,023	241
2004	18	41	4,935	120	2011	16	65	16,323	251
2005	18	48	5,905	123	2012	14	84	22,922	273

주: 4월 현재; 2002~2012년 순위는 공기업집단 제외.
출처: 공정거위원회 홈페이지 자료.

<그림 3.1> CJ그룹의 성장 1999~2012년: 자산총액 (조 원), 계열회사 (개)

(출처: <표 3.1>)

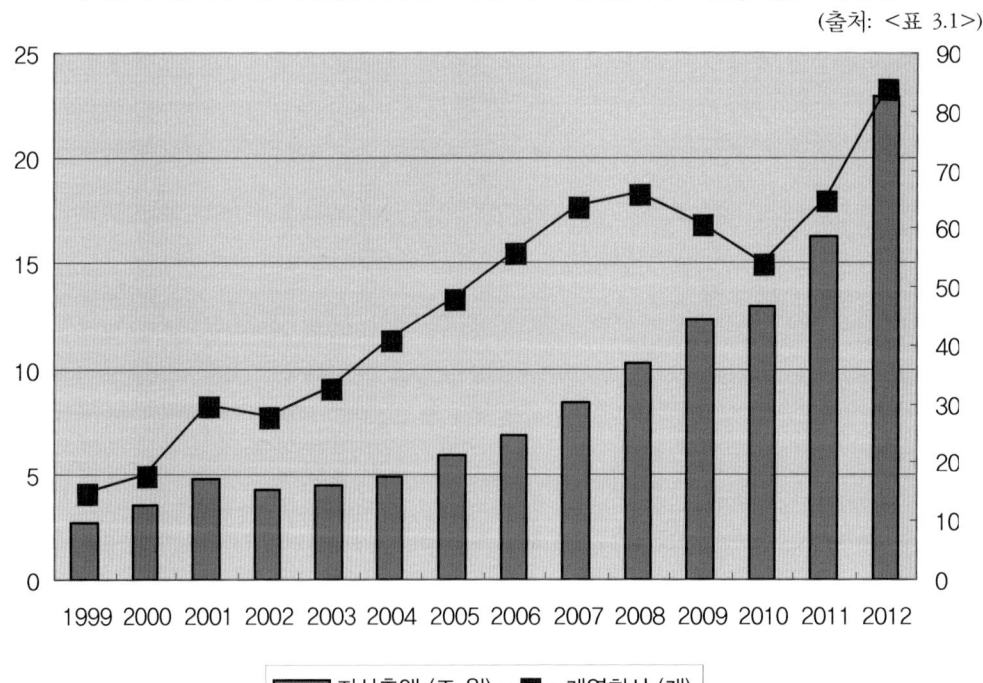

(이후 (주)신세계, 신세계그룹 주력회사)이 5년 이명희 일가에 의해 독립 경영되기 시작하였다.

제일제당은 1996년 5월 '제일제당그룹'이라는 명칭을 사용하기 시작하였으며, 1년이 지난 1997년 4월 제일제당의 지분 정리가 마무리되면서 제일제당을 비롯한 10개 회사가 삼성그룹에서 완전 분리되어 독자적인 제일제당그룹으로 공식 출범하였다.

1993년 경영 분리와 함께 이맹희의 장남 이재현은 제일제당의 경영에 관여하기 시작하였으며, 1997년 완전 분리 이후에는 최대주주 및 최고경영자로서 제일제당그룹을 이끌어갔다. 2002년 10월 제일제당의 상호가 CJ(주)로 변경되면서 그룹명 또한 CJ그룹으로 바뀌었다.

CJ그룹은 그룹 출범 2년 만인 1999년(28위, 15개 계열회사) 30대 대규모사기업집단의 반열에 올랐으며, 다시 2년 뒤인 2001년(19위, 30개)까지는 계열회사 수를 2배로 늘리면서 20대 집단으로 성장하였다. 이후 순위는 2011년까지 16～19위를 유지하다가 2012년(14위) 15위 이내로 높아졌으며, 계열회사 수는 2001년 30개에서 2008년까지 66개로 늘어났으며 이후 다소 줄어들었다가 2012년에는 84개로 급증하여 다시 최고치를 경신하였다. 지주회사체제가 도입된 2007년과 5년이 지난 2012년을 비교해보면, 계열회사 수는 64개에서 84개로 1.3배 증가하였고 자산총액은 더 큰 정도로 늘어나 8.4조 원에서 22.9조 원으로 2.7배가 되었다.

3. CJ그룹 지주회사체제의 성립 과정

3.1 지주회사체제 성립 6단계 과정, 2007～2011년: 개관

CJ그룹은 2007년 1월 공정거래법상 지주회사체제를 부분적으로 도입하였으며 2007년 9월 주력회사인 CJ(주)가 공정거래법상 지주회사로 전환되면서 그룹 전체가 본격적으로 지주회사체제를 갖추게 되었다. 2007년 1월 이후 2011년 11월까지 5년 남짓의 기간 동안 6차례의 변화가 6단계에 걸쳐 일어났다. 분할 및 회사 설립 3회(이 중 2회는 공정거래법상 지주회사로의 전환 수반), 합병 1회, 인수 1회, 공정거래법상 지주회사로의 전환 1회 등이다. 이들이 6단계, 즉 '① 공정거래법상 지주회사로의 전환 → ② 인적 분할 및 공정거래법상 지주회사로의 전환 → ③ 인수 → ④ 인적 분할 및 공정거래법상 지주회사로의 전환 → ⑤ 합병 → ⑥ 물적 분할'의 순서로 역동적으로 진행되었다 (<표 3.2>).

〈표 3.2〉 CJ그룹 지주회사체제 성립 6단계 과정, 2007~2011년

단계	시기	내용
(1)	2007년 1월	* CJ오쇼핑(CJ(주)의 자회사)의 공정거래법상 지주회사(사업지주회사)로의 전환
(2)	2007년 9월	* CJ(주)의 인적 분할 및 공정거래법상 지주회사로의 전환 CJ(주) → CJ(주) (존속, 순수지주회사) + CJ제일제당 (신설, 자회사)
(3)	2010년 6월	* CJ오쇼핑의 지주회사 온미디어(공정거래법상 지주회사, 사업지주회사) 인수

(4)	2010년 9월	* CJ오쇼핑의 2개 지주회사로의 인적 분할
		
		CJ오쇼핑 → CJ오쇼핑 (존속, 공정거래법상 지주회사,
		    사업지주회사)
		    + 오미디어홀딩스 (신설, 공정거래법상 지주회사,
		    순수지주회사, CJ(주)의 자회사;
		    2010년 12월 30일 이후 CJ E&M)

(5)	2011년 3월	* CJ E&M의 합병 및 사업지주회사로의 전환, 지주회사 온미디어 해산 CJ E&M (존속, 공정거래법상 지주회사, 사업지주회사) ↑ 온미디어 (해산) + CJ인터넷 (해산) + 엠넷미디어 (해산) + CJ미디어 (해산) + CJ엔터테인먼트 (해산)
	2011년 3월	* CJ E&M이 공정거래법상 지주회사에서 제외됨
	2011년 6월	* CJ오쇼핑이 공정거래법상 지주회사에서 제외됨
(6)	2011년 11월	* CJ E&M의 2개 지주회사로의 물적 분할 CJ E&M → CJ E&M (존속, 사업지주회사) + CJ게임즈 (신설, 순수지주회사, 자회사)

출처: 본문

그 결과 5개의 지주회사(CJ오쇼핑, CJ(주), 온미디어, CJ E&M, CJ게임즈)가 생겼는데, 2개(CJ오쇼핑, CJ(주))는 존속회사, 2개(CJ E&M, CJ게임즈)는 신설회사, 그리고 1개(온미디어)는 인수된 회사였다. 또 CJ오쇼핑과 CJ E&M은 CJ(주)의 자회사, 온미디어는 처음에는 CJ오쇼핑 그리고 나중에는 CJ E&M의 자회사, CJ게임즈는 CJ E&M의 자회사였다. 즉 'CJ(주) → CJ오쇼핑 + [CJ E&M → 온미디어 + CJ게임즈]'의 구조였다. 5개 지주회사 중 CJ게임즈를 제외한 4개는 공정거래법상 지주회사로 지정되었으며, 이후 1개(온미디어)는 소멸되고 2개(CJ오쇼핑, CJ E&M)는 법률상 지주회사에서 제외되었다. 한편, 지주회사체제가 구축되는 과정에서 1개의 신설회사(CJ제일제당)가 CJ(주)의 자회사로 편입되었고, CJ(주)의 기존 4개 자회사(CJ인터넷, 엠넷인터넷, CJ미디어, CJ엔터테인먼트)는 CJ E&M에 합병되었다.

(1) 제1단계 [2007년 1월, CJ오쇼핑의 공정거래법상 지주회사로의 전환]: 2007년 1월 CJ(주)의 자회사인 CJ오쇼핑이 공정거래법상 지주회사로 지정되었다. 삼구그룹 소속이던 CJ오쇼핑은 2000년 CJ그룹에 인수된 이후 홈쇼핑이라는 독자적인 사업을 하는 한편으로 5개 내외의 자회사를 거느리면서 실질적인 지주회사의 역할을 해 오고 있었으며, 2007년 1월 자산총액 1,000억 원 이상 그리고 지주비율[보유 자회사 주식가액의 합계 ÷ 지주회사 자산총액] × 100) 50% 이상이라는 두 법률 요건을 충족하면서(8,562억 원, 71%, 자회사 5개) 공정거래법상 사업지주회사가 되었다.

(2) 제2단계 [2007년 9월, CJ(주)의 인적 분할 및 공정거래법상 지주회사로의 전환]: 2007년 9월 그룹의 실질적인 지주회사 역할을 해 오던 CJ(주)가 순수지주회사로 전환된 뒤 공정거래법상 지주회사로 지정되었다. 이를 위해 이전의 CJ(주)가 CJ(주)와 CJ제일제당의 2개 회사로 인적 분할되었으며, CJ(주)는 이전의 CJ(주)가 지주회사로 성격이 바뀌면서 존속하는 것으로 하였고 CJ제일제당은 신설된 뒤 CJ(주)의 자회사로 편입되었다. 2007년 12월 현재 지주회사 CJ(주)의 자산총액은 2조 1,594억 원 그리고 지주비율은 84.5%(자회사 15개)로 법적 기준(1,000억 원 이상, 50% 이상)을 훨씬 초과하였다. 그 결과 CJ그룹은 2개의 지주회사를 중심으로 'CJ(주) → CJ오쇼핑'으로 이어지는 2중 구조의 지주회사체제를 본격적으로 구축하게 되었다.

(3) 제3단계 [2010년 6월, CJ오쇼핑의 공정거래법상 지주회사 온미디어 인수]: 2010년 6월 CJ오쇼핑이 온미디어를 오리온그룹으로부터 인수하였다. 온미디어는 2000년 설립 이후 공정거래법상 지주회사로 존속해 왔으며 CJ그룹에 인수될 당시에는 9개 자회사를 거느리고 있었다. 2009년 12월 현재 온미디어의 자산총액은 4,493억 원, 지주비율은 67%(자회사 9개)였다. 이제 CJ그룹은 3개의 공정거래법상 지주회사를 보유하게 되었는데, 온미디어는 CJ

오쇼핑의 자회사 그리고 CJ오쇼핑은 CJ(주)의 자회사였다. 즉 지주회사체제가 제2단계에서의 2중 구조에서 'CJ(주) → CJ오쇼핑 → 온미디어'로 이어지는 3중 구조로 진화하였다.

(4) 제4단계 [2010년 9월, CJ오쇼핑의 2개 공정거래법상 지주회사 CJ오쇼핑과 CJ E&M으로의 인적 분할]: 2010년 9월 CJ오쇼핑이 CJ오쇼핑과 오미디어홀딩스(이후 CJ E&M)의 2개 지주회사로 인적 분할된 뒤 오미디어홀딩스가 공정거래법상 지주회사로 지정되었다. CJ오쇼핑은 이전의 사업지주회사 성격을 유지하면서 존속하는 것으로 하였고, 오미디어홀딩스는 신설되어 순수지주회사의 성격을 가지면서 CJ(주)의 자회사로 편입되었다. 2010년 9월 현재 오미디어홀딩스의 자산총액은 4,749억 원 그리고 지주비율은 92.1%(자회사 1개)였다. 한편 분할과 함께 온미디어는 CJ오쇼핑의 자회사에서 오미디어홀딩스의 자회사로 변경되었다. 이제 CJ그룹은 4개의 지주회사를 가지게 되었는데, 온미디어는 오미디어홀딩스의 자회사 그리고 CJ오쇼핑과 오미디어홀딩스는 CJ(주)의 자회사였다. 즉 지주회사체제의 구조가 제3단계에서의 단선적인 3중 구조에서 'CJ(주) → CJ오쇼핑 + [오미디어홀딩스 → 온미디어]' 형태의 복합적인 3중 구조로 재편되었다.

(5) 제5단계 [2011년 3월, CJ E&M의 온미디어 및 4개 그룹 계열회사 합병]: 2011년 3월 CJ E&M이 자회사인 온미디어와 CJ(주)의 4개 자회사(CJ인터넷, 엠넷미디어, CJ미디어, CJ엔터테인먼트)를 합병하였으며, CJ E&M은 순수지주회사에서 사업지주회사로 성격이 바뀌었다. 온미디어의 소멸로 지주회사가 3개로 줄어들면서 CJ그룹의 지주회사체제는 제4단계에서의 복합적 3중 구조에서 'CJ(주) → CJ오쇼핑 + CJ E&M'이라는 2중 구조로 다시 변하였는데, 제2단계에서의 단선적인 2중 구조(CJ(주) → CJ오쇼핑)와는 다른 복합적인 2중 구조를 가지게 되었다. 한편, 합병으로 인해 CJ E&M의 지주비율이 50% 미만으로 감소하게 되어 공정거래법상 지주회사에서 제외되었으며, 2011년 6월에는 CJ오쇼핑 또한 지주비율 요건을 충족시키지 못해 법률상의 지주회사에서 제외되었다.

(6) 제6단계 [2011년 11월, CJ E&M의 2개 지주회사 CJ E&M과 CJ게임즈로의 물적 분할]: 2011년 11월 CJ E&M이 CJ E&M과 CJ게임즈의 2개 지주회사로 물적 분할되었다. CJ E&M은 이전의 사업지주회사 성격을 유지하면서 존속하는 것으로 하였으며, CJ게임즈는 신설되어 순수지주회사의 성격을 가지면서 CJ E&M의 자회사로 편입되었다. 그 결과 CJ그룹은 4개의 지주회사가 'CJ(주) → CJ오쇼핑 + [CJ E&M → CJ게임즈]'의 형태를 띠면서 외형적으로는 제4단계에서의 복합적인 3중 구조를 다시 가지게 되었는데, 4개 지주회사 중 공정거래법상 지주회사는 CJ(주) 1개뿐이어서 공정거래법상 지주회사만을 고려하게 되면

CJ그룹 지주회사체제의 구조는 2중 또는 3중 구조가 없는 제1단계로 되돌아간 것으로 볼수 있다. CJ오쇼핑과 CJ E&M은 법률상의 지주회사에서 제외된 상태였으며, CJ게임즈는 공정거래법상 지주회사로 지정되지 않았다.

3.2 지주회사체제 달성 비율, 2007~2011년

다양한 변화들이 단계적으로 진행되면서 그룹 계열회사들의 대부분이 지주회사체제에 편입되었다. 공정거래위원회의 자료(그룹은 4월 현재; 지주회사는 2007년 8월, 2008~2011년 9월 발표)를 중심으로 지주회사체제 달성 비율, 즉 그룹 계열회사 중 지주회사체제에 편입된 회사의 비중을 살펴보면 다음과 같다. 첫해인 2007년에는 22%로 낮았지만 2008년부터는 77~107%로 높은 수준이 유지되었다 (<표 3.3>, <그림 3.2>).

(1) 2007년 (22%): 2007년 1월 CJ(주)의 자회사인 CJ오쇼핑이 공정거래법상 지주회사로 지정되면서 그룹이 지주회사체제로 전환되기 시작하였다. 첫해인 2007년에는 소극적인 지주회사체제였으며, 그룹 계열회사 64개 중 1/5 수준(22%)인 14개(지주회사 CJ오쇼핑 + 자회사 5개 + 손자회사 8개)가 체제에 편입되었다.

(2) 2008년 (86%): 2007년 9월 주력회사인 CJ(주)가 공정거래법상 지주회사로 전환되면서 2개 지주회사(CJ(주), CJ오쇼핑)를 중심으로 적극적인 지주회사체제가 구축되었다. 이에 따라 2008년에는 지주회사체제 달성 비율이 86%(66개 그룹 계열회사 중 57개가 체제에 편입)로 껑충 뛰었다. CJ(주)가 43개 계열회사(자회사 15개 + 손자회사 27개 + 증손회사 1개)를 그리고 CJ(주)의 자회사인 CJ오쇼핑이 13개 계열회사(5개 + 7개 + 1개)를 각각 거느렸다.

(3) 2009년 (93%): 2009년에는 체제 달성 비율이 93%(61개 그룹 계열회사 중 57개가 체제에 편입)로 더욱 높아졌다. 지주회사는 여전히 2개이고 이들의 계열회사 또한 2008년과 같은 57개였는데 그룹 전체의 계열회사가 줄어들면서 체제 달성 비율이 높아진 것이다. 다만 CJ(주) 산하 43개 계열회사의 구성(자회사 14개 + 손자회사 28개 + 증손회사 1개)이 약간 달라졌다.

(4) 2010년 (107%): 2010년에는 4개의 법률상 지주회사(CJ(주), CJ오쇼핑, 오미디어홀딩스(=CJ E&M), 온미디어)가 존속하였다. 지주회사체제 달성 비율은 107%로 계산되는데, 이는 2010년 4월 현재의 그룹 계열회사(54개)에 대한 2010년 9월 발표된 지주회사체제 편입회사(58개)의 비중이다. 2011년 4월 현재의 그룹 계열회사(65개)를 기준으로 계산하면 89%

이며 여전히 높은 비율이다. CJ(주)의 계열회사가 41개(자회사 16개 + 손자회사 24개 + 증손회사 1개), CJ(주)의 자회사인 CJ오쇼핑의 계열회사가 5개(자회사 3개 + 손자회사 2개), CJ(주)의 자회사인 오미디어홀딩스의 계열회사가 1개(자회사), 그리고 오미디어홀딩스의 자회사인 온미디어의 계열회사가 9개(자회사)였다. 공정거래위원회 자료에는 CJ(주)와 오미디어홀딩스가 서로 관련이 없는 것으로 되어 있다.

(5) 2011년 (77%): 2011년에는 공정거래법상 지주회사가 CJ(주) 1개로 줄어들었고, 체제 달성 비율 또한 큰 폭으로 감소하여 2008년 이후 가장 낮은 수준인 77%(그룹 계열회사 65개 중 50개가 체제에 편입)가 되었다. CJ(주)의 계열회사는 49개(자회사 18개 + 손자회사 28개 + 증손회사 3개)였다.

〈표 3.3〉 CJ그룹의 지주회사체제:
그룹 계열회사 중 지주회사체제 편입 회사 비중, 2007~2011년 (개, %)

연도	그룹		지주회사체제				지주회사체제 달성 비율 (B/A, %)
	순위	계열회사 (A, 개)	지주회사 (a)	순위	계열회사 (자+손자+증손) (b, 개)	합 (a+b=B, 개)	
2007	19	64	CJ오쇼핑	7	13 (5+8+0)	14	22
2008	17	66	CJ(주)	5	43 (15+27+1)	44	
			CJ오쇼핑	12	13 (5+7+1)	14 [57]	86
2009	19	61	CJ(주)	5	43 (14+28+1)	44	
			CJ오쇼핑	12	13 (5+7+1)	14 [57]	93
2010	18	54	CJ(주)	5	41 (16+24+1)	42	
			CJ오쇼핑	13	5 (3+2+0)	6	
			오미디어홀딩스	27	1 (1+0+0)	2	
			온미디어	28	9 (9+0+0)	10 [58]	107
2011	16	65	CJ(주)	5	49 (18+28+3)	50	77

주: 1) 그룹 계열회사는 4월 현재; 지주회사 명단은 2007년 8월, 2008~2011년 9월 현재, 계열회사는 2007년은 1월, 2008~2011년은 전년도 12월 현재.
2) CJ오쇼핑은 CJ(주)의 자회사; CJ오쇼핑 2007~2008년 = CJ홈쇼핑.
3) 온미디어는 오미디어홀딩스의 자회사.
4) 오미디어홀딩스(2010년 9월 설립)는 CJ(주)의 자회사인데 출처에는 포함되어 있지 않음.
출처: 〈부록 5〉, 공정거래위원회 홈페이지 자료.

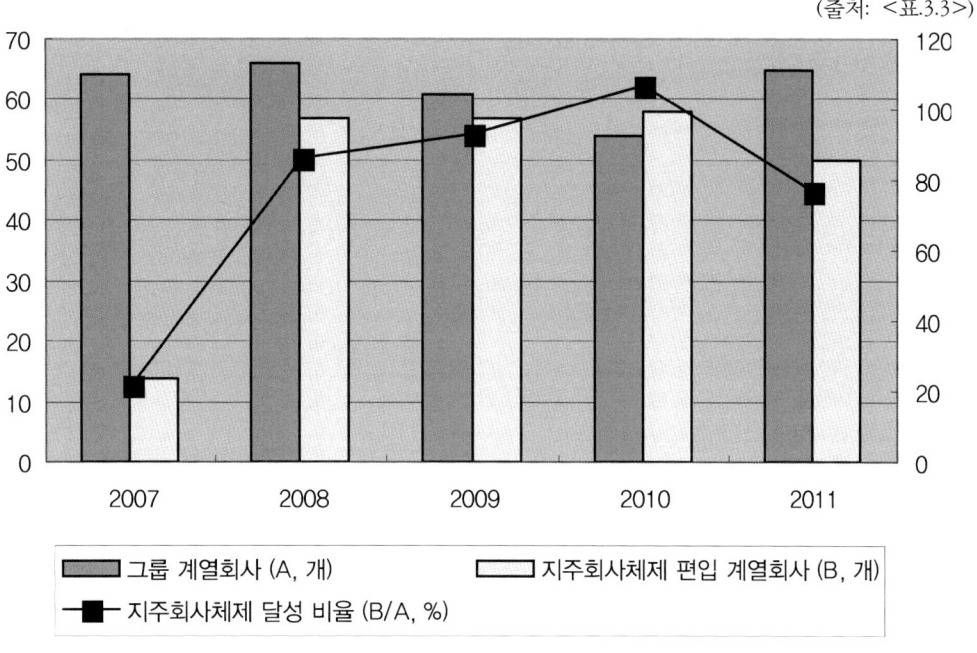

〈그림 3.2〉 CJ그룹의 지주회사체제 2007~2011년 (개, %)

(출처: 〈표.3.3〉)

그룹 계열회사 (A, 개)　　지주회사체제 편입 계열회사 (B, 개)
지주회사체제 달성 비율 (B/A, %)

3.3 지주회사체제 성립 1단계: CJ오쇼핑의 공정거래법상 지주회사로의 전환, 2007년 1월

CJ그룹이 지주회사체제로 처음 전환된 것은 2007년 1월 그룹 주력회사 CJ(주)의 자회사인 CJ오쇼핑이 공정거래법상 지주회사로 지정되면서였다.

CJ오쇼핑은 2000년 3월 제일제당그룹(2002년 10월 이후 CJ그룹)에 인수되기 전에는 삼구그룹의 계열회사였다. 1994년 12월 '홈쇼핑텔레비전'으로 설립되었으며 1999년 7월 삼구쇼핑으로 회사명이 변경되었다. 2000년 3월 제일제당그룹에 인수된 이후, 5월 최대주주가 (주)삼구에서 제일제당(2002년 10월 이후 CJ(주))으로 바뀌었고 6월에는 회사명이 CJ삼구쇼핑으로 변경되었다. 회사명은 2002년 10월 CJ홈쇼핑으로 그리고 2009년 3월 CJ오쇼핑으로 두 차례 더 변경되었다.

CJ오쇼핑은 2000년 제일제당그룹에 인수될 당시 4개 자회사(제일방송, 양천케이블티브이, 아이삼구, 룩티비)를 거느리고 있었으며, 이후 2006년까지 2~6개 자회사를 보유하면서 홈쇼핑이라는 방송프로그램제작업·도소매업을 병행하는 실질적인 사업지주회사의 역할을 해 오고 있었다.

이의 연장선상에서 2007년 1월 1일 CJ오쇼핑은 공정거래법상 지주회사로 지정되었다. 법률상 지주회사의 두 요건인 자산총액 '1,000억 원 이상'과 지주비율 '50% 이상'이 충족되었기 때문이었다. 2007년 1월 현재 CJ오쇼핑의 자산총액은 8,562억 원, 지주비율은 71%였으며, 자회사는 5개(CJ케이블넷, 드림씨티방송, 브로드밴드솔루션즈, 엠플온라인, CJ텔레닉스) 그리고 손자회사는 8개(CJ케이블넷 자회사 7개, 드림씨티방송 자회사 1개)였다.

공정거래법상 지주회사로 지정되면서 CJ오쇼핑은 2007년 3월 기존의 31개 '회사가 영위하는 목적사업'에 지주기능 관련 3개 사업을 새로 추가하였다. 2007년 3월의 분기보고서에는 34개 목적사업 중 4~6호에 지주기능 관련 3개 사업이 제시되어 있고 1~3호에는 방송사업 관련 3개 사업이 제시되어 있는데, 이는 사업지주회사로서의 성격을 분명히 한 것으로 볼 수 있다.

(1) 새롭게 추가된 지주사업 관련 3개 목적사업: ④ 자회사의 지분 소유를 통해 자회사의 사업내용을 지배하는 지주사업. ⑤ 자회사 등(손자회사 포함)에 대한 자금지원 및 업무지원 사업. ⑥ 자회사 등과 상품의 공동개발, 판매 및 설비, 전산시스템 등의 공동 활용을 위한 사무지원 사업.

(2) 기존의 31개 목적사업: ① 종합유선방송사업. ② 종합유선방송 관련 프로그램 제작, 공급업. ③ 종합유선방송 광고 및 문화 선전 사업. ⑦ 해외프로그램 구입 및 공급 사업. ⑧ 국내외 방송사, 프로그램 제작사와의 교류사업. ⑨ 각종 일반판매용품 제조 및 도소매업. ⑩ 기타 통신판매업. ⑪ 전자상거래업. ⑫ 생활필수품 판매업. ⑬ 식품 가공 및 의류 봉제 판매업. ⑭ 농수축산물 위수탁 판매, 중개업. ⑮ 소매업 관련 용역 및 위수탁 사업. ⑯ 신용카드의 발행 관리 및 자금의 유통, 이용 대금의 결제 업무. ⑰ 여행사업, 여행알선업 등 관광사업. ⑱ 보관창고업. ⑲ 이벤트, 문화행사의 주최, 주관, 후원 및 연출 대행. ⑳ 교육, 출판사업 및 비디오, 음반, 테이프 제작, 국내외 판매사업. ㉑ 디비 관련 시설투자 및 운영. ㉒ 정보의 수집, 가공 및 국내외 판매사업. ㉓ 소프트웨어 및 시스템의 개발과 용역 제공 사업. ㉔ 보험대리업. ㉕ 금융상품의 소개, 알선 및 판매와 관련된 사업. ㉖ 여론조사 연구 자문 및 조사 정보 데이터베이스 서비스업. ㉗ 의료용구 판매업. ㉘ 광고 제작 및 대행업. ㉙ 자동차 판매 대리점업. ㉚ 이동통신기기 대리점업. ㉛ 결혼 및 이사 서비스 알선업. ㉜ 기타 위 각 호 외의 도소매업. ㉝ 위 각 호에 관련되는 수출입업. ㉞ 위 각 호에 관련되는 부대사업 일체.

3.4 지주회사체제 성립 2단계: CJ(주)의 인적 분할 및 공정거래법상 지주회사로의 전환, 2007년 9월

2007년 9월 그룹의 주력 회사인 CJ(주)가 2개 회사(CJ(주) + CJ제일제당)로 인적 분할된 뒤 순수지주회사로 전환되고 공정거래법상 지주회사로 지정되었다. 2007년 12월 현재 자산 총액은 2조 1,594억 원 그리고 지주비율은 84.5%(자회사 15개)였다.

이로써 CJ그룹은 2개의 공정거래법상 지주회사(CJ(주), CJ오쇼핑)를 중심으로 본격적인 지주회사체제를 구축하기 시작하였으며, 순수지주회사인 CJ(주)가 사업지주회사인 CJ오쇼핑을 거느리는 2중 구조의 체제를 가지게 되었다.

CJ(주)(2002년 10월 이전 제일제당)는 1997년 4월 삼성그룹으로부터 완전 분리된 이후 20개 내외의 그룹 계열회사들에 지분을 보유하면서 실질적인 지주회사의 역할을 해 오고 있었으며, 지분 보유 회사의 수는 2000~2003년 사이 14~16개이던 것이 2004~2006년 사이에는 20~23개로 늘어났다. 2007년의 분할 및 지주회사로의 전환은 기존의 지주기능을 보다 강화하기 위한 조치였다.

지주회사 CJ(주)는 이전의 CJ(주)가 인적 분할을 통해 전환된 것이며, 분할의 일정, 목적, 성격 및 방법은 분할신고서(2007년 6월 12일; 수정 신고서 7월 10일)에 상세하게 제시되어 있다 (<표 3.4>).

먼저, 분할은 2007년 6월 12일의 이사회 결정 이후 석 달이 채 되지 않아 마무리되었다. 이사회가 열린 6월 12일 분할계획서를 작성하고 증권거래법(제190조의2)에 따라 분할신고서를 금융감독위원회에 제출하였으며, 한 달 뒤(7월 10일)에는 일부 내용을 추가 및 수정하여 분할신고서를 다시 제출하였다. 7월 26일 주주총회에서 분할계획서가 승인되었으며, 분할기일(9월 1일) 이틀 뒤인 9월 3일 분할이 공식 완료되었다. 이날 분할되는 회사 즉 지주회사 CJ(주)에서는 분할보고주주총회가 그리고 신설회사 CJ제일제당에서는 창립주주총회가 각각 개최되었다. 이어 분할 등기(9월 4일), 금융감독위원회에 분할종료보고서 제출(9월 5일; 9월 28일 정정 보고서 제출), 신설회사 CJ제일제당의 한국증권선물거래소 재상장(10월 4일) 등의 후속 조치가 마무리되었다.

분할의 목적은 세 가지가 제시되었다. 첫째, 제조사업부문과 투자사업부문의 분리를 통해 각 사업부문이 독립적인 자율경영을 하고, 경영성과에 대한 객관적인 평가를 가능하게 함으로써 책임경영체제를 확립한다. 둘째, 핵심사업에 대한 선택과 집중을 통하여 경쟁우위를 확보하고 경영의 효율성을 제고한다. 그리고 셋째, 투자와 사업 부문을 명확히 구분하여 경영투명성을 제고함으로써, 투자자가 적정한 기업가치를 판단 및 평가할 수 있도록 하여 주주가치를 극대화한다.

분할을 위해 CJ(주)가 해 오던 투자사업과 제조사업이 명시적으로 나뉘어졌다. 전자는 CJ(주)가 계속 담당하되 회사의 성격을 순수지주회사로 바꾸어 존속하는 것으로 하였고, 후자는 CJ제일제당이라는 이름의 새로운 회사가 담당하는 것으로 하였다. 신설 회사의 이름은 6월의 분할신고서에는 'CJ푸드'로 하였으나 7월의 수정분할신고서에서는 'CJ제일제당'으로 변경되었다. 이 회사는 이전 CJ(주)가 해 오던 소재, BIO, 사료, 제약, 식품, 신선 등 6개 사업분야(BU; Business Unit)를 모두 물려받았다.

이에 따라 신설 CJ제일제당의 '회사가 영위하는 목적사업'은 이전 CJ(주)의 목적사업 34개 모두를 그대로 이어받았고 이에 더하여 6개가 새로 추가되었다. 한편 지주회사 CJ(주)의 목적사업은 16개가 제시되었으며, 이 중 첫 번째가 지주사업이었다. 16개 목적사업 중 지주기능 관련 5개(1, 3~5, 12항)는 새롭게 설정된 반면, 2개(2, 11항)는 이전 CJ(주) 목적사업을 일부 변형한 것이었고 나머지 9개는 이전 CJ(주) 목적사업을 그대로 가져온 것이었다.

지주회사 CJ(주)와 신설 자회사 CJ제일제당의 2007년 9월 분기보고서에 나와 있는 목적사업은 다음과 같다.

(1) 지주회사 CJ(주)의 16개 목적사업 중 신설된 지주기능 관련 5개 사업: ① 자회사의 주식 또는 지분을 취득·소유함으로써 자회사의 제반 사업내용을 지배, 경영지도, 정리, 육성하는 지주사업. ③ 자회사 등과 상품 또는 용역의 공동개발 판매 및 설비 전산시스템의 공

〈표 3.4〉 CJ(주)의 인적 분할 및 공정거래법상 지주회사로의 전환, 2007년 9월

(A) 분할 일정

2007년 6월 12일: 이사회 결의, 　　　　　분할계획서 작성, 분할신고서 제출	7월 31일~8월 31일: 구주권 제출
6월 14일: 주주명부 폐쇄 공고	8월 30일: 분할 신주 발행 기준일
6월 29일: 분할주주총회를 위한 주주 확정	8월 30일~변경상장일: 주식매매거래 중지
6월 30일~7월 6일: 주권명의개서 정지	<u>9월 1일: 분할기일</u>
7월 26일: 분할계획서 승인을 위한 주주총회	9월 3일: 분할보고총회일 또는 창립총회일
7월 30일: 구주권 제출 공고	9월 4일: 분할등기일
	10월 4일: 변경상장·재상장 예정

(B) 분할의 주요 내용

1.목적: 1) 사업부문 분리하여 독립적 자율경영, 객관적 경영성과 평가 → 책임경영체제 확립

        2) 핵심사업에 대한 선택과 집중 → 경영우위 확보, 경영효율성 제고

        3) 사업부문 분리하여 경영투명성 제고 → 기업가치에 대한 투자자의 적정 평가,

                                  주주가치 극대화

2. 회사명: 1) 분할 전 회사 − CJ(주) (CJ Corporation)

         2) 분할되는 회사 − CJ(주) (CJ Corporation)

           신설회사 − CJ제일제당(주) (CJ CheilJedang Corporation)

3. 사업부문: 1) CJ(주) − 투자사업부문

         2) CJ제일제당 − 투자사업부문을 제외한 제조사업부문

                    (소재, 바이오, 사료, 제약, 식품, 신선 부문, 관련 연구개발업무, 생산업무,

                    기타 이와 관련된 경영지원업무, 투자부문)

4. 방법: 1) 신설회사 설립 − 분할되는 회사의 영위 사업 중 제조사업부문을 분할 설립

        2) 인적 분할 방식 − 분할되는 회사의 주주가

                   분할기일 현재 지분율에 비례하여 신설회사의 주식 배정받음.

        3) 분할되는 회사는 존속, 신설회사는 한국증권선물거래소에 재상장

5. 분할 재산 관련 사항:

  1) 분할되는 회사의 신설회사 주주에 대한 주식 배정

    a) 배정 대상: 분할되는 회사의 분할기일 현재 주주명부에 등재되어 있는 주주

    b) 배정 비율: 분할되는 회사 소유 주식(보통주·1우선주·2우선주·3우선주) 1주당 0.37주

  2) 분할기일 이전에 분할되는 회사가 보유하고 있는 다음 상표는 분할되는 회사에 존속:

    a) CJ, 씨제이, CHEILJEDANG, 제일제당, 제일, CHEIL, Three Blossoms 및

      이들 중 하나 이상을 포함하고 있는 상표 (권리와 의무 포함)

    b) CJ, 씨제이, CHEILJEDANG, 제일제당, 제일, CHEIL, Three Blossoms 등과

      유사성을 인정할 수 있는 일체의 상표 (희걸, 希杰, XIJIE 등, 권리와 의무 포함)

  3) 위에서 규정한 상표를 제외한 상표 (권리와 의무 포함), 기타 산업재산권 등 일체의 지적재산권은

    분할대상부문에 관한 것은 신설회사에게, 그 이외의 부문에 관한 것은 분할되는 회사에게 귀속함

  4) 재무구조 (매출액은 2006년 12월 31일, 기타는 2007년 3월 31일 기준, 백만 원;

        분할 전 회사 ≦ 분할되는 회사 + 신설회사)

    a) 자산: 3,416,425 < 1,473,145 + 2,079,218 = 3,552,363   [41.5% + 58.5]

    b) 부채: 1,823,685 <   474,244 + 1,351,200 = 1,825,444   [26.0 + 74.0]

      자본: 1,592,740 <   998,901 +   728,018 = 1,726,919   [57.8 + 42.2]

    c) 자본금: 182,081 =   114,711 +   67,370   [63.0 + 37.0]

    d) 매출액: 2,650,400 =   3,400 + 2,647,000   [0.1 + 99.9]

주: 재무구조 중 자산, 부채 및 자본의 분할 전 금액과 분할 후 합계 금액이 다름. 이유는 1) 분할 전 보유 중인 자기주식이 분할에 따라 신설회사 지분에 해당하는 만큼 분할되는 회사의 자본항목에서 자산항목으로 재분류되었고, 2) 분할로 인하여 분할되는 회사에 장기이연법인세대가 발생하여 자산차감항목에서 부채항목으로 재분류되었기 때문임.

출처: 분할신고서, 분할종료보고서.

동 활용 등을 위한 사무지원사업. ④ 회사가 보유하고 있는 지식, 정보 등 무형자산의 판매 및 용역사업. ⑤ 브랜드, 상표권 등 지적재산권의 관리 및 라이센스업. ⑫ 신기술사업 관련 투자관리 운영사업 및 창업지원 사업.

(2) 지주회사 CJ(주)의 목적사업 중 이전 CJ(주) 목적사업을 변형한 2개 사업: ② 광고대행업을 포함한 광고사업. ⑪ 시장조사, 경영자문 및 컨설팅업.

(3) 지주회사 CJ(주)의 목적사업 중 이전 CJ(주) 목적사업과 동일한 9개 사업: ⑥ 부동산업 및 부동산 임대업. ⑦ 광고물 제작 및 광고업무 대행업. ⑧ 정기간행물 발행 및 저작권 관리업. ⑨ 텔레비전(케이블텔레비전 포함) 프로그램 제작 등. ⑩ 행사 기획, 연출업. ⑬ 주차장 운영업. ⑭ 인터넷사업. ⑮ 교육서비스업. ⑯ 각 전항의 관련 사업에 대한 투자 또는 부대사업 일체.

(4) 신설 CJ제일제당의 40개 목적사업 중 이전 CJ(주) 목적사업과 동일한 34개 사업: ① 설탕 및 기타 감미료 제조, 가공판매업. ② 제분업 및 가공판매업. ③ 구루타민산소다, 핵산 등 조미향신료 및 아미노산의 제조, 가공판매업. ④ 식용유 및 동 관련 제품의 제조, 가공판매업. ⑤ 육류의 가공판매업. ⑥ 장류의 제조, 가공판매업. ⑦ 사료의 제조, 판매업. ⑨ 발효화학공업. ⑩ 유기 및 무기화학 공업제품(염료, 안료, 도료, 농약 및 농약원재, 살충제, 표백제, 경수연화제, 요업재료, 촉매, 섬유가공조제, 각종 첨가제, 각종 중간재 등 포함)의 제조 및 수출입업. ⑪ 의약품, 동물의약품, 의료용구 및 의료기기의 제조판매업, 도매업 및 수출입업. ⑫ 농산물, 축산물, 수산물의 재배, 사육, 양식, 가공판매업. ⑭ 부동산업 및 부동산 임대업. ⑮ 수출입업 및 동 대행업. ⑯ 기타 음식료품의 제조, 가공판매업. ⑰ 보관 및 창고업. ⑱ 세정제, 계면활성제, 합성세제, 화장비누 및 화장품 제조, 판매 및 수출입업. ⑲ 의약부외품, 치약, 위생용품, 포장용기의 제조 판매 및 수출입업. ⑳ 유통전문판매업. ㉑ 음료수 및 다류 제조, 가공 판매업. ㉒ 음식점업 및 급식업. ㉓ 백화점, 수퍼마켓, 신유통업 등 각종 도소매업 및 중개업. ㉕ 프랜차이즈점 모집 및 운영업. ㉖ TV(CA TV 포함) 프로그램 제작 등. ㉗ 행사 기획, 연출업. ㉘ 광고물 제작 및 광고업무 대행업. ㉙ 정기간행물 발행 및 저작권 관리업. ㉚ 빵, 과자, 아이스크림 및 빙과류의 제조, 가공판매업. ㉞ 시장조사 및 여론조사업. ㉟ 주차장 운영업. ㊱ 인터넷사업. ㊲ 건강기능식품의 제조, 판매 및 수출입업. ㊳ 교육서비스업. ㊴ 전 각항 관련 설비의 제조, 판매, 수출입업과 기술용역서비스의 판매 및 수출입업. ㊵ 전 각항의 관련 사업에 대한 투자 또는 부대사업 일체.

(5) 신설 CJ제일제당의 목적사업 중 새로 추가된 6개 사업: ⑧ 유기질비료와 배합비료의

제조, 가공판매업. ⑬ 주류 제조 및 판매업. ㉔ 영상물, 음반 등의 제작, 상영 및 판매업. ㉛ 수상 운수 유지 서비스업. ㉜ 연예인 대리업. ㉝ 영화 제작용품 임대업.

한편, CJ(주)의 분할은 인적분할로 진행되었다. 분할되는 회사인 CJ(주)의 주주가 분할기일인 9월 1일 현재의 지분율에 비례하여 신설회사 CJ제일제당의 주식을 배정받는 방식이다. 1주당 지주회사 주식 0.63주와 신설회사 주식 0.37주를 배당받는 것으로 결정되었다.

'0.63 : 0.37'의 비율은 두 회사의 자본금 비율과 같다. 자산(41.5:58.5), 부채(26:74), 자본(57.8:42.2) 등 다른 재산의 분할은 각기 다른 비율로 이루어졌으며, 분할로 인해 이전할 사업부문 매출액의 경우에는 거의 대부분이 신설회사의 몫(99.9%)이었다.

대신 지주회사 CJ(주)는 이전의 CJ(주)가 보유하던 상표 및 유사 상표를 모두 물려받아 '브랜드, 상표권 등 지적재산권의 관리 및 라이센스업'(목적사업 제5항)을 주요 사업으로 추가하였다. 상표의 종류는 CJ, 씨제이, CHEILJEDANG, 제일제당, 제일, CHEIL, Three Blossoms 등 일곱 가지였다.

3.5 지주회사체제 성립 3단계: CJ오쇼핑의 공정거래법상 지주회사 온미디어 인수, 2010년 6월

2010년 6월 CJ(주)의 자회사인 CJ오쇼핑이 오리온그룹 소속의 공정거래법상 지주회사 온미디어를 인수하였다. 이로써 CJ그룹은 3개의 공정거래법상 지주회사(순수지주회사 CJ(주), 사업지주회사 CJ오쇼핑, 사업지주회사 온미디어)를 중심으로 지주회사체제를 보다 강화하였다. 제2단계에서의 2중 구조(CJ(주) → CJ오쇼핑)가 제3단계에서는 'CJ(주) → CJ오쇼핑 → 온미디어'로 이어지는 3중 구조로 재편된 것이다.

온미디어는 2000년 6월 순수지주회사로 설립되어 공정거래법상 지주회사로 지정되었으며(7월 설립 신고, 9월 공식 지정, 설립일은 6월 15일), 2004년 4월 자회사인 투니버스를 흡수합병하여 방송사업을 직접 영위하게 되면서 사업지주회사로 성격이 바뀌게 되었다. 2006년 7월에는 유가증권시장에 상장되었다.

2009년 12월 온미디어의 최대주주인 (주)오리온은 지분 전량을 CJ오쇼핑에 처분하기로 결정하였으며, 이에 따라 2010년 6월 CJ오쇼핑이 온미디어의 새로운 최대주주가 되었고 8월 온미디어는 CJ그룹에 공식 편입되었다. 한 달 뒤인 9월 온미디어의 최대주주는 신설된 오미디어홀딩스(이후 CJ E&M)로 변경되었다.

2000년 6월 설립 당시 온미디어의 자회사는 2개(오리온시네마네트워크, 바둑텔레비전)였으며, 2006년 6월 현재에는 8개 자회사(오리온시네마네트워크, 바둑텔레비전, 온게임네트워크, 한국케이블TV전남동부방송, 한국케이블TV영동방송, 수성케이블방송, 동구케이블방송, 이플레이온)와 1개 손자회사(디지털온미디어)를 거느리게 되었다. 2010년 CJ그룹에 편입될 당시에는 1개 손자회사가 자회사로 바뀌어 모두 9개의 자회사를 가지고 있었다.

온미디어의 보고서는 2006년 6월의 반기보고서부터 온라인상으로 이용 가능한데, 이 보고서에는 온미디어의 '회사가 영위하는 목적사업'이 27개 제시되어 있다. 이 중 지주사업 1개(26호)를 제외한 나머지 26개는 모두 방송 관련 사업이며, 이들은 2004년 투니버스를 합병하면서 새롭게 추가된 것으로 보인다.

(1) 온미디어의 27개 목적사업 중 지주기능 관련 1개 사업: ㉖ 위 각 호에 관련된 사업의 영위와 밀접한 관련이 있는 회사의 주식 또는 지분의 취득 소유 및 그들 회사(이하 자회사)의 지배 내지 경영 관리 업무와 그에 부수하는 업무로서 다음 각 목의 사업. (가) 경영관리 업무. 1. 자회사 등(자회사, 손자회사 및 손자회사가 지배하는 회사를 포함한다. 이하 같다)에 대한 사업목표의 부여 및 사업계획의 승인. 2. 자회사 등의 경영성과 평가 및 보상의 결정. 3. 자회사 등에 대한 경영지배구조의 결정. 4. 자회사 등의 업무와 재산상태에 대한 검사. 5. 1~4에 부수하는 업무. (나) 경영관리에 부수하는 업무. 1. 자회사 등에 대한 자금 지원. 2. 자회사에 대한 출자 또는 자회사 등에 대한 자금지원을 위한 자금조달. 3. 자회사 등과의 공동상품의 개발, 판매 및 설비, 전산시스템의 공동활용 등을 위한 사무지원. 4. 기타 법령에 의하여 인가, 허가 또는 승인 등을 요하지 아니하는 업무.

(2) 온미디어 목적사업 중 방송 관련 26개 사업: ① 포괄적인 케이블 방송, 위성방송, 방송채널 사용, 케이블 재전송, 음악케이블방송사업 등을 포함하는 방송사업. ② 인터넷 관련 사업. ③ 사업 및 재무 컨설팅. ④ 종합유선방송 프로그램 공급업, 종합유선방송국 운영사업 및 문화서비스업. ⑤ 프로그램 제작, 판매 및 임대업. ⑥ 프로그램 수출입업. ⑦ 광고사업. ⑧ 정보통신서비스업. ⑨ 전자상거래. ⑩ 소프트웨어 개발, 컨텐츠 개발 및 구축 용역업. ⑪ 방송시스템 통합사업 및 관련 용역업. ⑫ 캐릭터사업. ⑬ 국내외 방송사, 프로그램 제작사와의 교류사업. ⑭ 영화, 방송 및 기타 공연 관련 사업. ⑮ 이벤트, 문화행사의 주최, 주관, 후원 및 연예인 대리업. ⑯ 교육, 학원 및 출판사업, 음반, 필름, 테이프 제작, 국내외 판매사업. ⑰ 합성수지, 의류, 문구류, 금속공예물 및 완구류의 제조 판매업. ⑱ 상표법상 상품의 제조 판매 및 상표 대여사업. ⑲ 무역업. ⑳ 방송기계, 장비 임대업. ㉑ 방송 관련 건물 설

비, 설치 공사업. ② 방송 관련 건축, 엔지니어링 기타 기술 서비스업. ② 통신판매업. ② 포괄적인 케이블방송사업과 관련된 관리, 광고 용역업. ② 부동산 임대 및 기타 부동산업. ②
위 각 호에 관련되는 부대사업 일체.

3.6 지주회사체제 성립 4단계: CJ오쇼핑의 2개 공정거래법상 지주회사 CJ오쇼핑과 오미디어홀딩스(=CJ E&M)로의 인적 분할, 2010년 9월

2010년 9월 공정거래법상 지주회사인 CJ오쇼핑이 2개의 지주회사(CJ오쇼핑, 오미디어홀딩스)로 인적 분할된 뒤 신설된 오미디어홀딩스(이후 CJ E&M)가 공정거래법상 지주회사로 지정되었다. 2010년 9월 현재 오미디어홀딩스의 자산총액은 4,749억 원 그리고 지주비율은 92.1%(자회사 1개)였다.

이로써 CJ그룹은 4개의 공정거래법상 지주회사(순수지주회사 CJ(주), 사업지주회사 CJ오쇼핑, 순수지주회사 오미디어홀딩스, 사업지주회사 온미디어)를 중심으로 지주회사체제가 재편되었다. CJ오쇼핑과 오미디어홀딩스는 CJ(주)의 자회사였으며, 온미디어의 최대주주는 CJ오쇼핑에서 오미디어홀딩스로 바뀌었다. 즉 지주회사체제가 제3단계에서의 단선적인 3중 구조(CJ(주) → CJ오쇼핑 → 온미디어)에서 제4단계에서는 'CJ(주) → CJ오쇼핑 + [오미디어홀딩스 → 온미디어]'로 이어지는 복합적인 3중 구조를 가지게 되었다.

한편, 2010년 11월 오미디어홀딩스는 자신의 자회사인 온미디어 및 CJ(주)의 4개 자회사를 합병하기로 결정하였으며, 12월 30일 주주총회에서 합병이 승인되면서 회사명이 CJ E&M으로 변경되었다. 합병은 2011년 3월 완료되었다.

CJ오쇼핑의 분할은 인적 분할을 통해 이루어졌으며, 분할의 일정, 목적, 성격 및 방법은 증권신고서(2010년 6월 21일)와 증권발행실적보고서(2010년 9월 16일; 10월 11일 정정 신고)에 상세하게 제시되어 있다 (<표 3.5>).

먼저, 분할은 2010년 6월 10일 이사회에서 결정되었으며 이후 4개월에 걸쳐 전환이 마무리되었다. 이사회가 열린 6월 10일 분할계획서를 작성하고 주요사항보고서를 제출하였으며, 21일 증권신고서를 금융감독위원회에 제출하였다. 6월 28일 분할 주주총회를 위한 주주가 확정되었고 한 달 뒤인 7월 29일에는 주주총회에서 분할계획서가 승인되었다. 분할기일은 9월 1일로 하였으며, 이날로 예정된 분할되는 회사 CJ오쇼핑에서의 분할보고주주총회와 신설회사 오미디어홀딩스에서의 창립수수총회는 이사회의 결의 및 공고로 갈음하였다. 이어

분할 등기(9월 15일), 금융감독원에 증권발행실적보고서 제출(9월 16일), 오미디어홀딩스의 한국거래소 코스닥시장 재상장(10월 15일) 등의 후속 조치가 마무리되었다.

분할의 목적은 네 가지가 제시되어졌다. 첫째, 유통사업부문과 투자사업부문의 분리를 통하여 사업전문성을 제고하고 경영의 효율성을 강화함으로써 주주가치를 극대화한다. 둘째, 사업부문별 투자위험을 분리하여 경영위험을 최소화하고, 경영자원의 효율적 배분을 통해 사업경쟁력을 강화한다. 셋째, 사업부문별 특성에 적합한 의사결정체제를 확립하고 합리적인 성과평가시스템 구축을 용이하게 함으로써 책임경영체제를 정착시킨다. 그리고 넷째, 사업부문을 전문화하여 부문별로 시장 환경 및 제도 변화에 신속히 대응할 수 있도록 하고 핵심사업에 집중 투자하여 글로벌 경쟁력을 갖추도록 한다.

분할을 위해 CJ오쇼핑이 해 오던 사업 중 투자사업 일부(자회사인 사업지주회사 온미디어의 주식 보유)를 분리하여 신설회사인 오미디어홀딩스가 담당하도록 하였고, 이에 더하여 MBC플러스미디어의 지분 일부를 투자 목적으로 보유하도록 하였다. 신설회사는 CJ(주)의 자회사로 편입되었다. 반면 이전 CJ오쇼핑의 나머지 투자사업 및 유통사업(케이블TV 홈쇼핑, 인터넷 쇼핑몰 등)은 CJ오쇼핑이 계속 담당하면서 존속하도록 하였다.

순수지주회사 오미디어홀딩스의 목적사업은 10개였으며 이 중 4개(1~3, 6호)는 지주사업과 관련이 있었다.

(1) 지주사업 관련 4개 목적사업: ① 자회사의 주식 또는 지분을 취득, 소유함으로써 자회사의 사업내용을 지배, 지도, 육성하는 지주사업. ② 자회사 등(손자회사 포함)에 대한 자금

〈표 3.5〉 CJ오쇼핑의 2개 공정거래법상 지주회사로의 인적 분할, 2010년 9월

(A) 분할 일정

2010년 6월 10일: 이사회 결의,	8월 30일~변경상장 전일: 매매거래 정지
분할계획서 작성, 주요사항보고서 제출	8월 31일: 분할 신주 배정 기준일
6월 11일: 주식명의개서 정지 공고	9월 1일: 분할기일,
6월 21일: 증권신고서 제출	분할보고총회 또는 창립총회
6월 28일: 분할 주주총회를 위한 주주 확정	9월 15일: 분할등기
6월 29일~7월 6일: 주식명의개서 정지	9월 30일: 변경상장 예정
7월 29일: 분할계획서 승인을 위한 주주총회	10월 15일: 재상장 예정
7월 30일~8월 31일: 구주권 제출	

(B) 분할의 주요 내용

1. 목적: 1) 유통사업부문과 투자사업부문의 분리 → 사업전문성 제고, 경영효율성 강화
   → 주주가치 극대화
   2) 사업부문별 투자위험 분리 → 경영위험 최소화;
   경영자원의 효율적 배분 → 사업경쟁력 강화
   3) 사업부문별 의사결정체제 확립, 합리적인 상과평가시스템 구축 → 책임경영체제 정착
   4) 사업부문의 전문화 → 시장환경 및 제도 변화에 신속히 대응;
   핵심사업에의 집중투자 → 글로벌 경쟁력 구축

2. 회사명: 1) 분할 전 회사 - (주)CJ오쇼핑 (CJ O Shopping Co., Ltd.)
   2) 분할되는 회사 - (주)CJ오쇼핑 (CJ O Shopping Co., Ltd.)
   신설회사 - (주)오미디어홀딩스 (O Media Holdings Co., Ltd)

3. 사업부문: 1) CJ오쇼핑 - 분할대상부문을 제외한 투자사업 및
   유통사업부문(케이블TV홈쇼핑, 인터넷 쇼핑몰 등) 등 일체
   2) 오미디어홀딩스 - 온미디어, MBC플러스미디어를 포함하는 투자사업부문

4. 방법: 1) 신설회사 설립 - 분할되는 회사의 영위 사업 중 분할대상부문을 분할 설립
   2) 인적 분할 방식 - 분할되는 회사의 주주가 분할 신주 배정기준일 현재의 지분율에
   비례하여 신설회사의 주식 배정받음
   3) 분할되는 회사는 존속, 신설회사는 한국거래소 코스닥시장에 재상장

5. 분할 재산 관련 사항:
   1) 분할되는 회사의 신설 회사 주주에 대한 주식 배정
   a) 배정 대상: 분할되는 회사의 분할 신주배정기준일 현재 주주명부 등재 주주
   b) 배정 비율: 분할되는 회사 소유 주식(보통주) 1주당 0.45주
   2) 재무구조 (2010년 8월 31일 기준, 백만 원;
   분할 전 ≤ 분할되는 회사 + 신설회사)
   a) 자산: 1,298,295 < 832,976 + 474,852 = 1,307,828 [63.7% + 26.3]
   b) 부채: 683,269 < 509,194 + 174,400 = 683,594 [74.5 + 25.5]
   자본: 615,026 < 323,781 + 300,451 = 624,232 [51.9 + 48.1]
   c) 자본금: 55,091 = 30,300 + 24,791   [55.0 + 45.0]

주: 재무구조 중 자산, 부채 및 자본의 분할 전 금액과 분할 후 합계 금액이 다름. 이유는 1) 분할 전 보유 중인 자기주식이
분할에 따라 신설회사 지분에 해당하는 만큼 분할되는 회사의 자본항목에서 자산항목으로 재분류되었고, 2) 신설회사로
이관된 장단기차입금 및 회사채에 대한 미지급이자가 지급기일이 미도래하여 각각 존속회사의 미지급금과 신설회사의 미수
금으로 이관되었기 때문.
출처: 증권신고서(분할), 증권발행실적보고서(분할).

지원 및 업무지원 사업. ③ 자회사 등과 상품의 공동개발, 판매 및 설비, 전산시스템 등의 공동활용 등을 위한 사무지원 사업. ⑥ 상표, 브랜드 등 지적재산권의 라이센스업.

(2) 기타 6개 목적사업: ④ 해외프로그램 구입 및 공급사업. ⑤ 국내외 방송사, 프로그램 제작사와의 교류사업. ⑦ 국내외 광고의 대행업과 광고물의 제작 및 매매. ⑧ 부동산임대업 및 기타 부동산업. ⑨ 주차장운영업. ⑩ 기타 위에 부대되는 사업 일체.

한편, CJ오쇼핑의 분할은 인적분할로 진행되었다. 즉 분할되는 회사인 CJ오쇼핑의 주주가 분할 신주 배정기준일인 8월 31일 현재의 지분율에 비례하여 신설회사 오미디어홀딩스의 주식을 배정받는 방식이다. 분할되는 회사 주식(보통주) 1주당 신설회사 주식 0.45주를 배당받는 것으로 결정되었다. '55:45'의 비율은 두 회사의 자본금 비율과 같았으며, 자산(63.7:26.3), 부채(74.5:25.5), 자본(51.9:48.1) 등 다른 재산의 분할은 각기 다른 비율로 이루어졌다.

3.7 지주회사체제 성립 5단계: CJ E&M의 지주회사 온미디어 및 4개 그룹 계열회사 합병, 2011년 3월

2011년 3월 공정거래법상 지주회사인 CJ E&M(이전 오미디어홀딩스)이 CJ그룹 5개 계열회사를 합병하였다. 5개 회사 중 1개는 CJ E&M의 자회사인 공정거래법상 지주회사 온미디어이고, 나머지 4개(CJ인터넷, 엠넷미디어, CJ미디어, CJ엔터테인먼트)는 CJ(주)의 자회사였다.

그 결과, CJ그룹은 지주회사가 3개(순수지주회사 CJ(주), 사업지주회사 CJ오쇼핑, 사업지주회사 CJ E&M)로 줄었고, 지주회사체제의 구조는 'CJ(주) → CJ오쇼핑 + CJ E&M'으로 이어지는 복합적인 2중 구조로 재편되어 제4단계에서의 복합적 3중 구조(CJ(주) → CJ오쇼핑 + [CJ E&M → 온미디어])와는 달라졌다.

합병으로 인해 CJ E&M은 순수지주회사에서 사업지주회사로 성격이 바뀌었으며, 더구나 지주비율이 50% 미만으로 감소하면서 법률상의 지주회사에서 제외되었다. 또 2011년 6월에는 CJ오쇼핑 또한 새로 도입된 자산평가방식으로 인해 지주비율이 50% 미만으로 줄어들어 공정거래법상 지주회사에서 제외되었다. 이에 따라 공정거래법상 지주회사는 CJ(주)만 남게 되었다.

CJ E&M 합병의 일정, 목적 및 방법은 증권신고서(2010년 11월 30일)와 증권발행실적보고서(2011년 3월 10일)에 자세하게 제시되어 있다 (<표 3.6>).

〈표 3.6〉 CJ E&M의 합병, 2011년 3월

(A) 합병 일정

2010년 11월 16일: 이사회 결의, 합병 계약   <u>2011년 3월 1일: 합병기일</u>

      11월 17일: 주주 확정, 주주명부 폐쇄 공고   3월 2일: 합병종료보고총회

      11월 30일: 증권신고서 제출   3월 3일: 합병등기, 해산등기,

      12월 2일: 합병주주총회를 위한 주주 확정   합병종료보고 공고

      12월 3~10일: 주주명부 폐쇄   3월 21일: 신주 교부 예정

      12월 30일: 합병 승인을 위한 주주총회   3월 22일: 신주 상장 예정

2010년 12월 31일~2011년 2월 28일: 구주권 제출

(B) 합병의 주요 내용

1. 목적: 엔터테인먼트사업(영화, 음악, 게임)과 미디어사업(방송, 공연)의 통합

      → 시너지 효과 극대화, 규모의 경제 달성

      → 경영효율성 증대, 국내외 경영환경 변화에 신속하게 대처하는 경쟁력 구축

      → 매출 증대, 이익 개선 및 수익성 향상

      → 세계적인 경쟁력 보유

2. 회사명: 1) 합병회사 – CJ E&M (2010년 12월 30일 이전 오미디어홀딩스)

      2) 피합병회사 – 온미디어, CJ인터넷, 엠넷미디어, CJ미디어, CJ엔터테인먼트

3. 방법: 1) 합병회사가 피합병회사를 흡수 합병

      2) 합병회사는 존속 및 코스닥시장 상장법인 지위 유지, 피합병회사는 해산

4. 합병 재산 관련 사항:

    1) 합병회사의 피합병회사 주주에 대한 합병신주 배정

      a) 배정 대상: 합병기일 현재 주주명부 등재 주주

      b) 배정 비율: 합병회사 1주당 0.1212693 (온미디어), 0.4767753 (CJ인터넷),

           0.0977702 (엠넷미디어), 0.9471698 (CJ미디어),

           1.1731389 (CJ엔터테인먼트)

    2) 재무구조 (2010년 9월 30일 기준, 백만 원;

      (합병 후) CJ E&M ≤ (합병 전) CJ E&M + 온미디어 + CJ인터넷 + 엠넷미디어

           + CJ미디어 + CJ엔터테인먼트

  a) 자산: 1,691,841 < 477,015 + 455,121 + 290,065 + 145,887 + 223,432 + 346,571 = 1,938,091

  b) 부채: 706,553 = 174,991 + 8,717 + 47,346 + 117,931 + 139,991 + 217,577

    자본: 985,288 < 302,024 + 446,404 + 242,719 + 27,956 + 83,441 + 128,994 = 1,231,538

  c) 자본금: 114,838 < 24,791 + 59,049 + 11,401 + 24,220 + 23,000 + 15,000 = 157,461

주: 증권신고서 제출과 합병 등기는 합병회사가, 그리고 구주권 제출과 해산 등기는 피합병회사가 각각 진행함.
출처: 증권신고서(합병), 증권발행실적보고서(합병).

먼저, 합병은 2010년 11월 16일 관련 5개 회사의 이사회에서 동시에 의결되었으며 이후 4개월에 걸쳐 마무리되었다. 이사회 결의와 동시에 합병 계약이 체결되었으며, 11월 30일 합병회사인 오미디어홀딩스가 금융감독위원회에 증권신고서를 제출하였다. 12월 30일에는 주주총회가 개최되어 합병이 승인되고 오미디어홀딩스의 회사명이 CJ E&M으로 변경되었다. 합병기일은 2011년 3월 1일로 정해졌다. 3월 2일로 예정된 합병종료보고총회는 이사회 결의에 의한 공고로 갈음하였으며, 3일에는 합병회사의 합병등기, 피합병회사의 해산등기, 합병종료보고 공고 등이 동시에 진행되었다.

합병의 가장 큰 목적은 엔터테인먼트사업(영화, 음악, 게임)과 미디어사업(방송, 공연)을 통합함으로써 시너지 효과를 극대화하는 것이었다. 예상되는 시너지는 1) OSMU(One Source Multi Use) 실현 가능, 2) 광고 영업 효율화, 구매력 강화, 시너지 마케팅 활성화, 3) 세계시장 진출을 위한 규모의 경제 확보, 대규모의 지속가능한 투자 여력 확보 등이었다. 이를 통해 경영효율성을 증대하고 국내외 경영환경에 신속하게 대처할 수 있는 경쟁력을 구축하며, 이는 매출의 증대와 이익의 개선을 통해 수익성의 향상으로 이어져 세계적인 경쟁력을 보유한 회사로 성장할 수 있을 것으로 예상되었다.

한편 합병은 합병회사(CJ E&M)가 피합병회사 5개(온미디어, CJ인터넷, 엠넷미디어, CJ미디어, CJ엔터테인먼트)를 흡수합병하는 방식으로 진행되었으며, 이에 따라 합병회사는 존속하고 피합병회사는 해산되었다. 합병회사인 CJ E&M은 합병기일인 2011년 3월 1일 현재의 피합병회사 주주명부에 등재되어 있는 주주에게 0.09∼1.17의 합병비율에 따라 CJ E&M의 합병신주를 배정하였다. CJ E&M의 재산(자산, 부채, 자본, 자본금)은 합병 이후 대폭 증가하였다.

3.8 지주회사체제 성립 6단계: CJ E&M의 2개 지주회사 CJ E&M과 CJ게임즈로의 물적 분할, 2011년 11월

2011년 11월 CJ E&M이 2개 지주회사 CJ E&M과 CJ게임즈로 분할되었다. CJ E&M은 이전의 사업지주회사 성격을 그대로 유지하면서 존속하였고, CJ게임즈는 순순지주회사로 신설되어 CJ E&M의 자회사로 편입되었다.

이로써 CJ그룹은 다시 4개의 지주회사(순수지주회사 CJ(주), 사업지주회사 CJ오쇼핑, 사업지주회사 CJ E&M, 순수지주회사 CJ게임즈)를 가지게 되었는데, 이 중 공정거래법상 지주회사는 CJ(주) 1개였다. CJ오쇼핑과 CJ E&M은 2011년 3월과 6월에 각각 법률상 지주회사에서 제외되었으며, CJ게임즈는 법률상 지주회사로 지정되지 않았다. 또 공정거래법상 지주회사였던 온미디어는 2011년 3월 해산된 상태였다.

그 결과 지주회사체제가 제6단계에서 외형적으로는 'CJ(주) → CJ오쇼핑 + [CJ E&M → CJ게임즈]'의 형태를 띠게 되었으며, 이로써 제5단계(2011년 3월)에서의 복합적 2중 구조(CJ(주) → CJ오쇼핑 + CJ E&M) 대신 제4단계(2010년 9월)에서의 복합적인 3중 구조(CJ(주) → CJ오쇼핑 + [CJ E&M → 온미디어])를 다시 가지게 되었다. 하지만 공정거래법상 지주회사(CJ(주))만을 고려하게 되면 CJ그룹 지주회사체제의 구조는 2중 또는 3중 구조가 없는 제1단계(2007년 1월)로 되돌아간 것으로 볼 수 있다.

CJ E&M의 분할은 물적 분할 방식으로 이루어졌으며, 분할의 일정, 목적, 성격 및 방법은 주요사항보고서(2011년 8월 26일) 및 합병 등 종료보고서(2011년 11월 22일)에 자세하게 제시되어 있다 (<표 3.7>).

먼저 분할은 2011년 8월 26일 이사회에서 결정된 이후 석 달이 채 되지 않아 마무리되었다. 9월 14일 분할 주주총회를 위한 주주가 확정되었고, 9월 20일과 10월 10일에는 각각 분할계획서의 변경이 이사회에서 결의되고 분할계획서가 주주총회에서 승인되었다. 분할기일은 11월 13일이었으며, 14일로 예정된 분할보고총회는 이사회의 결의 및 공고로 갈음하였다.

분할의 목적은 세 가지가 제시되어졌다. 첫째, 분할되는 회사의 영위 사업 중 게임개발 자회사의 주식 보유 및 게임개발 자회사 관리사업부문을 분리하여 사업전문성을 제고하고 경영효율성을 강화함으로써 주주가치를 극대화한다. 둘째, 경영자원의 효율적 배분을 통해 사업경쟁력을 강화하며, 사업부문별 특성에 적합한 의사결정체제를 확립하고 합리적인 성과평가시스템의 구축을 용이하게 함으로써 책임경영체제를 정착시킨다. 그리고 셋째, 사업부문을 전문화하여 부문별로 시장 환경 및 제도 변화에 신속하게 대응할 수 있도록 하고, 핵심사업에 집중 투자하여 사업경쟁력을 확보하도록 한다.

분할을 위해 CJ E&M이 해오던 영위사업 중 게임개발 자회사의 주식 보유 및 게임개발 자회사 관리사업부문을 분리하여 신설 순수지주회사인 CJ게임즈가 담당하도록 하였다. 관련 자회사는 모두 9개였다 (CJ이아이지, 애니파크, 씨드나인게임즈, CJ게임랩, 마이어스게임즈, 잼스튜디오, 게임쿠커, 누리엔소프트, CJ인터넷재팬). 이 분할대상부문을 제외한 사업 일체는 이전의 CJ E&M이 담당하면서 존속하는 것으로 하였다. 신설회사의 이름은 처음에는 'CJ게임홀딩스'로 하였다가 'CJ게임즈'로 변경하였다.

〈표 3.7〉 CJ E&M의 2개 지주회사로의 물적 분할, 2011년 11월

(A) 분할 일정

2011년 8월 26일: 이사회 결의
    8월 27일: 주식명의개서 정지 공고
    9월 14일: 분할 주주총회를 위한 주주 확정
    9월 15~21일: 주식명의개서 정지
    9월 20일: 분할계획서 변경 이사회 결의

10월 10일: 분할계획서 승인 주주총회
11월 13일: 분할기일
11월 14일: 분할보고총회 또는 창립총회
11월 17일: 분할등기

(B) 분할의 주요 내용

1. 목적: 1) 게임 개발 자회사 주식 보유 및 관리사업부문 분리 → 사업전문성 제고, 경영 효율성 강화
                                                  → 주주가치 극대화
    2) 경영자원의 효율적 배분 → 사업경쟁력 강화;
      사업부문별 의사결정체제 확립, 합리적인 성과평가시스템 구축 → 책임경영체제 정착
    3) 사업부문의 전문화→사업부문별 시장환경 및 제도 변화에 신속 대응;
      핵심사업 집중 투자→사업경쟁력 확보

2. 회사명: 1) 분할 전 회사 - CJ E&M(주) (CJ E&M Corporation)
      2) 분할되는 회사 - CJ E&M(주) (CJ E&M Corporation)
        신설회사 - CJ게임즈(주) (CJ Games Corporation)

3. 사업부문: 1) CJ E&M - 분할대상부문을 제외한 사업 일체
        2) CJ게임즈 - 게임개발 자회사 주식 보유 및 게임개발 자회사 관리사업부문
                (게임개발 자회사: CJ이아이지, 애니파크, 씨드나인게임즈, CJ게임랩,
                    마이어스게임즈, 잼스튜디오, 게임쿠커, 누리엔소프트, CJ인터넷재팬)

4. 방법: 1) 신설회사 설립 - 분할되는 회사의 영위 사업 중 분할대상부문을 분할 설립
    2) 물적 분할 방식 - 분할되는 회사가 신설회사의 발행주식 총수를 배정받는 단순물적분할
    3) 분할되는 회사는 존속 및 코스닥시장 상장법인 유지, 신설회사는 비상장

5. 분할 재산 관련 사항:
재무구조 (2011년 6월 30일 기준, 백만 원; 분할 전 = 분할되는 회사 // 신설회사)
  a) 자산: 1,664,637 = 1,664,637 // 22,673
  b) 부채: 559,185 = 559,185 //   -
    자본: 1,105,452 = 1,105,452 // 22,673
  c) 자본금: 189,648 = 189,648 //   500

출처: 주요사항보고서, 합병 등 종료보고서(분할), 사업보고서.

지주회사 CJ게임즈의 목적사업은 8개가 새로 설정되었으며, 이 중 2개(1, 8호)는 지주사업과 관련이 있었다.

(1) 지주사업 관련 2개 목적사업: ① 게임개발 자회사의 주식 보유 및 게임개발 자회사 관리사업. ⑧ 위 각 호에 관련된 사업의 영위와 밀접한 관련이 있는 회사의 주식 또는 지분의 취득 소유 및 그들 회사(이하 자회사)의 지배 내지 경영 관리 업무와 그에 부수하는 업무로서 다음 각 목의 사업. (가) 경영관리업무. 1. 자회사 등(자회사, 손자회사 및 손자회사가 지배하는 회사를 포함한다. 이하 같다)에 대한 사업목표의 부여 및 사업계획의 승인. 2. 자회사 등의 경영성과 평가 및 보상의 결정. 3. 자회사 등에 대한 경영지배구조의 결정. 4. 자회사 등의 업무와 재산 상태에 대한 검사. 5. 1~4에 부수하는 업무. (나) 경영관리에 부수하는 업무. 1. 자회사에 대한 출자 또는 자회사 등에 대한 자금지원을 위한 자금조달. 2. 자회사 등과의 공동상품의 개발, 판매 및 설비, 전산시스템의 공동 활용 등을 위한 사무지원. 3. 기타 법령에 의하여 인가, 허가 또는 승인 등을 요하지 아니하는 업무.

(2) 기타 6개 목적사업: ② 유무선 인터넷 관련 사업. ③ 소프트웨어 개발 및 판매업. ④ 게임소프트 제작업 및 유통 관련 사업. ⑤ 투자업, 투자자문업. ⑥ 경영자문업. ⑦ 게임용 소프트웨어 제작, 구입 및 국내외 판매업.

한편 분할은 물적분할로 진행되었다. 분할되는 회사가 신설회사의 발행주식총수를 배정받는 방식이다. 이에 따라 분할 후의 CJ E&M은 이전 CJ E&M과 동일한 자산, 부채, 자본금 및 자본을 가졌으며, 신설회사는 별도의 재산을 보유하게 되었다. 이에 비해, 2007년 CJ(주)의 분할 그리고 2010년 CJ오쇼핑의 분할은 인적 분할, 즉 분할되는 회사의 주주가 일정 지분율에 따라 신설회사의 주식을 배정받는 방식으로 진행되었다.

4. 소유구조의 변화

4.1 CJ그룹의 지주회사체제, 2011년 12월

공정거래위원회 자료에 의하면 2011년 9월 현재 CJ그룹의 지주회사체제 달성 비율은 77%이다. 즉 그룹 계열회사 65개 중 50개가 지주회사체제에 편입되어 있으며, 이 50개는 지주회사 CJ(주), 사회사 18개, 손자회사 28개, 그리고 증손회사 3개로 구성되어 있다 (<표

3.3> 참조). 그런데 지주회사체제 달성 비율 77%는 2011년 9월 현재의 정확한 수치가 아니며 대체적인 수치이다. '지주회사의 계열회사'는 2010년 12월 현재인데 반해 '그룹 계열회사'는 공정거래위원회가 매년 4월 발표하는 수치로서 2011년 4월 현재이기 때문이다. 지주회사 · 자회사 · 손자회사의 자회사 · 손자회사 · 증손회사에 대한 지분 또한 직전 사업연도 말 즉 2010년 12월 현재의 수치이다.

이러한 수치 간의 불일치를 없애기 위해 여기서는 CJ(주)의 사업보고서에 있는 정보를 이용하여 2011년 12월 현재의 CJ그룹 지주회사체제의 모습을 살펴보려고 한다. 이에 의하면 66개 그룹 계열회사 중 6개를 제외한 60개가 지주회사 CJ(주) 및 산하 계열회사로 조직되어 있으며, 따라서 지주회사체제 달성 비율은 91%로 계산된다. 2011년 9월 현재의 '77%'보다 높은 수치이다 (<표 3.8>).

〈표 3.8〉 CJ그룹의 지주회사체제, 2011년 12월

(A) 개관

- 그룹 계열회사 66개 (a) = 지주회사체제 편입 회사 60개 (b) + 미편입 회사 6개
- 지주회사체제 달성 비율 (b/a) = 91%
- * 표시된 7개 회사는 상장회사이며, 밑줄 친 15개 회사는 계열회사 보유

- [b: 7단계 하향, 비대칭 피라미드 소유구조]
  (유형 1)
  ① 최대주주 이재현 → ② 지주회사 CJ(주) → ③ 자회사 12개 → ④ 손자회사 37개
  　　　　　　　　 → ⑤ 증손회사 5개 → ⑥ 고손회사 4개 → ⑦ 고고손회사 1개

  (유형 2)
  ① 최대주주 이재현 →
  ② 지주회사 CJ(주)* →
  [A] ③ 자회사 1개*　　　 → ④ 손자회사 21개　　　 → ⑤ 증손회사 1개
  [B] ③ 자회사 1개*　　　 → ④ 손자회사 5개 (1*+4) → ⑤ 증손회사 2개
  [C] ③ 자회사 1개*　　　 → ④ 손자회사 3개　　　 → ⑤ 증손회사 2개
  　　　　　　　　　　　　　　　　　　　　　　　 → ⑥ 고손회사 4개
  　　　　　　　　　　　　　　　　　　　　　　　　　 → ⑦ 고고손회사 1개

  [D] ③ 자회사 5개 (2*+3) → ④ 손자회사 8개
  [E] ③ 자회사 4개

(B) 지주회사 CJ(주)*의 59개 계열회사

자회사 (12개): [A] CJ E&M(* 40.2%)

[B] CJ제일제당(* 37)

[C] CJ오쇼핑(* 39.8)

[D] CJ시스템즈(66.3), CJ건설(99.9), CJ GLS(93.2), CJ CGV(* 40.1), CJ프레시웨이(* 51.8)

[E] 에스에이관리(66.9), 화성봉담PFV(82.5), CJ올리브영(100), CJ푸드빌(96.3)

손자회사 (37개): [A] (21개) (CJ E&M) 미디어웹(68.8), 바둑텔레비전(66.2), 씨드나인게임즈(53),
아트서비스(41.4), 오리온시네마네트워크(90.3),
온게임네트워크(86.7), 인터내셔널미디어지니어스(100),
애니파크(52.5), 엠바로(42.1), 좋은콘서트(100), 잼스튜디오(51),
클립서비스(51.7), 케이엠티브이(100), CJ게임랩(53), CJ스포츠(100),
CJ아이지(100), CJ엔지씨코리아(67), CJ헬로비전대구동구방송(100),
CJ헬로비전대구수성방송(100), CJ헬로비전아라방송(100),
CJ헬로비전영동방송(100)

[B] (5개) (CJ제일제당) CJ씨푸드(* 46.5), 수퍼피드(100), 신의도천일염(88),
영우냉동식품(97.8), CJ엠디원(100)

[C] (3개) (CJ오쇼핑) CJ헬로비전(60.3), 슈퍼레이스(98.8), CJ텔레닉스(100)

[D] (2개) (CJ시스템즈) 에이지웍스(98.3), CJ파워캐스트(60)

(1개) (CJ건설) 동부산테마파크(50)

(1개) (CJ GLS) 이앤씨인프라(100)

(3개) (CJ CGV) 디시네마오브코리아(50), 포디플렉스(92.7), 프리머스시네마(100)

(1개) (CJ프레시웨이) CJ엔시티(100)

증손회사 (5개): [A] (1개) (미디어웹) 미디어웹아이(100)

[B] (1개) (CJ씨푸드) 우성(100)

(1개) (수퍼피드) 돈논쌈(100)

[C] (2개) (CJ헬로비전) 포항종합케이블방송사(97.5), 신라케이블방송(100)

고손회사 (4개): [C] (2개) (포항종합케이블방송사) 옥명산업개발(41.7), 한국케이블티비포항방송(100)

(2개) (신라케이블방송) 명성기업(63.5), 동양케이블정보통신(100)

고고손회사 (1개): [C] (명성기업) 경포엔지니어링(37.7)

주: 1) 지분은 보통주 기준; '고고손회사'는 임의로 붙인 명칭임.
  2) 지주회사체제 미편입 6개 회사 (지분은 우선주 포함, 2012년 4월 현재): 씨앤아이레저산업 (← 이재현 42.1%),
   CJ창업투자 (← 씨앤아이레저산업 90%), CJ무터 (← 재산커뮤니케이션즈 100%), 재산커뮤니케이션즈, 조이렌트카,
   타니앤어소시에이츠.
출처: 사업보고서, 〈그림 3.3〉.

〈그림 3.3〉 CJ그룹 소유지분도, 2012년 4월 (출처: <부록 7>)

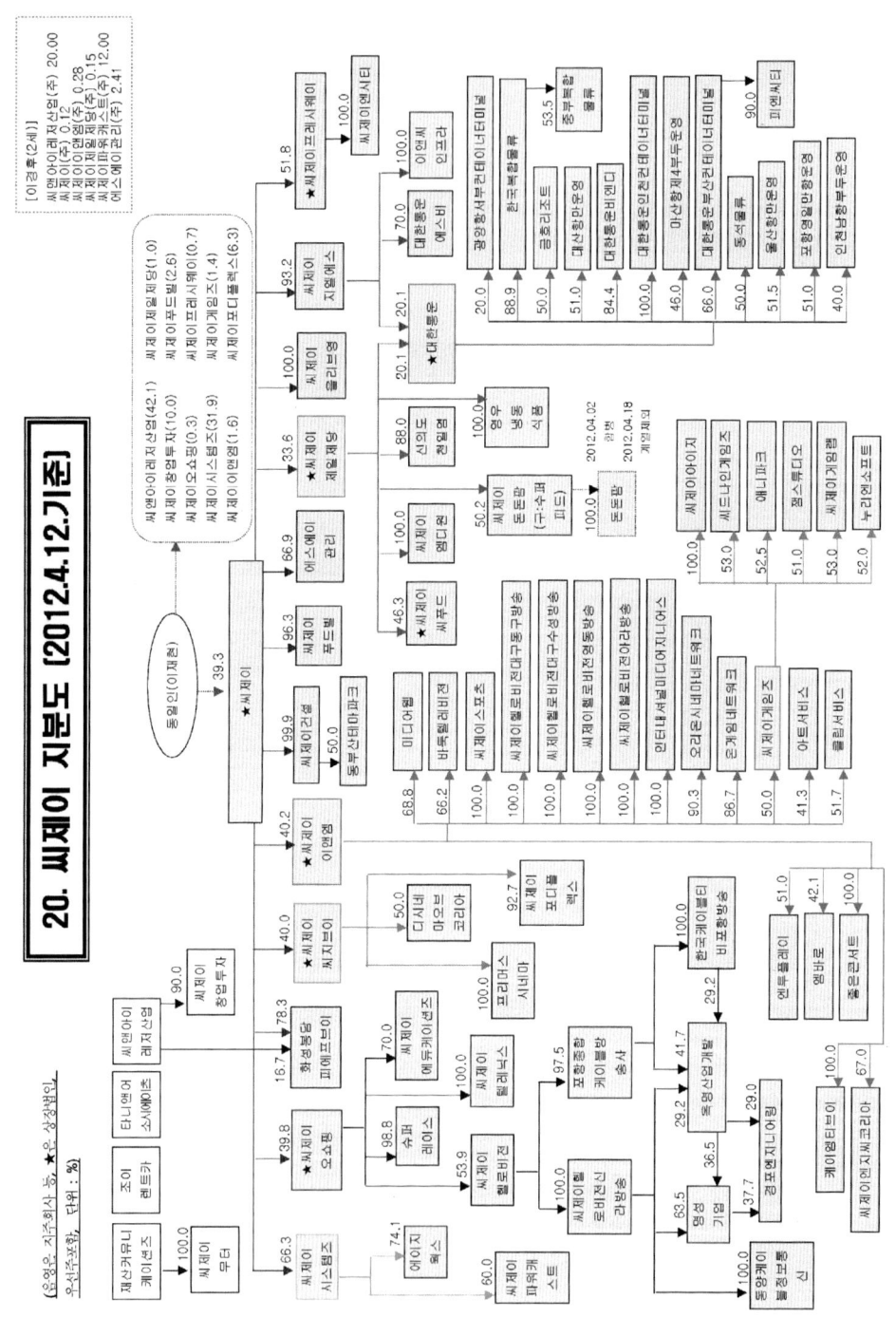

지주회사 CJ(주)의 최대주주는 이재현이고, CJ(주)의 59개 계열회사는 자회사(12개), 손자회사(37개), 증손회사(5개), 고손회사(4개), 고고손회사(1개) 등 5단계에 걸쳐 연결되어 있다. 자회사 12개 중 8개는 자신의 계열회사를 거느리고 있으며, 이 8개 자회사 중 1개(CJ오쇼핑)는 계열회사가 4단계에 걸쳐 이어져 있고 다른 2개(CJ E&M, CJ제일제당)는 계열회사가 각각 2단계에 걸쳐 이어져 있다.

결국 CJ그룹 지주회사체제의 소유구조는 이재현을 정점으로 하는 7단계 하향구조이면서 비대칭적인 피라미드구조이다. 7단계 하향구조는 '① 이재현 → ② 지주회사 CJ(주) → ③ 자회사 12개 → ④ 손자회사 37개 → ⑤ 증손회사 5개 → ⑥ 고손회사 4개 → ⑦ 고고손회사 1개'이다. 또 비대칭적인 피라미드구조는 다음과 같이 구성되어 있다: ① 이재현 → ② 지주회사 CJ(주) → ③ 자회사 4개 + [③ 자회사 5개 → ④ 손자회사 8개] + [③ 자회사 2개 → ④ 손자회사 26개 → ⑤ 증손회사 3개] + [③ 자회사 1개 → ④ 손자회사 3개 → ⑤ 증손회사 2개 → ⑥ 고손회사 4개 → ⑦ 고고손회사 1개].

이와는 별도로 이재현은 지주회사체제에 편입되어 있지 않은 6개 그룹 계열회사 중 2개를 '이재현 → 계열회사 1개 → 계열회사 1개'의 형태로 지배하고 있다.

60개 회사로 구성된 지주회사체제의 소유구조를 그림으로 일목요연하게 재구성하는 작업은 용이하지 않으며, 공정거래위원회가 발표한 2012년 4월 현재의 지분도 또한 7단계의 모습을 명쾌하게 담고 있지는 못한 것으로 보인다 (<그림 3.3>).

CJ(주)의 계열회사 59개 중 4/5 이상인 48개(81%)는 5개 상장자회사와 그 계열회사이고, 나머지 11개(19%)는 7개 비상장자회사와 그 계열회사이다. CJ(주)의 12개 자회사 중 상장회사는 5개이며(CJ오쇼핑, CJ제일제당, CJ프레시웨이, CJ CGV, CJ E&M), 이들이 각각 1~22개씩 모두 43개의 계열회사(손자회사, 증손회사, 고손회사 또는 고고손회사)를 거느리고 있다. 반면 7개 비상장자회사 중에서는 3개(CJ시스템즈, CJ건설, CJ GLS)가 각각 1~2개씩 모두 4개의 손자회사를 거느리고 있다. 2011년 12월 현재 CJ그룹 계열회사 66개 중 상장회사는 7개이며, CJ(주)의 5개 상장자회사 외에 CJ(주)(지주회사)와 CJ씨푸드(CJ제일제당의 손자회사)도 상장회사여서 그룹의 7개 상장회사 모두가 지주회사체제에 편입되어 있다.

CJ(주)의 5개 상장자회사 중에서는 CJ E&M이 가장 많은 22개의 계열회사를 가지고 있으며, 그다음이 CJ오쇼핑(10개), CJ제일제당(7개), CJ CGV(3개), CJ프레시웨이(1개) 등의 순이다. CJ E&M 관련 회사(23개)는 5개 상장자회사 관련 전체 회사(48개)의 거의 절반(48%)이며, CJ(주) 산하 계열회사 59개 전체 중에서도 거의 2/5(39%)를 차지하고 있다.

5개 상장자회사는 다양한 형태로 계열회사를 거느리고 있다. 첫째, 2개 상장자회사(CJ CGV, CJ프레시웨이)는 손자회사(3개, 1개)만 가지고 있다. 둘째, 다른 2개 상장자회사(CJ E&M, CJ제일제당)는 손자회사와 증손회사를 가지고 있는데, 각각 두 갈래, 세 갈래로 연결되어 있다. CJ E&M은 'CJ E&M → 20개 손자회사 + [1개 손자회사 (미디어웹) → 1개 증손회사]'의 형태로 되어 있고, CJ제일제당은 'CJ제일제당 → 3개 손자회사 + [1개 손자회사 (CJ씨푸드) → 1개 증손회사] + [1개 손자회사 (수퍼피드) → 1개 증손회사]'의 형태로 되어 있다. 그리고 셋째, 나머지 1개 상장자회사(CJ오쇼핑)는 손자회사, 증손회사, 고손회사, 고고손회사 등 네 종류의 계열회사를 거느리면서 다음과 같이 연결되어 있다: CJ오쇼핑 → 2개 손자회사 + 【1개 손자회사 (CJ헬로비전) → [1개 증손회사 (포항종합케이블방송사) → 2개 고손회사] + [1개 증손회사 (신라케이블방송) → 1개 고손회사 + {1개 고손회사 (명성기업) → 1개 고고손회사}] 】.

상위 회사의 하위 회사에 대한 지분의 크기는 37%에서 100%에 이르는 다양한 분포를 보이고 있다. 먼저, CJ(주)의 59개 계열회사 중 6개 상장회사(5개 자회사와 1개 손자회사)에 대한 지분은 37~51.8%이다. 4개 회사(CJ제일제당, CJ오쇼핑, CJ CGV, CJ E&M)는 40% 내외(37~40.2%)이고, CJ씨푸드(46.5%)와 CJ프레시웨이(51.8%)는 조금 더 크다. CJ(주)의 59개 계열회사 중 나머지 53개는 비상장회사이며 이들 중 100% 피지배회사가 거의 절반인 22개(42%)이다. 또 지분이 90~99%(9개), 80~89%(3개), 60~69%(8개), 50~59%(7개)인 회사가 각각 3~9개, 그리고 50% 미만(42.1~37.7%)인 회사가 4개(엠바로, 옥명산업개발, 아트서비스, 경포엔지니어링)이다.

한편 CJ그룹의 66개 전체 계열회사 중 지주회사체제에 편입되어 있지 않은 회사는 6개이다. 이 중 씨앤아이레저산업의 최대주주는 이재현(42.1%, 2012년 4월 현재)이며 그의 딸인 이경후도 많은 지분(20%)을 보유하고 있다. 그리고 씨앤아이레저산업은 CJ창업투자의 최대주주(90%)이다. 또 나머지 4개 회사 중 CJ무터는 재산커뮤니케이션의 100% 자회사이다. 재산커뮤니케이션과 다른 2개 회사(조이렌트카, 타니앤어소시에이츠)의 지분구조에 대해서는 정보가 없는 상태이다 (<그림 3.3> 참조).

4.2 CJ(주)와 주요 계열회사의 지분 보유, 1999~2012년

2011년 12월 현재 CJ그룹의 지주회사체제에 편입된 60개 회사 중 자신의 계열회사를 거느리고 있는 회사는 모두 16개로, 지주회사 CJ(주), 자회사 8개, 손자회사 4개, 증손회사 2개, 고손회사 1개 등이다 (<표 3.8>, <표 3.9>, <그림 3.4>, <그림 3.5>).

이들 중 지주회사 CJ(주), 자회사 6개(CJ오쇼핑, CJ프레시웨이, CJ CGV, CJ GLS, CJ시스템즈, CJ건설), 손자회사 2개(CJ헬로비전, 수퍼피드) 등 9개 회사는 2007년 지주회사체제가 도입되기 이전부터 그룹의 다른 계열회사들에 지분을 보유하고 있었다. 반면 나머지 7개 회사, 즉 자회사 2개(CJ E&M, CJ제일제당), 손자회사 2개(미디어웹, CJ씨푸드), 증손회사 2개(포항종합케이블방송사, 신라케이블방송) 및 고손회사 1개(명성기업)는 2007년 이후에 지분을 보유하게 되었다.

4.2.1 CJ(주)의 지분 보유 회사

CJ(주)는 2007년 9월 순수지주회사로 전환되기 이전에도 20개 내외의 계열회사에 지분을 보유하면서 실질적인 지주회사의 역할을 수행해 오고 있었다. 지분 보유 계열회사의 수는 1999~2003년에는 14~16개였다가 2004~2006년에는 20~23개로 조금 더 늘어났다.

1999년과 2000년에는 그룹 전체 계열회사(15개, 18개; 4월 현재)의 대부분(14개, 15개; 12월 또는 이듬해 3월 현재)에 지분을 가지고 있었으며, 이후 그룹 계열회사가 빠르게 증가하면서 CJ(주)가 지분을 보유하는 회사의 비중은 상대적으로 줄어들기는 하였지만 절반가량은 차지하였다. 2001년 47%(지분 보유 회사 14개 vs. 그룹 계열회사 30개), 2004년 49%(20개 vs. 41개), 2006년 39%(22개 vs. 56개) 등이었다 (<표 3.1> 참조).

2007년 9월 CJ(주)는 순수지수회사로 전환되었으며, 이는 종래의 지주 기능을 공식화하고 보다 강화하겠다는 의도로 볼 수 있다. 지분 보유 회사의 수는 2004~2006년 수준(20~23개)에 비해서는 약간 줄어들었지만 2010년까지는 16~19개로 여전히 많았으며, 2011년 이후 13개로 더욱 줄어들었다. 반면 그룹 전체 계열회사는 2007년 이후 더욱 증가하였으며, 이에 따라 CJ(주)가 지분을 보유하는 회사의 비중은 감소하는 추세를 보이면서 1/4 내외 수준으로 크게 줄어들었다. 2007년 27%(지분 보유 회사 17개 vs. 그룹 계열회사 64개), 2009년 28%(17개 vs. 61개), 2011년 20%(13개 vs. 65개), 2012년 15%(13개 vs. 84개) 등이었다.

그런데 CJ(주)가 지주회사로 전환됨과 동시에 이전까지 영위해 오던 모든 사업은 신설 자회사인 CJ제일제당으로 이관하였으며, CJ제일제당은 6~7개 계열회사에 지분을 보유하였다. 따라서 지주회사 CJ(주)와 자회사 CJ제일제당이 보유한 계열회사(2007~2012년 19~26

<표 3.9> CJ(주)와 주요 계열회사의 지분 보유 회사, 1999~2012년 (개)

회사	지주회사체제 이전								지주회사체제					
	1999	2000	2001	2002	2003	2004	2005	2006	2007	2008	2009	2010	2011	2012
CJ(주)	14	15	14	15	16	20	23	22	17	16	17	19	13	13
CJ오쇼핑		5	5	5	7	3	3	6	5	5	3	5	4	5
CJ제일제당									6	7	6	7	6	7
CJ E&M												2	22	19
CJ GLS	1	2	2	2	2	2	1	2	2	1	2	2	1	2
CJ프레시웨이		1	2	2	2	2	2	2	1	2	2	2	2	2
CJ CGV				1	2	4	4	4	4	3	3	2	3	3
CJ시스템즈				1	1	1	1	1	1	1	1	1	2	2
CJ건설	1					1	1	3	4	3	2	1	2	2
CJ헬로비전			1	2	2	7	7	7	7	6	3	1	3	3
수퍼피드						1	1	1	1	1	1	1	1	1
미디어웹												1	1	1
CJ씨푸드												1		
포항종합케이블방송사													2	2
신라케이블방송													3	3
명성기업													1	1
재산커뮤니케이션								1	1	1	1	1	1	1
씨앤아이레저산업										1	1	1	2	1
에스에이관리												2	1	1
아트서비스												1	1	1
옥명산업개발													2	2
CJ헬로비전아라방송													2	
한국케이블티비포항방송													1	1
CJ대한통운														13
CJ게임즈														6
한국복합물류														1
CJ대한통운부산컨테이너터미널														1
온미디어								(8	9	9	9)	10		
CJ엔터테인먼트		1	1	1	3	6	7	4	4	4	2	3		
CJ미디어		1			2	4	6	9	7	8	4	5		
CJ인터넷						3	4	3	3	4	3	5		
엠넷미디어								2	4	5	4	3		
CJ투자증권	1	1	1	1	1	1	1	1	1					
CJ푸드빌				1	2		1	1	1					
CJ뮤직								2						
해찬들						1	1							
드림라인		1	2											
CJ헬로비전해운대기장방송						2	2	1	1	1				
CJ헬로비전드림씨티방송								1	1	1				
CJ헬로비전영남방송								1	1	1				
CJ헬로비전중앙방송									2	2				
CJ케이블넷가야방송						3	3	2						
CJ케이블넷중부산방송						1	1	1						
CJ케이블넷북인천방송						1	2							
CJ케이블넷경남방송		1	1	1	1	3								
제일방송		1												

주: 1) 1999~2003, 2005~2006년은 시점 표시 없음. 12월 또는 이듬해 3월 현재인 것으로 보임;
    2004, 2007~2011년은 12월 현재, 2012년은 3월 현재.
  2) CJ헬로비전, 포항종합케이블방송사, 신라케이블방송, 명성기업 = CJ오쇼핑 계열회사; 온미디어(2010년 8월 CJ그룹
     편입), 미디어웹, CJ게임즈 = CJ E&M 계열회사; 수퍼피드, CJ씨푸드 = CJ제일제당 계열회사; CJ대한통운 = CJ제
     일제당과 CJ GLS 공동 계열회사.
  3) ① CJ(주): 1999~2001년 = 제일제당. ② CJ오쇼핑: 2000~2001년 = CJ삼구쇼핑, 2002~2008년 = CJ홈쇼핑.
     ③ CJ프레시웨이: 2000~2007년 = CJ푸드시스템. ④ CJ건설: 1999~2007년 = CJ개발. ⑤ CJ헬로비전: 2001
     년 = 양천케이블티브이, 2002~2004년 = CJ케이블넷양천방송, 2005~2007년 = CJ케이블넷. ⑥ 수퍼피드: 2012
     년 = CJ돈돈팜. ⑦ 신라케이블방송: 2012년 = CJ헬로비전신라방송. ⑧ CJ미디어: 1999~2001년 = 뮤직네트워크.
     ⑨ CJ투자증권: 1999~2000년 = 제일투자신탁증권, 2001~2003년 = 제일투자증권. ⑩ CJ헬로비전해운대기장방
     송: 2004~2007년 = CJ케이블넷해운대기장방송. ⑪ CJ헬로비전드림씨티방송: 2006~2007년 = 드림씨티방송. ⑫
     CJ헬로비전영남방송: 2006년 = 영남방송영주총국, 2007년 = CJ케이블넷영남방송. ⑬ CJ헬로비전중앙방송: 2007년
     = 중앙케이블티브이방송. ⑭ CJ케이블넷경남방송: 2000~2001년 = 한국케이블TV경남방송.
출처: 사업보고서.

개) 모두를 고려하면 CJ(주)의 2004~2006년 수준(20~23개)과 비슷하거나 오히려 더 증가
한 것으로 볼 수 있다. CJ(주)와 CJ제일제당이 지분을 보유한 회사를 모두 고려하면 그룹
전체 계열회사 중에서의 비중은 1/3 내외 수준으로 늘어난다. 2007년 36%(23개 vs. 64개),
2009년 38%(23개 vs. 61개), 2011년 29%(19개 vs. 65개), 2012년 24%(20개 vs. 84개) 등이다.

4.2.2 기타 주요 계열회사의 지분 보유 회사

2011년 12월 현재 지주회사 CJ(주)의 계열회사 59개 중 자신의 계열회사를 가지고 있는
회사는 모두 15개(자회사 8개, 손자회사 4개, 증손회사 2개, 고손회사 1개)이다. 이 중 8개
회사(자회사 6개, 손자회사 2개)는 2007년 지주회사체제가 도입되기 이전에도 계열회사를
가지고 있었고, 나머지 7개 회사(자회사 2개, 손자회사 2개, 증손회사 2개, 고손회사 1개)는
2007년 이후에 계열회사를 보유하게 되었다 (<표 3.8>, <표 3.9>).

첫째, 2011년 12월 현재의 8개 CJ(주) 자회사 중 5개는 1~3개씩의 손자회사만 보유하였
다. 상장회사인 CJ CGV(3개 손자회사)와 CJ프레시웨이(1개)가 4개, 그리고 비상장회사인
CJ시스템즈(2개), CJ건설(1개) 및 CJ GLS(1개)가 4개를 보유하였다. 이에 더하여 CJ건설과
CJ프레시웨이는 각각 1개씩의 다른 계열회사에도 약간의 지분을 가지고 있었다.

이들 5개 자회사 모두는 2007년 이전부터 다른 계열회사들에 지분을 보유해 왔다. CJ
GLS가 1999년부터 지분을 보유(1~2개 회사)해 왔으며, 그다음이 CJ프레시웨이(2000년 이
후 1~2개), CJ CGV(2003년 이후 1~4개), CJ시스템즈(2003년 이후 1~2개), CJ건설(2005

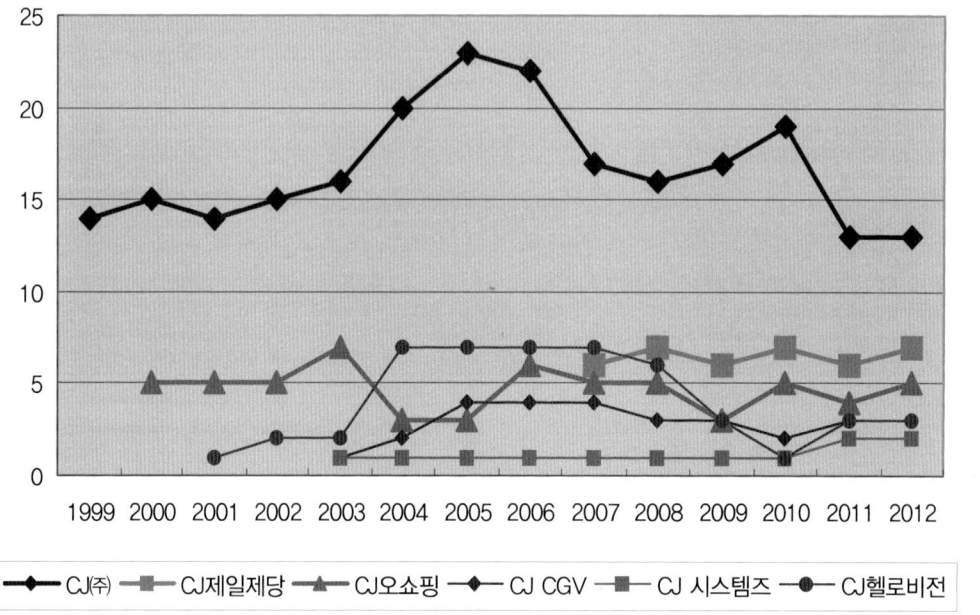

〈그림 3.4〉CJ(주)와 주요 5개 계열회사의 지분 보유 회사, 1999~2012년 (개)

(출처: <표 3.9>)

◆— CJ(주)　■— CJ제일제당　▲— CJ오쇼핑　◆— CJ CGV　■— CJ 시스템즈　●— CJ헬로비전

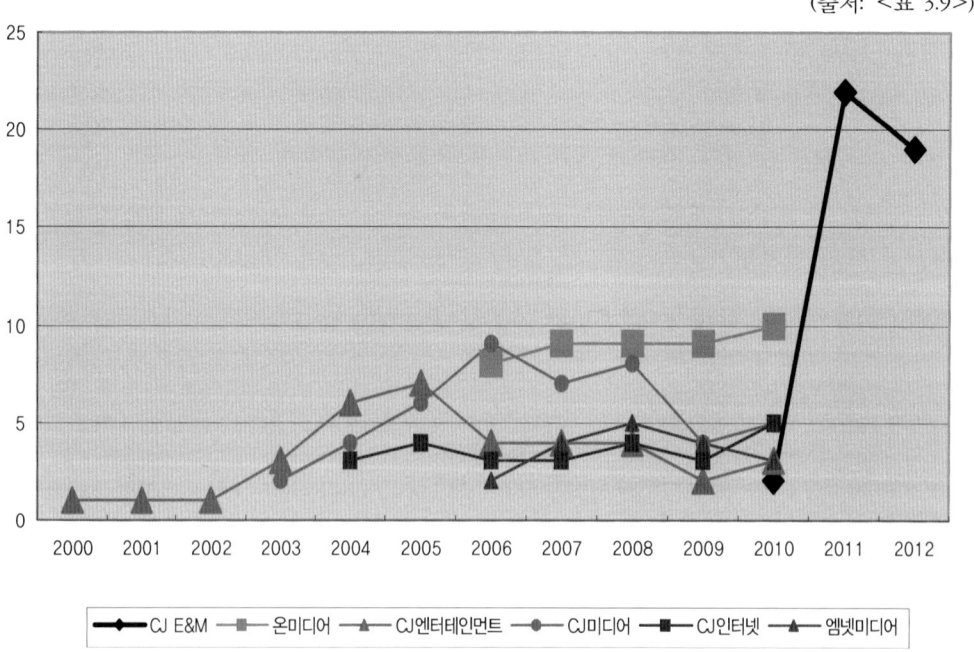

〈그림 3.5〉CJ E&M과 5개 피합병회사의 지분 보유 회사, 2000~2012년 (개)

(출처: <표 3.9>)

◆— CJ E&M　■— 온미디어　▲— CJ엔터테인먼트　●— CJ미디어　■— CJ인터넷　▲— 엠넷미디어

년 이후 1~4개) 등의 순이다.

둘째, 2011년 12월 현재의 8개 CJ(주) 자회사 중 2개(CJ E&M, CJ제일제당)는 각각 손자회사와 증손회사를 보유하였다. 이들 2개 자회사는 2007년 이후 신설되었다.

CJ제일제당은 2011년 현재 6개 계열회사(5개 손자회사 포함)에 지분을 보유하였으며, 2007년 신설된 이후 지분 보유 회사는 6~7개가 유지되었다. 손자회사 중 2개(수퍼피드, CJ씨푸드)는 각각 1개씩의 증손회사를 보유하였는데, 수퍼피드는 2004년 이후 줄곧 1개 계열회사에 지분을 보유해 왔고 CJ씨푸드는 2011년 처음으로 지분을 보유하였다. 한편, 2012년 초 CJ제일제당은 CJ GLS와 공동으로 CJ대한통운을 새로운 손자회사로 편입하였는데, CJ대한통운(13개)은 CJ E&M(19개) 다음으로 많은 계열회사에 지분을 보유하였다.

CJ E&M(이전 오미디어홀딩스)의 경우, 2010년 9월 신설된 당시에는 지분 보유 회사가 2개뿐이었는데, 2011년 3월 5개 주요 회사(온미디어, CJ인터넷, 엠넷미디어, CJ미디어, CJ엔터테인먼트)를 합병하고 피합병회사의 계열회사를 인수하면서 12월 현재에는 지분 보유 회사가 22개(21개 손자회사 포함)나 되었다. 손자회사 중 미디어웹은 2010년부터 증손회사 1개를 보유하고 있으며, 2012년 초에는 신설 CJ게임즈가 새로운 손자회사로 편입되어 6개 회사에 지분을 보유하게 되었다.

한편, CJ E&M의 5개 피합병회사 중 온미디어는 2010년 8월 CJ그룹에 편입되었으며 12월 현재 10개 회사에 지분을 보유하고 있었다. 나머지 4개 피합병회사는 2010년 12월 현재 각각 3~5개씩의 회사에 지분을 보유하였는데, 4개 회사 모두 2007년 이전부터 다른 회사에 지분을 가지고 있었다. CJ엔터테인먼트가 2000년부터 지분을 보유(1~7개 회사)해 왔으며, 그다음이 CJ미디어(2000년 1개, 2003년 이후 2~9개), CJ인터넷(2004년 이후 3~5개), 엠넷미디어(2006년 이후 2~5개) 등의 순이다.

그리고 셋째, 2011년 12월 현재의 8개 CJ(주) 자회사 중 나머지 1개(CJ오쇼핑)는 손자회사, 증손회사 및 고손회사를 거느리고 있다. 2011년 12월 현재 CJ오쇼핑은 4개 계열회사(3개 자회사 포함)에 지분을 보유하고 있는데, 2000년 CJ그룹에 편입된 이후 2006년까지 3~7개의 회사에 그리고 2007년 1월 공정거래법상 지주회사로 전환된 이후 2011년까지 3~5개의 회사에 지분을 보유해 왔다. 손자회사인 CJ헬로비전의 경우, 2000년 이후 1~7개의 회사에 지분을 보유하고 있으며 2011년 현재에는 3개 회사(2개 자회사 포함)에 지분을 가지고 있다. 한편, 2개 증손회사(포항종합케이블방송사, 신라케이블방송)와 1개 고손회사(명성기업)는 2011년에 처음으로 1~3개씩의 회사에 지분을 보유하게 되었다.

4.2.3 CJ(주)의 주요 계열회사에 대한 보유 지분

1999년 이후 지분을 보유하는 회사의 대부분에서 CJ(주)는 큰 지분을 보유하여 실질적인 자회사로 지배해 왔으며, 2007년 이후에는 이들을 공식적인 자회사로 편입하면서 지분을 더욱 늘려 지배를 강화하였다 (<표 3.10>, <그림 3.6>).

공정거래위원회 자료에 의하면, 지주회사 CJ(주)의 '보유 자회사 주식가액의 합'은 2008년 1조 8,312억 원(자회사 15개)에서 2009년 1조 7,465억 원(14개)으로 조금 줄어들었다가 2010년 1조 9,205억 원(16개)으로 늘어났고 2011년에는 2조 3,166억 원(18개)으로 더욱 늘어났다. 한편 이 기간 동안 CJ(주)의 '자산총액'은 꾸준히 증가하였으며(2조 1,594억 원 → 2조 7,811억 원 → 2조 7,914억 원 → 3조 8,228억 원), 이에 따라 CJ(주)의 지주비율([보유 자회사 주식가액의 합계 ÷ 자산총액] × 100)은 2008년 84.8%이던 것이 이후에는 60%대로 감소하였다 (2009년 62.8%, 2010년 68.8%, 2011년 60.6%; 제2장 <표 2.7>, <표 2.15>, <부록 4> 참조).

2007년 이전 CJ(주)의 실질적인 자회사였다가 2007년 이후 공식적인 자회사가 된 회사(15개) 그리고 2007년 이후에 자회사가 된 회사(6개)는 모두 21개이다. 이들 중 2007년 이전에 비해 이후에 또는 2007년 이후 기간 동안에 CJ(주)의 보유 지분이 증가한 자회사가 10개로 가장 많으며, 감소한 자회사와 변동이 없는 자회사는 각각 4개, 7개이다.

CJ(주)의 보유 지분이 증가한 10개 자회사는 다음과 같다. ① CJ오쇼핑 (2004년 30% → 2006년 33.84% → 2007년 40% → 2011년 39.8%). ② CJ CGV (2006년 36.73% → 2007년 36.73% → 2011년 40.05%). ③ CJ시스템즈 (2006년 52.13% → 2007년 62.12% → 2011년 66.32%). ④ CJ GLS (2006년 45.55% → 2007년 37.05% → 2011년 93.15%). ⑤ CJ투자증권 (2006년 31.88% → 2007년 59.69%). ⑥ CJ푸드빌 (2004년 84.83% → 2006년 95.81% → 2007년 95.81% → 2011년 96.29%). ⑦ CJ올리브영 (2006년 50% → 2007년 50% → 2011년 100%). ⑧ CJ인터넷 (2004년 10.48% → 2006년 25.13% → 2007년 25.08% → 2010년 31.58%). ⑨ 엠넷미디어 (2006년 20.4% → 2007년 33.25% → 2010년 → 49.44%). ⑩ 에스에이관리 (2010년 49.93% → 2011년 66.94%).

반면, CJ(주)의 보유 지분이 감소하거나(4개) 유지된(7개) 자회사는 다음과 같다. ① CJ E&M (2010년 43.61% → 2011년 40.19%). ② CJ제일제당 (2007년 39.14% → 2011년 36.97%). ③ CJ프레시웨이 (2004년 59.63% → 2006년 59.42% → 2007년 52% → 2011년

〈표 3.10〉 CJ(주)의 주요 계열회사에 대한 보유 지분, 1999~2012년 (%)

회사	지주회사체제 이전								지주회사체제					
	1999	2000	2001	2002	2003	2004	2005	2006	2007	2008	2009	2010	2011	2012
CJ(주)	4.53	1.13			2.45	2.45	7.48	19.18	13.32	12.54	11.64	11.42	10.25	10.25
CJ오쇼핑		30	30	30	30	30	34.03	33.84	40	39.99	39.97	39.86	39.8	39.8
CJ제일제당									39.14	39.14	36.66	37.85	36.97	36.97
CJ E&M												43.61	40.19	40.19
CJ건설	88.97	99.87	99.87	99.87	99.87	99.87	99.87	99.9	99.9	99.92	99.92	99.92	99.92	99.92
CJ프레시웨이		89.07	60.13	59.63	59.63	59.63	59.63	59.42	52	52	51.89	51.89	51.79	51.79
CJ시스템즈				52.13	52.13	52.13	52.13	52.13	62.12	62.12	62.12	66.32	66.32	66.32
CJ GLS							25.39	45.55	37.05	37.05	41.52	41.44	93.15	93.16
CJ CGV								36.73	36.73	40.05	40.05	40.05	40.05	40.05
CJ푸드빌		85.3	85.3	85.3	85.3	84.83	84.83	95.81	95.81	95.81	95.81	96.29	96.29	96.29
CJ올리브영				50	50	50	50	50	50	100	100	100	100	100
화성봉담PFV											82.46	82.46	82.46	82.46
에스에이관리												49.93	66.94	66.94
CJ미디어	96.04	94.2	81.62	81.62	54.76	58.06	58.06	60.2	50.17	50.17	49.93	49.93		
CJ엔터테인먼트		65.74	65.74	39.69	37.04	36.78	36.77	100	100	100	100	100		
CJ창업투자		81.82	81.82	90	90	90	90	90	90	90	90	90		
CJ인터넷						10.48	16.23	25.13	25.08	27.46	27.46	31.58		
엠넷미디어								20.4	33.25	33.25	49.31	49.44		
동부산테마파크											50	50		
CJ프로퍼티스											100			
CJ투자증권	33.33	31.88	31.88	31.88	31.88	31.88	31.88	31.88	59.69					
CJ스포츠							100	100	100					
CJ엠디원				100	100	100	100	100						
삼양유지				99.99	99.99	99.99	99.99	99.99						
CJ뮤직		81.63	81.63	81.63	81.63		97.22	63.1						
수퍼피드						99.99	99.99	99.99						
신동방CP						94.9	98.94	99.56						
삼호F&G							46.52							
CJ모닝웰		41.25	41.25	41.25	62.96	62.96	62.96							
해찬들		50	50	50	50	50	100							
한일약품공업						49.34	49.34							
CJ엔시티							66.67							
CJ미디어라인						50.21								
CJ드림소프트		52.13	52.13											
제일선물		85.46	85.46											
엔프라니			100											
드림라인		28.97												

주: 1) 〈표 3.9〉의 주 참조.
　　2) 보통주 기준. 출처의 일부 연도(1999, 2000, 2003년)에는 '보통주'라는 표시가 없으며 다른 연도의 경우와 같이 보통주 기준인 것으로 간주함.
　　3) ① CJ푸드빌: 2000~2001년 = 푸드빌. ② CJ창업투자: 2000년 = 드림디스커버리, 2001~2002년 = 디스커버리창업투자. ③ CJ뮤직: 2000~2002년 = 드림뮤직. ④ CJ모닝웰: 2000~2004년 = 모닝웰. ⑤ CJ엠디원: 2002~2004년 = 엠디원. ⑥ 삼양유지: 2002~2003년 = 삼양유지사료.
　　출처: 사업보고서.

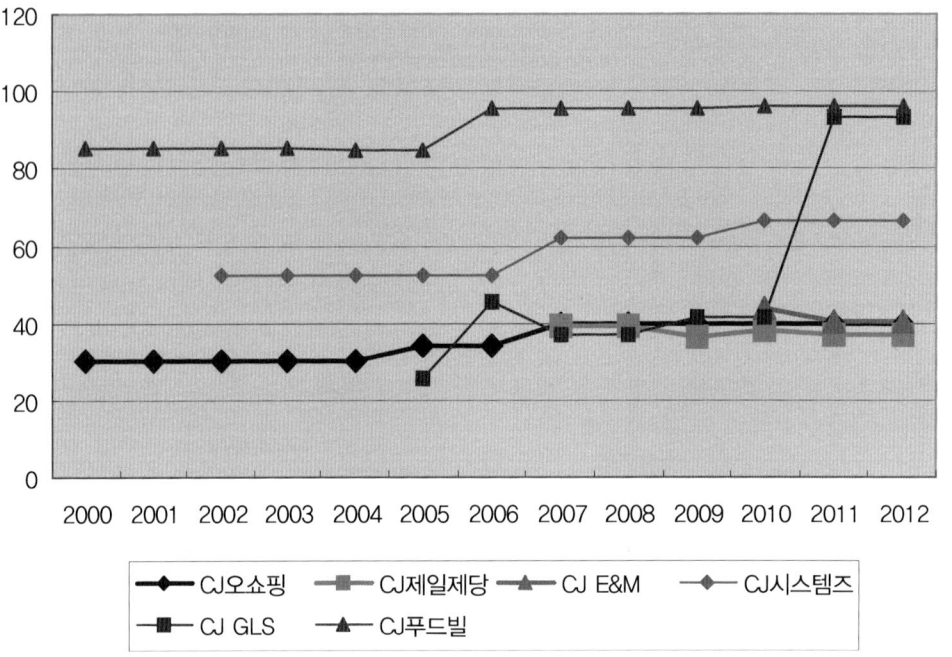

〈그림 3.6〉CJ(주)의 주요 6개 계열회사에 대한 보유 지분, 2000~2012년 (%)

(출처: <표 3.10>)

51.79%). ④ CJ미디어 (2004년 58.06% → 2006년 60.2% → 2007년 50.17% → 2010년 49.93%). ⑤ CJ건설 (2000~2011년 99.9%). ⑥ CJ엔터테인먼트 (2006~2010년 100%). ⑦ 화성봉담PFV (2009~2011년 82.46%). ⑧ CJ창업투자 (2002~2010년 90%). ⑨ 동부산테마파크 (2009~2010년 50%). ⑩ CJ스포츠 (2005~2007년 100%). ⑪ CJ프로퍼티스 (2008년 100%).

한편, CJ(주)는 1999년 이후 2개 연도(2001~2002년)를 제외하고는 자기주식을 보유해 오고 있는데, 1999년 4.53%에서 2006년에는 19.18%로 급증하였으며 2007년 지주회사로 전환된 이후 줄어들기는 하였지만 여전히 10% 이상의 많은 자기주식을 보유하고 있다. 2007년 13.32%로 줄어들었고 2011년 현재에는 10.25%이다.

4.3 CJ(주)의 최대주주 및 특수관계인 지분, 1997~2012년

CJ(주)(이전 제일제당)는 1997년 4월 삼성그룹으로부터 분리된 이후 줄곧 최대주주 이재현의 1인 지배 하에 있다. 이재현의 지분이 절대적으로 많고 특수관계인 지분은 1% 내외로 미미하다. 이재현의 지분은 2007년 9월 CJ(주)가 지주회사로 전환되기 이전까지는 20% 내외 수준이다가 지주회사로 전환된 이후 40% 이상으로 대폭 증가하였다 (<표 3.11>, <표 3.12>, <그림 3.7>).

CJ(주)는 1993년 6월 이맹희(삼성그룹 창업주 이병철의 장남) 일가 몫으로 삼성그룹으로부터 경영 분리되었으며, 이후 4년여의 기간에 걸쳐 지분 정리가 진행되어 1997년 4월 삼성그룹으로부터 완전 분리되었다. 최대주주는 1993년 이후 CJ(주)에서 경영 수업을 받아 오던 이재현(이맹희의 장남)으로 정해졌는데 그의 나이 37세(1960년 생) 때였다. 이재현 일가의 가족구성원은 10명 정도로 적은 편이며, 지분을 나누어 가지는 대신 이재현 한 사람에게 집중시키는 방식을 택한 셈이다.

삼성그룹으로부터 분리된 직후인 1997년 12월 현재에는 이재현의 지분이 3.95%에 불과하였다. 대신 특수관계인 지분이 3배가량(11.77%) 되었고, 최대주주 및 특수관계인 지분 전체의 크기는 15% 정도(15.72%)로 작은 편이었다. 특수관계인 지분 중에서는 친족 지분(8.88%)이 대부분이고 자기주식(2.33%)도 큰 비중을 차지하였다. 계열회사(0.35%)와 임원(0.21%)의 지분도 일부 포함되어 있었다. 친족은 어머니 손복남(8.85%)과 외숙모 김교숙(0.03%)이었으며, 아버지 이맹희, 누나 이미경, 동생 이재환 등 나머지 가족 구성원들은 지분에 참여하지 않았다.

하지만 1년 뒤인 1998년 이재현은 자신의 지분을 4배 이상 늘려(3.95% → 17.98%) 최대주주로서의 위치를 확고히 하였다. 특수관계인 지분이 줄어든 가운데(11.77% → 7.17%) 최대주주 및 특수관계인 지분은 25% 이상으로 크게 늘어났다(15.72% → 25.15%). 친족 지분은 1% 미만으로 급감했는데(8.88% → 0.82%), 손복남은 주식을 모두 처분하였고 대신 그의 동생이자 이재현의 외숙부인 손경식이 약간의 지분(0.69%)을 보유하였다. 김교식은 이전의 지분(0.03%)을 그대로 유지하였다. 반면 자기주식(2.33% → 4.64%), 계열회사(0.35% → 1.13%), 임원(0.21% → 0.68%) 등 다른 특수관계인의 지분은 2~4배씩 증가하였다.

CJ(주)의 분리 2년 뒤인 1999년 이재현의 지분은 24% 이상(17.98% → 24.05%)으로 더욱 늘어났다. 분리 첫해인 1997년(3.95%)에 비하면 6배 이상이나 증가한 셈이다. 친족 지분이 완전히 없어지고 다른 특수관계인 지분이 약간 줄어든 가운데(7.17% → 6.01%) 최대주주 및 특수관계인 지분은 30% 이상으로 늘어났다(25.15% → 30.06%).

2000년 이후에는 특수관계인 지분이 미미해지면서 이재현의 1인 지배체제가 고착화되었다. 이재현의 지분은 조금씩 줄어드는 가운데 2005년(21.88%)까지 20% 이상을 유지하였으

〈표 3.11〉 CJ(주)의 최대주주 및 특수관계인 지분, 1997~2012년 (%)

연.월	최대주주 이재현	특수관계인						합
		친족	임원	자기주식	계열회사	비영리법인	합	
1997.12	3.95	8.88	0.21	2.33	0.35		11.77	15.72
1998.12	17.98	0.72	0.68	4.64	1.13		7.17	25.15
1999.12	24.05		0.63	4.24	1.14		6.01	30.06
2000.12	24.05		0.63		0.73		1.36	25.41
2001.12	23.9		0.05		0.73		0.78	24.68
2002.12	23.49	0.00	0.25		0.71		0.96	24.45
2003.12	23.49	0.00	0.26	2.45	0.71		3.42	26.91
2004.12	21.93	0.00	0.23		0.67		0.90	22.83
2005.12	21.88	0.06	0.21				0.27	22.15
2006.12	19.73	0.05	0.02				0.07	19.8
2007.6	19.7	0.05	0.02				0.07	19.77
(지주회사)								
2007.9	19.65	0.06	0.05				0.11	19.76
2007.12	43.36	0.05	0.06				0.11	43.47
2008.12	43.36	0.05	0.04			0.82	0.91	44.27
2009.12	42.01	0.17	0.00			1.02	1.19	43.2
2010.12	41.2	0.16	0.00			1	1.16	42.37
2011.12	42.34	0.16				1	1.16	43.5
2012.3	42.33	0.16				1	1.16	43.49

주: 1) 보통주 기준; 0.00 = 0.01 미만.

2) 1997년 수치는 1998년 사업보고서의 '최대주주 및 특수관계인 주식 소유 현황' 중 기초지분율임. 1997년 사업보고서는 현재 인터넷 상으로는 열람이 가능하지 않은 상태임. 1998년 이재현은 최대주주로 나와 있는데 1997년에도 최대주주였는지는 확인이 되지 않고 있음. 지분 크기로 보면 손복남이 최대주주인 것으로 보이며 편의상 1997년에도 이재현이 최대주주인 것으로 간주함. 일부 문헌에는 '손복남이 제일제당의 최대주주로 있다가 주식 증여를 하였다'고 소개되어 있음.

3) CJ(주) 1997~2001년 = 제일제당.

4) 친족: 1997년 2명 (손복남 8.85%, 김교숙 0.03), 1998년 2명 (손경식 0.69, 김교숙 0.03), 2002~2008년 1명 (김교숙), 2009년 2명 (김교숙 0.04, 이경후 0.13), 2010~2012년 2명 (김교숙 0.03, 이경후 0.13).

5) 임원: 1997년 3명, 1998년 10명, 1999년 4명, 2000년 3명, 2001~2003 2명, 2004~2006 1명, 2007년 2명, 2008~2010년 1명.

6) 비영리법인: 2008년 2개 (CJ나눔재단 0.41%, CJ문화재단 0.41), 2009년 2개 (CJ나눔재단 0.58, CJ문화재단 0.44), 2010~2012년 2개 (CJ나눔재단 0.57, CJ문화재단 0.43).

7) 계열회사: 1997년 1개 (스파클), 1998년 2개 (CJ GLS 0.8%, 스파클 0.33), 1999년 2개 (CJ GLS 0.76, 스파클 0.38), 2000~2004년 1개 (CJ GLS).

8) 자기주식, 계열회사: 위의 수치는 사업보고서의 '최대주주 및 특수관계인 주식 소유현황'에 있는 것임. 그런데, 사업보고서의 '계열회사들 간의 지분구조'(1997년 자료는 없음)에는 피출자회사로서의 CJ(주)에 대해 다음 회사들이 출자 회사로 되어 있음. ① CJ(주) - 1999년 (4.53%), 2000년 (1.13), 2003~2004년 (2.45), 2005년 (7.48), 2006년 (19.18), 2007년 (13.32), 2008년 (12.54), 2009년 (11.64), 2010년 (11.42), 2011년 (10.25) (〈표 3.10〉 참조). ② 계열회사 - 1998년 (CJ GLS 0.8, 스파클 0.33), 1999년 (CJ GLS 0.61, 스파클 0.3), 2000년 (CJ GLS 0.59), 2001년 (CJ GLS 0.58), 2002~2004년 (CJ GLS 0.71).

출처: 사업보고서, 반기보고서, 분기보고서; 김동운 외(2005), 서울신문사산업부(2005).

〈표 3.12〉 CJ그룹 이재현 일가 가계도

1세대	2세대	3세대
이맹희 (+ 손복남)	1녀 이미경	
	1남 이재현 (+ 김희재)	1녀 이경후, 1남 이선호
	2남 이재환 (+ 민재원)	1녀 이소혜, 1남 이호준
손경식 (+ 김교숙)		

주: 1) 이맹희는 삼성그룹 창업자 이병철의 3남5녀 자녀 중 1남 (1녀 이인희, 1남 이맹희, 2남 고 이창희, 2녀 이숙희, 3녀 이순희, 4녀 이덕희, 3남 이건희, 5녀 이명희).
　　 2) 손경식은 손복남의 동생.
　　 3) 3세대: 이경후 (1985년 생), 이선호 (1990년), 이소혜 (1991년), 이호준 (1999년).
출처: 서울신문사산업부(2005).

〈그림 3.7〉 CJ(주)의 최대주주 및 특수관계인 지분, 1997~2011년 (%)

(출처: <표 3.11>)

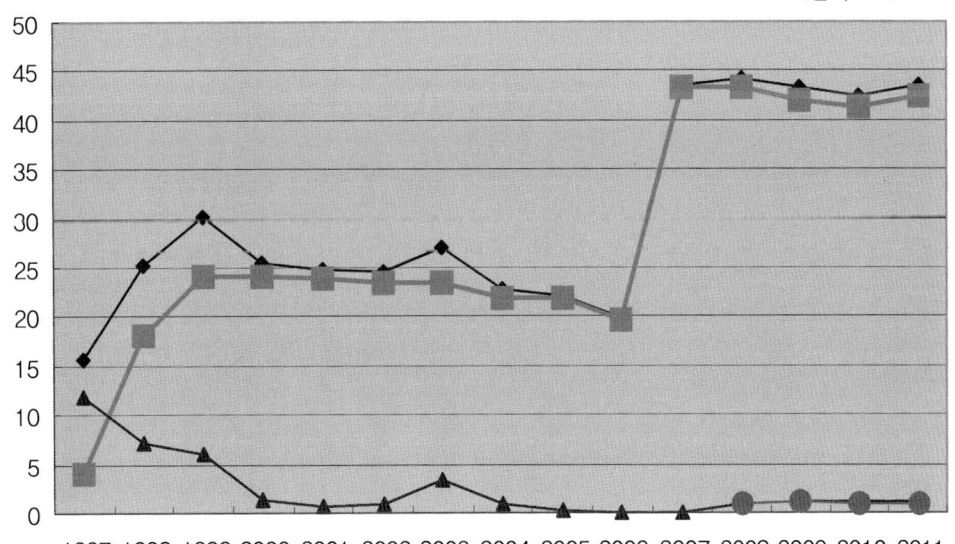

며, CJ(주)가 지주회사로 전환되기 전 해인 2006년(19.73%)에는 20%에 약간 못 미치는 수준으로 줄어들었다. 특수관계인 지분은 1999년 6.01%이던 것이 2000년에는 1.36%가 되었고 2006년까지는 0.07%로 더욱 줄어들었다. 자기주식은 2000년부터 없어졌으며(2003년 제외), 계열회사 지분은 2000년 1% 미만으로 줄어든 뒤 2005년부터는 없어졌다. 임원의 지분 또한 크게 줄어들었다(2000년 0.63% → 2006년 0.02%). 반면 친족 지분은 1999~2001년 사이에 없어졌다가 2002년부터 다시 등장하였다. 주주는 김교숙이었다. 하지만 지분의 크기는 미미하여, 2002~2004년 사이에는 0.01% 미만 그리고 2005~2006년에는 0.05~0.06%였다.

이재현의 1인 지배체제는 2007년 9월 CJ(주)가 지주회사로 전환된 이후 더욱 강화되었다. 첫째, 최대주주인 이재현의 지분이 2006년 12월 19.73%에서 2007년 12월에는 43.36%로 2배 이상 대폭 증가하였다. 이후 이재현은 41~43%의 지분을 보유해 오고 있으며, 2011년 12월 현재에는 42.34%이다. 둘째, 여전히 작은 크기이기는 하지만 친족 지분이 증가하였다. 2005~2008년 사이 0.05~0.06%이던 것이 2009년부터는 0.16~0.17% 수준이 유지되고 있다. 더구나 2009년부터는 이재현의 딸인 이경후가 김교숙과 함께 주주로 이름을 올리고 있다. 셋째, 2008년부터는 비영리재단인 CJ나눔재단(2005년 7월 설립)과 CJ문화재단(2006년 5월)이 함께 주주로 참여하고 있는데 친족보다 월등히 많은 1% 내외의 지분을 가지고 있다. 이들 재단의 소유구조에 대해서는 정보가 없는 상태이기는 하지만, 대표가 이재현이고 주소지(서울시 중구 필동)가 같은 점으로 미루어 볼 때 이재현이 단독 출자한 것으로 짐작된다. 그리고 넷째, 임원 지분이 미미한 상태로 유지되다가 2011년에는 완전히 없어졌다.

결국, 2007년 9월 CJ(주)가 지주회사로 전환된 이후 최대주주인 이재현은 자신의 지분을 40% 이상으로 대폭 늘이는 한편 자신의 직접적인 영향력 하에 있는 주주(친족과 비영리법인)만을 특수관계인으로 참여시킴으로써 1인 지배체제를 더욱 공고히 하였다. 이재현의 지주회사 CJ(주)에 대한 소유권의 강화는 지주회사에만 머물지 않았다. 앞에서 설명한 것처럼, 지주회사의 자회사에 대한 소유권이 강화되었고 손자회사, 증손회사, 고손회사 및 고고손회사도 생겨났으며, 이에 따라 이재현의 1인 소유지배체제 또한 지주회사를 통해 산하 계열회사 전체로 자연스럽게 확산되었다.

5. 경영구조의 변화

5.1 CJ(주) 최고경영진의 변화, 1998~2011년

이재현은 CJ(주)의 최대주주로서 소유권을 장악하는 동시에 최고경영자로서 경영권 또한 장악하여 명실공히 1인 지배체제를 구축하였다. 다만 장악 과정에 다소의 차이가 있었다.

소유권에서는 1997년 CJ(주)가 삼성그룹으로부터 분리된 이후 줄곧 최대주주였으며, 1년 정도의 과도기를 거쳐 이듬해인 1998년부터는 소유권을 완전 장악하였고 2007년 CJ(주)가 지주회사로 전환된 이후 소유권을 보다 강화하였다. 이에 비해, 경영권을 장악하기까지에는 보다 긴 시간이 걸렸다. 1997년 이후 최고경영자의 지위를 가지면서도 외숙부인 손경식과 함께 공동경영체제를 오랫동안 유지하면서 경영수업을 받았으며, 2007년 지주회사체제 하에서 비로소 단독경영을 하면서 경영권을 완전 장악하였다 (<표 3.13>, <표 3.14>, <표 3.15>, <표 3.16>, <표 3.17>).

5.1.1 지주회사체제 이전, 1998~2006년

그룹의 분리 독립 이듬해인 1998년 현재 CJ(주)의 등기임원은 10명이었다. 사내이사가 6명이고 사외이사가 2명이었으며, 감사가 2명(상근사내 1명, 비상근사외 1명) 별도로 있었다. 사내이사 6명은 대표이사(상근) 4명, 상근이사 1명, 비상근이사 1명 등으로 구성되었다. 1998년의 사내이사 6명 중 절반인 3명은 이재현 가족구성원이었다. 손경식은 대표이사회장, 이재현은 대표이사부회장, 그리고 이재현의 어머니이자 손경식의 누나인 손복남은 비상근이사였다.

이재현은 1960년 생으로 경복고와 고려대 법대에서 공부하였다. 1983년 씨티은행에 취직하여 2년 동안 근무하였고, 1985년 제일제당(이후 CJ(주))에 경리부 평사원으로 입사하여 경리부 차장(1988년)과 기획관리부장(1989년)으로 승진하였다. 1992년에는 삼성전자로 자리를 옮겨 전략기획실 이사대우가 되었는데, 1993년 제일제당이 삼성그룹으로부터 경영 분리되면서 다시 제일제당으로 돌아와 이사로서 새 출발을 하게 되었다. 그의 나이 33세 때였다. 1997년(37세) 부사장으로 그리고 1999년(39세) 부회장으로 승진하였으며, 1998년 대표이사가 되었다. 일부 문헌에는 이재현의 경력이 다음과 같이 소개되어 있다: 고려대 졸업

(1984년), 삼성전자 전략기획실 이사 (1993년), 제일제당 상무이사 (1993~1997년), 제일제당 부사장 (1997년), 제일제당 대표이사 부회장 (1998년 1월~2002년 2월), CJ그룹 대표이사회장 (2002년 3월 이후). 한편, 1998~1999년 사업보고서에는 이재현의 직책이 '경영담당 대표이사'라고만 되어 있으며, 2000년 사업보고서에 처음으로 '경영담당 대표이사 부회장'으로 기록되어 있다.

한편 손경식(1939년 생)은 1968년 삼성전자에 입사하였으며, 1973년 삼성화재로 자리를 옮겨 이사가 된 이후 대표이사 전무(1974년), 대표이사 사장(1977년)을 거쳐 1991년에는 대표이사 부회장으로 승진하였다. 1993년 제일제당이 삼성그룹으로 분리되면서 손경식은 제일제당 대표이사 부회장으로 자리를 옮겨 조카 이재현의 후견인 역할을 하기 시작하였고, 1994년 대표이사 회장으로 승진하였다.

〈표 3.13〉 CJ(주)의 등기임원, 1998~2011년: (1) 임원 수 (명)

| 연도 | 합 | 사내이사 | 사외이사 | 사내이사 | | | | 사내이사 | |
				상근 대표이사 (A)	비상근 대표이사 (B)	상근 이사 (C)	비상근 이사 (D)	이재현 일가 (A,B,C,D)	전문경영인 (A,B,C,D)
1998	8	6	2	4		1	1	3 (2,0,0,1)	3 (2,0,1,0)
1999	10	6	4	4		1	1	3 (2,0,0,1)	3 (2,0,1,0)
2000	9	6	3	3	1		2	3 (2,0,0,1)	3 (1,1,0,1)
2001	8	4	4	3		1		2 (2,0,0,0)	2 (1,0,1,0)
2002	8	4	4	3		1		2 (2,0,0,0)	2 (1,0,1,0)
2003	8	4	4	3		1		2 (2,0,0,0)	2 (1,0,1,0)
2004	7	3	4	3				2 (2,0,0,0)	1 (1,0,0,0)
2005	7	3	4	2		1		2 (1,0,1,0)	1 (1,0,0,0)
2006	7	3	4	3				2 (2,0,0,0)	1 (1,0,0,0)
(지주회사)									
2007	7	4	3	2	1		1	2 (1,1,0,0)	2 (1,0,0,1)
2008	7	3	4	2	1			2 (1,1,0,0)	1 (1,0,0,0)
2009	7	3	4	2	1			2 (1,1,0,0)	1 (1,0,0,0)
2010	7	3	4	2	1			2 (1,1,0,0)	1 (1,0,0,0)
2011	7	3	4	3				2 (2,0,0,0)	1 (1,0,0,0)

주: 12월 또는 이듬해 3월 현재; 1998~1999년 - 감사(상근사내 1명, 비상근사외 1명) 2명씩 별도로 있음.
출처: 〈표 3.14〉, 사업보고서.

1998년 이재현은 전년도에 비해 지분을 4배 이상 늘려(3.95% → 17.98%) 최대주주로서의 위치를 확고히 한 상태였으며, 반대로 손복남은 지분(8.85%)을 아들에게 모두 증여하였다. 손복남은 소유에서는 손을 뗐지만 경영에서는 사내이사로서 동생 손경식과 함께 아들을 계속 후원하였다. 사내이사(6명)와 감사(2명)의 수 및 구성은 1999년에도 변함이 없었으며, 다만 사외이사가 2명 더 늘어났다. 이재현의 지분은 1/3가량 더 늘어나 있었다(17.98% → 24.05%).

2000년 이후 CJ(주)의 경영구조는 점진적으로 개편되어 갔으며 이 과정에서 이재현의 경영권은 더욱 강화되었다. 특히 2007년 지주회사체제 도입 이후 이재현 1인 지배체제가 고착화되었다. 지분에서도 2000년 이후 특수관계인의 몫이 미미해진 가운데 이재현이 20% 내외 수준을 보유하면서 절대적인 최대주주의 위치를 유지하였으며, 2007년 이후 이재현의 지분은 40% 이상으로 월등히 많아졌다.

〈표 3.14〉 CJ(주)의 등기임원, 1998~2011년: (2) 사내이사

임원	지주회사체제 이전									지주회사체제				
	1998	1999	2000	2001	2002	2003	2004	2005	2006	2007	2008	2009	2010	2011
대표이사 (상근)	이재현	이재현	이재현	이재현	이재현	이재현	이재현	이재현	이재현	이재현	이재현	이재현	이재현	이재현
	손경식	손경식	손경식	손경식	손경식	손경식	손경식		손경식					손경식
	김주형	김주형	김주형	김주형	김주형	김주형	김주형							
	원종섭	원종섭												
									김진수	김진수				
										징흥균	징흥균			
												하대중		
													이관훈	이관훈
대표이사 (비상근)			원종섭								손경식	손경식	손경식	손경식
이사 (상근)	신승훈	신승훈						손경식						
				김진수	김진수	김진수								
이사 (비상근)	손복남	손복남	손복남											
			신승훈											
												김진수		

주. 12월 또는 이듬해 3월 현재; 1998·1999년 감사(상근사내 1명, 비상근사외 1명) 2명씩 별도로 있음.
출처: 사업보고서.

이재현의 경영권 강화는 2000년 시작되었다. 대표이사 1명(원종섭)이 비상근으로 바뀌면서 3인 대표이사체제로 변경된 것이다. 이전의 상근이사(신승훈) 또한 비상근으로 바뀌어 6명의 사내이사 중 상근이 3명(이재현, 손경식, 김주형), 비상근이 3명(원종섭, 신승훈, 손복남)이었다. 이사회 구성원 그리고 대표이사 중에서 이재현의 역할이 중요해짐과 동시에 이재현－손경식 쌍두마차체제 또한 더욱 탄탄해진 것으로 볼 수 있다. 더구나, 2000년 처음

〈표 3.15〉 이재현 가족구성원의 경영 참여, 1998~2011년

연.월	CJ(주)				CJ제일제당				CJ엔터테인먼트
	이재현	손경식	손복남	이재환	이재현	손경식	손복남	이재환	이미경
1998.12	대표부회장	대표회장	비상근이사						이사
1999.12	대표부회장	대표회장	비상근이사						이사
2000.12	대표부회장	대표회장	비상근이사						상무보
2001.12	대표부회장	대표회장	미등기임원						상무보
2002.12	대표회장	대표회장	미등기임원						상무
2003.12	대표회장	대표회장	미등기임원	미등기임원					상무
2004.12	대표회장	대표회장	고문						상무
2005.12	대표회장	상근이사 회장	고문						부회장
2006.12	대표회장	대표회장	고문	상무					(부회장)
2007.6	대표회장	대표회장	고문	상무					
(지주회사체제)									
2007.9	대표회장	비상근대표회장			대표	대표	고문	상무	
2007.12	대표회장	비상근대표회장			대표	대표	고문		(부회장)
2008.12	대표회장	비상근대표회장			대표	대표	고문		(부회장)
2009.12	대표회장	비상근대표회장			대표	대표			(부회장)
2010.12	대표회장	비상근대표회장			대표	대표			
2011.3	대표회장	비상근대표회장			대표	대표			부회장
2011.12	대표회장	대표회장			대표	대표			부회장

주: 1) '12월'은 12월 또는 이듬해 3월 현재; 대표 = 상근대표이사.
  2) 손복남 = 이재현의 어머니, 손경식 = 외숙부, 이미경 = 누나, 이재환 = 동생.
  3) 손복남: 2000~2006년 경영담당, 2007년 경영전략실, 2008년 경영담당; 고문은 미등기임원.
  4) 이재환: 2002년 사업보고서에는 '2003년 선임, 미등기임원, 동경사무소'라고 되어 있는데, 이후 임원 명단에 없다가 2006~2007년에 포함됨; 2006년 12월 전략경영팀, 2007년 경영지원실.
  5) 이미경: 미등기임원; 2006~2009년 그룹 엔터테인먼트 및 미디어 총괄 부회장; 2011년 CJ E&M 부회장 (E&M 총괄).
출처: 사업보고서, 반기보고서, 분기보고서, 서울신문사산업부(2005), Naver 인물검색.

생긴 사외이사후보추천위원회는 6명으로 구성되었는데, 이재현을 비롯한 상근대표이사 3명이 모두 위원으로 참여하여 사외이사에 대한 영향력을 행사하였다.

3인 대표이사체제 겸 이재현-손경식 체제는 2005년을 제외하고 2006년까지 계속되었으며, 이런 가운데 CJ(주)의 경영구조에 몇 가지 주요 변화가 일어났다.

첫째, 2002년 이재현이 대표이사부회장에서 대표이사회장으로 승진하여 손경식과 동일한 직위를 가지게 되었다. 이재현의 경영권이 보다 강화됨과 동시에 이재현-손경식 체제 또한 보다 확고해진 것이다.

둘째, 사외이사의 위치가 제고되면서 이재현-손경식 체제에 대한 견제 세력 또한 제 목소리를 내기 시작하였다. 1998~2000년 사이 사내이사는 6명이고 사외이사는 2~4명이었는데, 2001~2003년에는 각각 4명으로 같아졌고 2004~2006년에는 사외이사(4명)가 1명 더 많아졌다. 또 상근대표이사 3명과 사외이사 3명이 위원으로 참여하던 사외이사후보추천위원회는 2005년부터 사외이사(전원; 4명)로만 구성되었다.

셋째, 2001년 사내이사가 6명에서 4명으로 줄어들고 모두 상근으로 개편되면서 이재현의 어머니 손복남은 2001년 비상근이사직에서 물러났다. 경영 참여 가족구성원의 수가 1명 줄어든 점에서는 가족경영체제가 다소 약화된 것으로 볼 수도 있다. 하지만 이재현이 회장으로 승진하고 사내이사 중에서 가족구성원이 차지하는 비중이 유지된(2001~2003년 4명 중 2명) 후 증가한(2004~2006년 3명 중 2명) 점에서 보면 가족경영체제는 오히려 강화된 셈이다. 더구나, 손복남은 미등기임원으로 지위를 바꾸어 2007년 초까지 유지하였다. 2001~2003년에는 미등기임원 중 어떤 직책인지에 대한 정보가 없으며, 2004~2007년에는 '고문'의 직책을 가졌다. 역할은 2006년까지는 '경영담당'으로 되어 있고 2007년에는 '경영전략실' 소속으로 되어 있는데, 손경식과 함께 경영 전반에 관한 조언을 한 것으로 보인다.

넷째, 이재현의 다른 가족구성원 중에서는 동생인 이재환이 CJ(주)의 경영에 짧은 기간 관여한 적이 있었다. 2002년 사업보고서에는 '2003년 선임, 미등기임원, 동경사무소'라고 되어 있는데, 이후 임원 명단에 없다가 2006~2007년에 상무로 이름을 다시 올렸다. 2006년에는 전략경영팀 그리고 2007년에는 경영지원실 소속이었다. 한편 이재현의 누나 이미경은 CJ(주)에는 관여하지 않고 계열회사인 CJ엔터테인먼트에만 미등기임원으로 관여하였다. 이사, 상무보, 상무를 거쳐 2005년 부회장이 되었으며, 2006년부터는 그룹 엔터테인먼트 및 미디어 총괄 부회장의 직책을 수행하였다.

그리고 다섯째, 2000년 시작된 3인 대표이사체제 겸 이재현-손경식 체제는 2004년까지 계속되다가 2005년에 2인 대표이사체제 겸 이재현 1인 체제로 바뀌었다. 손경식이 상근이사로 자리를 옮긴 때문이었다. 또 전문경영인 출신 대표이사도 새 인물로 바뀌었다. 1998년 이후 대표이사직을 유지해 오던 김주형이 물러나고 대신 2001년 이후 상근이사로 있던 김진수가 선임되었다. 하지만 2006년 손경식이 대표이사가 되면서 3인 대표이사체제 겸 이재현-손경식 체제로 다시 돌아갔다. 손경식의 위치가 왜 그렇게 변경되었는지에 대해서는 알 길이 없으나, 개인 신상에 어떤 문제가 있었거나 아니면 이재현 1인 체제로 전환하기 위한 일종의 예행연습 차원에서 의도적으로 진행된 것이 아닌가 여겨진다.

5.1.2 지주회사체제 이후, 2007~2011년

2007년 CJ(주)가 지주회사로 전환된 이후 경영구조에는 이전과는 또 다른 변화가 일어났고 이 과정에서 이재현의 1인 지배체제는 더욱 확고해졌다. 이재현의 지분은 1999년 20%를 넘어선(24.05%) 이후 조금씩 줄어들어 2006년에는 20% 미만(19.73%)이 되었는데 지주회사 전환 이후 40% 이상(43.36%)으로 2배 이상 증가한 상태였다. 소유권의 강화에 걸맞게 경영권 또한 더욱 강화되어 이재현에게로 집중되었다.

2007년 이후의 가장 큰 변화는 2인 대표이사체제 겸 이재현 1인 체제가 정착된 점이다. 상근대표이사 3명(이재현, 손경식, 김진수) 중 이재현은 남고 다른 2명은 각각 비상근대표이사와 비상근이사로 지위가 변경되었으며, 대신 정홍균이 새 전문경영인 대표이사로 선임되었다. 특히, 손경식은 2005년 상근이사로 물러났다가 2006년 상근대표이사로 복귀했는데, 2007년 대표이사회장직은 유지하면서 비상근으로 다시 한 발 물러나게 되었다.

신임 대표이사 정홍균은 이전 CJ(주)의 경영전략실 책임자로 미등기 부사장이었다. 지위가 크게 격상된 것이다. CJ(주)는 2007년 공정거래법상 지주회사로 전환되기 오래전부터 그룹의 실질적인 지주회사의 역할을 수행해 왔는데, 지주기능을 담당하면서 이재현-손경식 체제를 실무적으로 보좌한 조직이 경영전략실이었다. 정홍균은 이재현보다 많은 수의 겸직(7~11개)을 보유해 온 핵심 임원이었다. 정홍균의 발탁은 실무책임자의 격을 높여 지주기능을 공식화하고 보다 강화하겠다는 의도로 볼 수 있다.

이제 정홍균은 보다 가까이에서 보다 적극적으로 이재현을 보좌하게 되었으며, 이로써 외형적으로는 2인 대표이사체제이지만 실질적으로는 이재현 1인 친정체제가 확고하게 구축되었다. 정홍균은 2008년까지 대표이사로 재직하였으며, 이후에는 다른 2명(하대중, 이관훈)

〈표 3.16〉 분할 전후 존속·신설 회사의 등기임원:
이전 CJ(주) (2007년 6월) vs. 지주회사 CJ(주)와 신설 CJ제일제당 (2007년 9월)

임원	이전 CJ(주)	지주회사 CJ(주)	신설 CJ제일제당
사내이사 (A, 명)	3	4	3
사외이사 (B, 명)	4	3	4
(A)	이재현 (대표이사)	이재현 (대표이사)	이재현 (대표이사)
	손경식 (대표이사)	손경식 (비상근대표이사)	손경식 (대표이사)
	김진수 (대표이사)	김진수 (비상근이사)	김진수 (대표이사)
	[정홍균 (미등기부사장,경영전략실)]	정홍균 (대표이사)	
(B)	조경식, 허병우	조경식, 허병우	홍인기, 이상돈
	홍인기, 이상돈	유종일	주선회, 민상기

출처: 분기보고서, 반기보고서, 사업보고서.

〈표 3.17〉 이전 CJ(주)의 경영전략실 vs. 지주회사 CJ(주), 2007년

임원	이전 조직에서 직책 (2006년 12월~2007년 6월)		지주회사 CJ(주)에서의 직책 (2007년 9월)
	[CJ(주)]		
정홍균	경영전략실	부사장	대표이사
신동기	경영전략실	재무담당 부사장	재무담당 부사장
서종수	경영전략실	기획팀 상무	기획팀 상무
강신호	경영전략실	인사팀 상무	인사팀 상무
김홍기	경영전략실	비서팀 상무	인사팀 상무
	[CJ홈쇼핑]		
신현재	경영기획	상무·부사장	운영담당 부사장
조면제	경영전략	상무	인사기획담당 상무
이한국	경영기획	상무	전략지원팀 상무
박준형	경영기획	상무	인사팀 자문
박정훈			운영1팀 상무
서장원			운영3팀 상무

주: 경영전략실은 미등기임원 정보에 포함되어 있으며 '조직도'에는 표시되어 있지 않음 (〈표 3.23〉 참조).
출처: 사업보고서, 반기보고서, 분기보고서.

이 연이어 선임되었다.

정홍균과 함께 이전 CJ(주) 경영전략실 임원 4명도 지주회사로 자리를 옮겼다. 지주회사로 전환한 직후인 2007년 9월 현재 CJ(주)의 사내임원은 14명(등기 4명, 미등기 10명; 등기 사외이사 3명 제외)이었는데, 이들 중 절반이 넘는 8명(등기 4명, 미등기 4명)이 이전 CJ(주)에서 일하던 사람들이었고 이 8명 중 5명(등기 1명, 미등기 4명)이 경영전략실 출신으로 구성된 것이다. 자리를 옮긴 4명은 모두 이전과 같은 직책을 가졌는데, 3명(재무담당 신동기 부사장, 기획팀 서종수 상무, 인사팀 강신호 상무)은 업무 분야가 같았고 1명(김홍기 상무)은 다른 업무(비서팀 → 인사팀)를 담당하였다.

지주회사의 다른 4명의 미등기임원은 CJ홈쇼핑(이후 CJ오쇼핑)에서 차출되었다. CJ홈쇼핑은 CJ(주)의 자회사로 2007년 1월 공정거래법상 지주회사로 지정된 상태였다. 3명(신현재 부사장, 이한국 상무, 박준형 상무)은 경영기획 분야에서 그리고 1명(조면제 상무)은 경영전략 분야에서 일하고 있었으며, 지주회사에서는 업무(운영담당, 전략지원팀, 인사팀, 인사기획담당)가 모두 달라졌다. 이들 4명 중 신현재는 2007~2009년 사이 이재현에 버금가는 수의 겸직(7~8개)을 보유할 정도로 역할이 컸다.

한편 2007년 이후 손복남과 이재환은 미등기임원에서 물러나 지주회사의 경영에는 관여하지 않게 되었다. 대신 손복남은 CJ(주)의 신설 자회사인 CJ제일제당의 '경영담당' 고문으로 자리를 옮겨 2008년까지 유지하였다. 이미경은 2006년 이후 그룹 엔터테인먼트 및 미디어 총괄 부회장의 직책을 가지고 있었으며, 2011년 3월 CJ엔터테인먼트를 비롯한 5개 계열회사가 CJ E&M에 합병된 이후에는 CJ E&M의 'E&M 총괄' 부회장으로 일하고 있다.

2011년 들어 큰 변화가 일어났다. 손경식이 다시 상근대표이사회장으로 선임된 것이다. 이에 따라 2006년까지 계속되었던 3인 대표이사체제 겸 이재현－손경식 체제가 5년 만에 다시 부활하였다.

손경식이 경영에 다시 적극적으로 개입하게 된 배경에 대해서는 알려진 바가 없으나, 최근 들어 '문화그룹'을 적극 표방하면서 CJ그룹이 한 단계 더 도약하려는 변화에 힘을 보태기 위함이 아닌가 추측된다. CJ그룹의 계열회사는 2011년 4월 65개에서 2012년 4월에는 84개로 급증하였으며, 2011년에는 CJ(주)의 자회사인 CJ E&M이 주요 5개 계열회사를 합병하고(3월) CJ E&M의 분할을 통해 자회사 CJ게임즈가 신설되면서(11월) 지주회사체제에 큰 변화가 일어나기도 하였다.

2006년까지의 이재현－손경식 체제에서는 손경식이 후견인으로서 우위를 점했던 데 반해 2011년 부활된 이재현-손경식 체제는 실질적으로는 이재현 1인 체제의 연장인 것으로 보이며, 이에 따라 손경식의 역할도 조언자 또는 멘토 정도에 그치거나 특정 분야를 담당하는 것으로 제한되지 않을까 추측된다.

5.2 CJ(주) 최고경영진의 겸직, 2000~2011년

이재현의 경영권 강화는 주력회사인 CJ(주)에 국한되지 않았다. CJ(주)의 자회사에 대한 지분이 늘어나고 손자회사, 증손회사, 고손회사 및 고고손회사도 생겨나면서 이재현의 경영권은 그룹 전체로 자연스럽게 확산되어 갔다. 더구나 이재현을 비롯한 CJ(주)의 등기임원들이 계열회사의 경영에 보다 적극적으로 관여함으로써 경영구조가 이재현을 중심으로 보다 일사불란하게 재편되었다 (<표 3.18>, <표 3.19>, <표 3.20>).

〈표 3.18〉 CJ(주) 임원의 겸직, 2000~2011년: (1) 겸직 임원과 겸직 회사 수 (명, 개)

연도	겸직 임원 수 (명)					겸직 회사 수 (개)		
	합	등기 임원	미등기 임원	1개 겸직	2개 이상 겸직	합	지분 보유 회사	기타 계열회사
2000	7	3	4	3	4	18	12 [15]	6
2001	12	2	10	2	10	22	14 [14]	8
2002	6	1	5	3	3	12	9 [15]	3
2003	5	1	4	2	3	13	10 [16]	3
2004	10	—	10	7	3	14	11 [20]	3
2005	17	1	16	11	6	22	19 [23]	3
2006	15	1	14	11	4	18	16 [22]	2
(지주회사체제)								
2007	8	3	5	3	5	18	14 [17]	4
2008	8	3	5	3	5	19	14 [16]	5
2009	5	2	3	2	3	15	13 [17]	2
2010	5	2	3	3	2	14	14 [19]	—
2011	7	3	4	4	3	15	11 [13]	4

주: 1) 12월 또는 이듬해 3월 현재.
2) 겸직 회사에서의 직책은 모두 등기임원(대표이사, 이사, 감사)임.
3) 지분 보유 회사 중 괄호 안의 숫자는 지분 보유 회사 총수.
출처: 사업보고서

CJ(주)의 임원 중 겸직을 가지고 있는 임원 수와 겸직 대상 회사 수를 살펴보면 2007년의 지주회사체제 이전과 이후에 큰 차이가 있음을 알 수 있다.

먼저, 2000~2006년 사이에는 겸직을 가진 임원 수가 많은 편이었고 이들의 대부분은 미

〈표 3.19〉 CJ(주) 임원의 겸직, 2000~2011년: (2) 임원별 겸직 회사 수 (개)

임원	지주회사체제 이전							지주회사체제				
	2000	2001	2002	2003	2004	2005	2006	2007	2008	2009	2010	2011
겸직회사 총수	18	22	12	13	14	22	18	18	19	15	14	15
(등기임원)												
이재현	7	6				7	7	8	8	8	8	9
정홍균								3	3			
신승훈	3											
김진수		1	3	3								
(미등기임원)												
정홍균	9	11	9	10	9	8	7					
성용준		2						6	6	6	6	4
신현재								8	8	7		
이준영		3								1	1	3
서장원								2	3			
이재호			3	3	5	9						
김동성	9	8										
서재열					1	2	2					
이병하					2	2	1					
김해동					1	2	1					
이성기	1	2										
마정만		2										
박준형		4										
서성엽		3										
서현동		2										
정승욱						2						

주: 1) 12월 또는 이듬해 3월 현재.
　　2) 2개 이상 겸직을 보유한 적이 있는 임원 대상.
　　3) 이재현 2002~2004년 – 겸직 정보 없음; 정홍균 – 2000~2006년 미등기임원, 2007~2008년 등기임원.
출처: 사업보고서.

등기임원이었다. 겸직 보유 임원 수는 3개 연도(2000, 2002~2003년)에는 5~7명이었고 4
개 연도(2001, 2004~2006년)에는 10~17명으로 2배 이상이나 많았는데, 2000년을 제외하
고는 미등기임원이 압도적인 다수를 차지하였다. 반면, 2007년 이후에는 겸직 보유 임원의
수가 5~8명으로 2005~2006년(15~17명)에 비해 크게 줄어든 가운데 등기임원의 비중은
대폭 증가하고(1명 → 2~3명) 미등기임원의 비중은 반대로 대폭 감소하였다 (14~16명 → 3~
5명).

〈표 3.20〉 CJ(주) 임원의 겸직, 2000~2011년: (3) 이재현의 겸직

겸직 회사	지주회사체제 이전				지주회사체제				
	2000	2001	2005	2006	2007	2008	2009	2010	2011
겸직 수 (개)	7	6	7	7	8	8	8	8	9
CJ제일제당					대표	대표	대표	대표	대표
CJ오쇼핑	이사	이사	이사	이사	이사	이사	이사	이사	이사
CJ E&M									이사
CJ프레시웨이	이사	이사	이사	이사	이사	이사	이사	이사	이사
CJ CGV			(이사)	이사	이사	이사	이사	이사	이사
CJ GLS	(이사	이사)	이사	이사	이사	이사	이사	이사	이사
CJ시스템즈			이사	이사	이사	이사	이사	이사	이사
CJ푸드빌			이사	이사	이사	이사	이사	이사	이사
CJ인터넷					이사	이사	이사	이사	
CJ건설	이사	이사	이사	이사					
CJ엔터테인먼트	이사	이사							
CJ투자증권	이사	이사							
드림라인	이사								
대한통운									(이사)

주: 1) 12월 또는 이듬해 3월 현재.
   2) 2002~2004년 - 출처의 '타법인 임원 겸임 내역'에 이재현 관련 정보 없음.
   3) 대표 = 대표이사; '이사'의 경우 표시는 없으나 '비상근등기이사'인 것으로 보임.
   4) CJ GLS 2000~2001년, CJ CGV 2005년, 대한통운 2011년 - 자회사 아님.
   5) CJ제일제당 - 2007년 9월 신설; CJ인터넷 - 2004년 7월 CJ그룹에 편입; CJ E&M - 2010년 9월 신설;
      대한통운 - 2011년 12월 CJ그룹 편입.
   6) CJ오쇼핑 2000년 = 삼구쇼핑, 2001년 = CJ삼구쇼핑, 2002~2008년 = CJ홈쇼핑; CJ프레시웨이 2000~2007
      년 = CJ푸드시스템; CJ CGV 2000년 = CGV빌리지, 2001년 = CGV; CJ건설 2000~2007년 = CJ개발;
      CJ투자증권 2000년 = 제일투자신탁증권, 2001년 = 제일투자증권; 대한통운 = 이후 CJ대한통운.
출처: CJ(주) 사업보고서, CJ그룹 홈페이지(www.cj.net), 서울신문사산업부(2005).

겸직 대상 회사의 경우, 전체 수에서는 2007년 이전과 이후가 크게 차이가 나지 않는다 (12~22개 vs. 14~19개). 하지만 구성에서는 의미 있는 변화가 일어났다. 2007년 이전에 비해 이후에는 CJ(주)가 지분을 보유하는 회사들 대부분에서 겸직을 보유하게 된 것이다 (14~23개 중 9~19개 vs. 13~19개 중 11~14개). 또 CJ(주)가 지분을 보유하지 않는 기타 계열회사에 대해서도 겸직이 늘어나는 추세를 보이고 있다 (2002~2006년 2~3개 vs. 2007~2011년 2~5개).

결국, 2007년 지주회사체제로 전환된 이후 주요 등기임원을 중심으로 지주회사가 그룹 계열회사들을 보다 적극적이고 일사분란하게 경영 통제하게 되었다. 지주회사체제가 표방하는 '계열회사에 의한 자율 경영'과 '민주적인 지배구조의 정착'이 크게 훼손되고 있는 상황이다.

보다 중요한 점은 이재현의 겸직 정도가 보다 강화되어 1인 지배체제가 더욱 고착화되고 있다는 것이다. 이는 2개 이상 겸직 임원의 현황을 통해 확인할 수 있다.

2007년 이전에는 겸직을 보유한 임원 대부분이 미등기임원(4~16명)이었고, 2개 이상의 겸직을 보유한 미등기임원(2~9명) 또한 등기임원(1~2명)에 비해 월등히 많았다. 하지만 2007년 이후 겸직 보유 미등기임원 수(3~5명)가 크게 감소하면서 2개 이상 겸직 보유 미등기임원 수(2~3명) 또한 감소하였고, 반면 2개 이상 겸직 보유 등기임원 수(1~2명)는 이전과 같은 상태가 유지되었다.

2개 이상 겸직 보유 등기임원 중에는 이재현이 포함되어 있다. 2007년 이전에도 이재현은 6~7개의 많은 겸직을 가졌으며, 그런 한편으로 보다 많은 겸직(7~11개)을 경영전략실 소속인 미등기임원 정홍균이 가지고 있었고 다른 2명의 미등기임원(김동성 8~9개, 이재호 3~9개)도 적지 않은 겸직을 가지고 있었다.

하지만 2007년 이후 이재현은 이전보다 많은 8~9의 겸직을 가지게 되었으며, 이는 다른 임원들의 겸직 수와 비교해도 가장 많은 수였다. 정홍균은 대표이사가 되면서 겸직 수가 3개로 줄어들었고, 다른 2명의 미등기임원(성용준, 신현재)은 4~8개를 보유하였다. 더구나, 2개 이상 겸직 임원의 수가 2007~2008년 5명, 2009년 3명, 2010년 2명, 2011년 3명 등으로 점차 감소하는 가운데 이재현은 이들 중에 계속 포함되어 있었다.

2000년 이후 이재현이 겸직을 가진 적이 있는 회사는 모두 14개이며, 1개를 제외하고는 모두 주요 자회사들이다.

2011년 12월 현재 CJ(주)의 자회사는 12개이고 이 중 상장회사는 5개이다. 또 자신의 계열회사를 별도로 거느리고 있는 자회사는 8개로 상장회사 5개(CJ E&M 22개 계열회사 보유, CJ오쇼핑 10개, CJ제일제당 7개, CJ CGV 3개, CJ프레시웨이 1개)와 비상장회사 3개(CJ 시스템즈 2개 계열회사 보유, CJ GLS 1개, CJ건설 1개)이다.

그런데 2011년 현재의 계열회사 보유 8개 자회사 중 1개(CJ건설)를 제외한 7개에 이재현이 겸직을 가지고 있다. 핵심 7개 자회사들의 경영에 관여함으로써 자연스럽게 46개 산하 계열회사 전체로 영향력을 행사할 수 있는 구조이다. 이 외에 이재현은 다른 2개 회사(CJ푸드빌, 대한통운(이후 CJ대한통운))에도 겸직을 가지고 있다. CJ푸드빌은 CJ(주)의 또 다른 자회사이고, 대한통운은 CJ제일제당과 CJ GLS의 공동 계열회사이다.

이재현은 이 9개 회사 중 3개(CJ제일제당, CJ E&M, 대한통운)에서는 2007년 지주회사체제 도입 이후에 그리고 다른 6개(CJ오쇼핑, CJ프레시웨이, CJ CGV, CJ GLS, CJ시스템즈, CJ푸드빌)에서는 2007년 이전부터 겸직을 보유하고 있다.

한편, 이재현은 2011년 현재 CJ(주)의 주요 자회사인 CJ건설에서는 겸직을 가지고 있지 않는데, 2006년까지는 겸직을 가지고 있다가 2007년 지주회사체제 도입과 함께 겸직을 갖지 않게 되었다. 또 3개 회사(CJ엔터테인먼트, CJ투자증권, 드림라인)에서는 2000~2001년 사이에 그리고 1개(CJ인터넷)에서는 2007~2010년 사이에 겸직을 보유한 적이 있었다.

5.3 업무조직의 변화, 2007~2011년

5.3.1 CJ(주) 분할 전후의 존속 및 신설 회사 업무조직, 2007년

2007년 9월 그룹 주력회사인 CJ(주)가 2개 회사(CJ(주) + CJ제일제당)로 인적 분할된 뒤 공정거래법상 지주회사로 지정되었다. 이로써 CJ그룹은 2007년 1월 이후 유지해 오던 소극적인 지주회사체제에서 벗어나 2개 지주회사(CJ(주), CJ홈쇼핑)를 중심으로 적극적인 지주회사체제를 구축하기 시작하였다.

분할을 위해 CJ(주)가 해 오던 투자사업과 제조사업이 명시적으로 나뉘어졌으며, 전자는 CJ(주)가 계속 담당하되 회사의 성격을 순수지주회사로 바꾸어 존속하는 것으로 하였고 후자는 CJ제일제당이라는 새로운 이름의 자회사가 담당하는 것으로 하였다. CJ제일제당이 물려받은 제조사업 분야(Business Unit; BU)는 소재, 바이오(BIO), 사료, 제약, 식품, 신선 등 6개였다 (<표 3.21>; 제3절 '3.4 지주회사체제 성립 2단계' 참조).

⟨표 3.21⟩ 분할 전후의 존속 및 신설 회사 업무조직: CJ(주) vs. 지주회사 CJ(주)와 CJ제일제당, 2007년

- 이전 CJ(주): 임직원 4,416명 = 임원 85 (등기 7, 미등기 78) + 직원 4,331
- 지주회사 CJ(주): 93 = 17 (7, 10) + 76
- 신설 CJ제일제당: 4,445 = 78 (7, 71) + 4,367

(1) 이전 CJ(주): (실 2) 마케팅
　(2007년 6월)　　　　경영지원: (팀 8) 경영관리, 전략기획, 인사, 재무, speed경영추진, 법무,
　　　　　　　　　　　　　　　고객경영, 전략구매
　　　　　　　　　　　　(실 1) 홍보
　　　　　　　(연구소 1) 식품
　　　　　　　(BU 6) 소재: (CMG 1) 소재, (담당 2) 당분사업, 유지사업, (SU 1) 실수요,
　　　　　　　　　　　　　(공장 3) 인천1, 인천2, 제분, (센터 1) 제분기술개발
　　　　　　　　　BIO: (연구소 1) BIO, (공장 1) 김포,
　　　　　　　　　　　　(담당 3) BIO전략기획, BIO영업마케팅, 글로벌생산기술
　　　　　　　　　사료: (실 1) 마케팅, (사업부 2) 중부, 서부, (연구소 1) 사료/축산
　　　　　　　　　제약: (담당 3) 제약전략, (팀 2) cGMP추진, 제약SCM, (연구소 1) 제약,
　　　　　　　　　　　　(공장 1) 이천2, (SU 3) 의정, 메티컬, OTC, (실 2) 마케팅, 품질개발,
　　　　　　　　　　　　(총괄 1) 영업
　　　　　　　　　식품: (CMG 2) 식품, 해찬들, (SU 5) KAM, 중부, 동부, 서부, 외식마켓,
　　　　　　　　　　　　(공장 2) 부산, 논산
　　　　　　　　　신선: (CMG 1) 신선, (SU 2) 신선서울, 신선남부, (담당 1) 신선SCM,
　　　　　　　　　　　　(공장 1) 이천1

(2) 지주회사 CJ(주): (담당 2) 재무: (팀 3) 재무1, 재무2, 브랜드관리
　(2007년 9월)　　　　운영: (팀 3) 운영1, 운영2, 운영3
　　　　　　　(팀 3) 기획, 전략지원, 인사

(3) 신설 CJ제일제당: (실 2) 마케팅
　(2007년 9월)　　　　경영지원: (팀 10) 경영관리, 전략기획, 인사, 재무, speed경영추진, 법무,
　　　　　　　　　　　　　　　고객경영, 전략구매, 기술경영혁신, 비서
　　　　　　　　　　　　(실 1) 홍보
　　　　　　　(연구소 1) 식품, (팀 1) 건강식품사업, (센터 1) 경영개발
　　　　　　　(BU 6) 소재: (CMG 1, 담당 2, SU 1, 공장 3, 센터 1)
　　　　　　　　　BIO: (연구소 1, 공장 1),
　　　　　　　　　　　　(담당 2) BIO전략기획, BIO영업마케팅, (센터 1) 글로벌기술혁신
　　　　　　　　　사료: (실 1, 사업부 2, 연구소 1)
　　　　　　　　　제약: (담당 1, 팀 2, 연구소 1, 공장 1, SU 3),
　　　　　　　　　　　　(실 3) 마케팅, 품질개발, 임상개발
　　　　　　　　　식품: (CMG 2, SU 5, 공장 2)
　　　　　　　　　신선: (CMG 1, SU 2, 담당 1), (공장 2) 이천1, 신선인천

출처: 반기보고서, 분기보고서.

분할되기 직전인 2007년 6월 현재 CJ(주)의 업무조직은 '2실, 1연구소, 6BU'로 구성되어 있었고 '실'과 'BU'는 각자의 산하 조직을 거느리고 있었다. 임직원은 4,416명(임원 85명, 직원 4,331명)이었다.

9월의 분할과 함께 '2실, 1연구소, 6BU'는 모두 신설 CJ제일제당으로 넘어갔으며, 이와 동시에 1실(경영지원), 1연구소(식품) 3BU(바이오, 제약, 신선) 산하 조직이 일부 보강되었다. 임직원은 4,445명(임원 78명, 직원 4,367명)으로 이전 CJ(주)보다 조금 더 늘어났다. CJ제일제당의 '회사가 영위하는 목적사업' 또한 이전 CJ(주)의 목적사업 34개를 모두 그대로 이어받았고, 이에 더하여 6개가 새로 추가되었다.

반면 순수지주회사로 전환된 CJ(주)는 '2담당 9팀'의 새로운 조직을 가지게 되었으며, 임직원은 93명(임원 17명, 직원 76명)이었다. 지주회사 CJ(주)의 목적사업은 16개가 제시되었으며, 이 중 지주기능 관련 5개는 새롭게 설정되었고 나머지 11개는 이전 CJ(주) 목적사업을 그대로 가져오거나(9개) 일부 변형한(2개) 것이었다. 지주기능 관련 5개 목적사업은 다음과 같다: (제1항) 자회사의 주식 또는 지분을 취득, 소유함으로써 자회사의 제반 사업내용을 지배, 경영지도, 정리, 육성하는 지주사업; (제3항) 자회사 등과 상품 또는 용역의 공동 개발 판매 및 설비 전산시스템의 공동활용 등을 위한 사무지원사업; (제4항) 회사가 보유하고 있는 지식, 정보 등 무형자산의 판매 및 용역사업; (제5항) 브랜드, 상표권 등 지적재산권의 관리 및 라이센스업; (제12항) 신기술사업 관련 투자관리 운영사업 및 창업지원 사업. 특히, 제5항과 관련하여 지주회사 CJ(주)는 이전 CJ(주)가 보유하던 상표 7종류(CJ, 씨제이, CHEILJEDANG, 제일제당, 제일, CHEIL, Three Blossoms)를 모두 물려받았다.

한편 이전 CJ(주)의 재산 중 자본금(63:37)과 자본(57.8:42.2)은 CJ(주)에게 더 많이 그리고 자산(41.5:58.5)과 부채(26:74)는 CJ제일제당에게 더 많이 배정되었다. 분할로 인해 이전할 사업부문 매출액(0.1:99.9)의 경우에는 거의 대부분이 신설 자회사의 몫이었다.

5.3.2 지주회사 CJ(주)의 업무조직, 2007~2011년

2007년 9월 이후 지주회사 CJ(주)는 100명 내외의 소수 인원을 중심으로 지주기능을 수행해 오고 있다. 임직원은 2007~2010년에는 92~97명이었으며 2011년 들어 116~132명으로 상당히 늘어난 상태이다. 한편 업무조직과 관련해서는 사업보고서 및 분기보고서의 '조직도'에 표시된 정보와 '미등기임원 담당 업무'에 포함되어 있는 정보가 일치하지 않으며, 더구나 '조직도'는 2007~2008년에 대해서만 제시되어 있다 (<표 3.22>, <표 3.23>).

'조직도'에 의하면, 2007년 9월 분할 당시의 업무조직은 2담당(재무, 운영), 9팀(재무담당 산하 재무1, 재무2, 브랜드관리; 운영담당 산하 운영1, 운영2, 운영3; 기획, 전략지원, 인사)이었다. 이 조직은 2007년 12월까지 1담당(운영), 8팀(운영담당 산하 운영1, 운영2, 운영3, 브랜드관리; 기획, 전략기획, 인사, 재무)으로 변경되었으며, 이후 변동이 없다가 2008년 12월까지 1팀(재무전략)이 추가되었다.

반면 '미등기임원 담당 업무'에 포함된 정보에 의하면, CJ(주)의 조직은 2007년에는 '담당과 팀' 그리고 2008년 12월과 2011년 3월 사이에는 '총괄과 팀'이었으며, 2011년 12월 현재에는 '팀'으로만 구성되어 있다. 담당과 총괄은 2~3개 수준이고, 팀은 2007년에는 5~7개이다가 이후에는 8~10개 수준으로 다소 늘어났다. 2011년 12월 현재에는 132명의 임직원이 8팀(사업, 기획, 전략지원, 인사, 재경, 감사, 비서, 마케팅)에 소속되어 있다.

한편, CJ(주)는 2007년 9월 순수지주회사로 전환되기 이전에도 다수의 그룹 계열회사들에 지분을 가지면서 실질적인 지주회사의 역할을 수행해 오고 있었다. 이 시기에 지주기능을 담당한 부서는 '경영전략실'인 것으로 알려져 있는데, 이 부서는 사업보고서의 '조직도'에 나와 있지 않으며 '미등기임원 담당 업무' 정보에 포함되어 있다. '조직도' 상의 부서 중에서는 경영지원, 경영전략, 경영기획, 전략경영 등의 명칭이 붙은 조직이 '경영전략실'과 관련이 있거나 지주기능을 담당했을 것으로 추측된다 (<표 3.24>; <표 3.17> 참조).

<표 3.22> 지주회사 CJ(주)의 업무조직, 2007~2011년: (1) 개관

연.월	임직원 (명)			조직 I (개)		조직 II (개)		
	임원	직원	합	담당	팀	담당	총괄	팀
2007.9	17	76	93	2	9	3		5
2007.12	18	79	97	1	8	2		7
2008.12	21	71	92	1	9		2	8
2010.3	25	70	95				3	10
2011.3	24	92	116				2	9
2011.12	24	108	132					8

출처: <표 3.23>.

〈표 3.23〉 지주회사 CJ(주)의 업무조직, 2007~2011년: (2) 연도별 현황

<u>2007년 9월:</u> 임직원 93명 = 임원 17 [등기 7 (사내 4, 사외 3), 미등기 10] / 직원 76

조직 I (담당 2) 재무: (팀 3) 재무1, 재무2, 브랜드관리
　　　　　　　　운영: (팀 3) 운영1, 운영2, 운영3
　　　　　　　(팀 3) 기획, 전략지원, 인사
조직 II (담당 3) 재무, 운영, 인사기획
　　　　　(팀 5) 운영1, 운영3, 기획, 전략지원, 인사

<u>2007년 12월:</u> 임직원 97명 = 임원 18 [등기 7 (사내 4, 사외 3), 미등기 11] / 직원 79

조직 I (담당 1) 운영: (팀 4) 운영1, 운영2, 운영3, 브랜드관리
　　　　　(팀 4) 기획, 전략지원, 인사, 재무
조직 II (담당 2) 운영, 인사기획
　　　　　(팀 7) 운영1, 운영2, 운영3, 기획, 전략지원, 인사, 재무

<u>2008년 12월:</u> 임직원 92명 = 임원 21 [등기 7 (사내 3, 사외 4), 미등기 14] / 직원 71

조직 I (담당 1) 운영: (팀 4) 운영1, 운영2, 운영3, 브랜드관리
　　　　　(팀 5) 기획, 전략지원, 인사, 재무, 재무전략
조직 II (총괄 2) 사업, 전략
　　　　　(팀 8) 사업1, 사업2, 기획1, 기획2, 전략지원, 인사, 재무, 재무전략

<u>2010년 3월:</u> 임직원 95명 = 임원 25 [등기 7 (사내 3, 사외 4), 미등기 18] / 직원 70

조직 II (총괄 3) 사업, 전략, 미주
　　　　　(팀 10) 사업2, 기획1, 기획2, 전략지원, 인사, 재무, 재무전략,
　　　　　　감사, 비서, 글로벌추진

<u>2011년 3월:</u> 임직원 116명 = 임원 24 [등기 7 (사내 3, 사외 4), 미등기 17] / 직원 92

조직 II (총괄 2) 사업, 전략
　　　　　(팀 9) 사업2, 기획1, 기획2, 전략지원, 인사, 재무, 재무전략, 감사, 비서

<u>2011년 12월:</u> 임직원 132명 = 임원 24 [등기 7 (사내 3, 사외 4), 미등기 17] / 직원 108

조직 II (팀 8) 사업, 기획, 전략지원, 인사, 재경, 감사, 비서, 마케팅

주: 1) 조직 I - 조직도에 나와 있는 조직임, 2010~2011년에는 조직도 없음;
　　 조직 II - 미등기임원의 '담당 업무'에 나와 있는 정보임.
　 2) 2007~2008년 12월 - 미등기임원과 조직II는 2008~2009년 3월; 2010년 3월 - 등기임원은 2009년 12월;
　　 2011년 3월 - 직원은 2010년 12월.
　 3) 직원은 모두 관리사무직.
출처: 사업보고서, 분기보고서.

〈표 3.24〉 이전 CJ(주)의 지원 조직, 2000~2006년

2000년: (Unit 1) SSU: (실 1) 홍보
                         (팀 7) 경영전략, 재무, 인사, 감사, 법무, 고객만족경영, DNS추진

2001년: (Unit 1) SSU: (팀 4) 홍보, 인사, 법무, DNS추진
               (실 2) 경영전략, 경영지원 ((팀 2) 재무, 고객만족경영)
               (팀 1) 감사

2002년: (Unit 1) SSU: (팀 3) 인사, 법무, DNS추진
               (실 3) 경영전략, 홍보, 경영지원 ((팀 2) 재무, 고객만족경영)
               (팀 1) 감사

2003년: (실 1) 홍보
           (팀 7) 경영기획, 재무, 인사, 산업개발, 감사, 법무, 고객영영

2004년: (팀 1) 감사
           (실 1) 경영지원: (실 1) 홍보
                        (팀 7) 경영기획, 재무, 인사, 글로벌전략, 산업개발, 법무, 고객영영

2005년: (팀 1) 감사
           (실 1) 경영지원: (실 1) 홍보
                        (팀 8) 경영기획, 재무, 인사, 글로벌전략, 산업개발, 법무, 고객영영, 전략구매
                        (센터 1) 식품안전

2006년: (실 1) 경영지원: (실 1) 홍보
                        (팀 7) 전략경영, 재무, 인사, speed경영추진, 법무, 고객경영, 전략구매

주: 12월 또는 이듬해 3월 현재; SSU = Shared Service Unit.
출처: 사업보고서.

6. 맺음말

CJ그룹은 1997년 출범하였으며 10년이 지난 2007년 지주회사체제를 도입하였다. 이후 6단계의 변화를 거치면서 5개의 지주회사가 생겼고 이들을 중심으로 그룹 계열회사의 3/4 이상이 지주회사체제에 편입되었다. 이 과정에서 이재현은 지주회사 CJ(주)의 최대주주로서 지분을 대폭 늘리고 이전의 공동경영체제에서 벗어나 단독경영체제를 구축하면서 1인 지배체제를 더욱 공고히 하였다. 2007년 이후 CJ그룹 지주회사체제의 성립과정 그리고 2007년 전후에 나타난 소유구조와 경영구조에서의 주요 변화는 다음과 같다.

(1) CJ그룹의 성장 과정

CJ그룹(이전 제일제당그룹)은 1997년 CJ(주)(이전 제일제당)가 삼성그룹에서 계열 분리되면서 공식 출범하였다. 1999년(28위, 15개 계열회사) 공정거래법상 대규모기업집단으로 처음 지정되었으며 2001년(19위, 30개)까지는 계열회사 수를 2배로 늘리면서 20대 집단으로 성장하였다. 이후 순위는 2011년까지 16~19위를 유지하다가 2012년(14위) 15위 이내로 높아졌으며, 계열회사 수는 2001년 30개에서 2008년까지 66개로 늘어난 후 다소 줄어들었다가 2012년에는 84개로 급증하여 다시 최고치를 경신하였다.

(2) CJ그룹 지주회사체제의 성립 과정

(2.1) 지주회사체제 성립 6단계 과정, 2007~2011년: 개관: 2007년 1월 공정거래법상 지주회사체제를 부분적으로 도입하였으며 2007년 9월 주력회사인 CJ(주)가 공정거래법상 지주회사로 전환되면서 그룹 전체가 본격적으로 지주회사체제를 갖추게 되었다. 2011년 11월까지 5년 남짓의 기간 동안 6차례의 변화가 6단계에 걸쳐 순차적으로 진행되면서 독자적인 지주회사체제가 구축되었다: ① 공정거래법상 지주회사로의 전환 → ② 인적 분할 및 공정거래법상 지주회사로의 전환 → ③ 인수 → ④ 인적 분할 및 공정거래법상 지주회사로의 전환 → ⑤ 합병 → ⑥ 물적 분할.

이 과정에서 5개의 지주회사(CJ오쇼핑, CJ(주), 온미디어, CJ E&M, CJ게임즈)가 생겼으며, CJ오쇼핑과 CJ E&M은 CJ(주)의 자회사, 온미디어는 처음에는 CJ오쇼핑 그리고 나중에는 CJ E&M의 자회사, 그리고 CJ게임즈는 CJ E&M의 자회사였다. 즉 'CJ(주) → CJ오쇼핑 + [CJ E&M → 온미디어 + CJ게임즈]'의 구조였다. 5개 지주회사 중 CJ게임즈를 제외한 4개는 공정거래법상 지주회사로 지정되었으며, 이후 1개(온미디어)는 소멸되고 2개(CJ오쇼핑, CJ E&M)는 법률상 지주회사에서 제외되었다.

(2.2) 지주회사체제 달성 비율, 2007~2011년: 다양한 변화들이 단계적으로 진행되면서 그룹 계열회사들의 대부분이 지주회사체제에 편입되었다. 첫해인 2007년에는 지주회사체제 달성 비율이 22%(그룹 계열회사 64개 중 14개가 체제에 편입)로 낮았지만 2008년부터는 77~107%로 높은 수준이 유지되었다, 2008년 86%(66개 중 57개), 2009년 93%(61개 중 57개), 2010년 107%(54개 중 58개), 2011년 77%(65개 중 50개) 등이었다.

(2.3) 지주회사체제 성립 1단계: CJ오쇼핑의 공정거래법상 지주회사로의 전환, 2007년 1월: CJ그룹이 지주회사체제로 처음 전환된 것은 2007년 1월 주력회사 CJ(주)의 자회사인 CJ

오쇼핑이 공정거래법상 지주회사로 지정되면서였다. 삼구그룹 소속이던 CJ오쇼핑은 2000년 CJ그룹에 인수된 이후 홈쇼핑이라는 독자적인 사업을 하는 한편으로 5개 내외의 자회사를 거느리면서 실질적인 지주회사의 역할을 해 오고 있었으며, 이의 연장선상에서 2007년 1월 1일 공정거래법상 사업지주회사가 되었다. 자산총액은 8,562억 원, 지주비율은 71%였으며, 자회사는 5개 그리고 손자회사는 8개였다. 2007년 3월에는 기존의 31개 '회사가 영위하는 목적사업'에 지주기능 관련 3개 사업이 새로 추가되었다.

(2.4) **지주회사체제 성립 2단계: CJ(주)의 인적 분할 및 공정거래법상 지주회사로의 전환,** **2007년 9월:** 2007년 9월 CJ(주)가 2개 회사로 인적 분할된 뒤 공정거래법상 지주회사로 지정되었다. 자산총액은 2조 1,594억 원, 지주비율은 84.5%(자회사 15개)였다. 분할을 위해 CJ(주)가 해 오던 투자사업과 제조사업이 명시적으로 나뉘어졌으며, 전자는 CJ(주)가 계속 담당하되 회사의 성격을 순수지주회사로 바꾸어 존속하는 것으로 하였고 후자는 CJ제일제당이라는 이름의 새로운 회사가 담당하는 것으로 하였다.

CJ(주)는 1997년 삼성그룹으로부터 분리된 이후 20개 내외의 그룹 계열회사들에 지분을 보유하면서 실질적인 지주회사의 역할을 해오고 있었으며, 지분 보유 회사의 수는 2000~2003년 사이 14~16개이던 것이 2004~2006년 사이에는 20~23개로 늘어났다. 2007년의 분할 및 지주회사로의 전환은 기존의 지주기능을 보다 강화하기 위한 조치였다. 이로써 CJ그룹은 2개의 공정거래법상 지주회사(CJ(주), CJ오쇼핑)를 중심으로 본격적인 지주회사체제를 구축하기 시작하였으며, 순수지주회사인 CJ(주)가 사업지주회사인 CJ오쇼핑을 거느리는 2중 구조의 체제를 가지게 되었다.

(2.5) **지주회사체제 성립 3단계: CJ오쇼핑의 공정거래법상 지주회사 온미디어 인수, 2010년 6월:** 2010년 6월 CJ(주)의 자회사인 CJ오쇼핑이 오리온그룹 소속의 공정거래법상 지주회사 온미디어를 인수하였다. 온미디어는 2000년 6월 순수지주회사로 설립되어 공정거래법상 지주회사로 지정되었으며, 2004년 4월 자회사인 투니버스를 흡수합병하여 방송사업을 직접 영위하게 되면서 사업지주회사로 성격이 바뀌었다. CJ그룹에 인수될 당시에는 9개 자회사를 거느리고 있었으며, 2009년 12월 현재의 자산총액은 4,493억 원, 지주비율은 67%였다.

이제 CJ그룹은 3개의 공정거래법상 지주회사(순수지주회사 CJ(주), 사업지주회사 CJ오쇼핑, 사업지주회사 온미디어)를 중심으로 지주회사체제를 보다 강화하였다. 제2단계에서의 2중 구조(CJ(주) → CJ오쇼핑)가 제3단계에서는 'CJ(주) → CJ오쇼핑 → 온미디어'로 이어지는 3중 구조로 재편된 것이다.

(2.6) 지주회사체제 성립 4단계: CJ오쇼핑의 2개 공정거래법상 지주회사 CJ오쇼핑과 오미디어홀딩스(=CJ E&M)로의 인적 분할, 2010년 9월: 2010년 9월 CJ오쇼핑이 2개의 지주회사(CJ오쇼핑, 오미디어홀딩스)로 인적 분할된 뒤 신설 오미디어홀딩스(이후 CJ E&M)가 공정거래법상 지주회사로 지정되었다. 자산총액은 4,749억 원, 지주비율은 92.1%(자회사 1개)였다. 분할을 위해 CJ오쇼핑이 해 오던 사업 중 투자사업 일부(자회사인 온미디어의 주식 보유)를 분리하여 오미디어홀딩스가 담당하도록 하였고, 이에 더하여 MBC플러스미디어의 지분 일부를 투자 목적으로 보유하도록 하였다. 신설회사는 CJ(주)의 자회사로 편입되었다. 이전 CJ오쇼핑의 나머지 투자사업 및 유통사업(케이블TV 홈쇼핑, 인터넷 쇼핑몰 등)은 CJ오쇼핑이 계속 담당하면서 존속하도록 하였다.

이로써 CJ그룹은 4개의 공정거래법상 지주회사(순수지주회사 CJ(주), 사업지주회사 CJ오쇼핑, 순수지주회사 오미디어홀딩스, 사업지주회사 온미디어)를 중심으로 지주회사체제가 재편되었다. CJ오쇼핑과 오미디어홀딩스는 CJ(주)의 자회사였으며, 온미디어의 최대주주는 CJ오쇼핑에서 오미디어홀딩스로 바뀌었다. 즉 지주회사체제가 제3단계에서의 단선적인 3중 구조(CJ(주) → CJ오쇼핑 → 온미디어)에서 제4단계에서는 'CJ(주) → CJ오쇼핑 + [오미디어홀딩스 → 온미디어]'로 이어지는 복합적인 3중 구조를 가지게 되었다.

(2.7) 지주회사체제 성립 5단계: CJ E&M의 지주회사 온미디어 및 4개 그룹 계열회사 합병, 2011년 3월: 2011년 3월 CJ E&M이 CJ그룹 5개 계열회사를 합병하였다. 5개 회사 중 1개는 CJ E&M의 자회사인 공정거래법상 지주회사 온미디어이고 나머지 4개(CJ인터넷, 엠넷미디어, CJ미디어, CJ엔터테인먼트)는 CJ(주)의 자회사였다. 합병으로 인해 CJ E&M은 순수지주회사에서 사업지주회사로 성격이 바뀌었다.

그 결과 CJ그룹은 지주회사가 3개(순수지주회사 CJ(주), 사업지주회사 CJ오쇼핑, 사업지주회사 CJ E&M)로 줄었고, 지주회사체제의 구조는 'CJ(주) → CJ오쇼핑 + CJ E&M'으로 이어지는 복합적인 2중 구조로 재편되어 제4단계에서의 복합적 3중 구조(CJ(주) → CJ오쇼핑 + [CJ E&M → 온미디어])와는 달라졌다. 한편 CJ E&M은 합병으로 인해 지주비율이 50% 미만으로 감소하면서 법률상의 지주회사에서 제외되었으며, 2011년 6월에는 CJ오쇼핑 또한 새로 도입된 자산평가방식으로 인해 지주비율이 50% 미만으로 줄어들어 공정거래법상 지주회사에서 제외되었다. 이에 따라 공정거래법상 지주회사는 CJ(주)만 남게 되었다.

(2.8) 지주회사체제 성립 6단계: CJ E&M의 2개 지주회사 CJ E&M과 CJ게임즈로의 물적 분할, 2011년 11월: 2011년 11월 CJ E&M이 2개 지주회사 CJ E&M과 CJ게임즈로 분할되었

다. 분할을 위해 CJ E&M이 해 오던 영위사업 중 게임개발 자회사 9개의 주식 보유 및 게임 개발 자회사 관리사업부문을 분리하여 신설 순수지주회사인 CJ게임즈가 담당하도록 하였고, 분할대상부문을 제외한 사업 일체는 이전의 CJ E&M이 담당하면서 존속하는 것으로 하였다.

이로써 CJ그룹은 다시 4개의 지주회사(순수지주회사 CJ(주), 사업지주회사 CJ오쇼핑, 사업지주회사 CJ E&M, 순수지주회사 CJ게임즈)를 가지게 되었는데, 이 중 공정거래법상 지주회사는 CJ(주) 1개였다. CJ오쇼핑과 CJ E&M은 2011년 3월과 6월에 각각 법률상 지주회사에서 제외되었으며, CJ게임즈는 법률상 지주회사로 지정되지 않았다. 또 공정거래법상 지주회사였던 온미디어는 2011년 3월 해산된 상태였다.

그 결과 지주회사체제가 외형적으로는 'CJ(주) → CJ오쇼핑 + [CJ E&M → CJ게임즈]'의 형태를 띠게 되었으며, 이로써 제5단계에서의 복합적 2중 구조(CJ(주) → CJ오쇼핑 + CJ E&M) 대신 제4단계에서의 복합적인 3중 구조(CJ(주) → CJ오쇼핑 + [CJ E&M → 온미디어])를 다시 가지게 되었다. 하지만 공정거래법상 지주회사(CJ(주))만을 고려하게 되면 CJ그룹 지주회사체제의 구조는 2중 또는 3중 구조가 없는 제1단계로 되돌아간 것으로 볼 수 있다.

(3) 소유구조의 변화

(3.1) CJ그룹의 지주회사체제, 2011년 12월: 2011년 12월 현재 66개 그룹 계열회사 중 6개를 제외한 60개가 지주회사 CJ(주) 및 산하 계열회사로 조직되어 있으며 지주회사체제 달성 비율은 91%이다.

지주회사 CJ(주)의 최대주주는 이재현이고, CJ(주)의 59개 계열회사는 자회사(12개), 손자회사(37개), 증손회사(5개), 고손회사(4개), 고고손회사(1개) 등 5단계에 걸쳐 연결되어 있다. 자회사 12개 중 8개는 자신의 계열회사를 거느리고 있으며, 이 8개 자회사 중 1개(CJ오쇼핑)는 계열회사가 4단계에 걸쳐 이어져 있고 다른 2개(CJ E&M, CJ제일제당)는 계열회사가 각각 2단계에 걸쳐 이어져 있다.

결국 CJ그룹 지주회사체제의 소유구조는 이재현을 정점으로 하는 7단계 하향구조이면서 비대칭적인 피라미드구조이다. 7단계 하향구조는 '① 이재현 → ② 지주회사 CJ(주) → ③ 자회사 12개 → ④ 손자회사 37개 → ⑤ 증손회사 5개 → ⑥ 고손회사 4개 → ⑦ 고고손회사 1개'이다. 또 비대칭적인 피라미드구조는 다음과 같이 구성되어 있다: ① 이재현 → ② 지주회사 CJ(주) → ③ 자회사 4개 + [③ 자회사 5개 → ④ 손자회사 8개] + [③ 자회사

2개 → ④ 손자회사 26개 → ⑤ 증손회사 3개] + [③ 자회사 1개 → ④ 손자회사 3개 →
⑤ 증손회사 2개 → ⑥ 고손회사 4개 → ⑦ 고고손회사 1개].

(3.2) CJ(주)와 주요 계열회사의 지분 보유, 1999~2012년: 2011년 현재 지주회사체제에
편입되어 있는 60개 회사 중 자신의 계열회사를 거느리고 있는 회사는 모두 16개로, 지주회
사 CJ(주), 자회사 8개, 손자회사 4개, 증손회사 2개, 고손회사 1개 등이다.

이들 중 지주회사 CJ(주), 자회사 6개(CJ오쇼핑, CJ프레시웨이, CJ CGV, CJ GLS, CJ시스
템즈, CJ건설), 손자회사 2개(CJ헬로비전, 수퍼피드) 등 9개 회사는 2007년 지주회사체제가
도입되기 이전부터 그룹의 다른 계열회사들에 지분을 보유하고 있었다. 반면 나머지 7개 회
사, 즉 자회사 2개(CJ E&M, CJ제일제당), 손자회사 2개(미디어웹, CJ씨푸드), 증손회사 2개
(포항종합케이블방송사, 신라케이블방송) 및 고손회사 1개(명성기업)는 2007년 이후에 지분
을 보유하게 되었다.

특히 CJ(주)는 2007년 9월 순수지주회사로 전환되기 이전에도 20개 내외의 계열회사에
지분을 보유하면서 실질적인 지주회사의 역할을 수행해 오고 있었다. 지분 보유 계열회사의
수는 1999~2003년에는 14~16개였다가 2004~2006년에는 20~23개로 조금 더 늘어났다.
2007년 이후에는 지분 보유 회사의 수가 2004~2006년 수준에 비해서는 약간 줄어들었지
만 2010년까지 16~19개로 여전히 많았으며, 2011년 이후 13개로 좀 더 줄어들었다. 그런
데 CJ(주)가 지주회사로 전환됨과 동시에 이전까지 영위해 오던 모든 사업은 신설 자회사인
CJ제일제당으로 이관하였으며, CJ제일제당은 6~7개 계열회사에 지분을 보유하였다. 따라
서 지주회사 CJ(주)와 자회사 CJ제일제당이 보유한 계열회사(2007~2012년 19~26개) 모두
를 고려하면 CJ(주)의 2004·2006년 수준(20~23개)과 비슷하거나 오히려 더 증가한 것으
로 볼 수 있다.

지분을 보유하는 회사의 대부분에서 CJ(주)는 큰 지분을 보유하여 실질적인 자회사로 지
배해 왔으며, 2007년 이후에는 이들을 공식적인 자회사로 편입하면서 지분을 더욱 늘려 지
배를 강화하였다. 2007년 이전 CJ(주)의 실질적인 자회사였다가 2007년 이후 공식적인 자
회사가 된 회사(14개) 그리고 2007년 이후에 자회사가 된 회사(5개)는 모두 19개이며, 이들
중 2007년 이전에 비해 이후에 또는 2007년 이후 기간 동안에 CJ(주)의 보유 지분이 증가한
자회사가 10개로 가장 많고 변동이 없는 자회사와 감소한 자회사는 각각 5개, 4개이다.

(3.3) CJ(주)의 최대주주 및 특수관계인 지분, 1997~2012년: CJ(주)는 1997년 삼성그룹
으로부터 분리된 이후 줄곧 최대주주 이재현의 1인 지배 하에 있다. 이재현의 지분이 절대

적으로 많고 특수관계인 지분은 1% 내외로 미미하다. 이재현의 지분은 2007년 9월 CJ(주)가 지주회사로 전환되기 이전까지는 20% 내외 수준이다가 지주회사로 전환된 이후 40% 이상으로 대폭 증가하였다.

1997년에는 이재현의 지분이 3.95%에 불과하였다. 하지만 1998년(17.98%) 이재현은 자신의 지분을 4배 이상 늘려 최대주주로서의 위치를 확고히 하였으며 1999년에는 지분이 24.05%로 더욱 늘어났다. 1997년(3.95%)에 비하면 6배 이상이나 증가한 셈이다. 2000년 이후에는 특수관계인 지분이 미미해지면서 이재현의 1인 지배체제가 고착화되었다. 이재현의 지분은 조금씩 줄어드는 가운데 2005년(21.88%)까지 20% 이상을 유지하였으며, 2006년(19.73%)에는 20%에 약간 못 미치는 수준으로 줄어들었다. 하지만 2007년 CJ(주)가 지주회사로 전환되면서 지분이 43.36%로 2배 이상 대폭 증가하였으며 이후 41~43% 수준이 유지되어 오고 있다. 한편 2007년 이후에는 특수관계인 중 이재현의 직접적인 영향력 하에 있는 친족과 비영리법인만이 약간의 지분을 보유하고 있다.

(4) 경영구조의 변화

(4.1) CJ(주) 최고경영진의 변화, 1998~2011년: 이재현은 1997년 이후 최고경영자의 지위를 가지면서도 외숙부인 손경식과 함께 공동경영체제를 오랫동안 유지하면서 경영수업을 받았으며, 2007년 이후의 지주회사체제 하에서 비로소 단독경영을 하면서 경영권을 완전 장악하였다.

1998~1999년에는 대표이사가 4명인 가운데 손경식은 대표이사회장 그리고 이재현은 대표이사부회장이었다. 2000년부터는 3인 대표이사체제로 바뀌었고 2002년에는 이재현이 대표이사회장으로 승진하였다.

2007년 CJ(주)가 지주회사로 전환된 이후에는 2인 대표이사체제 겸 이재현 1인체제가 정착되었다. 상근대표이사 3명(이재현, 손경식, 김진수) 중 이재현은 남고 다른 2명은 각각 비상근대표이사와 비상근이사로 지위가 변경되었으며, 대신 정홍균이 새 대표이사로 선임되었다. 정홍균은 이전 CJ(주)의 경영전략실 책임자로 미등기 부사장이었다. CJ(주)는 2007년 이전부터 그룹의 실질적인 지주회사의 역할을 수행해 왔는데, 지주기능을 담당하면서 이재현-손경식 체제를 실무적으로 보좌한 조직이 경영전략실이었다. 이제 정홍균은 보다 가까이에서 보다 적극적으로 이재현을 보좌하게 되었으며, 외형적으로는 2인 대표이사체제이지만 실질적으로는 이재현 1인 친정체제가 확고하게 구축된 것으로 볼 수 있다. 정홍균은

2008년까지 대표이사로 재직하였으며, 이후에는 다른 2명(하대중, 이관훈)이 연이어 선임되었다.

2011년에는 손경식이 다시 상근대표이사회장으로 선임되었으며, 이에 따라 2006년까지 계속되었던 3인 대표이사체제 겸 이재현-손경식 체제가 5년 만에 다시 부활하였다.

(4.2) CJ(주) 최고경영진의 겸직, 2000~2011년: 2007년 이후 이재현을 비롯한 CJ(주)의 등기임원들은 계열회사의 경영에도 보다 적극적으로 관여하였으며 이로써 경영구조가 이재현을 중심으로 보다 일사불란하게 재편되었다.

2000~2006년 사이에는 겸직을 가진 임원 수가 많은 편이었고 이들의 대부분은 미등기임원이었다. 겸직 보유 임원 수는 3개 연도에는 5~7명이었고 4개 연도에는 10~17명으로 2배 이상 많았는데, 2000년을 제외하고는 미등기임원이 압도적인 다수를 차지하였다. 반면, 2007년 이후에는 겸직 보유 임원의 수가 5~8명으로 크게 줄어든 가운데 등기임원의 비중은 대폭 증가하고 미등기임원의 비중은 반대로 대폭 감소하였다. 또 2007년 이전에 비해 이후에는 CJ(주)가 지분을 보유하는 회사들 대부분에서 겸직을 보유하였으며, CJ(주)가 지분을 보유하지 않는 기타 계열회사에 대해서도 겸직이 늘어나는 추세를 보였다.

특히 이재현의 겸직 정도가 보다 강화되어 1인 지배체제가 더욱 고착화되었다. 2007년 이전에도 이재현은 6~7개의 많은 겸직을 가졌으며, 2007년 이후에는 보다 많은 8~9개의 겸직을 가졌다. 이는 다른 임원들의 겸직과 비교해도 가장 많은 수였다. 더구나, 2개 이상 겸직 임원의 수가 2007~2008년 5명, 2009년 3명, 2010년 2명, 2011년 3명 등으로 점차 감소하는 가운데 이재현은 이들 중에 계속 포함되어 있었다.

2000년 이후 이재현이 겸직을 가진 직이 있는 회사는 모두 14개이며, 1개를 제외하고는 모두 주요 자회사들이었다. 2011년의 경우, CJ(주)의 12개 자회사 중 자신의 계열회사를 거느리고 있는 회사는 상장회사 5개(CJ E&M(22개 계열회사 보유), CJ오쇼핑(10개), CJ제일제당(7개), CJ CGV(3개), CJ프레시웨이(1개))와 비상장회사 3개(CJ시스템즈(2개), CJ GLS(1개), CJ건설(1개))인데, 이 8개 자회사 중 1개(CJ건설)를 제외한 7개에 이재현이 겸직을 보유하였다. 핵심 7개 자회사들의 경영에 관여함으로써 자연스럽게 46개 산하 계열회사 전체로 영향력을 행사할 수 있는 구조이다. 이 외에 이재현은 다른 2개 회사(CJ푸드빌, 대한통운)에서도 겸직을 가지고 있었다.

이재현은 이 9개 회사 중 3개(CJ제일제당, CJ E&M, 대한통운)에서는 2007년 지주회사체제 두입 이후에 그리고 다른 6개(CJ오쇼핑, CJ프레시웨이, CJ CGV, CJ GLS, CJ시스템즈,

CJ푸드빌)에서는 2007년 이전부터 겸직을 보유하고 있다.

 (4.3) **업무조직의 변화, 2007∼2011년**: 분할되기 직전인 2007년 6월 현재 CJ(주)는 2실, 1연구소, 6BU(Business Unit) 및 산하 조직으로 구성되어 있었고 임직원은 4,416명이었다. 9월의 분할과 함께 2실, 1연구소 그리고 6BU는 모두 신설 CJ제일제당로 넘어갔으며, 이와 동시에 산하 조직이 일부 보강되었다. 임직원은 4,445명으로 이전 CJ(주)보다 조금 더 늘어났다. 반면 순수지주회사로 전환된 CJ(주)는 2담당, 9팀의 새로운 조직을 가지게 되었으며, 임직원은 93명이었다.

 2007년 9월 이후 지주회사 CJ(주)는 100명 내외의 소수 인원을 중심으로 지주기능을 수행하였다. 임직원은 2007∼2010년에는 92∼97명이었으며 2011년 들어 116∼132명으로 상당히 늘어난 상태이다. 업무조직은 2007년 9월 '2담당, 9팀'이던 것이 2007년 12월에는 '1담당, 8팀' 그리고 2008년 12월에는 '1담당, 9팀'으로 변경되었다. 2009년 이후의 조직에 대해서는 공식적인 자료가 없는 상태이며, 신축적으로 조정되면서 '팀'체제가 유지되어 오고 있는 것으로 보인다.

제4장

두산그룹의 지주회사체제

1. 머리말

제4장에서는 두산그룹(2012년 4월 현재 재벌 순위 12위)이 2000년대 후반 지주회사체제를 도입한 이후 그룹의 소유구조와 경영구조에 어떤 변화가 일어났는지 그리고 이 과정에서 소유권과 경영권이 어느 정도로 어떤 방식으로 동반 강화되면서 최대주주인 박용곤과 그 일가에게 집중되어 오고 있는지를 고찰한다. 이를 위해 1998년 주력회사인 (주)두산이 출범한 이후 2011년까지 14년의 기간을 대상으로 소유·경영구조의 전반적인 추세 및 주요 특징을 분석한다.

1997년의 외환위기 이후 재벌들의 구조조정이 진행되는 가운데 두산그룹은 1998년 9월 주요 9개 계열회사를 1개로 통합하는 대규모 구조조정을 단행하였다. 오비맥주가 다른 8개 회사를 합병하면서 (주)두산으로 확대 개편된 것이다. 2006년 1월에는 (주)두산의 지주회사로의 전환과 그룹회장제도의 폐지를 골자로 하는 지배구조개선 로드맵을 발표하였으며, 2009년 1월 공정거래법상 지주회사체제를 공식적으로 출범시켰다.

두산그룹이 지주회사체제는 2006년 1월 이후 2010년 7월까지 4년 6개월 동안 모두 13차례의 변화가 8단계에 걸쳐 진행되면서 확립되었다. 세 차례의 분할 및 회사 설립, 한 차례의 합병, 두 차례의 지주회사 설립, 세 차례의 사업 양도, 한 차례의 회사 매각 등이 진행되었으며, 그 결과 3개의 지주회사가 생겨났고 이들을 중심으로 지주회사체제가 다단계의 피라미드식 구조를 가지면서 변화에 변화를 거듭해 오고 있다. CJ그룹의 지주회사체제가 2007년 1월 이후 2011년 11월까지 4년 10개월 동안 6단계에 걸쳐 여섯 차례의 변화를 겪은 것과 비교하면 두산그룹에서는 보다 다양한 변화가 나름대로의 독특한 방식으로 진행되었다. 그런 만큼 두산그룹의 지주회사체제는 '한국재벌과 지주회사체제'라는 큰 틀 속에서 진행되고 있는 또 다른 귀중한 경험이고 실험이라고 할 수 있다.

지주회사체제로 전환된 이후 두산그룹의 지배구소에 나타난 가장 큰 특징은 박용곤 일가

지배체제의 강화였다. 3세대인 박용곤은 1998년부터 (주)두산의 최대주주였으며 다른 가족 구성원들과 함께 소유 및 경영에서 우위를 점하면서 그룹을 이끌어 왔다. 2006년 이후 박용곤 일가의 소유권은 보다 강화되었으며, 2009년 지주회사체제의 공식 출범 이후에는 가족 경영권 또한 강화되어 박용곤 일가의 개인적인 지배체제가 고착화되었다. 두산그룹은 가족 공동소유 및 공동경영의 전통을 가지고 있는데, 지주회사체제가 구축되는 과정에서 4세대·5세대가 소유와 경영에 광범위하게 참여함으로써 소유와 경영의 승계가 가속화되었다.

제2절(두산그룹의 성장 과정)에서는 두산그룹의 성장 과정을 개관한다. 1896년 창립 이후의 역사, 그리고 1987년 대규모기업집단지정제도가 도입된 이후 2012년까지의 재벌 순위, 계열회사 수 및 자산총액을 살펴본다.

제3절(두산그룹 지주회사체제의 성립 과정)에서는 2006년 이후 두산그룹이 어떻게 독자적인 지주회사체제를 구축해 왔는지를 단계적으로 자세하게 분석한다. 2010년까지 13차례의 변화가 8단계를 거치면서 순차적으로 진행되었다: ① 지주회사체제로의 전환 선언 (2006년 1월) → ② (주)두산의 4개 사업(식품, 타워, 생물, 매거진) 분리 (분할 1회, 양도 2회; 2006년 11월~2008년 1월) → ③ (주)두산의 실질적 사업지주회사로의 전환 (2008년 3월) → ④ (주)두산의 지주회사 두산모트롤홀딩스 설립 (2008년 5월) → ⑤ (주)두산의 3개 사업 (출판, 테크팩, 주류) 분리 (분할 2회, 양도 1회; 2008년 10월~2009년 3월) → ⑥ (주)두산과 두산모트롤홀딩스의 공정거래법상 지주회사로의 전환 (2009년 1월) → ⑦ (주)두산의 지주회사 디아이피홀딩스 설립 및 디아이피홀딩스의 공정거래법상 지주회사로의 전환 (2009년 5월~2010년 1월) → ⑧ (주)두산의 두산모트롤홀딩스 합병 (2010년 7월).

제4절과 제5절에서는 지주회사체제 도입 이전과 이후에 두산그룹의 소유구조와 경영구조에 각각 어떤 변화가 일어났으며 이 과정에서 박용곤 일가 지배체제가 어떻게 강화되었는지를 심층 분석한다.

제4절(소유구조의 변화)은 네 가지 내용을 담고 있다. 첫째, 2011년 현재 두산그룹의 지주회사체제가 어떤 모습을 띠고 지분구조는 어떤지를 살펴본다. 25개 그룹 계열회사 중 1개를 제외한 24개(96%)가 지주회사체제에 편입되었으며, 이들이 최대주주 박용곤을 정점으로 하는 5단계 하향 피라미드구조로 조직되어 있다. 즉 '박용곤 → 지주회사 (주)두산 → 자회사 9개 → 손자회사 10개 → 증손회사 4개'의 구조이다. 둘째, 1998년 이후 (주)두산과 주요 계열회사들이 다른 계열회사에 어느 정도로 지분을 보유해 오고 있는지를 추적한다. 2011년 현재 지주회사체제에 편입되어 있는 24개 계열회사 중 자신의 계열회사를 거느리고

있는 회사는 6개((주)두산, 자회사 3개, 손자회사 2개)이다. 이들은 2009년 지주회사체제 도입 이전 또는 이후부터 그룹의 다른 계열회사에 지분을 보유해 오고 있으며, 특히 (주)두산의 지분 보유 회사는 가장 많은 10개 내외이다. 셋째, 2006년 지주회사체제로의 전환 선언 이전과 이후에 (주)두산의 최대주주인 박용곤과 특수관계인 지분에 어떤 변화가 일어났는지를 분석한다. 박용곤의 지분은 5% 내외로 적었으며, 2006년까지는 계열회사와 비영리법인 지분(22~57%)이 우위를 점한 반면 2006년 이후에는 친족 지분(34~36%)이 특수관계인 지분의 대부분을 차지하면서 가족소유체제가 고착화되었다. 넷째, 1998년 이후 박용곤 일가의 지분 보유 현황을 형제별, 세대별, 개인별로 자세하게 분석한다. 두산그룹은 가족공동소유의 전통을 가지고 있으며, 2006년 이후 4세대로의 소유승계가 가속화되면서 완료되었고 5세대 또한 지분에 참여하기 시작하였다. 특히 박용곤의 장남 박정원이 실질적인 최대주주로 부상하였다.

제5절(경영구조의 변화)은 세 가지 내용으로 구성되어 있다. 첫째, 1998년 이후 (주)두산의 최고경영진에 어떤 변화가 일어났는지를 가족지배체제의 구축(1998~2002년), 가족지배체제의 약화와 전문경영인의 대리경영(2003~2008년), 가족지배체제의 재구축 및 강화(2009~2011년) 등 세 단계로 나누어 고찰한다. 둘째, 2006년 이후 박용곤 일가 가족구성원을 포함하는 (주)두산의 핵심 임원들이 다른 계열회사들에서 어떤 겸직을 가졌는지를 분석한다. 2009년 지주회사체제 출범 이후 가족구성원들은 이전에 비해 보다 큰 정도로 계열회사의 경영에도 관여하였으며, 특히 (주)두산의 실질적인 최대주주인 박정원이 가장 많은 겸직을 보유하였다. 셋째, 2009년 지주회사로의 전환 이전과 이후에 (주)두산의 업무조직에 어떤 변화가 일어났는지를 살펴본다. 2009년 이후 지주기능을 강화하는 한편으로 이전보다 줄어들기는 하였지만 BG(사업부문) 또는 BU(사업단위)의 조직 하에 여러 가지 사업을 병행해 오고 있다.

마지막 제6절(맺음말)에서는 앞의 논의를 요약, 정리한다.

2. 두산그룹의 성장 과정

두산그룹의 전신은 1896년 박승직(1864~1950년)이 설립한 박승직상점이다. 2013년 현재 107년의 역사를 가지고 있으며 현존하는 한국기업 중에서는 역사가 가장 길다. 박승직상점은 1951년 두산상회(이후 두산산업, 두산상사)로 재탄생되었으며, 1952년 2대 박두병(박승직의 장남, 1910~1973년)이 불하받은 동양맥주(이전 소화기린맥주, 이후 오비맥주)와 함께 'OB그룹'을 형성하기 시작하였다.

1973년 박두병이 세상을 떠난 후에는 전문경영인인 정수창이 그룹을 이끌어 갔으며, 1978년 비공식적으로 불리던 'OB그룹' 대신 '두산그룹'을 공식적으로 출범시켰다. 1981년에는 3대 박용곤(박두병의 장남)이 그룹회장에 취임하였는데, 1991년 초 페놀사건이 발생하면서 정수창에게 잠시 그룹회장직을 물려주었다가 1993년 초 다시 회장으로 복귀하였다. 1996년 이후에는 박용곤의 남동생 4명이 연이어 그룹회장직을 계승해 오고 있다 (1996~2005년 박용오, 2005년 박용성, 2009~2012년 박용현, 2012년 이후 박용만).

두산그룹은 2012년 4월 현재 대규모사기업집단 중 12위이며, 계열회사는 24개 그리고 자산총액은 29.9조 원이다 (<표 4.1>, <그림 4.1>).

대규모기업집단지정제도가 처음 도입된 1987년 이후 2012년까지 25년 동안 두산그룹의 순위는 11~15위로 큰 변동이 없다. 계열회사의 수 또한 20개 내외 수준이 유지되어 오고 있는데, 다만 몇 차례의 특징적인 변화를 보이고 있다.

먼저 1998년까지 20개 이상(21~27개)이던 계열회사 수가 1999년 처음으로 20개 이하로 줄어들었다. 1997년의 외환위기 이후 재벌들의 구조조정이 진행되는 가운데 두산그룹도 1998년 9월 주요 계열회사 9개를 1개 회사로 통합한 것이다. 그 결과 그룹 계열회사 수는 1998년 23개에서 1999년 14개로 대폭 줄어들어 최저치를 보였으며, 반면 자산총액은 오히려 조금 늘어났고 1개 계열회사의 평균자산은 더 큰 정도로 증가하였다.

오비맥주가 8개 회사를 흡수합병하고 회사명을 (주)두산으로 바꾸었는데, 이때부터 (주)두산은 성격이 서로 다른 다양한 사업들을 영위하는 복합적인 거대기업으로 거듭났다. 합병된 8개 회사는 두산백화, 두산경월, 두산상사, 두산기계, 두산전자, 두산개발, 두산동아 그리고 두산정보통신이었다. 이전 회사들이 영위하던 사업을 흡수함에 따라 (주)두산의 사업부문(Business Group; BG)은 주류, 상사, 전자, 기계, 개발, 출판, venture, 식품, 생활산업 등 9개로 구분되었고, 이들 산하에 9개의 사업단위(Business Unit; BU)가 속해 있었다. 다양한 사업들을 반영하기 위해 (주)두산의 목적사업은 135개가 설정되었다.

계열회사 수는 2000년부터 조금씩 늘어나 2003~3004년(22개)에는 20개 이상이 되었다가 2005~2006년(18개) 다시 20개 이하로 떨어졌는데, 2007년 20개를 회복한 이후에는 증가 추세를 보이고 있다. 이 증가 추세 기간은 두산그룹이 지주회사체제로 전환해 가는 시

<표 4.1> 두산그룹의 성장, 1987~2012년:
순위 (A, 위), 계열회사 (B, 개), 자산총액 (C, 10억 원),
1개 계열회사 평균자산 (D, 10억 원)

연도	A	B	C	D	연도	A	B	C	D
1987	14	21	1,073	51	2000	12	16	7,646	478
1988	15	22	1,213	55	2001	11	18	11,192	622
1989	15	21	1,432	68	2002	12	18	8,988	499
1990	14	23	1,799	78	2003	13	22	8,452	384
1991	14	23	2,253	98	2004	12	22	9,179	417
1992	13	24	3,106	129	2005	13	18	9,734	541
1993	13	25	3,622	145	2006	12	18	13,659	759
1994	13	24	4,053	169	2007	13	20	14,442	722
1995	12	27	4,808	178	2008	13	21	17,033	811
1996	12	26	5,756	221	2009	12	26	27,302	1,050
1997	14	25	6,370	255	2010	12	29	26,788	924
1998	14	23	6,586	286	2011	12	25	26,966	1,079
1999	13	14	6,704	479	2012	12	24	29,915	1,246

주: 4월 현재; 2002~2012년 순위는 공기업집단 제외.
출처: 공정거래위원회홈페이지 자료.

<그림 4.1> 두산그룹의 성장, 1987~2012년: 자산총액 (조 원), 계열회사 (개)

(출처: <표 4.1>)

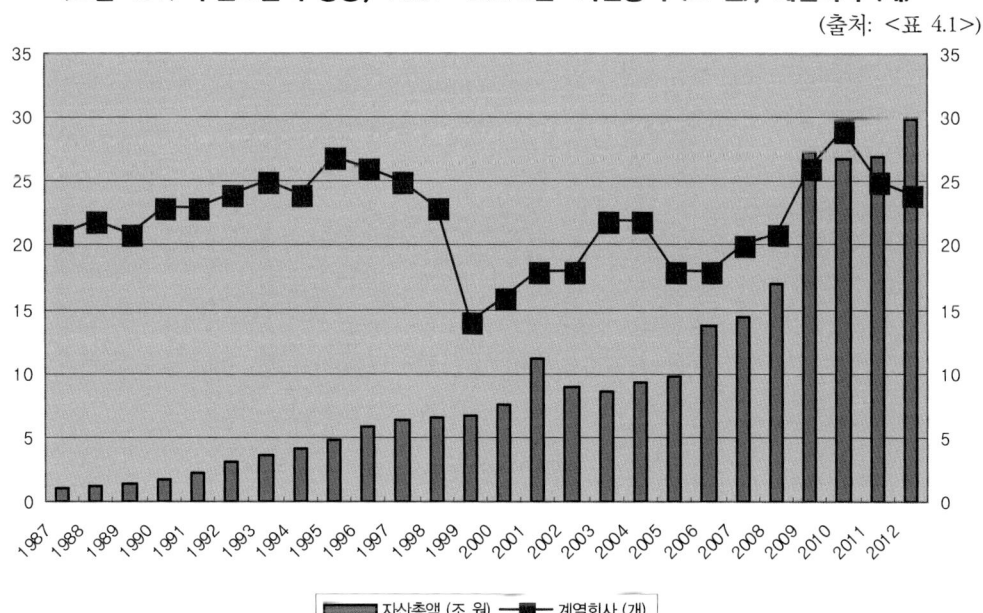

기와 겹치며, 특히 2009년 1월 이후는 공정거래법상 지주회사체제가 구축된 시기이다. 2007년 20개이던 계열회사는 2009년 26개로 늘어났고 2010년에는 29개로 더욱 늘어나 1995년(27개) 이후 가장 큰 수치를 기록하였다. 2011~2012년에는 24~25개로 다소 줄어든 상태이다. 자산총액은 2002~2005년 사이 8.5~9.7조 원 수준이던 것이 2006년 10조 원 그리고 2009년 20조 원을 넘어섰으며, 2012년 현재에는 29.9조 원으로 역대 최고치를 보이고 있다.

3. 두산그룹 지주회사체제의 성립 과정

3.1 지주회사체제 성립 8단계 과정, 2006~2010년: 개관

두산그룹은 2006년 1월 '3년 이내 지주회사체제로의 전환'을 공식 선언한 이후 준비 단계를 거쳐 약속대로 2009년 1월 공정거래법상 지주회사체제를 공식 출범시켰다. 주력회사인 (주)두산이 2008년 3월 목적사업에 지주기능을 추가하여 지주회사임을 명문화한 이후 2009년 1월 공정거래법상 지주회사로 공식 전환한 것이다.

두산그룹의 지주회사체제는 2006년 1월부터 2010년 7월까지 4년 6개월 동안 모두 13차례의 변화를 겪었는데, 8차례 변화는 2009년 1월 이전의 준비 단계에서 진행되었고 나머지 5차례 변화는 2009년 1월 이후의 공정거래법상 지주회사체제 기간과 관련되어 있었다 (<표 4.2>).

13차례의 변화는 물적 분할 및 회사 설립 3회(이 중 1회는 회사 매각 수반), 사업 양도 3회, 지주회사 설립 2회, 공정거래법상 지주회사로의 전환 2회, 합병 1회, 지주회사체제로의 전환 선언 1회, 실질적인 지주회사로의 전환 1회 등이며, 이들은 성격상 8단계(2009년 1월 이전 5단계, 이후 3단계)로 나누어질 수 있다. 즉 '① 지주회사체제로의 전환 선언 → ② 양도, 물적 분할, 양도 → ③ 실질적인 지주회사로의 전환 → ④ 지주회사 설립 → ⑤ 물적 분할, 물적 분할 및 회사 매각, 양도 → ⑥ 공정거래법상 지주회사로의 전환 → ⑦ 지주회사 설립, 공정거래법상 지주회사로의 전환 → ⑧ 합병' 등의 순서로 진행되었다.

그 결과 3개의 지주회사((주)두산, 두산모트롤홀딩스, 디아이피홀딩스)가 생겼는데, 1개((주)두산)는 존속회사 그리고 나머지 2개는 신설회사였다. 신설 지주회사 2개는 (주)두산의 자회사였다. 3개 지주회사는 모두 공정거래법상 지주회사로 지정되었으며 이후 1개(두산모트롤홀딩스)는 합병되었다. 한편, 지주회사체제가 구축되는 과정에서 4개 회사(두산타워, 두

〈표 4.2〉 두산그룹 지주회사체제 성립 8단계 과정, 2006~2010년

단계	시기	내용
(1)	2006년 1월	* 지주회사체제로의 전환 선언
(2)	[2006~2008년]	[* (주)두산의 4개 사업 분리]
	2006년 11월	* 식품사업 양도 (→ 외부기업 대상FNF)
	2007년 12월	* 타워와 생물사업 이전 (→ 물적 분할된 신설 자회사)
		(주)두산 → (주)두산　　　　(존속)
		＋ 두산타워　　(신설, 자회사)
		＋ 두산생물자원　(신설, 자회사)
	2008년 1월	* 매거진사업 양도 (→ 계열회사 오리콤)
(3)	2008년 3월	* (주)두산의 실질적 사업지주회사로의 전환
(4)	2008년 5월	* (주)두산의 지주회사 두산모트롤홀딩스 설립
		(주)두산　　　　(존속, 실질적 사업지주회사)
		↓
		두산모트롤홀딩스 (신설, 순수지주회사, 자회사)
(5)	[2008-2009년]	[* (주)두산의 3개 사업 분리]
	2008년 10월	* 출판사업 이전 (→ 물적 분할된 신설 자회사)
		(주)두산 → (주)두산　　　(존속, 실질적 사업지주회사)
		＋ 두산동아　(신설, 자회사)
	2008년 12월	* 테크팩사업 이전 (→ 물적 분할된 신설 자회사)
		(주)두산　→ (주)두산　　　　(존속, 실질적 사업지주회사)
		＋ 테크팩솔루션　(신설, 자회사 → 매각)
	2009년 3월	* 주류사업 양도 (→ 외부기업 롯데주류비지)
(6)	2009년 1월	* (주)두산과 두산모트롤홀딩스의 공정거래법상 지주회사로의 전환
(7)	2009년 5월	* (주)두산의 지주회사 디아이피홀딩스 설립
		(주)두산　　　(존속, 사업지주회사)
		↓
		디아이피홀딩스 (신설, 순수지주회사, 자회사)
	2010년 1월	* 디아이피홀딩스의 공정거래법상 지주회사로의 전환
(8)	2010월 7월	* (주)두산의 두산모트롤홀딩스 합병
		(주)두산　　　(존속, 사업지주회사)
		↑
		두산모트롤홀딩스 (해산, 순수지주회사)

출처: 논문.

산생물자원, 두산동아, 테크팩솔루션)가 신설되어 (주)두산의 자회사로 편입되었고 1개(테크팩솔루션)는 곧 매각되었다. 또 두산모트롤홀딩스의 자회사인 두산모트롤은 모회사와 함께 소멸되었다

(1) 제1단계 [2006년 1월, 지주회사체제로의 전환 선언]: 2006년 1월 두산그룹은 지배구조 개선 로드맵을 발표하고 3년 내에 그룹을 지주회사체제로 전환한다고 선언하였다. 기존의 그룹회장제도를 폐지하여 그룹 형태의 지배구조에서 탈피하며, 대신 주력회사인 (주)두산을 지주회사로 전환하고 계열회사들은 이사회 중심의 독립경영을 하는 체제를 도입하기로 하였다.

(2) 제2단계 [2006년 11월, 2007년 12월, 2008년 1월, (주)두산의 4개 사업(식품, 타워, 생물, 매거진) 분리 / 사업 양도(1), (주)두산의 물적 분할, 사업 양도(2)]: (주)두산은 영위사업 중 4개를 분리하여 2개는 신설 자회사에 이전하고 1개는 그룹 계열회사에 그리고 다른 1개는 외부 회사에 양도하였다. ① 2006년 11월 식품사업을 외부의 대상FNF(주)에 양도하였다. ② 2007년 12월 타워 및 생물사업을 (주)두산의 분할을 통해 신설된 자회사 두산타워와 두산생물자원에 각각 이전하였다. 이 두 회사는 (주)두산이 물적 분할되면서 새로 생겼으며, (주)두산은 나머지 사업을 계속 담당하면서 존속하였다. ③ 2008년 1월 매거진사업을 그룹 계열회사인 오리콤에 양도하였다.

(3) 제3단계 [2008년 3월, (주)두산의 실질적인 사업지주회사로의 전환]: 2008년 3월 (주)두산은 목적사업에 지주기능 관련 항목 2개를 추가하여 지주회사임을 명문화하였다. 공정거래법상 지주회사로의 전환에 대비하고 브랜드의 가치를 제고하면서 체계적으로 관리한다는 취지에서였다. (주)두산은 이전부터 주요 계열회사들에 지분을 보유하면서 실질적인 지주회사의 역할을 해 오고 있었으며, 지분 보유 회사의 수는 1998년 6개이던 것이 2002년에는 13개로 2배 이상 늘어났고 2007년에는 9개였다. 지주기능의 명문화는 이의 연장선상에 나온 것으로 지주기능을 공식화하고 보다 강화하겠다는 의도로 볼 수 있다.

(4) 제4단계 [2008년 5월, (주)두산의 지주회사 두산모트롤홀딩스 설립]: 2008년 5월 (주)두산은 순수지주회사인 두산모트롤홀딩스를 설립하여 자회사로 편입하였다. 설립 당시 두산모트롤홀딩스는 공정거래법상 지주회사로 지정되지 않았다. 이로써 두산그룹은 2개의 실질적인 지주회사를 가지게 되었으며, 이들을 중심으로 '(주)두산 → 두산모트롤홀딩스'로 이어지는 2중 구조의 지주회사체제를 구축하기 시작하였다.

(5) 제5단계 [2008년 10월, 2008년 12월, 2009년 3월, (주)두산의 3개 사업(출판, 테크팩,

주류) 분리 / (주)두산의 물적 분할(1), (주)두산의 물적 분할(2) 및 회사 매각, 사업 양도]:
(주)두산은 제2단계에서 4개 사업을 분리한데 이어 3개 사업을 추가로 분리하여 2개는 신설
자회사에 이전하고 1개는 외부 회사에 양도하였다. ① 2008년 10월 출판사업을 신설 자회
사인 두산동아에 이전하였다. 이를 위해 (주)두산의 물적 분할이 진행되었으며, (주)두산은
나머지 사업을 담당하면서 존속하는 것으로 하였다. ② 2008년12월 테크팩사업을 신설 자
회사인 테크팩솔루션에 이전한 뒤 자회사를 바로 매각하였다. 이를 위해 (주)두산이 또 한
번의 물적 분할을 하였으며, (주)두산은 나머지 사업을 담당하면서 존속하는 것으로 하였다.
③ 2009년 3월에는 제5단계의 연장선상에서 주류사업을 외부 회사인 (주)롯데주류비지에
양도하였다.

　(6) 제6단계 [2009년 1월, (주)두산과 두산모트롤홀딩스의 공정거래법상 지주회사로의 전
환]: 2009년 1월 사업지주회사인 (주)두산과 순수지주회사인 두산모트롤홀딩스가 공정거래
법상 지주회사로 지정되었다. 2008년 12월 현재 두 회사의 자산총액은 2조 7,910억 원과
1,947억 원, 그리고 지주비율은 57.6%(자회사 11개)와 95.6%(자회사 1개)였다. 2006년 1월
의 제1단계에서 선언된 '3년 내 지주회사체제로의 전환'이 예정대로 실현된 것이다. 이로써
두산그룹은 제4단계 이후 구축해 온 '(주)두산 → 두산모트롤홀딩스' 형태의 2중 구조 지주
회사체제를 공식화하면서 보다 본격화할 수 있게 되었다.

　(7) 제7단계 [2009년 5월, 2010년 1월, (주)두산의 지주회사 디아이피홀딩스 설립, 디아이
피홀딩스의 공정거래법상 지주회사로의 전환]: ① 2009년 5월 (주)두산은 순수지주회사인
디아이피홀딩스를 설립하여 자회사로 편입하였다. 이로써 두산그룹은 3개의 지주회사를 보
유하게 되었으며, '(주)두산 → 두산모트롤홀딩스 + 디아이피홀딩스'로 이어지는 복합적인
2중 구조의 지주회사체제로 재편되었다. ② 2010년 1월 디아이피홀딩스는 공정거래법상 지
주회사로 지정되었다. 자산총액은 2,920억 원 그리고 지주비율은 66%(자회사 3개)였다.

　(8) 제8단계 [2010년 7월, (주)두산의 두산모트롤홀딩스 합병]: 2010년 7월 (주)두산은 자
회사 두산모트롤홀딩스와 손자회사 두산모트롤을 합병하였다. 그 결과 공정거래법상 지주
회사의 수는 2개로 줄었으며, 이들을 중심으로 지주회사체제는 '(주)두산 → 디아아피홀딩
스'로 이어지는 단선적 2중 구조의 모습을 다시 가지게 되었다.

3.2 지주회사체제 달성 비율, 2009~2011년

공정거래위원회의 자료(그룹은 4월 현재, 지주회사는 9월 발표)를 중심으로 지주회사체제 달성 비율 즉 그룹 계열회사 중 지주회사체제에 편입된 회사의 비중을 살펴보면 다음과 같다. 2009년 1월 공정거래법상 지주회사체제가 도입된 이후 그룹 계열회사의 3/4 이상(76~85%)이 새로운 지배구조에 편입되었다 (<표 4.3>, <그림 4.2>).

(1) 2009년 (85%): 지주회사체제 도입 첫해인 2009년에는 그룹 계열회사 26개 중 4/5 이상(85%)인 22개가 지주회사체제에 편입되었다. 지주회사는 2개((주)두산, 두산모트롤홀딩스)였으며, (주)두산의 계열회사가 20개(두산모트롤홀딩스 포함 자회사 11개 + 손자회사 7개 + 증손회사 2개) 그리고 (주)두산의 자회사인 두산모트롤홀딩스의 계열회사가 1개(자회사)였다.

(2) 2010년 (76%): 2010년에는 지주회사체제 달성 비율이 76%로 조금 낮아졌는데, 체제 편입 회사의 수는 이전과 같은 22개인 반면 그룹 계열회사가 29개로 늘어났기 때문이었다. 지주회사 두산모트롤홀딩스는 2010년 7월 해산된 상태였으며, 대신 (주)두산의 자회사인 디아이피홀딩스가 2009년 5월 설립된 이후 2010년 1월 공정거래법상 지주회사로 지정되었다.

〈표 4.3〉 두산그룹의 지주회사체제:
그룹 계열회사 중 지주회사체제 편입 회사 비중, 2009~2011년 (개, %)

| 연도 | 그룹 | | 지주회사체제 | | | | 지주회사체제 달성 비율 (B/A, %) |
	순위	계열회사 (A, 개)	지주회사 (a)	순위	계열회사 (자+손자+증손) (b, 개)	합 (a+b=B, 개)	
2009	12	26	(주)두산	4	20 (11+7+2)	21	
			두산모트롤홀딩스	46	1 (1+0+0)	2 [22]	85
2010	12	29	(주)두산	6	18 (8+8+2)	19	
			디아이피홀딩스	47	3 (3+0+0)	4 [22]	76
2011	12	25	(주)두산	6	18 (9+6+3)	19	
			디아이피홀딩스	43	2 (2+0+0)	3 [21]	84

주: 1) 그룹 계열회사는 4월 현재; 지주회사 명단은 9월, 계열회사는 이전 연도 12월 현재.
　　2) 두산모트롤홀딩스와 디아이피홀딩스는 (주)두산의 자회사.
출처: 공정거래위원회홈페이지 자료.

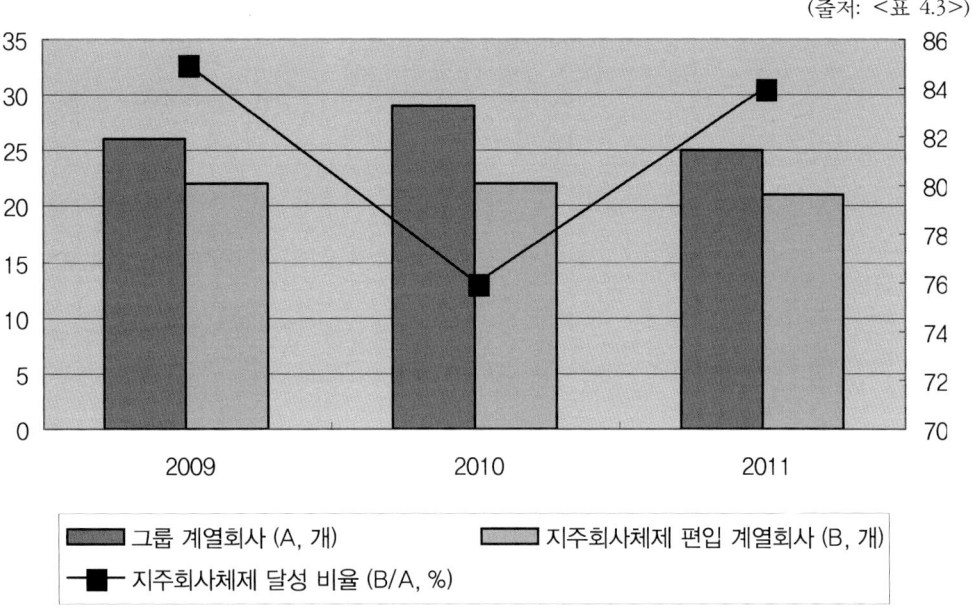

〈그림 4.2〉 두산그룹의 지주회사체제, 2009~2011년 (개, %)

(출처: <표 4.3>)

- 그룹 계열회사 (A, 개)
- 지주회사체제 편입 계열회사 (B, 개)
- 지주회사체제 달성 비율 (B/A, %)

(주)두산의 계열회사는 다소 줄어든 18개였고(디아이피홀딩스 포함 자회사 8개 + 손자회사 8개 + 증손회사 2개), 디아이피홀딩스의 계열회사는 3개(자회사)였다.

(3) 2011년 (84%): 2011년에는 비율이 84%(25개 계열회사 중 21개가 체제에 편입)로 다시 2009년 수준을 회복하였다. (주)두산의 계열회사는 이전과 같이 18개였지만 구성이 달라졌고(자회사 9개 + 손자회사 6개 + 증손회사 3개), 디아이피홀딩스의 계열회사는 2개(자회사)로 줄어들었다.

3.3 지주회사체제 성립 1단계: 지주회사체제로의 전환 선언, 2006년 1월

3.3.1 지배구조 개선 로드맵, 2006년 1월

2006년 1월 19일 두산그룹은 '지배구조 개선 로드맵'을 발표하고 3년 내에 그룹을 지주회사체제로 전환한다고 공식 선언하였다.

이를 위해 우선 그룹회장제도를 폐지하여 그룹 형대의 지배구조에서 탈피하며, 대신 주력회사인 (주)두산을 지주회사로 전환하고 계열회사들은 이사회 중심의 독립경영을 하는 체제를 도입하기로 하였다. 2006년 상반기에 로드맵의 구체적인 내용과 일정을 확정한 뒤 2007년부터 본격적으로 실행에 옮기기로 하였으며, 지주회사 전환의 기반을 조성하기 위해 (주)두산을 지주회사부문과 사업회사부문으로 분리 운영하고 외국인을 포함하여 글로벌 역량을 갖춘 인사를 (주)두산의 최고경영자(CEO)로 영입하기로 하였다.

3년 이내에 지주회사체제로 전환한다는 목표 아래 제반 여건이 충족될 때까지 다음 네 가지 조치들을 단계적으로 추진하기로 하였다. 특히 2005년 공정거래위원회가 감시 및 견제 장치 요건으로 제시한 서면투표제 도입, 내부거래위원회 설치, 사외이사후보추천위원회 설치 등을 적극 수용하기로 하였다.

첫째, 이사회 중심의 독립경영체제 강화이다. 이사회의 독립성을 보장하고 실효성 있는 활동을 강화하기 위해 그룹회장직을 폐지하고 독립적인 인물을 선출할 수 있도록 사외이사 후보추천위원회를 100% 사외이사로 구성하기로 하였다. 또 이사회의 기능을 활성화시키기 위하여 다양한 산하 위원회를 설치, 운영하기로 하였다.

둘째, 서면투표제의 도입이다. 이를 통해 대주주에 비해 주주총회 참석이 상대적으로 저조한 소액주주들의 권익을 보호하고 의결권 행사를 용이하도록 하며 경영활동에 이들의 목소리가 반영될 수 있도록 하였다.

셋째, 준법감시인제도, 내부거래위원회 그리고 선진화된 회계방식의 도입이다. 먼저 신지배구조의 투명성 확보 방안의 이행 점검과 법적 스크리닝(screening)장치로서 준법감시인(compliance officer)제도를 도입하기로 하였다. 또 내부자거래의 투명성을 제고하기 위해 100% 사외이사로 구성되는 내부거래위원회를 설치하기로 하였으며, 회계의 투명성을 제고하기 위하여 국제적으로 인정받는 선진화된 회계 처리 방식을 도입하고 분기별 실적 발표 및 기업설명회를 개최하여 경영활동을 투명하게 공개해 나가기로 하였다.

그리고 넷째, 감사위원회의 활성화이다. 이를 통해 회계 기준 및 내부거래의 원칙을 재정비하고 이의 준수 여부와 내부통제제도의 운영 상황을 감독하기로 하였다.

3.3.2 형제의 난, 2005년

새로운 지배구조로의 전환 선언은 2005년의 '형제의 난'으로 인해 사회적인 지탄을 받게 되면서 나온 고육지책이었다. 사건은 1996년부터 그룹회장직을 유지해 오고 있던 박용오가

2005년 7월 갑자기 물러나면서 시작되었으며 이 과정에서 형제들 간에 비자금 조성을 두고 법적 다툼이 벌어지는 사태로까지 이어지게 되었다. 2005년 7월부터 2006년 2월까지의 상황은 다음과 같다 (김동운(2008), 42~44쪽).

(1) 2005년 7월 18일 박용오가 갑자기 그룹회장에서 물러났다. 대신 바로 아래 동생인 박용성이 새 회장으로 추대되었다. 이 결정은 전날 가족회의에서 전격적으로 이루어졌다.

7월 17일 일요일 최연장자인 박용곤은 갑자기 가족회의를 소집했다. 박용성(두산중공업 회장)은 제주도에 있다가 급히 올라왔으며, 박용만((주)두산 부회장)을 비롯한 다른 13명의 친인척 경영자들도 (주)두산 본사 33층 회의실에 집결하였다. 그러나, 박용오((주)두산 회장, 두산산업개발 회장)는 참석하지 않았다. 박용곤은 박용성에게 '회장을 맡으라'고 했고, 박용성은 '가족의 뜻에 따르겠다'고 답했다. 다른 참석자들은 박용곤의 결정을 그대로 받아들였다. 그것으로 그룹회장의 파면과 임명은 결정되었다.

박용성이 '글로벌화된 인재'라는 것이 교체 이유였다. 국제올림픽위원회(IOC) 위원, 국제유도연맹(IJF) 회장, 국제상업회의소(ICC) 회장 등으로 활동하면서 국제감각을 갖추었다는 것이다. 박용곤은 박용오에게 '취임(1996년)한 지 10년째이고 은퇴할 시기가 되었으니 금년(2005년) 말로 그룹회장직에서 은퇴하라'고 종용해 왔으며, '글로벌마인드나 일에 대한 열정 면에서 용성이가 경영인으로서 더 낫다'는 말을 주위에 여러 차례 해 온 터였다. 회장에 추대된 뒤 다시 제주도로 내려간 박용성은 형제들 간의 경영권 승계를 '사우디왕가 방식'으로 비유하면서 자신의 회장 임명을 합리화하였다. 박용오는 (주)두산 명예회장이라는 직함을 얻었다.

(2) 2005년 7월 20일 박용오가 '박용성 두산그룹 회장과 박용만 그룹부회장의 비자금 조성 혐의'라는 제목의 진정서를 검찰에 제출하면서 사태는 새로운 국면으로 접어들었다. 지난 20년 동안 위장 계열회사를 통해 1,700억 원의 비자금을 조성했다는 것이다. 다음 날(21일) 기자회견에서 박용오는 이렇게 주장하였다: '박용성 회장과 박용만 부회장 등은 그동안 수천억 원의 비자금을 유용하고 해외 밀반출을 해 온 것이 나에게 적발되자 둘이서 공모해 일방적으로 나를 회장직에서 내몰았다. 박용성회장의 그룹회장 승계는 원천 무효다.'

7월 21일 늦은 밤 박용곤은 (주)두산 본사에서 긴급 사장단회의를 열고 '박용오는 두산그룹에 대한 반역자다. 오늘부터 내 동생이 아니다'라고 선언하였다. 다음 날(22일)에는 박용오를 경영에서 완전히 쫓아내 버렸다. 오전 일찍 (주)두산과 두산산업개발의 이사회가 소집되어 비용오의 내외이사회징직을 만장일치로 박탈한 것이다. 박용오의 둘째 아들 박중원(두산산업개발 상무)도 해임시켰다.

박용성 그룹회장은 형의 투서에 대해 '두산산업개발의 경영권을 탈취하려는 자신의 의도가 통하지 않자 그룹을 흠집 내려는 물귀신작전'이라고 맞받아쳤다. 2004년 중반 박용오는 두산산업개발(전 두산건설; 2005년 1월 대표이사회장 취임)을 그룹에서 분리해 자신에게 줄 것을 요구했던 것으로 알려졌다. 2002년 3월 큰아들(박경원)이 두산건설 상무직을 버리고 독립했는데, 이후 어려움에 처하게 되자 이를 돕는 과정에서 박용오의 그룹 내 지분은 줄어들었다. 또 둘째 아들(박중원)의 지분은 제자리걸음인 가운데 박용성의 자녀 지분은 크게 증가하면서 박용오는 '용성, 용만 측이 나를 따돌리고 회사 전체를 접수하려 한다'는 생각까지 가지게 되었다. 상황은 악화되어 2004년 말 박용성 측에서 '박용오 측이 두산산업개발에 대해 적대적 M&A를 시도했다'는 의문을 제기하기에 이르렀다. 그룹회장이 바뀌기 하루 전(7월 17일) 박용곤의 장남 박정원((주)두산 사장)을 두산산업개발 부회장에 임명했던 것도 이의 연장선상에서 이루어졌다. 박용오의 두산산업개발 분리 요구는 가족회의에서 일언지하에 거절되었다. 그의 지분이 0.7%밖에 되지 않았고, 무엇보다 두산산업개발의 장악은 그룹 전체의 장악으로 이어지게끔 지분구조(두산산업개발(22.8%) → (주)두산(41.5%) → 두산중공업(30.08%) → 두산산업개발)가 형성되어 있었기 때문이다.

(3) 2005년 8월 8일에는 박용성이 공격 자세로 나왔다. 두산산업개발의 분식회계 사실을 공표한 것이다. 회사 공시를 통해 밝힌 내용은 '1995~2001년 사이 2,797억 원의 매출을 과다계상하였으며 이 금액을 2005년 결산에 전액 반영하여 해소하였다'는 것이었다. 이 시기는 박용오가 그룹회장(1996~2005년)을 하던 시기와 맞물려 있으며, 따라서 그에 대한 공격을 한 것이나 다름없었다.

8월 10일에는 박용오가 반격에 나섰다. 1999년 두산산업개발의 경영권 유지를 위해 오너 일가 28명이 은행에서 빌린 293억 원의 5년치 이자 138억 원을 불법 조성한 비자금으로 갚았다고 폭로한 것이다. 11일에는 비자금 관련 자료를 추가로 검찰에 제출하였다. 이를 계기로 서울중앙지검의 수사(7월 25일 시작)는 본격화되었으며 10월 21일에는 박용성을 소환하여 조사하였다.

(4) 2005년 11월 4일 박용성은 긴급 사장단회의를 소집하고 '사회적으로 물의를 일으킨데 대해 책임을 지고 국내의 모든 공직에서 물러난다'면서 그룹회장직을 전격 사퇴하였다. 박용만 그룹부회장도 함께 물러났다. 19일에는 지배구조개선 로드맵이 1차로 발표되었는데, 그룹회장직을 폐지하고 대신 모회사인 (주)두산을 3년 이내에 지주회사로 전환하여 그룹을

지주회사체제로 개편한다는 내용이었다. 당분간은 비상경영위원회(위원장 유병택 (주)두산 대표이사부회장)가 그룹회장을 대신해 경영을 담당하는 것으로 하였다.

(5) 2005년 11월 10일 서울중앙지검은 관련자 14명을 특정경제범죄가중처벌법상 횡령배임혐의로 불구속기소하였다. 10년간 326억 원(재판과정에서 286억 원으로 조정)의 비자금이 조성되어 오너일가의 개인용도로 쓰였고, 두산산업개발은 3년간 2,838억 원의 분식회계를 한 것으로 밝혀졌다. 2006년 2월 3일 서울중앙지법은 다음과 같이 선고하였다: 박용오, 박용성 - (징역) 3년, (집행유예) 5년, (벌금) 80억 원씩; 박용만 - 3년, 4년, 40억 원; 박용욱(이생그룹 회장) - 2년 6월, 4년; 나머지 임원 10명 - 개인별로 8월~2년 6월, 2~4년.

7월 21일에는 서울고법이 피고인과 검사의 항소를 모두 기각하였으며, 양측 모두 상고하지 않음으로써 2월의 선고 내용이 그대로 확정되었다. 집행유예 선고에 대해 서울중앙지법은 다음과 같이 밝혔다: '이들은 수년간 비자금을 조성해 대주주의 생활자금과 세금으로 사용하고 분식회계를 지시해 두산그룹의 신용도와 국가신용도를 훼손했다. 죄질이 매우 무겁고 이에 상응하는 엄중한 처벌이 요구된다. 그러나 피해액이 매우 크지만 대출금과 이자가 변제되었으며, 회사구조조정에 기여했고 경영일선에서 물러났으며 잘못을 뉘우치는 점 등을 감안했다.'

(6) 하지만, 2007년 초 박용성은 경영복귀 의사를 강하게 드러냈다: '내가 은퇴한 것도 아니고 주식 한 주도 팔지 않았는데 할 수 있는 역할은 분명 있을 것이다. 주주인데 아무것도 안 한다는 것은 말이 안 되지 않느냐.' 그는 동생(박용만)과 함께 곧 사면 복권되었고, 3월 16일 곧바로 경영일선으로 돌아왔다. 주주총회에서 두산중공업의 등기이사 겸 이사회의장으로 선임된 것이다. 2005년 11월 4일 그룹회장에서 물러난 지 1년 7개월 만이었다. 한편 박용만은 두산인프라코어 대표이사 부회장직을 유지하고 있었다. 또 2월 12일에는 박용현(전 서울대 교수; 박용성의 동생 겸 박용만의 형)이 두산산업개발의 대표이사로 선임되어 경영과 처음으로 인연을 맺었다. 그는 오너일가가 운영하는 연강재단의 이사장(2005년 11월 취임)이기도 하였다.

3.4 지주회사체제 성립 2단계: (주)두산의 4개 사업(식품, 타워, 생물, 매거진) 분리, 2006년 11월~2008년 1월

2006년 1월 지주회사체제로의 전환 선언 이후 처음 나온 조치는 같은 해 11월 (주)두산의 식품사업부문을 외부 기업에 양도한 것이었다. 이어, 2007년 12월에는 (주)두산의 다른 두 사업부문(타워와 생물)을 신설 자회사에 이전하였으며, 2008년 1월에는 네 번째 사업(매거진)을 그룹의 다른 계열회사에 양도하였다.

3.4.1 (주)두산의 식품사업 양도, 2006년 11월

2006년 10월 27일 (주)두산은 식품사업부문(종가집 김치, 두부, 콩나물 등 식품 관련 사업)을 외부 회사인 대상FNF(주)에 양도하기로 결정하였으며 11월 30일 양도가 완료되었다. 양도의 목적은 '차입금 감축, 수익성 향상 및 재무구조 개선'이었다. 양도가액은 1,050억 원으로 책정되었고, 자산 및 부채를 포함한 포괄적 영업 양도 방식으로 진행되었다.

3.4.2 (주)두산의 물적 분할 및 타워, 생물 사업 이전, 2007년 12월

2007년 12월 (주)두산이 3개 회사로 물적 분할되었다. (주)두산은 존속하는 것으로 하였으며, 신설회사인 두산타워와 두산생물자원은 (주)두산의 자회사로 편입되어 각각 타워사업과 생물사업을 이전받았다.

분할의 일정, 목적, 성격 및 방법은 분할신고서(2007년 10월 29일, 정정 11월 21일)와 분할종료보고서(2007년 12월 26일)에 자세하게 제시되어 있다 (<표 4.4>).

먼저, 분할은 2007년 10월 29일 이사회에서 결정된 이후 두 달이 채 되지 않아 마무리되었다. 이사회 결의와 동시에 분할계획서와 분할신고서가 제출되었으며, 12월 11일 주주총회에서 분할계획서가 승인되었다. 12월 13일로 예정된 분할되는 회사((주)두산)에서의 분할보고총회와 두 신설회사에서의 창립총회는 이사회의 공고로 갈음하였다. 분할기일은 12월 21일이었으며, 같은 날 등기가 완료되었다.

분할의 목적은 세 가지가 제시되어졌다. 첫째, 두 사업부문을 독립법인으로 분리 경영함으로써 경영효율성과 전문성을 제고하고 책임경영체제의 토대를 마련한다. 둘째, 각 사업부문에서 창출되는 수익을 해당 사업에 재투자함으로써 사업의 집중력을 제고하고 경쟁력을 강화하며, 이를 통해 성장의 기틀을 마련함으로써 장기적으로 고수익의 창출 및 주주가치의 극대화를 추구한다. 그리고 셋째, 사업부문별로 전문성을 특화하고 그 특수성에 적합한 기동성 있는 경영활동을 수행한다.

〈표 4.4〉 (주)두산의 물적 분할 및 타워·생물 사업 이전, 2007년 12월

(A) 분할 일정

2007년 10월 29일: 이사회 결의,

　　　　　　　분할계획서 작성, 분할신고서 제출　12월 11일: 분할계획서 승인을 위한 주주총회

　　　　　　　　　　　　　　　　　　　　　　　12월 13일: 분할보고총회 또는 창립총회

　　11월 14일: 분할 주주총회 주주 확정　　　<u>12월 21일: 분할기일</u>, 분할등기

(B) 분할의 주요 내용

1. 목적: 1) 사업부문의 분리 경영 → 경영효율성·전문성 제고, 책임경영체제 토대 마련

　　　　2) 사업부문 수익을 해당 사업에 재투자

　　　　　　→ 사업의 집중력 제고, 경쟁력 강화, 성장 기틀 마련

　　　　　　→ 장기적으로 고수익 창출, 주주가치 극대화

　　　　3) 사업부문별 전문성 특화 → 특수성에 적합한 기동성 있는 경영활동 수행

2. 회사명: 1) 분할 전 회사 - (주)두산 (Doosan Corporation)

　　　　　2) 분할되는 회사 - (주)두산 (Doosan Corporation)

　　　　　　　신설회사 - 두산타워(주) (Doosan Tower Co., Ltd.)

　　　　　　　　　　　　두산생물자원 (주) (Doosan Feed & Livestock Co., Ltd.)

3. 사업부문: 1) (주)두산 - 신설부문에 분할되는 부문을 제외한 나머지 사업부문

　　　　　　2) 두산타워 - 부동산 임대, 매매 및 중개, 유통관련업 등

　　　　　　　두산생물자원 - 사료제조업, 축산물 유통업 등

4. 방법: 1) 신설회사 설립 - 분할되는 회사의 사업부문 중 타워·생물사업부문 분리, 설립

　　　　2) 물적 분할 방식 - 분할되는 회사가 신설회사 발행주식 총수를 취득하는 단순물적분할

　　　　3) 분할되는 회사는 존속 및 상장법인 유지, 신설회사는 비상장

5. 분할 재산 관련 사항:

　　1) 분할되는 회사는 신실회사 사업부문에 속하는 일체의 적극적, 소극적 재산 및 기타의 권리 의무와

　　　재산적 가치가 있는 사실관계를 신설회사에 이전

　　2) 재무구조 (2007년 6월 30일 기준, 백만 원;

　　　　　　분할 전 회사 ≥ 분할되는 회사 // 신설 두산타워 / 신설 두산생물자원)

　　a) 자산:　2,539,275　>　2,119,019　//　527,354　/　64,778

　　b) 부채:　1,826,677　>　1,448,683　//　386,698　/　52,863

　　　자본:　　712,598　>　　670,336　//　140,656　/　11,915

　　c) 자본금:　149,783　=　　149,783　//　30,000　/　3,000

출처: 분할신고서, 분할종료보고서.

분할을 위해 (주)두산이 해 오던 영위사업 중 타워사업부문(부동산 임대, 매매 및 중개, 유통 관련업 등)과 생물사업부문(사료제조업, 축산물 유통업 등)을 분리하였으며, 신설회사인 두산타워와 두산생물자원이 각각 담당하도록 하였다. 두산생물자원의 경우 처음에는 회사 이름을 '두산사료'로 하였으나 뒤에 변경되었다. 분할 대상인 두 사업부문을 제외한 나머지 사업부문은 이전의 (주)두산이 담당하면서 존속하는 것으로 하였다.

존속하는 (주)두산의 목적사업은 기존의 155개가 유지되었으며, 두 신설자회사의 목적사업은 각각 42개와 8개가 새로 설정되었다.

(1) 신설 두산타워의 목적사업 42개: ① 부동산 임대, 매매 및 중개업. ② 시장 및 유통 관련업. ③ 각종 물품 도소매업. ④ 물품판매업. ⑤ 일반도매업 및 상품중개업. ⑥ 쇼핑센터업. ⑦ 섬유 및 의류, 가방류, 신발류 제조 및 판매업. ⑧ 피혁, 합성피혁, 피혁제품 및 합성수지제품 제조 판매업. ⑨ 수입품 도매 및 소매업. ⑩ 소매업 관련 용역 및 수탁 사업. ⑪ 수출입무역업, 동 대행업 및 물품 매도 확약서 및 발행업. ⑫ 상품권판매업. ⑬ 신용카드판매업(크레디트업). ⑭ 유통전문판매업, 기술용역업. ⑮ 외식산업, 요식업 및 식당임대업. ⑯ 정보처리시스템의 개발, 판매, 유지 보수 및 consulting업. ⑰ 사업타당성 조사용역사업. ⑱ 시스템통합 구축 서비스업. ⑲ 데이터베이스 운영서비스업. ⑳ 광고대행업. ㉑ 실내장식 서비스 및 제조판매업. ㉒ 공연장, 영화관 시설 및 운영업. ㉓ 레저스포츠사업. ㉔ 매출채권의 양수, 관리, 대금 회수 및 이와 관련된 자금지원과 업무 대행. ㉕ 운수업, 보관 및 창고업, 차량정비사업, 주차장 운영. ㉖ 시설, 설비, 기계, 기구, 건설장비, 운송용구와 이에 직접 관련되는 부동산 및 재산권의 장단기 대여 및 투자. ㉗ 체력단련시설 운영업. ㉘ 주류판매업. ㉙ 음식점, 식음료품 접객, 조리 판매 및 기타 서비스업. ㉚ 도매업, 상품중개업, 일반소매업, 종합소매업, 특수소매업. ㉛ 주류, 과자류, 다과류, 다류 등의 판매를 위한 업소의 운영. ㉜ 자동판매기, 냉장기기, 기타 관련 설비의 제조, 설치, 임대, 판매 및 알선업. ㉝ 휴게음식점업. ㉞ 도서 출판 및 판매업. ㉟ 상품매매업. ㊱ 각종 위락시설 및 유기장업. ㊲ 예식장업. ㊳ 전자상거래 및 인터넷 관련업. ㊴ 판매대행업. ㊵ 복합운송사업, 물류배송센터 운영업. ㊶ 전기 각 호에 부대하는 일체의 사업. ㊷ 기타 전기 각 호에 관계된 사업 및 필요 또는 유익한 사업에의 투자.

(2) 신설 두산생물자원의 목적사업 8개: ① 배합사료 제조 판매업. ② 원재료 가공 및 판매업. ③ 축산물 유통업. ④ 농산물 임가공업. ⑤ 부동산임대업. ⑥ 농장의 사용 및 경영관리에 대한 컨설팅업. ⑦ 전기 각 호에 부대하는 일체의 사업. ⑧ 기타 전기 각 호에 관계된

사업 및 필요 또는 유익한 사업에의 투자.

한편, (주)두산의 분할은 단순물적분할로 진행되었다. 분할되는 회사가 신설회사 발행주식 총수를 취득하는 방식이다. 존속회사는 기존의 상장법인 지위를 유지하였으며, 반면 두 신설회사는 모두 비상장으로 하였다. 재산의 경우, 분할 후의 (주)두산은 이전 (주)두산과 동일한 자본금을 가진 반면, 자산, 부채 및 자본은 전자가 조금 적은 금액을 가지는 것으로 조정되었다. 한편 두 신설회사는 각각 별도의 재산을 보유하게 되었다.

3.4.3 (주)두산의 매거진사업 양도, 2008년 1월

2007년 10월 29일 (주)두산 이사회는 매거진사업부문(잡지 등의 제품 판매 및 광고 매출)을 그룹 계열회사인 (주)오리콤에 양도하기로 결정하였으며, 2008년 1월 양도가 완료되었다. 양도가액은 118억 원으로 책정되었고 자산 및 부채를 포함한 포괄적 영업 양도 방식으로 진행되었다.

양도의 목적은 두 가지가 제시되어졌다. 첫째, (주)두산의 사업구조를 미래성장성 및 수익성 증대가 가능한 핵심사업 위주로 재편함으로써 안정적이고 장기적인 성장에 기여한다. 둘째, 광고 매출이 주된 수익원인 매거진사업을 광고회사인 오리콤에 영업 양도함으로써 시너지효과를 창출한다. 한편, 오리콤의 입장에서는 양수의 목적이 두 가지였다. 즉, 현재 영위하고 있는 업종과 유관하고 시너지 창출이 가능한 매거진사업에의 진출로 신성장동력을 확보하며, 이를 통해 수익성을 제고하고 회사 가치를 증대시킨다는 것이었다.

3.5 지주회사체제 성립 3단계: (주)두산의 실질적 사업지주회사로의 전환, 2008년 3월

지주회사체제로의 전환을 공식 발표(2006년 1월 19일)한 이후 2년여가 지난 2008년 3월 3일 (주)두산은 사업지주회사로서의 성격을 명시적으로 천명하였다.

이를 위해 기존의 155개 목적사업에 더하여 지주사업 관련 목적사업 2개를 새로 추가하였으며, 이로써 지주회사 전환에 대비하고 브랜드의 가치를 제고하면서 체계적으로 관리하고자 하였다: (제154항) 타 회사의 주식 또는 지분을 취득, 소유함으로써 그 회사 제반 사업 내용의 지배, 경영지도 및 육성; (제155항) 브랜드, 상표권 등 지적재산권의 관리 및 라이센스업.

(주)두산은 이전부터 주요 계열회사들에 지분을 보유하면서 실질적인 지주회사의 역할을 해 오고 있었으며, 지분 보유 회사의 수는 1998년 6개이던 것이 2002년에는 13개로 2배 이상 늘어났고 2007년에는 9개였다. 지주기능의 명문화는 이의 연장선상에서 나온 것이었으며, 지주기능을 공식화하고 보다 강화하겠다는 의도로 볼 수 있다.

한편, (주)두산은 2006년 11월부터 2008년 1월까지 4개 사업부문(식품, 타워, 생물, 매거진)을 신설자회사에 이전하거나 그룹 계열회사 또는 외부 회사에 양도한 이후에도 7개의 사업부문(의류, 주류, 전자, 테크팩, 출판, 글로넷, 정보통신)을 영위하고 있었으며 이와 관련된 목적사업이 155개나 설정되어 있었다. 따라서 지주사업 관련 목적사업 2개가 추가되기는 하였지만, 지주회사로서의 성격보다는 사업회사로서의 성격이 여전히 강하게 남아 있다고 할 수 있다.

3.6 지주회사체제 성립 4단계: (주)두산의 지주회사 두산모트롤홀딩스 설립, 2008년 5월

2008년 5월 7일 (주)두산은 순수지주회사 두산모트롤홀딩스(Doosan Mottrol Holdings Co. Ltd.)를 설립하여 자회사로 편입하였다. 이로써 두산그룹은 2개의 실질적인 지주회사를 가지게 되었으며, 이들을 중심으로 '사업지주회사 (주)두산 → 순수지주회사 두산모트롤홀딩스'로 이어지는 2중 구조의 지주회사체제를 구축하기 시작하였다.

신규 회사의 설립 목적은 '유압기기, 중기 및 산업기계의 제조 및 판매, 임대업을 영위하는 회사의 경영 및 투자'였으며, 투자 대상 회사는 두산모트롤이었다. 즉 두산모트롤홀딩스는 두산모트롤의 지분을 인수하기 위한 특수목적법인(SPC)으로 설립된 것이었다. 자본금은 2.8억 원, 자산총액은 350억 원이었다.

두산모트롤은 1999년 12월 '동명중공업'이라는 이름의 동명목재그룹 계열회사로 설립되었으며, 2007년 3월 동명모트롤로 회사명이 변경되었다. 2008년 3월 (주)두산이 인수 계약을 체결하면서 6월 회사명이 두산모트롤로 바뀌었으며 8월 두산그룹에 정식으로 편입되었다. 두산모트롤의 목적사업은 7개였다: ① 산업기계, 해상기계 제조 및 판매업. ② 유압기기 제조 및 판매업. ③ 중기 제조업 및 판매업. ④ 무역의 알선업. ⑤ 플랜트 수출업. ⑥ 임대업. ⑦ 전 각 호에 부대되는 사업.

3.7 지주회사체제 성립 5단계: (주)두산의 3개 사업(출판, 테크팩, 주류) 분리, 2008년 10월~2009년 3월

2008년 10월에서 2009년 3월 사이 (주)두산은 자신이 영위해 오던 3개 사업부문을 추가로 분리시켰다. 출판사업과 테크팩사업은 2008년 10월과 12월에 각각 신설 자회사에 이전하였고 주류사업은 2009년 3월 외부 회사에 양도하였다. 이미 이전 또는 양도한 4개 사업(식품, 타워, 생물, 매거진)을 포함하면 모두 7개의 사업이 (주)두산에서 분리되어 나갔다.

3.7.1 (주)두산의 물적 분할 및 출판사업 이전, 2008년 10월

2008년 10월 (주)두산이 2개의 회사로 물적 분할되었다. (주)두산은 존속하는 것으로 하였고 신설회사 두산동아는 출판사업을 이전받은 뒤 (주)두산의 자회사로 편입되었다.

분할의 일정, 목적, 성격 및 방법은 분할신고서(2008년 7월 29일, 정정 9월 17일)와 분할종료보고서(2008년 10월 2일, 정정 11월 14일)에 자세하게 나와 있다 (<표 4.5>).

먼저, 분할은 2008년 7월 29일 이사회에서 결정된 이후 2개월에 걸쳐 마무리되었다. 이사회 결의와 동시에 분할계획서와 분할신고서가 제출되었으며, 9월 19일 분할계획서 승인을 위한 주주총회가 개최되었다. 9월 19일로 예정된 분할되는 회사((주)두산)에서의 분할보고총회는 이사회 결의에 따라 20일 조선일보에 공고하는 것으로 갈음하였다. 분할기일은 10월 1일로 정해졌으며, 같은 날 등기가 완료되었다.

분할의 목적은 두 가지였다. 첫째, 출판사업부문을 분리 경영하여 전문성을 특화하며, 그 특수성에 적합한 기동성 있는 경영활동을 수행함으로써 경영효율성 및 전문성을 제고하고 책임경영체제의 토대를 마련한다. 둘째, 출판사업부문에서 창출되는 수익을 해당 사업에 재투자함으로써 사업의 집중력 제고 및 경쟁력을 강화하고 이를 통해 성장의 기틀을 마련하여 장기적으로 수익의 창출과 주주가치의 극대화를 추구한다.

분할을 위해 (주)두산이 영위해 오던 사업 중 출판사업부문(도서 출판 및 판매업, 인쇄업 등)을 분리하였으며 이를 신설회사인 두산동아가 담당하도록 하였다. 이를 제외한 나머지 사업부문은 이전의 (주)두산이 담당하면서 존속하는 것으로 하였다. 신설회사의 이름은 처음에는 '두산출판'으로 하였으나 뒤에 변경되었다.

존속하는 (주)두산의 목적사업은 기존의 157개가 유지되었는데, 이 중 2개는 2008년 3월

〈표 4.5〉 (주)두산의 물적 분할 및 출판사업 이전, 2008년 10월

(A) 분할 일정

2008년 7월 29일: 이사회 결의,
                분할계획서 작성, 분할신고서 제출
    7월 30일: 주주명부 폐쇄
    8월 14일: 분할주주총회 주주 확정

8월 15~21일: 주주명의개서 정지
9월 19일: 분할계획서 승인을 위한 주주총회,
              분할보고총회, 창립총회
<u>10월 1일: 분할기일, 분할등기</u>

(B) 분할의 주요 내용

1. 목적: 1) 출판사업의 분리 경영 → 전문성 특화, 기동성 있는 경영활동 수행
        → 경영효율성·전문성 제고, 책임경영체제 토대 구축
      2) 출판사업 수익의 해당 사업에의 재투자 → 사업의 집중력 제고, 경쟁력 강화
        → 성장 기틀 마련, 수익 창출에 의한 주주가치 극대화

2. 회사명: 1) 분할 전 회사 - (주)두산 (Doosan Corporation)
        2) 분할되는 회사 - (주)두산 (Doosan Corporation)
        신설회사 - 두산동아 (Doosan Donga Co., Ltd.)

3. 사업부문: 1) (주)두산 - 신설회사에 분할되는 부문을 제외한 나머지 사업부문
         2) 두산동아 - 도서출판 및 판매업, 출판업 등

4. 방법: 1) 신설회사 설립 - 분할되는 회사의 사업부문 중 출판사업부문 분리, 설립
      2) 물적 분할 방식 - 분할되는 회사가 신설회사 발행주식 총수를 취득하는 단순물적분할
      3) 분할되는 회사는 존속 및 상장법인 유지, 신설회사는 비상장

5. 분할 재산 관련 사항:
   1) 분할되는 회사는 신설회사 사업부문에 속하는 일체의 적극적, 소극적 재산 및 기타의 권리 의무와
      재산적 가치가 있는 사실관계를 신설회사에 이전
   2) 재무구조 (2008년 6월 30일 기준, 백만 원;
              분할 전 회사≥ 분할되는 회사 // 신설 두산동아)

a) 자산:	2,383,021	>	2,208,073	//	202,287
b) 부채:	1,549,347	>	1,387,378	//	164,901
자본:	833,674	>	820,695	//	37,386
c) 자본금:	152,508	=	152,508	//	10,000

주: 분할 전 회사의 자산, 부채 및 자본 금액이 분할 후의 두 회사의 금액 합과 일치하지 않음. 물적분할방식으로 분할됨에
    따라 신설회사로 승계되는 자산에 대하여 공정가액으로 계상되었기 때문임.
출처: 분할신고서, 분할종료보고서.

추가된 지주사업 관련 내용이고 나머지 155개는 출판을 제외한 나머지 6개 영위 사업부문 (의류, 주류, 전자, 테크팩, 글로넷, 정보통신)과 관련이 있었다.

반면 신설회사인 두산동아의 목적사업은 37개가 새로 설정되었다: ① 도서 출판 및 판매업. ② 인쇄업. ③ 수출입 무역업. ④ 외국상사 대리업. ⑤ 문방구, 교구류의 제조 및 판매업. ⑥ 지기, 지함, 지재의 제조 및 판매업. ⑦ 동산 및 부동산 임대업. ⑧ 광고대행업. ⑨ 조림사업. ⑩ 음반, 녹음테이프 제조 및 판매업. ⑪ 상품매매업 (컴팩트 디스켓, 완구제품류 및 크리스탈 세트 판매업). ⑫ 저작권 임대 및 위탁관리업. ⑬ 주차장 운영업. ⑭ 박물관 운영업. ⑮ 도소매업 (컴퓨터 및 주변기기, 소프트웨어). ⑯ 시설, 설비, 기계, 기구, 건설장비, 운송용구와 이에 직접 관련되는 부동산 및 재산권의 장단기 대여 및 투자. ⑰ 매출채권의 양수, 관리, 대금회수, 팩토링금융 및 이와 관련된 자금지원과 업무 대행. ⑱ 중소기업 창업자에 대한 투자와 창업투자조합자금의 관리. ⑲ 창업과 관련되는 상담, 정보 제공 및 창업자에 대한 사업의 알선과 위탁사업의 경영. ⑳ 해외기술의 알선, 보급 및 이를 촉진하기 위한 해외투자와 투자한 사업자에 대한 보증자금의 알선, 사업타당성 조사용역사업. ㉑ 특정 및 일반 폐기물 수집, 운반 및 중간, 최종 처리업. ㉒ 창고업. ㉓ 위성방송교육사업. ㉔ 영어학원사업. ㉕ 인쇄 제책업. ㉖ 화학제품제조업. ㉗ 소프트웨어 자문, 개발, 공급업. ㉘ 데이터베이스 운영 서비스업. ㉙ 상자용 판지 제조업 및 판지상자. ㉚ 정보산업에 관한 교육 훈련 서비스 및 서적출판업. ㉛ 교육사업 및 학원 운영. ㉜ 전자상거래업 및 인터넷 관련 사업. ㉝ 원격 평생교육 시설 설치 및 운영. ㉞ 영상물 제작 및 판매업. ㉟ 사진 현상 및 인화업. ㊱ 기타 전기 각 호에 관계된 사업 및 필요 또는 유익한 사업에의 투자. ㊲ 전기 각 호에 부대하는 일체의 사업.

한편, (주)두산의 분할은 단순물적분할로 진행되었다. 분할되는 회사가 신설회사 발행주식 총수를 취득하는 방식이다. 존속회사는 기존의 상장법인 지위를 유지하였으며, 반면 신설회사는 비상장으로 하였다. 재산의 경우, 분할 후의 (주)두산은 이전 (주)두산과 동일한 자본금을 가진 반면, 자산, 부채 및 자본은 전자가 더 적은 금액을 가지는 것으로 조정되었다. 한편 신설 두산동아는 별도의 재산을 보유하게 되었다.

3.7.2 (주)두산의 물적 분할 및 테크팩사업 이전, 매각, 2008년 12월

2008년 12월 (주)두산이 다시 2개의 회사로 물석 분할되었다. (주)두산은 존속하는 것으로 하였고, 테크팩솔루션은 테크팩사업을 이전받기 위해 신설된 뒤 (주)두산의 자회사로 편입되었다. 신설회사는 바로 매각되었다.

분할의 일정, 목적, 성격 및 방법은 분할신고서(2008년 9월 2일, 정정 12월 1일)와 분할종료보고서(2008년 12월 3일, 정정 12월 30일)에 자세하게 나와 있다 (<표 4.6>).

테크팩사업의 분할은 이사회 결의 이전에 출판사업의 분할과 동시에 일정이 진행되었다. 주주명부 폐쇄(7월 30일), 분할주주총회를 위한 주주 확정(8월 14일), 주주명의개서 정지(8월 15~21일) 등이 같은 날에 이루어졌다.

테크팩사업의 분할을 위한 이사회 결의는 9월 2일 뒤늦게 이루어졌으며, 이날 분할계획서가 작성되고 분할신고서도 제출되었다. 19일에는 주주총회가 개최되어 테크팩사업과 출판사업의 두 분할계획서가 함께 승인되었다. 분할되는 회사((주)두산)에서의 분할보고총회와 신설회사에서의 창립총회는 11월 19일로 예정되었으며, 이 중 분할보고총회는 이사회 결의에 따라 20일 조선일보에 공고하는 것으로 갈음하였다. 분할기일은 12월 1일로 정해졌으며, 같은 날 등기가 완료되었다.

분할의 목적은 세 가지가 제시되었다. 첫째, 테크팩사업부문을 분리 경영하여 전문성을 특화하며, 그 특수성에 적합한 기동성 있는 경영활동을 수행함으로써 경영효율성 및 전문성을 제고하고 책임경영체제의 토대를 마련한다. 둘째, 출판사업부문에서 창출되는 수익을 해당 사업에 재투자함으로써 사업의 집중력 제고 및 경쟁력을 강화하고 이를 통해 성장의 기틀을 마련하여 장기적으로 수익의 창출과 주주가치의 극대화를 추구한다. 셋째, 분할을 통해 지주회사로의 전환을 가속화시킨다.

분할을 위해 (주)두산이 영위해 오던 사업 중 테크팩사업부문(포장용기 제조 및 판매 등)을 분리하였으며 이를 신설회사인 테크팩솔루션이 담당하도록 하였다. 이를 제외한 나머지 사업부문은 이전의 (주)두산이 담당하면서 존속하는 것으로 하였다. 신설회사의 이름은 처음에는 '두산테크팩'으로 하였으나 뒤에 변경되었다.

존속하는 (두)두산의 목적사업은 기존의 157개가 유지되었다. 이 중 2개는 지주사업 관련 내용이고 나머지 155개는 출판을 제외한 나머지 5개 영위 사업부문(의류, 주류, 전자, 글로넷, 정보통신)과 관련이 있었다.

반면 신설회사인 테크팩솔루션의 목적사업은 13개가 새로 설정되었다: ① 제병업. ② 유리제품 제조 및 판매업. ③ 유리원료 채광업. ④ 플라스틱제품 제조 및 판매업. ⑤ 도소매업 및 종합소매업. ⑥ 무역업. ⑦ 금형 제작 및 판매업. ⑧ 금속포장용기 제조 및 판매업. ⑨

〈표 4.6〉 (주)두산의 물적 분할 및 테크팩사업 이전, 2008년 12월

(A) 분할 일정

2008년 7월 30일: 주주명부 폐쇄
    8월 14일: 분할주주총회 주주 확정
    8월 15~21일: 주주명의개서 정지
    9월 2일: 이사회 결의,
            분할계획서 작성, 분할신고서 제출

9월 19일: 분할계획서 승인을 위한 주주총회
11월 19일: 분할보고총회, 창립총회
12월 1일: 분할기일, 분할등기

(B) 분할의 주요 내용

1. 목적: 1) 테크팩사업의 분리 경영 → 전문성 특화, 기동성 있는 경영활동 수행
        → 경영효율성·전문성 제고, 책임경영체제 토대 구축
      2) 테크팩사업 수익의 해당 사업에의 재투자 → 사업의 집중력 제고, 경쟁력 강화
        → 성장 기틀 마련, 수익 창출에 의한 주주가치 극대화
      3) 지주회사로의 전환 가속화

2. 회사명: 1) 분할 전 회사 − (주)두산 (Doosan Corporation)
        2) 분할되는 회사 − (주)두산 (Doosan Corporation)
          신설회사 − 테크팩솔루션 (Techpack Solutions Co., Ltd.)

3. 사업부문: 1) (주)두산 − 신설회사에 분할되는 부문을 제외한 나머지 사업부문
         2) 테크팩솔루션 − 포장용기 제조 및 판매 등

4. 방법: 1) 신설회사 설립 − 분할되는 회사의 사업부문 중 테크팩사업부문 분리, 설립
      2) 물적 분할 방식 − 분할되는 회사가 신설회사 발행주식 총수를 취득하는 단순물적분할
      3) 분할되는 회사는 존속 및 상장법인 유지, 신설회사는 비상장

5. 분할 재산 관련 사항:
   1) 분할되는 회사는 신설회사 사업부문에 속하는 일체의 적극적, 소극적 재산 및 기타의 권리 의무와
     재산적 가치가 있는 사실관계를 신설회사에 이전
   2) 재무구조 (2008년 6월 30일 기준, 백만 원;
            분할 전 회사 ≥ 분할되는 회사 // 신설 테크팩솔루션)

a) 자산:	2,158,146 >	1,898,892 //	306,838
b) 부채:	1,424,098 >	1,164,844 //	262,334
자본:	734,048 =	734,048 //	44,504
c) 자본금:	152,508 =	152,508 //	10,000

주: 분할 전 회사의 자산과 부채가 분할 후 두 회사의 금액 합과 일치하지 않음. 물적분할방식으로 인해 신설회사로의 승계
   자산에 대해 공정가액으로 계상되었기 때문임.
출처: 분할신고서, 분할종료보고서.

동산, 부동산 매매 및 임대업. ⑩ 전자상거래 및 인터넷 관련 사업. ⑪ 피혁, 합성피혁, 피혁제품 및 합성수지제품 제조 판매업. ⑫ 기타 전기 각 호에 관계된 사업 및 필요 또는 유익한 사업에의 투자. ⑬ 전기 각 호에 부대하는 일체의 사업.

(주)두산의 분할은 단순물적분할로 진행되었다. 분할되는 회사가 신설회사 발행주식 총수를 취득하는 방식이다. 존속회사는 기존의 상장법인 지위를 유지하였으며, 신설회사는 비상장으로 하였다. 재산의 경우, 분할 후의 (주)두산은 이전 (주)두산과 동일한 자본금과 자본을 가진 반면, 자산과 부채는 전자가 더 적은 금액을 가지는 것으로 조정되었다. 신설 테크팩솔루션은 별도의 재산을 보유하게 되었다.

한편, 테크팩사업의 분할이 진행 중이던 2008년 11월 13일 (주)두산 이사회는 신설 테크팩솔루션에 대한 지분을 처분하기로 결정하였으며, 분할기일(12월 1일) 직후인 12월 19일 처분이 완료되었다. 현금을 확보함으로써 회사의 가치를 증대시킨다는 취지에서였다. 처분금액은 2,008억 원으로 책정되었으며, 매각이익은 1,934억 원으로 예상되었다.

3.7.3 (주)두산의 주류사업 양도, 2009년 3월

2009년 1월 6일 (주)두산 이사회는 주류사업부문을 외부 회사인 (주)롯데주류비지에 양도하기로 결정하였으며 3월 2일 양도가 완료되었다. 양도가액은 5,030억 원으로 책정되었고 자산과 부채를 포함하는 포괄적 영업 양도 방식으로 진행되었다. 양도의 목적은 선제적 구조조정을 통한 지주회사 전환 실현, 차입금 감축, 새로운 사업기회에 대비한 투자여력 확보 및 장기적이고 안정적인 성장기반 구축 등 세 가지였다.

3.8 지주회사체제 성립 6단계: (주)두산과 두산모트롤홀딩스의 공정거래법상 지주회사로의 전환, 2009년 1월

2009년 1월 1일 (주)두산과 두산모트롤홀딩스가 공정거래법상 지주회사로 지정되었다. 이로써 두산그룹은 두 지주회사를 중심으로 하는 중층적인 지주회사체제를 공식화하는 한편 새로운 지배구조를 보다 본격적으로 추진할 수 있게 되었다. 2006년 1월 선언한 '3년 내 지주회사체제로의 전환'이 예정대로 실현된 것이다.

공정거래법상 지주회사의 요건은 두 가지이다. 하나는 자산총액 1,000억 원 이상이고, 다른 하나는 지주비율([보유 자회사 주식가액의 합계 ÷ 지주회사 자산총액] × 100) 50% 이상이다.

2008년 12월 현재 (주)두산의 자산총액은 2조 7,910억 원, 11개 자회사에 대한 지주비율은 57.6%였다. 두 가지 기준이 모두 충족됨에 따라 2009년 4월 28일 공정거래위원회로부터 법률상 지주회사 지정 통보를 받았으며, 전환일은 2009년 1월 1일로 조정되었다.

(주)두산은 자산 규모는 매우 큰 반면 지주비율은 50% 미만인 상태가 오랫동안 계속되어 왔다. 이에 따라 2006년 1월부터 2008년 12월까지 모두 7개 사업부문(식품, 타워, 생물, 매거진, 출판, 테크팩, 주류)을 분리하여 자산을 줄이는 한편으로 3개 사업을 담당하는 자회사(두산타워, 두산생물자원, 두산동아)를 신설하여 100% 지분을 보유함으로써 지주비율을 점진적으로 증가시켜 왔다. 더구나 2008년 5월에는 순수지주회사인 두산모트롤홀딩스를 설립하여 자회사로 편입시켰다.

한편, 두산모트롤홀딩스는 2008년 5월 설립 당시 자회사(두산모트롤)에 대한 지주비율은 매우 높았던 반면 자산총액은 350억 원에 불과하였다. 이후 같은 해 12월까지 자산이 1,947억 원로 증가하였고 지주비율은 95.6%였다. 법률상의 지주회사 전환일은 (주)두산과 마찬가지로 2009년 1월 1일로 결정되었다.

이로써 두산그룹은 제4단계 이후 구축해 온 '(주)두산 → 두산모트롤홀딩스' 형태의 2중 구조 지주회사체제를 본격적으로 구축할 수 있게 되었다. 2009년 현재 그룹 계열회사 26개 중 4/5 이상인 22개(85%)가 '[지주회사 (주)두산 → 두산모트롤홀딩스 포함 자회사 11개 → 손자회사 7개 → 증손회사 2개] + [지주회사 두산모트롤홀딩스 → 자회사 1개]'의 구조로 조직되었다.

3.9 지주회사체제 성립 7단계: (주)두산의 지주회사 디아이피홀딩스 설립 및 디아피홀딩스의 공정거래법상 지주회사로의 전환, 2009년 5월~2010년 1월

2009년 5월 28일 (주)두산은 순수지주회사인 디아이피홀딩스(DIP Holdings)를 설립하였으며 7월 1일 100% 자회사로 편입하였다. 이로써 두산그룹은 2개의 공정거래법상 지주회사(사업지주회사 (주)두산, 순수지주회사 두산모트롤홀딩스)와 1개의 실질적 지주회사(디아이피홀딩스)를 보유하게 되었으며, '(주)두산 → 두산모트롤홀딩스 + 디아이피홀딩스'로 이어지는 복합적인 2중 구조의 지주회사체제로 재편되었다.

디아이피홀딩스의 목적사업은 '자회사의 주식 또는 지분을 취득, 소유함으로써 자회사의 제반 사업내용을 지배하고 경영사항을 지도 및 정리, 육성하는 지주사업'이었으며, 2009년 6월 현재 3개 회사(삼화왕관, 에스알에스코리아, 두산디에스티)를 자회사로 두었다. 한편, 디아이피홀딩스를 (주)두산의 자회사로 편입하는 목적은 '핵심사업에의 역량 집중을 위한 구조조정'이었다.

디아이피홀딩스는 2010년 1월 1일 공정거래법상 지주회사로 지정되었다. 자산총액은 2,920억 원, 3개 자회사에 대한 지주비율은 66%였다. 설립 직후인 2009년 7월 현재 자산총액은 2,592억 원으로 법률상 요건 중 1개는 충족한 상태였는데, 이후 자회사 주식가액의 증가로 지주비율 요건(50% 이상)도 충족되면서 법률상 지주회사의 지위를 가지게 되었다.

3.10 지주회사체제 성립 8단계: (주)두산의 두산모트롤홀딩스 합병, 2010년 7월

2010년 7월 공정거래법상 지주회사인 (주)두산은 2개 회사(두산모트롤홀딩스, 두산모트롤)를 합병하였다. 두산모트롤홀딩스는 (주)두산의 자회사이자 공정거래법상 지주회사이고, 두산모트롤은 두산모트롤홀딩스의 유일한 자회사이자 (주)두산의 손자회사이다. 이로써 두산그룹의 공정거래법상 지주회사는 2개로 줄어들었으며, 지주회사체제의 모습 또한 이전의 복합적 2중 구조에서 '(주)두산 → 디아이피홀딩스'로 이어지는 단선적 2중 구조로 바뀌었다.

합병의 일정, 목적 및 방법은 증권신고서(2010년 3월 31일)와 증권발행실적보고서(2010년 7월 5일)에 자세하게 소개되어 있다 (<표 4.7>).

먼저, 합병은 2010년 3월 26일 3개 회사의 이사회에서 동시에 의결되었으며 이후 4개월에 걸쳐 마무리되었다. 3월 27일 주주명부((주)두산, 두산모트롤)의 폐쇄가 공고되었고, 30일 합병계약이 체결되었으며, 5월 27일로 예정된 합병 승인 주주총회는 소규모합병의 성격상 이사회 결의로 갈음하였다. 합병기일은 7월 1일이었다. 7월 3일로 예정된 합병종료보고총회는 이사회 결의를 통한 신문공고로 갈음하였고, 5일에는 합병 및 해산 등기가 예정되어 있었다.

합병의 목적은 '지배구조의 투명성 및 주주가치의 증대 실현'이었다. 또 합병으로 인해 (주)두산의 매출 및 영업이익이 증가하는 한편으로 사업형 지주회사로서의 안정적인 현금흐름이 확보됨으로써 재무구조에 긍정적인 영향을 줄 것으로 예상되었다.

〈표 4.7〉 (주)두산의 두산모트롤홀딩스 합병, 2010년 7월

(A) 합병 일정

2010년 3월 26일: 이사회 결의

    3월 27일: 주주명부 폐쇄 공고

    3월 30일: 합병 계약

    4월 12일: 합병주주총회 주주 확정

    4월 13일: 소규모합병 공고

    4월 13~16일: 주주명부 폐쇄

    5월 27일: 승인을 위한 주주총회

7월 1일: 합병기일

7월 2일: 합병종료보고총회

7월 3일: 합병종료보고 공고

7월 5일: 합병등기 또는 해산등기 예정

7월 26일: 주권 교부 예정

7월 27일: 합병 신주 상장 예정

(B) 합병의 주요 내용

1. 목적: 1) 지배구조의 투명성 및 주주가치의 증대 실현

      2) 매출·영업이익의 증가, 사업형 지주회사로서의 안정적 현금 흐름 확보 → 재무구조 개선

2. 회사명: 1) 합병회사 − (주)두산

       2) 피합병회사 − 두산모트롤홀딩스, 두산모트롤

3. 방법: 1) 합병회사가 피합병회사를 흡수 합병

      2) 합병회사는 존속 및 유가증권시장 상장법인 지위 유지, 피합병회사는 해산

4. 분할 재산관련 사항:

   1) 합병회사의 피합병회사 주주에 대한 합병신주 배정

     a) 배정 비율: 합병회사 1주당 0 (두산모트롤홀딩스), 0.112308 (두산모트롤)

     b) (주)두산은 두산모트롤홀딩스의 지분 100%를 보유하고 있고

       합병비율 1:0으로 흡수합병하므로 (주)두산은 신주를 발행하지 않음

     c) 두산모트롤 주주에 대해서는 합병기일인 7월 1일을 기준으로

       두산모트롤 보통주 1주당 (주)두산 보통주 0.112308주를 교부함

   2) 재무구조 (2009년 12월 31일 기준, 백만 원;

         (합병 후) (주)두산 < (합병 전) (주)두산 + 두산모트롤홀딩스 + 두산모트롤)

     a) 자산: 2,897,009   <   2,748,424 + 196,496 + 200,773 = 3,145,693

     b) 부채: 1,076,257   <   932,802 + 55,617 + 88,144 = 1,076,563

       자본: 1,820,752   <   1,815,623 + 140,879 + 112,629 = 2,069,131

     c) 자본금: 153,814   <   153,229 +   1,160 + 11,716 = 166,105

출처: 증권신고서. 주요사항보고서. 증권발행실적보고서.

합병은 합병회사((주)두산)가 2개 피합병회사(두산모트롤홀딩스, 두산모트롤)를 흡수합병하는 방식으로 진행되었으며, 이에 따라 합병회사는 존속하고 피합병회사는 해산되었다. (주)두산은 두산모트롤 주주에 대해서는 두산모트롤 1주당 0.11의 합병 신주를 배정하였으며, 반면 100% 자회사인 두산모트롤홀딩스 주주에 대해서는 신주를 발행하지 않았다. 한편 재산(자산, 부채, 자본, 자본금)의 경우, 합병 후의 (주)두산이 합병 전의 (주)두산에 비해 소폭 늘어난 금액을 보유하는 것으로 조정되었다.

4. 소유구조의 변화

4.1 두산그룹의 지주회사체제, 2011년 12월

공정거래위원회 자료에 의하면 2011년 9월 현재 두산그룹의 지주회사체제 달성 비율은 84%이다. 즉 그룹 계열회사 25개 중 21개가 지주회사체제에 편입되어 있으며, 이 21개는 '[지주회사 (주)두산 → 지주회사 디아이피홀딩스 포함 자회사 9개 → 손자회사 6개 → 증손회사 3개] + [지주회사 디아이피홀딩스 → 자회사 2개]'로 구성되어 있다 (<표 4.3> 참조). 그런데 지주회사체제 달성 비율 84%는 2011년 9월 현재의 정확한 수치가 아니며 대체적인 수치이다. '지주회사의 계열회사'는 2010년 12월 현재인데 반해 '그룹 계열회사'는 공정거래위원회가 매년 4월 발표하는 수치로서 2011년 4월 현재이기 때문이다. 지주회사·자회사·손자회사의 자회사·손자회사·증손회사에 대한 지분 또한 직전 사업연도 말 즉 2010년 12월 현재의 수치이다.

이러한 수치 간의 불일치를 없애기 위해 여기서는 (주)두산의 사업보고서에 있는 정보를 이용하여 2011년 12월 현재의 두산그룹 지주회사체제의 모습을 살펴보려고 한다. 이에 의하면 25개 그룹 계열회사 중 1개를 제외한 24개가 지주회사 (주)두산 및 산하 계열회사로 조직되어 있으며, 따라서 지주회사체제 달성 비율은 96%로 계산된다. 2011년 9월 현재의 '84%'보다 높은 수치이다 (<표 4.8>).

지주회사 (주)두산의 최대주주는 박용곤이고, (주)두산의 23개 계열회사는 자회사(9개), 손자회사(10개), 증손회사(4개) 등 3단계에 걸쳐 연결되어 있다. 자회사 9개 중 3개(지주회사 디아이피홀딩스, 두산중공업, 네오플럭스)는 자신의 계열회사를 거느리고 있으며, 이 3개 자

〈표 4.8〉 두산그룹의 지주회사체제, 2011년 12월

(A) 개관

- 그룹 계열회사 25개 (a) = 지주회사체제 편입 회사 24개 (b) + 미편입 회사 1개
- 지주회사체제 달성 비율 (b/a) = 96%
- * 표시된 6개 회사는 상장회사이며, 밑줄 친 5개 회사는 계열회사 보유

- [b: 5단계 하향, 비대칭 피라미드 소유구조]

(유형 1)

① 최대주주 박용곤 → ② 지주회사 (주)두산 → ③ 자회사 9개
　　　　　　　　　　　　　　→ ④ 손자회사 10개 → ⑤ 증손회사 4개

(유형 2)

① 최대주주 박용곤 →
② 지주회사 (주)두산* →
[A] ③ 자회사 1개*　　　　→ ④ 손자회사 6개 (3*+3) → ⑤ 증손회사 4개
[B] ③ 자회사·지주회사 1개 → ④ 손자회사 3개
[C] ③ 자회사 1개　　　　→ ④ 손자회사 1개
[D] ③ 자회사 6개 (1*+5)

(B) 지주회사 (주)두산*의 23개 계열회사

자회사 (9개): [A] 두산중공업(* 41.24%)
　　　　　　　[B] 디아이피홀딩스(100)
　　　　　　　[C] 네오플럭스(66.71)
　　　　　　　[D] 오리콤(* 69.19), 두산동아(100), 두산베어스(100), 두산생물자원(100), 두산타워(100),
　　　　　　　　　엔셰이퍼(100)

손자회사 (10개): [A] (6개) (두산중공업) 두산건설(* 72.74), 두산캐피탈(14.28), 두산인프라고어(* 44.8),
　　　　　　　　　　　　두산엔진(* 42.66), 두산에이엠씨(100), 탐라해상풍력발전(100)
　　　　　　　　[B] (3개) (디아이피홀딩스) 두산디에스티(50.91), 두산산업차량(51),
　　　　　　　　　　　　에스알에스코리아(50.91)
　　　　　　　　[C] (1개) (네오플럭스) 네오플럭스제1호사모투자전문회사(15)

증손회사 (4개): [A] (3개) (두산건설) 네오트랜드(42.86), 두산큐벡스(100), 렉스콘(100)
　　　　　　　　(1개) (두산캐피탈) 비엔지증권(97.82)

주: 1) 지분은 우선주 포함.
　 2) 두산캐피탈 - 두산중공업과 두산인프라코어가 각각 14.28% 보유, 두산중공업 자회사로 간주함.
　 3) 네오플럭스제1호사모투자전문회사 15% - 2011년 9월 발표 공정거래위원회홈페이지 자료, 사업보고서에는 지분 정보
　　　없음.
　 4) 지주회사체제 미편입 회사 - DFMS(주) (이전 두산모터스).
출처: 사업보고서.

〈그림 4.3〉 두산그룹 소유지분도, 2012년 4월 (출처: ＜부록 7＞)

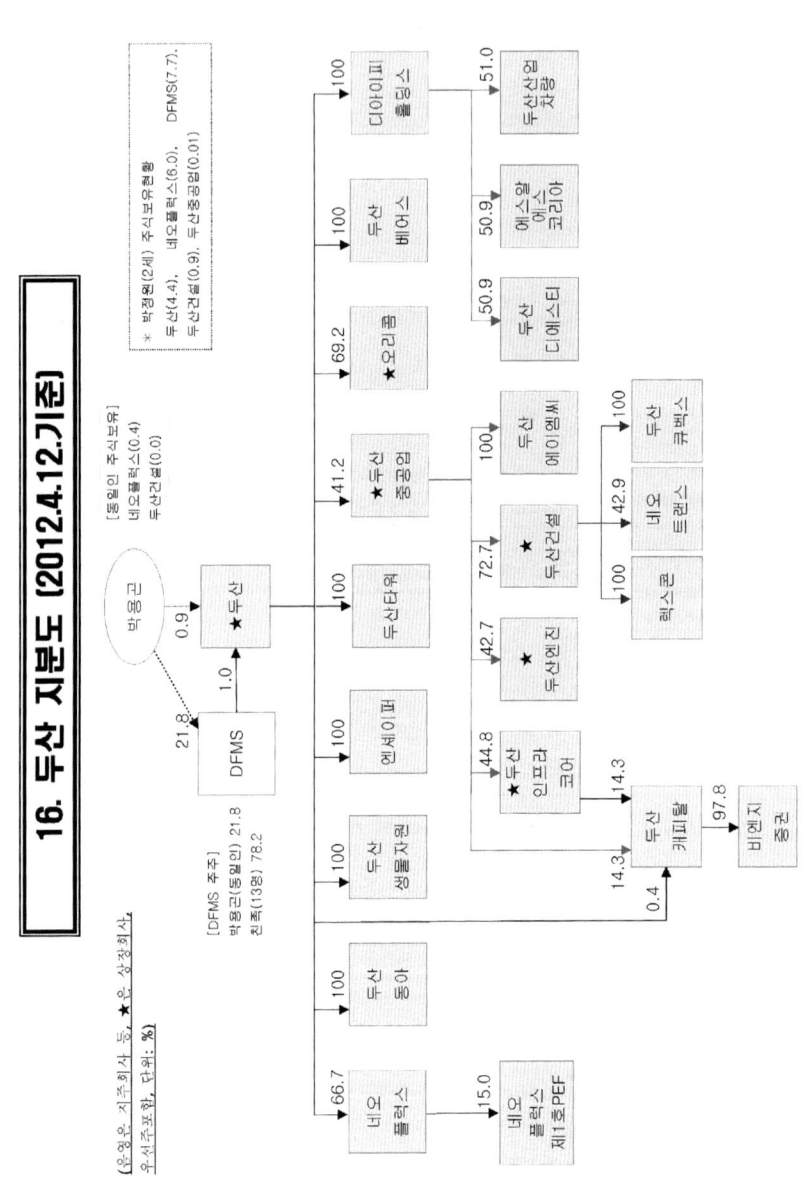

회사 중 1개(두산중공업)는 계열회사가 2단계에 걸쳐 이어져 있다.

결국, 두산그룹 지주회사체제의 소유구조는 박용곤을 정점으로 하는 5단계 하향구조이면서 비대칭적인 피라미드구조이다. 5단계 하향구조는 '① 박용곤 → ② 지주회사 (주)두산 → ③ 자회사 9개 → ④ 손자회사 10개 → ⑤ 증손회사 4개'이며, 비대칭적 피라미드구조는 '① 박용곤 → ② 지주회사 (주)두산 → ③ 자회사 6개 + [③ 자회사 1개 → ④ 손자회사 1개] + [③ 자회사 겸 지주회사 1개 → ④ 손자회사 3개] + [③ 자회사 1개 → ④ 손자회사 6개 → ⑤ 증손회사 4개]'이다. 이와는 별도로 박용곤은 지주회사체제에 편입되어 있지 않은 1개 회사를 최대주주로서 지배하고 있다. 공정거래위원회가 발표한 2012년 4월 현재의 지분도는 이러한 5단계의 모습을 잘 보여주고 있다. 60개 회사로 구성된 CJ그룹의 7단계 소유구조에 비해서는 훨씬 간결한 형태로 되어 있다 (<그림 4.3>; <그림 3.3> 참조).

(주)두산의 계열회사 23개 중 절반을 조금 넘는 12개(52%)는 2개 상장자회사와 그 계열회사이고, 나머지 11개(48%)는 7개 비상장자회사와 그 계열회사이다. (주)두산의 9개 자회사 중 상장회사는 2개(오리콤, 두산중공업)이며 이 중 1개(두산중공업)가 10개의 계열회사(손자회사와 증손회사)를 거느리고 있다. 반면 7개의 비상장회사 중에서는 2개(네오플럭스, 디아이피홀딩스)만 각각 1~3개씩 모두 4개의 손자회사를 거느리고 있다. 2011년 12월 현재 두산그룹 계열회사 25개 중 상장회사는 6개이며, (주)두산의 2개 상장자회사 외에 지주회사인 (주)두산과 두산중공업의 3개 손자회사(두산건설, 두산인프라코어, 두산엔진)도 상장회사여서 그룹의 6개 상장회사 모두가 지주회사체제에 편입되어 있다.

자신의 계열회사를 거느리고 있는 (주)두산의 3개 자회사 중에서는 두산중공업이 가장 많은 12개의 계열회사를 가지고 있으며, 그다음이 디아이피홀딩스(3개), 네오플럭스(1개) 등이 순이다. 두산중공업의 12개 계열회사는 세 갈래로 이어져 있다. 즉, '두산중공업 → 4개 손자회사 + [1개 손자회사 (두산건설) → 3개 증손회사] + [1개 손자회사 (두산캐피탈) → 1개 증손회사]'의 구조이다. 두산중공업 관련 회사(13개)는 (주)두산 산하 계열회사 23개의 거의 2/3(57%)를 차지하고 있으며, 공정거래법상 지주회사인 디아이피홀딩스 관련 회사(4개)에 비해서는 3.3배나 된다.

상위 회사의 하위 회사에 대한 지분의 크기는 15%에서 100%에 이르는 다양한 분포를 보이고 있다. 먼저, (주)두산의 23개 계열회사 중 5개 상장회사(2개 자회사와 3개 손자회사)에 대한 지분은 41~73%이다. 3개 회사(두산중공업, 두산엔진, 두산인프라코어)에서는 40%를 조금 넘는 수준(41.24~44.8%)이고 나머지 2개 회사(오리콤, 두산건설)에서는 70% 내외

(69.19～72.74%)로 상당히 크다. (주)두산의 23개 계열회사 중 나머지 18개는 비상장회사이며, 이들 중 100% 피지배회사가 절반이 넘는 10개(56%)이다. 또 지분이 90～99%(1개), 60～69%(1개) 그리고 50～59%(3개)인 회사가 각각 1～3개씩이고, 네오트랜드(42.86%), 두산캐피탈(14.28%), 네오플러스제1호사모투자전문회사(15%) 등 나머지 3개 회사에서의 지분은 50% 미만이다.

한편 두산그룹의 25개 계열회사 중 지주회사체제에 편입되어 있지 않은 회사는 비상장회사인 DFMS(Doosan Facility & Motors Service) 1개이다. 이 회사는 2011년 5월 두산모터스가 동현엔지니어링을 흡수합병하면서 새롭게 개편된 회사로서, 박용곤이 최대주주(21.8%, 2012년 4월 현재)이고 나머지 지분은 모두 친족이 가지고 있다 (<그림 4.3> 참조).

4.2 (주)두산과 주요 계열회사의 지분 보유, 1998～2011년

2011년 현재 두산그룹의 지주회사체제에 편입되어 있는 24개 회사 중 자신의 계열회사를 거느리고 있는 회사는 모두 6개로, 지주회사 (주)두산, 자회사 겸 지주회사 디아이피홀딩스, 기타 자회사 2개, 손자회사 2개 등이다 (<표 4.9>, <그림 4.4>).

이들 중 지주회사 (주)두산, 자회사 1개(두산중공업) 그리고 손자회사 1개(두산건설)는 2009년 지주회사체제가 도입되기 이전부터 그룹의 다른 계열회사들에 지분을 보유하고 있었으며, 자회사 겸 지주회사 디아이피홀딩스, 자회사 1개(네오플러스) 그리고 손자회사 1개(두산캐피탈)는 2009년 이후에 지분을 보유하게 되었다.

4.2.1 (주)두산의 지분 보유 회사

(주)두산은 2009년 1월 공정거래법상 지주회사로 전환되기 오래전부터 10개 내외의 계열회사에 지분을 보유하면서 실질적인 지주회사의 역할을 수행해 오고 있었으며, 2008년 3월에는 목적사업에 지주기능 관련 항목을 추가함으로써 지주회사임을 명문화하였다.

지분 보유 계열회사 수는 1999～2000년 10개 미만(8～9개)이던 것이 2001～2002년에는 10개 이상(12～13개)으로 늘어났으며 이후 다시 10개 미만으로 줄어들어 2009년 이전까지 7～9개 수준이 유지되었다.

1998년까지 20개 이상이 유지되던 그룹 전체 계열회사 수(21～27개; 4월 현재)는 1998년

9월 주요 9개 회사가 1개로 통합되면서 1998년 23개에서 1999년에는 14개로 급감하였다
(<표 4.1> 참조). 이 14개 중 (주)두산은 절반 이상(8개, 57%; 12월 또는 이듬해 3월 현재)
에 지분을 가지고 있었다. (주)두산이 지분을 보유하는 회사의 비중은 2002년까지 2/3 내외
수준이 유지되었으며, 2000년 56%(지분 보유 회사 9개 vs. 그룹 계열회사 16개), 2001년
72%(13개 vs. 18개), 그리고 2002년 67%(12개 vs. 18개)였다. 2003년부터는 그룹 계열회사
가 20개 내외로 다소 늘어나면서 (주)두산이 지분을 보유하는 회사의 비중이 절반 이하로
줄어들기는 하였지만 40% 내외 수준은 유지되었다. 2003년 41%(9개 vs. 22개), 2005년
39%(7개 vs. 18개), 2007년 45%(9개 vs. 20개) 등이었다.

〈표 4.9〉 (주)두산과 주요 계열회사의 지분 보유 회사, 1998~2011년 (개)

회사	지주회사체제 이전										지주회사체제			
	1998	1999	2000	2001	2002	2003	2004	2005	2006	2007	2008	2009	2010	2011
(주)두산	6	8	9	13	12	9	9	7	7	9	11	10	10	10
두산중공업				1	4	5	4	5	6	6	6	8	5	6
두산건설		6	7	3	7	7	5	5	7	6	6	6	3	3
두산캐피탈											1	1	1	1
두산인프라코어								1	2	1	2	2	2	1
두산엔진								2	2	1	1	1		
디아이피홀딩스												3	2	3
두산모트롤홀딩스												1		
두산모트롤												1		
DFMS														1
두산메카텍						1	1	2	2	1	1	1		
삼화왕관		2	2	8	2	2	2	2	2	2	2			
오리콤		2	2	3	3	2								
두산기업			1	2	1	1								
고려산업개발						1								
두산테크팩		3	4											
오비맥주		1	1											

주: 1) 1998~2007년 시점 표시 없음, 12월 또는 이듬해 3월인 것으로 보임; 2008~2010년은 이듬해 3월 현재; 2011
   년 12월 현재.
   2) 두산테크팩 1998년 = 두산포장; 두산건설 2004~2005년 = 두산산업개발.
   3) 디아이피홀딩스와 두산모트롤홀딩스는 지주회사.
출처: 사업보고서.

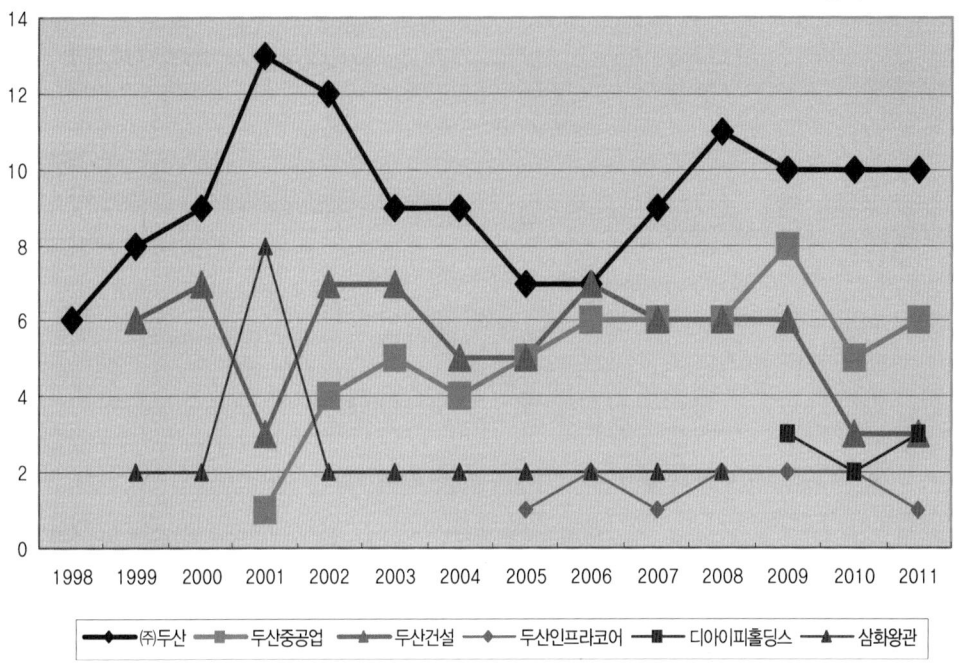

<그림 4.4> (주)두산과 주요 5개 계열회사의 지분 보유 회사, 1998~2011년 (개)

(출처: <표 4.9>)

범례: (주)두산 · 두산중공업 · 두산건설 · 두산인프라코어 · 디아이피홀딩스 · 삼화왕관

2009년 1월 (주)두산은 공정거래법상 지주회사로 공식 지정되었으며, 이는 종래의 지주기능을 보다 강화하겠다는 의도로 볼 수 있다. 2009년 이후 지분 보유 회사의 수는 10~11개로 이전(2003~2007년 7~9개)보다 다소 늘어났으며, 그룹 전체 계열회사 또한 25개 내외로 이전(2003~2008년 18~22개)보다 늘어나면서 (주)두산이 지분을 보유하는 회사의 비중은 이전처럼 40% 내외 수준이 유지되었다. 2009년 42%(11개 vs. 26개), 2010년 34%(10개 vs. 29개), 2011년 40%(10개 vs. 25개) 등이다.

4.2.2 기타 주요 계열회사의 지분 보유 회사

2011년 12월 현재 지주회사 (주)두산의 계열회사 23개 중 자신의 계열회사를 가지고 있는 회사는 모두 5개(자회사 3개, 손자회사 2개)이다. 이 중 2개 회사(자회사 두산중공업, 손자회사 두산건설)는 2009년 이전부터 다른 계열회사에 지분을 가지고 있었고, 다른 3개 회사(자회사 디아이피홀딩스와 네오플럭스, 손자회사 두산캐피탈)는 2009년 이후에 지분을 보유하게 되었다.

먼저, 계열회사를 거느리고 있는 (주)두산의 3개 자회사 중 상장회사인 두산중공업은 2001년부터 1~8개의 계열회사에 지분을 보유해 오고 있다. 지분 보유 계열회사는 2002~ 2007년에는 4~6개이다가 지주회사체제 기간인 2009~2011년에는 5~8개로 약간 늘어난 수준을 보이고 있다. 두산중공업의 계열회사 중에는 두산건설과 두산캐피탈이 포함되어 있으며, 두산건설은 1999년 이후 3~7개의 계열회사에 그리고 두산캐피탈은 2009년 이후 1개 회사에 지분을 보유하고 있다.

계열회사를 거느리고 있는 (주)두산의 3개 자회사 중 나머지 2개 비상장회사는 각각 1~3 개씩의 계열회사를 거느렸다. 자회사이자 지주회사인 디아이피홀딩스는 2009년 5월 설립된 이후 2~3개 회사에 지분을 보유하였다. 네오플럭스의 경우에는 사업보고서에는 지분 정보가 없으며 공정거래위원회 자료에는 2011년 현재 1개 계열회사를 가지고 있는 것으로 되어 있다. 하지만 (주)두산은 2000년부터 네오플럭스를 자회사로 거느려 오고 있으며, 따라서 2000년 또는 그 이후 어느 시기부터 네오플럭스 또한 1개 또는 그 이상의 다른 계열회사에 지분을 보유했을 가능성이 있는 것으로 보인다 (<표 4.11> 참조).

한편, 두산중공업 산하의 두산인프라코어와 두산엔진은 각각 2005~2011년, 2005~2010 년 사이에 1~2개씩의 계열회사에 약간의 지분을 가졌으며, 다른 3개 회사(2008~2009년 두산모트롤홀딩스, 2009년 두산모트롤, 2003~2009년 두산메카텍)는 2010년 이전 일정 기간 동안 각각 1~2개씩의 계열회사에 지분을 보유하고 있었다. 또 삼화왕관은 1999년 이후 2009년 지주회사체제 시작 이전까지 2개(2001년에는 8개)의 계열회사에 지분을 보유하였고, 2011년 현재 지주회사체제에 편입되어 있지 않은 유일한 회사인 DFMS는 지주회사인 (주)두산에 약간의 지분을 가지고 있다.

두산중공업의 3개 계열회사(두산건설, 두산인프라코어, 두산엔진)가 지분을 보유하는 회사 중에는 2007년 이전의 일정 기간 동안 (주)두산이 포함되어 있었으며, (주)두산의 자회사인 삼화왕관이 지분을 보유하는 회사 중에는 두산건설이 포함되어 있었다. 따라서 이 5개 회사 중 서로 다른 네 쌍의 3개 회사 사이에는 순환출자가 형성되어 있었다. 즉, 2004~2006년에는 '두산건설 → (주)두산 → 삼화왕관 · 두산중공업 → 두산건설'의 순환, 2006~2007년에는 '두산인프라코어 → (주)두산 → 두산중공업 → 두산인프라코어'의 순환, 그리고 2007년에는 '두산엔진 → (주)두산 → 두산중공업 → 두산엔진'의 순환이 있었다 (<표 4.10>).

〈표 4.10〉두산그룹의 주요 순환출자, 2004~2007년

2004년:	a) 두산건설(25.34%) → (주)두산(44.67) → 삼화왕관(13.22) → 두산건설
	b) 두산건설(25.34) → (주)두산(41.47) → 두산중공업(16.27) → 두산건설

2005년:	a) 두산산업개발(24.68) → (주)두산(44.67) → 삼화왕관(5.16) → 두산산업개발
	b) 두산산업개발(24.68) → (주)두산(41.47) → 두산중공업(30.08) → 두산산업개발

(지주회사체제로의 전환 선언 이후)

2006년:	a) 두산산업개발 → (주)두산 → 삼화왕관 → 두산산업개발
	b) 두산산업개발 → (주)두산 → 두산중공업 → 두산산업개발
	c) 두산인프라코어 → (주)두산 → 두산중공업 → 두산인프라코어

2007년:	a) 두산인프라코어 → (주)두산 → 두산중공업 → 두산인프라코어
	b) 두산엔진* → (주)두산 → 두산중공업 → 두산엔진*

주: 1) 4월 현재, 보통주 기준; 2006~2007년 지분 정보 없음.
　　2) 두산건설 = 두산산업개발; 두산엔진은 비상장회사.
　　3) 2008년 이후에는 순환출자 없음.
출처: 공정거래위원회홈페이지 자료.

4.2.3 (주)두산의 주요 계열회사에 대한 보유 지분

1998년 이후 지분을 보유한 회사의 대부분에서 (주)두산은 큰 지분을 보유하여 실질적인 자회사로 지배해 왔으며, 2009년 이후에는 이들을 공정거래법상 자회사로 편입하면서 지분을 더욱 늘려 지배를 강화하였다 (<표 4.11>, <그림 4.5>).

공정거래위원회 자료에 의하면, 지주회사 (주)두산의 '보유 자회사 주식가액의 합'은 매년 조금씩 증가하여 2009년 1조 6,076억 원(자회사 11개), 2010년 1조 8,167억 원(9개), 2011년 1조 8,584억 원(9개) 등이었다. 한편 이 기간 동안 (주)두산의 '자산총액'은 약간 감소 후 증가하였으며 (2조 7,910억 원 → 2조 7,484억 원 → 3조 1,876억 원), 이에 따라 (주)두산의 지주비율[보유 자회사 주식가액의 합계 ÷ 자산총액] × 100)은 60% 내외 수준에서 증가 후 감소하였다 (57.6% → 66.1% → 58.3%; 제2장 <표 2.7>, <표 2.15>, <부록 4> 참조).

2009년 이전 (주)두산의 실질적인 자회사였다가 2009년 이후 공정거래법상 자회사가 된 회사(7개) 그리고 2009년 이후 자회사가 된 회사(3개)는 모두 10개이다. 이들 중 2009년 이전에 비해 이후에 또는 2009년 이후 기간 동안에 (주)두산의 보유 지분이 증가한 자회사가

〈표 4.11〉 (주)두산의 주요 계열회사에 대한 보유 지분, 1998~2011년 (%)

회사	지주회사체제 이전										지주회사체제			
	1998	1999	2000	2001	2002	2003	2004	2005	2006	2007	2008	2009	2010	2011
두산중공업				38.2	38.2	41.47	41.47	41.4	41.39	41.25	41.17	41.27	41.25	41.24
디아이피홀딩스												100	100	100
네오플럭스			90.94	94.35	94.35	94.35	66.55	66.55	66.55	66.55	66.71	66.71	66.71	66.71
오리콤	54.46	54.72	43.56	58.55	58.55	58.55	58.55	58.55	58.55	57.87	57.78	57.78	69.19	69.19
두산베어스	90	90	90	90	90	90	90	90	90	90	90	90	100	100
두산타워		100	100	100	100	100	100			100	100	100	100	100
엔셰이퍼				12.82	19.48	19.48	19.48	19.48	19.48	19.48	19.48	19.48	100	100
두산생물자원										100	100	100	100	100
두산동아											100	100	100	100
두산캐피탈													0.6	0.43
두산모트롤홀딩스											77.78	100		
삼화왕관	33.26	35.68	35.68	44.67	44.67	44.67	44.67	44.67	44.33	44.24	44.15			
에스알에스코리아							99.7	100	100	100	100			
비스톰							70.01							
쎄미콘테크				30.05	30.05	30.05								
윌러스				78.61	100	100								
두산티엠에스				83	83									
한국도서보급				13	13									
노보스					13.42									
(주)두산				3.31										
두산건설				9.84										
두산테크팩	22.46	34.81	35.48											
오비맥주	50	49.07	49.07											
두산엔지니어링	50	50	50											
두산CPK		50	50											

주: 1) 1998~2007년 시점 표시 없음. 12월 또는 이듬해 3월인 것으로 보임; 2008~2010년은 이듬해 3월 현재; 2011년 12월 현재.

2) 2009~2011년 '보통주 + 우선주'; 다른 연도에는 표시가 없으나 역시 '보통주 + 우선주'인 것으로 보임.

3) 네오플럭스 2000~2003년 = 네오플럭스캐피탈; 두산타워 1999~2000년 = 두산타워상가관리; 두산건설 2004~2005년 = 두산산업개발; 두산테크팩 1998년 = 두산포장.

4) 디아이피홀딩스와 두산모트롤홀딩스는 지주회사

출처: 사업보고서.

〈그림 4.5〉(주)두산의 주요 4개 계열회사에 대한 보유 지분, 1998~2011년 (%)

(출처: <표 4.11>)

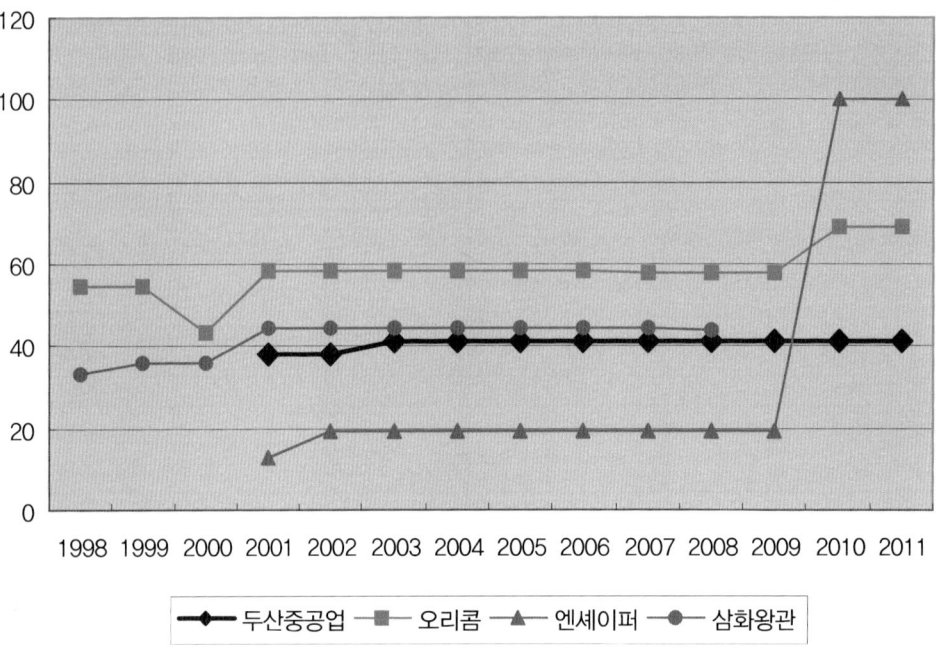

4개이다. 엔셰이퍼에서 증가 정도가 가장 컸고(2002~2009년 19.48% → 2010~2011년 100%), 그다음이 두산모트롤홀딩스(2008년 77.78% → 2009년 100%), 오리콤(2001~2009 년 57.78~58.55% → 2010~2011년 69.19%), 두산베어스(1999~2009년 90% → 2010~ 2011년 100%) 등의 순이다. 나머지 6개 자회사에서는 지분 변동이 전혀 또는 거의 없다: 디아이피홀딩스 (2009년 이후 100%), 두산중공업 (2003년 이후 41.17~41.47%), 네오플럭 스 (2004년 이후 66.55~66.71%), 두산타워 (1999년 이후 100%), 두산생물자원 (2007년 이후 100%), 두산동아 (2008년 이후 100%). 한편, (주)두산은 2개 회사(1998년 이후 삼화왕관, 2004년 이후 에스알에서코리아)에 대해서는 2009년 이전까지 지분을 보유한 적이 있었다.

4.3 (주)두산의 최대주주 및 특수관계인 지분, 1998~2011년

(주)두산의 최대주주는 오래전부터 박용곤이며 보유 지분은 5% 내외로 적은 편이다. 반면 특수관계인 지분이 절대적으로 많다. 2000년대 전반에는 계열회사 지분(15~31%)이 가장 많은

가운데 비영리법인 신협과 친족 보유 지분(5∼25%, 9∼18%) 또한 큰 비중을 차지하였다. 2006년 지주회사체제로의 전환을 선언할 즈음까지 계열회사와 신협 지분은 모두 없어졌고, 대신 친족 지분이 15% 내외에서 30% 이상으로 크게 증가하여 특수관계인 지분의 대부분을 차지하면서 박용곤 일가가 소유를 직접 장악하는 구조가 정착되었다 (<표 4.12>, <그림 4.6>).

4.3.1 설립 초기, 1998∼2000년

(주)두산은 1998년 9월 오비맥주가 다른 8개 계열회사를 흡수합병하면서 새롭게 출발한 회사이다. 확대 개편 직후인 1998년 12월 현재 최대주주 박용곤의 지분은 5.68%인 반면 특수관계인 지분은 13배나 많은 74.17%였으며, 최대주주 및 특수관계인 전체 지분(79.85%)은 80%에 가까웠다.

특수관계인 중에서는 계열회사(28.92%)와 비영리법인(28%)이 비슷한 크기의 지분을 보유하였고 친족(17.25%)은 10% 이상 적게 보유하였다. 계열회사 지분 중에서는 자기주식(24.08%)이 대부분이었고 나머지는 4개 계열회사(4.84%; 두산건설 3.6% + 삼화왕관, 두산포장, 오리콤 1.24%)가 보유하였다. 또 비영리법인 지분 중에서는 4개 신협(두산신협, (주)두산신협, 두산건설신협, 두산포장신협; 24.59%)의 몫이 대부분이었고 나머지는 연강재단(3.41%)이 가지고 있었다.

1999년에는 최대주주(5.68% → 4.67%)와 특수관계인(74.17% → 58.15%) 보유 지분이 모두 감소하였고, 이에 따라 최대주주 및 특수관계인 전체 지분 또한 80%에 가까웠던 것이 60% 남짓으로 줄어들었다(79.85% → 62.82%). 가장 큰 변화는 자기주식(24.08% → 0.02%)이 거의 없어진 점, 그리고 3개 계열회사(삼화왕관, 두산포장, 오리콤)가 보유하는 약간의 지분이 모두 처분되고 계열회사 두산건설(3.6% → 23.16%) 지분이 6배 이상 늘어난 점이었다.

1년 뒤인 2000년에는 최대주주(4.67% → 5.12%), 특수관계인(58.15% → 59.07%), 그리고 최대주주 및 특수관계인(62.82% → 64.19%) 지분이 다시 조금 늘어났는데, 친족 지분이 약간 늘어나고(14.09% → 14.92%) 계열회사 두산기업(1.71%)이 새 주주로 참여하였다.

〈표 4.12〉 (주)두산의 최대주주 및 특수관계인 지분, 1998~2011년 (%)

연도	최대주주 (A) 박용곤	친족 (B)	비영리법인 (C) 연강재단	신협	합	계열회사 (C) 두산건설	자기주식	기타	합	임원 (C)	합 (A+B)	C	(B+C)	(A+B+C)
1998	5.68	17.25	3.41	24.59	28	3.6	24.08	1.24	28.92		22.93	56.92	74.17	79.85
1999	4.67	14.09	2.55	18.33	20.88	23.16	0.02		23.18		18.76	44.06	58.15	62.82
2000	5.12	14.92	2.45	17.66	20.11	22.31	0.02	1.71	24.04		20.04	44.15	59.07	64.19
2001	5	13.48	2.4	17.26	19.66	21.8	0.02	1.1	22.92		18.48	42.58	56.06	61.06
2002	4.17	9.91	2.3	5.36	7.66	28.45		1.92	30.07		14.08	38.03	47.94	52.11
2003	4.14	12	2.29		2.29	28.26		1.9	30.16		16.14	32.45	44.45	48.59
2004	3.98	11.51	2.19		2.19	24.88			24.88		15.49	27.07	38.58	42.56
2005	3.7	13.68	2.04		2.04	11.38		8.4	19.78		17.38	21.82	35.5	39.2
2006	3.69	17.85	2.04		2.04	7.17		8.37	15.54		21.54	17.58	35.43	39.12
2007	3.63	31.88	2.01		2.01						35.51	2.01	33.89	37.52
2008	3.52	30.91	1.97		1.97					0.24	34.43	2.21	33.12	36.64
(지주회사)														
2009	3.46	30.78	1.95		1.95					0.21	34.24	2.16	32.94	36.4
2010	3.43	30.89	1.94		1.94					0.37	34.32	2.31	33.2	36.63
2011	1.05	33.66	2.27		2.27					0.36	34.71	2.63	36.29	37.34

주: 1) 12월 현재; 2005, 2010~2011년 = 이듬해 3월 현재.
   2) 보통주 기준.
   3) 두산건설 2004~2005년 = 두산산업개발.
   4) 친족: 1998~1999년 (20명), 2000~2001년 (18), 2002년 (17), 2003~2004년 (15), 2005~2006년 (16), 2007년 (29), 2008~2011년 (28). 1999년의 경우 출처에는 (A+B+C)가 69.05%로 되어 있는데, 확인 결과 잘못 계산되어 있어 바로잡음.
   5) 비영리법인 – 신협: 1998년 4개 (두산신협 9.17%, (주)두산신협 10.7, 두산건설신협 2.63, 두산포장신협 2.09); 1999년 4개 (두산신협 6.85, (주)두산신협 7.96, 두산건설신협 1.96, 두산포장신협 1.56); 2000년 4개 (두산신협 6.6, (주)두산신협 7.67, 두산건설신협 1.89, 두산테크팩신협 1.5); 2001년 4개 (두산신협 6.45, (주)두산신협 7.49, 두산건설신협 1.85, 두산테크팩신협 1.47); 2002년 2개 ((주)두산신협 3.96, 두산건설신협 1.4); 2002년 12월 마지막 등장.
   6) 계열회사 – 기타: 1998년 3개 (삼화왕관 0.64%, 두산포장 0.49, 오리콤 0.11); 2000~2003년 1개 (두산기업); 2005년 2개 (두산엔진 6.3, 두산인프라코어 2.1); 2006년 2개 (두산엔진 6.28, 두산인프라코어 2.09); 두산엔진, 두산인프라코어 – 2005년 8월 처음 등장, 2007년 3월 마지막 등장.
   7) 임원: 2008~2011년 2명.
출처: 사업보고서, 반기보고서, 분기보고서.

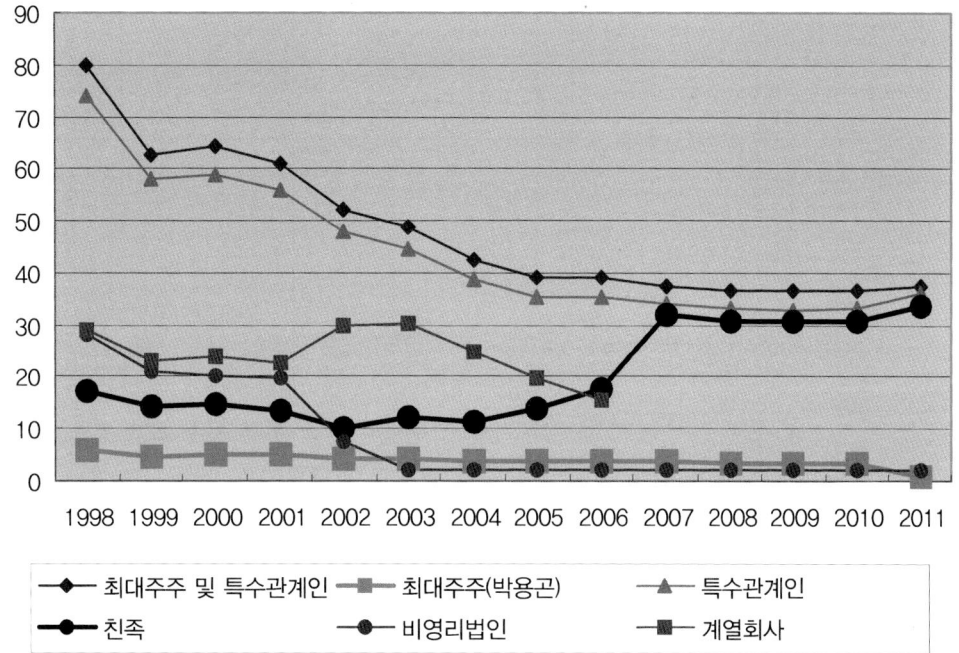

〈그림 4.6〉 (주)두산의 최대주주 및 특수관계인 지분, 1998~2011년 (%)

(출처: <표 4.12>)

범례: 최대주주 및 특수관계인 / 최대주주(박용곤) / 특수관계인 / 친족 / 비영리법인 / 계열회사

4.3.2 지주회사체제로의 전환 선언 이전, 2001~2006년

2001년 이후 2006년 초까지는 (주)두산의 최대주주 그리고 특수관계인이 보유하는 지분의 크기가 지속적으로 감소하는 추세를 보였다. 다만 특수관계인 개개인들 간에는 지분 변동에 차이가 있었다.

최대주주 박용곤의 지분은 2000~2001년에는 5%대(5~5.12%)를 유지하다가 2002~2003년에는 4%대(4.14~4.17%)로 감소하였고, 2004년부터는 3%대로 더욱 감소하여 2006년 1월 지주회사로의 전환 선언 직후인 2006년 3월 현재에는 3.7%였다. 가장 컸던 1998년의 지분(5.68%)에 비하면 2/3 정도(65%)이다.

특수관계인 지분도 비슷한 추세를 보여 1999~2001년에는 50%대(56.06~59.07%)였다가 2002~2003년에는 40%대(44.45~47.94%)로 줄어들었고, 2004년부터는 40% 미만으로 더욱 줄어들어 2006년 3월 현재에는 35.5%였다. 가장 컸던 1998년의 지분(74.17%)에 비하면 절반 이하(48%)로서 최대주주 지분에서보다 더 큰 정도로 줄어든 것이다. 최대주주 및 특수관계인 전체 지분 또한 2001년부터 지속적으로 감소하여 1998년(79.85%)에 비해 2006년 3월(39.2%)에는 절반 이하(49%) 수준이 되었다.

특수관계인 중에서는 친족, 비영리법인 그리고 계열회사가 각기 다른 지분 보유 변동 패턴을 보였다.

첫째, 비영리법인 지분은 지속적으로 감소하였다. 무엇보다 신협 지분이 1998년 24.59%에서 2000년 17.66%로 그리고 2002년 5.36%로 줄어든 후 2003년부터는 모두 없어졌다. 신협 중에서는 2001년까지 두산신협과 (주)두산신협이 각각 7% 내외의 많은 지분을 가진 반면 두산건설신협과 두산포장신협(＝두산테크팩신협)은 각각 2% 내외의 지분을 보유하였다. 2002년에는 (주)두산신협과 두산건설신협만 지분을 유지하였다. 한편 연강재단의 지분은 1998년 3.41%이던 것이 1999년부터 2%대로 줄어들기 시작하였으며, 이후 2%대를 유지하는 가운데 약간씩 줄어들어 2006년 3월 현재에는 2.04%였다.

둘째, 친족 지분은 2006년까지 10% 내외 수준에서 감소와 증가가 세 차례나 반복되었다. 그 결과 1998년 17.25%이던 것이 2002년에는 9.91%로 대폭 줄어들었다가 2006년 3월까지는 다시 13.68%로 늘어났다.

그리고 셋째, 계열회사 지분 또한 2006년까지 감소와 증가가 세 차례 반복되다가 결국 모두 없어졌다. 1998년 28.92%이던 것이 2001년에는 22.92%로 줄었으며 2002～2003년 30%를 약간 넘는 수준으로 늘어난 후 다시 줄어들어 2006년 12월의 15.54%가 마지막이었다.

계열회사 지분 중 자기주식은 2001년까지만 유지되었다. 1998년 24.08%이던 것이 1999년부터는 0.02%로 미미해진 상태였다. 또 1999년 20% 이상으로 급증한 두산건설 보유 지분은 2004년까지는 21～29% 수준이 유지되다가 2006년 3월에는 11.38%로 줄어들었고 같은 해 12월까지 7.17%로 더욱 줄어든 뒤 2007년부터는 모두 없어졌다. 한편 두산건설 이외의 계열회사 보유 지분의 경우, 1998～2006년 사이 2개 연도(1999, 2004년)를 제외하고 존속하였는데, 2003년까지는 1%대였고 2005～2006년에는 8%대였다. 1998년 3개(삼화왕관, 두산포장, 오리콤), 2000～2003년 1개(두산기업), 2006년 2개(두산엔진, 두산인프라코어) 등 모두 6개 회사가 관련되어 있었다.

4.3.3 지주회사체제로의 전환 선언 이후, 2006~2011년

2006년 1월 두산그룹은 '3년 이내 지주회사체제로의 전환'을 선언하였고, 이때부터 (주)두산의 소유구조는 박용곤 일가의 직할체제로 바뀌게 되었다. 2009년 1월 예정대로 공정거래법상 지주회사체제가 출범하였으며, 박용곤 일가 지분은 2006년 이후 34~35% 수준이 유지되었다.

무엇보다 친족 지분이 30% 이상으로 대폭 증가하였다. 1998년 17.25%이던 것이 2002년에는 9.91%로 줄어들었는데, 이후 다시 늘어나 2006년 3월에는 13.68%가 되었고 12월에는 17.85%로 더욱 늘어나 1998년 수준을 처음으로 경신하였다. 이어 2007년 12월에는 31.88%로 1.8배가량 대폭 늘어났다. 이후 약간 줄어들기는 하였지만 30% 이상 수준(30.78~30.91%)이 유지되었으며, 2012년 3월에는 33.66%로 늘어나 2007년 수준을 경신하였다.

반면 최대주주 박용곤의 지분은 2011년 초까지 3%대를 유지하는 가운데 조금씩 감소하여 2006년 3월 3.7%에서 2011년 3월에는 3.43%가 되었다. 이어 2012년 3월(1.05%)에는 1/3 이하로 급감하였는데, 줄어든 지분의 상당 부분은 친족(30.89% → 33.66%)에게 넘어간 것으로 보인다.

결과적으로 박용곤 일가의 지분은 2006년까지 20% 내외(14.08~22.93%) 수준이다가 2007년 35.51%로 최고치를 보였으며, 이후 약간 줄어들기는 하였지만 34%대가 유지되어 오고 있다. 2012년 3월 현재에는 34.71%이다.

한편, 2007년부터는 계열회사와 비영리법인 신협의 지분은 모두 없어졌으며, 비영리법인 연강재단이 2% 내외(1.94~2.27%)의 지분을 계속 보유하고 있다. 그런데 1998년(3.41%) 이후 지속적으로 감소하여 2011년 3월(1.94%) 최저치를 기록했던 연강재단 지분이 2012년 3월 현재에는 2.27%가 되어 13년 만에 처음으로 증가하는 변화를 보였다. 또 2008년부터는 약간의 임원 지분(0.21~0.37%)이 새로 등장하였다.

4.4 (주)두산의 최대주주 및 친족 지분, 1998~2011년

(주)두산에서는 최대주주인 박용곤의 지분은 적고 대신 친족 지분이 월등하게 많은 구조를 보이고 있는데, 이는 가족의 최연장자인 박용곤이 대표로 최대주주에 이름을 올리는 한편 다른 가족구성원들도 대거 참여하는 '공동소유'의 방식을 취하는 것으로 볼 수 있다. 가

족 전체의 지분은 2006년까지 20% 내외 수준이다가 2007년부터는 34~36% 수준으로 크게 증가한 상태이며, 이 과정에서 공동소유의 성격과 모습 또한 지속적으로 변화하였다. 특히 2007년 이후 3세대 지분에 비해 4세대 지분이 많아지고 박용곤의 장남 박정원이 실질적인 최대주주로 부상하였으며, 5세대 또한 지분에 참여하였다 (<표 4.13>, <표 4.14>, <표 4.15>, <그림 4.7>, <그림 4.8>, <그림 4.9>, <그림 4.10>).

4.4.1 지분 참여 가족구성원

1998년 이후 2011년까지의 기간 동안 지분에 참여한 적이 있는 가족구성원의 면면을 살펴보면 다음과 같다.

첫째, 3세대인 박용곤(첫째, 1남)에게는 여자 동생 1명과 남자 동생 5명이 있다. 박용언(둘째, 1녀), 박용오(셋째, 2남), 박용성(넷째, 3남), 박용현(다섯째, 4남), 박용만(여섯째, 5남) 그리고 박용욱(일곱째, 6남)이 그들이다. 이들 중 막내인 박용욱을 제외한 6명과 그 가족구성원들이 (주)두산의 소유에 참여해 오고 있다. 박용언 일가는 2002년까지 그리고 박용오 일가는 2007년까지만 지분에 참여하였으며, 나머지 4명의 남자 형제(박용곤, 박용성, 박용현, 박용만)와 그 일가는 2011년 현재까지 계속 지분에 참여하고 있다.

둘째, 1998년 현재 3세대뿐 아니라 4세대 가족구성원들도 지분을 가지고 있으며 2007년부터는 5세대 가족구성원들이 지분을 보유하기 시작하였다. 1998~2011년 사이 지분에 참여한 적이 있는 3·4·5세대 가족구성원은 모두 36명이다. 매년 지분에 참여하는 가족구성원 수는 2006년까지는 14~19명이다가(1998~1999년 19명, 2000~2001년 17명, 2002년 16명, 2003~2004년 14명, 2006년 15명) 2007년 이후에는 5세대가 참여하면서 27~28명으로 대폭 늘어났다(2007년 28명, 2008~2011년 27명).

셋째, 지분에 참여한 가족구성원 36명을 세대별로 보면, 3세대 7명(박용곤, 박용언, 박용오, 박용성, 박용현, 박용만, 강신애), 4세대 16명(박용곤 일가 4명, 박용언 일가 3명, 박용오 일가 2명, 박용성 일가 2명, 박용현 일가 3명, 박용만 일가 2명), 5세대 13명(박용곤 일가 6명, 박용성 일가 4명, 박용현 일가 3명) 등이다.

또 36명 가족구성원을 형제, 자매별로 보면, 박용곤 일가가 11명(3세대 1명, 4세대 4명, 5세대 6명)으로 가장 많고, 그다음이 박용성 일가 7명(3세대 1명, 4세대 2명, 5세대 4명), 박용현 일가 7명(3세대 1명, 4세대 3명, 5세대 3명), 박용만 일가 4명(3세대 1명, 4세대 2명),

박용언 일가 4명(3세대 1명, 4세대 3명), 박용오 일가 3명(3세대 1명, 4세대 2명) 등의 순이다.

그리고 넷째, 3세대 가족구성원 7명 중에는 박용곤 및 5명의 동생 이외에 박용만의 부인 (강신애)이 포함되어 있다. 또 4세대 가족구성원 16명 중에서는 박씨 일가가 12명이며 남자 10명, 여자 2명(박용곤의 딸 박혜원, 박용만의 딸 박재원)이다. 나머지 4명은 박혜원의 남편 (서경석), 박용언의 자녀인 김씨 일가 2명(김형민, 김희정), 그리고 김희정의 남편(최원현)이 다. 36명 전체 가족구성원 중 부부가 함께 지분에 참여한 경우는 3세대 한 쌍(박용만과 강 신애) 그리고 4세대 두 쌍(박혜원과 서경석, 김희정과 최원현)이다. 한편 5세대 가족구성원

〈표 4.13〉 두산그룹 박용곤 일가 가계도

3세대	4세대	5세대
1남 박용곤	1남 박정원 (+ 김소영)	1남 박상민, 2남 박상수
(+ 고 이응숙)	1녀 박혜원 (+ 서경석)	1녀 서주원, 1남 서장원
	2남 박지원 (+ 서지원)	1남 박상우, 2남 박상진
1녀 박용언	1남 김형일 (+ 권혜경)	1남 김준규, 2남 김연규, 3남 김정규
(+ 김세권)	1녀 김희정 (+ 최원현)	1녀 최민경, 1남 최형승
	2남 김형민 (+ 백애영)	1남 김현규, 1녀 김지연
2남 박용오	1남 박경원 (+ 서미경)	1남 박상호, 2남 박상모
(+ 고 최금숙)	2남 박중원 (+ 정윤주)	1남 박상윤, 1녀 박상이
3남 박용성	1남 박진원 (+ 김선영)	1남 박상휴, 2남 박상인
(+ 김영희)	2남 박석원 (ㅣ 정현주)	1남 박상현, 1녀 박상은
4남 박용현	1남 박태원 (+ 원보연)	1녀 박윤서
(+ 고 엄명자)	2남 박형원 (+ 최윤희)	1녀 박상아
	3남 박인원 (+ 박성민)	1녀 박상정
5남 박용만	1남 박서원 (+ 구원희)	1녀 박상후
(+ 강신애)	1녀 박재원	
6남 박용욱	1녀 박효원, 2녀 박예원	
(+ 이상의)	1남 박승원	

주: 1세대는 고 박승직(+ 고 정정숙) 그리고 2세대는 고 박두병(+ 고 명계춘)이며, 4, 5세대의 남녀 구분 중 일부는 추측한 것임.
출처: 서울신문사산업부(2007).

13명 중에는 박씨 일가 11명 이외에 박혜원의 자녀인 서씨 일가 2명(서주원, 서장원)이 포함되어 있다.

4.4.2 가족 보유 지분: (1) 형제 및 자매별, 세대별, 개인별 주요 특징

1998~2011년 사이 세대별, 형제 및 자매별 그리고 개인별 지분 보유 현황을 살펴보면 다음과 같다.

첫째, 2011년 현재까지 지분을 보유하고 있는 3세대 4명 가족 중에서는 1남 박용곤 일가 (4.12~12.22%) 지분이 가장 많다. 3남 박용성과 4남 박용현 일가(2.88~8.22%, 2.88~8.24%)의 몫은 비슷하며, 5남 박용만 일가(1.71~6.61%)가 가장 적은 지분을 가지고 있다.

2남인 박용오 일가의 경우, 1998~2000년(3.41~4.07%)에는 박용성 일가(3.4~4.25%) 및 박용현 일가(3.4~4.31)와 비슷한 지분을 가지고 있었는데, 이후 지분이 계속 줄어들어(0.42~2.26%) 2007년까지만 존속하였다. 박용오는 1996년 이후 그룹회장직을 수행해 오다가 2005년 박용곤에 의해 전격 해임되었고 이후 '형제의 난'이 일어났는데, 결과적으로 박용오 일가는 가문에서 쫓겨나고 그룹의 소유와 경영에서도 배제되는 수모를 겪게 되었다. 한편 장녀인 박용언 일가는 2002년까지 약간의 지분(0.02~2.34%)을 가지고 있었다.

둘째, 가족 전체의 지분은 1998년 22.94%이던 것이 2004년까지는 15.49%로 낮아졌는데, 이후 증가세로 돌아서 2006년(21.54%) 처음으로 1998년 수준에 가장 근접하였으며 2007년에는 35.55로 급증하여 1998년 수준을 경신하였다. 2008~2011년에는 다소 줄어들어 34.27~34.71% 수준이 유지되고 있다.

박용곤, 박용성 및 박용현 일가의 지분 변화는 가족 전체 지분 변화와 비슷한 추세를 보였다. 박용곤 일가 지분은 1998년 6.06%에서 2004년에는 4.21%로 최저치를 보였으며, 이후 증가하여 2006년(6.58%)에 1998년 수준을 경신하였고 2007년(12.22%) 다시 1.9배 더 증가하였다. 2008~2011년에는 11.85~11.98% 수준이다. 박용성 일가와 박용현 일가 지분의 경우에도, 1998년(4.25%, 4.31%) 이후 2004년(2.88%, 2.88%)에 최저치를 보인 뒤 2006년 (4.46%, 4.46%)에는 1998년 수준을 경신하였으며, 2007년(8.22%, 8.24%)에 1.8배로 더욱 증가한 뒤 이후에는 약간 낮아진 수준(7.95~8.06%, 7.99~8.1%)이 유지되고 있다. 두 집안의 몫은 1998~2001년 사이에는 서로 엎치락뒤치락하다가 2002~2006년에는 같아졌고, 2007년부터는 박용현 일가의 몫이 약간 많은 상태가 계속되고 있다.

〈표 4.14〉 (주)두산의 최대주주 및 친족 지분, 1998~2011년: (1) 형제·자매별, 세대별 지분 (%)

		1998	1999	2000	2001	2002	2003	2004	2005	2006	2007	2008	2009	2010	2011
박용곤	3세대	5.68	4.67	5.12	5	4.17	4.14	3.98	3.7	3.69	3.63	3.52	3.46	3.43	1.05
	4세대	0.38	0.29	0.28	0.28	0.25	0.25	0.23	1.33	2.89	8.47	8.3	8.25	8.19	10.7
	5세대										0.12	0.15	0.19	0.23	0.23
	합	6.06	4.96	5.4	5.28	4.42	4.39	4.21	5.03	6.58	12.22	11.97	11.9	11.85	11.98
박용성	3세대	4	3.29	3.58	3.49	2.92	2.9	2.79	2.59	2.58	2.54	2.49	2.47	2.45	2.48
	4세대	0.25	0.11	0.11	0.11	0.09	0.09	0.09	0.84	1.88	5.64	5.53	5.51	5.46	5.52
	5세대										0.04	0.04	0.04	0.04	0.04
	합	4.25	3.4	3.69	3.6	3.01	2.99	2.88	3.43	4.46	8.22	8.06	8.02	7.95	8.04
박용현	3세대	3.99	3.29	3.52	3.44	2.87	2.85	2.74	2.55	2.55	2.51	2.46	2.44	2.42	2.45
	4세대	0.32	0.11	0.15	0.15	0.14	0.14	0.14	0.87	1.91	5.67	5.57	5.54	5.5	5.56
	5세대										0.06	0.07	0.07	0.07	0.07
	합	4.31	3.4	3.67	3.59	3.01	2.99	2.88	3.42	4.46	8.24	8.1	8.05	7.99	8.08
박용만	3세대	1.91	1.71	1.86	1.82	1.73	3.88	3.72	3.46	3.45	3.41	3.35	3.33	3.59	3.63
	4세대								0.4	0.96	3.04	2.98	2.97	2.96	2.98
	합	1.91	1.71	1.86	1.82	1.73	3.88	3.72	3.86	4.41	6.45	6.33	6.3	6.55	6.61
박용오	3세대	3.99	3.29	3.39	2.21	1.84	1.83	1.76	1.63	1.63	0.42				
	4세대	0.08	0.12	0.05	0.05	0.04	0.04	0.04							
	합	4.07	3.41	3.44	2.26	1.88	1.87	1.8	1.63	1.63	0.42				
박용언	3세대	2.23	1.81	1.95	1.9										
	4세대	0.11	0.07	0.04	0.04	0.02									
	합	2.34	1.88	1.99	1.94	0.02									
3세대 합		21.8	18.06	19.42	17.86	13.53	15.6	14.99	13.93	13.9	12.51	11.82	11.7	11.89	9.61
4세대 합		1.14	0.7	0.63	0.63	0.54	0.52	0.5	3.44	7.64	22.82	22.38	22.27	22.11	24.76
5세대 합											0.22	0.26	0.3	0.34	0.34
총합		22.94	18.76	20.05	18.49	14.07	16.12	15.49	17.37	21.54	35.55	34.46	34.27	34.34	34.71

주: 보통주 기준; '총합'은 〈표 4.12〉의 '합(A+B+C)'과 다소 차이가 남.
출처: 〈표 4.15〉.

〈그림 4.7〉 (주)두산의 최대주주 및 친족 지분, 1998~2011년: (1) 형제, 자매별 지분 (%)

(출처: <표 4.14>)

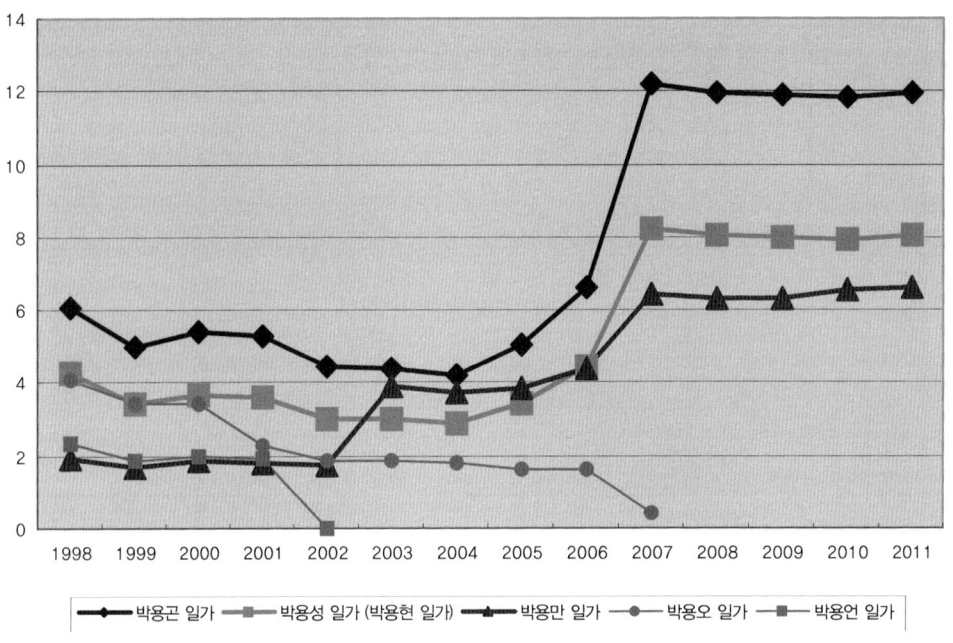

〈그림 4.8〉 (주)두산의 최대주주 및 친족 지분, 1998~2011년: (2) 세대별 지분 (%)

(출처: <표 4.14>)

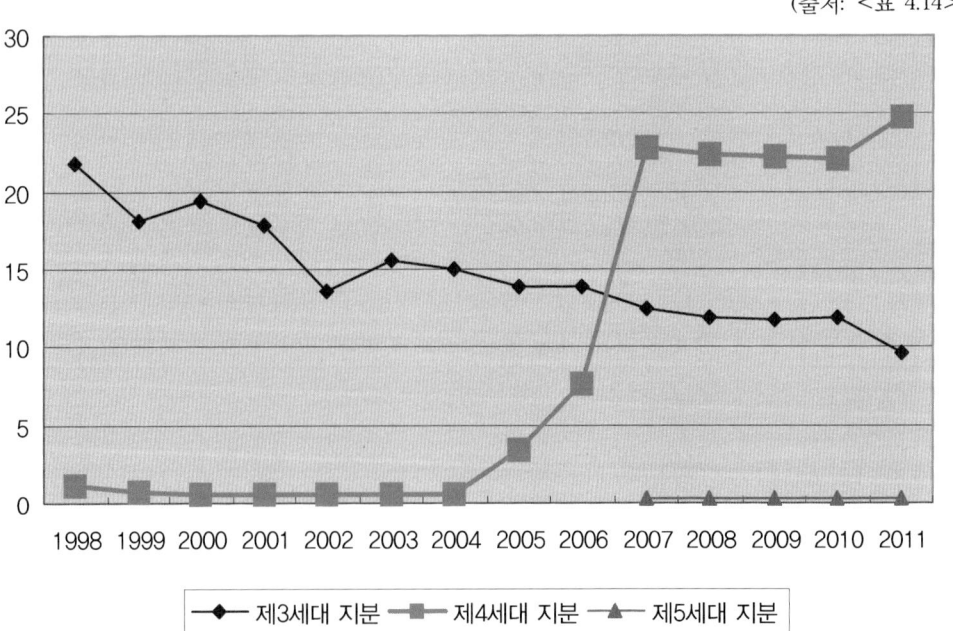

한편 박용만 일가 지분은 약간 다른 변화 패턴을 보이고 있다. 1998년 1.91%이던 것이 2002년(1.73%) 최저치를 나타냈고, 2003년(3.88%) 2.2배로 급증한 뒤 다소 줄어들었다가 2006년(4.41%)에 2003년 수준을 경신하였다. 이어 2007년(6.45%) 1.5배 더 늘어났고 2008~2009년에 다소 줄어들었다가 2010~2011년(6.55~6.61%)에 2007년 수준을 경신하였다.

그리고 셋째, 세대별 지분을 보면 2006년까지는 3세대 보유 지분이 월등히 많다가 2007년부터는 4세대 지분이 월등히 많은 상황으로 바뀌었다. 5세대 지분은 2007년부터 등장하였다.

3세대 지분은 1998년 21.8%이던 것이 이후 줄어들어 2006년에는 13.9%였다. 같은 기간 4세대 지분은 1998년 1.14%에서 이후 1% 미만으로 줄어들었다가 2005년 3.44% 그리고 2006년 7.64%로 다시 증가하였다. 2006년 현재 두 세대의 지분은 각각 13.9%, 7.64%로 3세대 지분이 1.8배 많았는데, 1998년 이후 두 세대 간 차이는 가장 작았다.

하지만 2007년 들어 두 세대의 지분이 각각 12.51%, 22.82%가 되면서 4세대 지분이 1.8배 많은 상황으로 역전되었다. 이후 3세대 지분은 더욱 감소하여 2011년에는 9.61%가 되었으며, 반면 4세대 지분은 약간 감소했다가 2011년에 24.76%로 다시 증가하였다. 따라서 2011년 현재에는 4세대 지분이 2.6배나 많은 상태이다.

한편 5세대는 2007년 처음으로 지분을 보유하게 되었으며 크기는 0.22%로 미미하였다. 이후 조금씩 증가하여 2011년 현재에는 0.34%이다.

4.4.3 가족 보유 지분: (2) 지속적인 보유 12명 가족구성원의 지분

3·4·5세대 36명 가족구성원들 중 1998년 이후 2011년 현재까지 지분을 계속 보유해 오고 있는 사람은 12명이다.

첫째, 12명을 세대별로 보면, 3세대가 4명(박용곤, 박용성, 박용현, 박용만)이고 4세대가 8명이며, 4세대 8명은 박용곤의 아들 2명(박정원, 박지원)과 딸 1명(박혜원), 박용성의 아들 2명(박진원, 박석원), 박용현의 아들 3명(박태원, 박형원, 박인원) 등이다. 따라서, 12명을 가족별로 보면, 박용곤 일가 4명, 박용성 일가 3명, 박용현 일가 3명, 그리고 박용만 일가 1명이다.

둘째, 이들 12명 중 장손 집안의 박용곤과 큰아들 박정원이 2007년을 전후로 각각 가장 많은 지분을 보유하였다. 박용곤은 1998년 5.68%를 보유하였는데 이후 지분이 지속적으로 감소하여 2006년에는 2/3 이하 수준인 3.69%였다. 박정원의 지분은 1998년 0.18%이던 것이 이후 감소하여 2004년에는 0.12%가 되었으며, 2005년에는 0.68%로 그리고 2006년에는 1.46%로 증가하였다.

2007년(3.63%) 이후에도 박용곤의 지분은 계속 감소하여 2011년(1.05%)에는 1/3 이하 수준이 된 반면, 박정원의 지분은 2006년(1.46%)에 비해 2007년(4.24%)에는 2.9배나 껑충 뛰어 박용곤의 지분을 처음으로 추월하여 1.2배 많게 되었다. 이후 약간 줄어들었다가 2011년에는 5.35%로 다시 증가하여 박용곤의 지분보다 5.1배나 많은 상태가 되었다. 따라서 2007년 이후 박용곤이 대외적으로는 (주)두산의 최대주주로 이름을 올리고 있지만 실제로는 장남 박정원이 최대주주였으며, 2007년 시작된 소유에서의 세대교체가 5년 만에 마무리된 것으로 볼 수 있다.

박용곤의 둘째 아들 박지원의 지분 또한 빠른 속도로 증가하였다. 2006년까지 1% 미만(0.07~0.94%)이던 것이 2007~2010년에는 3% 남짓(2.73~2.82%)으로 크게 늘어났으며, 2011년에는 3.57%로 더욱 늘어나 형인 박정원(5.35%) 다음으로 많은 지분을 보유하게 되었다.

그리고 셋째, 박용곤을 제외한 3세대 중에서는 박용만의 지분이 상대적으로 많았다. 2002년까지는 2% 미만(1.71~1.91%)이었다가 2003년 3.88%로 2배가량 늘어나 박용곤(4.14%) 다음으로 많은 지분을 보유하였다. 이후 다소 줄어들기는 하였지만(3.72~3.45%) 2006년까지 2위 자리를 지켰으며, 2007년(3.4%)에는 박정원(4.24%)이 1위가 되면서 3위로 밀려났다. 하지만 2010년(3.43%) 박용곤과 함께 박정원(4.1%)에 이어 공동 2위가 되었고, 2011년 현재에는 박정원(5.35%)과 박지원(3.57%)에 이어 3위(3.47%)이다.

한편 3세대 중 박용성과 박용현은 비슷한 크기의 지분을 보유해 오고 있는데 크기는 점점 감소하였다. 2001년까지는 3% 이상(3.29~4%, 3.29~3.99%)이었다가 2002년부터는 3% 미만(2.45~2.92%, 2.42~2.87%)이 되었다. 반면 박용성의 큰아들 박진원(3~3.1%)이 2007년부터 박용성(2.45~2.54%)보다 많은 3% 이상의 지분을 보유하고 있으며, 둘째 아들인 박석원(2.46~2.54%)도 2007년 이후 박용성과 같거나 조금 많은 지분을 가지고 있다. 또 박용현의 큰아들인 박태원(2.22~2.29%) 또한 2007년 이후 지분을 2% 이상으로 크게 늘려 박용현의 지분(2.42~2.51%)과 엇비슷해졌다.

4세대 중 나머지 3명, 즉 박혜원(박용곤의 딸, 1.36~1.78%), 박형원(박용현의 둘째 아들, 1.64~1.69%) 그리고 박인원(박용현의 셋째 아들, 1.64~1.69%)도 2007년 이후 1.5% 내외의 상당히 큰 지분을 보유하고 있다.

〈표 4.15〉 (주)두산의 최대주주 및 친족 지분, 1998~2011년: (2) 개인별 지분 (%)

	1998	1999	2000	2001	2002	2003	2004	2005	2006	2007	2008	2009	2010	2011
박용곤	5.68	4.67	5.12	5	4.17	4.14	3.98	3.7	3.69	3.63	3.52	3.46	3.43	1.05
박정원	0.18	0.16	0.15	0.15	0.13	0.13	0.12	0.68	1.46	4.24	4.15	4.13	4.1	5.35
박지원	0.09	0.08	0.08	0.08	0.07	0.07	0.07	0.42	0.94	2.82	2.77	2.75	2.73	3.57
박혜원	0.08	0.02	0.02	0.02	0.02	0.02	0.02	0.21	0.47	1.41	1.38	1.37	1.36	1.78
서경석	0.03	0.03	0.03	0.03	0.03	0.03	0.02	0.02	0.02					
박상민										0.03	0.04	0.05	0.06	0.06
박상수										0.03	0.05	0.06	0.07	0.07
박상우										0.01	0.01	0.02	0.03	0.03
박상진										0.01	0.01	0.02	0.03	0.03
서주원										0.02	0.02	0.02	0.02	0.02
서장원										0.02	0.02	0.02	0.02	0.02
박용성	4	3.29	3.58	3.49	2.92	2.9	2.79	2.59	2.58	2.54	2.49	2.47	2.45	2.48
박진원	0.15	0.06	0.06	0.06	0.05	0.05	0.05	0.46	1.03	3.1	3.04	3.03	3	3.04
박석원	0.1	0.05	0.05	0.05	0.04	0.04	0.04	0.38	0.85	2.54	2.49	2.48	2.46	2.48
박상효										0.01	0.01	0.01	0.01	0.01
박상인										0.01	0.01	0.01	0.01	0.01
박상현										0.01	0.01	0.01	0.01	0.01
박상은										0.01	0.01	0.01	0.01	0.01
박용현	3.99	3.29	3.52	3.44	2.87	2.85	2.74	2.55	2.55	2.51	2.46	2.44	2.42	2.45
박태원	0.13	0.05	0.09	0.09	0.08	0.08	0.08	0.37	0.79	2.29	2.25	2.24	2.22	2.24
박형원	0.1	0.03	0.03	0.03	0.03	0.03	0.03	0.25	0.56	1.69	1.66	1.65	1.64	1.66
박인원	0.09	0.03	0.03	0.03	0.03	0.03	0.03	0.25	0.56	1.69	1.66	1.65	1.64	1.66
박윤서										0.02	0.03	0.03	0.03	0.03
박상아										0.02	0.02	0.02	0.02	0.02
박상정										0.02	0.02	0.02	0.02	0.02
박용민	1.91	1.71	1.86	1.82	1.73	3.88	3.72	3.46	3.45	3.4	3.33	3.31	3.43	3.47
상신애										0.01	0.02	0.02	0.16	0.16
박서원								0.22	0.53	1.67	1.64	1.63	1.62	1.63
박재원								0.18	0.43	1.37	1.34	1.34	1.34	1.35
박용오	3.99	3.29	3.39	2.21	1.84	1.83	1.76	1.63	1.63	0.42				
박경원	0.01	0.07												
박중원	0.07	0.05	0.05	0.05	0.04	0.04	0.04							
박용언	2.23	1.81	1.95	1.9										
김형민	0.03	0.02	0.02	0.02	0.01									
김희정	0.06	0.03												
최원현	0.02	0.02	0.02	0.02	0.01									

주: 1) 보통주 기준; 1999~2004, 2006~2009년 12월, 2005, 2010~2011년 이듬해 3월 현재.
2) 지분 참여 인원 수: 1998~1999년 (20명), 2000~2001년 (18명), 2002년 (17명), 2003~2004년 (15명), 2005~2006년 (16명), 2007년 (29명), 2008~2011년 (28명).

출처: 사업보고서.

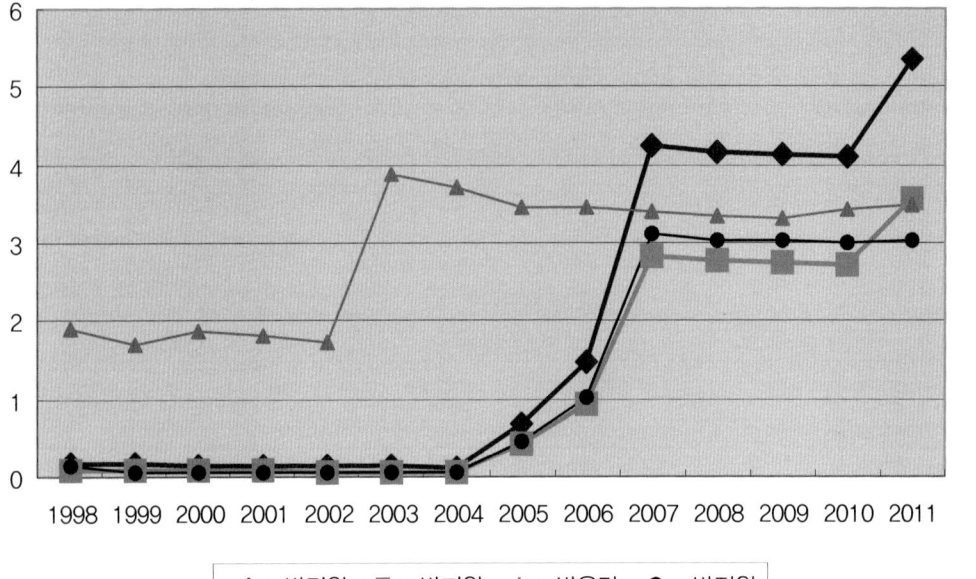

〈그림 4.9〉 (주)두산의 최대주주 및 친족 지분, 1998~2011년:
(3) 2011년 현재 1~4위 개인별 지분 (%)

(출처: <표 4.15>)

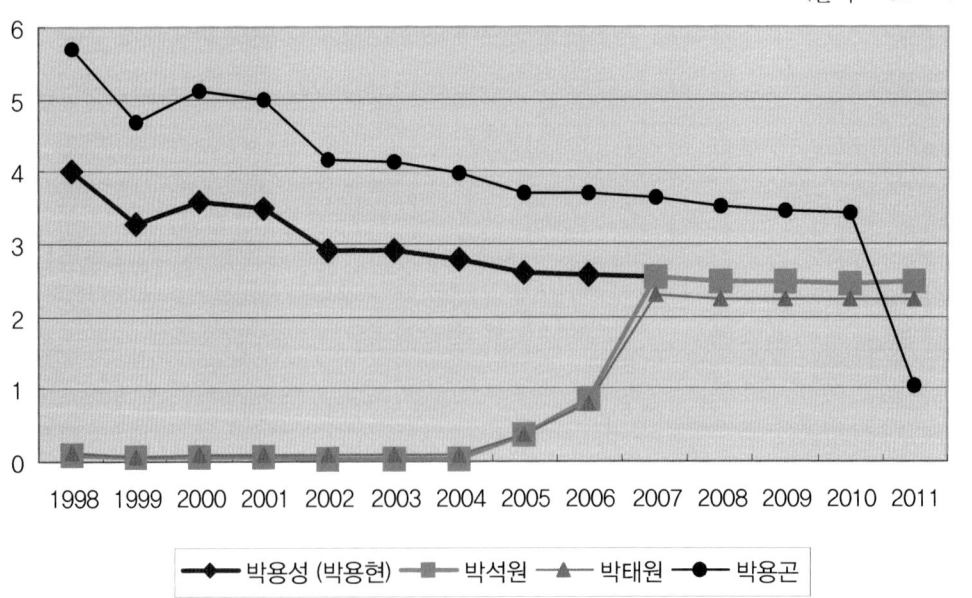

〈그림 4.10〉 (주)두산의 최대주주 및 친족 지분, 1998~2011년:
(4) 2011년 현재 5~8, 14위 개인별 지분 (%)

(출처: <표 4.15>)

4.4.4 가족 보유 지분: (3) 일정 기간 보유 24명 가족구성원의 지분

3·4·5세대 36명 가족구성원들 중 1998~2011년 사이에 일정 기간 동안만 지분에 참여한 사람은 24명이다. 3세대 3명, 4세대 8명 그리고 5세대 13명이다.

첫째, 3세대 중에서는 박용오가 2007년까지(0.42~3.99%) 그리고 박용언이 2001년까지(1.9~2.23%) 지분을 보유하였으며, 박용만의 부인인 강신애는 2007년부터 약간의 지분을 보유하고 있다(0.01~0.16%).

둘째, 4세대 8명 중에서는 박용오의 아들 2명(1998~2004년, 0.01~0.07%), 박용언의 아들과 딸 3명(1998~2002년, 0.01~0.06%), 그리고 박용곤의 사위이자 박혜원의 남편인 서경석(1998~2006년, 0.02~0.03%)이 2006년 또는 그 이전까지 약간의 지분을 가지고 있었다. 또 박용만의 아들 박서원(0.22~1.67%)과 딸 박재원(0.18~1.37%)은 2005년부터 지분을 보유하기 시작한 이후 2007년부터는 1.5% 내외의 상당히 많은 지분을 가지고 있다.

그리고 셋째, 5세대 13명은 모두 2007년부터 0.1% 미만의 지분을 보유하고 있다. 박용곤의 둘째 손자(박정원의 둘째 아들)인 박상수가 가장 많은 지분(0.03~0.07%)을 가지고 있고 그다음이 첫째 손자(첫째 아들) 박상민(0.03~0.06%)이다. 근소한 차이지만 형인 박상수가 동생보다 적은 지분을 가지고 있는 것은 장자상속의 관례에 어긋나는 것이어서 상당히 의외이며, 두 사람의 지분이 앞으로 어떻게 변화할지 주목된다. 나머지 5세대 11명의 지분은 각각 0.01~0.03%이다.

5. 경영구조의 변화

5.1 개관

최대주주인 박용곤과 가족구성원들은 (주)두산의 소유권을 공동으로 장악하는 동시에 경영권 또한 공동으로 장악하면서 명실공히 공동소유·공동경영의 가족지배체제를 구축하였다. 다만 장악 과정에 다소의 차이가 있었다.

소유권에서는 2000년대 전반까지 계열회사와 비영리법인의 지분(21.82~56.92%)이 가족지분(14.08~22.93%)보다 많은 상태가 계속되다가 2006년부터 박용곤 일가가 소유를 직접 장악하는 구도가 정착되었다. 2006년 가족 지분(21.54%)이 다른 특수관계인 지분(17.58%) 보다 처음으로 많아졌고, 2007년에는 20% 내외이던 가족 지분이 35% 이상(35.51%)으로 껑충 뛰고 다른 특수관계인 지분(2.01%)은 미미한 상태가 된 것이다. 이후 가족 지분은 34% 수준이 유지되어 오고 있다. 이에 비해 경영권과 관련해서는, (주)두산이 출범한 1998 년부터 2002년까지 가족지배체제가 구축되었다가 2003~2008년 사이에는 크게 약화되었으며 2009년 이후의 공정거래법상 지주회사체제 하에서 보다 본격적으로 그리고 안정적으로 재구축되었다 (<표 4.16>, <표 4.17>, <표 4.18>).

1998년 이후 박용곤 가족구성원들은 전문경영인들과 호흡을 맞추면서 경영에 깊숙이 관여하였고 2000년부터는 보다 큰 정도로 경영권을 장악하였다. 하지만 2003년부터 경영 관여 정도가 약화되기 시작하여 2008년까지 계속되었다. 가족지분은 1998~2001년 20% 내외 수준(18.48~22.93%)이던 것이 2002년에 최저치(14.08%)를 나타냈으며, 이후 다소 늘어나기는 하였지만 2005년까지 15% 내외(14.08~17.38%)의 낮은 수준이 유지되었다. 이런 상황에서 2005년 '형제의 난'이 발생하였고, 2006~2008년에는 가족구성원 대표이사 없이 전문경영인 대표이사들이 전면에 나서 대리경영을 하게 되었다. 반면 이 기간 동안 가족지분은 오히려 크게 늘어나(2006년 21.54%, 2007년 35.51%, 2008년 34.43%) 소유에서는 가족직할체제가 구축되었으며, 따라서 2006~2008년은 소유와 경영의 불일치 또는 괴리 현상이 일어난 시기였다.

하지만 2009년 그룹 전체가 공정거래법상 지주회사체제로 재편되면서 가족구성원들이 경영 전면에 다시 나서 전문경영인들을 압도하였다. 지주회사 (주)두산의 경영권을 되찾았을 뿐 아니라 주요 계열회사의 경영에도 보다 깊숙이 관여하였다. 2009년 이후 가족지분은 34% 수준(34.24~34.71%)이 유지되었으며, 따라서 이전과는 비교할 수 없을 정도로 강화된 가족 소유를 배경으로 경영에서도 가족직할체제가 공고하게 구축되었다. '박용곤 일가에 의한 소유권과 경영권의 안정적이고 본격적인 장악'이 실현된 것이다.

5.2 (주)두산 최고경영진의 변화, 1998~2011년

5.2.1 가족지배체제의 구축, 1998~2002년

(1) 1998년: 1998년 9월의 합병으로 탄생한 (주)두산의 첫해 등기임원은 21명으로 매우

많았다. 사내이사 15명, 사외이사 3명, 감사 3명 등이었다. 사내이사 15명은 대표이사 10명, 상근이사 2명 그리고 비상근이사 3명으로 구성되어 있었으며, 15명 중 5명은 박용곤 가족구성원이고 나머지 10명은 전문경영인이었다.

사내이사 15명 중에서는 대표이사가 10명이나 되었는데, (주)두산이 8개 계열회사를 통합하면서 거대 복합기업이 되었고 이에 따라 해산된 회사의 임원 다수가 이전 업무를 계속 담당하게 된 때문인 것으로 보인다. 10명 중 8명은 전문경영인으로, 1명(고종진 부회장, 총괄)을 제외한 7명(부회장 1명, 사장 5명, 부사장 1명)은 각각 주요 7개 사업부문(Business Unit(BU); 식품, 주류, 상사, 개발, 전자, 벤처, 출판)의 책임자였다.

대표이사 중 나머지 2명은 박용곤 일가 가족구성원인 박용오와 박용만이었다. 이 두 사람은 주요 주주(3.99%, 1.91% 지분 보유)였으며, 박용오는 유일한 회장으로서 업무를 총괄하였고 박용만은 사장으로서 핵심 요직인 전략기획본부장직을 가지고 있었다. 한편 다른 가족구성원 3명(박용곤, 박용성, 김세권)은 비상근이사로 의사결정에 참여하였다. 박용곤(5.68%)은 최대주주였고 박용성(4%)은 두 번째로 많은 지분을 가지고 있었으며, 김세권은 다섯 번째로 많은 지분을 보유한 박용언(2.23%)의 남편이었다. 결국 지분을 보유한 박용곤과 동생 5명 중 1명(박용현, 3.99%)을 제외하고는 모두 경영에도 참여한 셈이다.

따라서 1998년 현재 박용곤 가족구성원이 전문경영인에 비해 수적으로는 열세였지만(사내이사 5명 vs. 10명; 대표이사 2명 vs. 8명), 주요 주주 5명이 사내이사로 참여하고 이 중 2명을 대표이사로 내세워 공동경영을 하면서 경영권을 장악한 것으로 볼 수 있다. 다만 성격이 다른 다양한 사업을 영위하기 위해 전문경영인과의 긴밀한 협조관계를 구축하였다.

(2) 1999년: 1999년에도 상황은 크게 달라지지 않았다. 등기임원은 18명(사내이사 11명, 사외이사 5명, 감사 2명)으로 여전히 많았으며, 대표이사 역시 8명으로 많은 편이었다. 사내이사는 11명으로, 박용곤 가족구성원은 5명으로 변함이 없는 반면 전문경영인은 전년도의 10명(대표이사 8명, 상근이사 2명)에서 6명(대표이사)으로 줄어들었다. 결과적으로 가족구성원 수가 전문경영인 수와 엇비슷해졌으며, 하지만 대표이사의 수(2명 vs. 6명)에서는 여전히 가족구성원이 열세인 상태가 계속되었다.

가족구성원의 면면과 역할은 이전 그대로였으며(박용오 대표이사회장, 박용만 대표이사 사장 겸 전략기획본부장; 박용곤, 박용성, 김세권 비상근이사), 6명의 전문경영인 대표이사들 역시 이전처럼 1명(고종진 부회장, 총괄)을 제외한 5명(사장 4명, 부사장 1명)은 각각 주요 5개 사업부문(전자, 생활산업, 출판, 기계, 벤처)을 담당하였다.

(3) 2000년: (주)두산이 탄생된 뒤 3년째가 되는 2000년에는 등기임원진에 이전과는 다른 몇 가지 중요한 변화가 일어났으며, 그 결과 박용곤 일가의 경영권은 보다 강화되었고 반면 전문경영인의 역할은 크게 축소되었다.

첫째, 사내이사가 1999년의 11명(대표이사 8명, 비상근이사 3명)에서 2000년에는 7명(대표이사 5명, 비상근이사 2명)으로 감소하였다. 1998년의 15명(대표이사 10명, 상근이사 2명, 비상근이사 3명)에 비하면 절반 이하 수준이며, 대표이사의 수(10명 vs. 5명)도 절반 수준이다.

둘째, 전문경영인이 1999년의 6명(대표이사)에서 2000년에는 2명(대표이사)으로 줄었다. 1998년의 10명(대표이사 8명, 상근이사 2명)에 비하면 1/5 수준이며, 대표이사의 수(8명 vs. 2명)도 1/4 수준이다. 1999년의 대표이사 6명 중에서는 고종진(부회장, 총괄)만 남고 모두

〈표 4.16〉 (주)두산의 등기임원, 1998~2011년: (1) 임원 수 (명)

연도	합	사외이사	사내이사	사내이사			사내이사	
				대표이사 (A)	상근이사 (B)	비상근이사 (C)	박용곤 일가 (A,B,C)	전문경영인 (A,B,C)
1998	18	3	15	10	2	3	5 (2,0,3)	10 (8,2,0)
1999	16	5	11	8		3	5 (2,0,3)	6 (6,0,0)
2000	14	7	7	5		2	5 (3,0,2)	2 (2,0,0)
2001	14	7	7	5		2	5 (3,0,2)	2 (2,0,0)
2002	14	7	7	5		2	5 (3,0,2)	2 (2,0,0)
2003	10	5	5	4	1		3 (2,1,0)	2 (2,0,0)
2004	13	7	6	5	1		3 (2,1,0)	3 (3,0,0)
2005	13	7	6	4		2	3 (1,0,2)	3 (3,0,0)
2006	12	7	5	3		2	1 (0,0,1)	4 (3,0,1)
2007	12	7	5	2	1	2	2 (0,1,1)	3 (2,0,1)
2008	11	6	5	2	2	1	2 (0,1,1)	3 (2,1,0)
(지주회사)								
2009	15	8	7	4	1	2	5 (2,1,2)	2 (2,0,0)
2010	15	8	7	4	1	2	5 (2,1,2)	2 (2,0,0)
2011	11	6	5	2	1	2	4 (1,1,2)	1 (1,0,0)

주: 1998~2009년 12월, 2010~2011년 이듬해 3월 현재; 1998년(3명)과 1999년(2명)에는 감사 있음.
출처: 〈표 4.17〉, 사업보고서.

물러났으며 대신 강태순(부사장, 관리본부장)이 새 대표이사로 선임되었다. 이 두 사람은 총괄 또는 관리 업무를 담당하였으며, 사업부문(BU)의 책임자는 이전과는 달리 모두 미등기 임원이 담당하는 것으로 업무 조정이 이루어졌다.

〈표 4.17〉 (주)두산의 등기임원, 1998~2011년: (2) 사내이사

임원	지주회사 이전											지주회사		
	1998	1999	2000	2001	2002	2003	2004	2005	2006	2007	2008	2009	2010	2011
대표이사(상근)	박용오	박용오	박용오	박용오	박용오	박용오	박용오							
												박용현	박용현	
	박용만	박용만	박용만	박용만	박용만	박용만	박용만	박용만				박용만	박용만	박용만
			박정원	박정원	박정원									
	고종진	고종진	고종진	고종진	고종진									
	유병택					유병택	유병택	유병택	유병택					
	최태경	최태경					최태경	최태경	최태경					
			강태순	강태순	강태순	강태순	강태순	강태순	강태순	강태순	강태순			
										J.B.B.	J.B.B.	J.B.B.	J.B.B.	
												이재경	이재경	이재경
이사(상근)										박용만	박용만			
						박정원	박정원							박정원
												박지원	박지원	
	강태순										이태희			
	이영표													
이사(비상근)	박용곤	박용곤	박용곤	박용곤	박용곤									
							박용오							
	박용성	박용성	박용성	박용성	박용성							박용성	박용성	박용성
														박용현
						박정원	박정원	박정원	박정원	박정원	박정원			
	김세권	김세권												
							김용성	김용성						

주: 1) 1998~2009년 12월, 2010~2011년 이듬해 3월 현재.
   2) 1998년 - 대표이사 5명(이정훈, 김윤일, 조사홍, 한일성, 김홍구), 감사 3명(상근 1명, 비상근 2명) 더 있음; 1999년 - 대표이사 4명(이정훈, 김윤일, 최승철, 한승희), 감사 2명(상근 1명, 비상근 1명) 더 있음 .
   3) J.B.B. = James D. Bemowski.
출처: 사업보고서.

셋째, 가족구성원은 이전처럼 5명이 유지되는 가운데 대표이사가 2명에서 3명으로 늘어나 전문경영인 대표이사(2명)보다 많아졌고 비상근이사는 3명에서 2명으로 줄었다. 대표이사 중 박용오(회장, 총괄)와 박용만(사장, 전략기획본부장)은 그대로였으며, 박용곤의 장남인 박정원(부사장)이 새 대표이사가 되었다. 2000년 현재 박정원(0.15%)은 박용곤을 비롯한 3세대 6명(5.12~1.86%)에 비해서는 매우 적은 지분을 가지고 있었지만, 4세대 12명(0.15% vs. 0.09~0.02%) 중에서는 가장 많은 지분을 보유한 선두주자였다. 그는 대표이사 중 유일하게 사업부문(상사BG)을 담당하였는데, 경영수업의 차원에서 취해진 조치로 보인다.

〈표 4.18〉 (주)두산의 등기임원, 1998~2011년: (3) 박용곤 일가 가족구성원

연도	3대						4대		
	박용곤	박용오	박용성	박용현	박용만	김세권	박정원	박지원	박혜원
1998	비상근이사	대표회장	비상근이사		대표사장	비상근이사			
1999	비상근이사	대표회장	비상근이사		대표사장	비상근이사			
2000	비상근이사	대표회장	비상근이사		대표사장		대표부사장		
2001	비상근이사	대표회장	비상근이사		대표사장		대표사장		
2002	비상근이사	대표회장	비상근이사		대표사장		대표사장		
2003		대표회장			대표사장		상근이사		
2004		대표회장			대표부회장		상근이사		
2005		비상근이사			대표		비상근이사		(상무)
2006							비상근이사		(상무)
2007					상근이사		비상근이사		
2008					상근이사		비상근이사		
(지주회사)									
2009			비상근이사	대표회장	대표회장		비상근이사	상근이사사장	
2010			비상근이사	대표회장	대표회장		비상근이사	상근이사사장	
2011	(명예회장)		비상근이사	비상근이사	대표회장		상근이사회장	(사장)	

주: 1) 1998~2009년 12월, 2010~2011년 이듬해 3월 현재.
   2) 대표 = 상근 대표이사; 2005~2008년 회장, 부회장, 사장 등의 직책 표시 없음.
   3) 박용만 1998~2000년 - 전략기획본부장; 박정원 2000~2004년 - 상사BG장; 박혜원 - 잡지BU (2005년), 매거진 (2006년).
   4) 박용곤, 박혜원, 박지원 2011년 - 미등기.
출처: 〈표 4.17〉, 사업보고서.

한편 비상근이사 중에서는 박용곤과 박용성은 남고 김세권은 물러났다. 2000년 현재 김세권의 부인인 박용언은 여전히 많은 지분(1.95%)을 보유하고 있었는데, 2001년(1.9%)까지만 지분을 보유한 점으로 미루어 볼 때 남편이 먼저 경영에서 손을 뗀 것이 아닌가 추측된다.

그리고 넷째, 사외이사가 1999년의 5명에서 2000년에는 7명으로 늘어났다. 1998년의 3명에 비하면 2배 이상이다. 대신 감사(1998년 3명, 1999년 2명)는 모두 없어졌다. 그 결과 사외이사 수가 처음으로 사내이사 수와 같아졌으며, 전체 등기임원 수는 14명으로 1999년의 18명에 비해 약간 줄어들었다.

결과적으로, 2000년 들어 박용곤 일가는 이전에 비해 보다 큰 정도로 경영권을 장악하게 되었으며, 이 과정에서 전문경영인들은 이사회에서는 발언권이 약화되고 대신 미등기임원으로서 사업부문을 주로 담당하는 방향으로 역할이 재정립되었다. 이러한 상황은 2001~2002년에도 계속되었으며, 가족구성원(대표이사 3명, 비상근이사 2명)과 전문경영인(대표이사 2명)의 수와 면면은 그대로였다.

5.2.2 가족지배체제의 약화와 전문경영인의 대리경영, 2003~2008년

하지만, 2003년부터는 박용곤 가족구성원들의 경영 참여가 점차 줄어들고 대신 전문경영인들이 다시 우위를 차지하는 쪽으로 상황이 전개되었으며, 이는 2009년 공정거래법상 지주회사체제 출범 이전까지 계속되었다.

(1) 2003년: 무엇보다 1998년 이후 5명을 유지해 오던 경영 참여 가족구성원이 2003년 처음으로 3명으로 줄어들었다. 1998년 이후 비상근이사였던 박용곤과 박용성이 모두 이사직에서 물러났기 때문이었다. 또 2000년 처음 대표이사에 선임되었던 박정원은 2001년에는 부사장에서 사장으로 승진하였는데, 2003년 들어 대표이사에서 물러나 상근이사가 되었다. 박용오(대표이사회장)와 박용만(대표이사사장) 두 사람만 이전 직책을 계속 유지하였다. 반면 전문경영인 사내이사(대표이사)는 이전처럼 2명이었다.

결국, 2000~2002년 사이 가족구성원이 전문경영인에 비해 사내이사 수(5명 vs. 2명)와 대표이사 수(3명 vs. 2명)에서 우위를 보이던 구도는 2003년 들어 크게 약화되었다. 사내이사(3명 vs. 2명)는 1명 많은 상태가 되었고 대표이사는 각각 2명으로 같아진 것이다.

(2) 2004~2005년: 2004년에는 가족구성원은 3명이 유지된 가운데 전문경영인 대표이사가 1명 늘어났으며, 이에 따라 전문경영인이 2000년 이후 4년 만에 다시 우위를 점하는 구

도가 형성되었다. 가족구성원이 전문경영인에 비해 사내이사 수(3명)는 같아지고 대표이사 수(2명 vs. 3명)는 1명 적어졌다.

이러한 구도는 2005년 들어 더욱 심화되었다. 전문경영인 3명은 모두 대표이사직을 유지한 반면 박용곤 일가 중에서는 박용만 혼자만 대표이사직을 가지게 된 것이다. 박용오는 '형제의 난' 때문에 대표이사직을 박탈당하고 비상근이사로 지위가 바뀌었으며, 상근이사인 박정원도 비상근이사가 되었다.

(3) 2006~2008년: 2005년 발생한 '형제의 난'으로 인해 두산그룹은 한동안 사회적 지탄의 대상이 되었으며, 그 자구책으로 2006년 1월 그룹회장제도 폐지와 (주)두산의 지주회사로의 전환을 공개적으로 선언하게 되었다. 이로 인해 2006~2008년의 3년 동안에는 가족구성원 대표이사가 없는 상태에서 전문경영인 대표이사들이 전면에 나서 '대리경영'을 하였다.

2006년은 가족구성원들의 경영 참여가 가장 저조한 해였다. 1998~2002년 5명, 2003~2005년 3명이던 것이 2006년에는 1명으로 줄어든 것이다. 1998년 이후 대표이사직을 유지해 오던 박용만은 대표이사에서 물러나면서 다른 등기임원직을 가지지 않았고, 2005년 비상근이사로 강등당했던 박용오 또한 이사직에서 배제되었다. 박정원만 계속 비상근이사직을 유지하였다. 반면 전문경영인은 3명의 대표이사에 더하여 비상근이사가 1명 추가되어 모두 4명이 되었다. 가족구성원이 대표이사직을 가지지 못한 것은 1998년 이후 처음이며, 전문경영인이 비상근이사로 선임된 것 또한 1998년 이후 처음이었다. 또 가족구성원과 전문경영인 간의 수적인 차이가 1998년(5명 vs. 10명)을 제외하고는 2006년(1명 vs. 4명)이 가장 컸으며, 두 부류 구성원들의 비율에서는 1998년(1:2) 이후 2006년(1:4)이 가장 큰 격차를 보였다.

2007~2008년에는 가족구성원이 1명에서 2명으로 늘어나고 전문경영인은 4명에서 3명으로 줄어들면서 가족구성원들의 열세가 다소 완화되었다. 가족구성원 대표이사는 여전히 없는 가운데 박용만이 상근이사로 이름을 올려 박정원(비상근이사)과 함께 이사회에서의 가족 발언권을 보강하였다. 반면 전문경영인 중에서는 대표이사가 1명 줄어 2명이 되었다. 2004년 이후 대표이사였던 3명 중 2명(유병택, 최태경)은 물러나고 1명(강태수)만 남았으며, 대신 외국인 1명(James B. Bemowski)이 2007년 새 대표이사로 영입되었다. 또 전문경영인 비상근이사(김용성)는 2006~2007년에만 활동하였고, 2008년에는 상근이사 1명(이태희)이 새로 선임되었다.

5.2.3 가족지배체제의 재구축 및 강화, 2009~2011년

2009년 1월 (주)두산은 공정거래법상 지주회사로 지정되었고 이에 따라 그룹 전체가 지주회사체제로 재편되었다. 이를 계기로 박용곤 가족구성원들이 다시 경영의 전면에 나섰다. 2007년 이후 가족 지분이 34~35%로 크게 증가한 상태임에도 '형제의 난'으로 인해 경영에서는 2008년까지 자의 반 타의 반 물러나 있다가 지주회사체제의 공식 출범에 맞추어 소유에 걸맞은 경영권을 행사하기 위함이었다. 이에 따라 2009년 이전의 어느 시기에서도 볼 수 없었던 강력한 소유 및 경영의 가족직할체제가 구축되었다.

(1) 2009년: 무엇보다 가족구성원 등기임원 수가 2008년의 2명에서 2009년에는 5명으로 크게 증가하였고, 반면 전문경영인은 3명에서 2명으로 감소하였다. 대표이사 수는 가족구성원과 전문경영인이 각각 2명씩이었다.

경영 참여 가족구성원은 1998~2002년 5명, 2003~2005년 3명, 2006년 1명, 2007~2008년 2명 등으로 감소 추세를 보여 왔는데, 2009년에 다시 가장 많은 2002년 이전 수준으로 회복되었다. 반면 전문경영인은 1998년 10명, 1999년 6명, 2000~2003년 2명, 2004~2005년 3명, 2006년 4명, 2007~2008년 3명 등으로 변해 왔으며, 2009년에 가장 적은 2000~2003년 수준으로 되돌아갔다. 결국, 2009년 들어 박용곤 일가는 전문경영인에 비해 수적으로 가장 우세했던 2000~2002년 수준(5명 vs. 2명)을 회복하게 되었다.

가족구성원 5명 중 2명은 대표이사, 1명은 상근이사 그리고 나머지 2명은 비상근이사였다. 대표이사는 1998~1999년 2명, 2000~2002년 3명, 2003~2004년 2명, 2005년 1명, 2006~2008년 0명 등으로 변해 왔는데, 2009년 들어 2004년 이후 5년 만에 다시 가족 2명이 대표이사직을 가지게 되었다. 1998~2005년까지 대표이사를 한 가족구성원은 박용만(1998~2005년), 박용오(1998~2004년), 박정원(2000~2002년) 등 3명이었으며, 이들 중 박용만이 2009년 4년 만에 다시 대표이사에 선임되었다. 그는 2006년 등기임원에서 물러났다가 2007~2008년 상근이사로서 경영에 관여해 온 상태였다. 다른 1명의 대표이사는 바로 위의 형인 박용현이었다. 박용현은 1998년 이후 처음으로 등기임원이 되었다.

한편 상근이사에는 박용곤의 둘째 아들인 박지원이 새로 선임되었다. 또 비상근이사는 박용성과 박정원이었다. 박용곤의 첫째 아들인 박정원은 2005년 이후 비상근직을 유지해 오고 있었으며, 박용성은 1998~2002년 사이 비상근이사였다가 7년 만에 다시 주력회사의 경영에 관여하게 되었다.

결국, 2009년 현재 지분을 보유한 3세대 5명(박용성, 박용현, 박용만; 박용곤, 박용만의 부인 강신애) 중에서는 3명이 경영에 관여하였고, 지분 보유 4세대 10명(박용곤 아들 2명과 딸 1명, 박용성 아들 2명, 박용현 아들 3명, 박용만 아들 1명과 딸 1명) 중에서는 박용곤의 아들 2명(박정원, 박지원)만 경영에 관여하였다.

경영에 관여한 가족구성원 5명은 모두 대주주였다. 박정원(4.13%), 박용만(3.31%), 박지원(2.75%), 박용성(2.47%), 박용현(2.44%) 등의 순으로 많은 지분을 보유하였다. 특히 박정원은 2007년(4.24% vs. 3.63%)부터 공식적인 최대주주인 아버지 박용곤보다 많은 지분을 보유해 실질적인 최대주주였다. 2009년 현재 2% 이상의 지분을 보유한 가족구성원은 모두 9명이며, 이들 중 박정원 1위, 박용만 3위, 박지원 5위, 박용성 7위, 박용현 8위 등이었다. 나머지 4명의 대주주, 즉 박용곤(3.46%, 2위), 박진원(박용성 첫째 아들; 3.03%, 4위), 박석원(박용성 둘째 아들; 2.48%, 6위) 그리고 박태원(박용현 첫째 아들; 2.24%, 9위)은 (주)두산의 경영에는 관여하지 않았다.

지분이 가장 많은 박정원이 지주회사 (주)두산의 비상근이사이고 지분이 적은 동생 박지원이 상근이사인 구도가 다소 의외로 보이기는 하지만, 뒤에서 설명하는 것처럼 박정원은 다른 계열회사의 경영에 보다 깊숙이 관여하였다.

한편 전문경영인 대표이사 2명은 James B. Bemowski와 이재경이었다. Bemowski는 2007년 이후 대표이사직을 가지고 있었으며, 이재경은 2009년 처음으로 대표이사가 되었다. 두 사람은 모두 부회장이었다. 반면 가족구성원 대표이사인 박용현과 박용만은 모두 회장이었다. 따라서 수적으로는 같지만 가족구성원들이 우위에 있었다.

(2) 2011년: '2009년 체제'는 2010년에도 계속되었다. 등기임원의 수와 면면에 변함이 없었다. 그러던 것이 2011년 들어 다소의 변화가 생기면서 가족지배체제가 보다 강화되었다.

첫째, 가족구성원과 전문경영인이 1명씩 줄어 각각 4명, 1명이 되었으며(4명 vs. 1명), 이로써 가족구성원의 경영권 장악이 최고조에 달하였다. 경영권에서 가장 우위를 보였던 2000~2002년 및 2009~2010년(5명 vs. 2명)과 비교하면, 명수의 차이(3명)에 있어서는 같지만 비율의 차이(5:2 vs. 4:1)에서는 2011년이 더 크다. 또 가족구성원의 경영 참여가 가장 약화되었던 2006년(1명 vs. 4명)과 비교하면 명수의 차이(-3명)에서나 비율(1:4)에서 5년 만에 360도 역전되었다.

둘째, 가족구성원 4명 중 1명은 대표이사, 1명은 상근이사 그리고 2명은 비상근이사였다. 박용현이 대표이사에서 물러나 박용성과 함께 비상근이사가 되었으며, 박용만 혼자 대표이사직을 유지하였다. 또 박지원은 상근이사에서 물러났고, 대신 비상근이사였던 박정원이 상근이사로 지위가 높아졌다. 박정원은 2000~2002년 대표이사 그리고 2003~2004년 상근이사를 지낸 이후 7년 만에 다시 상근 등기임원이 되었는데, 대표이사 시절에는 부사장 및 사장이었던 반면 2011년에는 상근이사이면서 박용만 대표이사와 같은 직급인 회장으로 승진하였다. 한편 2009~2010년의 전문경영인 대표이사 2명 중에서는 외국인인 Bemowski가 물러나고 이재경 혼자 남았으며, 그는 여전히 부회장이었다.

그리고 셋째, 2011년 들어 중요한 변화가 하나 더 있었다. 1998~2002년 사이 비상근이사직을 가졌던 최대주주 박용곤이 9년 만에 다시 주력회사인 (주)두산의 경영에 관여하게 된 것이다. 이번에는 등기임원이 아니라 미등기임원으로 이름을 올렸고 직책은 명예회장이었다. 또 2009~2010년 상근이사였던 박지원은 미등기사장으로서 계속 경영에 관여하였다.

박용곤 가족구성원 3명이 지주회사인 (주)두산의 경영에 깊숙이 관여하게 된 것은 1998년 이후 처음 있는 일이다. 2011년 현재 박용곤은 1998년 이후 가장 적은 지분(1.05%)을 보유하고 있지만 여전히 대외적으로는 최대주주였고, 첫째 아들 박정원과 둘째 아들 박지원은 각각 첫 번째, 두 번째로 많은 지분을 보유한 2대 주주였다. 박정원은 2007년(4.24%)부터 1위의 주주로 부상하였는데 2011년(5.35%)에는 역대 최대 크기의 지분을 보유하였고, 박지원 또한 2011년에 역대 최대의 지분(3.57%)을 보유하게 되어 처음으로 2위 주주가 되었다. 3위 주주는 2010년 박용곤과 함께 공동 2위였던 박용만(3.47%)이었다.

따라서, 2011년은 경영권에서의 가족지배체제가 보다 강화되는 동시에 박용곤 일가 체제가 새롭게 구축되는 의미 있는 해였다. 박정원이 소유에서뿐만 아니라 경영에서도 1위 자리를 차지하기 위한 행보가 시작되었고, 이를 아버지 박용곤과 동생 박지원이 적극 지원하는 구도가 형성된 것이다. 박정원이 언제쯤 대표이사회장으로 등극하여 소유 및 경영 모두에서 명실공히 1인자가 됨으로써 '장자상속'을 완벽하게 달성하게 될지 주목된다.

5.3 (주)두산 최고경영진의 겸직, 2006~2012년

2009년 지주회사체제 출범 이후 박용곤 일가의 경영권 장악은 지주회사인 (주)두산에 국한되지 않았다. 가족구성원들은 다른 주요 계열회사의 경영에도 깊숙이 관여하였으며, 이에 따라 박용곤 일가의 그룹 전체에 대한 경영권 역시 강화되었다. 특히 실질적인 최대주주인 박정원이 가상 많은 겸직을 보유하였다.

자료가 이용 가능한 2006년 이후의 시기를 살펴보면 2009년 이전과 이후에 (주)두산 임원의 겸직 상황에 큰 변화가 있었음을 알 수 있다. 2006년 이후 겸직을 보유한 적이 있는 임원은 모두 11명으로 이 중 5명이 가족구성원이었다. 또 (주)두산 임원이 겸직을 보유한 회사는 모두 12개이며 이 중 8개는 (주)두산의 자회사였다 (<표 4.19>, <표 4.20>, <표 4.21>, <표 4.22>).

5.3.1 겸직 임원 및 겸직 회사 수

2006년 이후 겸직을 보유한 적이 있는 가족구성원은 5명 그리고 전문경영인은 6명이었으며, 이들은 각각 상이한 기간 동안 1~4개씩의 겸직을 보유하였다. 가족구성원들은 2009년 이후 보다 빈번하게 겸직을 보유하게 되었다.

첫째, 2009년 이후 겸직을 보유한 박용곤 가족구성원이 크게 늘어나 전문경영인을 압도하였다. 2006~2008년에는 겸직을 보유한 가족구성원(1~2명)이 전문경영인(2~3명)에 비해 1~2명 적거나 같은 상태가 계속되었다. 겸직을 보유한 임원은 모두 4~5명이었다. 하지만, 2009~2011년 사이에는 겸직 보유 가족구성원은 5명으로 크게 늘어난 반면 전문경영인은 1~2명으로 크게 줄어들었다. 겸직 보유 임원 전체 수는 6~7명으로 늘어났다. 더구나 2012년 들어서는 겸직을 보유한 전문경영인은 아무도 없었으며, 가족구성원 4명만 겸직을 보유하게 되었다.

둘째, 2006년 이후 겸직을 보유한 적이 있는 가족구성원 5명은 각각 3~7년의 기간 동안 겸직을 보유하였으며, 전문경영인 6명의 겸직 보유 기간은 각각 1~3년으로 짧았다. 가족구성원의 경우, 2009년 이전에는 2명(박용만, 박정원)이 겸직을 보유하였고, 2009년부터는 다른 3명(박용성, 박용현, 박지원)이 합류하여 모두 5명이 겸직을 가지고 있었다. 5명 중에서는 박정원이 2006년부터 그리고 박용만이 2007년부터 겸직을 보유하였으며, 박지원은 2009~2011년 사이에만 겸직을 가지고 있었다. 한편 전문경영인 중에서는 2009년 이전에는 4명(강태순, 김용성, 이태희, 유병택) 그리고 2009년 이후에는 다른 2명(이재경, Bemowski)이 각각 관련되어 있었다. 이들 중에서는 3명(강태순, 김용성, 이재경)이 상대적으로 긴 기간인 3년 동안 겸직을 보유하였다.

그리고 셋째, 2009년 이후 겸직 보유 가족구성원이 늘어나면서 2개 이상 겸직을 보유한 가족구성원 또한 전문경영인에 비해 많아졌다.

〈표 4.19〉 (주)두산 임원의 겸직, 2006~2012년: (1) 겸직 임원과 겸직 회사 수 (명, 개)

연도	겸직 임원 수 (명)					겸직 회사 수 (개)		
	합	박용곤 일가	전문 경영인	1개 겸직	2개 이상 겸직	합	지분 보유 회사	기타 계열회사
2006	4	1	3	2	2	5	3 [7]	2
2007	4	2	2		4	7	4 [7]	3
2008	5	2	3		5	10	7 [9]	3
(지주회사체제)								
2009	6	5	1	3	3	7	3 [11]	4
2010	7	5	2	4	3	8	4 [10]	4
2011	7	5	2	4	3	8	4 [10]	4
2012	4	4		2	2	6	2 [10]	4

주: 1) 3월 현재; 지분 보유 회사 총수 2006~2008년 – 전년도 12월 현재.
　　2) 지분 보유 회사 중 괄호 안의 숫자는 (주)두산이 지분을 보유하고 있는 회사 총수
출처: 〈표 4.22〉, 〈표 4.9〉.

〈표 4.20〉 (주)두산 임원의 겸직, 2006~2012년: (2) 임원별 겸직 회사 수 (개)

임원	지주회사체제 이전			지주회사체제			
	2006	2007	2008	2009	2010	2011	2012
겸직 회사 총수	5	7	10	7	8	8	6
(박용곤 일가)							
박용성				1	1	1	1
박용현				1	1	1	2
빅용만		2	3	4	4	4	1
박정원	1	2	2	4	4	4	4
박지원				1	1	1	
(전문경영인)							
강태순	3	2	2				
김용성	3	3	2				
이태희			4				
이재경				3	3	3	
유병택	1						
Bemowski					1	1	

주: 3월 현재.
출처: 〈표 4.22〉.

2009년 이전에는 가족구성원 2명(박정원, 박용만)이 2개 연도에 걸쳐 2~3개의 겸직을 가진 반면 전문경영인 3명(강태순, 김용성, 이태희)은 3개 연도에 걸쳐 각각 2~4개씩의 겸직을 가지고 있었다. 이에 비해, 2009년 이후에는 가족구성원 3명(박정원, 박용만, 박용현)이 4개 연도에 걸쳐 각각 2~4개씩의 겸직을 가진 반면 전문경영인 1명(이재경)은 3개 연도 동안 3개의 겸직을 보유하였다. 특히 박정원은 2009년부터 4개의 겸직을 계속 보유해 오고 있고 박용만은 2009~2011년 사이에 4개를 보유하였다. 전문경영인 중에서는 1명(이태희)이 2008년에 4개의 겸직을 가진 적이 있었다.

한편, 1개 겸직의 경우에는 보다 많은 가족구성원이 관련되어 있었다. 2009년 이전에는 박정원이 1개 연도(2006년)에 1개 겸직을 가진 반면, 2009년 이후에는 박용성(2009~2012년), 박용현과 박지원(2009~2011년), 박용만(2012년) 등 4명이 각각 1~4개 연도에 1개의

〈표 4.21〉 (주)두산 임원의 겸직, 2006~2012년:
(3) 겸직 대상 회사에서의 (주)두산 임원 수 (명)

겸직 대상 회사	지주회사체제 이전			지주회사체제			
	2006	2007	2008	2009	2010	2011	2012
두산중공업		(1)	(1)	4(3)	4(3)	4(3)	(1)
두산베어스	2	1	2	(1)	(1)	(1)	(1)
오리콤	2	1	(1)	(1)	(1)	(1)	
디아이피홀딩스					1	1	
네오플럭스	1	1	1				
엔셰이퍼			1				
두산타워			1				
두산생물자원			1				
두산인프라코어	1	2(1)	2(1)	3(2)	3(2)	3(2)	(2)
두산건설		(1)	(1)	3(2)	3(2)	3(2)	(2)
두산큐벡스				(1)	(1)	(1)	(1)
두산모터스	2(1)	2(1)	2(1)	(1)	(1)	(1)	(1)

주: 3월 현재; 두산모터스 2012년 = DFMS; 괄호 안의 숫자는 박용곤 일가 임원 수.
출처: 〈표 4.22〉.

〈표 4.22〉 (주)두산 임원의 겸직, 2006~2012년: (4) 회사·임원별 겸직 현황

겸직 대상 회사	지주회사체제 이전			지주회사체제			
	2006	2007	2008	2009	2010	2011	2012
두산중공업				박용성(이)	박용성(이)	박용성(이)	박용성(이)
		박용만(이)	박용만(이)	박용만(이)	박용만(이)	박용만(이)	
				박지원(대)	박지원(대)	박지원(대)	
				이재경(이)	이재경(이)	이재경(이)	
두산베어스				박정원(이)	박정원(이)	박정원(이)	박정원(이)
	강태순(이)	강태순(이)	강태순(이)				
	유병택(이)		이태희(감)				
오리콤			박용만(이)	박용만(이)	박용만(이)	박용만(이)	
	김용성(이)	김용성(이)					
	강태순(이)						
디아이피홀딩스					Bemowski(대)	Bemowski(대)	
네오플러스	김용성(대)	김용성(대)	김용성(대)				
엔셰이퍼			이태희(이)				
두산타워			이태희(이)				
두산생물자원			이태희(이)				
두산인프라코어		박용만(대)	박용만(대)	박용만(이)	박용만(이)	박용만(이)	박용만(대)
				박정원(이)	박정원(이)	박정원(이)	박정원(이)
	김용성(대)	김용성(대)	김용성(대)	이재경(이)	이재경(이)	이재경(이)	
두산건실							박용현(이)
				박용만(이)	박용만(이)	박용만(이)	
		박정원(이)	박정원(이)	박정원(대)	박정원(대)	박정원(대)	박정원(대)
				이재경(이)	이재경(이)	이재경(이)	
두산큐벡스				박용현(대)	박용현(대)	박용현(대)	박용현(대)
두산모터스	박정원(대)	박정원(대)	박정원(대)	박정원(대)	박정원(대)	박정원(대)	박정원(이)
	강태순(감)	강태순(감)	강태순(감)				

주: 1) 3월 현재.
  2) 겸직을 가지고 있는 임원은 모두 (주)두산의 등기임원임.
  3) 대 = 대표이사, 이 = 이사, 감 = 감사. 모두 등기임원임.
  4) 두산모터스 2012년 = DFMS.
출처: 사업보고서.

겸직을 보유하였다. 전문경영인인 중에서는 2009년 이전과 이후에 각각 1명이 관련되어 있었다 (2006년 유병택, 2010~2011년 Bemowski).

5.3.2 겸직 회사 현황

2006~2012년 사이 (주)두산의 임원이 겸직을 보유한 회사는 모두 12개이다. 이 중 8개는 (주)두산이 다수의 지분을 보유한 자회사이고 나머지 4개는 그룹의 다른 계열회사이다. 가족구성원들은 2009년 이후 보다 빈번하게 주요 자회사 및 계열회사에 겸직을 보유하였다.

첫째, 2009년 이전에는 겸직 회사가 10개이며, 이 중 7개가 (주)두산의 자회사이고 나머지 3개는 다른 계열회사였다. 2009년 이후에는 겸직 회사가 8개로 줄었으며 (주)두산의 자회사와 다른 계열회사가 각각 4개씩이었다.

2009년 이전의 겸직 대상 자회사 7개 중 3개(두산중공업, 두산베어스, 오리콤)는 2009년 이후에도 그대로인 반면 4개(네오플럭스, 엔셰이퍼, 두산타워, 두산생물자원)는 제외되고 대신 1개(디아이피홀딩스)가 추가되었다. 다른 계열회사의 경우에는 2009년 이전의 3개(두산인프라코어, 두산건설, 두산모터스)가 2009년 이후에도 그대로 유지되었고 1개(두산큐벡스)가 새로 추가되었다.

한편, 2006년 이후의 겸직 회사 12개 중 1/3인 4개는 두산중공업 및 그 계열회사(두산중공업의 자회사인 두산건설과 두산인프라코어, 두산건설의 자회사인 두산큐벡스)였다.

둘째, 2009년 이전에는 겸직 회사 10개 중 가족구성원만 겸직을 보유한 회사가 2개(두산중공업, 두산건설) 그리고 전문경영인만 겸직을 보유한 회사가 5개(두산베어스, 네오플럭스, 엔셰이퍼, 두산타워, 두산생물자원)였다. 나머지 3개 회사 중 1개(두산모터스)에서는 가족구성원과 전문경영인이 1명씩 관여하였고, 1개(두산인프라코어)에서는 전문경영인만 관여하다가 이후 가족구성원이 합류하였으며, 1개(오리콤)에서는 전문경영인만 관여하다가 이후에는 가족구성원만 관여하게 되었다.

이에 비해 2009년 이후에는 상황이 크게 바뀌었다. 겸직 회사 8개 중 가족구성원만 겸직을 보유한 회사가 4개(두산베어스, 오리콤, 두산큐벡스, 두산모터스)로 늘어나고 전문경영인만 관여한 회사는 1개(디아이피홀딩스)뿐인 상황이 된 것이다. 더구나, 나머지 3개 회사(두산중공업, 두산건설, 두산인프라코어)에서도 가족구성원이 수적으로 많은 가운데 전문경영인이 함께 관여하다가 결국 가족구성원만 남게 되었다.

셋째, (주)두산 임원이 겸직을 보유한 12개 회사 중 2009년 이전부터 이후까지 겸직을 보유한 회사는 자회사 3개(두산중공업, 두산베어스, 오리콤)와 다른 계열회사 3개(두산인프라코어, 두산건설, 두산모터스)이며, 이 6개 회사에서는 가족구성원들이 2006년부터 또는 좀 뒤 시기부터 경영에 관여하였고 4~7년 동안 겸직을 보유하면서 점차 영향력을 확대시켜 갔다.

반면, 2009년 이전(네오플럭스, 엔셰이퍼, 두산타워, 두산생물자원) 또는 이후(디아이피홀딩스, 두산큐벡스)에 겸직을 보유한 나머지 6개 회사 중에서는 1개(두산큐벡스)를 제외한 나머지 5개에서 전문경영인들만 1~3년의 짧은 기간 동안 겸직을 보유하였다.

넷째, 2009년 이전부터 겸직을 보유한 6개 회사 중에는 주요 3개 상장회사(두산중공업, 두산인프라코어, 두산건설)와 1개 비상장회사(두산모터스)가 포함되어 있다.

두산중공업((주)두산 자회사)과 두산건설(두산중공업 자회사)은 (주)두산과 함께 그룹 내에서 가장 많은 자신의 계열회사를 거느려 온 실질적인 지주회사들이다. 두산중공업은 2002년 이후 그리고 두산건설은 1999년 이후 각각 4~8개, 3~7개의 그룹 계열회사에 지분을 보유해 오고 있다. 또 두산인프라코어(두산중공업 자회사)는 2005년 이후 1~2개의 계열회사에 지분을 가지고 있다. 한편 두산모터스(이후 DFMS)는 지주회사체제에 편입되어 있지 않은 계열회사이며 박용곤 일가가 100% 지분을 보유하고 있다.

이들 4개 주요 회사에는 2006~2007년 이후 2012년까지 각각 1~3명의 가족구성원들이 겸직을 보유해 오고 있으며, 반면 전문경영인은 1명이 2012년 이전에 3개(3년) 또는 1개(5년) 회사에서 일정 기간 동안 겸직을 보유한 적이 있었다.

그리고 다섯째, 겸직을 보유한 적이 있는 (주)두산 임원 11명(가족구성원 5명, 전문경영인 6명) 중 겸직 회사에서 대표이사직을 가진 적이 있는 사람은 모두 6명이며 이 중 4명이 가족구성원이었다.

가족구성원 중에서는 박용곤의 첫째 아들인 박정원의 비중이 가장 컸다. 2006년 이후 계속 겸직을 보유하고 있는 유일한 임원일 뿐 아니라 2009년부터는 줄곧 가장 많은 4개의 겸직을 보유하고 있다. 더구나, 박정원은 2006년 이후 한 해도 빠지지 않고 1개 또는 2개 회사에 대표이사로 이름을 올렸다. 두산건설에서는 2009년 이후 그리고 두산모터스에서는 2006~2011년 사이에 대표이사였으며, 따라서 2009~2011년 사이에는 이 2개 회사 모두에서 대표이사직을 가지고 있었다.

다른 가족구성원 3명도 대표이사직을 가진 적이 있다. 박정원의 동생인 박지원은 2009~

2011년 두산중공업에서, 박용만은 2007~2008년과 2012년 두산인프라코어에서 그리고 박용현은 2009~2011년 두산큐벡스에서 대표이사였다.

한편 겸직을 보유한 전문경영인 6명 중에서는 2명이 대표이사직을 가진 적이 있다. 김용성이 2006~2008년 2개 회사(네오플럭스, 두산인프라코어)에서 그리고 Bemowski는 2010~2011년 1개 회사(디아이피홀딩스)에서 대표이사였다. 또 강태순과 이태희는 2009년 이전에 각각 두산모터스(2006~2008년)와 두산베어스(2008년)에서 감사로 활동하였다.

5.4 (주)두산 업무조직의 변화, 1998~2011년

(주)두산은 사업지주회사로서 2009년 공정거래법상 지주회사로 지정된 이후 지주기능과 사업을 병행해 오고 있다. 2009년 이전에도 실질적인 지주회사로서 지주기능과 사업을 병행해 왔는데, 2009년 이후에는 지주기능이 공식화됨과 동시에 더욱 강화되고 사업부문은 크게 줄어들었다 (<표 4.23>, <표 4.24>).

(주)두산은 1998년 9월 오비맥주가 8개 주요 계열회사를 흡수하면서 확대 개편된 회사이며, 흡수된 회사들의 사업을 계속 수행하게 되면서 출범 당시 사업부문(Business Group; BG)은 9개로 나뉘어졌고 이들 산하에 9개 사업단위(Business Unit; BU)가 속해 있었다. 임직원은 4,000여 명이었다.

다양한 사업들을 영위하는 복합 거대기업으로서의 성격은 2006년 '(주)두산의 3년 이내 지주회사로의 전환'이 선언되기 이전까지 계속되었다. 다만, 사업부문은 1998년 9개에서 2005년에는 7개로 다소 줄었고, 사업단위는 1998년 9개에서 2000년 16개로 늘어났다가 2005년에는 8개로 줄었으며, 임직원은 1998년 4,000여 명이던 것이 2003년에는 5,600여 명으로 늘어났다가 2005년에는 4,700여 명으로 줄어들었다. 한편 2개 본부(전략기획, 관리)가 별도로 있었으며, 여기에서 사업을 관리 감독하는 동시에 지주기능도 함께 담당했을 것으로 추측된다.

2006년 이후 (주)두산은 지주회사로 전환하기 위한 조치들을 단계적으로 진행하였으며, 이 과정에서 2006년 11월부터 2009년 3월까지 모두 7개 사업부문(식품, 타워, 생물, 매거진, 출판, 테크팩, 주류)을 분리하여 신설 자회사에 이관하거나 그룹 계열회사 또는 외부 회사에 양도하였다. 2008년 3월에는 목적사업에 지주기능을 추가하여 지주회사임을 명문화하였고, 2009년 1월 공정거래법상 지주회사로 공식 지정되었다. 그 결과, 사업부문은 2005년 7개이던 것이 2008년 이후에는 2~3개로 줄었고, 사업단위는 2005년 8개에서 2008년 이후에는 1~2개로 줄었으며, 임직원은 2005년 4,800여 명에서 2008년 이후에는 3,000명 내외 수준이 유지되고 있다. 또 본부는 2006년 이후 1개(관리)로 줄었는데, 여기에 임원의 대다수가 소속되었고 이들이 자회사의 관리 감독을 포함하는 지주기능을 수행하는 것으로 보인다.

〈표 4.23〉(주)두산의 업무조직, 1998~2011년: (1) 개관 (명, 개)

연도	임직원 (명)			조직 (개)				
	임원	직원	합	본부	센터	BG	BU	부문
1998	21+	4,066	4,087+	2		9	9	
1999	18+	4,036	4,054+	2		8	15	
2000	68	4,426	4,494	2		7	16	
2001	80	5,255	5,335	2		8	14	
2002	14+	5,490	5,504+	2		7	12	
2003	10+	5,618	5,628+	2	1	7	12	1
2004	80	5,104	5,184	2	1	7	9	
2005	81	4,732	4,813	2	1	7	8	
2006	83	4,472	4,555	1	1	6	4	
2007	68	4,025	4,093	1		5	3	
2008	46	2,751	2,797	1		3	2	
(지주회사)								
2009	61	1,995	2,056	1		2	2	
2010	82	2,782	2,864	1		3	2	
2011	75	3,078	3,153	1		3	1	

수: 12월 현재; BG = Business Group; BU = Business Unit; 임원 중 '+' 표시가 있는 연도는 등기임원만 있는 경우임.
출처: 〈표 4.24〉.

⟨표 4.24⟩ (주)두산의 업무조직, 1998~2011년: (2) 연도별 현황

<u>1998년 12월</u>: 임직원 4,087+명 = 임원 21+ [등기 21 (사내 18, 사외 3), 미등기 ?] / 직원 4,066

> (본부 2) 전략기획, 관리
> (BG 9) 생활산업: (BU 2) KFC, POLO
> 　　　　상사: (BU 2) 상사, 인쇄
> 　　　　기계: (BU 2) 화기, 공기
> 　　　　식품: (BU 3) 식생활, 생물자원, 정밀화학
> 　　　　주류, 전자, 개발, 출판, VENTURE

<u>1999년 12월</u>: 임직원 4,054+명 = 임원 18+ [등기 18 (사내 13, 사외 5), 미등기 ?] / 직원 4,036

> (본부 2) 전략기획, 관리
> (BG 8) 생활산업: (BU 2) KFC, POLO
> 　　　　상사: (BU 2) 상사, 인쇄
> 　　　　기계: (BU 2) 화학기계, 공작기계
> 　　　　식품: (BU 4) 식생활, 생물자원, 맥아, 버거킹
> 　　　　벤처: (BU 3) 바이텍, 정보통신, 연수원
> 　　　　주류, 전자, 출판
> (BU 2) 개발, ERP

<u>2000년 12월</u>: 임직원 4,494명 = 임원 68 [등기 14 (사내 7, 사외 7), 미등기 54] / 직원 4,426

> (본부 2) 전략기획, 관리
> (BG 7) 생활산업: (BU 3) KFC, POLO, 두타
> 　　　　상사: (BU 3) 상사, 인쇄, 자동차
> 　　　　기계: (BU 2) 화학기계, 공작기계
> 　　　　식품: (BU 4) 식생활, 생물자원, 맥아, 버거킹
> 　　　　주류, 전자, 출판
> (BU 4) 바이텍, 정보통신, 타워, 잡지

<u>2001년 12월</u>: 임직원 5,335명 = 임원 80 [등기 14 (사내 7, 사외 7), 미등기 66] / 직원 5,255

> (본부 2) 관리, 전략기획(?)
> (BG 8) 외식: (BU 2) KFC, 두타
> 　　　　의류: (BU 2) POLO, GUESS/DK
> 　　　　상사: (BU 1) 자동차
> 　　　　출판: (BU 1) 인쇄
> 　　　　식품: (BU 4) 식생활, 생물자원, 맥아, 버거킹
> 　　　　주류, 전자, 테크팩
> (BU 4) 바이텍, 정보통신, 타워, 잡지

<u>2002년 12월</u>: 임직원 5,504+명 = 임원 14+ [등기 14 (사내 7, 사외 7), 미등기 ?] / 직원 5,490

(본부 2) 관리, 전략기획(?)

(BG 7) 의류: (BU 2) POLO, GUESS/DK

상사: (BU 1) 자동차

출판: (BU 1) 인쇄

식품: (BU 4) 식생활, 생물자원, 맥아, 버거킹

주류, 전자, 테크팩

(BU 4) 바이텍, 정보통신, 타워, 잡지

<u>2003년 12월</u>: 임직원 5,628+명 =임원 10+ [등기 10 (사내 5, 사외 5), 미등기 ?] / 직원 5,618

(본부 2) 전략, 관리; (센터 1) R&D

(BG 7) 의류: (BU 2) POLO, GUESS/DK

상사: (BU 1) 자동차; (부문 1) 외식

출판: (BU 1) 인쇄

식품: (BU 4) 식생활, 생물자원, 맥아, 버거킹

주류, 전자, 테크팩

(BU 4) 바이오텍, 정보통신, 타워, 잡지

<u>2004년 12월</u>: 임직원 5,184명 = 임원 80 [등기 13 (사내 6, 사외 7), 미등기 67] / 직원 5,104

(본부 2) 전략, 관리; (센터 1) R&D

(BG 7) 의류: (BU 2) POLO, GUESS

출판: (BU 1) 인쇄

식품: (BU 2) 식생활, 생물자원

주류, 상사, 전자, 테크팩

(BU 4) F&S, 정보통신, 타워, 잡지

<u>2005년 12월</u>: 임직원 4,813명 = 임원 81 [등기 13 (사내 6, 사외 7), 미등기 68] / 직원 4,732

(본부 2) 전략, 관리; (센터 1) R&D

(BG 7) 의류: (BU 2) POLO, GUESS

출판: (BU 1) 인쇄

식품: (BU 2) 식생활, 생물자원

주류, 상사, 전자, 테크팩

(BU 3) 정보통신, 타워, 잡지

<u>2006년 12월</u>: 임직원 4,555명 = 임원 83 [등기 12 (사내 5, 사외 7), 미등기 71] / 직원 4,472

(본부 1) 관리; (센터 1) R&D

(BG 6) 의류, 주류, 상사, 전자, 테크팩, 출판

(BU 4) 생물자원, 정보통신, 타워, 잡지

2007년 12월: 임직원 4,093명 = 임원 68 [등기 12 (사내 5, 사외 7), 미등기 56] / 직원 4,025

(본부 1) 관리

(BG 5) 의류, 주류, 전자, 테크팩, 출판; (BU 3) 글로넷, 정보통신, 매거진

2008년 12월: 임직원 2,797명 = 임원 46 [등기 11 (사내 5, 사외 6), 미등기 35] / 직원 2,751

(본부 1) 관리; (BG 3) 의류, 주류, 전자; (BU 2) 글로넷, 정보통신

2009년 12월: 임직원 2,056명 = 임원 61 [등기 15 (사내 7, 사외 8), 미등기 46] / 직원 1,995

(본부 1) 관리; (BG 2) 의류, 전자; (BU 2) 글로넷, 정보통신

2010년 12월: 임직원 2,864명 = 임원 82 [등기 15 (사내 7, 사외 8), 미등기 67] / 직원 2,782

(본부 1) 관리; (BG 3) 의류, 전자, 모트롤; (BU 2) 글로넷, 정보통신

2011년 12월: 임직원 3,153명 = 임원 75 [등기 11 (사내 5, 사외 6), 미등기 64] / 직원 3,078

(본부 1) 관리; (BG 3) 전자, 모트롤, 글로넷; (BU 1) 정보통신

주: 1) BG = Business Group; BU = Business Unit.
    2) 시점은 12월을 기준으로 함. 일부 정보는 이듬해 3월 현재이며, 일부 정보에는 시점 표시가 없음.
    3) 본부: 2000년 – 조직도에는 2본부라고만 되어 있음. 임원의 담당업무에 '전략기획, 관리' 표시 있음;
            2001~2002년 – 조직도에는 2본부라고만 되어 있음. 임원의 담당업무에 '관리' 표시만 있음;
            2006~2007년 – 조직도에는 '관리'라고만 되어 있음. 임원의 담당업무에는 '관리본부' 표시 있음.
    4) 2009~2011년: 별도의 조직도는 없으며, 회사의 개요 및 임원의 담당업무에 있는 정보를 활용함.
출처: 사업보고서.

6. 맺음말

두산그룹은 2009년 공정거래법상 지주회사체제를 공식 도입하였다. 새로운 지배구조로의 전환은 3년 전인 2006년 선언되었으며, 이후 2010년까지 8단계의 변화를 거치면서 3개의 지주회사가 생기고 이들을 중심으로 그룹 계열회사의 4/5 내외가 지주회사체제에 편입되었다. 이 과정에서 최대주주인 박용곤과 가족구성원들은 공동소유 및 공동경영의 전통을 이어가면서 가족지배체제를 공고히 구축하였다. 2006년 이후 두산그룹 지주회사체제의 성립과정 그리고 2009년 전후에 나타난 소유구조와 경영구조에서의 주요 변화는 다음과 같다.

(1) 두산그룹의 성장 과정

대규모기업집단지정제도가 처음 도입된 1987년 이후 2012년까지 25년 동안 두산그룹의 순위는 11~15위로 큰 변동이 없다. 계열회사 또한 20개 내외 수준이 유지되어 오고 있다. 가장 큰 변화는 1998년에 있었다. 주요 8개 회사가 오비맥주에 흡수 합병되면서 (주)두산으로 확대 개편된 것이다. 그 결과 1998년까지 20개 이상(21~27개)이던 계열회사가 1999년 처음으로 20개 이하(14개)로 줄어들면서 최저치를 기록하였다. 이후 계열회사 수는 조금씩 회복되었으며 2007년부터는 20개 이상으로 증가하였다. 2007년 20개에서 2009년 26개로 늘어났고 2010년에는 29개로 더욱 늘어나 1995년(27개) 이후 가장 큰 수치를 기록하였으며, 2011~2012년에는 24~25개로 조금 줄어들었다.

(2) 두산그룹 지주회사체제의 성립 과정

(2.1) 지주회사체제 성립 8단계 과정, 2006~2010년: 개관: 2006년 1월 '3년 이내 지주회사체제로의 전환'이 공식 선언되었으며 약속대로 2009년 1월 공정거래법상 지주회사체제가 공식 출범하였다.

2006년 1월부터 2010년 7월까지 4년 6개월 동안 13차례의 변화(2009년 1월 이전 8차례, 이후 5차례)가 8단계에 걸쳐 순차적으로 진행되면서 독자적인 지주회사체제가 구축되었다: ① 지주회사체제로의 전환 선언 → ② 양도, 물적 분할, 양도 → ③ 실질적인 지주회사로의 전환 → ④ 지주회사 설립 → ⑤ 물적 분할, 물적 분할 및 회사 매각, 양도 → ⑥ 공정거래법상 지주회사로의 전환 → ⑦ 지주회사 설립, 공정거래법상 지주회사로의 전환 → ⑧ 합병. 이 과정에서 3개 공정거래법상 지주회사((주)두산, 두산모트롤홀딩스, 디아이피홀딩스)가 생겼고 뒤의 2개는 (주)두산의 자회사였다. 이후 두산모트롤홀딩스는 (주)두산에 합병되었다.

(2.2) 지주회사체제 달성 비율, 2009~2011년: 그룹 계열회사의 3/4 이상(76~85%)이 새로운 지배구조에 편입되었다. 지주회사체제 도입 첫해인 2009년에는 지주회사체제 달성 비율이 85%(그룹 계열회사 26개 중 22개가 체제에 편입)였으며, 2010년 76%(29개 중 22개)로 조금 낮아졌다가 2011년(84%, 25개 중 21개)에 다시 이전 수준으로 회복되었다.

(2.3) 지주회사체제 성립 1단계: 지주회사체제로의 전환 선언, 2006년 1월: 2006년 1월 두산그룹은 지배구조 개선 로드맵을 발표하고 3년 내에 그룹을 지주회사체제로 전환한다고 공식 선언하였다. 이를 위해 그룹회장제도를 폐지하여 그룹 형태의 지배구조에서 탈피하며, 주력회사 (주)두산을 지주회사로 전환하기 위한 기반을 조성하기 위해 (주)두산을 지주회사

부문과 사업회사부문으로 분리 운영하기로 하였다. 또 ① 이사회 중심의 독립경영체제 강화, ② 서면투표제의 도입, ③ 준법감시인제도, 내부거래위원회 및 선진화된 회계방식의 도입, ④ 감사위원회의 활성화 등 네 가지 조치들을 단계적으로 추진하기로 하였다.

새로운 지배구조로의 전환 선언은 2005년의 '형제의 난'으로 인해 사회적인 지탄을 받게 되면서 나온 고육지책이었다. 사건은 1996년부터 그룹회장직을 유지해 오고 있던 박용오가 2005년 7월 갑자기 물러나면서 시작되었으며, 이 과정에서 형제들 간에 비자금 조성을 두고 법적 다툼이 벌어지는 사태로까지 이어지게 되었다. 2006년 3월 법원에서 유죄 판결이 나면서 사건은 일단락되었다.

(2.4) 지주회사체제 성립 2단계: (주)두산의 4개 사업(식품, 타워, 생물, 매거진) 분리, 2006년 11월~2008년 1월: 2006년 1월 지주회사체제로의 전환 선언 이후 처음 나온 조치는 같은 해 11월 (주)두산의 식품사업부문을 외부 기업인 대상FNF(주)에 양도한 것이었다. 2007년 12월에는 (주)두산의 다른 두 사업부문(타워, 생물)을 신설 자회사(두산타워, 두산생물자원)에 이전하였다. 이를 위해 (주)두산이 3개 회사로 물적 분할되었으며, 분할 대상인 타워사업부문(부동산 임대, 매매 및 중개, 유통 관련업 등)과 생물사업부문(사료제조업, 축산물 유통업 등)을 제외한 나머지 사업부문은 이전의 (주)두산이 담당하면서 존속하는 것으로 하였다. 또, 2008년 1월에는 (주)두산의 네 번째 사업부문(매거진; 잡지 등의 제품 판매 및 광고 매출)을 그룹 계열회사인 오리콤에 양도하였다.

(2.5) 지주회사체제 성립 3단계: (주)두산의 실질적 사업지주회사로의 전환, 2008년 3월: 2008년 3월 (주)두산은 사업지주회사로서의 성격을 명시적으로 천명하였다. 이를 위해 기존의 155개 목적사업에 더하여 지주사업 관련 목적사업 2개를 새로 추가하였으며, 이로써 지주회사 전환에 대비하고 브랜드 가치를 제고하면서 체계적으로 관리하고자 하였다.

(주)두산은 이전부터 주요 계열회사들에 지분을 보유하면서 실질적인 지주회사의 역할을 해 오고 있었으며, 지분 보유 회사의 수는 1998년 6개이던 것이 2002년에는 13개로 2배 이상 늘어났고 2007년 현재에는 9개였다. 지주기능의 명문화는 이의 연장선상에서 나온 것이었으며 지주기능을 공식화하고 보다 강화하겠다는 의도로 볼 수 있다. 하지만 (주)두산은 4개 사업부문(식품, 타워, 생물, 매거진)을 분리한 이후에도 7개 사업부문(의류, 주류, 전자, 테크팩, 출판, 글로넷, 정보통신)을 영위하고 있었으며, 따라서 지주회사로서의 성격보다는 사업회사로서의 성격이 여전히 강하게 남아 있다고 할 수 있다.

(2.6) 지주회사체제 성립 4단계: (주)두산의 지주회사 두산모트롤홀딩스 설립, 2008년 5월:

2008년 5월 (주)두산은 순수지주회사 두산모트롤홀딩스를 설립하여 자회사로 편입하였다. 이 회사는 두산모트롤의 지분을 인수하기 위한 특수목적법인(SPC)이었으며, 두산모트롤은 '유압기기, 중기 및 산업기계의 제조 및 판매, 임대업을 영위하는 회사'였다. 이로써 두산그룹은 2개의 실질적인 지주회사를 가지게 되었으며, 이들을 중심으로 '사업지주회사 (주)두산 → 순수지주회사 두산모트롤홀딩스'로 이어지는 2중 구조의 지주회사체제를 구축하기 시작하였다.

(2.7) 지주회사체제 성립 5단계: (주)두산의 3개 사업(출판, 테크팩, 주류) 분리, 2008년 10월~2009년 3월: 2008년 10월 (주)두산이 2개의 회사로 물적 분할되었다. 신설회사 두산동아는 (주)두산의 출판사업부문(도서 출판 및 판매업, 인쇄업 등)을 이전받은 뒤 (주)두산의 자회사로 편입되었으며, 나머지 6개 사업부문(의류, 주류, 전자, 테크팩, 글로넷, 정보통신)은 이전의 (주)두산이 담당하면서 존속하는 것으로 하였다. 2008년 12월에는 (주)두산이 다시 2개의 회사로 물적 분할되었다. 신설회사 테크팩솔루션은 (주)두산의 테크팩사업부문(포장용기 제조 및 판매 등)을 이전받은 뒤 (주)두산의 자회사로 편입되었다가 바로 매각되었다. 5개 사업부문(의류, 주류, 전자, 글로넷, 정보통신)은 이전의 (주)두산이 담당하면서 존속하는 것으로 하였다. 또, 2009년 3월 (주)두산은 주류사업부문을 외부 기업인 (주)롯데주류비지에 양도하였다.

(2.8) 지주회사체제 성립 6단계: (주)두산과 두산모트롤홀딩스의 공정거래법상 지주회사로의 전환, 2009년 1월: 2009년 1월 (주)두산과 두산모트롤홀딩스가 공정거래법상 지주회사로 지정되었다. 2006년 1월 선언된 '3년 내 지주회사체제로의 전환'이 예정대로 실현된 것이다. (주)두산의 자산총액은 2조 7,910억 원, 11개 자회사에 대한 지주비율은 57.6%로 두 가지 법률상의 요건을 모두 충족하였다. 두산모트롤홀딩스의 자산은 1,947억 원 그리고 1개 자회사에 대한 지주비율은 95.6%였다. 이로써 두산그룹은 제4단계 이후 구축해 온 '(주)두산 → 두산모트롤홀딩스' 형태의 2중 구조 지주회사체제를 공식화하면서 본격적으로 구축할 수 있게 되었다. 2009년 현재 그룹 계열회사 26개 중 4/5 이상인 22개(85%)가 '[지주회사 (주)두산 → 두산모트롤홀딩스 포함 자회사 11개 → 손자회사 7개 → 증손회사 2개] + [지주회사 두산모트롤홀딩스 → 자회사 1개]'의 구조로 조직되었다.

(2.9) 지주회사체제 성립 7단계: (주)두산의 지주회사 디아이피홀딩스 설립 및 디아이피홀딩스의 공정거래법상 지주회사로의 전환, 2009년 5월~2010년 1월: 2009년 5월 (주)두산은 순수지주회사인 디아이피홀딩스를 설립하여 100% 자회사로 편입하였다. 이로써 두산그룹

은 2개의 공정거래법상 지주회사(사업지주회사 (주)두산, 순수지주회사 두산모트롤홀딩스)
와 1개의 실질적 지주회사(디아이피홀딩스)를 보유하게 되었으며, '(주)두산 → 두산모트롤
홀딩스 + 디아이피홀딩스'로 이어지는 복합적인 2중 구조의 지주회사체제를 가지게 되었
다. 2010년 1월 디아이피홀딩스는 공정거래법상 지주회사로 지정되었다. 자산총액은 2,920
억 원, 3개 자회사에 대한 지주비율은 66%였다.

(2.10) **지주회사체제 성립 8단계: (주)두산의 두산모트롤홀딩스 합병, 2010년 7월**: 2010
년 7월 (주)두산은 2개 회사(두산모트롤홀딩스, 두산모트롤)를 합병하였다. 두산모트롤홀딩
스는 (주)두산의 자회사이자 공정거래법상 지주회사이고, 두산모트롤은 두산모트롤홀딩스의
자회사이다. 이로써 공정거래법상 지주회사는 2개로 줄어들었으며, 지주회사체제의 모습 또
한 이전의 복합적 2중 구조에서 '(주)두산 → 디아이피홀딩스'로 이어지는 단선적 2중 구조
로 바뀌었다.

(3) 소유구조의 변화

(3.1) **두산그룹의 지주회사체제, 2011년 12월**: 2011년 12월 현재 25개 그룹 계열회사 중
1개를 제외한 24개가 지주회사 (주)두산 및 산하 계열회사로 조직되어 있으며 지주회사체제
달성 비율은 96%이다.

지주회사 (주)두산의 최대주주는 박용곤이고, (주)두산의 23개 계열회사는 자회사(9개), 손
자회사(10개), 증손회사(4개) 등 3단계에 걸쳐 연결되어 있다. 자회사 9개 중 3개(지주회사
디아이피홀딩스, 두산중공업, 네오플럭스)는 자신의 계열회사를 거느리고 있으며, 이 3개 자
회사 중 1개(두산중공업)는 계열회사가 2단계에 걸쳐 이어져 있다.

결국, 두산그룹 지주회사체제의 소유구조는 박용곤을 정점으로 하는 5단계 하향구조이면
서 비대칭인 피라미드구조이다. 5단계 하향구조는 '① 박용곤 → ② 지주회사 (주)두산 →
③ 자회사 9개 → ④ 손자회사 10개 → ⑤ 증손회사 4개'이며, 비대칭적 피라미드구조는 다
음과 같이 구성되어 있다: ① 박용곤 → ② 지주회사 (주)두산 → ③ 자회사 6개 + [③ 자회
사 1개 → ④ 손자회사 1개] + [③ 자회사 겸 지주회사 1개 → ④ 손자회사 3개] + [③
자회사 1개 → ④ 손자회사 6개 → ⑤ 증손회사 4개].

(3.2) **(주)두산과 주요 계열회사의 지분 보유, 1998~2011년**: 2011년 현재 두산그룹의 지
주회사체제에 편입되어 있는 24개 회사 중 자신의 계열회사를 거느리고 있는 회사는 모두
6개로, 지주회사 (주)두산, 자회사 겸 지주회사 디아이피홀딩스, 기타 자회사 2개, 손자회사

2개 등이다 이들 중 지주회사 (주)두산, 자회사 1개(두산중공업) 그리고 손자회사 1개(두산건설)는 2009년 지주회사체제가 도입되기 이전부터 그룹의 다른 계열회사들에 지분을 보유하고 있었으며, 자회사 겸 지주회사 디아이피홀딩스와 손자회사 1개(두산캐피탈)는 2009년 이후에 지분을 보유하게 되었다.

특히 (주)두산은 2009년 1월 공정거래법상 지주회사로 전환되기 이전부터 10개 내외의 계열회사에 지분을 보유하면서 실질적인 지주회사의 역할을 수행해 오고 있었다. 지분 보유 계열회사는 1999~2000년 10개 미만(8~9개)이던 것이 2001~2002년에는 10개 이상(12~13개)으로 늘어났으며 이후 다시 10개 미만으로 줄어들어 2009년 이전까지 7~9개 수준이 유지되었다. 2009년 지주회사 전환 이후 지분 보유 회사는 10개 이상(10~11개)으로 다시 늘어났다.

지분을 보유한 회사의 대부분에서 (주)두산은 큰 지분을 보유하여 실질적인 자회사로 지배해 왔으며, 2009년 이후에는 이들을 공정거래법상 자회사로 편입하면서 지분을 더욱 늘려 지배를 강화하였다. 2009년 이전 (주)두산의 실질적인 자회사였다가 2009년 이후 공정거래법상 자회사가 된 회사(7개) 그리고 2009년 이후 자회사가 된 회사(3개)는 모두 10개이며, 이들 중 2009년 이전에 비해 이후에 또는 2009년 이후 기간 동안에 (주)두산의 보유 지분이 증가한 자회사가 4개이고 나머지 6개 자회사에서는 지분 변동이 전혀 또는 거의 없었다.

(3.3) (주)두산의 최대주주 및 특수관계인 지분, 1998~2011년: (주)두산의 최대주주는 1998년 이후 박용곤이며 보유 지분은 5% 내외로 적은 편이다. 반면 특수관계인 지분이 절대적으로 많다. 2000년대 전반에는 계열회사 지분(15~31%)이 가장 많은 가운데 비영리법인 신협과 친족 보유 지분(5~25%, 9~18%) 또한 큰 비중을 차지하였다. 2006년 지주회사 체제로의 전환을 선언할 즈음까지 계열회사와 신협 지분은 모두 없어졌고, 대신 친족 지분이 15% 내외에서 30% 이상으로 크게 증가하여 특수관계인 지분의 대부분을 차지하면서 박용곤 일가가 소유를 직접 장악하는 구조가 정착되었다.

1998~2000년 사이 박용곤의 지분은 4.67~5.68%, 친족 지분은 14.09~17.25%, 그리고 가족 전체 지분은 18.76~22.93%였다. 이에 비해 다른 특수관계인인 계열회사(23.18~28.92%)와 비영리법인(20.11~28%)의 지분은 가족 지분보다 2배 이상 많은 44.06~56.92%였다.

2001~2006년 사이에는 박용곤의 지분은 지속적으로 감소하여 5%에서 3.69%가 되었으며, 진족 지분은 9.91~13.68% 수준에서 증가와 감소가 반복된 뒤 17.85%로 증가하였다.

이에 따라 가족 전체 지분은 1998~2000년에 비해 다소 낮아진 14.08~18.48% 수준이 유지되다가 2006년(21.54%)에 20% 이상으로 늘어나 1999년 이후 가장 높은 수치를 기록하였다. 반면 계열회사(15.54~30.16%)와 비영리법인(2.04~19.66%)의 지분은 시간이 지나면서 크게 감소하여(17.58~42.58%) 가족 지분과의 격차가 줄어들었으며, 2006년 처음으로 가족 지분보다 적은 상태가 되었다(17.58% vs. 21.54%).

가족 지분은 2006년 21.54%에서 2007년에는 35.51%로 크게 증가하였으며, 2009년 이후의 지주회사체제 하에서도 34~35% 수준이 유지되면서 박용곤 일가의 직할체제가 공고하게 구축되었다. 친족 지분이 30% 이상이었으며, 최대주주 박용곤의 지분은 3%대가 유지되다가 2012년에는 1%대로 줄어들었다. 한편, 2007년부터는 계열회사와 비영리법인 신협의 지분은 모두 없어졌으며, 비영리법인 연강재단이 2% 내외(1.94~2.27%)의 지분을 계속 보유하고 있다.

(3.4) (주)두산의 최대주주 및 친족 지분, 1998~2011년: (주)두산에서는 최대주주 지분은 적고 친족 지분이 월등하게 많은 공동소유구조를 보이고 있다. 특히 2007년 이후 3세대 지분에 비해 4세대 지분이 많아지고 박용곤의 장남 박정원이 실질적인 최대주주로 부상하였으며, 5세대 또한 지분에 참여하였다.

1998~2011년 사이 지분에 참여한 가족구성원은 3,4,5세대 36명이다. 1998년 이후 3세대와 4세대가 지분을 가지고 있으며 2007년부터는 5세대가 지분을 보유하기 시작하였다. 지분 참여 가족구성원은 2006년까지는 14~19명이다가 2007년 이후 27~28명으로 대폭 늘어났다. 36명을 세대별로 보면, 3세대 7명(박용곤, 박용언, 박용오, 박용성, 박용현, 박용만, 강신애), 4세대 16명(박용곤 일가 4명, 박용언 일가 3명, 박용오 일가 2명, 박용성 일가 2명, 박용현 일가 3명, 박용만 일가 2명), 5세대 13명(박용곤 일가 6명, 박용성 일가 4명, 박용현 일가 3명) 등이다.

3세대 가족 중에서는 1남 박용곤 일가(4.12~12.22%) 지분이 가장 많다. 3남 박용성과 4남 박용현 일가(2.88~8.22%, 2.88~8.24%)의 몫은 비슷하며, 5남 박용만 일가(1.71~6.61%)가 가장 적은 지분을 가지고 있다. 세대별로 보면, 2006년까지는 3세대 지분이 월등하게 많다가 2007년부터는 4세대 지분이 월등하게 많은 상황으로 바뀌었다. 2006년 현재 3세대(13.9%)는 4세대(7.64%)보다 1.8배 많은 지분을 보유하고 있었으며, 두 세대 간의 차이는 1998년 이후 가장 작은 상태였다. 하지만 2007년 들어 두 세대의 지분이 각각 12.51%, 22.82%가 되면서 4세대 지분이 1.8배 많은 상황으로 역전되었다. 이후 3세대 지분은 더욱 감소한 반면 4세대 지분은 더욱 증가하여 2011년(9.61% vs. 24.76%)에는 격차가 2.6배로 벌어졌다. 2007년 시작된 소유에서의 세대교체가 5년 만에 마무리된 것으로 볼 수 있다.

3,4,5세대 36명 중 1998년 이후 2011년 현재까지 지분을 계속 보유하고 있는 사람은 12명이며, 박용곤과 첫째 아들 박정원이 2007년을 전후로 각각 가장 많은 지분을 보유하였다. 2006년 현재 박용곤의 지분은 3.69% 그리고 박정원의 지분은 절반 이하인 1.46%였는데, 2007년 각각 3.63%, 4.24%가 되면서 박정원의 지분이 박용곤의 지분을 처음으로 추월하여 1.2배 많게 되었다. 2011년에는 격차가 5.1배(1.05% vs. 5.35%)로 더욱 벌어졌다. 따라서 2007년 이후 박용곤이 대외적으로는 (주)두산의 최대주주로 이름을 올리고 있지만 실제로는 장남 박정원이 최대주주였다. 한편, 박용곤의 둘째 아들 박지원, 박용성의 첫째 아들 박진원, 박용현의 첫째 아들 박태원 등 다른 4세대 가족구성원들의 지분도 빠른 속도로 증가하였다.

(4) 경영구조의 변화

(4.1) 개관: 최대주주인 박용곤과 가족구성원들은 (주)두산의 소유권을 공동으로 장악하는 동시에 경영권 또한 공동으로 장악하면서 공동소유·공동경영의 가족지배체제를 구축하였다. 소유권에서는 2000년대 전반까지 계열회사와 비영리법인 지분이 가족 지분보다 많은 상태가 계속되다가 2006년부터 박용곤 일가가 소유를 직접 장악하는 구도가 정착되었다. 이에 비해 경영권과 관련해서는, 가족지배체제가 (주)두산이 출범한 1998년부터 2002년까지 구축되었다가 2003~2008년 사이 크게 약화되었으며 2009년 이후의 공정거래법상 지주회사체제 하에서 보다 본격적으로 그리고 안정적으로 재구축되었다.

(4.2) (주)두산 최고경영진의 변화, 1998~2011년: (주)두산이 출범한 초기 2년 동안(1998~1999년) 박용곤 가족구성원은 전문경영인에 비해 사내이사(5명 vs. 6~10명)와 대표이사(2명 vs. 6~8명) 모두에서 수적으로 열세였다. 하지만, 주요 가족구성원 주주 5명(박용오, 박용만, 박용곤, 박용성, 김세권)이 사내이사로 참여하고 이 중 2명(박용오, 박용만)이 대표이사로 나서 전문경영인과 공동경영을 하면서 가족경영권을 행사하였다. 2000~2002년 사이 박용곤 일가의 경영권은 크게 강화되었다. 가족구성원이 전문경영인에 비해 사내이사(5명 vs. 2명)와 대표이사(3명 vs. 2명) 수에서 우위를 점하게 된 것이다. 특히 최대주주 박용곤의 장남 박정원이 새 대표이사로 선임되었다.

2003년부터 2008년 사이에는 박용곤 가족구성원들의 경영 참여가 점차 줄어들고 대신 전문경영인들이 다시 우위를 차지하는 상황이 계속되었다. 가족구성원 사내이사가 5명 (1998~2002년)에서 3명(2003~2005년), 1명(2006년), 2명(2007~2008년) 등으로 줄어들었으며, 대표이사 또한 3명(2000~2002년)이던 것이 2명(2003~2004년) 그리고 1명(2005년)으로 줄어들다가 2006~2008년 사이에는 1명도 없게 되었다. 반면 전문경영인은 사내이사 (2000~2003년 2명, 2004~2005년 3명, 2006년 4명, 2007~2008년 3명)와 대표이사(2000~2003년 2명, 2004~2006년 3명, 2007~2008년 2명) 모두 수적으로 많았다. 2006~2008년의 3년 동안 가족구성원 대표이사 없이 전문경영인 대표이사들이 '대리경영'을 하게 된 것은 2005년 발생한 형제의 난으로 인해 사회적인 지탄을 받게 되면서 나온 고육지책이었다. 이 기간 동안 소유에서는 가족직할체제가 구축되었으며, 따라서 2006~2008년은 소유와 경영의 불일치 또는 괴리 현상이 일어난 시기였다.

2009년 (주)두산은 공정거래법상 지주회사로 지정되었고 이를 계기로 박용곤 가족구성원들이 다시 경영의 전면에 나섰다. 가족구성원 사내이사가 2007~2008년의 2명에서 2009~2010년에는 5명(박용성, 박용현, 박용만, 박정원, 박지원)으로 그리고 대표이사는 0명에서 2명(박용만, 박용현)으로 늘어났고, 반면 전문경영인 사내이사는 3명에서 2명(대표이사)으로 줄어든 것이다. 가족구성원 사내이사 5명은 모두 대주주였다.

2011년에는 가족구성원과 전문경영인이 각각 1명씩 줄었으며(4명 vs. 1명), 이로써 가족구성원의 경영권 장악이 최고조에 달하였다. 경영권에서 가장 우위를 보였던 2000~2002년 및 2009~2010년(5명 vs. 2명)과 비교하면 사람 수의 차이(3명)에 있어서는 같지만 비율의 차이(5:2 vs. 4:1)에서는 2011년이 더 컸으며, 가족구성원의 경영 참여가 가장 약화되었던 2006년(1명 vs. 4명)과 비교하면 사람 수의 차이(-3명)에서나 비율(1:4)에서 5년 만에 360도 역전되었다. 특히 2011년에는 박용곤 일가 3명(박정원 상근이사회장, 박용곤 미등기 명예회장, 박지원 미등기사장)이 동시에 (주)두산의 경영에 참여함으로써 실질적인 최대주주인 박정원이 소유 및 경영 모두에서 '장자상속'을 달성하기 위한 기반을 마련하였다.

(4.3) (주)두산 최고경영진의 겸직, 2006~2012년: 2009년 지주회사체제 출범 이후 박용곤 일가는 다른 주요 계열회사의 경영에도 깊숙이 관여하였다. 2006~2008년에는 겸직을 보유한 가족구성원(1~2명)이 전문경영인(2~3명)에 비해 1~2명 적거나 같았는데, 2009~2011년 사이에는 겸직 보유 가족구성원이 5명으로 늘어나고 전문경영인은 1~2명으로 줄어들었으며 2012년 들어서는 가족구성원 4명만 겸직을 보유하게 되었다.

2006년 이후 겸직을 보유한 적이 있는 가족구성원 5명은 각각 3~7년의 기간 동안 겸직을 보유하였으며, 전문경영인 6명의 겸직 보유 기간은 각각 1~3년으로 짧았다. 또 2009년 이후 2개 이상 겸직을 보유한 임원 중 가족구성원이 전문경영인보다 많았으며, 특히 박정원은 2009~2012년 사이에 그리고 박용만은 2009~2011년 사이에 4개의 겸직을 보유하였다.

한편 2009년 이전에는 겸직 회사 10개 중 가족구성원만 겸직을 보유한 회사가 2개 그리고 전문경영인만 겸직을 보유한 회사가 5개였다. 이에 비해 2009년 이후에는 겸직 회사 8개 중 가족구성원만 겸직을 보유한 회사가 4개로 늘어나고 전문경영인만 관여한 회사는 1개뿐이었으며, 나머지 3개 회사에서도 가족구성원이 수적으로 많은 가운데 전문경영인이 함께 관여하다가 결국 가족구성원만 남게 되었다. 또 2006년 이후 겸직을 보유한 적이 있는 (주)두산 임원 11명(가족구성원 5명, 전문경영인 6명) 중 겸직 회사에서 대표이사직을 가진 적이 있는 사람은 모두 6명이며, 이 중 4명(박정원, 박지원, 박용만, 박용현)이 가족구성원이었다.

(4.4) (주)두산 업무조직의 변화, 1998~2011년: (주)두산은 사업지주회사로서 2009년 공정거래법상 지주회사로 지정된 이후 지주기능과 사업을 병행해 오고 있다. 2009년 이전에도 실질적인 지주회사로서 지주기능과 사업을 병행해 왔으며, 2009년 이후 지주기능이 더욱 강화되고 사업부문은 크게 줄어들었다. 1998년 (주)두산 출범 이후 '지주회사로의 전환'이 선언되기 직전인 2005년까지 사업부문은 7~9개였는데 2008년 이후에는 2~3개로 줄었고, 같은 기간 사업단위는 8~19개에서 1~2개로 그리고 임직원은 5,000명 내외에서 3,000명 내외로 감소하였다. 한편 2005년까지 2개(전략기획, 관리)이던 본부는 2006년 이후에는 1개(관리)만 남았으며, 여기에 임원의 대다수가 소속되어 지주기능을 담당하였다.

제5장

CJ그룹과 두산그룹의 지주회사체제:
비교 및 전망

1. 개관

(1) 1999년 지주회사제도가 다시 도입된 이후 가장 먼저 지주회사체제를 채택한 재벌은 SK 그룹이었다. 이후 2011년 현재까지 모두 28개 재벌이 지주회사체제를 채택하였다 (<표 5.1>).

지주회사체제를 채택한 재벌은 2001~2003년 2~4개, 2004~2006년 6~9개, 2007~2009년 11~14개, 2010년 17개 등으로 늘어났으며, 2011년 현재에는 20개로 최고치를 기록하였다. 지주회사체제를 채택한 재벌이 공정거래법상 재벌 전체에서 차지하는 비중 또한 지속적으로 증가하였다. 2001년 7%, 2003~2004년 10~13%, 2005~2006년 16~19%, 2007년 25%, 2009년 33%, 2010년 40% 등이었으며, 2011년 현재에는 44%로 역시 최고치이다.

28개 재벌 중 21개는 적극적인 지주회사체제를 그리고 나머지 7개는 소극적인 지주회사체제를 채택하였다. 또 6개는 2000년대 전반에, 15개는 2000년대 후반에, 그리고 나머지 7개는 2010~2011년에 각각 지주회사체제를 채택하였다.

28개 재벌 중 20개는 2011년 현재에도 지주회사체제를 유지하고 있으며, 채택 시기별로 보면 2000년대 전반 4개, 2000년대 후반 9개, 그리고 2010~2011년 7개이다. 20개 재벌 중 15개는 적극적인 지주회사체제를 그리고 나머지 5개는 소극적인 지주회사체제를 채택하였다.

(2) CJ그룹과 두산그룹은 각각 2007년과 2009년에 공정거래법상 지주회사체제를 도입하였다 (<표 5.1>, <표 5.2>).

첫째, 2011년 현재 CJ와 두산의 체제 도입 역사는 각각 5년, 3년으로, 2011년 현재 적극적인 지주회사체제를 채택하고 있는 15개 재벌(이하 '15개 재벌') 중에서는 역사가 여섯 번째, 아홉 번째이다: 11~12년 역사 2개 재벌 (SK. LG); 8년 1개 (세아); 7년 1개 (GS); 6년 1개 (현대백화점); 5년 2개 (CJ, 한진중공업); 4년 1개 (LS); 3년 2개 (두산, 웅진); 2년 4개 (부영, 코오롱, 하이트진로, 한진); 1년 1개 (대성).

둘째, 지주회사체제를 채택한 이후 두산과 CJ의 재벌 순위는 각각 12위, 16~19위였으며, '15개 재벌' 중에서는 다섯 번째, 일곱 번째이다: 2~4위 2개 재벌 (SK, LG); 7~10위 2개 (GS, 한진); 12위 1개 (두산); 15~19위 2개 (LS, CJ); 20위 이하 8개 (부영, 한진중공업, 현대백화점, 웅진, 코오롱, 하이트진로, 세아, 대성).

셋째, CJ는 2007년 첫해에는 소극적인 지주회사체제를 채택했다가 이듬해 적극적인 지주회사체제로 발전하였으며, 두산은 2009년 출발부터 적극적인 체제를 채택하였다. '15개 재벌' 중에서는 SK, GS, 부영 등 다른 3개 재벌도 처음에는 소극적인 체제로 출발했다가 일정 기간이 지난 뒤에 적극적인 체제로 재편되었다.

적극적인 지주회사체제 기간 동안의 지주회사체제 달성 비율은 CJ(77~107%)와 두산(76~84%) 모두에서 매우 높다. '15개 재벌' 중에서는 다른 3개 재벌(한진중공업 100~125%, 하이

<표 5.1> 지주회사체제를 채택한 28개 재벌, 2000~2011년 (개, %)

연도	공정거래법상 재벌 (a, 개)	지주회사체제를 채택한 재벌 (b, 개)	b/a (%)	해당 연도에 지주회사체제를 채택한 재벌
2000	–	–	–	SK
2001	30	2	7	LG
2002	–	–	–	–
2003	42	4	10	(동원, 농심)
2004	45	6	13	세아, 삼성*
2005	48	9	19	GS, 한화*, (STX, 롯데*)
2006	52	9	17	현대백화점
2007	55	14	25	CJ, 한진중공업, (금호아시아나, 태평양, 오리온, 현대자동차*)
2008	68	11	16	LS, 대한전선*
2009	39	13	33	두산, 웅진
2010	43	17	40	부영, 코오롱, 하이트진로, 한진
2011	45	20	44	대성, 동부*, 태광*

주: * – 소극적인 지주회사체제를 채택한 재벌; 괄호 – 2011년 이전에 지주회사체제를 채택한 적이 있는 재벌.
출처: 제2장 <표 2.1>, <표 2.2>.

트진로 87~88%, 코오롱 79~81%)이 70% 이상의 비율을 줄곧 유지하였고, 2개 재벌(SK 73 ~84%, LG 76~97%)은 첫해를 제외한 나머지 기간에 70% 이상의 비율을 유지하였으며, 2개 재벌(세아 70~71%, 웅진 88%)은 1~2년 동안 70% 이상의 비율을 가진 적이 있었다.

그리고 넷째, CJ에서는 소극적인 지주회사체제를 채택한 2007년에는 체제 편입 계열회사가 14개였다가 2008년 적극적인 체제를 구축한 이후에는 50개 이상(50~58개)이었다. 두산에서는 체제 편입 회사가 21~22개였다. '15개 재벌' 중 적극적인 지주회사체제 기간 동안 체제 편입 회사가 줄곧 50개 이상인 재벌은 CJ가 유일하다. SK에서는 3년째인 2009년 이후 59~72개이며, LG에서는 2011년에 51개이다. 대성(49개), 코오롱(30~31개), GS(25~32개), LS(20~27개), 웅진(20~21개) 등 5개 재벌에서는 지주회사체제 기간 동안 줄곧 또는 일정 기간 체제 편입 회사가 20개 이상이었다.

〈표 5.2〉 2011년 현재 적극적인 지주회사체제를 채택한 15개 재벌, 2001~2011년

(A) 재벌 순위 (위)

재벌	2001	2003	2004	2005	2006	2007	2008	2009	2010	2011
CJ						19	17	19	18	16
두산								12	12	12
SK	4	3	4	4	3	3	3	3	3	3
LG	3	2	2	3	4	4	4	4	4	4
세아			33	32	36	38		38	44	44
GS				9	8	8	/	8	7	8
현대백하전					31	27	31	33	34	30
한진중공업						32	29	29	29	31
LS							18	17	15	15
웅진								34	33	32
부영									24	23
코오롱									36	33
하이트진로									38	42
한진									10	9
대성										43

(B) 지주회사체제 달성 비율 (%)

CJ						22	86	93	107	77
두산								85	76	84
SK	26	25	24	26	23	61	73	77	84	84
LG	33	76	83	89	97	94	83	88	87	86
세아			54	57	65	68		70	68	71
GS				26	32	31	32	39	41	42
현대백화점					43	46	44	45	48	46
한진중공업						125	100	100	100	100
LS							63	63	57	57
웅진								66	88	65
부영									20	31
코오롱									81	79
하이트진로									88	87
한진									32	35
대성										67

(C) 지주회사체제 편입 계열회사 (개)

CJ						14	57	57	58	50
두산								22	22	21
SK	14	15	14	13	13	35	47	59	63	72
LG	14	38	38	34	29	29	30	46	46	51
세아			15	16	15	15		16	13	15
GS				13	16	15	18	25	28	32
현대백화점					10	11	11	10	14	12
한진중공업						5	5	6	7	8
LS							15	20	25	27
웅진								19	21	20
부영									3	5
코오롱									30	31
하이트진로									14	13
한진									12	14
대성										49

출처: 제2장 〈표 2.8〉, 〈표 2.9〉, 〈표 2.10〉.

2. 지주회사체제 성립 과정

(1) CJ그룹은 1997년 삼성그룹으로부터 계열 분리되면서 공식 출범하였으며 1999년 공정거래법상 대규모기업집단으로 처음 지정되었다. 두산그룹의 시작은 1896년의 박승직상점이며, 1952년 이후 OB그룹으로 불리다가 1978년 두산그룹으로 그룹명이 변경되었다. 1987년 대규모기업집단지정제도가 도입된 이후 줄곧 공정거래법상 집단이다 (<표 5.3>).

CJ그룹의 순위는 1999~2000년 23~28위이던 것이 2001~2010년 사이에는 17~19위가 유지되었으며, 2011년 16위로 높아진 뒤 2012년에는 14위로 역대 최고 순위를 기록하였다. 두산그룹은 1999년 이후 11~13위 수준이 유지되어 오고 있으며, 2009년 이후에는 줄곧 12위이다.

그룹 계열회사는 CJ그룹이 월등하게 많다. 1999~2000년 15~18개, 2001~2003년 28~33개, 2004~2005년 41~48개, 2006~2011년 54~66개 등으로 증가하였으며, 2012년에는 84개로 역대 최고치를 기록하였다. 반면 두산그룹의 계열회사는 20개 내외 수준에서 증가와 감소가 반복되어 오고 있다. 1999~2002년 14~18개, 2003~2004년 22개, 2005~2006년 18개, 2007~2009년 20~26개 등이었으며, 2010년 가장 많은 29개를 기록한 뒤 2011~2012년에는 24~25개로 줄어든 상태이다.

〈표 5.3〉 CJ그룹과 두산그룹의 성장, 1999~2012년:
순위 (A, 위), 계열회사 (B, 개), 자산총액 (C, 10억 원)

	CJ그룹							두산그룹					
연도	A	B	C	연도	A	B	C	A	B	C	A	B	C
1999	28	15	2,728	2006	18	56	6,797	13	14	6,704	12	18	13,659
2000	23	18	3,538	2007	19	64	8,423	12	16	7,646	13	20	14,442
2001	19	30	4,763	2008	17	66	10,257	11	18	11,192	13	21	17,033
2002	18	28	4,316	2009	19	61	12,324	12	18	8,988	12	26	27,302
2003	18	33	4,538	2010	18	54	13,023	13	22	8,452	12	29	26,788
2004	18	41	4,935	2011	16	65	16,323	12	22	9,179	12	25	26,966
2005	18	48	5,905	2012	14	84	22,922	13	18	9,734	12	24	29,915

출처: 제3장 〈표 3.1〉, 제4장 〈표 4.1〉.

(2) CJ그룹은 2007년에 그리고 두산그룹은 2009년에 공정거래법상 지주회사체제를 도입하였으며, 이후 각자 독자적인 방식으로 특유의 지주회사체제를 구축하였다 (<표 5.4>).

CJ그룹은 2007년 1월 CJ오쇼핑을 중심으로 소극적인 지주회사체제를 처음 도입하였으며 2007년 9월 CJ(주)를 중심으로 적극적인 지주회사체제를 본격적으로 구축하기 시작하였다. 2007년 1월 이후 2011년 11월까지 4년 10개월 동안 6차례의 변화가 6단계에 걸쳐 진행되었다. 6차례 변화는 분할 및 회사 설립 3회(이 중 2회는 공정거래법상 지주회사로의 전환 수반), 합병 1회, 인수 1회, 공정거래법상 지주회사로의 전환 1회 등이며, 6단계는 다음과 같다: '① 공정거래법상 지주회사로의 전환 (2007년 1월) → ② 인적 분할 및 공정거래법상 지주회사로의 전환 (2007년 9월) → ③ 인수 (2010년 6월) → ④ 인적 분할 및 공정거래법상 지주회사로의 전환 (2010년 9월) → ⑤ 합병 (2011년 3월) → ⑥ 물적 분할 (2011년 11월).

그 결과 모두 5개의 지주회사(CJ오쇼핑, CJ(주), 온미디어, CJ E&M, CJ게임즈)가 생겼다. CJ게임즈를 제외한 4개는 공정거래법상 지주회사로 지정되었으며, 이후 1개(온미디어)는 소멸되고 2개(CJ오쇼핑, CJ E&M)는 법률상 지주회사에서 제외되었다. 단계별로는 지주회사들 간의 관계가 다음과 같이 역동적으로 변하면서 지주회사체제의 구조가 재편에 재편을 거듭하였다 (* 표시는 공정거래법상 지주회사가 아님): ① CJ오쇼핑; ② CJ(주) → CJ오쇼핑; ③ CJ(주) → CJ오쇼핑 → 온미디어; ④ CJ(주) → CJ오쇼핑 + [CJ E&M → 온미디어]; ⑤ CJ(주) → CJ오쇼핑* + CJ E&M*; ⑥ CJ(주) → CJ오쇼핑* + [CJ E&M* → CJ게임즈*].

한편 두산그룹은 2006년 1월 '3년 이내 지주회사체제로의 전환'을 공식 선언하였으며 2009년 1월 약속대로 공정거래법상 지주회사체제를 출범시켰다. 2006년 1월 이후 2010년 7월까지 4년 6개월 동안 모두 13차례의 변화가 8단계(2009년 1월 이전 8차례 5단계 변화, 2009년 이후 5차례 3단계 변화)에 걸쳐 진행되었다.

13차례의 변화는 물적 분할 및 회사 설립 3회(이 중 1회는 회사 매각 수반), 사업 양도 3회, 지주회사 설립 2회, 공정거래법상 지주회사로의 전환 2회, 합병 1회, 지주회사체제로의 전환 선언 1회, 실질적인 지주회사로의 전환 1회 등이며, 8단계는 다음과 같다: ① 지주회사 체제로의 전환 선언 (2006년 1월) → ② 양도 (2006년 11월), 물적 분할 (2007년 12월), 양도 (2008년 1월) → ③ 실질적인 지주회사로의 전환 (2008년 3월) → ④ 지주회사 설립 (2008년 5월) → ⑤ 물적 분할 (2008년 10월), 물적 분할 및 회사 매각 (2008년 12월), 양도 (2009년 3월) → ⑥ 공정거래법상 지주회사로의 전환 (2009년 1월) → ⑦ 지주회사 설립 (2009년 5월), 공정거래법상 지주회사로의 전환 (2010년 1월) → ⑧ 합병 (2010년 7월).

〈표 5.4〉 CJ그룹과 두산그룹의 지주회사체제 성립 과정, 2006~2011년

CJ그룹	두산그룹
	(1) 2006.1: 지주회사체제로의 전환 선언
	(2) 2006.11: (주)두산의 식품사업 양도
(1) 2007.1: CJ오쇼핑의 　　　　공정거래법상 지주회사로의 전환	2007.12: (주)두산의 물적 분할 　　　　((주)두산＋두산타워＋두산생물자원) 및 　　　　타워, 생물 사업 이전
(2) 2007.9: CJ(주)의 인적 분할 　　　　(CJ(주)＋CJ제일제당) 및 　　　　공정거래법상 지주회사로의 전환	
	2008.1: (주)두산의 매거진사업 양도
	(3) 2008.3: (주)두산의 실질적 지주회사로의 전환
	(4) 2008.5: 지주회사 두산모트롤홀딩스 설립
	(5) 2008.10: (주)두산의 물적 분할 　　　　((주)두산＋두산동아) 및 　　　　출판사업 이전
	2008.12: (주)두산의 물적 분할 　　　　((주)두산＋테크팩솔루션) 및 　　　　테크팩사업 이전, 매각
	(6) 2009.1: (주)두산과 두산모트롤홀딩스의 　　　　공정거래법상 지주회사로의 전환
	2009.3: (주)두산의 주류사업 양도
	(7) 2009.5: 지주회사 디아이피홀딩스 설립
(3) 2010.6: CJ오쇼핑의 　　　　공정거래법상 지주회사 온미디어 인수	2010.1: 디아이피홀딩스이 　　　　공정거래법상 지주회사로의 전환
(4) 2010.9: CJ오쇼핑의 2개 공정거래법상 　　　　지주회사로의 인적 분할 　　　　(CJ오쇼핑＋온미디어홀딩스(=CJ E&M))	(8) 2010.7: (주)두산의 　　　　두산모트롤홀딩스 합병
(5) 2011.3: CJ E&M의 온미디어 합병 및 　　　　CJ E&M의 　　　　공정거래법상 지주회사 지위 상실	
2011.6: CJ오쇼핑의 　　　　공정거래법상 지주회사 지위 상실	
(6) 2011.11: CJ E&M의 2개 지주회사로의 　　　　물적 분할 (CJ E&M＋CJ게임즈)	

출처: 제3장 〈표 3.2〉, 제4장 〈표 4.2〉.

그 결과 3개의 지주회사((주)두산, 두산모트롤홀딩스, 디아이피홀딩스)가 생겼다. 3개 모두 공정거래법상 지주회사로 지정되었으며 이후 1개(두산모트롤홀딩스)는 합병되었다. 단계별로는 지주회사들 간의 관계가 다음과 같이 변하였다 (* 표시는 공정거래법상 지주회사가 아님): ③ (주)두산*; ④ & ⑤ (주)두산* → 두산모트롤홀딩스*; ⑥ (주)두산 → 두산모트롤홀딩스; ⑦ (주)두산 → 두산모트롤홀딩스 + 디아이피홀딩스; ⑧ (주)두산 → 디아이피홀딩스.

(3) CJ그룹과 두산그룹 모두에서 그룹 계열회사의 대다수가 지주회사체제에 편입되었다 (<표 5.5>). CJ그룹에서는 2007년 첫해에는 소극적인 지주회사체제여서 지주회사체제 달성 비율이 22%였는데, 이듬해부터 적극적인 체제로 바뀌면서 비율이 2008년 86%, 2009년 93%, 2010년 107%, 2011년 77% 등으로 높은 수준을 유지하였다. 공정거래법상 지주회사는 2007년 1개, 2008~2009년 2개, 2010년 4개, 2011년 1개 등으로 변하였다. 반면 두산그룹은 2009년 첫해부터 적극적인 지주회사체제였으며, 체제 달성 비율은 2009년 85%, 2010년 76%, 2011년 84%였다. 공정거래법상 지주회사는 매년 2개씩이었다.

<표 5.5> CJ그룹과 두산그룹의 지주회사체제, 2007~2011년:
그룹 계열회사 (A, 개), 지주회사 (a) 및 계열회사 (b) (a+b=B, 개),
지주회사체제 달성 비율 (B/A, %)

연도	CJ그룹					두산그룹				
	A	a	b	B	B/A	A	a	b	B	B/A
2007	64	CJ오쇼핑	13	14	22					
2008	66	CJ(주)	43	44						
		CJ오쇼핑	13	14 [57]	86					
2009	61	CJ(주)	43	44		26	㈜두산	20	21	
		CJ오쇼핑	13	14 [57]	93		두산모트롤홀딩스	1	2 [22]	85
2010	54	CJ(주)	41	42		29	(주)두산	18	19	
		CJ오쇼핑	5	6			디아이피홀딩스	3	4 [22]	76
		오미디어홀딩스	1	2						
		온미디어	9	10 [58]	107					
2011	65	CJ(주)	49	50	77	25	(주)두산	18	19	
							디아이피홀딩스	2	3 [21]	84

출처: 제3장 <표 3.3>, 제4장 <표 4.3>.

3. 소유구조의 변화 및 소유권의 강화·집중

(1) 2011년 12월 현재, CJ그룹에서는 66개 계열회사 중 60개(91%)가 그리고 두산그룹에서는 25개 중 24개(96%)가 지주회사체제에 편입되어 있다. 이들이 최대주주인 이재현과 박용곤을 정점으로 각각 7단계, 5단계의 하향 비대칭 피라미드 소유구조를 형성하고 있다 (<표 5.6>).

CJ그룹 지주회사체제의 7단계 하향 구조는 '① 이재현 → ② 지주회사 CJ(주) → ③ 자회사 12개 → ④ 손자회사 37개 → ⑤ 증손회사 5개 → ⑥ 고손회사 4개 → ⑦ 고고손회사 1개'이다. 또 7단계 비대칭 피라미드구조는 다음과 같이 구성되어 있다: ① 이재현 → ② 지주회사 CJ(주) → ③ 자회사 4개 + [③ 자회사 5개 → ④ 손자회사 8개] + [③ 자회사 2개 → ④ 손자회사 26개 → ⑤ 증손회사 3개] + [③ 자회사 1개 → ④ 손자회사 3개 → ⑤ 증손회사 2개 → ⑥ 고손회사 4개 → ⑦ 고고손회사 1개].

두산그룹 지주회사체제의 5단계 하향 구조는 '① 박용곤 → ② 지주회사 (주)두산 → ③ 자회사 9개 → ④ 손자회사 10개 → ⑤ 증손회사 4개'이다. 또 5단계 비대칭 피라미드구조는 다음과 같이 구성되어 있다: ① 박용곤 → ② 지주회사 (주)두산 → ③ 자회사 6개 + [③ 자회사 1개 → ④ 손자회사 1개] + [③ 자회사 겸 지주회사 1개 → ④ 손자회사 3개] + [③ 자회사 1개 → ④ 손자회사 6개 → ⑤ 증손회사 4개].

(2) CJ(주)와 (주)두산은 공정거래법상 지주회사로 지정되기 이전에도 그룹의 많은 계열회사들에 지분을 보유하면서 실질적인 지주회사 역할을 해 오고 있었으며, 법률상의 지주회사 지위를 가지게 된 것은 종래의 기주 기능을 공식화하고 보다 강화하겠다는 의도라고 볼 수 있다 (<표 5.7>).

CJ그룹의 경우, 2011년의 지주회사체제 편입 회사 60개 중 자신의 계열회사를 거느리고 있는 회사는 16개(지주회사 CJ(주), 자회사 8개, 손자회사 4개, 증손회사 2개, 고손회사 1개)이며, 이들 중 지주회사 CJ(주), 자회사 6개(CJ오쇼핑, CJ프레시웨이, CJ CGV, CJ GLS, CJ 시스템즈, CJ건설), 손자회사 2개(CJ헬로비전, 수퍼피드) 등 9개 회사는 2007년 지주회사체제가 도입되기 이전부터 다른 계열회사들에 지분을 보유하고 있었다. 특히, CJ(주)의 지분 보유 회사가 가장 많은 20개 내외(1999~2003년 14~16개, 2004~2006년 20~23개)였으며, 지주회사로 전환된 2007년 이후에는 2010년까지(16~19개) 이전 수준이 유지되다가 2011년(13개) 들어 다소 줄어들었다. 2011년(CJ E&M, 22개)을 제외하고는 CJ(주)의 지분 보유 회사가 가장 많았다.

〈표 5.6〉 CJ그룹과 두산그룹의 지주회사체제, 2011년 12월

(A) CJ그룹

- 그룹 계열회사 66개 (a) = 지주회사체제 편입 회사 60개 (b) + 미편입 회사 6개
- 지주회사체제 달성 비율 (b/a) = 91%
- * 표시된 7개 회사는 상장회사이며, 밑줄 친 16개 회사는 계열회사 보유

- [b: 7단계 하향, 비대칭 피라미드 소유구조]

  (유형 1)

  ① 최대주주 이재현 → ② 지주회사 CJ(주) → ③ 자회사 12개 → ④ 손자회사 37개
      → ⑤ 증손회사 5개 → ⑥ 고손회사 4개 → ⑦ 고고손회사 1개

  (유형 2)

  ① 최대주주 이재현 →
  ② 지주회사 CJ(주)* →

  [A] ③ 자회사 1개*   → ④ 손자회사 21개 (1+20)   → ⑤ 증손회사 1개
  [B] ③ 자회사 1개*   → ④ 손자회사 5개 (1*+1+3) → ⑤ 증손회사 2개
  [C] ③ 자회사 1개*   → ④ 손자회사 3개 (1+2)   → ⑤ 증손회사 2개
                                                     → ⑥ 고손회사 4개 (1+3)
                                                     → ⑦ 고고손회사 1개

  [D] ③ 자회사 5개 (2*+3) → ④ 손자회사 8개
  [E] ③ 자회사 4개

(B) 두산그룹

- 그룹 계열회사 25개 (a) = 지주회사체제 편입 회사 24개 (b) + 미편입 회사 1개
- 지주회사체제 달성 비율 (b/a) = 96%
- * 표시된 6개 회사는 상장회사이며, 밑줄 친 6개 회사는 계열회사 보유

- [b: 5단계 하향, 비대칭 피라미드 소유구조]

  (유형 1)

  ① 최대주주 박용곤 → ② 지주회사 (주)두산 → ③ 자회사 9개
      → ④ 손자회사 10개 → ⑤ 증손회사 4개

  (유형 2)

  ① 최대주주 박용곤 →
  ② 지주회사 (주)두산* →

  [A] ③ 자회사 1개*   → ④ 손자회사 6개 (1*+1+2*+2) → ⑤ 증손회사 4개
  [B] ③ 자회사·지주회사 1개 → ④ 손자회사 3개
  [C] ③ 자회사 1개   → ④ 손자회사 1개
  [D] ③ 자회사 6개 (1*+5)

출처: 제3장 〈표 3.8〉, 제4장 〈표 4.8〉.

<표 5.7> CJ(주)와 (주)두산의 지분 보유 회사, 1999~2011년 (개)

	1999	2000	2001	2002	2003	2004	2005	2006	2007	2008	2009	2010	2011
CJ(주)	14	15	14	15	16	20	23	22	(17	16	17	19	13)
(주)두산	8	9	13	12	9	9	7	7	9	11	(10	10	10)

주: 괄호 안은 공정거래법상 지주회사로서 지분을 보유한 회사.
출처: 제3장 〈표 3.9〉, 제4장 〈표 4.9〉.

두산그룹에서는, 2011년의 지주회사체제 편입 회사 24개 중 자신의 계열회사를 거느리고 있는 회사는 6개(지주회사 (주)두산, 자회사 3개, 손자회사 2개)이며, 이들 중 지주회사 (주)두산, 자회사 1개(두산중공업), 손자회사 1개(두산건설) 등 3개 회사는 2009년 지주회사체제가 도입되기 이전부터 그룹의 다른 계열회사들에 지분을 보유하고 있었다. 특히, (주)두산의 지분 보유 회사가 가장 많은 10개 내외(1999~2000년 8~9개, 2001~2002년 12~13개, 2003~2009년 7~11개)였으며, 공정거래법상 지주회사로 지정된 2009년 이후(10개)에도 여전히 가장 많은 회사에 지분을 보유하고 있다.

(3) CJ(주)와 (주)두산의 최대주주는 공정거래법상 지주회사로 지정되기(2007년, 2009년) 이전부터 이재현과 박용곤이었다. 지정 이후에는 가족 소유 지배체제가 더욱 확고해졌으며, CJ그룹에서는 이재현 1인 체제가 그리고 두산그룹에서는 가족공동체제가 구축되었다 (<표 5.8>).

CJ(주)에 대한 이재현의 지분은 2006년까지 20% 내외(17.98~24.05%)였으며 2007년 이후에는 2배 이상 늘어난 41% 이상(41.2~43.36%)이었다. 특수관계인 지분은 1% 내외로 미미하며, 상대적으로 큰 계열회사 지분은 2004년까지만 존속하였다. 2007년 이후 이재현은 자신의 지분을 대폭 늘이는 한편 자신의 직접적인 영향력 하에 있는 친족(0.05~0.17%)과 비영리법인(0.82~1.02%)을 특수관계인으로 참여시킴으로써 1인 지배체제를 더욱 공고히 하였다.

이와는 대조적으로, (주)두산에서는 최대주주 지분은 적고 특수관계인 지분이 절대적으로 많은 구조를 보이고 있다. 박용곤의 지분은 3% 내외인 가운데 지속적으로 감소하여 2008년까지는 3~5%대(3.52~5.68%) 그리고 2009년 이후에는 1~3%대(1.05~3.46%)였다. 반면 특수관계인 지분은 1999~2001년에는 50%대(56.06~59.07%), 2002~2003년에는 40%대(44.45~47.94%), 그리고 2004년 이후에는 30%대(32.94~38.58%)였다. 이 중 계열회사

〈표 5.8〉 CJ(주)와 (주)두산의 최대주주(이재현, 박용곤) 및 특수관계인 지분, 1997~2011년 (%)

(A) CJ(주)

연도	최대주주	특수관계인					합
		친족	계열회사	비영리법인	임원	합	
1997	3.95	8.88	2.68		0.21	11.77	15.72
1998	17.98	0.72	5.77		0.68	7.17	25.15
1999	24.05		5.38		0.63	6.01	30.06
2000	24.05		0.73		0.63	1.36	25.41
2001	23.9		0.73		0.05	0.78	24.68
2002	23.49	0.00	0.71		0.25	0.96	24.45
2003	23.49	0.00	3.16		0.26	3.42	26.91
2004	21.93	0.00	0.67		0.23	0.90	22.83
2005	21.88	0.06			0.21	0.27	22.15
2006	19.73	0.05			0.02	0.07	19.8
(지주회사)							
2007	43.36	0.05			0.06	0.11	43.47
2008	43.36	0.05		0.82	0.04	0.91	44.27
2009	42.01	0.17		1.02	0.00	1.19	43.2
2010	41.2	0.16		1	0.00	1.16	42.37
2011	42.34	0.16		1		1.16	43.5

(B) (주)두산

연도	최대주주	친족	계열회사	비영리법인	임원	합	합
1998	5.68	17.25	28.92	28		74.17	79.85
1999	4.67	14.09	23.18	20.88		58.15	62.82
2000	5.12	14.92	24.04	20.11		59.07	64.19
2001	5	13.48	22.92	19.66		56.06	61.06
2002	4.17	9.91	30.07	7.66		47.94	52.11
2003	4.14	12	30.16	2.29		44.45	48.59
2004	3.98	11.51	24.88	2.19		38.58	42.56
2005	3.7	13.68	19.78	2.04		35.5	39.2
2006	3.69	17.85	15.54	2.04		35.43	39.12
2007	3.63	31.88		2.01		33.89	37.52
2008	3.52	30.91		1.97	0.24	33.12	36.64
(지주회사)							
2009	3.46	30.78		1.95	0.21	32.94	36.4
2010	3.43	30.89		1.94	0.37	33.2	36.63
2011	1.05	33.66		2.27	0.36	36.29	37.34

출처: 제3장 〈표 3.11〉, 제4장 〈표 4.12〉.

지분은 2004년까지 20%이상(22.92~30.16%)의 가장 큰 상태가 유지되다가 2006년까지만 존속하였으며, 비영리법인 지분은 2001년까지는 20% 내외(19.66~28%)이다가 2003년 이후에는 2% 내외(1.94~2.29%)로 급감하였다. 반면 친족 지분은 1999~2005년 사이에는 15% 미만(9.91~14.92%)이었으며, '지주회사체제로의 전환'이 선언된 2006년에 15% 이상 (17.85%)로 늘어났고 2007년부터는 30% 이상(30.78~33.66%)으로 더욱 늘어나 가족공동 지배체제가 정착되었다.

(4) 두산그룹은 가족공동소유의 전통이 있으며, 지주회사체제 출범을 계기로 세대 간 소유승계가 완료되면서 공동소유구조가 고착화, 영속화되었다 (<표 5.9>).

1998년 이후 2011년까지의 기간 동안 지분에 참여한 가족구성원은 3세대(7명), 4세대(16명) 및 5세대(13명) 36명이다. 3세대 기준으로 박용곤(11명), 박용성(7명), 박용현(7명), 박용만(4명), 박용언(4명), 박용오(3명) 일가 순으로 많다. 3세대와 4세대는 1998년 이후 지분을 가지고 있으며 5세대는 2007년부터 참여하였다. 매년 지분에 참여하는 가족구성원은 2006년까지는 14~19명이다가 2007년 이후에는 27~28명으로 늘어났다.

3세대 형제별로 보면, 2011년 현재까지 지분을 보유하고 있는 4명 중 박용곤 일가(1998~2006년 4.21~6.58% vs. 2007~2011년 11.85~12.22%) 지분이 가장 많고 박용성과 박용현 일가(2.88~4.46% vs. 7.95~8.24%)의 몫은 비슷하며 박용만 일가(1.71~4.41% vs. 6.3~6.61%) 지분이 가장 적다. 이들은 모두 2007년 이전에 비해 이후에 보유 지분을 2배가량 크게 늘렸다.

세대별로 보면, 2006년까지는 3세대 보유 지분이 월등히 많다가 2007년부터는 4세대 지분이 월등히 많은 상황으로 바뀌있다. 3세대 지분은 1998년 21.8%이던 것이 이후 줄어들어 2006년에는 13.9%였으며, 같은 기간 4세대 지분은 1.14%에서 7.64%로 증가하였다. 2006년 현재 3세대 지분이 1.8배 많았으며, 두 세대 간 차이는 1998년 이후 가장 작았다. 하지만 2007년 들어 두 세대의 지분이 각각 12.51%, 22.82%가 되면서 4세대 지분이 1.8배 많은 상황으로 역전되었다. 이후 3세대 지분은 더욱 감소하여 2011년에는 9.61%가 되었으며, 반면 4세대 지분은 약간 감소했다가 2011년에 24.76%로 다시 증가하였다. 따라서 2011년 현재에는 4세대 지분이 2.6배나 많은 상태이며, 2007년 이후 시작된 소유승계가 5년 만에 안정적으로 완료된 것으로 볼 수 있다.

개인별로 보면, 36명 중 12명이 1998년 이후 줄곧 지분을 보유해 오고 있으며, 이들 중 2006년까지는 3세대인 박용곤이 그리고 2007년부터는 4세대인 장남 박정원이 가장 많은

<h2>〈표 5.9〉 (주)두산의 친족 지분, 1998~2011년 (%)</h2>

(A) 총합

	1998	1999	2000	2001	2002	2003	2004	2005	2006	2007	2008	2009	2010	2011
친족	22.94	18.76	20.05	18.49	14.07	16.12	15.49	17.37	21.54	35.55	34.46	34.27	34.34	34.71

(B) 3세대 형제, 자매 일가별 지분

	1998	1999	2000	2001	2002	2003	2004	2005	2006	2007	2008	2009	2010	2011
박용곤	6.06	4.96	5.4	5.28	4.42	4.39	4.21	5.03	6.58	12.22	11.97	11.9	11.85	11.98
박용성	4.25	3.4	3.69	3.6	3.01	2.99	2.88	3.43	4.46	8.22	8.06	8.02	7.95	8.04
박용현	4.31	3.4	3.67	3.59	3.01	2.99	2.88	3.42	4.46	8.24	8.1	8.05	7.99	8.08
박용만	1.91	1.71	1.86	1.82	1.73	3.88	3.72	3.86	4.41	6.45	6.33	6.3	6.55	6.61
박용오	4.07	3.41	3.44	2.26	1.88	1.87	1.8	1.63	1.63	0.42				
박용언	2.34	1.88	1.99	1.94	0.02									

(C) 세대별 지분

	1998	1999	2000	2001	2002	2003	2004	2005	2006	2007	2008	2009	2010	2011
3세대	21.8	18.06	19.42	17.86	13.53	15.6	14.99	13.93	13.9	12.51	11.82	11.7	11.89	9.61
4세대	1.14	0.7	0.63	0.63	0.54	0.52	0.5	3.44	7.64	22.82	22.38	22.27	22.11	24.76
5세대										0.22	0.26	0.3	0.34	0.34

(D) 3,4세대 주요 개인별 지분

	1998	1999	2000	2001	2002	2003	2004	2005	2006	2007	2008	2009	2010	2011
박용곤	5.68	4.67	5.12	5	4.17	4.14	3.98	3.7	3.69	3.63	3.52	3.46	3.43	1.05
박정원	0.18	0.16	0.15	0.15	0.13	0.13	0.12	0.68	1.46	4.24	4.15	4.13	4.1	5.35
박지원	0.09	0.08	0.08	0.08	0.07	0.07	0.07	0.42	0.94	2.82	2.77	2.75	2.73	3.57
박혜원	0.08	0.02	0.02	0.02	0.02	0.02	0.02	0.21	0.47	1.41	1.38	1.37	1.36	1.78
박용성	4	3.29	3.58	3.49	2.92	2.9	2.79	2.59	2.58	2.54	2.49	2.47	2.45	2.48
박진원	0.15	0.06	0.06	0.06	0.05	0.05	0.05	0.46	1.03	3.1	3.04	3.03	3	3.04
박석원	0.1	0.05	0.05	0.05	0.04	0.04	0.04	0.38	0.85	2.54	2.49	2.48	2.46	2.48
박용현	3.99	3.29	3.52	3.44	2.87	2.85	2.74	2.55	2.55	2.51	2.46	2.44	2.42	2.45
박태원	0.13	0.05	0.09	0.09	0.08	0.08	0.08	0.37	0.79	2.29	2.25	2.24	2.22	2.24
박형원	0.1	0.03	0.03	0.03	0.03	0.03	0.03	0.25	0.56	1.69	1.66	1.65	1.64	1.66
박인원	0.09	0.03	0.03	0.03	0.03	0.03	0.03	0.25	0.56	1.69	1.66	1.65	1.64	1.66
박용만	1.91	1.71	1.86	1.82	1.73	3.88	3.72	3.46	3.45	3.4	3.33	3.31	3.43	3.47
강신애										0.01	0.02	0.02	0.16	0.16
박용오	3.99	3.29	3.39	2.21	1.84	1.83	1.76	1.63	1.63	0.42				
박용언	2.23	1.81	1.95	1.9										

출처: 제4장 〈표 4.14〉, 〈표 4.15〉.

지분을 보유하였다. 2006년 현재에는 박용곤(3.69%)이 박정원(1.46%)보다 지분이 2.5배 많았는데, 2007년(3.63% vs. 4.24%)에는 박정원의 지분이 1.2배 많아졌고 이 차이는 이후 더욱 벌어져 2011년(1.05% vs. 5.35%)에는 박정원의 지분이 5.1배나 많아졌다. 따라서 2007년 이후 박용곤이 대외적으로는 (주)두산의 최대주주로 이름을 올리고 있지만 실제로는 박정원이 최대주주였으며, 소유에서는 4세대로의 승계와 더불어 장자상속이 완료된 것으로 볼 수 있다. 4세대 중 박용곤의 둘째 아들 박지원도 지분을 빠른 속도로 늘려 2011년에는 박정원 다음으로 많은 지분을 보유하였으며, 박진원과 박석원(박용성의 아들) 그리고 박태원(박용현의 아들)도 아버지들보다 많거나 비슷한 지분을 보유하게 되었다. 3세대 중에서는 박용만이 상대적으로 많은 지분을 유지하였다.

4. 경영구조의 변화 및 경영권의 강화·집중

(1) 이재현은 CJ(주)의 최대주주로서 소유권을 장악하는 동시에 최고경영자로서 경영권 또한 장악하여 1인 소유·경영 지배체제를 구축하였다. 또 최대주주인 박용곤과 가족구성원들은 (주)두산의 소유권을 공동으로 장악하는 동시에 경영권 또한 공동으로 장악하면서 공동소유·공동경영의 가족지배체제를 구축하였다.

다만 소유권과 경영권의 장악 과정에는 차이가 있었다. 이재현은 1998년부터 CJ(주)의 소유권을 장악하고 2007년 이후의 지주회사체제 하에서 보유 지분을 2배 이상 증가시켜 소유권을 더욱 공고히 한 반면, 경영에서는 외숙부 손경식과 함께 공동체제를 오랫동안 유지하다가 2007년 이후 1인 체제를 구축하였는데 2011년에는 다시 공동체제로 되돌아갔다. (주)두산의 경우에는, 2007년부터 박용곤 일가가 소유를 직접 장악하는 구도가 정착되어 2009년 이후의 지주회사체제 하에서도 계속된 반면, 경영에서는 2002년까지 가족지배체제가 구축되었다가 2003~2008년 사이에는 크게 약화되었으며 2009년 이후 보다 본격적으로 그리고 안정적으로 재구축되었다.

(2) 1998년 이후 CJ(주)의 등기임원으로 참여한 이재현 가족구성원은 이재현, 외숙부 손경식, 어머니 손복남 등 3명이었다. 손복남은 2000년까지만 참여하였고, 이재현과 손경식은 2011년 현재까지 줄곧 참여해 오고 있다 (<표 5.10>, <표 5.11>).

1998년 이후 가족구성원은 전문경영인에 비해 등기임원(2~3명 vs. 1~3명)과 대표이사(1~

2명 vs. 1~2명) 모두에서 수적으로 많거나 동일하였다. 1999년 이후 이재현이 절대적인 최대
주주인 점을 감안하면 가족소유권과 함께 가족경영권 또한 안정된 상태가 지속되어 오고 있
는 것으로 볼 수 있다.

이재현은 1998년 이후 줄곧 CJ(주)의 대표이사였으며, 40대(1960년 생)의 젊은 나이인 상
황이어서 경험이 풍부한 외숙부 손경식(1939년 생)이 2005년(상근이사)을 제외하고 2006년
까지 대표이사직을 공동으로 수행하였다. 전문경영인 대표이사는 1998~1999년에는 2명
그리고 2000~2006년에는 1명이었다. 하지만 2007년 CJ(주)가 지주회사로 전환되면서 손경

〈표 5.10〉 CJ(주)와 (주)두산의 사내이사, 1998~2011년: (1) 상근대표이사 (A), 비상근대표이사 (B), 상근이사 (C), 비상근이사 (D) (명)

연도	CJ(주)							(주)두산					
	합	A	B	C	D	이재현일가 (A,B,C,D)	전문경영인 (A,B,C,D)	합	A	C	D	박용곤일가 (A,C,D)	전문경영인 (A,C,D)
1998	6	4		1	1	3 (2,0,0,1)	3 (2,0,1,0)	15	10	2	3	5 (2,0,3)	10 (8,2,0)
1999	6	4		1	1	3 (2,0,0,1)	3 (2,0,1,0)	11	8		3	5 (2,0,3)	6 (6,0,0)
2000	6	3	1		2	3 (2,0,0,1)	3 (1,1,0,1)	7	5		2	5 (3,0,2)	2 (2,0,0)
2001	4	3		1		2 (2,0,0,0)	2 (1,0,1,0)	7	5		2	5 (3,0,2)	2 (2,0,0)
2002	4	3		1		2 (2,0,0,0)	2 (1,0,1,0)	7	5		2	5 (3,0,2)	2 (2,0,0)
2003	4	3		1		2 (2,0,0,0)	2 (1,0,1,0)	5	4	1		3 (2,1,0)	2 (2,0,0)
2004	3	3				2 (2,0,0,0)	1 (1,0,0,0)	6	5	1		3 (2,1,0)	3 (3,0,0)
2005	3	2		1		2 (1,0,1,0)	1 (1,0,0,0)	6	4		2	3 (1,0,2)	3 (3,0,0)
2006	3	3				2 (2,0,0,0)	1 (1,0,0,0)	5	3		2	1 (0,0,1)	4 (3,0,1)
(지주회사)													
2007	4	2	1		1	2 (1,1,0,0)	2 (1,0,0,1)	5	2	1	2	2 (0,1,1)	3 (2,0,1)
2008	3	2	1			2 (1,1,0,0)	1 (1,0,0,0)	5	2	2	1	2 (0,1,1)	3 (2,1,0)
(지주회사)													
2009	3	2	1			2 (1,1,0,0)	1 (1,0,0,0)	7	4	1	2	5 (2,1,2)	2 (2,0,0)
2010	3	2	1			2 (1,1,0,0)	1 (1,0,0,0)	7	4	1	2	5 (2,1,2)	2 (2,0,0)
2011	3	3				2 (2,0,0,0)	1 (1,0,0,0)	5	2	1	2	4 (1,1,2)	1 (1,0,0)

출처: 제3장 〈표 3.13〉, 제4장 〈표 4.16〉.

〈표 5.11〉 CJ(주)와 (주)두산의 사내이사, 1998~2011년: (2) 가족구성원

(A) CJ(주)

연도	이재현	손경식	손복남
1998	대표부회장	대표회장	이사
1999	대표부회장	대표회장	이사
2000	대표부회장	대표회장	이사
2001	대표부회장	대표회장	
2002	대표회장	대표회장	
2003	대표회장	대표회장	
2004	대표회장	대표회장	
2005	대표회장	상근이사회장	
2006	대표회장	대표회장	
(지주회사)			
2007	대표회장	비상근대표회장	
2008	대표회장	비상근대표회장	
2009	대표회장	비상근대표회장	
2010	대표회장	비상근대표회장	
2011	대표회장	대표회장	

(B) (주)두산

연도	박용곤	박용오	박용성	박용현	박용만	김세권	박정원	박지원
1998	이사	대표회장	이사		대표사장	이사		
1999	이사	대표회장	이사		대표사장	이사		
2000	이사	대표회장	이사		대표사장		대표부사장	
2001	이사	대표회장	이사		대표사장		대표사장	
2002	이사	대표회장	이사		대표사장		대표사장	
2003		대표회장			대표사장		상근이사	
2004		대표회장			대표부회장		상근이사	
2005		이사			대표		이사	
2006							이사	
2007					상근이사		이사	
2008					상근이사		이사	
(지주회사)								
2009			이사	대표회장	대표회장		이사	상근이사사장
2010			이사	대표회장	대표회장		이사	상근이사사장
2011			이사	이사	대표회장		상근이사회장	

주: 1) 대표 = 대표이사, 이사 = 비상근이사. 2) 손복남 − 2001~2003년 미등기임원, 2004~2006년 미등기고문; 박용곤 − 2011년 미등기명예회장; 박지원 − 2011년 미등기사장
출저: 제3장 〈표 3.15〉, 제4장 〈표 4.18〉.

식은 비상근대표이사로 한 발 물러났으며, 이재현이 전문경영인 대표이사 1명과 함께 이재현 1인 체제 또는 친정체제를 구축하였다. 손경식은 2011년 다시 상근대표이사로 복귀하였다.

(3) (주)두산의 경우에는, 1998년 이후 등기임원으로 참여한 박용곤 가족구성원이 모두 8명이며, 3세대 6명(박용곤, 박용오, 박용성, 박용현, 박용만, 김세권(=박용언 남편))과 4세대 2명(박정원, 박지원)이다. 박용곤(2002년까지), 박용오(2005년까지), 김세권(1999년까지) 등 3명은 2005년 또는 그 이전까지만 참여하였고, 박지원(2009~2010년)과 박용현(2009~2011년)은 2009년 이후 참여하였다. 나머지 3명 즉 박용만(1998~2005, 2007~2011년), 박정원(2000~2011년) 그리고 박용성(1998~2002, 2009~2011년)은 2009년 (주)두산이 공정거래법상 지주회사로 지정되기 이전과 이후 모두에 관여하였다 (<표 5.10>, <표 5.11>).

(주)두산이 출범한 이후 첫 2년(1998~1999년) 동안에는 가족구성원이 전문경영인보다 등기임원(5명 vs. 6~10명)과 대표이사(2명 vs. 6~8명) 모두에서 수적으로 열세였으며, 2000~2002년 사이에 가족구성원이 절대적 우위인 상황으로 바뀌었다(등기임원 5명 vs. 2명; 대표이사 3명 vs. 2명). 더구나 경영에 참여한 가족구성원은 모두 대주주들이어서 가족소유권에 걸맞게 가족경영권 또한 확보된 셈이었다.

하지만 2003년부터 2008년까지는 가족구성원들의 경영 참여가 점차 줄어들고 전문경영인들이 다시 우위를 차지하였다. 가족구성원 등기임원은 1998~2002년 5명이던 것이 2003~2005년에는 3명으로 그리고 2006년에는 1명으로 줄어들었으며, 2007~2008년에는 2명이었다. 더구나 대표이사는 3명(2000~2002년), 2명(2003~2004년), 1명(2005년)으로 줄어들다가 2006~2008년의 3년 동안에는 1명도 없는 상태가 되었다. 반면 전문경영인은 2004~2008년 사이 등기임원은 3~4명 그리고 대표이사는 2~3명이었다. '2006~2008년'은 2005년 발생한 형제의 난으로 인해 사회적 지탄을 받게 되면서 가족구성원들이 경영일선에 물러나고 전문경영인들이 대리경영을 한 시기였으며, 그런 한편으로 친족 지분은 크게 늘어나 소유에서의 가족직할체제가 구축됨으로써 소유와 경영의 불일치 또는 괴리 현상이 일어난 시기이기도 하였다.

2009년 (주)두산은 공정거래법상 지주회사로 지정되었고 이를 계기로 가족구성원들이 다시 경영의 전면에 나서 가족소유권에 걸맞은 경영권을 행사하였다. 2009~2010년 가족구성원 등기임원은 5명, 대표이사는 2명으로 늘어났으며, 전문경영인은 2명(등기임원, 대표이사)으로 줄어들었다. 2011년에는 가족구성원과 전문경영인이 1명씩 줄었는데(4명 vs. 1명), 이로써 가족구성원의 경영권 장악이 최고조에 달하였다. 경영권에서 가장 우위를 보였던

2000~2002년 및 2009~2010년(5명 vs. 2명)과 비교하면 사람 수의 차이(3명)에 있어서는 같지만 비율의 차이(5:2 vs. 4:1)에서는 2011년이 더 컸으며, 가족구성원의 경영 참여가 가장 약화되었던 2006년(1명 vs. 4명)과 비교하면 사람 수의 차이(-3명)에서나 비율(1:4)에서 5년 만에 360도 역전되었다.

한편, 2009년 이전에는 가족구성원 중 3세대인 박용오(1998~2004년)와 박용만(1998~2005년)이 오랫동안 그리고 4세대인 박정원(2000~2002년)은 잠깐 동안 (주)두산의 대표이사였으며, 2009년 이후에는 3세대인 박용현과 박용만이 공동대표이사이다가 2011년부터는 박용만 혼자 대표이사이다. 즉, 소유에서는 2007년 이후 4세대로의 승계가 완료된 반면 경영에서는 3세대가 여전히 주도권을 가지고 있다.

하지만 경영승계 또한 진행되고 있는 조짐이 2011년 들어 나타나고 있다. (주)두산의 실질적인 최대주주인 박정원이 비상근이사에서 상근이사로 취임하고 박용만과 같은 직급인 회장으로 승진한 것이다. 또 공식적인 최대주주인 아버지 박용곤(미등기 명예회장)이 2002년 이후 9년 만에 (주)두산의 경영에 관여하였으며, 둘째 아들이자 박정원 다음의 대주주인 박지원(미등기사장) 또한 주요 경영진이었다. 박용곤 일가 3명이 동시에 (주)두산의 경영에 참여한 것은 1998년 이후 처음이며, 이는 4세대의 선두주자인 박정원에게로 경영권을 승계하기 위한 포석인 것으로 보인다.

(4) 이재현과 박용곤 일가의 경영권 장악은 지주회사(CJ(주), (주)두산)에 국한되지 않았다. 이들은 지주회사체제 도입(2007, 2009년) 이후 다른 주요 계열회사의 경영에도 깊숙이 관여하였으며, 그럼으로써 경영권을 그룹 전체로 확산시키면서 보다 일사불란한 통제 체제를 구축하였다 (<표 5.12>).

CJ그룹에서는 2007년 이후 이재현의 겸직이 크게 강화되었다. 2007년 이전에도 이재현은 6~7개의 계열회사에 겸직을 보유하였으며, 그런 한편으로 CJ(주) 미등기임원들이 다수 겸직을 보유하였고 특히 1명(정홍균)은 이재현보다 많은 7~11개의 겸직을 가지고 있었다. 반면, 2007년 이후에는 겸직 보유 미등기임원이 크게 줄어들어든 가운데 이재현이 가장 많은 8~9개의 겸직을 보유하였다. 이재현이 겸직을 보유한 회사의 대부분은 CJ(주)의 주요 자회사들이었다. 2011년 현재 자신의 계열회사를 보유하고 있는 8개 자회사 중에서는 7개에 겸직을 가지고 있으며, 이에 따라 이재현의 영향력은 이들 7개 자회사 산하의 46개 계열회사(CJ E&M 산하 22개, CJ오쇼핑 10개, CJ제일제당 7개 등)에 대해서도 자연스럽게 행사되었다.

〈표 5.12〉 CJ(주)와 (주)두산 임원의 겸직, 2000~2011년: 주요 임원별 겸직 회사 수 (개)

(A) CJ(주)

임원	지주회사체제 이전							지주회사체제				
	2000	2001	2002	2003	2004	2005	2006	2007	2008	2009	2010	2011
겸직 회사	18	22	12	13	14	22	18	18	19	15	14	15
이재현	7	6				7	7	8	8	8	8	9
정홍균	9	11	9	10	9	8	7	3	3			
성용준		2						6	6	6	6	4
신현재								8	8	7		
이준영		3								1	1	3
서장원								2	3			
김진수		1	3	3								
이재호			3	3	5	9						
서재열					1	2	2					
이병하					2	2	1					
김해동					1	2	1					

(B) (주)두산

임원	지주회사체제 이전			지주회사체제			
	2006	2007	2008	2009	2010	2011	2012
겸직 회사	5	7	10	7	8	8	6
박용성				1	1	1	1
박용현				1	1	1	2
박용만		2	3	4	4	4	1
박정원	1	2	2	4	4	4	4
박지원				1	1	1	
이재경				3	3	3	
Bemowski				1	1		
강태순	3	2	2				
김용성	3	3	2				

주: CJ(주) — 이재현과 정홍균(2007~2008년)은 등기임원, 나머지는 미등기임원; (주)두산 — 모두 등기임원.
출처: 제3장 〈표 3.19〉, 제4장 〈표 4.20〉.

두산그룹의 경우에는 2009년 이후 박용곤 가족구성원들의 겸직이 크게 강화되었다. 2009년 이전에는 겸직 보유 가족구성원들(박용만, 박정원)이 전문경영인들에 비해 사람 수에서나 보유 겸직 수에서 열세였다. 반면 2009년 이후에는 가족구성원들(박용만, 박정원, 박용성, 박용현, 박지원)이 우위를 차지하였고, 특히 박정원과 박용만은 가장 많은 4개씩의 겸직을 보유하였다. 가족구성원들이 겸직을 보유한 회사 중에는 두산중공업((주)두산 자회사)과 두산건설(두산중공업 자회사)이 포함되어 있으며, 이 두 회사는 (주)두산과 함께 그룹 내에서 가장 많은 자신의 계열회사를 거느려 온 실질적인 지주회사들이다.

한편, 가족구성원들(박정원, 박지원, 박용만, 박용현)은 전문경영인들에 비해 보다 빈번하게 대표이사직을 가졌다. 특히 4세대의 선두주자인 박정원은 유일하게 2개 회사(두산건설, 두산모터스)의 대표이사였다. 그는 2006년 이후 줄곧 겸직을 보유해 오고 있는 유일한 가족구성원이며, 2007년 이후 (주)두산의 실질적인 최대주주이기도 하다. 지주회사에서는 3세대인 박용만이 경영권을 주도하고 있지만, 박정원은 지주회사의 경영에 관여하는 한편으로 다른 주요 계열회사의 경영에 보다 적극적으로 나섬으로써 소유권에 걸맞은 경영권을 행사하고 있는 상황이다.

5. 경영성과

지주회사체제를 도입한(2007, 2009년) 이후 CJ그룹과 두산그룹의 경영성과에는 대체로 긍정적인 변화기 나다나고 있는 것으로 보이지만, 지주회사체제를 채택한 다른 재벌이나 지주회사체제를 채택하지 않은 재벌에 비해 크게 나아졌다는 징후는 발견되지 않고 있다 (<표 5.13>).

계열회사 수, 자산총액, 매출액, 당기순이익 등 4가지 경영지표를 중심으로 CJ(2012년 현재 재벌 순위 14위)와 두산(12위), 그리고 다른 주요 6개 재벌을 비교해 보면 다음과 같다. 비교대상 6개 재벌은 LG(4위), SK(3위), 삼성(1위), 현대자동차(2위), STX(13위), 금호아시아나(16위) 등이며, 이 중 LG(2001년 이후)와 SK(2007년 이후)는 적극적인 지주회사체제를 그리고 삼성(2004년 이후)은 소극적인 지주회사체제를 도입하였다. 나머지 3개 재벌은 2012년 현재 지주회사체제를 채택하고 있지 않으며, 이전에 적극적인 체제(2005년 STX, 2007~2008년 금호아시아나) 또는 소극적인 체제(2007년 현대자농차)를 잠깐 동안 채택한 적이 있었다.

〈표 5.13〉 주요 재벌의 경영성과, 1999~2012년

(A) 계열회사 수 (개)

연도	지주회사체제를 채택한 재벌				지주회사체제를 채택하지 않은 재벌			
	CJ	두산	LG	SK	삼성	현대자동차	STX	금호아시아나
1999	15	14	48	41	49			29
2000	18	16	43	39	45			20
2001	30	18	43	54	64	16		17
2002	28	18	51	62	63	25		15
2003	33	22	50	60	63	25		15
2004	41	22	46	59	63	28		16
2005	48	18	38	50	62	28	14	18
2006	56	18	30	56	59	40	10	23
2007	64	20	31	57	59	36	11	38
2008	66	21	36	64	59	36	15	52
2009	61	26	52	77	63	41	17	48
2010	54	29	53	75	67	42	16	45
2011	65	25	59	86	78	63	21	36
2012	84	24	63	94	81	56	26	25

(B) 자산총액 (조 원)

연도	CJ	두산	LG	SK	삼성	현대자동차	STX	금호아시아나
1999	2.7	6.7	49.5	32.8	61.6			10.7
2000	3.5	7.6	47.6	40.1	67.4			11.5
2001	4.8	11.2	52.0	47.4	69.9	36.1		11.6
2002	4.3	9.0	54.5	46.8	72.4	41.3		10.6
2003	4.5	8.5	58.6	47.5	83.5	44.1		9.7
2004	4.9	9.2	61.6	47.2	91.9	52.3		10.6
2005	5.9	9.7	50.9	48.0	107.6	56.0	4.1	11.4
2006	6.8	13.7	54.4	54.8	115.9	62.2	4.9	13.0
2007	8.4	14.4	52.4	60.4	129.1	66.2	5.9	22.9
2008	10.3	17.0	57.1	72.0	144.4	74.0	10.9	26.7
2009	12.3	27.3	68.3	85.9	174.9	86.9	20.7	37.6
2010	13.0	26.8	78.9	87.5	192.8	100.8	20.9	34.9
2011	16.3	27.0	90.6	97.0	230.9	126.7	22.0	24.5
2012	22.9	29.9	100.8	136.5	255.7	154.7	24.3	19.1

(C) 매출액 (조 원)

1999	3.0	2.4	64.6	37.4	99.0			6.2
2000	3.2	3.7	62.0	38.0	108.8			7.4
2001	3.9	6.3	75.3	47.6	130.3	36.4		6.8
2002	4.9	6.0	80.0	50.3	128.7	45.9		7.8
2003	6.0	6.9	85.0	53.4	144.4	55.4		8.2
2004	5.6	6.6	70.9	49.8	121.0	56.6		8.4
2005	6.1	7.2	63.1	56.1	139.2	67.0	5.0	9.9
2006	6.0	11.5	64.0	64.5	142.6	73.8	6.5	10.9
2007	6.9	13.0	66.5	70.5	150.5	77.6	7.7	18.1
2008	7.8	14.3	72.7	69.1	160.7	84.4	11.8	21.9
2009	8.8	17.2	83.9	105.2	189.0	96.3	19.0	26.0
2010	9.6	17.2	94.6	95.1	220.1	94.7	15.8	22.2
2011	11.0	18.7	107.1	112.0	254.6	129.6	18.4	18.8
2012	15.2	20.6	111.8	155.3	273.0	156.3	20.2	18.6

(D) 당기순이익 (조 원)

2000	0.1	0.6	3.8	0.7	2.5			−0.2
2001	−0.0	−0.1	2.0	1.0	8.3	1.2		−0.3
2002	0.1	−0.0	1.6	1.2	5.3	2.9		−0.8
2003	0.2	−0.4	2.9	1.9	10.7	2.8		0.1
2004	0.2	0.1	3.6	3.8	7.4	2.8		0.1
2005	0.3	0.2	5.5	4.6	13.3	3.4	0.3	0.7
2006	0.2	0.4	3.3	4.6	9.4	5.8	0.4	0.5
2007	0.1	0.3	1.2	4.3	12.4	3.8	0.3	1.0
2008	−0.0	0.8	5.1	4.9	12.4	3.9	0.9	1.4
2009	0.3	−0.5	4.3	2.9	11.8	4.4	1.0	−0.0
2010	0.7	−0.6	7.3	2.6	17.7	8.4	−0.2	−3.9
2011	1.0	0.7	4.6	5.0	24.5	13.5	0.4	1.2
2012	0.9	0.8	2.1	6.4	20.2	11.8	0.1	0.6

주: 1) 4월 현재. 2) CJ, 두산, LG, SK – 2012년 현재 적극적인 지주회사체제 채택; 삼성 – 2012년 현재 소극적인 체제
   채택; 현대자동차 – 2007년 소극적인 체제 채택; STX, 금호아시아나 – 각각 2005년, 2007~2008년 적극적인 체제
   채택.
출처· 공정거래위원회 홈페이지 지규.

첫째, 계열회사 수를 보면, CJ그룹에서는 2004~2006년 41~56개이던 것이 2007년 이후에는 54~66개 수준에서 증가와 감소가 반복되다가 2012년에 84개로 크게 늘어나면서 최고치를 기록하였다. 두산그룹에서는 2003~2008년 사이 20개 내외(18~22개)이던 것이 2009년 이후에는 25개 내외 수준(24~29개)이 유지되는 가운데 2010년의 29개를 정점으로 이후 다소 줄어든 상태이다.

SK그룹에서는 2007년 이후(57~94개) 증가 추세가 뚜렷하며, LG그룹에서는 2001년 이후(2001~2006년 30~43개, 2007~2012년 31~63개) 감소 후 증가 추세이다. 또 삼성그룹(2008년 이후 59~81개), 현대자동차그룹(2008년 이후 36~63개), STX그룹(2006년 이후 10~26개) 등에서도 최근 들어 증가 추세를 이어가고 있다. 반면 금호아시아나그룹에서는 2008년 이후(25~52개) 계속 감소하고 있다.

둘째, 자산총액은, CJ에서는 2005~2006년 5.9~6.8조 원이던 것이 2007년 이후(8.4~22.9조 원) 지속적으로 증가하여 2012년 처음으로 20조 원을 넘으면서 최고치를 기록하였다. 두산에서는 2006~2008년 사이 13.7~17조 원이었으며, 2009년 이후 26.8~29.9조 원으로 크게 늘어난 가운데 2012년 역시 최고치를 기록하였다.

다른 4개 재벌의 경우에는 자산총액 규모도 더 크고 증가 정도도 더 뚜렷하다. 삼성(2000년 이후 67.4~255.7조 원)과 현대자동차(2001년 이후 36.1~154.7조 원)에서는 2000년대 초부터 꾸준히 증가해 오고 있으며, 각각 2011년과 2010년 이후 200조 원 이상, 100조 원 이상 수준이 유지되고 있다. LG에서는 2008년 이후(57.1~100.8조 원) 그리고 SK에서는 2006년 이후(54.8~136.5조 원) 증가 추세를 보이고 있다. 한편, STX의 경우에도 2007~2009년 사이(5.9~20.7조 원) 급증한 뒤 완만한 증가세(20.9~24.3조 원)를 유지하고 있으며, 금호아시아나에서는 2009년(37.6조 원)을 정점으로 큰 폭으로 줄어들어 2012년에는 절반 수준(19.1조 원)이 되었다.

셋째, 매출액의 경우, CJ에서는 2003~2006년 5.6~6.1조 원에 머물던 것이 2007년 이후(6.9~15.2조 원)에는 매년 큰 폭으로 증가해 오고 있고 2012년(15.2조 원) 최고치를 기록하였다. 두산에서는 2006~2008년 11.5~14.3조 원에서 2009년 이후(17.2~20.6조 원)에도 완만한 상승세를 이어오고 있으며, 2012년(20.6조 원) 역시 최고치를 기록하였다.

LG와 SK에서는 증가와 감소가 반복되어 오고 있는 가운데 LG에서는 2008년 이후(72.7~111.8조 원) 그리고 SK에서는 2011년 이후(112~155.3조 원) 상승 추세가 두드러지고 있다. 삼성은 2005년 이후(139.2~273조 원) 그리고 현대자동차는 2001년 이후(36.4~156.3조 원) 꾸준한 상승세를 유지하고 있다. 반면, STX에서는 2009년 이후(15.8~20.2조 원) 다소 주춤한 상태이며, 금호아시아나에서는 2009년 이후(18.6~26조 원) 감소하고 있다.

마지막으로 넷째, 당기순이익은, CJ에서는 2003~2006년 0.2~0.3조 원 수준이다가 2007년(0.1조 원) 더욱 감소한 후 2008년에는 적자를 기록하였으며, 2009년부터 증가 추세(0.3~1조 원)로 돌아서 2011년 처음으로 1조 원을 돌파하였다. 두산에서는 2004~2008년 사이 0.1~0.8조 원 수준에서 꾸준히 증가하였으며, 2009~2010년 적자를 기록한 이후 2011~2012년(0.7~0.8조 원)에 다시 2008년 수준을 회복하였다.

LG에서는 2001년 이후 1.2~7.3조 원 사이에서 증가와 감소가 계속 이어지고 있으며, SK에서는 2006년까지(0.7~4.6조 원) 꾸준히 증가하다가 2007년 이후에는 2.6~6.4조 원 사이에서 불안정한 상태가 계속되고 있다. 삼성과 현대자동차에서도 증가와 감소가 이어지는 가운데 삼성에서는 2007년 이후(11.8~24.5조 원) 그리고 현대자동차에서는 2010년 이후(8.4~13.5조 원) 보다 높은 수치를 보이고 있다. STX에서는 2009년(1조 원)을 정점으로 그리고 금호아시아나에서는 2008년(1.4조 원)을 정점으로 이후 불안정한 상태가 이어지고 있다.

결론적으로, CJ그룹과 두산그룹의 4가지 경영지표가 지주회사체제 도입(2007년, 2009년) 이후 대체적으로는 양호한 것으로 나타나고 있지만, 지주회사체제를 도입한 다른 2개 그룹(LG, SK), 소극적인 지주회사체제를 도입한 1개 그룹(삼성), 그리고 지주회사체제를 채택하지 않은 2개 그룹(현대자동차, STX) 또한 크게 다르지 않은 추세를 보이고 있다. 따라서 CJ와 두산에서의 긍정적인 변화가 새로운 지배구조의 도입으로 인해 나타난 것이라고 판단하기는 어려운 상황이다.

6. 종합 및 전망

(1) 2007년과 2009년의 지주회사체제 도입 이후 CJ그룹과 두산그룹의 지배구조에 나타난 가장 큰 특징은 '소유권과 경영권의 동반 강화 및 최대주주 일가에로의 집중'이었다. CJ그룹에서는 이재현 1인 체제가 그리고 두산그룹에서는 박용곤 일가 공동지배체제가 고착화되었다.

소유권이 최대주주 일가에게 집중되는 과정에서 계열회사들 간의 순환 출자가 모두 정리되면서 소유구조는 외형상 단순 투명해졌다.

그룹 계열회사들의 CJ(주)와 (주)두산에 대한 보유 지분은 각각 2004년과 2006년에 모두 해소되었으며, 이후 CJ(주)에서는 이재현 단독 소유체제가 그리고 (주)두산에서는 박용곤 일가 가족 공동소유체제가 구축되었다. CJ(주)에서는 계열회사 지분이 큰 비중을 차지하지 않은 상태에서 1998년부터 이재현에로의 소유권 집중이 시작되었으며 2007년 이후 소유권이 크게 강화되었다. 반면 (주)두산에서는 계열회사 지분이 큰 비중을 차지하였고 계열회사 지분이 해소된 이듬해인 2007년부터 비로소 박용곤 일가에로의 소유권 집중이 시작되어 2009년 이후까지 계속되었다. 더구나 (주)두산에서는 2007년부터 3세대에서 4세대로의 소유승계가 시작되어 2011년까지는 안정적으로 완료되었으며, 이 과정에서 박용곤의 장남 박정원이 실질적인 최대주주가 됨으로써 소유에서의 장자상속 또한 마무리되었다.

한편, 소유권의 집중은 자연스럽게 경영권의 집중으로 이어졌다. 다만 경영권의 집중은 소유권의 집중과 상당한 시차를 두고 뒤늦게 수반되었으며, 이 과정에서 소유권의 집중에 비해 집중의 정도가 다소 불안정하거나 약한 모습을 보이면서 진행되었다.

CJ(주)에서는 이재현이 1998년 이후 절대적인 최대주주인 상황에서도 이재현과 손경식의 공동경영체제가 유지되었으며, 2007년 이후 이재현의 소유권이 크게 강화됨과 동시에 이재현 단독 경영체제가 구축되었다. 반면 (주)두산에서는 2003~2008년 사이 가족경영권이 크게 약화되는 가운데 2006~2008년에는 전문경영인이 대리경영을 하는 상황으로 이어졌으며, 그럼에도 2007년부터는 가족에로의 소유권 집중이 시작되었고 2년 동안 소유와 경영의 불일치가 계속된 뒤 2009년부터 강력하고 안정적인 박용곤 일가 가족 공동경영체제가 구축되었다. 소유에서는 4세대로의 승계가 완료된 반면 경영에서는 여전히 3세대가 주도하고 있으며, 다만 2011년 들어 경영승계가 가시화되는 조짐을 보이고 있다.

(2) 결국, 지주회사체제의 도입으로 인해 CJ그룹과 두산그룹의 지배구조에 나타난 최종적인 변화는 '투명하지만 비민주적인 지배구조의 고착'으로 정리될 수 있다. 먼저 소유권이 내면적으로 이재현과 박용곤 일가에게로 집중되었으며 이 과정에서 자연스럽게 소유구조의 외형적인 모습이 단순하고 투명해졌다. 이어 소유권의 집중은 경영권의 집중을 수반하였으며, 이에 따라 소유구조와 경영구조의 내면에서는 소유권과 경영권이 동반 강화되면서 이재현과 박용곤 일가에게로 집중되었다.

이는 지배구조가 최대주주 또는 최대주주 일가에 의해 개인화되었고, 따라서 비민주적인 성격의 구조로 변질되었다는 것을 의미한다. 지배구조의 이러한 모습은 1999년 지주회사제도의 재도입 취지인 '투명하고 민주적인 지배구조의 확립'과는 크게 거리가 있음에 틀림없다. 소유구조가 외형적으로 투명해진 점에서는 약간의 성공을 거둔 것이 사실이지만, 소유 및 경영구조의 본질이 오히려 비민주적인 성격으로 왜곡되었다는 점에서는 제도의 취지가 크게 퇴색하거나 거의 달성되지 못한 것으로 판단된다.

지배구조의 투명성과 집중성은 지주회사체제의 양날이다. 이는 지주회사제도의 재도입 당시부터 정부도 익히 알고 있었던 사실일 것이다. 재벌들의 복잡한 순환출자를 해소하기 위해 제도를 다시 허용하면서도 지배력 확장의 부작용을 최소화하기 위한 법적 장치를 마련한 것을 보면 이를 짐작할 수 있다.

이전에는 그룹총수가 극히 적은 지분만 가지고도 순환출자를 통해 그룹 전체를 부당하게 그리고 불법적으로 지배했다면, 지주회사체제 하에서는 최대주주가 큰 지분을 가지고 지분에 걸맞게 지주회사를 통해 그룹 전체를 정당하게 그리고 합법적으로 지배하고 있다. 따라서 지주회사체제 하에서의 소유권의 집중 그리고 경영권의 집중은 이론적으로는 아무 문제가 되지 않는 것으로 생각될 수도 있다. 하지만, CJ그룹과 두산그룹의 사례가 말해 주고 있는 것처럼, 지주회사의 최대주주 겸 대표이사는 이전의 그룹총수보다 더 강력한 경영권을 보다 일사불란하게 행사하고 있는 것이 현실이며, 따라서 지주회사체제가 과거의 황제경영 체제를 대신하는 대안적인 지배구조로 자리 잡고 있다고 보기는 힘든 상황이다.

현실이 이럼에도 재계와 정부는 '투명성'을 강조하면서 지주회사제도를 긍정적으로 평가하고 있으며, 지주회사의 설립 요건을 완화해 줄 것을 요구하고 이를 전향적으로 수용하고 있다. 반면 '집중성'에 대해서는 애써 외면하면서 크게 개의치 않는 모습을 보이고 있으며, 재계 스스로 경영권의 집중을 자제하면서 전문경영인과의 동반관계를 새롭게 설정하거나 정부가 나서 집중성의 완화를 위한 득난의 안전장치를 마련하는 등의 적극적인 노력은 하지 않고 있다.

투명성의 장점을 살리는 한편으로 집중성의 폐해를 최소화함으로써 상반되는 두 속성의 조화로운 접점을 찾기 위해서는 보다 긴 시간 속에서 다양한 형태의 지배시스템이 실험되어야 할 것으로 보인다.

(3) CJ그룹과 두산그룹의 두 사례를 근거로 지주회사제도의 실패를 거론하는 것은 무리일지 모른다. LG그룹과 SK그룹의 사례까지 고려하더라도 여전히 부족할 수 있다. 지주회사 체제를 채택한 다른 모든 재벌들에서는 최대주주 일가의 개인적인 지배체제가 어느 정도로 어떤 방식으로 구축되고 있는지에 대한 구체적인 사례연구, 그리고 지주회사체제가 한국재벌의 대안적 지배구조로 제대로 자리매김하고 있는지에 대한 종합적이고 객관적인 분석과

평가가 절실한 소이이다.

한국에서 '지주회사'의 역사는 일천하고 그 실험은 진행형이므로 새로운 지배구조로서의 성공 여부에 대한 판단은 상당 기간 잠정적으로 남을 수밖에 없으며, 그런 만큼 분석 및 평가 작업이 다양한 시각에서 지속적으로 진행될 필요가 있다. 이 책을 계기로 '한국재벌과 지주회사체제'가 학계의 주요 화두로 자리 잡고, 그럼으로써 한국재벌의 바람직한 지배구조에 대한 논의가 활발하게 이루어질 수 있기를 기대해 본다.

부 록

〈부록 1〉 독점규제 및 공정거래에 관한 법률 중 지주회사 관련 내용, 2012년 6월 (시행 2012.6.22; 법률 제11406호)

제1장 총칙

제1조 (목적) 이 법은 사업자의 시장지배적 지위의 남용과 과도한 경제력의 집중을 방지하고, 부당한 공동행위 및 불공정거래행위를 규제하여 공정하고 자유로운 경쟁을 촉진함으로써 창의적인 기업활동을 조장하고 소비자를 보호함과 아울러 국민경제의 균형 있는 발전을 도모함을 목적으로 한다.

제2조 (정의) 이 법에서 사용하는 용어의 정의는 다음과 같다.

1의2. '지주회사'라 함은 주식(지분을 포함한다. 이하 같다)의 소유를 통하여 국내회사의 사업내용을 지배하는 것을 주된 사업으로 하는 회사로서 자산총액이 대통령령이 정하는 금액이상인 회사를 말한다. 이 경우 주된 사업의 기준은 대통령령으로 정한다.

1의3. '자회사'라 함은 지주회사에 의하여 대통령령이 정하는 기준에 따라 그 사업내용을 지배받는 국내회사를 말한다.

1의4. '손자회사'란 자회사에 의하여 대통령령으로 정하는 기준에 따라 사업내용을 지배받는 국내회사를 말한다

2. '기업집단'이라 함은 동일인이 다음 각목의 구분에 따라 대통령령이 정하는 기준에 의하여 사실상 그 사업내용을 지배하는 회사의 집단을 말한다.

　　가. 동일인이 회사인 경우 그 동일인과 그 동일인이 지배하는 하나 이상의 회사의 집단

　　나. 동일인이 회사가 아닌 경우 그 동일인이 지배하는 2 이상의 회사의 집단

3. '계열회사'라 함은 2 이상의 회사가 동일한 기업집단에 속하는 경우에 이들 회사는 서로 상대방의 계열회사라 한다.

5. '임원'이라 함은 이사·대표이사·업무집행을 하는 무한책임사원·감사나 이에 준하는 자 또는 지배인 등 본점이나 지점의 영업 전반을 총괄적으로 처리할 수 있는 상업사용인을 말한다.

10. '금융업 또는 보험업'이라 함은 「통계법」 제22조(표준분류) 제1항의 규정에 의하여 통계청장이 고시하는 한국표준산업분류상 금융 및 보험업을 말한다.

제3장 기업결합의 제한 및 경제력집중의 억제

<u>제8조 (지주회사 설립·전환의 신고)</u> 지주회사를 설립하거나 지주회사로 전환한 자는 대통령령이 정하는 바에 의하여 공정거래위원회에 신고하여야 한다.

<u>제8조의2 (지주회사 등의 행위제한 등)</u>
① 이 조에서 사용하는 용어의 정의는 다음과 같다.
　1. '공동출자법인'이라 함은 경영에 영향을 미칠 수 있는 상당한 지분을 소유하고 있는 2인 이상의 출자자(특수관계인의 관계에 있는 출자자 중 대통령령이 정하는 자 외의 자는 1인으로 본다)가 계약 또는 이에 준하는 방법으로 출자지분의 양도를 현저히 제한하고 있어 출자자 간 지분변동이 어려운 법인을 말한다.
　2. '벤처지주회사'라 함은 「벤처기업육성에 관한 특별조치법」 제2조(정의) 제1항에 따른 벤처기업(이하 '벤처기업'이라 한다)을 자회사로 하는 지주회사로서 대통령령이 정하는 기준에 해당하는 지주회사를 말한다.
② 지주회사는 다음 각 호의 어느 하나에 해당하는 행위를 하여서는 아니 된다.
　1. 자본총액(대차대조표상의 자산총액에서 부채액을 뺀 금액을 말한다. 이하 같다)의 2배를 초과하는 부채액을 보유하는 행위. 다만, 지주회사로 전환하거나 설립될 당시에 자본총액의 2배를 초과하는 부채액을 보유하고 있는 때에는 지주회사로 전환하거나 설립된 날부터 2년간은 자본총액의 2배를 초과하는 부채액을 보유할 수 있다.
　2. 자회사의 주식을 그 자회사 발행주식총수의 100분의 40[자회사가 「자본시장과 금융투자업에 관한 법률」에 따른 주권상장법인(이하 '상장법인'이라 한다)인 경우, 주식 소유의 분산요건 등 상장요건이 국내 유가증권시장의 상장요건에 상당하는 것으로 공정거래위원회가 고시하는 국외 증권거래소에 상장된 법인(이하 '국외상장법인'이라 한다)인 경우, 공동출자법인인 경우 또는 벤처지주회사의 자회사인 경우에는 100분의 20으로 한다. 이하 이 조에서 '자회사주식보유기준'이라 한다] 미만으로 소유하는 행위. 다만, 다음 각 목의 어느 하나에 해당하는 사유로 인하여 자회사주식보유기준에 미달하게 된 경우에는 그러하지 아니하다.

가. 지주회사로 전환하거나 설립될 당시에 자회사의 주식을 자회사주식보유기준 미만으로 소유하고 있는 경우로서 지주회사로 전환하거나 설립된 날부터 2년 이내인 경우

나. 상장법인 또는 국외상장법인이거나 공동출자법인이었던 자회사가 그에 해당하지 아니하게 되어 자회사주식보유기준에 미달하게 된 경우로서 그 해당하지 아니하게 된 날부터 1년 이내인 경우

다. 벤처지주회사이었던 회사가 그에 해당하지 아니하게 되어 자회사주식보유기준에 미달하게 된 경우로서 그 해당하지 아니하게 된 날부터 1년 이내인 경우

라. 자회사가 주식을 모집하거나 매출하면서 「증권거래법」 제191조의7(우리사주조합원에 대한 우선배정)의 규정에 따라 우리사주조합에 우선 배정하거나 당해 자회사가 「상법」 제513조(전환사채의 발행) 또는 제516조의2(신주인수권부사채의 발행)의 규정에 따라 발행한 전환사채 또는 신주인수권부사채의 전환이 청구되거나 신주인수권이 행사되어 자회사주식보유기준에 미달하게 된 경우로서 그 미달하게 된 날부터 1년 이내인 경우

마. 자회사가 아닌 회사가 자회사에 해당하게 되고 자회사주식보유기준에는 미달하는 경우로서 당해 회사가 자회사에 해당하게 된 날부터 1년 이내인 경우

바. 자회사를 자회사에 해당하지 아니하게 하는 과정에서 자회사주식보유기준에 미달하게 된 경우로서 그 미달하게 된 날부터 1년 이내인 경우(자회사주식보유기준에 미달하게 된 날부터 1년 이내에 자회사에 해당하지 아니하게 된 경우에 한한다)

사. 자회사가 다른 회사와 합병하여 자회사주식보유기준에 미달하게 된 경우로서 그 미달하게 된 날부터 1년 이내인 경우

3. 계열회사가 아닌 국내회사[「사회기반시설에 대한 민간투자법」 제4조(민간투자사업의 추진방식) 제1호부터 제4호까지의 규정에 정한 방식으로 민간투자사업을 영위하는 회사를 제외한다. 이하 이 호에서 같다]의 주식을 당해 회사 발행주식총수의 100분의 5를 초과하여 소유하는 행위(소유하고 있는 계열회사가 아닌 국내회사의 주식가액의 합계액이 자회사의 주식가액의 합계액의 100분의 15 미만인 지주회사에 대하여는 적용하지 아니한다) 또는 자회사 외의 국내계열회사의 주식을 소유하는 행위. 다만, 다음 각 목의 1에 해당하는 사유로 인하여 주식을 소유하고 있는 계열회사가 아닌 국내회사나 국내계열회사의 경우에는 그러하지 아니하다.

가. 지주회사로 전환하거나 설립될 당시에 이 호 본문에서 규정하고 있는 행위에 해당하고 있는 경우로서 시주회사로 전환하거나 설립된 날부터 2년 이내인 경우

나. 계열회사가 아닌 회사를 자회사에 해당하게 하는 과정에서 이 호 본문에서 규정하고 있는 행위에 해당하게 된 날부터 1년 이내인 경우(같은 기간 내에 자회사에 해당하게 된 경우에 한한다)

다. 주식을 소유하고 있지 아니한 국내계열회사를 자회사에 해당하게 하는 과정에서 그 국내계열회사 주식을 소유하게 된 날부터 1년 이내인 경우(같은 기간 내에 자회사에 해당하게 된 경우에 한한다)

라. 자회사를 자회사에 해당하지 아니하게 하는 과정에서 당해 자회사가 자회사에 해당하지 아니하게 된 날부터 1년 이내인 경우

4. 금융업 또는 보험업을 영위하는 자회사의 주식을 소유하는 지주회사(이하 '금융지주회사'라 한다)인 경우 금융업 또는 보험업을 영위하는 회사(금융업 또는 보험업과 밀접한 관련이 있는 등 대통령령이 정하는 기준에 해당하는 회사를 포함한다) 외의 국내회사의 주식을 소유하는 행위. 다만, 금융지주회사로 전환하거나 설립될 당시에 금융업 또는 보험업을 영위하는 회사 외의 국내회사 주식을 소유하고 있는 때에는 금융지주회사로 전환하거나 설립된 날부터 2년간은 그 국내회사의 주식을 소유할 수 있다.

5. 금융지주회사외의 지주회사(이하 '일반지주회사'라 한다)인 경우 금융업 또는 보험업을 영위하는 국내회사의 주식을 소유하는 행위. 다만, 일반지주회사로 전환하거나 설립될 당시에 금융업 또는 보험업을 영위하는 국내회사의 주식을 소유하고 있는 때에는 일반지주회사로 전환하거나 설립된 날부터 2년간은 그 국내회사의 주식을 소유할 수 있다.

③ 일반지주회사의 자회사는 다음 각 호의 어느 하나에 해당하는 행위를 하여서는 아니된다.

1. 손자회사의 주식을 그 손자회사 발행주식총수의 100분의 40(그 손자회사가 상장법인 또는 국외상장법인이거나 공동출자법인인 경우에는 100분의 20으로 한다. 이하 이 조에서 '손자회사주식보유기준'이라 한다) 미만으로 소유하는 행위. 다만, 다음 각 목의 어느 하나에 해당하는 사유로 인하여 손자회사주식보유기준에 미달하게 된 경우에는 그러하지 아니하다.

가. 자회사가 될 당시에 손자회사의 주식을 손자회사주식보유기준 미만으로 소유하고 있는 경우로서 자회사에 해당하게 된 날부터 2년 이내인 경우

나. 상장법인 또는 국외상장법인이거나 공동출자법인이었던 손자회사가 그에 해당하지 아니하게 되어 손자회사주식보유기준에 미달하게 된 경우로서 그 해당하지 아니하게 된 날부터 1년 이내인 경우

다. 손자회사가 주식을 모집 또는 매출하면서 「증권거래법」 제191조의7(우리사주조합원에 대한 우선배정)의 규정에 따라 우리사주조합에 우선 배정하거나 당해 손자회사가 「상법」 제513조(전환사채의 발행) 또는 제516조의2(신주인수권부사채의 발행)의 규정에 따라 발행한 전환사채 또는 신주인수권부사채의 전환이 청구되거나 신주인수권이 행사되어 손자회사주식보유기준에 미달하게 된 경우로서 그 미달하게 된 날부터 1년 이내인 경우

라. 손자회사가 아닌 회사가 손자회사에 해당하게 되고 손자회사주식보유기준에는 미달하는 경우로서 당해 회사가 손자회사에 해당하게 된 날부터 1년 이내인 경우

마. 손자회사를 손자회사에 해당하지 아니하게 하는 과정에서 손자회사주식보유기준에 미달하게 된 경우로서 그 미달하게 된 날부터 1년 이내인 경우(같은 기간 내에 손자회사에 해당하지 아니하게 된 경우에 한한다)

바. 손자회사가 다른 회사와 합병하여 손자회사주식보유기준에 미달하게 된 경우로서 그 미달하게 된 날부터 1년 이내인 경우

2. 손자회사가 아닌 국내계열회사의 주식을 소유하는 행위. 다만, 다음 각 목의 어느 하나에 해당하는 사유로 인하여 주식을 소유하고 있는 국내계열회사의 경우에는 그러하지 아니하다.

가. 자회사가 될 당시에 주식을 소유하고 있는 국내계열회사의 경우로서 자회사에 해당하게 된 날부터 2년 이내인 경우

나. 계열회사가 아닌 회사를 손자회사에 해당하게 하는 과정에서 당해 회사가 계열회사에 해당하게 된 날부터 1년 이내인 경우(같은 기간 내에 손자회사에 해당하게 된 경우에 한한다)

나. 주식을 소유하고 있지 아니한 국내계열회사를 손자회사에 해당하게 하는 과정에서 당해 계열회사의 주식을 소유하게 된 날부터 1년 이내인 경우(같은 기간 내에 손자회사에 해당하게 된 경우에 한한다)

라. 손자회사를 손자회사에 해당하지 아니하게 하는 과정에서 당해 손자회사가 손자회사에 해당하지 아니하게 된 날부터 1년 이내인 경우(같은 기간 내에 계열회사에 해당하지 아니하게 된 경우에 한한다)

마. 손자회사가 다른 자회사와 합병하여 그 다른 자회사의 주식을 소유하게 된 경우로서 주식을 소유한 날부터 1년 이내인 경우

바. 자기주식을 보유하고 있는 자회사가 회사분할로 인하여 다른 국내계열회사의 주식을 소유하게 된 경우로서 주식을 소유한 날부터 1년 이내인 경우

3. 금융업이나 보험업을 영위하는 회사를 손자회사로 지배하는 행위. 다만, 일반지주회사의 자회사가 될 당시에 금융업이나 보험업을 영위하는 회사를 손자회사로 지배하고 있는 경우에는 자회사에 해당하게 된 날부터 2년간 그 손자회사를 지배할 수 있다.

④ 일반지주회사의 손자회사는 국내계열회사의 주식을 소유하여서는 아니 된다. 다만, 다음 각 호의 어느 하나에 해당하는 경우에는 그러하지 아니하다.

1. 손자회사가 될 당시에 주식을 소유하고 있는 국내계열회사의 경우로서 손자회사에 해당하게 된 날부터 2년 이내인 경우

2. 주식을 소유하고 있는 계열회사가 아닌 국내회사가 계열회사에 해당하게 된 경우로서 당해 회사가 계열회사에 해당하게 된 날부터 1년 이내인 경우

3. 자기주식을 소유하고 있는 손자회사가 회사분할로 인하여 다른 국내계열회사의 주식을 소유하게 된 경우로서 주식을 소유한 날부터 1년 이내인 경우

4. 손자회사가 국내계열회사(금융업 또는 보험업을 영위하는 회사를 제외한다) 발행주식총수를 소유하고 있는 경우

⑤ 제4항 제4호에 따라 손자회사가 주식을 소유하고 있는 회사(이하 '증손회사'라 한다)는 국내계열회사의 주식을 소유하여서는 아니 된다. 다만, 다음 각 호의 어느 하나에 해당하는 경우에는 그러하지 아니하다.

1. 증손회사가 될 당시에 주식을 소유하고 있는 국내계열회사인 경우로서 증손회사에 해당하게 된 날부터 2년 이내인 경우

2. 주식을 소유하고 있는 계열회사가 아닌 국내회사가 계열회사에 해당하게 된 경우로서 그 회사가 계열회사에 해당하게 된 날부터 1년 이내인 경우

⑥ 제2항 제1호 단서, 제2항 제2호 가목, 제2항 제3호 가목, 제2항 제4호 단서, 제2항 제5호 단서, 제3항 제1호 가목, 제3항 제2호 가목, 제3항 제3호 단서, 제4항 제1호 및 제5항 제1호를 적용함에 있어서 각 해당 규정의 유예기간은 주식가격의 급격한 변동 등 경제여건의 변화, 주식처분금지계약, 사업의 현저한 손실 그 밖의 사유로 인하여 부채액을 감소시키거나 주식의 취득·처분 등이 곤란한 경우에는 공정거래위원회의 승인을 얻어 2년을 연장할 수 있다.

⑦ 지주회사는 대통령령이 정하는 바에 의하여 당해 지주회사·자회사·손자회사 및 증손회사(이하 '지주회사 등'이라 한다)의 주식소유현황·재무상황 등 사업내용에 관한 보고서를 공정거래위원회에 제출하여야 한다.

제8조의3 (채무보증제한기업집단의 지주회사 설립제한) 제14조(상호출자제한기업집단 등의 지정 등) 제1항의 규정에 따라 지정된 채무보증제한기업집단에 속하는 회사를 지배하는 동일인 또는 당해 동일인의 특수관계인이 지주회사를 설립하고자 하거나 지주회사로 전환하고자 하는 경우에는 제10조의2(계열회사에 대한 채무보증의 금지)의 규정에 의한 채무보증으로서 다음 각 호의 1에 해당하는 채무보증을 해소하여야 한다.

1. 지주회사와 자회사 간의 채무보증
2. 지주회사와 다른 국내계열회사(당해 지주회사가 지배하는 자회사를 제외한다) 간의 채무보증
3. 자회사 상호 간의 채무보증
4. 자회사와 다른 국내계열회사(당해 자회사를 지배하는 지주회사 및 당해지주회사가 지배하는 다른 자회사를 제외한다) 간의 채무보증

제14조 (상호출자제한기업집단 등의 지정 등)

① 공정거래위원회는 대통령령이 정하는 바에 의하여 상호출자제한기업집단 및 채무보증제한기업집단(이하 '상호출자제한기업집단 등'이라 한다)을 지정하고 동 기업집단에 속하는 회사에 이를 통지하여야 한다.

제16조 (시정조치 등)

① 공정거래위원회는 제7조(기업결합의 제한) 제1항, 제8조의2(지주회사 등의 행위제한 등) 제2항부터 제5항까지, 제8조의3(채무보증제한기업집단의 지주회사 설립제한), 제9조(상호출자의 금지 등), 제10조의2(계열회사에 대한 채무보증의 금지) 제1항, 제11조(금융회사 또는 보험회사의 의결권 제한), 제11조의2(대규모내부거래의 이사회 의결 및 공시)부터 제11조의4(기업집단현황 등에 관한 공시)까지 또는 제15조(탈법행위의 금지)의 규정에 위반하거나 위반할 우려가 있는 행위가 있는 때에는 당해 사업자[제7조(기업결합의 제한) 제1항을 위반한 경우에는 기업결합 당사회사(기업결합 당사회사에 대한 시정조치만으로는 경쟁제한으로 인한 폐해를 시정하기 어렵거나 기업결합 당사회사의 특수관계인이 사업을 영위하는 거래분야의 경쟁제한으로 인한 폐해를 시정할 필요가 있는 경우에는 그 특수관계인을 포함한다)를 말한다] 또는 위반행위자에 대하여 다음 각 호의 1의 시정조치를 명할 수 있다. 이 경우 제12조(기업결합의 신고) 제6항 단서의 규정에 의한 신고를 받아 행하는 때에는 동 조

제7항의 규정에 의한 기간 내에 이를 하여야 한다.

    1. 당해 행위의 중지

    2. 주식의 전부 또는 일부의 처분

    3. 임원의 사임

    4. 영업의 양도

    5. 채무보증의 취소

    6. 시정명령을 받은 사실의 공표

    7. 기업결합에 따른 경쟁제한의 폐해를 방지할 수 있는 영업방식 또는 영업범위의 제한

    7의2. 공시의무의 이행 또는 공시내용의 정정

    8. 기타 법위반상태를 시정하기 위하여 필요한 조치

  ② 공정거래위원회는 제7조(기업결합의 제한) 제1항, 제8조의3(채무보증제한기업집단의 지주회사 설립제한), 제12조 제8항을 위반한 회사의 합병 또는 설립이 있는 때에는 당해 회사의 합병 또는 설립무효의 소를 제기할 수 있다.

제17조 (과징금)

  ④ 공정거래위원회는 제8조의2(지주회사 등의 행위제한 등) 제2항 내지 제5항을 위반한 자에 대하여 다음 각 호의 금액에 100분의 10을 곱한 금액을 초과하지 아니하는 범위 안에서 과징금을 부과할 수 있다.

    1. 제8조의2(지주회사 등의 행위제한 등) 제2항 제1호의 규정을 위반한 경우에는 대통령령이 정하는 대차대조표(이하 이 항에서 '기준대차대조표'라 한다)상 자본총액의 2배를 초과한 부채액

    2. 제8조의2(지주회사 등의 행위제한 등) 제2항 제2호의 규정을 위반한 경우에는 당해 자회사 주식의 기준대차대조표상 장부가액의 합계액에 다음 각 목의 비율에서 그 자회사 주식의 소유비율을 뺀 비율을 곱한 금액을 그 자회사 주식의 소유비율로 나누어 산출한 금액

      가. 당해 자회사가 상장법인 또는 국외상장법인이거나 공동출자법인인 경우 및 벤처지주회사의 자회사인 경우에는 100분의 20

      다. 가목에 해당하지 아니하는 경우에는 100분의 40

    3. 제8조의2(지주회사 등의 행위제한 등) 제2항 제3호 내지 제5호, 같은 조 제3항 제2호, 같은 조 제4항 또는 같은 조 제5항을 위반한 경우에는 위반하여 소유하는 주식의 기준

대차대조표상 장부가액의 합계액

4. 제8조의2(지주회사 등의 행위제한 등) 제3항 제1호의 규정을 위반한 경우에는 당해 손자회사 주식의 기준대차대조표상 장부가액의 합계액에 다음 각 목의 비율에서 그 손자회사 주식의 소유비율을 뺀 비율을 곱한 금액을 그 손자회사 주식의 소유비율로 나누어 산출한 금액

가. 당해 손자회사가 상장법인 또는 국외상장법인이거나 공동출자법인인 경우에는 100분의 20

나. 가목에 해당하지 아니하는 손자회사의 경우에는 100분의 40

제14장 벌칙

제66조 (벌칙)

① 다음 각 호의 어느 하나에 해당하는 자는 3년 이하의 징역 또는 2억 원 이하의 벌금에 처한다.

3. 제8조의2(지주회사 등의 행위제한 등) 제2항 내지 제5항을 위반한 자

4. 제8조의3(채무보증제한기업집단의 지주회사 설립제한)의 규정에 위반하여 지주회사를 설립하거나 지주회사로 전환한 자

제68조 (벌칙) 다음 각 호의 어느 하나에 해당하는 자는 1억 원 이하의 벌금에 처한다.

1. 제8조(지주회사 설립·전환의 신고)의 규정에 위반하여 지주회사의 설립 또는 전환의 신고를 하지 아니하거나 허위의 신고를 한 자

2. 제8조의2(지주회사 등의 행위제한 등) 제7항을 위반하여 당해 지주회사 등의 사업내용에 관한 보고를 하지 아니하거나 허위의 보고를 한 자

* 독점규제 및 공정거래에 관한 법률 전체 차례

제1장 총칙: 제1조(목적), 제2조(정의), 제2조의2(국외행위에 대한 적용)

제2장 시장지배적 지위의 남용금지: 제3조(독과점적 시장구조의 개선 등), 제3조의2(시장지배적지위의 남용금지), 제4조(시장지배적사업자의 추정), 제5조(시정조치), 제6조(과징금)

제3장 기업결합의 제한 및 경제력집중의 억제: 제7조(기업결합의 제한), 제7조의2(주식의 취득 또는 소유의 기준), 제8조(지주회사 설립·전환의 신고), 제8조의2(지주회사 등의 행위제한 등), 제8조의3(채무보증제한기업집단의 지주회사 설립제한), 제9조(상호출자의 금지 등), 제10조의2(계열회사에 대한 채무보증의 금지), 제11조(금융회사 또는 보험회사의 의결권 제한), 제11조의2(대규모내부거래의 이사회 의결 및 공시), 제11조의3(비상장회사 등의 중요사항 공시), 제11조의4(기업집단현황 등에 관한 공시), 제12조(기업결합의 신고), 제12조의2(기업결합 신고절차 등의 특례), 제13조(주식소유현황 등의 신고), 제14조(상호출자제한기업집단 등의 지정 등), 제14조의2(계열회사의 편입 및 제외 등), 제14조의3(계열회사의 편입·통지일의 의제), 제14조의4(관계기관에 대한 자료의 확인요구 등), 제14조의5(상호출자제한기업집단의 현황 등에 관한 정보공개), 제15조(탈법행위의 금지), 제16조(시정조치 등), 제17조(과징금), 제17조의3(이행강제금), 제18조(시정조치의 이행확보)

제4장 부당한 공동행위의 제한: 제19조(부당한 공동행위의 금지), 제19조의2(공공부문 입찰 관련 공동행위를 방지하기 위한 조치), 제21조(시정조치), 제22조(과징금), 제22조의2(자진신고자 등에 대한 감면 등)

제5장 불공정거래행위의 금지: 제23조(불공정거래행위의 금지), 제24조(시정조치), 제24조의2(과징금)

제6장 사업자단체: 제26조(사업자단체의 금지행위), 제27조(시정조치), 제28조(과징금)

제7장 재판매가격유지행위의 제한: 제29조(재판매가격유지행위의 제한), 제30조(재판매가격유지의 수정), 제31조(시정조치), 제31조의2(과징금)

제8장 국제계약의 체결제한: 제32조(부당한 국제계약의 체결제한), 제33조(국제계약의 심사요청), 제34조(시정조치), 제34조의2(과징금)

제9장 전담기구: 제35조(공정거래위원회의 설치), 제36조(공정거래위원회의 소관사무), 제36조의2(공정거래위원회의 국제협력), 제37조(공정거래위원회의 구성 등), 제37조의2(회의의 구분), 제37조의3(전원회의 및 소회의 관장사항), 제38조(위원장), 제39조(위원의 임기), 제40조(위원의 신분보장), 제41조(위원의 정치운동 금지), 제42조(회의의사 및 의결정족수), 제43조(심리·의결의 공개 및 합의의 비공개), 제43조의2(심판정의 질서유지), 제44조(위원의 제척·기피·회피), 제45조(의결서 작성 및 경정), 제46조(법위반행위의 판단시점), 제47조(사무처의 설치), 제48조(조직에 관한 규정)

제9장의2 한국공정거래조정원의 설립 및 분쟁조정: 제48조의2(한국공정거래조정원의 설립 등), 제48조의3(공정거래분쟁조정협의회의 설치 및 구성), 제48조의4(협의회의 회의), 제48조의5(협의회 위원의 제척·기피·회피), 제48조의6(조정의 신청 등), 제48조의7(조정 등), 제48조의8(조정조서의 작성과 그 효력), 제48조의9(협의회의 조직·운영 등)

제10장 조사 등의 절차: 제49조(위반행위의 인지·신고 등), 제50조(위반행위의 조사 등), 제50조의2(조사권의 남용금지), 제50조의3(조사 등의 연기신청), 제51조(위반행위의 시정권고), 제51조의2(동의의결), 제51조의3(동의의결의 절차), 제51조의4(동의의결의 취소), 제51조의5(이행강제금 등), 제52조(의견진술기회의 부여), 제52조의2(자료열람요구 등), 제53조(이의신청), 제53조의2(시정조치명령의 집행정지), 제53조의3(문서의 송달), 제54조(소의 제기), 제55조(불복의 소의 전속관할), 제55조의2(사건처리 절차 등)

제10장의2 과징금 부과 및 징수 등: 제55조의3(과징금 부과), 제55조의4(과징금 납부기한의 연장 및 분할납부), 제55조의5(과징금의 연대납부의무), 제55조의6(과징금 징수 및 체납처분), 제55조의7(과징금 환급가산금), 제55조의8(결손처분)

제11장 손해배상: 제56조(손해배상책임), 제56조의2(기록의 송부 등), 제57조(손해액의 인정)

제12장 적용제외: 제58조(법령에 따른 정당한 행위), 제59조(무체재산권의 행사행위), 제60조(일정한 조합의 행위)

제13장 보칙: 제62조(비밀엄수의 의무), 제63조(경쟁제한적인 법령 제정의 협의 등), 제64조(관계기관 등의 장의 협조), 제64조의2(포상금의 지급), 제65조(권한의 위임·위탁), 제65조의2(벌칙 적용에서의 공무원 의제)

제14장 벌칙: 제66조(벌칙), 제67조(벌칙), 제68조(벌칙), 제69조(벌칙), 제69조의2(과태료), 제70조(양벌규정), 제71조(고발)

〈부록 2〉 독점규제 및 공정거래에 관한 법률 시행령 중 지주회사 관련 내용, 2012년 6월 (시행 2012.6.22; 대통령령 제23864호)

제1장 총칙

제2조 (지주회사의 기준)

① 「독점규제 및 공정거래에 관한 법률」(이하 '법'이라 한다) 제2조(정의) 제1호의2에서 '자산총액이 대통령령이 정하는 금액 이상인 회사'란 다음 각 호의 회사를 말한다.

1. 해당 사업연도에 새로이 설립되었거나 합병 또는 분할·분할합병·물적분할(이하 '분할'이라 한다)을 한 회사의 경우에는 각각 설립등기일·합병등기일 또는 분할등기일 현재의 대차대조표상 자산총액이 1천억 원 이상인 회사

2. 제1호 외의 회사의 경우에는 직전 사업연도 종료일(사업연도 종료일 이전의 자산총액을 기준으로 지주회사 전환신고를 하는 경우에는 해당 전환신고 사유의 발생일) 현재의 대차대조표상의 자산총액이 1천억 원 이상인 회사

② 법 제2조(정의) 제1호의2 후단에 따른 주된 사업의 기준은 회사가 소유하고 있는 자회사의 주식(지분을 포함한다. 이하 같다)가액의 합계액(제1항 각 호의 자산총액 산정 기준일 현재의 대차대조표상에 표시된 가액을 합계한 금액을 말한다)이 해당 회사 자산총액의 100분의 50 이상인 것으로 한다.

③ 법 제2조(정의) 제1호의3에서 '대통령령이 정하는 기준'이란 다음 각 호의 요건을 충족하는 것을 말한다.

1. 지주회사의 계열회사(「중소기업 창업지원법」에 따라 설립된 중소기업창업투자회사 또는 「여신전문금융업법」에 따라 설립된 신기술사업금융업자가 창업투자 목적 또는 신기술사업자 지원 목적으로 다른 국내회사의 주식을 취득함에 따른 계열회사를 제외한다)일 것

2. 지주회사가 소유하는 주식이 제11조(특수관계인의 범위) 제1호 또는 제2호에 규정된 각각의 자 중 최다출자자가 소유하는 주식과 같거나 많을 것

④ 법 제2조(정의) 제1호의4에서 '대통령령으로 정하는 기준'이란 다음 각 호의 요건을 충족하는 것을 말한다.

1. 자회사의 계열회사일 것

2. 자회사가 소유하는 주식이 제11조(특수관계인의 범위) 제1호 또는 제2호에 규정된 각각의 자 중 최다출자자가 소유하는 주식과 같거나 많을 것

제3장 기업결합의 제한 및 경제력집중의 억제

제15조 (지주회사의 설립·전환의 신고 등)

① 지주회사를 설립하거나 지주회사로 전환한 자는 법 제8조에 따라 공정거래위원회가 정하여 고시하는 바에 따라 다음 각 호의 기한 내에 신고인의 성명, 지주회사, 자회사, 손자회사와 법 제8조의2(지주회사 등의 행위제한 등) 제5항에 따른 증손회사(이하 '지주회사 등'이라 한다)의 명칭, 자산총액, 부채총액, 주주현황, 주식소유현황, 사업내용 등을 기재한 신고서에 신고내용을 입증하는 서류를 첨부하여 공정거래위원회에 제출하여야 한다.

1. 지주회사를 설립하는 경우에는 설립등기일부터 30일 이내

2. 다른 회사와의 합병 또는 회사의 분할을 통하여 지주회사로 전환하는 경우에는 합병등기일 또는 분할등기일부터 30일 이내

3. 다른 법률에 따라 법 제8조의 적용이 제외되는 회사의 경우에는 다른 법률에서 정하고 있는 제외기간이 지난 날부터 30일 이내

4. 다른 회사의 주식취득, 자산의 증감 및 그 밖의 사유로 인하여 지주회사로 전환하는 경우에는 제2조(지주회사의 기준) 제1항 제2호의 자산총액 산정 기준일부터 4개월 이내

② 제1항의 규정에 의한 신고를 하는 자가 법 제10조의2(계열회사에 대한 채무보증의 금지) 제1항의 규정에 의한 채무보증제한기업집단에 속하는 회사를 지배하는 동일인 또는 당해동일인의 특수관계인에 해당하는 경우에는 법 제8조의3(채무보증제한기업집단의 지주회사 설립제한) 각 호의 규정에 의한 채무보증의 해소실적을 함께 제출하여야 한다.

③ 제1항의 규정에 의한 지주회사의 설립신고에 있어서 설립에 참여하는 자가 2 이상인 경우에는 공동으로 신고하여야 한다. 다만, 신고의무자 중 1인을 대리인으로 정하여 그 대리인이 신고하는 경우에는 그러하지 아니하다.

④ 지주회사로서 사업연도 중 소유 주식의 감소, 자산의 증감 등의 사유로 인하여 제2조(지주회사의 기준) 제1항 또는 제2항의 규정에 해당하지 아니하게 되는 회사가 이를 공정거래위원회에 신고한 경우에는 당해사유가 발생한 날부터 이를 지주회사로 보지 아니한다.

⑤ 제4항의 규정에 의하여 신고를 하는 회사는 공정거래위원회가 정하는 바에 따라 당해 사유가 발생한 날을 기준으로 한 공인회계사의 회계감사를 받은 대차대조표 및 주식소유현황을 공정거래위원회에 제출하여야 한다. 이 경우 공정거래위원회는 신고를 받은 날부터 30일 이내에 그 심사결과를 신고인에게 통지하여야 한다.

제15조의2 (벤처지주회사의 기준) 법 제8조의2 제1항 제2호에서 '대통령령이 정하는 기준'이라 함은 지주회사가 소유하고 있는 「벤처기업육성에 관한 특별조치법」 제2조 제1항의 규정에 의한 벤처기업의 주식가액 합계액이 당해 지주회사가 소유하고 있는 전체 자회사 주식가액 합계액의 100분의 50 이상인 경우를 말한다.

제15조의4 (금융지주회사의 자회사 주식 소유제한) 법 제8조의2 제2항 제4호 본문에서 '금융업 또는 보험업과 밀접한 관련이 있는 등 대통령령이 정하는 기준에 해당하는 회사'라 함은 다음 각 호의 1의 사업을 영위하는 것을 목적으로 하는 회사를 말한다.
  1. 금융회사 또는 보험회사에 대한 전산·정보처리 등의 역무의 제공
  2. 금융회사 또는 보험회사가 보유한 부동산 기타 자산의 관리
  3. 금융업 또는 보험업과 관련된 조사·연구
  4. 기타 금융회사 또는 보험회사의 고유업무와 직접 관련되는 사업

제15조의6 (지주회사 등의 주식소유현황 등의 보고)
  ① 법 제8조의2(지주회사 등의 행위제한 등) 제7항에 따라 지주회사는 공정거래위원회가 정하여 고시하는 바에 따라 당해사업연도 종료 후 4개월 이내에 다음 각 호의 사항을 기재한 보고서를 공정거래위원회에 제출하여야 한다.
    1. 지주회사 등의 명칭·소재지·설립일·사업내용 및 대표자의 성명 등 회사의 일반현황
    2. 지주회사 등의 주주현황
    3. 지주회사 등의 주식소유현황
    4. 지주회사 등의 납입자본금·자본총액·부채총액·자산총액 등 재무현황
  ② 제1항에 따른 보고서에는 다음 각 호의 서류를 첨부하여야 한다.
    1. 지주회사 등의 직전사업연도의 대차대조표·손익계산서 등 재무제표(「주식회사의

외부감사에 관한 법률」의 규정에 의하여 연결재무제표를 작성하는 기업의 경우에는 연결재무제표를 포함한다) 및 재무제표에 대한 감사인의 감사보고서[상호출자제한기업집단 및 채무보증제한기업집단(이하 '상호출자제한기업집단 등'이라 한다)에 소속된 회사 및 「주식회사의 외부감사에 관한 법률」의 규정에 의한 외부감사의 대상이 되는 회사에 한한다]

2. 자회사, 손자회사와 법 제8조의2(지주회사 등의 행위제한 등) 제5항에 따른 증손회사(이하 '증손회사'라 한다)의 주주명부

③ 공정거래위원회는 제1항 및 제2항의 규정에 의하여 제출된 보고서 및 첨부서류가 미비된 경우에는 기간을 정하여 당해서류의 보정을 명할 수 있다.

* 독점규제 및 공정거래에 관한 법률 시행령 전체 차례

제1장 총칙: 제1조(목적), 제2조(지주회사의 기준), 제3조(기업집단의 범위), 제3조의2(기업집단으로부터의 제외), 제3조의3(동일인관련자로부터의 제외), 제4조(매출액 또는 구매액의 산정 방법 등), 제4조의2(시장구조 조사 또는 공표사무의 위탁)

제2장 시장지배적지위의 남용금지: 제5조(남용행위의 유형 또는 기준), 제6조(가격조사의뢰), 제8조(시정명령을 받은 사실의 공표방법), 제9조(과징금의 산정방법), 제9조의2(영업수익 사용사업자의 범위), 제10조(매출액이 없는 경우 등)

제3장 기업결합의 제한 및 경제력집중의 억제: 제11조(특수관계인의 범위), 제12조(자산총액 또는 매출액의 기준), 제12조의2(대규모회사의 기준), 제12조의3(특수관계인의 범위의 예외), 제12조의4(회생이 불가한 회사와의 기업결합), 제15조(지주회사의 설립·전환의 신고 등), 제15조의2(벤처지주회사의 기준), 제15조의4(금융지주회사의 자회사 주식 소유제한), 제15조의6(지주회사 등의 주식소유현황 등의 보고), 제17조(상호출자제한기업집단 등의 범위), 제17조의5(채무보증 금지대상의 제외요건), 제17조의6(국내금융기관의 범위), 제17조의8(대규모내부거래의 이사회 의결 및 공시), 제17조의10(비상장회사 등의 중요사항 공시), 제17조의11(기업집단 현황 등에 관한 공시), 제18조(기업결합의 신고 등), 제19조(기업결합신고대리인의 지정 등), 제20조(주식소유현황 등의 신고), 제21조(상호출자제한기업집단 등의 지정), 제21조의2(관계기관의 범위), 제21조의3(상호출자제한기업집단의 현황 등에 관한 공개정보의 범위), 제21조의4(탈법행위의 유형 및 기준), 제23조의2(기준대차대조표의 범위), 제23조의4(이행강제금의 부과·징수 등)

제4장 부당한 공동행위의 제한: 제24조(공동행위의 인가요건), 제24조의2(산업합리화를 위한 공동행위의 요건), 제24조의3(연구·기술개발을 위한 공동행위의 요건), 제25조(불황극복을 위한 공동행위의 요건), 제26조(산업구조의 조정을 위한 공동행위의 요건), 제27조(거래조건의 합리화를 위한 공동행위의 요건), 제28조(중소기업의 경쟁력향상을 위한 공동행위의 요건), 제29조(공동행위 인가의 한계), 제30조(공동행위의 인가절차 등), 제31조(공동행위 인가신청내용의 공시), 제32조(인가된 공동행위의 폐지), 제33조(경매·입찰 담합의 유형), 제34조(공공부문 입찰담합 징후분석을 위한 정보의 제출 등), 제35조(자진신고자 등에 대한 감경 또는 면제의 기준 등)

제5장 불공정거래행위의 금지: 제36조(불공정거래행위의 지정), 제37조(공정경쟁규약)

제6장 사업자단체: 제40조(사업자단체의 경쟁제한행위인가 등)

제7장 재판매가격유지행위의 제한: 제43조(재판매가격유지행위가 허용되는 저작물), 제44조(재판매가격유지대상상품의 지정절차)

제8장 국제계약의 체결제한: 제47조(국제계약의 종류), 제48조(국제계약의 심사요청)

제9장 공정거래위원회의 운영: 제49조(소회의의 구성), 제50조(소회의의 업무분장), 제51조(위원의 기피·회피), 제52조(지방사무기구의 설치), 제53조(위원의 수당 등), 제53조의2(공정거래분쟁조정협의회 위원의 자격), 제53조의3(협의회의 회의), 제53조의4(조정의 신청 등), 제53조의5(대표자의 선정), 제53조의6(분쟁당사자의 사실 확인 등), 제53조의7(소제기의 통지), 제53조의8(조정 등), 제53조의9(협의회의 운영세칙)

제10장 조사 등의 절차: 제54조(위반행위의 신고방법), 제55조(공정거래위원회의 조사 등), 제56조(소속공무원의 조사 등), 제57조(경비의 지급), 제57조의2(조사 등의 연기신청), 제58조(시정권고절차), 제59조(이의신청의 절차 및 처리기간 등), 제60조(시정조치명령의 집행정지)

제11장 과징금 부과 및 징수 등: 제61조(과징금 부과기준), 제61조의2(과징금의 징수 및 가산금), 제62조(납부기한연장 및 분할납부의 허용기준과 그 한계), 제63조(납부기한의 연장 및 분할납부의 신청), 제64조(체납가산금 요율), 제64조의2(독촉), 제64조의3(체납처분의 위탁), 제64조의4(국세과세정보요구절차), 제64조의5(환급가산금 요율), 제64조의6(결손처분), 제64조의7(포상금의 지급), 제64조의8(규제의 재검토), 제64조의9(고유식별정보의 처리), 제65조(과태료의 부과기준), 제66조(시행세칙)

〈부록 3〉 공정거래법상 지주회사 현황, 2000~2012년

〈부록 표 3.1〉 신설 공정거래법상 지주회사 173개, 2000~2012년

연도	합 (개)	회사 (설립·전환 월.일; 밑줄 친 회사는 금융지주회사)
2000	6	SK E&S(주)(1.1), (주)C&M커뮤니케이션(1.25), (주)화성사(4.1), KIG홀딩스(유)(5.24*), (주)온미디어(6.15), <u>(주)세종금융지주</u>(4.1)
2001	7	엘파소코리아홀딩(유)(1.1), (주)LG(4.3), (주)동원엔터프라이즈(4.16), (주)대교홀딩스(5.4), (주)세아홀딩스(7.3), <u>우리금융지주(주)</u>(3.27), <u>(주)신한금융지주회사</u>(9.1)
2002	5	LGEI(4.3), 한국컴퓨터지주(주)(5.27), (주)대웅(10.2), 대한색소공업(주)(12.27), <u>퍼스트씨알비</u>(1.1)
2003	7	대우통신(주)(1.1), (주)풀무원(3.11), (주)농심홀딩스(7.10), (주)이수(8.1), 동화홀딩스(주)(10.1), <u>한국투자금융지주(주)</u>(1.11), <u>동원금융지주(주)</u>(5.30)
2004	5	(주)다함이텍(1.1), 삼성종합화학(주)(1.1), (주)STX(4.1), (주)GS(7.7), <u>삼성에버랜드(주)</u>(1.1)
2005	5	롯데물산(주)(1.1), 롯데산업(주)(1.1), 한화도시개발(주)(1.1), 대상홀딩스(주)(8.1), <u>(주)하나금융지주</u>(12.1)
2006	8	(주)차산골프장지주회사(1.1), 하이마트홀딩스(1.1), (주)BSE홀딩스(1.1), (주)현대HC&(1.1), (주)LIG(1.1), 평화홀딩스(주)(5.2), 노루홀딩스(6.2), KPX홀딩스(9.1)
2007	15	(주)금호산업(1.1), (주)넥슨홀딩스(1.1), 바이더웨이CVS홀딩스(주)(1.1), (주)아모레퍼시픽그룹(1.1), (주)CJ오쇼핑(1.1), 한국전자홀딩스(1.1), (주)TAS(4.1), (주)드림파마(4.2), (주)네오위즈(4.26), SK(주)(7.3), (주)한진중공업홀딩스(8.1), 한국멀티플렉스투자(주)(8.17), CJ(주)(9.4), 한국선무(12.31), 에이오엔이십일(유)(1.1)
2008	31	DH홀딩스(1.1), (주)심명산업개발(1.1), (주)웅진홀딩스(1.1), (주)이지바이오시스템(1.1), (주)인터파크(1.1), (주)JW홀딩스(1.1), (주)포휴먼(1.1), 한림토건(1.1), (주)진양홀딩스(1.7), (주)S&T홀딩스(2.5), (주)반도홀딩스(3.3), SBS미디어홀딩스(주)(3.4), (주)티이씨앤코(5.2), (주)동성홀딩스(5.14), (주)LS(7.2), (주)풀무원(7.3), (주)풍산홀딩스(7.3), 하이트홀딩스(주)(7.3), 일진홀딩스(7.4), (주)티브로드수원방송(8.1), 키스코홀딩스(주)(9.3), 알파라발한국홀딩(주)(9.30), (주)풀무원홀딩스(9.30), 프라임개발(주)(10.1), (주)티브로드홀딩스(11.11), (주)동일홀딩스(12.1), (주)디와이에셋(12.23), (주)디와이홀딩스(12.23), <u>(주)골든브릿지</u>(1.1), (주)KB금융지주(9.29), <u>한국투자운용지주(주)</u>(10.2)

2009	20	(주)넥슨코리아(1.1), (주)다우데이타(1.1), (주)두산(1.1), 두산모트롤홀딩스(주)(1.1), (주)대명홀딩스(1.1), (주)심정개발(1.1), (주)영앤선개발(1.1), 큐릭스(1.1), 한국신용정보(주)(1.1), 한세예스24홀딩스(주)(6.30), (주)영원무역홀딩스(7.2), 몰트어퀴지션(주)(7.24), 엠피씨코리아홀딩스(주)(7.28), 씨앤에이치(주)(9.30), 대성홀딩스(주)(10.1), (주)한진해운홀딩스(12.1), (주)한화도시개발(12.2), (주)부영(12.30), <u>한국스탠다드차타드금융지주(주)(6.30)</u>, <u>산은금융지주(주)(10.28)</u>
2010	20	(주)녹십자홀딩스(1.1), 디아이피홀딩스(주)(1.1), 몰트홀딩(주)(1.1), (주)셀트리온헬스케어(1.1), (주)우리조명지주(1.1), (주)유승홀딩스(1.1), (주)에실로코리아(1.1), 엔오브이코리아홀딩(유)(1.1), (주)코오롱(1.1), KC그린홀딩스(주)(1.1), (주)티브로드한빛방송(1.1), 씨에스홀딩스(주)(1.5), (주)파라다이스글로벌(2.2), (주)휴맥스홀딩스(3.31), (주)오미디어홀딩스(9.15), (주)오션비홀딩스(9.28), 금복홀딩스(주)(11.1), (주)셀트리온홀딩스(11.25), <u>미래에셋컨설팅(주)(3.31)</u>, <u>한국씨티금융지주(6.1)</u>
2011	26	동광주택산업(주)(1.1), 동부인베스트먼트(주)(1.1), (주)대성합동지주(1.1), (주)바텍이우홀딩스(1.1), (주)서령개발(1.1), 서울도시개발(주)(1.1), 아주L&F홀딩스(주)(1.1), (주)와이엠에스에이(1.1), (주)원익(1.1), 유니펩(주)(1.1), (주)이지바이오시스템(1.1), 에스엠티케미칼(1.1), (주)SG홀딩스(1.1), (주)SJM홀딩스(1.1), 한미홀딩스(주)(1.1), SK이노베이션(주)(1.4), 제일홀딩스(주)(1.4), (주)하림홀딩스(1.4), (주)농수산홀딩스(3.8), (주)삼양홀딩스(11.3), (주)LIG(11.10), 엠에스피이엔비홀딩스(주)(12.13), <u>동양파이낸셜대부(1.1)</u>, <u>(주)BS금융지주(3.15)</u>, <u>(주)메리츠금융지주(3.28)</u>, <u>(주)DGB금융지주(5.7)</u>
2012	18	(주)베바스토동희홀딩스(1.1), 세화통운(주)(1.1), 신송홀딩스(주)(1.1), 오리온엔지니어드카본즈코리아(주)(1.1), (주)우심산업개발(1.1), (주)이래엔에스(1.1), (주)인터파크(1.1), 자일자동차(주)(1.1), 코암시앤시개발(주)(1.1), (주)케이아이지홀딩스(1.1), (주)티브로드도봉강북방송(1.1), (주)한국유선미디어(1.1), GS에너지(주)(1.3), 농협경제지주(주)(3.2), (주)아이디스홀딩스(7.1), (주)나이스홀딩스(8.23), 에이케이홀딩스(주)(9.1), <u>농협금융지주(주)(3.2)</u>

주: 1) * 신고수리일; 2012년은 9월 현재.
  2) 6개 회사는 지주회사로의 전환·설립을 신고하였으나 수리 여부가 확인되지 않음: 리타워테크놀러지스 (신고일 2000.12.11), (주)풍성모터스 (2001.4.28), (주)원진 (2001.4.30), (주)가오닉스 (2001.7.10), 타이거풀스인터네셔널 (주) (2001.7.27), (주)미디어월 (2001.7.31).
  3) KIG홀딩스, 엘파소코리아홀딩, 에이오엔이십일, 엔오브이코리아홀딩 – 유한회사.
  4) 회사명 변경: 노루홀딩스 (이전 DPI홀딩스), 넥슨코리아 (넥슨), DH홀딩스 (동희엔지니어링), 대교홀딩스 (대교네트워크), 세종금융지주 (SDN), CJ오쇼핑 (CJ홈쇼핑), 아모레퍼시픽그룹 (태평양), (주)우리조명지주 (우리조명(주)), SBS미디어홀딩스 (SBS홀딩스), SK E&S (SK엔론), LG (LGCI), LIG (LIG홀딩스), GS (GS홀딩스), JW홀딩스 (중외홀딩스), KPX홀딩스 (KPC홀딩스), TAS (TAS자동차손해사정서비스), 한국전자홀딩스 (KEC홀딩스), 현대HC& (HC&).
  5) 풀무원: 2003년 3월 11일 – 지주회사 전환; 2008년 7월 3일 – 풀무원홀딩스와 풀무원으로 인적 분할되면서 '기존의 풀무원'은 지주회사에서 제외되고 '분할된 풀무원'은 신규로 지주회사로 전환됨.
  6) 에이오엔이십일: 2008년 9월 현재까지는 일반지주회사였다가 2009년 9월 현재 금융지주회사로 재분류됨.
출처: 공정거래위원회홈페이지 자료.

〈부록 표 3.2〉 존속 공정거래법상 지주회사 11개, 2001년 7월 (자산총액 순)

지주회사	설립·전환 시기 (연.월)	자산 총액 (억 원)	지주 비율 (%)	부채 비율 (%)	자회사 (개)
일반지주회사 (9개)					
1. (주)LGCI*	2001.4	26,500	77.0	121.6	13
2. SK엔론(주)*	2000.1	5,733	96.1	-	11
3. (주)화성사	2000.4	2,625	99.9	-	1
4. (주)세아홀딩스	2001.7	2,545	61.0	-	12
5. 엘파소코리아홀딩(유)	2001.1	1,403	99.5	13.4	1
6. C&M커뮤니케이션(주)	2000.1	1,254	73.0	-	13
7. (주)대교네트워크	2001.5	1,113	68.7	-	3
8. (주)온미디어	2000.6	643	56.0	-	5
9. (주)동원엔터프라이즈	2001.4	470	89.3	0	3
합					62
금융지주회사 (2개)					
1. 우리금융지주(주)	2001.3	36,373	100	-	5
2. (주)SDN	2000.4	1,551	73.6	-	2
합					7
총합					69

주: 1) 재무현황 및 자회사: 2000년 12월 현재인 것으로 보임.
   2) * 공정거래위원회 지정 30대 대규모기업집단 소속 (공정거래위원회의 '지주회사' 자료에는 별도의 표시가 없으며,
      '대규모기업집단' 자료 및 다른 연도의 '지주회사' 자료를 이용함)
   3) 부채비율: 3개 회사 정보만 있음.
출처: 공정거래위원회 홈페이지 자료.

〈부록 표 3.3〉 존속 공정거래법상 지주회사 19개, 2003년 7월 (자산총액 순)

지주회사	설립·전환 시기 (연.월)	자산 총액 (억 원)	지주 비율 (%)	부채 비율 (%)	계열회사 (개)		
					합	자	손자
일반지주회사 (15개)							
1. (주)LG*	2001.4	57,583	103.7	58.7	37	17	20
2. SK엔론(주)*	2000.1	7,016	92.9	6.1	14	11	3
3. (주)대교네트워크	2001.5	5,047	94.1	3.8	10	6	4
4. 대우통신(주)	2003.1	3,874	57.1	−	2	2	−
5. 세아홀딩스(주)	2001.7	2,805	71.4	11.7	11	11	−
6. (주)화성사	2000.4	2,634	99.9	3.4	1	1	−
7. (주)풀무원	2003.3	2,049	53.9	75.0	18	18	−
8. (주)온미디어	2000.6	1,841	92.0	8.3	11	10	1
9. (주)농심홀딩스*	2003.7	1,839	50.8	0	4	4	−
10. (주)C&M커뮤니케이션	2000.1	1,660	85.2	185.5	21	14	7
11. 엘파소코리아홀딩(유)	2001.1	1,584	95.9	4.6	1	1	−
12. (주)동원엔터프라이즈*	2001.4	1,398	95.4	49.7	9	8	1
13. 한국컴퓨터지주(주)	2002.5	1,176	95.1	24.6	10	10	−
14. (주)대웅	2002.10	1,097	66.3	18.1	14	12	2
15. 대한색소공업(주)	2002.12	1,013	50.1	113.3	3	3	−
합					166	128	38
금융지주회사 (4개)							
1. 우리금융지주(주)	2001.3	73,892	82.0	45.9	17	12	5
2. (주)신한금융지주회사	2001.9	47,850	83.4	19.3	11	10	1
3. 동원금융지주(주)*	2003.5	1,772	69.1	98.9	6	1	5
4. (주)세종금융지주	2000.4	1,050	95.1	137.3	2	1	1
합					36	24	12
총합					202	152	50

주: 1) 재무현황 및 계열회사: 대교네트워크, 화성사, 동원엔터프라이즈, 대웅 및 세종금융지주는 2002년 3월, 다른 지주회사는 2002년 12월 현재.
  2) * 상호출자제한기업집단 소속.
  3) 대우통신 부채비율: 자본잠식.
출처: 공정거래위원회 홈페이지 자료.

〈부록 표 3.4〉 존속 공정거래법상 지주회사 24개, 2004년 5월 (자산총액 순)

지주회사	설립·전환 시기 (연.월)	자산 총액 (억 원)	지주 비율 (%)	부채 비율 (%)	계열회사 (개)		
					합	자	손자
일반지주회사 (19개)							
1. (주)LG*	2001.4	61,750	97.0	44.3	37	17	20
2. 삼성종합화학(주)*	2004.1	10,529	51.2	89.7	1	1	–
3. SK엔론(주)*	2000.1	7,685	92.7	6.1	13	11	2
4. (주)대교네트워크	2001.5	5,047	94.1	3.8	10	6	4
5. 세아홀딩스(주)*	2001.7	3,831	82.1	33.6	14	14	–
6. 대우통신(주)	2003.1	3,068	66.2	–	2	2	–
7. (주)STX	2004.4	3,034	59.5	163.6	5	3	2
8. (주)농심홀딩스*	2003.7	2,854	99.9	2.0	6	6	–
9. (주)화성사	2000.4	2,634	99.9	3.4	1	1	–
10. 동화홀딩스(주)	2003.10	2,380	87.4	5.7	6	6	–
11. (주)풀무원	2003.3	2,211	55.2	67.1	16	16	–
12. (주)온미디어	2000.6	1,896	94.8	10.2	11	10	1
13. 엘파소코리아홀딩(유)	2001.1	1,864	87.6	6.7	1	1	–
14. (주)동원엔터프라이즈*	2001.4	1,398	96.9	7.0	9	8	1
15. (주)다함이텍	2004.1	1,389	59.6	6.6	4	4	–
16. (주)이수	2004.1	1,380	97.1	46.6	8	5	3
17. (주)대웅	2002.10	1,079	66.3	18.0	14	12	2
18. 한국컴퓨터지주(주)	2002.5	1,065	80.4	25.4	9	8	1
19. 대한색소공업(주)	2002.12	1,004	50.0	99.9	3	3	–
합					170	134	36
금융지주회사 (5개)							
1. (주)신한금융지주회사	2001.9	82,944	76.1	35.6	16	11	5
2. 우리금융지주(주)	2001.3	82,478	85.0	47.3	13	9	4
3. 삼성에버랜드(주)*	2004.1	31,749	54.8	69.9	2	2	–
4. 동원금융지주(주)*	2003.5	10,915	86.3	8.7	5	3	2
5. (주)세종금융지주	2000.4	1,053	95.1	137.3	2	1	1
합					38	26	12
총합					208	160	48

주: 1) 재무현황 및 계열회사: 대교네트워크, 화성사, 동원엔터프라이즈, 대웅 및 세종금융지주는 2003년 3월, 다른 지주회사는 2003년 12월 현재.
   2) * 상호출자제한기업집단 소속 (공정거래위원회의 '지주회사' 자료에는 별도의 표시가 없으며, '대규모기업집단' 자료 및 다른 연도의 '지주회사' 자료를 이용함).
   3) 대우통신 부채비율: 자본잠식.
출처: 공정거래위원회 홈페이지 자료.

<부록 표 3.5> 존속 공정거래법상 지주회사 25개, 2005년 8월 (자산총액 순)

지주회사	설립·전환 시기 (연.월)	상장 여부	자산 총액 (억 원)	지주 비율 (%)	부채 비율 (%)	계열회사 (개)		
						합	자	손자
일반지주회사 (22개)								
1. (주)LG*	2001.4	O	43,491	101.6	25.7	33	15	18
2. (주)GS홀딩스*	2004.7	O	26,646	93.8	37.6	12	4	8
3. 롯데물산(주)*	2005.1	X	9,707	55.8	11.9	4	1	3
4. SK엔론(주)*	2000.1	X	8,068	94.6	1.8	12	11	1
5. 삼성종합화학(주)*	2004.1	X	7,212	97.1	1.3	1	1	–
6. (주)대교홀딩스	2001.5	X	5,985	92.2	0.9	10	6	4
7. 세아홀딩스(주)*	2001.7	O	5,304	88.8	26.6	15	14	1
8. (주)농심홀딩스*	2003.7	O	3,594	99.8	6.8	6	6	–
9. (주)STX*	2004.4	O	3,301	58.0	153.0	8	4	4
10. (주)화성사	2000.4	X	2,863	99.7	5.3	1	1	–
11. (주)온미디어	2000.6	X	2,494	66.1	1.4	9	8	1
12. 동화홀딩스(주)	2003.10	O	2,401	86.9	5.6	7	7	–
13. (주)풀무원	2003.3	O	2,328	56.8	70.6	17	16	1
14. (주)동원엔터프라이즈	2001.4	X	2,240	88.9	50.1	9	8	1
15. 대상홀딩스(주)	2005.8	O	1,980	60.6	0.1	3	3	–
16. 롯데산업(주)*	2005.1	X	1,910	86.4	37.8	1	1	–
17. 엘파소코리아홀딩(유)	2001.1	X	1,642	99.0	7.5	1	1	–
18. (주)이수	2004.1	X	1,543	96.7	49.9	9	4	5
19. (주)다함이텍	2004.1	O	1,468	58.6	8.0	4	4	–
20. (주)대웅	2002.10	O	1,416	79.4	6.1	13	12	1
21. 한국컴퓨터지주(주)	2002.5	X	1,041	90.8	21.6	9	9	–
22. 한화도시개발(주)*	2005.1	X	1,007	57.7	68.7	1	1	–
합						185	137	48
금융지주회사 (3개)								
1. (주)신한금융지주회사	2001.9	O	100,744	82.0	30.0	18	11	7
2. 우리금융지주(주)	2001.3	O	97,364	96.8	30.9	15	8	7
3. 한국투자금융지주(주)	2003.5	O	13,832	84.4	17.0	4	3	1
합						37	22	15
총합						222	159	63

주: 1) 재무현황 및 계열회사: 출처에 표시는 없으나 화성사, 동원엔터프라이즈 및 대웅(3월 결산법인)은 2004년 3월,
     다른 지주회사는 2004년 12월 현재인 것으로 보임.
   2) * 상호출자제한기업집단 소속.
출처: 공정거래위원회 홈페이지 자료.

<부록 표 3.6> 존속 공정거래법상 지주회사 31개, 2006년 8월 (자산총액 순)

지주회사	설립·전환 시기 (연.월)	자산 총액 (억 원)	지주 비율 (%)	부채 비율 (%)	계열회사 (개)		
					합	자	손자
일반지주회사 (27개)							
1. (주)LG*	2001.4	47,964	96.0	18.0	28	14	14
2. (주)GS홀딩스*	2004.7	29,871	96.0	29.0	15	5	10
3. 롯데물산(주)*	2005.1	11,461	61.4	20.1	4	1	3
4. SK E&S(주)*	2000.1	8,996	93.0	11.0	12	11	1
5. 삼성종합화학(주)*	2004.1	7,546	98.3	0.3	1	1	–
6. (주)대교홀딩스	2001.5	6,614	92.9	3.9	11	8	3
7. (주)세아홀딩스*	2001.7	6,423	90.8	25.8	14	14	–
8. 하이마트홀딩스(주)	2006.1	5,461	77.7	90.7	4	1	3
9. (주)농심홀딩스*	2003.7	4,191	98.6	27.6	6	6	–
10. 대상홀딩스(주)	2005.8	3,026	78.9	1.2	4	4	–
11. (주)화성사	2000.4	2,999	99.9	0.6	1	1	–
12. (주)온미디어	2000.6	2,983	62.0	4.1	8	7	1
13. 롯데산업(주)*	2005.1	2,282	84.5	27.7	1	1	–
14. 동화홀딩스(주)	2003.10	2,564	82.2	11.8	9	9	–
15. (주)동원엔터프라이즈	2001.4	2,525	91.9	40.9	11	10	1
16. (주)HC&*	2006.1	2,506	87.7	91.4	9	9	–
17. (주)풀무원	2003.3	2,444	58.3	68.2	16	16	–
18. (주)이수	2003.8	2,311	72.6	66.7	10	4	6
19. (주)DPI홀딩스	2006.6	1,599	59.5	54.5	10	7	3
20. (주)다함이텍	2004.1	1,569	62.2	3.0	4	4	–
21. (주)대웅	2002.10	1,528	80.9	7.4	14	13	1
22. (주)LIG홀딩스	2005.12	1,409	99.9	0.4	4	4	–
23. 한화도시개발(주)*	2005.1	1,366	99.2	6.5	1	1	–
24. (주)차산골프장지주회사	2006.1	1,214	66.4	787.6	1	1	–
25. 평화홀딩스(주)	2006.5	1,196	58.1	16.4	4	4	–
26. (주)BSE홀딩스	2006.1	1,064	93.5	0.4	1	1	–
27. 한국컴퓨터지주(주)	2002.5	1,033	94.6	13.8	10	10	–
합					213	167	46

금융지주회사 (4개)							
1. (주)신한금융지주회사	2001.9	124,621	87.3	22.9	15	12	3
2. 우리금융지주(주)	2001.3	120,318	97.7	23.8	16	9	7
3. (주)하나금융지주	2005.12	63,244	99.9	0.1	8	4	4
4. 한국투자금융지주(주)	2003.5	22,303	79.2	33.4	6	4	2
합					45	29	16
총합					258	196	62

주: 1) 재무현황 및 계열회사: 출처에 표시는 없으나 화성사, 동원엔터프라이즈, 대교홀딩스, 대웅 및 한국투자금융지주(3월 결산법인)는 2005년 3월 현재인 것으로 보이며, 다른 지주회사는 2005년 12월 현재 (2006년에 신설된 경우는 다른 기준이 적용될 수 있음).

2) * 상호출자제한기업집단 소속 (공정거래위원회의 '지주회사' 자료에는 별도의 표시가 없으며, '대규모기업집단' 자료 및 다른 연도의 '지주회사' 자료를 이용함).

출처: 공정거래위원회 홈페이지 자료.

〈부록 표 3.7〉 존속 공정거래법상 지주회사 40개, 2007년 8월 (자산총액 순)

지주회사	설립·전환 시기 (연.월)	자산 총액 (억 원)	지주 비율 (%)	부채 비율 (%)	계열회사 (개)		
					합	자	손자
일반지주회사 (36개)							
1. SK(주)*	2007.7	64,788	88.3	86.3	23	7	16
2. (주)LG*	2001.4	46,044	103.3	8.6	28	14	14
3. 금호산업(주)*	2007.1	38,868	65.8	240.9	21	11	10
4. (주)GS홀딩스*	2004.7	32,729	95.0	24.7	14	5	9
5. (주)태평양*	2007.1	13,705	68.2	12.3	4	4	−
6. SK E&S(주)*	2000.1	9,530	94.5	14.8	11	10	1
7. (주)CJ홈쇼핑*	2007.1	8,562	71.0	86.4	13	5	8
8. 삼성종합화학(주)*	2004.1	7,937	96.7	2.7	1	1	−
9. (주)세아홀딩스*	2001.7	7,291	91.2	23.7	14	14	−
10. (주)대교홀딩스	2001.5	6,880	94.2	4.2	13	7	6
11. (주)한진중공업홀딩스*	2007.8	5,872	54.1	52.3	4	4	−
12. (주)드림파마*	2007.4	5,280	63.8	104.1	5	5	−
13. (주)농심홀딩스*	2003.7	4,494	97.8	24.4	6	6	−
14. (주)넥슨홀딩스	2007.1	4,391	61.0	10.2	2	2	−
15. (주)온미디어*	2000.6	4,121	60.1	4.0	9	8	1
16. (주)동원엔터프라이즈	2001.4	3,735	90.5	66.4	12	11	1
17. 대상홀딩스(주)	2005.8	3,114	73.4	1.0	5	4	1
18. (주)화성사	2000.4	3,099	99.9	0	1	1	−
19. TAS자동차손해사정서비스(주)	2007.4	3,028	94.8	−	1	1	−
20. 동화홀딩스(주)	2003.10	2,817	56.4	20.1	11	11	−
21. (주)HC&*	2006.1	2,797	87.1	0.9	10	9	1
22. (주)풀무원	2003.3	2,624	58.0	65.9	14	14	−
23. 에이오엔이십일(유)	2007.1	2,379	67.3	32.9	9	9	−
24. (주)KPC홀딩스	2006.9	2,246	59.6	6.6	7	7	−
25. (주)이수	2003.8	2,026	69.3	80.0	9	4	5

26. (주)DPI홀딩스	2006.6	1,888	67.6	43.4	11	8	3
27. (주)다함이텍	2004.1	1,700	63.5	2.7	4	4	–
28. (주)대웅	2002.10	1,693	83.5	5.9	17	13	4
29. (주)LIG홀딩스	2006.1	1,536	83.2	1.7	4	4	–
30. (주)KEC홀딩스	2007.1	1,376	56.6	6.8	4	4	–
31. 바이더웨이CVS홀딩스(주)	2007.1	1,297	96.0	45.5	1	1	–
32. 평화홀딩스(주)	2006.5	1,223	81.1	14.4	7	6	1
33. (주)네오위즈	2007.4	1,210	58.2	56.5	6	6	–
34. 한국컴퓨터지주(주)	2002.5	1,185	98.5	6.4	10	10	–
35. (주)BSE홀딩스	2006.1	1,102	92.7	3.6	2	2	–
36. (주)차산골프장지주회사*	2006.1	1,002	70.8	–	1	1	–
합					314	233	81
금융지주회사 (4개)							
1. (주)신한금융지주회사	2001.9	150,036	85.2	32.1	14	11	3
2. 우리금융지주(주)	2001.3	137,935	98.5	15.6	15	9	6
3. (주)하나금융지주	2005.12	78,034	98.2	0.1	8	5	3
4. 한국투자금융지주(주)	2003.5	24,629	81.3	33.7	7	4	3
합					43	29	15
총합					358	262	96

주: 1) 재무현황 및 계열회사: 2006년 12월 또는 설립·전환일(2007년 설립·전환된 경우) 현재.
2) * 상호출자제한기업집단 소속 회사.
3) TAS자동차손해사정서비스와 차산골프장지주회사의 부채비율: 자본잠식.
출처: 공정거래위원회 홈페이지 자료.

〈부록 표 3.8〉 존속 공정거래법상 지주회사 60개, 2008년 9월 (자산총액 순)

지주회사	설립·전환 시기 (연.월)	상장 여부	자산 총액 (억 원)	지주 비율 (%)	부채 비율 (%)	계열회사 (개)			
						합	자	손자	증손
일반지주회사 (55개)									
1. SK(주)*	2007.7	O	95,056	92.7	42.8	35	7	28	–
2. (주)LG*	2001.4	O	55,988	98.3	10.2	29	14	15	–
3. 금호산업(주)*	2007.1	O	41,240	57.4	272.8	22	8	14	
4. (주)GS홀딩스*	2004.7	O	35,587	94.5	26.5	17	5	12	
5. CJ(주)*	2007.9	O	21,594	84.8	25.8	43	15	27	1
6. (주)LS*	2008.7	O	17,364	89.7	16.1	14	4	10	
7. (주)태평양	2007.1	O	13,858	76.1	10.0	6	6	–	
8. (주)웅진홀딩스	2008.1	O	13,790	97.3	73.0	13	9	4	
9. 하이트홀딩스(주)	2008.7	O	10,801	87.0	41.3	11	4	7	
10. SK E&S(주)*	2000.1	X	9,989	94.8	17.7	11	10	1	
11. (주)한진중공업홀딩스*	2007.8	O	9,958	85.6	9.6	4	4		
12. (주)CJ홈쇼핑*	2007.1	O	8,886	68.4	85.9	13	5	7	1
13. 삼성종합화학(주)*	2004.1	X	8,833	98.3	3.3	1	1		
14. (주)세아홀딩스	2001.7	O	7,938	90.2	22.8	14	14		
15. (주)대교홀딩스	2001.5	X	6,613	92.9	3.7	13	7	6	
16. (주)드림파마*	2007.4	X	5,166	62.1	99.4	5	5		
17. (주)농심홀딩스	2003.7	O	4,820	97.9	23.0	6	6		
18. (주)온미디어	2000.6	O	4,515	63.4	3.1	9	9		
19. 키스코홀딩스(주)	2008.9	O	4,057	91.2	23.8	5	4	1	
20. (주)풍산홀딩스	2008.7	O	3,688	69.1	22.8	8	5	3	
21. (주)동원엔터프라이즈	2001.4	X	3,601	89.1	58.9	14	11	3	
22. 대상홀딩스(주)	2005.8	O	3,266	71.1	2.1	5	4	1	
23. 동화홀딩스(주)	2003.10	O	3,110	50.1	23.2	12	12		
24. (주)HC&*	2006.1	X	3,018	93.2	19.1	10	9	1	
25. 한국멀티플렉스투자(주)	2007.8	X	2,920	97.3	97.2	1	1		
26. 에이오엔이십일(유)	2007.1	X	2,877	80.7	20.6	9	8	1	
27. TAS자동차손해사정서비스(주)	2007.4	X	2,837	100	–	2	1	1	
28. (주)KPC홀딩스	2006.9	O	2,813	55.5	6.2	6	6		
29. (주)티브로드수원방송	2008.8	X	2,421	67.9	58.4	13	5	4	4
30. (주)LIG홀딩스	2006.1	X	2,149	91.9	31.8	6	4	2	–

31. (주)DPI홀딩스	2006.6	O	1,989	64.3	45.4	9	7	2	–
32. (주)네오위즈	2007.4	O	1,986	63.5	30.3	7	7	–	–
33. (주)진양홀딩스	2008.1	O	1,976	72.9	15.4	4	4	–	–
34. (주)반도홀딩스	2008.3	X	1,976	79.4	16.3	1	1	–	–
35. (주)SBS홀딩스	2008.3	O	1,940	67.4	4.2	8	5	3	–
36. (주)대웅	2002.10	O	1,916	83.7	3.6	19	13	6	–
37. 한국컴퓨터지주(주)	2002.5	X	1,868	52.8	56.9	9	8	1	–
38. (주)S&T홀딩스	2008.2	O	1,868	83.4	6.3	7	5	2	–
39. (주)이수	2003.8	X	1,864	73.4	714.0	9	4	5	–
40. 일진홀딩스(주)	2008.7	O	1,838	61.5	17.5	8	6	2	–
41. (주)다함이텍	2004.1	O	1,814	64.0	2.1	3	3	–	–
42. 평화홀딩스(주)	2006.5	O	1,792	69.2	49.0	8	6	2	–
43. (주)인터파크	2007.12	O	1,654	56.2	58.9	14	14	–	–
44. (주)이지바이오시스템	2008.1	O	1,639	52.3	56.1	17	4	11	2
45. (주)KEC홀딩스	2007.1	O	1,567	59.1	9.3	5	4	1	–
46. (주)중외홀딩스	2008.1	O	1,420	62.3	7.0	7	5	2	–
47. 한국선무(주)	2007.12	X	1,346	96.0	6.5	5	1	4	–
48. (주)티이씨앤코*	2008.5	O	1,280	61.4	13.5	3	3	–	–
49. (주)동희엔지니어링	2008.1	X	1,175	99.1	0	3	1	2	–
50. (주)BSE홀딩스	2006.1	O	1,162	94.5	3.7	3	3	–	–
51. (주)포휴먼	2008.1	O	1,055	59.0	4.9	1	1	–	–
52. (주)심명산업개발	2008.1	X	1,053	81.0	0.1	14	12	2	–
53. (주)한림토건	2008.1	X	1,019	88.1	10.8	3	2	1	–
54. (주)동성홀딩스	2008.5	O	1,010	50.5	6.3	8	5	3	–
55. (주)풀무원	2008.7	O	157	52.7	144.4	7	7	–	–
합						539	334	197	8
금융지주회사 (5개)									
1. (주)신한금융지주회사	2001.9	O	253,275	93.8	40.9	15	12	3	–
2. 우리금융지주(주)	2001.3	O	152,814	99.2	16.2	21	10	10	1
3. (주)KB금융지주	2008.9	O	130,548	100	0	10	8	2	–
4. (주)하나금융지주	2005.12	O	93,280	98.3	0.1	7	7	–	–
5. 한국투자금융지주(주)	2003.5	O	29,033	83.6	34.5	7	4	3	–
합						60	41	18	1
총합						599	375	215	9

주: 1) 재무현황 및 계열회사: 2007년 12월 또는 설립·전환일(2007년 8월~2008년 9월 설립·전환된 경우) 현재.
    2) * 상호출자제한기업집단 소속.
    3) TAS자동차손해사정서비스의 부채비율: 자본잠식.
출처: 공정거래위원회 홈페이지 자료.

〈부록 표 3.9〉 존속 공정거래법상 지주회사 79개, 2009년 9월 (자산총액 순)

지주회사	설립·전환 시기 (연.월)	상장 여부	자산 총액 (억 원)	지주 비율 (%)	부채 비율 (%)	계열회사 (개)			
						합	자	손자	증손
일반지주회사 (70개)									
1. SK(주)*	2007.7	O	96,197	96.6	41.7	58	8	42	8
2. (주)LG*	2001.4	O	69,563	92.0	11.6	45	15	28	2
3. (주)GS*	2004.7	O	44,557	89.9	25.6	24	5	19	–
4. (주)두산*	2009.1	O	27,910	57.6	78.3	21	11	8	2
5. CJ(주)*	2007.9	O	27,811	62.8	40.4	50	14	33	3
6. 몰트어퀴지션(주)	2009.7	X	22,534	96.8	108.3	2	1	1	
7. (주)LS*	2008.7	O	16,180	91.4	11.3	19	4	14	1
8. (주)웅진홀딩스*	2008.1	O	14,755	93.9	103.0	18	10	7	1
9. (주)태평양	2007.1	O	14,325	76.5	8.0	6	6	–	–
10. (주)한진중공업홀딩스*	2007.8	O	10,892	89.0	4.1	5	4	1	–
11. 하이트홀딩스(주)	2008.7	O	10,644	90.6	53.0	11	4	7	
12. (주)CJ오쇼핑*	2007.1	O	9,699	57.8	94.1	13	5	7	1
13. 프라임개발(주)	2008.10	X	9,536	55.5	388.3	24	17	7	
14. (주)세아홀딩스*	2001.7	O	9,293	86.8	24.7	15	14	1	
15. SK E&S(주)*	2000.1	X	9,095	89.0	13.7	10	9	1	
16. 삼성종합화학(주)*	2004.1	O	8,693	92.6	2.1	1	1		
17. (주)넥슨	2009.1	X	7,278	67.7	140.5	6	6		
18. (주)대교홀딩스	2001.5	X	5,868	93.8	0.8	13	7	6	
19. (주)농심홀딩스	2003.7	O	5,149	98.9	16.2	6	6	–	
20. (주)드림파마*	2007.4	X	5,130	62.8	102.6	5	5		
21. SBS미디어홀딩스(주)	2008.3	O	4,827	85.3	2.2	11	6	5	–
22. 키스코홀딩스(주)	2008.9	O	4,373	94.1	13.2	5	4	1	
23. (주)온미디어	2000.6	O	4,345	66.5	2.3	9	9		
24. (주)티브로드홀딩스	2008.11	X	4,136	58.9	170.5	13	7	3	3
25. (주)S&T홀딩스	2008.2	O	4,048	98.2	9.6	8	5	3	
26. (주)풍산홀딩스	2008.7	O	3,818	71.3	17.4	8	5	3	
27. (주)농협엔터프라이즈	2001.4	X	3,814	87.0	48.3	15	9	6	

28. (주)대명홀딩스	2009.1	X	3,785	99.8	41.9	11	4	7	–
29. (주)HC&*	2006.1	X	3,530	84.9	37.4	9	9	–	–
30. 대상홀딩스(주)	2005.8	O	3,347	55.7	2.6	5	4	1	–
31. (주)반도홀딩스	2008.3	X	2,987	88.2	11.3	3	3	–	–
32. TAS자동차손해사정서비스㈜	2007.4	X	2,978	98.6	–	2	1	1	–
33. 동화홀딩스(주)	2003.10	O	2,893	88.1	22.6	12	12	–	–
34. KPX홀딩스(주)	2006.9	O	2,734	57.5	2.4	5	5	–	–
35. (주)다함이텍	2004.1	O	2,679	74.0	1.3	3	3	–	–
36. (주)디와이홀딩스	2008.12	X	2,637	71.3	43.8	7	2	1	4
37. (주)LIG홀딩스	2006.1	X	2,610	90.3	28.1	6	4	2	–
38. (주)DPI홀딩스	2006.6	O	2,546	65.3	48.7	12	7	5	–
39. (주)DH홀딩스	2008.1	X	2,450	98.5	0.7	4	2	2	–
40. (주)풀무원	2008.7	X	2,436	52.0	135.0	8	8	–	–
41. (주)대웅	2002.10	O	2,361	94.0	4.7	23	17	6	–
42. (주)풀무원홀딩스	2008.9	O	2,342	65.3	38.7	18	7	11	–
43. 한국멀티플렉스투자(주)	2007.8	X	2,180	99.2	88.0	1	1	–	–
44. (주)다우데이타	2009.1	O	2,116	64.8	57.7	7	3	4	–
45. 일진홀딩스	2008.7	O	1,980	72.3	8.6	8	6	2	–
46. 두산모트롤홀딩스(주)*	2009.1	X	1,947	95.6	298.7	1	1	–	–
47. (주)네오위즈	2007.4	O	1,925	68.5	27.0	9	7	2	–
48. 한국컴퓨터지주(주)	2002.5	X	1,917	53.5	50.3	9	7	2	–
49. (주)인터파크	2008.1	O	1,870	54.6	51.9	10	9	1	–
50. 한국신용정보(주)	2009.1	O	1,854	60.1	57.1	15	9	6	–
51. (주)영원무역홀딩스	2009.7	O	1,825	78.5	10.7	2	2	–	–
52. 평화홀딩스(주)	2006.5	O	1,736	58.8	55.8	9	6	3	–
53. (주)이수	2003.8	X	1,707	92.6	–	8	5	3	–
54. (주)동일홀딩스	2008.12	X	1,697	95.6	3.0	2	2	–	–
55. (주)중외홀딩스	2008.1	O	1,524	71.4	15.3	10	6	4	–
56. (주)포휴먼	2008.1	O	1,501	53.7	8.2	2	1	1	–
57. (주)KEC홀딩스	2007.1	O	1,464	57.7	6.3	5	4	1	–
58. (주)진양홀딩스	2008.1	O	1,409	92.6	1.7	9	9	–	–
59. (주)심명산업개발	2008.1	X	1,352	82.6	13.7	15	13	2	–
60. (주)한림토건	2008.1	X	1,331	91.4	7.8	3	2	1	–
61. 큐릭스	2009.1	O	1,240	76.5	97.3	8	3	5	–

62. 한세예스24홀딩스(주)	2009.6	O	1,217	76.4	11.0	3	2	1	–
63. (주)영앤선개발	2009.1	X	1,209	91.4	24.5	4	1	2	1
64. 알파라발한국홀딩(주)	2008.9	X	1,190	99.9	263.4	1	1	–	–
65. (주)심정개발	2009.1	X	1,173	71.4	0.1	4	2	2	–
66. (주)BSE홀딩스	2006.1	O	1,160	79.7	20.9	3	3	–	–
67. 엠피씨코리아홀딩스(주)	2009.7	X	1,084	96.6	6.1	2	2	–	–
68. (주)디와이에셋	2008.12	X	1,046	75.8	0	8	1	6	1
69. (주)티이씨앤코*	2008.5	O	1,013	58.8	14.0	4	2	2	–
70. (주)동성홀딩스	2008.5	O	1,008	47.2	6.3	10	7	3	–
합						721	402	292	27

금융·지주회사 (9개)

1. (주)신한금융지주회사	2001.9	O	259,136	87.5	47.2	18	12	6	–
2. (주)KB금융지주	2008.9	O	165,680	98.3	4.7	10	8	2	–
3. 우리금융지주(주)	2001.3	O	156,202	97.9	28.0	25	11	13	1
4. (주)하나금융지주	2005.12	O	104,022	98.6	16.4	6	6	–	–
5. 한국스탠다드차타드금융지주(주)	2009.6	X	38,778	100	0	5	3	2	–
6. 한국투자금융지주(주)*	2003.1	O	28,580	78.6	57.9	12	5	5	2
7. 에이오엔이십일(유)	2007.1	X	3,054	60.4	0.9	9	8	1	–
8. (주)골든브릿지	2008.1	X	1,370	86.7	53.3	5	5	–	–
9. 한국투자운용지주(주)*	2008.10	X	1,170	90.3	0.1	2	2	–	–
합						92	60	29	3
총합						813	462	321	30

주: 1) 재무현황 및 계열회사: 2008년 12월 또는 설립·전환일(2009년 6월 이후 설립·전환된 경우) 현재.
  2) * 상호출자제한기업집단 소속.
  3) 이수 및 TAS자동차손해사정서비스의 부채비율: 자본잠식.
출처: 공정거래위원회홈페이지 자료.

〈부록 표 3.10〉 존속 공정거래법상 지주회사 96개, 2010년 9월 (자산총액 순)

지주회사	설립·전환 시기 (연.월)	상장 여부	자산 총액 (억 원)	지주 비율 (%)	부채 비율 (%)	계열회사 (개)			
						합	자	손자	증손
일반지주회사 (84개)									
1. SK(주)*	2007.7	O	102,405	96.4	43.5	62	9	44	9
2. (주)LG*	2001.4	O	80,141	92.2	8.3	45	16	27	2
3. (주)GS*	2004.7	O	51,718	90.4	26.7	27	6	21	–
4. (주)부영*	2009.12	X	39,396	96.9	0.5	2	2	–	–
5. CJ(주)*	2007.9	O	27,914	68.8	35.8	46	16	27	3
6. (주)두산*	2009.1	O	27,484	66.1	51.4	23	9	12	2
7. (주)LS*	2008.7	O	17,971	89.6	12.6	24	4	19	1
8. 몰트어퀴지션(주)	2009.7	X	17,943	99.8	51.7	2	1	1	–
9. (주)웅진홀딩스*	2008.1	O	17,838	90.0	118.5	20	9	9	2
10. 하이트홀딩스(주)*	2008.7	O	17,172	95.7	91.7	13	5	8	–
11. (주)태평양	2007.1	O	15,015	77.9	7.5	7	7	–	–
12. 몰트홀딩(주)	2010.1	X	11,894	99.5	31.9	3	1	1	1
13. (주)CJ오쇼핑*	2007.1	O	11,321	50.0	104.6	5	3	2	–
14. (주)한진중공업홀딩스*	2007.8	O	10,543	89.3	3.4	6	4	2	–
15. 삼성종합화학(주)*	2004.1	X	10,442	94.0	2.3	1	1	–	–
16. SK E&S(주)*	2000.1	X	9,612	88.8	56.5	9	9	–	–
17. (주)세아홀딩스*	2001.7	O	9,220	86.1	22.5	12	11	1	–
18. 프라임개발(주)	2008.10	X	8,991	54.2	1,234	21	16	5	–
19. (주)넥슨	2009.1	X	8,811	65.7	81.1	10	10	–	–
20. (주)대교홀딩스	2001.5	X	6,325	92.1	2.0	13	7	6	–
21. (주)농심홀딩스	2003.7	O	5,762	98.8	16.3	7	7	–	–
22. (주)티브로드홀딩스	2008.11	X	5,658	78.6	195.8	13	5	4	4
23. SBS미디어홀딩스(주)	2008.3	O	5,490	83.7	8.7	13	6	7	–
24. (주)코오롱*	2010.1	O	5,388	54.3	35.5	29	5	23	1
25. (주)녹십자홀딩스	2010.1	O	5,170	52.0	67.3	10	6	4	–
26. 키스코홀딩스(주)	2008.9	O	5,147	98.1	4.3	5	4	1	–
27. (주)오미디어홀딩스*	2010.9	X	4,749	92.1	58.1	10	1	9	–
28. (주)온미디어*	2000.6	O	4,493	67.0	2.6	9	9	–	–
29. (주)동원엔터프라이즈	2001.4	X	4,452	83.7	41.7	16	8	8	–
30. (주)풍산홀딩스	2008.7	O	4,124	77.8	11.0	7	5	2	–

31. (주)S&T홀딩스	2008.2	O	3,984	91.3	10.1	8	5	3	–
32. (주)한진해운홀딩스*	2009.12	O	3,776	65.9	30.0	11	2	9	–
33. (주)한화도시개발*	2009.12	X	3,619	95.0	36.6	8	8	–	–
34. (주)대명홀딩스	2009.1	X	3,614	74.3	37.6	11	3	8	–
35. 대상홀딩스(주)	2005.8	O	3,592	61.9	1.4	8	5	3	–
36. (주)파라다이스글로벌	2010.2	X	3,501	52.8	121.5	12	6	6	–
37. (주)HC&*	2006.1	X	3,482	90.3	40.9	13	8	5	–
38. KPX홀딩스(주)	2006.9	O	3,478	68.3	3.7	6	6	–	–
39. (주)반도홀딩스	2008.3	X	3,431	91.1	11.4	4	3	1	–
40. 대성홀딩스(주)	2009.10	O	3,394	62.0	48.5	10	9	1	–
41. (주)풀무원홀딩스	2008.9	O	3,301	61.1	78.6	16	7	9	–
42. (주)LIG홀딩스	2006.1	X	3,288	81.7	39.1	6	4	2	–
43. (주)TAS	2007.4	X	3,181	100	–	5	2	3	–
44. 알파라발한국홀딩(주)	2008.9	X	3,087	99.6	183.0	4	4	–	–
45. 일진홀딩스	2008.7	O	3,050	80.2	18.8	10	6	4	–
46. (주)DH홀딩스	2008.1	X	2,947	92.1	7.3	4	2	2	–
47. 디아이피홀딩스(주)*	2010.1	X	2,920	66.0	77.6	3	3	–	–
48. (주)다함이텍	2004.1	O	2,845	74.5	1.0	3	3	–	–
49. 동화홀딩스(주)	2003.10	O	2,832	94.2	19.8	11	10	1	–
50. (주)영원무역홀딩스	2009.7	O	2,721	87.5	9.8	2	2	–	–
51. (주)대웅	2002.10	O	2,656	94.9	4.8	22	16	6	–
52. (주)노루홀딩스	2006.6	O	2,529	74.8	42.0	13	8	5	–
53. (주)네오위즈	2007.4	O	2,362	63.6	30.1	11	7	4	–
54. 한국신용정보(주)	2009.1	O	2,353	52.4	49.9	15	9	6	–
55. (주)디와이홀딩스	2008.12	X	2,179	95.3	7.0	7	2	1	4
56. (주)휴맥스홀딩스	2010.3	X	2,167	71.5	3.9	6	4	2	–
57. (주)심명산업개발	2008.1	X	2,106	98.6	10.7	14	14	–	–
58. (주)이수	2003.8	X	2,103	88.5	282.7	8	4	4	–
59. 한국컴퓨터지주(주)	2002.5	X	1,993	54.9	42.9	9	7	2	–
60. (주)티브로드한빛방송	2010.1	O	1,964	50.4	13.8	7	3	4	–
61. 한국멀티플렉스투자(주)	2007.8	X	1,909	99.5	114.1	1	1	–	–
62. (주)한림토건	2008.1	X	1,856	79.9	9.7	2	2	–	–
63. (주)동성홀딩스	2008.5	O	1,749	51.2	42.8	13	9	4	–
64. (주)한국전자홀딩스	2007.1	O	1,727	58.0	9.6	5	4	1	–
65. 평화홀딩스(주)	2006.5	O	1,650	64.0	53.4	8	6	2	–
66. (주)동일홀딩스	2008.12	X	1,648	98.0	0.7	2	2	–	–
67. 엠피씨코리아홀딩스(주)	2009.7	X	1,639	92.9	64.5	2	2	–	–

68. 엔오브이코리아홀딩(유)	2010.1	X	1,630	99.1	262.2	1	1	–	–
69. (주)중외홀딩스	2008.1	O	1,580	75.5	33.6	9	6	3	–
70. (주)포휴먼	2008.1	O	1,503	52.7	18.2	1	1	–	–
71. (주)진양홀딩스	2008.1	O	1,489	89.3	1.3	9	9	–	–
72. (주)영앤선개발	2009.1	X	1,341	92.1	24.9	5	1	3	1
73. (주)디와이에셋	2008.12	X	1,317	63.0	0.4	7	1	5	1
74. 한세예스24홀딩스(주)	2009.6	O	1,316	79.2	8.4	3	2	1	
75. (주)셀트리온헬스케어	2010.1	X	1,310	57.3	3,099	7	5	2	–
76. (주)티이씨앤코*	2008.5	O	1,203	57.7	19.8	4	2	2	–
77. 씨앤에이치(주)	2009.9	O	1,123	50.7	6.2	4	2	2	–
78. (주)오션비홀딩스	2010.9	X	1,118	99.9	41.5	12	9	3	–
79. (주)BSE홀딩스	2006.1	O	1,101	83.5	0.9	2	2	–	–
80. (주)에실로코리아	2010.1	X	1,047	79.2	13.5	2	1	1	–
81. KC그린홀딩스(주)	2010.1	O	1,042	54.2	42.5	15	11	4	–
82. 우리조명(주)	2010.1	O	1,040	61.5	36.1	4	2	2	–
83. (주)유승홀딩스	2010.1	X	1,021	90.1	6.7	2	1	1	–
84. 씨에스홀딩스(주)	2010.1	O	1,006	69.8	0.2	1	1	–	–
합						858	457	370	31
금융지주회사 (12개)									
1. (주)신한금융지주회사	2001.9	O	271,207	92.3	30.8	17	11	6	–
2. (주)KB금융지주	2008.9	O	186,635	94.4	4.6	12	9	3	–
3. 우리금융지주(주)	2001.3	O	175,451	98.9	27.9	29	10	16	3
4. 산은금융지주(주)	2009.10	X	167,783	99.5	3.0	21	5	16	–
5. (주)하나금융지주	2005.12	O	114,653	97.9	20.1	10	7	2	1
6. 한국씨티금융지주	2010.6	X	53,742	100	0	4	3	1	–
7. 한국스탠다드차타드금융지주(주)	2009.6	X	44,090	99.5	8.3	5	5	–	–
8. 한국투자금융지주(주)*	2003.1	O	29,576	87.5	42.6	15	5	7	3
9. 에이오엔이십일(유)	2007.1	X	3,992	65.9	5.1	9	8	1	–
10. (주)골든브릿지	2008.1	X	1,382	96.9	50.8	7	7	–	–
11. 한국투자운용지주(주)*	2008.10	X	1,335	86.3	0.0	2	2	–	–
12. 미래에셋컨설팅(주)*	2010.3	X	1,069	62.2	34.6	2	1	1	–
합						133	73	53	7
총합						991	530	423	38

주: 1) 재무현황 및 계열회사: 2009년 12월 또는 설립·전환일(2010년 설립·전환된 경우) 현재.
    2) * 상호출자제한기업집단 소속.
    3) TAS 부채비율: 자본잠식.
출처: 공정거래위원회홈페이지 자료.

<부록 표 3.11> 존속 공정거래법상 지주회사 105개, 2011년 9월 (자산총액 순)

지주회사	설립·전환 시기 (연.월)	상장 여부	자산 총액 (억 원)	지주 비율 (%)	부채 비율 (%)	계열회사 (개)			
						합	자	손자	증손
일반지주회사 (92개)									
1. SK이노베이션(주)*	2011.1	X	141,457	63.3	27.7	16	7	9	–
2. SK(주)*	2007.7	O	109,766	96.1	45.6	66	8	48	10
3. (주)LG*	2001.4	O	73,396	87.6	5.3	50	15	33	2
4. (주)GS*	2004.7	O	59,309	90.4	22.0	31	6	24	1
5. CJ(주)*	2007.9	O	38,228	60.6	31.7	49	18	28	3
6. (주)두산*	2009.1	O	31,876	58.3	55.9	20	9	8	3
7. (주)LS*	2008.7	O	20,711	91.1	10.4	26	4	21	1
8. (주)부영*	2009.12	X	19,249	94.7	27.9	2	2	–	–
9. (주)웅진홀딩스*	2008.1	O	18,494	84.1	109.4	19	8	10	1
10. 하이트홀딩스(주)*	2008.7	O	16,679	96.7	178.5	12	5	7	–
11. (주)아모레퍼시픽그룹	2007.1	O	15,909	80.0	7.1	8	8	–	–
12. 몰트홀딩(주)	2010.1	X	13,627	97.6	63.8	1	1	–	–
13. SK E&S(주)*	2000.1	X	12,235	79.8	87.1	9	9	–	–
14. (주)넥슨코리아	2009.1	X	12,180	60.8	71.6	15	13	2	–
15. 삼성종합화학(주)*	2004.1	X	11,436	88.9	2.8	1	1	–	–
16. (주)세아홀딩스*	2001.7	O	11,107	87.0	24.2	14	12	2	–
17. (주)한진해운홀딩스*	2009.12	O	10,887	89.3	19.3	13	2	10	1
18. (주)한진중공업홀딩스*	2007.8	O	10,538	88.2	3.5	7	4	3	–
19. 프라임개발(주)	2008.10	X	8,977	59.1	5,893	18	12	6	–
20. (주)코오롱*	2010.1	O	8,600	77.2	36.6	30	7	22	1
21. (주)동원엔터프라이즈	2001.4	X	6,526	88.9	35.8	17	7	9	1
22. (주)대교홀딩스	2001.5	X	6,435	93.1	2.2	13	7	6	–
23. (주)농심홀딩스	2003.7	O	6,262	98.4	15.8	7	6	1	–
24. SBS미디어홀딩스(주)	2008.3	O	5,453	88.2	4.5	15	6	9	–
25. (주)티브로드홀딩스*	2008.11	X	5,389	76.9	185.6	10	5	4	1
26. 키스코홀딩스(주)	2008.9	O	5,264	96.3	2.7	5	4	1	–
27. (주)대성합동지주*	2011.1	O	5,254	85.2	18.0	18	9	9	–
28. (주)풍산홀딩스	2008.7	O	4,664	73.0	12.5	6	4	2	–
29. (주)현대HC&*	2006.1	O	4,314	73.5	28.8	11	8	3	–
30. (주)S&T홀딩스	2008.2	O	4,272	92.3	8.8	7	5	2	–
31. KPX홀딩스(주)	2006.9	O	4,213	73.0	4.1	16	7	9	–
32. 한미홀딩스(주)	2011.1	O	4,007	70.4	3.6	3	2	1	–
33. 대상홀딩스(주)	2005.8	O	3,949	63.8	6.3	25	7	5	13

34. (주)LIG	2006.1	X	3,754	75.8	41.7	8	4	4	–
35. (주)파라다이스글로벌	2010.2	X	3,743	52.6	154.7	13	6	7	–
36. (주)반도홀딩스	2008.3	X	3,666	91.3	12.6	4	3	1	–
37. (주)대명홀딩스	2009.1	X	3,587	75.1	36.0	9	3	6	–
38. (주)영원무역홀딩스	2009.7	O	3,560	90.9	11.4	2	2	–	–
39. 동광주택산업(주)*	2011.1	X	3,425	97.8	23.6	1	1	–	–
40. 대성홀딩스(주)*	2009.10	O	3,360	61.5	48.3	9	9	–	–
41. (주)한화도시개발*	2009.12	X	3,355	98.4	39.9	10	10	–	–
42. 동부인베스트먼트(주)*	2011.1	X	3,269	88.5	292.8	1	1	–	–
43. 디아이피홀딩스(주)*	2010.1	X	3,191	67.0	45.9	2	2	–	–
44. 일진홀딩스(주)	2008.7	O	3,037	88.4	17.0	11	7	4	–
45. 제일홀딩스(주)	2011.1	X	3,028	73.8	44.3	20	12	6	2
46. (주)DH홀딩스	2008.1	X	3,001	95.9	3.9	5	3	2	–
47. 동화홀딩스(주)	2003.10	O	2,970	95.0	26.6	10	10	–	–
48. (주)서령개발	2011.1	X	2,897	54.0	102.0	13	13	–	–
49. (주)풀무원홀딩스	2008.9	O	2,861	54.3	123.2	15	6	9	–
50. 알파라발한국홀딩(주)	2008.9	X	2,819	99.9	153.3	3	3	–	–
51. (주)대웅	2002.10	O	2,819	95.2	4.5	22	15	7	–
52. (주)농수산홀딩스	2011.3	X	2,626	78.7	36.8	20	6	14	–
53. (주)노루홀딩스	2006.6	O	2,603	74.4	42.8	11	8	3	–
54. (주)이지바이오시스템	2011.1	O	2,540	53.2	77.5	19	5	13	1
55. (주)휴맥스홀딩스	2010.3	O	2,294	72.0	7.8	8	4	4	–
56. (주)이수	2003.8	X	2,234	84.3	157.7	8	4	4	–
57. (주)디와이홀딩스	2008.12	X	2,145	96.8	5.8	8	2	1	5
58. 한국컴퓨터지주(주)	2002.5	X	2,053	57.6	35.0	9	7	2	–
59. 엠피씨코리아홀딩스(주)	2009.7	X	1,978	90.0	58.8	2	2	–	–
60. (주)네오위즈	2007.4	O	1,946	50.0	3.2	13	6	7	–
61. (주)TAS	2007.4	X	1,926	99.7	–	4	1	3	–
62. 평화홀딩스(주)	2006.5	O	1,837	64.7	48.6	8	6	2	–
63. (주)동일홀딩스	2008.12	X	1,788	98.0	0.9	2	2	–	–
64. (주)셀트리온홀딩스	2010.11	X	1,778	84.1	114.6	6	5	1	–
65. 엔오브이코리아홀딩(유)	2010.1	X	1,750	99.8	192.0	1	1	–	–
66. 한국멀티플렉스투자(주)	2007.8	X	1,731	99.4	158.0	1	1	–	–
67. (주)JW홀딩스	2008.1	O	1,710	73.7	74.7	8	5	3	–
68. (주)동성홀딩스	2008.5	O	1,691	60.1	38.0	9	7	2	–
69. 금복홀딩스(주)	2010.11	X	1,682	91.5	15.9	3	3	–	–
70. (주)한국전자홀딩스	2006.9	O	1,609	50.5	4.1	5	4	1	–
71. (주)진양홀딩스	2008.1	O	1,607	84.4	1.8	9	9	–	–
72. (주)영앤선개발	2009.1	X	1,505	92.7	25.3	6	1	4	1
73. (주)포휴먼	2008.1	O	1,503	52.7	18.2	1	1	–	–
74. 씨앤에이치(주)	2009.9	O	1,492	51.4	28.9	8	4	4	–

75. 씨에스홀딩스(주)	2010.1	O	1,473	79.7	5.6	2	2	–	–
76. (주)디와이에셋	2008.12	X	1,459	76.1	1.2	7	1	6	–
77. 유니펩(주)	2011.1	X	1,433	93.5	13.1	2	1	1	–
78. KC그린홀딩스(주)	2010.1	O	1,396	70.0	32.1	17	13	4	–
79. 한세예스24홀딩스(주)	2009.6	O	1,368	80.5	8.8	2	2	–	–
80. (주)하림홀딩스	2011.1	X	1,272	88.9	8.3	17	6	8	3
81. (주)에실로코리아	2010.1	X	1,265	78.3	6.9	2	1	1	–
82. (주)SG홀딩스	2011.1	X	1,246	99.9	0.1	3	1	2	–
83. (주)유승홀딩스	2010.1	X	1,214	92.3	13.2	2	1	1	–
84. (주)원익	2011.1	O	1,190	51.6	93.7	12	5	7	–
85. (주)오션비홀딩스	2010.9	X	1,178	99.4	38.5	12	9	3	–
86. (주)티이씨앤코*	2008.5	O	1,166	59.1	24.5	4	2	2	–
87. (주)우리조명지주	2010.1	O	1,115	59.8	40.2	6	3	3	–
88. 서울도시개발(주)*	2011.1	X	1,115	90.5	60.2	19	2	17	–
89. (주)바텍이우홀딩스	2011.1	X	1,095	91.3	16.9	4	3	1	–
90. (주)SJM홀딩스	2011.1	O	1,083	66.9	3.7	4	4	–	–
91. (주)BSE홀딩스	2006.1	O	1,070	88.8	0.7	4	2	2	–
92. 아주L&F홀딩스(주)	2011.1	X	1,007	93.1	16.2	27	10	15	2
합						1,032	499	481	52
금융지주회사 (13개)									
1. (주)신한금융지주회사	2001.9	O	296,167	91.3	30.3	16	11	5	–
2. (주)KB금융지주	2008.9	O	189,125	94.2	5.4	15	9	5	1
3. 우리금융지주(주)	2001.3	O	184,009	98.8	26.6	36	10	24	2
4. 산은금융지주(주)	2009.10	X	179,184	98.8	3.8	31	5	26	–
5. (주)하나금융지주	2005.12	O	134,188	79.3	25.7	12	8	4	–
6. 한국씨티금융지주	2010.6	X	56,008	99.9	0.1	4	3	1	–
7. 한국스탠다드차타드금융지주(주)	2009.6	X	51,011	87.3	14.8	5	5	–	–
8. 한국투자금융지주(주)*	2003.1	O	29,427	95.5	32.4	14	5	7	2
9. (주)BS금융지주	2011.3	O	26,052	100	0	4	4	–	–
10. (주)DGB금융지주	2011.5	O	20,921	100	0	3	3	–	–
11. (주)메리츠금융지주	2011.3	X	3,277	63.7	3.5	6	5	1	–
12. (주)골든브릿지	2008.1	X	1,457	98.6	57.2	7	6	1	–
13. 한국투자운용지주(주)*	2008.10	X	1,398	86.9	0.0	2	2	–	–
합						155	76	74	5
총합						1,187	575	555	57

주: 1) 재무현황 및 계열회사: 2010년 12월 현재.
    2) * 상호출자제한기업집단 소속.
    3) (주)TAS 부채비율: 자본잠식
    4) (주)포휴먼: 출처에 정보 없음. 2010년 9월 현재 정보임.
출처: 공정거래위원회홈페이지 자료.

〈부록 4〉 재벌과 지주회사체제, 2001~2011년

〈부록 표 4.1〉 재벌과 지주회사체제, 2001년

(A) 2개 재벌

그룹			지주회사체제				지주회사체제
이름	순위	계열회사 (A, 개)	지주회사 (a)	순위	계열회사 (b, 개)	a+b (B, 개)	달성 비율 (B/A,%)
적극적인 지주회사체제 (1개)							
LG	3	43	(주)LGCI	1	(13)	(14)	(33)
소극적인 지주회사체제 (1개)							
SK	4	54	SK엔론	2	(13)	(14)	(26)

(B) 2개 일반지주회사

지주회사	순위	설립·전환 시기 (연.월)	자산 총액 (억 원)	지주 비율 (%)	부채 비율 (%)	계열회사 (개)		
						합	자	손자
적극적인 지주회사체제 소속 (1개)								
(주)LGCI	1	2001.4	26,500	77.0	121.6	(13)	13	–
소극적인 지주회사체제 소속 (1개)								
SK엔론	2	2000.1	5,733	96.1	–	(13)	11	(2)

주: 1) 그룹은 2001년 4월 현재; 지주회사 명단은 2001년 7월 현재이며, 재무현황 및 계열회사는 2000년 12월 현재인
것으로 보임.
2) 공정거래위원회의 '지주회사' 자료에는 대규모사기업집단 소속 관련 정보가 별도로 표시되어 있지 않으며,
'대규모기업집단' 자료 및 다른 연도의 '지주회사' 자료를 이용함.
3) (주)LGCI – 손자회사 정보 없음; SK엔론 – 손자회사 2000년 3월 현재, 부채비율 정보 없음.
출처: 공정거래위원회 홈페이지 자료, 〈부록 3〉.

⟨부록 표 4.2⟩ 재벌과 지주회사체제, 2003년

(A) 4개 재벌

그룹			지주회사체제				지주회사체제
이름	순위	계열회사 (A, 개)	지주회사 (a)	순위	계열회사 (b, 개)	a+b (B, 개)	달성 비율 (B/A, %)
적극적인 지주회사체제 (3개)							
LG	2	50	(주)LG	1	37	38	76
동원	32	17	동원엔터프라이즈	12	9	10	59
농심	42	10	농심홀딩스	9	4	5	50
소극적인 지주회사체제 (1개)							
SK	3	60	SK엔론	2	14	15	25

(B) 4개 일반지주회사

지주회사	순위	설립·전환 시기 (연.월)	자산 총액 (억 원)	지주 비율 (%)	부채 비율 (%)	계열회사 (개)		
						합	자	손자
적극적인 지주회사체제 소속 (3개)								
(주)LG	1	2001.4	57,583	103.7	58.7	37	17	20
농심홀딩스	9	2003.7	1,839	50.8	0	4	4	–
동원엔터프라이즈	12	2001.4	1,398	95.4	49.7	9	8	1
소극적인 지주회사체제 소속 (1개)								
SK엔론	2	2000.1	7,016	92.9	6.1	14	11	3

주: 1) 그룹은 2003년 4월 현재; 지주회사 명단은 2003년 7월, 재무현황 및 계열회사는 2002년 3월(동원엔터프라이즈)
　　또는 2002년 12월(다른 지주회사) 현재.
　　2) 동원그룹 소속 금융지주회사(동원금융지주)는 제외함.
출처: 공정거래위원회 홈페이지 자료. ⟨부록 3⟩.

<h1>〈부록 표 4.3〉 재벌과 지주회사체제, 2004년</h1>

(A) 6개 재벌

그룹			지주회사체제				지주회사체제 달성 비율 (B/A,%)
이름	순위	계열회사 (A, 개)	지주회사 (a)	순위	계열회사 (b, 개)	a+b (B, 개)	
적극적인 지주회사체제 (4개)							
LG	2	46	(주)LG	1	37	38	83
동원	31	17	동원엔터프라이즈	14	9	10	59
세아	33	28	세아홀딩스	5	14	15	54
농심	39	12	농심홀딩스	8	6	7	59
소극적인 지주회사체제 (2개)							
삼성	1	63	삼성종합화학	2	1	2	3
SK	4	59	SK엔론	3	13	14	24

(B) 6개 일반지주회사

지주회사	순위	설립·전환 시기 (연.월)	자산 총액 (억 원)	지주 비율 (%)	부채 비율 (%)	계열회사 (개)		
						합	자	손자
적극적인 지주회사체제 소속 (4개)								
(주)LG	1	2001.4	61,750	97.0	44.3	37	17	20
세아홀딩스	5	2001.7	3,831	82.1	33.6	14	14	–
농심홀딩스	8	2003.7	2,854	99.9	2.0	6	6	–
동원엔터프라이즈	14	2001.4	1,398	96.9	7.0	9	8	1
소극적인 지주회사체제 소속 (2개)								
삼성종합화학	2	2004.1	10,529	51.2	89.7	1	1	–
SK엔론	3	2000.1	7,685	92.7	6.1	13	11	2

주: 1) 그룹은 2004년 4월 현재; 지주회사 명단은 2004년 5월, 재무현황 및 계열회사는 2003년 3월(동원엔터프라이즈)
　　 또는 2003년 12월(다른 지주회사) 현재.
　　2) 공정거래위원회의 '지주회사' 자료에는 대규모사기업집단 소속 관련 정보가 별도로 표시되어 있지 않으며,
　　 '대규모기업집단' 자료 및 다른 연도의 '지주회사' 자료를 이용함.
　　3) 삼성그룹과 동원그룹 소속 금융지주회사(삼성에버랜드, 동원금융지주)는 제외함.
출처: 공정거래위원회 홈페이지 자료, 〈부록 3〉.

〈부록 표 4.4〉 재벌과 지주회사체제, 2005년

(A) 9개 재벌

그룹			지주회사체제				지주회사체제 달성 비율 (B/A,%)
이름	순위	계열회사 (A, 개)	지주회사 (a)	순위	계열회사 (b, 개)	a+b (B, 개)	
적극적인 지주회사체제 (4개)							
LG	3	38	(주)LG	1	33	34	89
STX	28	14	(주)STX	9	8	9	64
세아	32	28	세아홀딩스	7	15	16	57
농심	43	12	농심홀딩스	8	6	7	58
소극적인 지주회사체제 (5개)							
삼성	1	62	삼성종합화학	5	1	2	3
SK	4	50	SK엔론	4	12	13	26
롯데	5	41	롯데물산	3	4	5	
			롯데산업	16	1	2	17
GS	9	50	GS홀딩스	2	12	13	26
한화	10	30	한화도시개발	22	1	2	7

(B) 10개 일반지주회사

지주회사	순위	설립·전환 시기 (연.월)	상장 여부	자산 총액 (억 원)	지주 비율 (%)	부채 비율 (%)	계열회사 (개)		
							합	자	손자
적극적인 지주회사체제 소속 (4개)									
(주)LG	1	2001.4	O	43,491	101.6	25.7	33	15	18
세아홀딩스	7	2001.7	O	5,304	88.8	26.6	15	14	1
농심홀딩스	8	2003.7	O	3,594	99.8	6.8	6	6	−
(주)STX	9	2004.4	O	3,301	58.0	153.0	8	4	4
소극적인 지주회사체제 소속 (6개)									
GS홀딩스	2	2004.7	O	26,646	93.8	37.6	12	4	8
롯데물산	3	2005.1	X	9,707	55.8	11.9	4	1	3
SK엔론	4	2000.1	X	8,068	94.6	1.8	12	11	1
삼성종합화학	5	2004.1	X	7,212	97.1	1.3	1	1	−
롯데산업	16	2005.1	X	1,910	86.4	37.8	1	1	−
한화도시개발	22	2005.1	X	1,007	57.7	68.7	1	1	−

주: 그룹은 2005년 4월 현재; 지주회사 명단은 2005년 8월 현재이며, 재무현황 및 계열회사는 출처에 표시는 없으나 2004년 12월 현재인 것으로 보임.
출처: 공정거래위원회 홈페이지 자료, 〈부록 3〉.

〈부록 표 4.5〉 재벌과 지주회사체제, 2006년

(A) 9개 재벌

그룹			지주회사체제				지주회사체제 달성 비율 (B/A, %)
이름	순위	계열회사 (A, 개)	지주회사 (a)	순위	계열회사 (b, 개)	a+b (B, 개)	
적극적인 지주회사체제 (5개)							
LG	4	30	(주)LG	1	28	29	97
GS	8	50	GS홀딩스	2	15	16	32
현대백화점	31	23	(주)HC&	16	9	10	43
세아	36	23	세아홀딩스	7	14	15	65
농심	44	12	농심홀딩스	9	6	7	58
소극적인 지주회사체제 (4개)							
삼성	1	59	삼성종합화학	5	1	2	3
SK	3	56	SK E&S	4	12	13	23
롯데	5	43	롯데물산	3	4	5	
			롯데산업	13	1	2	16
한화	11	31	한화도시개발	23	1	2	6

(B) 10개 일반지주회사

지주회사	순위	설립·전환 시기 (연.월)	자산 총액 (억 원)	지주 비율 (%)	부채 비율 (%)	계열회사 (개)		
						합	자	손자
적극적인 지주회사체제 소속 (5개)								
(주)LG	1	2001.4	47,964	96.0	18.0	28	14	14
GS홀딩스	2	2004.7	29,871	96.0	29.0	15	5	10
세아홀딩스	7	2001.7	6,423	90.8	25.8	14	14	–
농심홀딩스	9	2003.7	4,191	98.6	27.6	6	6	–
(주)HC&	16	2006.1	2,506	87.7	91.4	9	9	–
소극적인 지주회사체제 소속 (5개)								
롯데물산	3	2005.1	11,461	61.4	20.1	4	1	3
SK E&S	4	2000.1	8,996	93.0	11.0	12	11	1
삼성종합화학	5	2004.1	7,546	98.3	0.3	1	1	
롯데산업	13	2005.1	2,282	84.5	27.7	1	1	
한화도시개발	23	2005.1	1,366	99.2	6.5	1	1	–

주: 1) 그룹은 2006년 4월 현재; 지주회사 명단은 2006년 8월, 재무현황 및 계열회사는 2005년 12월 현재 (2006년 신설된 경우는 다른 기준이 적용될 수 있음).

2) 공정거래위원회의 '지주회사' 자료에는 대규모사기업집단 소속 관련 정보가 별도로 표시되어 있지 않으며, '대규모기업집단' 자료 및 다른 연도의 '지주회사' 자료를 이용함.

출처: 공정거래위원회 홈페이지 자료, 〈부록 3〉.

〈부록 표 4.6〉 재벌과 지주회사체제, 2007년

(A) 14개 재벌

그룹			지주회사체제				지주회사체제
이름	순위	계열회사 (A, 개)	지주회사 (a)	순위	계열회사 (b, 개)	a+b (B, 개)	달성 비율 (B/A, %)
적극적인 지주회사체제 (10개)							
SK	3	57	SK(주)	1	23	24	
			SK E&S	6	11	12 [35]	61
LG	4	31	(주)LG	2	28	29	94
GS	8	48	GS홀딩스	4	14	15	31
금호아시아나	9	38	금호산업	3	21	22	58
현대백화점	27	24	(주)HC&	21	10	11	46
한진중공업	32	4	한진중공업홀딩스	11	4	5	125
세아	38	22	세아홀딩스	9	14	15	68
농심	46	15	농심홀딩스	13	6	7	47
태평양	48	7	태평양	5	4	5	71
오리온	54	22	온미디어	15	9	10	45
소극적인 지주회사체제 (4개)							
삼성	1	59	삼성종합화학	8	1	2	3
현대자동차	2	36	차산골프장지주회사	36	1	2	6
한화	12	34	드림파마	12	5	6	18
CJ	19	64	CJ홈쇼핑	7	13	14	22

(B) 15개 일반지주회사

지주회사	순위	설립·전환 시기 (연.월)	자산 총액 (억 원)	지주 비율 (%)	부채 비율 (%)	계열회사 (개)		
						합	자	손자
적극적인 지주회사체제 소속 (11개)								
SK(주)	1	2007.7	64,788	88.3	86.3	23	7	16
(주)LG	2	2001.4	46,044	103.3	8.6	28	14	14
금호산업	3	2007.1	38,868	65.8	240.9	21	11	10
GS홀딩스	4	2004.7	32,729	95.0	24.7	14	5	9
태평양	5	2007.1	13,705	68.2	12.3	4	4	–
SK E&S	6	2000.1	9,530	94.5	14.8	11	10	1
세아홀딩스	9	2001.7	7,291	91.2	23.7	14	14	–
한진중공업홀딩스	11	2007.8	5,872	54.1	52.3	4	4	–
농심홀딩스	13	2003.7	4,494	97.8	24.4	6	6	–
온미디어	15	2000.6	4,121	60.1	4.0	9	8	1
(주)HC&	21	2006.1	2,797	87.1	0.9	10	9	1
소극적인 지주회사체제 소속 (4개)								
CJ홈쇼핑	7	2007.1	8,562	71.0	86.4	13	5	8
삼성종합화학	8	2004.1	7,937	96.7	2.7	1	1	–
드림파마	12	2007.4	5,280	63.8	104.1	5	5	–
차산골프장지주회사	36	2006.1	1,002	70.8	–	1	1	–

주: 1) 그룹은 2007년 4월 현재; 지주회사 명단은 2007년 8월, 재무현황 및 계열회사는 2006년 12월 또는 설립·전환일 (2007년 설립·전환된 경우) 현재.
2) SK E&S는 SK(주)의 자회사. 3) 차산골프장지주회사 부채비율: 자본잠식.
출처: 공정거래위원회 홈페이지 자료, 〈부록 3〉.

〈부록 표 4.7〉 재벌과 지주회사체제, 2008년

(A) 11개 재벌

그룹			지주회사체제				지주회사체제 달성 비율 (B/A, %)
이름	순위	계열회사 (A, 개)	지주회사 (a)	순위	계열회사 (b, 개)	a+b (B, 개)	
적극적인 지주회사체제 (8개)							
SK	3	64	SK(주)	1	35	36	
			SK E&S	10	11	12 [47]	73
LG	4	36	(주)LG	2	29	30	83
GS	7	57	GS홀딩스	4	17	18	32
금호아시아나	10	52	금호산업	3	22	23	44
CJ	17	66	CJ(주)	5	43	44	
			CJ홈쇼핑	12	13	14 [57]	86
LS	18	24	(주)LS	6	14	15	63
한진중공업	29	5	한진중공업홀딩스	11	4	5	100
현대백화점	31	25	(주)HC&	24	10	11	44
소극적인 지주회사체제 (3개)							
삼성	1	59	삼성종합화학	13	1	2	3
한화	12	40	드림파마	16	5	6	15
대한전선	30	20	티이씨앤코	48	3	4	20

(B) 13개 일반지주회사

지주회사	순위	설립·전환 시기 (연.월)	상장 여부	자산 총액 (억 원)	지주 비율 (%)	부채 비율 (%)	계열회사 (개)			
							합	자	손자	증손
적극적인 지주회사체제 소속 (10개)										
SK(주)	1	2007.7	O	95,056	92.7	42.8	35	7	28	–
(주)LG	2	2001.4	O	55,988	98.3	10.2	29	14	15	–
금호산업	3	2007.1	O	41,240	57.4	272.8	22	8	14	
GS홀딩스	4	2004.7	O	35,587	94.5	26.5	17	5	12	–
CJ(주)	5	2007.9	O	21,594	84.8	25.8	43	15	27	1
(주)LS	6	2008.7	O	17,364	89.7	16.1	14	4	10	–
SK E&S	10	2000.1	X	9,989	94.8	17.7	11	10	1	–
한진중공업홀딩스	11	2007.8	O	9,958	85.6	9.6	4	4	–	–
CJ홈쇼핑	12	2007.1	O	8,886	68.4	85.9	13	5	7	1
(주)HC&	24	2006.1	X	3,018	93.2	19.1	10	9	1	–
소극적인 지주회사체제 소속 (3개)										
삼성종합화학	13	2004.1	X	8,833	98.3	3.3	1	1		
드림파마	16	2007.4	X	5,166	62.1	99.4	5	5		
티이씨앤코	48	2008.5	O	1,280	61.4	13.5	3	3	–	–

주: 1) 그룹은 2008년 4월 현재; 지주회사 명단은 2008년 9월, 재무현황 및 계열회사는 2007년 12월 또는 설립·전환일
(2007년 8월~2008년 9월 설립·전환된 경우) 현재.
2) SK E&S는 SK(주)의 자회사, CJ홈쇼핑은 CJ(주)의 자회사.
출처: 공정거래위원회 홈페이지 자료, 〈부록 3〉.

〈부록 표 4.8〉 재벌과 지주회사체제, 2009년

(A) 13개 재벌

그룹			지주회사체제				지주회사체제
이름	순위	계열회사 (A, 개)	지주회사 (a)	순위	계열회사 (b, 개)	a+b (B, 개)	달성 비율 (B/A, %)
적극적인 지주회사체제 (10개)							
SK	3	77	SK(주)	1	48	49	
			SK E&S	15	10	11 [59]	77
LG	4	52	(주)LG	2	45	46	88
GS	8	64	(주)GS	3	24	25	39
두산	12	26	두산	4	20	21	
			두산모트롤홀딩스	46	1	2 [22]	85
LS	17	32	(주)LS	7	19	20	63
CJ	19	61	CJ(주)	5	43	44	
			CJ오쇼핑	12	13	14 [57]	93
한진중공업	29	6	한진중공업홀딩스	10	5	6	100
현대백화점	33	22	(주)HC&	29	9	10	45
웅진	34	29	웅진홀딩스	8	18	19	66
세아	38	23	세아홀딩스	14	15	16	70
소극적인 지주회사체제 (3개)							
삼성	1	63	삼성종합화학	16	1	2	3
한화	13	44	드림파마	20	5	6	14
대한전선	25	32	티이씨앤코	69	4	5	16

(B) 16개 일반지주회사

지주회사	순위	설립·전환 시기 (연.월)	상장 여부	자산 총액 (억 원)	지주 비율 (%)	부채 비율 (%)	계열회사 (개)			
							합	자	손자	증손
적극적인 지주회사체제 소속 (13개)										
SK(주)	1	2007.7	O	96,197	96.6	41.7	58	8	42	8
(주)LG	2	2001.4	O	69,563	92.0	11.6	45	15	28	2
(주)GS	3	2004.7	O	44,557	89.9	25.6	24	5	19	–
두산	4	2009.1	O	27,910	57.6	78.3	21	11	8	2
CJ(주)	5	2007.9	O	27,811	62.8	40.4	50	14	33	3
(주)LS	7	2008.7	O	16,180	91.4	11.3	19	4	14	1
웅진홀딩스	8	2008.1	O	14,755	93.9	103.0	18	10	7	1
한진중공업홀딩스	10	2007.8	O	10,892	89.0	4.1	5	4	1	–
CJ오쇼핑	12	2007.1	O	9,699	57.8	94.1	13	5	7	1
세아홀딩스	14	2001.7	O	9,293	86.8	24.7	15	14	1	–
SK E&S	15	2000.1	X	9,095	89.0	13.7	10	9	1	–
(주)HC&	29	2006.1	X	3,530	84.9	37.4	9	9	–	–
두산모트롤홀딩스	46	2009.1	X	1,947	95.6	298.7	1	1	–	–
소극적인 지주회사체제 소속 (3개)										
삼성종합화학	16	2004.1	O	8,693	92.6	2.1	1	1	–	–
드림파마	20	2007.4	X	5,130	62.8	102.6	5	5	–	–
티이씨앤코	69	2008.5	O	1,013	58.8	14.0	4	2	2	–

주: 1) 그룹은 2009년 4월 현재; 지주회사 명단은 2009년 6월, 재무현황 및 계열회사는 2008년 12월 현재.
   2) SK E&S는 SK(주)의 자회사, 두산모트롤홀딩스는 두산의 자회사, CJ오쇼핑은 CJ(주)의 자회사.
출처: 공정거래위원회 홈페이지 자료, 〈부록 3〉.

〈부록 표 4.9〉 재벌과 지주회사체제, 2010년

(A) 17개 재벌

그룹			지주회사체제				지주회사체제
이름	순위	계열회사 (A, 개)	지주회사 (a)	순위	계열회사 (b, 개)	a+b (B, 개)	달성 비율 (B/A, %)
적극적인 지주회사체제 (13개)							
SK	3	75	SK(주)	1	53	54	
			SK E&S	16	9	10 [63]	84
LG	4	53	(주)LG	2	45	46	87
GS	7	69	(주)GS	3	27	28	41
한진	10	37	한진해운홀딩스	32	11	12	32
두산	12	29	두산	6	18	19	
			디아이피홀딩스	47	3	4 [22]	76
LS	15	44	(주)LS	7	24	25	57
CJ	18	54	CJ(주)	5	41	42	
			CJ오쇼핑	13	5	6	
			오미디어홀딩스	27	1	2	
			온미디어	28	9	10 [58]	107
한진중공업	29	7	한진중공업홀딩스	14	6	7	100
웅진	33	24	웅진홀딩스	9	20	21	88
현대백화점	34	29	(주)HC&	37	13	14	48
코오롱	36	37	코오롱	24	29	30	81
하이트맥주	38	16	하이트홀딩스	10	13	14	88
세아	44	19	세아홀딩스	17	12	13	68
소극적인 지주회사체제 (4개)							
삼성	1	67	삼성종합화학	15	1	2	3
한화	13	48	한화도시개발	33	8	9	19
부영	24	15	부영	4	2	3	20
대한전선	31	26	티이씨앤코	76	4	5	19

(B) 22개 일반지주회사

지주회사	순위	설립·전환 시기 (연.월)	상장 여부	자산 총액 (억 원)	지주 비율 (%)	부채 비율 (%)	계열회사 (개)			
							합	자	손자	증손
적극적인 지주회사체제 소속 (18개)										
SK(주)	1	2007.7	O	102,405	96.4	43.5	62	9	44	9
(주)LG	2	2001.4	O	80,141	92.2	8.3	45	16	27	2
(주)GS	3	2004.7	O	51,718	90.4	26.7	27	6	21	–
CJ(주)	5	2007.9	O	27,914	68.8	35.8	46	16	27	3
두산	6	2009.1	O	27,484	66.1	51.4	23	9	12	2
(주)LS	7	2008.7	O	17,971	89.6	12.6	24	4	19	1
웅진홀딩스	9	2008.1	O	17,838	90.0	118.5	20	9	9	2
하이트홀딩스	10	2008.7	O	17,172	95.7	91.7	13	5	8	–
CJ오쇼핑	13	2007.1	O	11,321	50.0	104.6	5	3	2	–
한진중공업홀딩스	14	2007.8	O	10,543	89.3	3.4	6	4	2	–
SK E&S	16	2000.1	X	9,612	88.8	56.5	9	9	–	–
세아홀딩스	17	2001.7	O	9,220	86.1	22.5	12	11	1	–
코오롱	24	2010.1	O	5,388	54.3	35.5	29	5	23	1
오미디어홀딩스	27	2010.9	X	4,749	92.1	58.1	10	1	9	–
온미디어	28	2000.6	O	4,493	67.0	2.6	9	9	–	–
한진해운홀딩스	32	2009.12	O	3,776	65.9	30.0	11	2	9	–
(주)HC&	37	2006.1	X	3,482	90.3	40.9	13	8	5	–
디아이피홀딩스	47	2010.1	X	2,920	66.0	77.6	3	3	–	–
소극적인 지주회사체제 소속 (4개)										
부영	4	2009.12	X	39,396	96.9	0.5	2	2	–	–
삼성종합화학	15	2004.1	X	10,442	94.0	2.3	1	1	–	–
한화도시개발	33	2009.12	X	3,619	95.0	36.6	8	8	–	–
티이씨앤코	76	2008.5	O	1,203	57.7	19.8	4	2	2	–

주: 1) 그룹은 2010년 4월 현재; 지주회사 명단은 2010년 9월, 재무현황 및 계열회사는 2009년 12월 또는 설립·전환일 (2010년 설립·전환된 경우) 현재.
   2) SK E&S는 SK(주)의 자회사, 디아이피홀딩스는 두산의 자회사, CJ오쇼핑은 CJ(주)의 자회사, 온미디어는 오미디어홀딩스의 자회사.
출처: 공정거래위원회 홈페이지 자료. 〈부록 3〉.

〈부록 표 4.10〉 재벌과 지주회사체제, 2011년

(A) 20개 재벌

그룹			지주회사체제				지주회사체제 달성 비율 (B/A, %)
이름	순위	계열회사 (A, 개)	지주회사 (a)	순위	계열회사 (b, 개)	a+b (B, 개)	
적극적인 지주회사체제 (15개)							
SK	3	86	SK이노베이션	1	16	17	
			SK(주)	2	46	47	
			SK E&S	13	9	10 [72]	84
LG	4	59	(주)LG	3	50	51	86
GS	8	76	(주)GS	4	31	32	42
한진	9	40	한진해운홀딩스	17	13	14	35
두산	12	25	두산	6	18	19	
			디아이피홀딩스	43	2	3 [21]	84
LS	15	47	(주)LS	7	26	27	57
CJ	16	65	CJ(주)	5	49	50	77
부영	23	16	부영	8	2	3	
			동광주택산업	39	1	2 [5]	31
현대백화점	30	26	현대HC&	29	11	12	46
한진중공업	31	8	한진중공업홀딩스	18	7	8	100
웅진	32	31	웅진홀딩스	9	19	20	65
코오롱	33	39	코오롱	20	30	31	79
하이트진로	42	15	하이트홀딩스	10	12	13	87
대성	43	73	대성합동지주	27	18	19	
			대성홀딩스	40	9	10	
			서울도시개발	88	19	20 [49]	67
세아	44	21	세아홀딩스	16	14	15	71
소극적인 지주회사체제 (5개)							
삼성	1	78	삼성종합화학	15	1	2	3
한화	10	55	한화도시개발	41	10	11	20
동부	20	38	동부인베스트먼트	42	1	2	5
대한전선	39	23	티이씨앤코	86	4	5	22
태광	46	50	티브로드홀딩스	25	10	11	22

(B) 26개 일반지주회사

지주회사	순위	설립·전환 시기 (연.월)	상장 여부	자산 총액 (억 원)	지주 비율 (%)	부채 비율 (%)	계열회사 (개)			
							합	자	손자	증손
적극적인 지주회사체제 소속 (21개)										
SK이노베이션	1	2011.1	X	141,457	63.3	27.7	16	7	9	–
SK(주)	2	2007.7	O	109,766	96.1	45.6	66	8	48	10
(주)LG	3	2001.4	O	73,396	87.6	5.3	50	15	33	2
(주)GS	4	2004.7	O	59,309	90.4	22.0	31	6	24	1
CJ(주)	5	2007.9	O	38,228	60.6	31.7	49	18	28	3
두산	6	2009.1	O	31,876	58.3	55.9	20	9	8	3
(주)LS	7	2008.7	O	20,711	91.1	10.4	26	4	21	1
부영	8	2009.12	X	19,249	94.7	27.9	2	2	–	–
웅진홀딩스	9	2008.1	O	18,494	84.1	109.4	19	8	10	1
하이트홀딩스	10	2008.7	O	16,679	96.7	178.5	12	5	7	–
SK E&S	13	2000.1	X	12,235	79.8	87.1	9	9	–	–
세아홀딩스	16	2001.7	O	11,107	87.0	24.2	14	12	2	–
한진해운홀딩스	17	2009.12	O	10,887	89.3	19.3	13	2	10	1
한진중공업홀딩스	18	2007.8	O	10,538	88.2	3.5	7	4	3	–
코오롱	20	2010.1	O	8,600	77.2	36.6	30	7	22	1
대성합동지주	27	2011.1	O	5,254	85.2	18.0	18	9	9	–
현대HC&	29	2006.1	O	4,314	73.5	28.8	11	8	3	–
동광주택산업	39	2011.1	X	3,425	97.8	23.6	1	1	–	–
대성홀딩스	40	2009.10	O	3,360	61.5	48.3	9	9	–	–
디아이피홀딩스	43	2010.1	X	3,191	67.0	45.9	2	2	–	–
서울도시개발	88	2011.1	X	1,115	90.5	60.2	19	2	17	–
소극적인 지주회사체제 소속 (5개)										
삼성종합화학	15	2004.1	X	11,436	88.9	2.8	1	1	–	–
티브로드홀딩스	25	2008.11	X	5,389	76.9	185.6	10	5	4	1
한화도시개발	41	2009.12	X	3,355	98.4	39.9	10	10	–	–
동부인베스트먼트	42	2011.1	X	3,269	88.5	292.8	1	1	–	–
티이씨앤코	86	2008.5	O	1,166	59.1	24.5	4	2	2	–

주: 1) 그룹은 2011년 4월 현재; 지주회사 명단은 2011년 9월, 재무현황 및 계열회사는 2010년 12월 현재.
   2) SK이노베이션과 SK E&S는 SK(주)의 자회사, 디아이피홀딩스는 두산의 자회사.
출처: 공정거래위원회 홈페이지 자료, 〈부록 3〉.

〈부록 5〉 CJ그룹의 지주회사체제, 2007~2011년

〈부록 표 5.1〉 CJ그룹의 지주회사체제, 2007년 8월

(A) 개관

- 그룹 계열회사 64개 (a) = 지주회사체제 편입 회사 14개 (b) + 미편입 회사 50개
- 지주회사체제 달성 비율 (b/a) = 22%
- [b: 4단계 하향, 비대칭 피라미드 소유구조]
  (1) 최대주주 이재현 → 지주회사 CJ홈쇼핑 → 자회사 5개 → 손자회사 8개
  (2) 지주회사 CJ홈쇼핑* →
    [A] 자회사 2개 → 손자회사 8개
    [B] 자회사 3개
- * 표시된 1개 회사는 상장회사이며, 밑줄 친 2개 회사는 계열회사 보유

(B) 지주회사 CJ홈쇼핑*의 13개 계열회사

자회사 (5개): [A] CJ케이블넷(51.9%), 드림씨티방송(95.5)

[B] 브로드밴드솔루션즈(86.3), 엠플온라인(100), CJ텔레닉스(100)

손자회사 (8개): [A] (7개) (CJ케이블넷) 단지넷(100), 동부산방송(66.3), 한국케이블티브이충남방송(74.2),

CJ케이블넷가야방송(97.5), CJ케이블넷중부산방송(65.2),

CJ케이블넷영남방송(80), CJ케이블넷해운대기장방송(80)

(1개) (드림씨티방송) 드림네트웍스(80)

주: 그룹 계열회사는 2007년 4월, 지주회사(CJ홈쇼핑) 계열회사 및 지분은 2007년 1월 현재.
출처: 공정거래위원회 홈페이지 자료, 〈부록 4〉, 제3장 〈표 3.3〉.

〈부록 표 5.2〉 CJ그룹의 지주회사체제, 2008년 9월

(A) 개관

· 그룹 계열회사 66개 (a) = 지주회사체제 편입 회사 57개 (b) + 미편입 회사 9개
· 지주회사체제 달성 비율 (b/a) = 86%
· [b: 6단계 하향, 비대칭 피라미드 소유구조]
  (1) 최대주주 이재현 → 지주회사 CJ(주) → 자회사 15개 → 손자회사 32개
                                       → 증손회사 8개 → 고손회사 1개
  (2) 지주회사 CJ(주)* →
     [A] 자회사·지주회사 1개* → 손자회사 5개   → 증손회사 7개 → 고손회사 1개
     [B] 자회사 1개*   → 손자회사 6개 (1*+5) → 증손회사 1개
     [C] 자회사 7개 (3*+4)   → 손자회사 21개
     [D] 자회사 6개 (1*+5)
· * 표시된 8개 회사는 상장회사이며, 밑줄 친 13개 회사는 계열회사 보유

(B) 지주회사 CJ(주)*의 56개 계열회사

자회사 (15개): [A] (1개) CJ홈쇼핑(* 40%)
             [B] (1개) CJ제일제당(* 39.1)
             [C] (7개) 엠넷미디어(* 33.3), CJ인터넷(* 25.1), CJ CGV(* 36.7), CJ건설(99.9),
                     CJ미디어(50.2), CJ엔터테인먼트(100), CJ투자증권(59.7)
             [D] (6개) CJ프레시웨이(* 52), CJ스포츠(100), CJ시스템즈(62.1), CJ올리브영(50),
                     CJ창업투자(90), CJ푸드빌(95.8)

손자회사 (32개): [A] (5개) (CJ홈쇼핑) 드림씨티방송(95.5), CJ케이블넷(51.5), 브로드밴드솔루션즈(91.1),
                        엠플온라인(100), CJ텔레닉스(100)
              [B] (6개) (CJ제일제당) 슈퍼피드(100), 삼호F&G(* 46.5), 삼양유지(100), 신동방CP(99.7),
                        하선정종합식품(100), CJ엠디원(100)
              [C] (6개) (CJ미디어) 썬티브이(73.7), 월드이스포츠게임즈(88), 챔프비전(50),
                        CJ엔지씨코리아(67), CJ파워캐스트(70.1), CJ tvN(90.6)
                 (3개) (엠넷미디어) 로또투게더(100), 좋은콘서트(51), 케이엠티브이(100)
                 (3개) (CJ인터넷) 게임알로(70), 애니파크(53.2), CJ아이지(100)
                 (3개) (CJ CGV) 프리미스시네마(80), CGV시네마(100), CJ조이큐브(97.4)
                 (3개) (CJ엔터테인먼트) CJ스토리허브문화산업전문(80.2), 아트서비스(41.4),
                        클립서비스(51.7)
                 (2개) (CJ건설) 트라움하우징(100), CJ엔시티(66.7)
                 (1개) (CJ투자증권) CJ자산운용(91.8)

증손회사 (8개): [A] (6개) (CJ케이블넷) CJ케이블넷중앙방송(80), 단지넷(100),
                       한국케이블티브이충남방송(74.2), CJ케이블넷금정방송(82.5),
                       CJ케이블넷영남방송(80), CJ케이블넷해운대기장방송(87.3)
              (1개) (드림씨티방송) 드림네트웍스(80)
             [B] (1개) (슈퍼피드) 돈돈팜(100)

고손회사 (1개): [A] (CJ케이블넷중앙방송) 개금유선방송(100)

주: 그룹 계열회사는 2008년 4월, 지주회사 계열회사 및 지분은 2007년 9월(CJ(주)) 또는 12월(CJ홈쇼핑) 현재.
출처: 공정거래위원회 홈페이지 사료, 〈부록 4〉, 제3징 〈표 3.3〉.

〈부록 표 5.3〉 CJ그룹의 지주회사체제, 2009년 9월

(A) 개관

· 그룹 계열회사 61개 (a) = 지주회사체제 편입 회사 57개 (b) + 미편입 회사 4개
· 지주회사체제 달성 비율 (b/a) = 93%
· [b: 6단계 하향, 비대칭 피라미드 소유구조]
  (1) 최대주주 이재현 → 지주회사 CJ(주) → 자회사 14개 → 손자회사 33개
                                          → 증손회사 8개 → 고손회사 1개
  (2) 지주회사 CJ(주)* →
    [A] 자회사·지주회사 1개* → 손자회사 5개   → 증손회사 7개 → 고손회사 1개
    [B] 자회사 1개*   → 손자회사 6개 (1*+5) → 증손회사 1개
    [C] 자회사 7개 (4*+3)   → 손자회사 22개
    [D] 자회사 5개
· * 표시된 8개 회사는 상장회사이며, 밑줄 친 13개 회사는 계열회사 보유

(B) 지주회사 CJ(주)*의 56개 계열회사

자회사 (14개): [A] (1개) <u>CJ오쇼핑</u>(* 39.99%)
　　　　　　　 [B] (1개) <u>CJ제일제당</u>(* 39.14)
　　　　　　　 [C] (7개) <u>엠넷미디어</u>(* 33.25), <u>CJ인터넷</u>(* 27.46), <u>CJ프레시웨이</u>(* 51.94), <u>CJ CGV</u>(* 40.05),
　　　　　　　　　　　 <u>CJ건설</u>(99.92), <u>CJ미디어</u>(50.14), <u>CJ엔터테인먼트</u>(100)
　　　　　　　 [D] (5개) CJ시스템즈(62.12), CJ올리브영(100), CJ창업투자(90), CJ푸드빌(95.81),
　　　　　　　　　　　 CJ프로퍼티스(100)

손자회사 (33개): [A] (5개) (CJ오쇼핑) <u>CJ헬로비전</u>(50.98), <u>CJ헬로비전드림씨티방송</u>(95.5),
　　　　　　　　　　　　　　　 브로드밴드솔루션즈(91.14), CJ월디스(60), CJ텔레닉스(100)
　　　　　　　　 [B] (6개) (CJ제일제당) <u>수퍼피드</u>(100), 삼호F&G(* 46.52), 삼양유지(99.99),
　　　　　　　　　　　　　　　 신동방CP(99.7), 하선정종합식품(100), CJ엠디원(100)
　　　　　　　　 [C] (6개) (CJ미디어) 썬티브이(70), 인터내셔널미디어지니어스(100), 챔프비전(50),
　　　　　　　　　　　　　　　 CJ엔지씨코리아(67), CJ파워캐스트(70.1), CJ tvN(98.34)
　　　　　　　　　 (4개) (CJ인터넷) 게임알로(70), 애니파크(53.2), CJ스포츠(100), CJ아이지(100)
　　　　　　　　　 (3개) (엠넷미디어) 세중디엠에스(51.8), 좋은콘서트(51), 케이엠티브이(100)
　　　　　　　　　 (3개) (CJ CGV) 디시네마오브코리아(50), 프리머스시네마(80), CJ조이큐브(98.15)
　　　　　　　　　 (3개) (CJ엔터테인먼트) 아트서비스(41.35), 클립서비스(51.68),
　　　　　　　　　　　　　　　 CJ스토리허브문화산업전문(80.2)
　　　　　　　　　 (2개) (CJ건설) 트라움하우징(100), 화성봉담피에프브이(78.34)
　　　　　　　　　 (1개) (CJ프레시웨이) CJ엔시티(100)

증손회사 (8개): [A] (6개) (CJ헬로비전) <u>CJ헬로비전중앙방송</u>(80), 한국케이블티브이모두방송(100),
　　　　　　　　　　　　　 CJ헬로비전금정방송(100), CJ헬로비전영남방송(80),
　　　　　　　　　　　　　 CJ헬로비전충남방송(74.18), CJ헬로비전해운대기장방송(87.33)
　　　　　　　　　 (1개) (CJ헬로비전드림씨티방송) 드림네트웍스(80)
　　　　　　　　 [B] (1개) (수퍼피드) 돈돈팜(100)

고손회사 (1개): [A] (CJ헬로비전중앙방송) 개금유선방송(100)

주: 그룹 계열회사는 2009년 4월, 지주회사(CJ(주), CJ오쇼핑) 계열회사 및 지분은 2008년 12월 현재.
출처: 공정거래위원회 홈페이지 자료, 〈부록 4〉, 제3장 〈표 3.3〉.

〈부록 표 5.4〉 CJ그룹의 지주회사체제, 2010년 9월

(A) 개관

· 그룹 계열회사 65개 (a) = 지주회사체제 편입 회사 58개 (b) + 미편입 회사 7개
· 지주회사체제 달성 비율 (b/a) = 89%
· [b: 5단계 하향, 비대칭 피라미드 소유구조]
  (1) 최대주주 이재현 → 지주회사 CJ(주) 및 오미디어홀딩스 → 자회사 17개 → 손자회사 36개
                                                                                 → 증손회사 3개

  (2) 지주회사 CJ(주)* →
    [A] 자회사·지주회사 1개* → 손자회사 3개   → 증손회사 2개
    [B] 자회사 1개*   → 손자회사 5개 (1*+4) → 증손회사 2개
    [C] 자회사 9개 (4*+5)   → 손자회사 19개
    [D] 자회사 5개
  (3) 지주회사 오미디어홀딩스 → 자회사·지주회사 1개* → 손자회사 9개
· * 표시된 9개 회사는 상장회사이며, 밑줄 친 14개 회사는 계열회사 보유

(B) 지주회사 CJ(주)*의 57개 계열회사

자회사 (16개): [A] CJ오쇼핑(* 39.97%)
              [B] CJ제일제당(* 36.66)
              [C] 엠넷미디어(* 49.31), CJ인터넷(* 27.46), CJ프레시웨이(* 51.89), CJ CGV(* 40.05),
                  CJ건설(99.92), CJ미디어(49.93), CJ시스템즈(62.12), CJ엔터테인먼트(100), CJ GLS(41.52)
              [D] 동부산테마파크(50), 화성봉담PFV(78.34), CJ올리브영(100), CJ창업투자(90),
                  CJ푸드빌(95.81)

손자회사 (27개): [A] (3개) (CJ오쇼핑) CJ헬로비전(46.01), CJ헬로비전드림씨티방송(95.5), CJ텔레닉스(100)
                [B] (5개) (CJ제일제당) 수퍼피드(99.9), CJ씨푸드(* 46.52), 신동방CP(99.72),
                        하선정종합식품(100), CJ엠디원(100)
              [C] (3개) (엠넷미디어) 마이원카드(51.8), 좋은콘서트(51), 케이엠티브이(100)
                (3개) (CJ인터넷) 애니파크(53.21), CJ스포츠(100), CJ아이지(100)
                (3개) (CJ미디어) 인터내셔널미디어지니어스(100), 챔프비전(50), CJ엔지씨코리아(67)
                (3개) (CJ엔터테인먼트) 아트서비스(41.35), 엠바로(51), 클럽서비스(51.68)
                (2개) (CJ CGV) 디시네마오브코리아(50), 프리머스시네마(80.01)
                (2개) (CJ GLS) 이앤씨인프라(100), 에스씨로지스(92.41)
                (1개) (CJ프레시웨이) CJ엔시티(100)
                (1개) (CJ건설) 트라움하우징(100)
                (1개) (CJ시스템즈) CJ파워캐스트(60)

증손회사 (3개): [A] (2개) (CJ헬로비전) 한국케이블티브이모두방송(100), CJ헬로비전해운대기장방송(100)
                [B] (1개) (수퍼피드) 돈돈팜(100)

(C) 지주회사 오미디어홀딩스의 10개 계열회사

자회사 (1개): 온미디어(* 55.17)

손자회사 (9개): (온미디어) 동구케이블방송(85.6), 디지틀온미디어(99.93), 바둑텔레비전(64.84),
                수성케이블방송(83.19), 오리온시네마네트워크(90.27), 온게임네트워크(79.74),
                이플레이온(100), 한국케이블TV영동방송(71.77),
                한국케이블TV전남동부방송(62.88)

주: 1) 그룹 계열회사는 2011년 4월, 지주회사 계열회사 및 지분은 2009년 12월(CJ(주), CJ오쇼핑, 온미디어) 또는 2010년 9월
    (오미디어홀딩스) 현재. 2010년 4월 현재의 그룹 계열회사(54개)를 기준으로 하면 지주회사체제 달성 비율은 107%임.
   2) 오미디어홀딩스(2010년 9월 설립)는 CJ(주)이 자회사인데 출처에는 포함되어 있지 않음.
출처: 공정거래위원회 홈페이지 자료. 〈부록 4〉. 제3장 〈표 3.3〉.

〈부록 표 5.5〉 CJ그룹의 지주회사체제, 2011년 9월

(A) 개관

· 그룹 계열회사 65개 (a) = 지주회사체제 편입 회사 50개 (b) + 미편입 회사 4개

· 지주회사체제 달성 비율 (b/a) = 77%

· [b: 5단계 하향, 비대칭 피라미드 소유구조]

  (1) 최대주주 이재현 → 지주회사 CJ(주) → 자회사 18개 → 손자회사 28개 → 증손회사 3개

  (2) 지주회사 CJ(주)* →

    [A] 자회사 3개*   → 손자회사 12개 (2*+10) → 증손회사 3개

    [B] 자회사 8개 (4*+4) → 손자회사 16개

    [C] 자회사 7개

· * 표시된 10개 회사는 상장회사이며, 밑줄 친 14개 회사는 계열회사 보유

(B) 지주회사 CJ(주)*의 49개 계열회사

자회사 (18개): [A] (3개) CJ제일제당(* 34.3%), CJ인터넷(* 31.6), CJ E&M(* 43.6)

             [B] (8개) 엠넷미디어(* 49.4), CJ오쇼핑(* 39.9), CJ프레시웨이(* 51.9), CJ CGV(* 40.1),

                    CJ미디어(49.9), CJ시스템즈(66.3), CJ엔터테인먼트(100), CJ GLS(41.4)

             [C] CJ건설(99.9), 동부산테마파크(50), 에스에이관리(49.9), 화성봉담PFV(78.3),

                    CJ올리브영(100), CJ창업투자(90), CJ푸드빌(96.3)

손자회사 (28개): [A] (6개) (CJ제일제당) 수퍼피드(100), CJ씨푸드(* 46.5), 신동방CP(99.7),

                        어업회사법인신의도천일염(52.1), 하선정종합식품(100),

                        CJ엠디원(100)

             (5개) (CJ인터넷) 미디어웹(68.8), 씨드나인게임즈(53), 애니파크(53.2),

                        CJ스포츠(100), CJ아이지(100)

             (1개) (CJ E&M) 온미디어(* 55.2)

             [B] (3개) (CJ오쇼핑) 슈퍼레이스(98.8), CJ텔레닉스(100), CJ헬로비전(53.9)

                   (3개) (CJ미디어) 인터내셔널미디어지니어스(100), 챔프비전(50), CJ엔지씨코리아(67)

                   (3개) (CJ엔터테인먼트) 아트서비스(41.4), 엠바로(42.1), 클립서비스(51.7)

                   (2개) (엠넷미디어) 좋은콘서트(51), 케이엠티브이(100)

                   (2개) (CJ CGV) 디시네마오브코리아(50), 프리머스시네마(80)

                   (1개) (CJ프레시웨이) CJ엔시티(100)

                   (1개) (CJ시스템즈) CJ파워캐스트(60)

                   (1개) (CJ GLS) 이앤씨인프라(100)

증손회사 (3개): [A] (1개) (수퍼피드) 돈돈팜(100)

             (1개) (미디어웹) 미디어웹아이(100)

             (1개) (온미디어) 이플레이온(100)

주: 그룹 계열회사는 2011년 4월, 지주회사(CJ(주)) 계열회사 및 지분은 2010년 12월 현재.
출처: 공정거래위원회 홈페이지 자료, 〈부록 4〉, 제3장 〈표 3.3〉.

(A) 개관

· 그룹 계열회사 66개 (a) = 지주회사체제 편입 회사 60개 (b) + 미편입 회사 6개
· 지주회사체제 달성 비율 (b/a) = 91%
· [b: 7단계 하향, 비대칭 피라미드 소유구조]
  (1) 최대주주 이재현 → 지주회사 CJ(주) → 자회사 12개 → 손자회사 37개 → 증손회사 5개
  　　　　　　　　　　　　　　　　　　　　　　　　　　　　　 → 고손회사 4개 → 고고손회사 1개

  (2) 지주회사 CJ(주)* →
  　　[A] 자회사 1개*　　→ 손자회사 21개　　　→ 증손회사 1개
  　　[B] 자회사 1개*　　→ 손자회사 5개 (1*+4) → 증손회사 2개
  　　[C] 자회사 1개*　　→ 손자회사 3개　　　→ 증손회사 2개 → 고손회사 4개
  　　　　　　　　　　　　　　　　　　　　　　　　　　　　 → 고고손회사 1개

  　　[D] 자회사 5개 (2*+3) → 손자회사 8개
  　　[E] 자회사 4개
· * 표시된 7개 회사는 상장회사이며, 밑줄 친 15개 회사는 계열회사 보유

(B) 지주회사 CJ(주)*의 59개 계열회사

자회사(12개): [A] CJ E&M(* 40.2%)
　　　　　　　[B] CJ제일제당(* 37)
　　　　　　　[C] CJ오쇼핑(* 39.8)
　　　　　　　[D] CJ시스템즈(66.3), CJ건설(99.9), CJ GLS(93.2), CJ CGV(* 40.1), CJ프레시웨이(* 51.8)
　　　　　　　[E] 에스에이관리(66.9), 화성봉담PFV(82.5), CJ올리브영(100), CJ푸드빌(96.3)

손자회사 (37개): [A] (21개) (CJ E&M) 미디어웹(68.8), 바둑텔레비전(66.2), 씨드나인게임즈(53),
　　　　　　　　　　　　　　　　　아트서비스(41.4), 오리온시네마네트워크(90.3),
　　　　　　　　　　　　　　　　　온게임네트워크(86.7), 인터내셔널미디어지니어스(100),
　　　　　　　　　　　　　　　　　애니파크(52.5), 엠바로(42.1), 좋은콘서트(100), 잼스튜디오(51),
　　　　　　　　　　　　　　　　　클립서비스(51.7), 케이엠티브이(100), CJ게임랩(53),
　　　　　　　　　　　　　　　　　CJ스포츠(100), CJ아이지(100), CJ엔지씨코리아(67),
　　　　　　　　　　　　　　　　　CJ헬로비전대구동구방송(100), CJ헬로비전대구수성방송(100),
　　　　　　　　　　　　　　　　　CJ헬로비전아라방송(100), CJ헬로비전영동방송(100)
　　　　　　　　　　[B] (5개) (CJ제일제당) CJ씨푸드(* 46.5), 수퍼피드(100),
　　　　　　　　　　　　　　　　　신의도천일염(88), 영우냉동식품(97.8), CJ엠디원(100)
　　　　　　　　　　[C] (3개) (CJ오쇼핑) CJ헬로비전(60.3), 슈퍼레이스(98.8), CJ텔레닉스(100)
　　　　　　　　　　[D] (2개) (CJ시스템즈) 에이지웍스(98.3), CJ파워캐스트(60)
　　　　　　　　　　　　(1개) (CJ건설) 동부산테마파크(50)
　　　　　　　　　　　　(1개) (CJ GLS) 이앤씨인프라(100)
　　　　　　　　　　　　(3개) (CJ CGV) 디시네마오브코리아(50), 포디플렉스(92.7), 프리머스시네마(100)
　　　　　　　　　　　　(1개) (CJ프레시웨이) CJ엔시티(100)

증손회사 (5개): [A] (1개) (미디어웹) 미디어웹아이(100)
　　　　　　　　[B] (1개) (CJ씨푸드) 우성(100)
　　　　　　　　　　(1개) (수퍼피드) 돈돈팜(100)
　　　　　　　　[C] (2개) (CJ헬로비전) 포항종합케이블방송사(97.5), 신라케이블방송 (100)

고손회사 (4개): [C] (2개) (포항종합케이블방송사) 옥명산업개발(41.7), 한국케이블티비포항방송(100)
　　　　　　　　　　(2개) (신라케이블방송) 명성기업(63.5), 동양케이블정보통신(100)

고고손회사 (1개): [C] (명성기업) 경포엔지니어링(37.7)

주: 1) 지분은 보통주 기준; '고고손회사'는 임의로 붙인 명칭임.
　　2) 지주회사체제 미편입 6개 회사 (지분은 우선주 포함, 2012년 4월 현재): 씨앤아이레저산업 (← 이재현 42.1%), CJ
　　　 창업투자 (← 씨앤아이레저산업 90%), CJ무터 (← 재산커뮤니케이션즈 100%), 재산커뮤니케이션즈, 조이렌트카,
　　　 타니애어소시에이츠.
출처: 사업보고서, 〈부록 그림 7.6〉.

〈부록 6〉 두산그룹의 지주회사체제, 2009~2011년

〈부록 표 6.1〉 두산그룹의 지주회사체제, 2009년 9월

(A) 개관

ㆍ그룹 계열회사 26개 (a) = 지주회사체제 편입 회사 22개 (b) + 미편입 회사 4개
ㆍ지주회사체제 달성 비율 (b/a) = 85%
ㆍ[b: 5단계 하향, 비대칭 피라미드 소유구조]
  (1) 최대주주 박용곤 → 지주회사 (주)두산 → 자회사 11개 → 손자회사 8개 → 증손회사 2개
  (2) 지주회사 (주)두산* →
      [A] 자회사 1개*   → 손자회사 6개 (2*+4) → 증손회사 2개
      [B] 자회사ㆍ지주회사 1개 → 손자회사 1개
      [C] 자회사 1개   → 손자회사 1개
      [D] 자회사 8개 (2*+6)
ㆍ* 표시된 6개 회사는 상장회사이며, 밑줄 친 4개 회사는 계열회사 보유

(B) 지주회사 (주)두산*의 21개 계열회사

자회사 (11개): [A] 두산중공업(* 41.2%)
              [B] 두산모트롤홀딩스(77.8)
              [C] 네오플럭스(66.7)
              [D] 삼화왕관(* 44.2), 오리콤(* 57.8), 두산동아(100), 두산베어스(90), 두산생물자원(100),
                  두산와인판매(100), 두산타워(100), 에스알에스코리아(100)

손자회사 (8개): [A] (6개) (두산중공업) 두산건설(* 39.83), 두산인프라코어(* 38.86), 두산메카텍(100),
                    두산엔진(51), 두산캐피탈(19.99), 엔셰이퍼(80.52)
               [B] (1개) (두산모트롤홀딩스) 두산모트롤(95.45)
               [C] (1개) (네오플럭스) 네오플럭스제일호피이에프(15)

증손회사 (2개): [A] (두산건설) 두산큐벡스(100), 렉스콘(100)

주: 그룹 계열회사는 2009년 4월, 지주회사((주)두산, 두산모트롤홀딩스) 계열회사 및 지분은 2008년 12월 현재.
출처: 공정거래위원회 홈페이지 자료, 〈부록 4〉, 제4장 〈표 4.3〉.

〈부록 표 6.2〉 두산그룹의 지주회사체제, 2010년 9월

(A) 개관

- 그룹 계열회사 29개 (a) = 지주회사체제 편입 회사 22개 (b) + 미편입 회사 7개
- 지주회사체제 달성 비율 (b/a) = 76%
- [b: 5단계 하향, 비대칭 피라미드 소유구조]

  (1) 최대주주 박용곤 → 지주회사 (주)두산 → 자회사 8개 → 손자회사 11개 → 증손회사 2개

  (2) 지주회사 (주)두산* →

  　　[A] 자회사 1개*　　　　　→ 손자회사 7개 (2*+5) → 증손회사 2개

  　　[B] 자회사·지주회사 1개 → 손자회사 3개 (1*+2)

  　　[C] 자회사 1개　　　　　→ 손자회사 1개

  　　[D] 자회사 5개 (1*+4)

- * 표시된 6개 회사는 상장회사이며, 밑줄 친 4개 회사는 계열회사 보유

(B) 지주회사 (주)두산*의 21개 계열회사

자회사 (8개): [A] <u>두산중공업</u>(* 41.28%)

　　　　　　 [B] <u>디아이피홀딩스</u>(100)

　　　　　　 [C] <u>네오플럭스</u>(66.71)

　　　　　　 [D] 오리콤(* 57.78), 두산동아(100), 두산베어스(90), 두산생물자원(100), 두산타워(100)

손자회사 (11개): [A] (7개) (두산중공업) <u>두산건설</u>(* 52.18), 두산인프라코어(* 33.83), 두산메카텍(100),
　　　　　　　　　　　　　　　 두산에이엠씨(100), 두산엔진(53.04), 두산캐피탈(19.99),
　　　　　　　　　　　　　　　 엔셰이퍼(80.52)

　　　　　　　 [B] (3개) (디아이피홀딩스) 삼화왕관(* 24.04), 두산디에스티(50.91),
　　　　　　　　　　　　　　　　　 에스알에스코리아(50.91)

　　　　　　　 [C] (1개) (네오플럭스) 네오플럭스제1호PEF(15)

증손회사 (2개): [A] (두산건설) 두산큐벡스(100), 렉스콘(100)

주: 그룹 계열회사는 2010년 4월, 지주회사 계열회사 및 지분은 2009년 12월((주)두산) 또는
　　2010년 1월(디아이피홀딩스) 현재.
출처: 공정거래위원회 홈페이지 자료, 〈부록 4〉, 제4장 〈표 4.3〉.

〈부록 표 6.3〉 두산그룹의 지주회사체제, 2011년 9월

(A) 개관

- 그룹 계열회사 25개 (a) = 지주회사체제 편입 회사 21개 (b) + 미편입 회사 4개
- 지주회사체제 달성 비율 (b/a) = 84%
- [b: 5단계 하향, 비대칭 피라미드 소유구조]
  - (1) 최대주주 박용곤 → 지주회사 (주)두산 → 자회사 9개 → 손자회사 8개 → 증손회사 3개
  - (2) 지주회사 (주)두산* →

    [A] 자회사 1개*　　　　　 → 손자회사 5개 (2*+3) → 증손회사 3개

    [B] 자회사·지주회사 1개 → 손자회사 2개

    [C] 자회사 1개　　　　　 → 손자회사 1개

    [D] 자회사 6개 (1*+5)
- * 표시된 5개 회사는 상장회사이며, 밑줄 친 5개 회사는 계열회사 보유

(B) 지주회사 (주)두산*의 21개 계열회사

자회사 (9개): [A] 두산중공업(* 41.3%)

　　　　　　 [B] 디아이피홀딩스(100)

　　　　　　 [C] 네오플럭스(66.7)

　　　　　　 [D] 오리콤(* 69.2), 두산동아(100), 두산베어스(100), 두산생물자원(100), 두산타워(100), 엔셰이퍼(100)

손자회사 (8개): [A] (5개) (두산중공업) 두산건설(* 72.8), 두산인프라코어(* 44.8), 두산에이엠씨(100), 두산엔진(42.7), 두산캐피탈(20)

　　　　　　　 [B] (2개) (디아이피홀딩스) 두산디에스티(50.9), 에스알에스코리아(50.9)

　　　　　　　 [C] (1개) (네오플럭스) 네오플럭스제1호사모투자전문회사(15)

증손회사 (3개): [A] (2개) (두산건설) 두산큐벡스(100), 렉스콘(100)

　　　　　　　 (1개) (두산인프라코어) 두산인터내셔날코리아(100)

주: 그룹 계열회사는 2011년 4월, 지주회사((주)두산, 디아이피홀딩스) 계열회사 및 지분은 2010년 12월 현재.
출처: 공정거래위원회 홈페이지 자료, 〈부록 4〉, 제4장 〈표 4.3〉.

〈부록 표 6.4〉 두산그룹의 지주회사체제, 2011년 12월

(A) 개관

- 그룹 계열회사 25개 (a) = 지주회사체제 편입 회사 24개 (b) + 미편입 회사 1개
- 지주회사체제 달성 비율 (b/a) = 96%
- [b: 5단계 하향, 비대칭 피라미드 소유구조]
  (1) 최대주주 박용곤 → 지주회사 (주)두산 → 자회사 9개 → 손자회사 10개 → 증손회사 4개
  (2) 지주회사 (주)두산* →

    [A] 자회사 1개*   → 손자회사 6개 (3*+3) → 증손회사 4개

    [B] 자회사·지주회사 1개 → 손자회사 3개

    [C] 자회사 1개   → 손자회사 1개

    [D] 자회사 6개 (1*+5)
- * 표시된 6개 회사는 상장회사이며, 밑줄 친 5개 회사는 계열회사 보유

(B) 지주회사 (주)두산*의 23개 계열회사

자회사 (9개): [A] 두산중공업(* 41.24%)

             [B] 디아이피홀딩스(100)

             [C] 네오플럭스(66.71)

             [D] 오리콤(* 69.19), 두산동아(100), 두산베어스(100), 두산생물자원(100), 두산타워(100),
                 엔셰이퍼(100)

손자회사 (10개): [A] (6개) (두산중공업) 두산건설(* 72.74), 두산개피탈(14.28), 두산인프라코어(* 44.8),
                        두산엔진(* 42.66), 두산에이엠씨(100), 탐라해상풍력발전(100)
               [B] (3개) (디아이피홀딩스) 두산디에스티(50.91), 두산산업차량(51),
                        에스알에스코리아(50.91)
               [C] (1개) (네오플럭스) 네오플럭스제1호사모투자전문회사(15)

증손회사 (4개): [A] (3개) (두산건설) 네오트랜드(42.86), 두산큐벡스(100), 렉스콘(100)
             (1개) (두산캐피탈) 비엔지증권(97.82)

주: 1) 지분은 우선주 포함.
   2) 두산캐피탈: 두산중공업과 두산인프라코어가 각각 14.28% 보유, 두산중공업 자회사로 간주함.
   3) 네오플럭스제1호사모투자전문회사 15%: 2011년 9월 발표 공정거래위원회 자료, 사업보고서에는 지분 정보 없음.
   4) 지주회사체제 미편입 회사: DFMS(주) (이전 두산모터스).
출처: 사업보고서, 〈부록 그림 7.5〉..

〈부록 7〉 대규모기업집단의 소유지분도, 2012년 4월

공정거래위원회는 2012년 6월 대규모기업집단의 소유지분도를 처음으로 작성, 공개하였다. 대상은 2012년 4월 현재의 63개 상호출자제한기업집단이며, 각 집단의 소유구조를 1장의 그림으로 일목요연하게 정리하였다 ('2012년 대기업집단 주식소유 현황 및 소유지분도에 대한 정보 공개', 2012년 6월 29일).

여기에는 지주회사체제를 채택한 집단도 포함되어 있다. 지주회사체제의 하향, 단선적인 소유구조가 개개 집단에서는 구체적으로 어떤 모습으로 나타나고 있는지, 그리고 지주회사체제를 채택하지 않은 집단의 소유구조에 비해서는 어느 정도로 단순, 투명한지를 가늠해 볼 수 있는 귀중한 자료로 생각되어 여기에 소개한다 (<부록 표 7.1>, <부록 표 7.2>, <부록 그림 7.1> ~ <부록 그림 7.57>).

2011년 9월 현재 지주회사체제(일반지주회사 기준)를 채택한 집단은 20개이며, 이들 중 15개는 적극적인 체제를, 그리고 나머지 5개는 소극적인 체제를 채택하였다 (<부록 표 4.10>). 이를 기준으로 2012년 4월 현재의 63개 집단을 살펴보면, 지주회사체제를 채택한 집단은 23개이며, 이들 중 18개는 적극적인 체제를, 그리고 나머지 5개는 소극적인 체제를 채택하였다. 23개 집단 중 적극적인 체제를 채택한 2개 집단(농협, 태영)은 2012년에 처음으로 공정거래법상 집단으로 지정되었고, 적극적인 체제를 채택한 1개 집단(한국투자금융)은 금융지주회사체제이며, 소극적인 체제를 채택한 1개 집단(대한전선)은 소속 일반지주회사(티이씨앤코)가 2011년 12월 공정거래법상 지주회사에서 제외되었다.

한편 지주회사체제를 채택하지 않은 40개 집단은 동일인이 자연인인 사기업집단(21개), 동일인이 회사인 사기업집단(8개), 동일인이 회사인 공기업집단(11개) 등 세 부류로 분류할 수 있다. 이들 중 6개 집단(신세계, 대림, 현대, 대우조선해양, 에쓰-오일, 인천도시공사)의 지분도는 기술적인 문제로 여기에는 싣지 못하였다.

<부록 표 7.1> 63개 대규모기업집단, 2012년 4월: (1) 전체 순위 (자산총액 순)

순위	그룹	계열회사 (개)	동일인
1	삼성*	81	이건희
2	(한국전력공사)	17	한국전력공사
3	(한국토지주택공사)	4	한국토지주택공사
4	현대자동차	56	정몽구
5	SK**	94	최태원
6	LG**	63	구본무
7	롯데	79	신격호
8	포스코	70	(주)포스코
9	현대중공업	24	정몽준
10	GS**	73	허창수
11	(한국도로공사)	3	한국도로공사
12	한진**	45	조양호
13	(한국가스공사)	3	한국가스공사
14	한화*	53	김승연
15	KT	50	(주)KT
16	두산**	24	박용곤
17	STX	26	강덕수
18	(한국석유공사)	2	한국석유공사
19	(한국수자원공사)	2	한국수자원공사
20	CJ**	84	이재현
21	(한국철도공사)	10	한국철도공사
22	LS**	50	구태회
23	금호아시아나	25	박삼구
24	신세계	19	이명희
25	대우조선해양	19	대우조선해양(주)
26	동부*	56	김준기
27	대림	17	이준용
28	현대	20	현정은
29	에쓰-오일	2	에쓰-오일(주)
30	부영**	17	이중근
31	OCI	19	이수영
32	효성	45	조석래

33	대우건설	15	(주)대우건설
34	동국제강	16	장제주
35	현대백화점**	35	정지선
36	한국GM	3	한국GM(주)
37	(인천도시공사)	3	인천도시공사
38	코오롱**	40	이웅열
39	웅진**	29	윤석금
40	KCC	9	정상영
41	영풍	23	장형진
42	농협**	41	농업협동조합중앙회
43	미래에셋	30	박현주
44	한진중공업**	8	조남호
45	(인천국제공항공사)	2	인천국제공항공사
46	동양	34	현재현
47	홈플러스	3	홈플러스(주)
48	현대산업개발	15	정몽규
49	KT&G	13	(주)KT&G
50	대성**	85	김영대
51	세아**	24	이운형
52	(서울특별시도시철도공사)	2	서울특별시도시철도공사
53	태광*	44	이호진
54	하이트진로**	15	박문덕
55	한라	23	정몽원
56	교보생명보험	13	신창재
57	한국투자금융**	15	김남구
58	태영**	40	윤세영
59	대한전선*	24	설윤석
60	한국타이어	15	조양래
61	이랜드	30	박성수
62	유진	28	유경선
63	(부산항만공사)	2	부산항만공사

주: 1) 괄호 안의 집단은 11개 공기업집단.
 2) ** 적극적인 지주회사체제를 채택하고 있는 18개 사기업집단.
 3) * 소극적인 지주회사체제를 채택하고 있는 5개 사기업집단.
출처: 공정거래위원회홈페이지 자료. 〈부록 표 4.10〉.

〈부록 표 7.2〉 63개 대규모기업집단, 2012년 4월: (2) 지주회사체제 채택 여부

(A) 개관

· 지주회사체제를 채택한 사기업집단 23개:
   적극적인 지주회사체제를 채택한 사기업집단 18개   <부록 그림 7.1 ~ 7.18>
   소극적인 지주회사체제를 채택한 사기업집단 5개   <부록 그림 7.19 ~ 7.23>

· 지주회사체제를 채택하지 않은 집단 40개:
   동일인이 자연인인 사기업집단 21개   <부록 그림 7.24 ~ 7.41>
   동일인이 회사인 사기업집단 8개   <부록 그림 7.42 ~ 7.47>
   동일인이 회사인 공기업집단 11개   <부록 그림 7.48 ~ 7.57>

(B) 적극적인 지주회사체제를 채택한 18개 사기업집단

순위	그룹	계열회사(개)	순위	그룹	계열회사(개)
5	SK	94	38	코오롱	40
6	LG	63	39	웅진	29
10	GS	73	42	농협	41
12	한진	45	44	한진중공업	8
16	두산	24	50	대성	85
20	CJ	84	51	세아	24
22	LS	50	54	하이트진로	15
30	부영	17	57	한국투자금융	15
35	현대백화점	35	58	태영	40

(C) 소극적인 지주회사체제를 채택한 5개 사기업집단

순위	그룹	계열회사(개)	순위	그룹	계열회사(개)
1	삼성	81	53	태광	44
14	한화	53	59	대한전선	24
26	동부	56			

(D) 지주회사체제를 채택하지 않은 집단: (a) 동일인이 자연인인 21개 사기업집단

순위	그룹	계열회사(개)	순위	그룹	계열회사(개)
4	현대자동차	56	40	KCC	9
7	롯데	79	41	영풍	23
9	현대중공업	24	43	미래에셋	30
17	STX	26	46	동양	34
23	금호아시아나	25	48	현대산업개발	15
24	신세계*	19	55	한라	23

27	대림*	17	56	교보생명보험	13
28	현대*	20	60	한국타이어	15
31	OCI	19	61	이랜드	30
32	효성	45	62	유진	28
34	동국제강	16			

(E) 지주회사체제를 채택하지 않은 집단: (b) 동일인이 회사인 8개 사기업집단

8	포스코	70	33	대우건설	15
15	KT	50	36	한국GM	3
25	대우조선해양*	19	47	홈플러스	3
29	에쓰-오일*	2	49	KT&G	13

(F) 지주회사체제를 채택하지 않은 집단: (c) 동일인이 회사인 11개 공기업집단

2	한국전력공사	17	21	한국철도공사	10
3	한국토지주택공사	4	37	인천도시공사*	3
11	한국도로공사	3	45	인천국제공항공사	2
13	한국가스공사	3	52	서울특별시 도시철도공사	2
18	한국석유공사	2	63	부산항만공사	2
19	한국수자원공사	2			

주: * 6개 그룹(신세계, 대림, 현대; 대우조선해양, 에쓰-오일; 인천도시공사)의 소유지분도는 기술적인 문제로 〈부록 그림〉에는 수록하지 못함. 공정거래위원회홈페이지 자료에는 포함되어 있으며 열람 가능함.

출처: 〈부록 표 7.1〉.

〈부록 그림 7.1〉 SK그룹 소유지분도, 2012년 4월

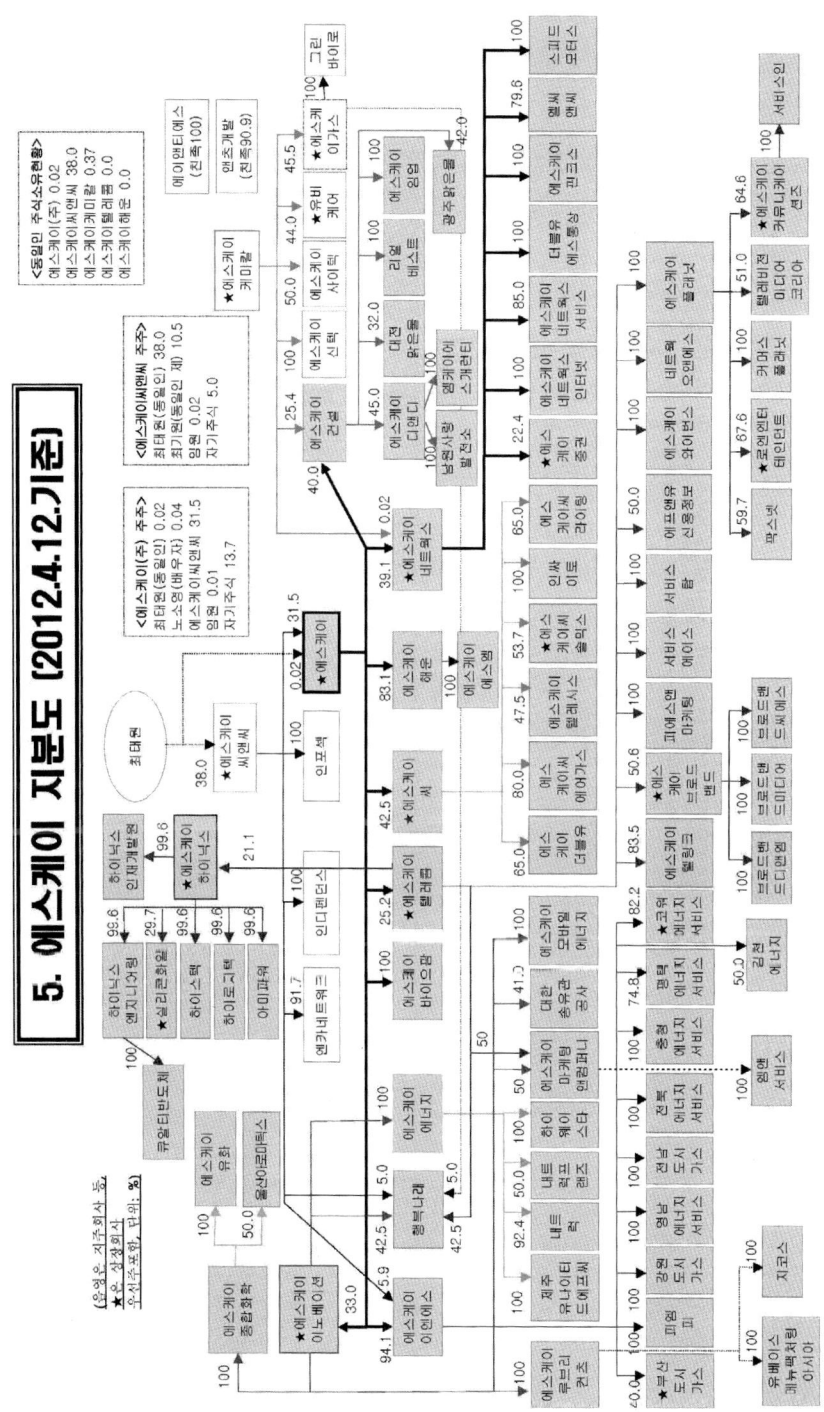

〈부록 그림 7.2〉 LG그룹 소유지분도, 2012년 4월

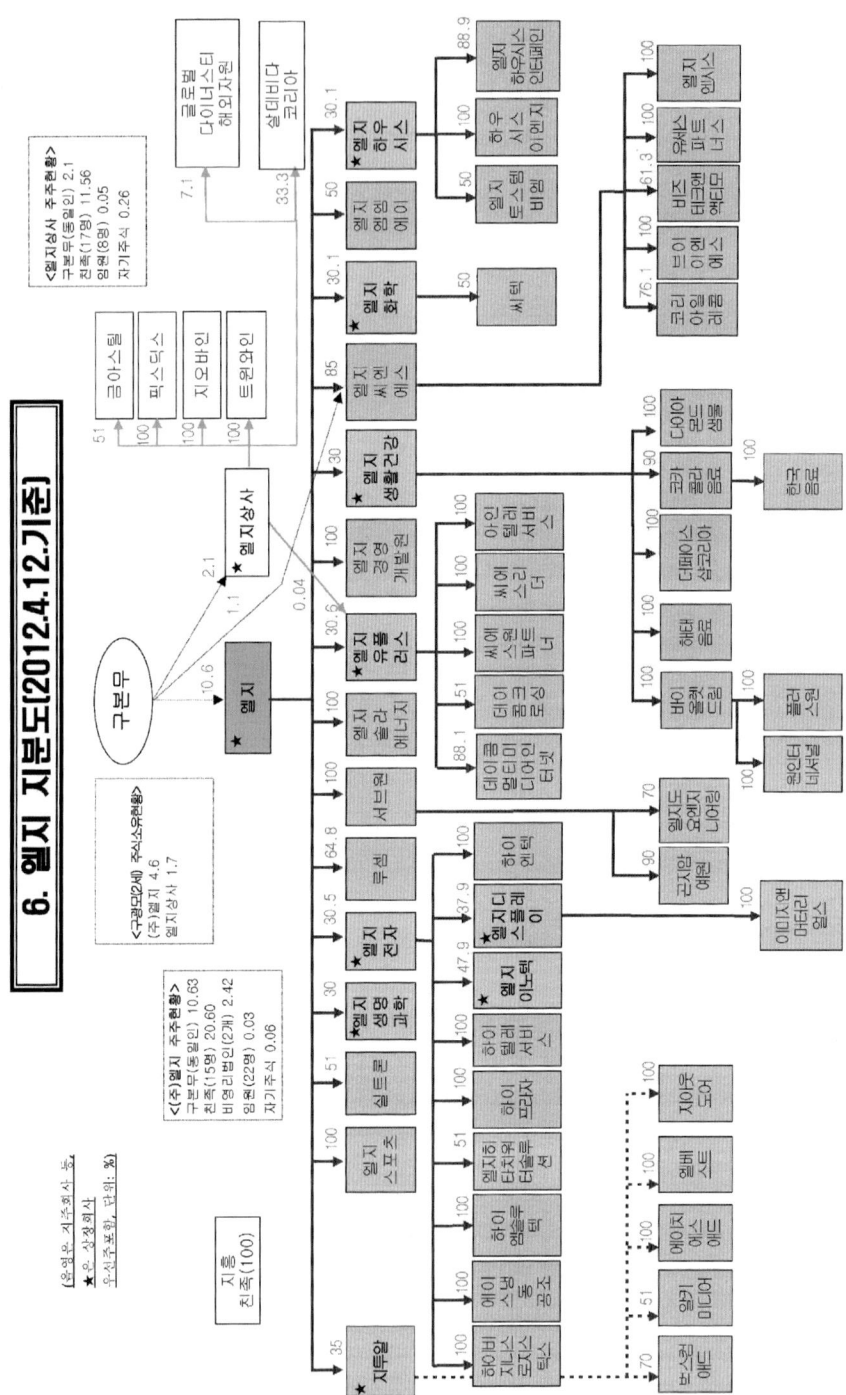

〈부록 그림 7.3〉 GS그룹 소유지분도, 2012년 4월

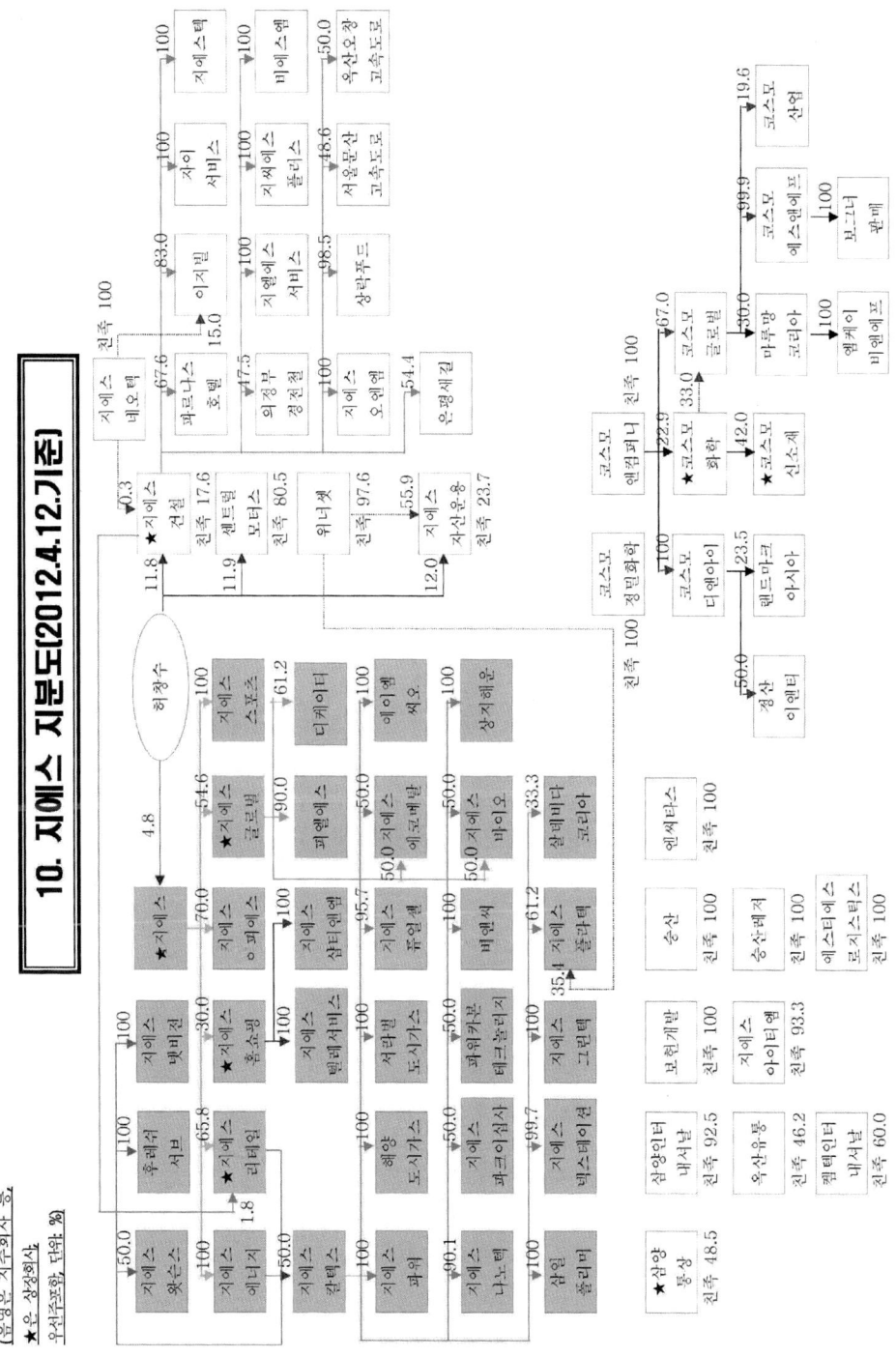

〈부록 그림 7.4〉 한진그룹 소유지분도, 2012년 4월

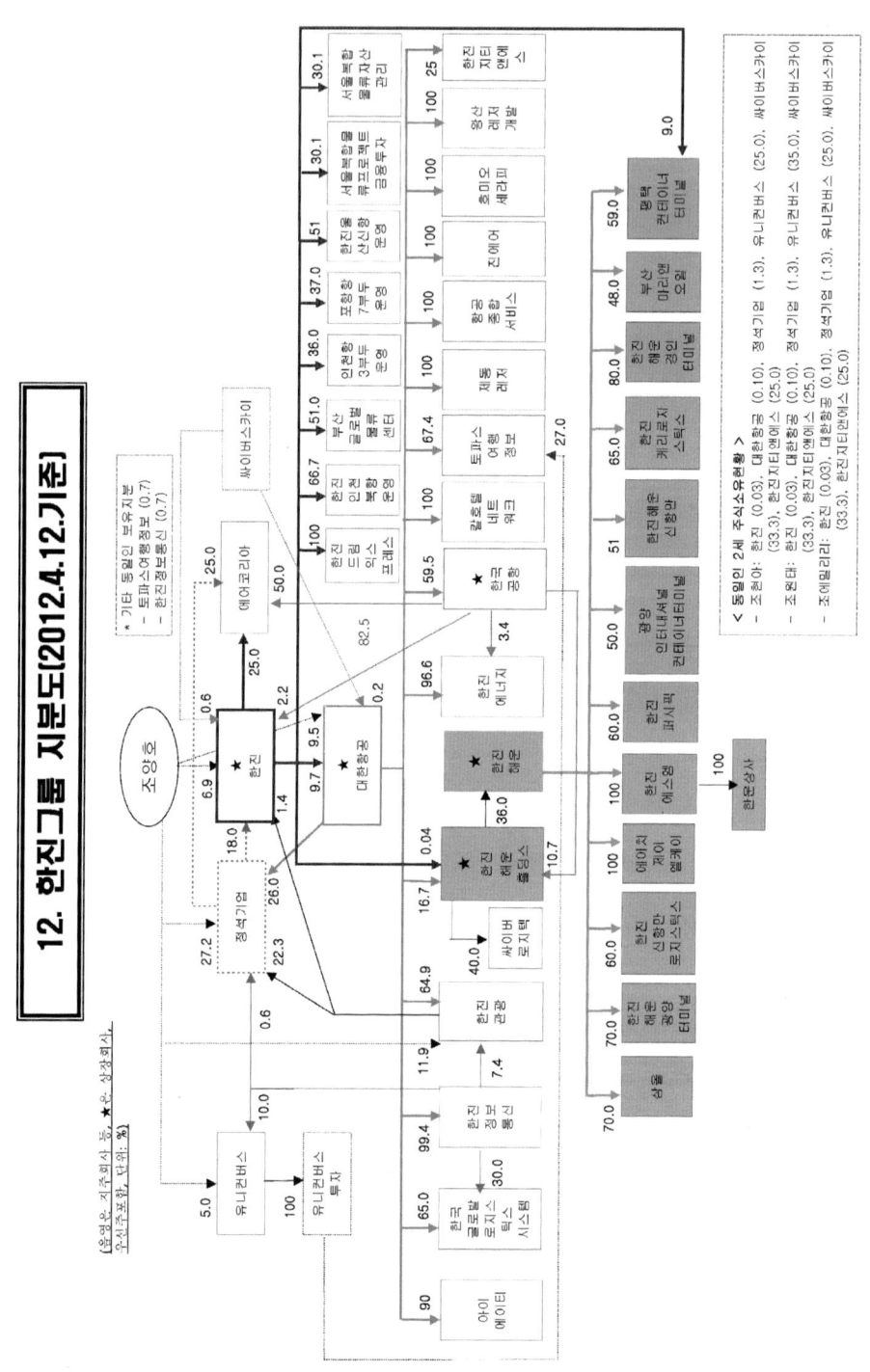

〈부록 그림 7.5〉 두산그룹 소유지분도, 2012년 4월

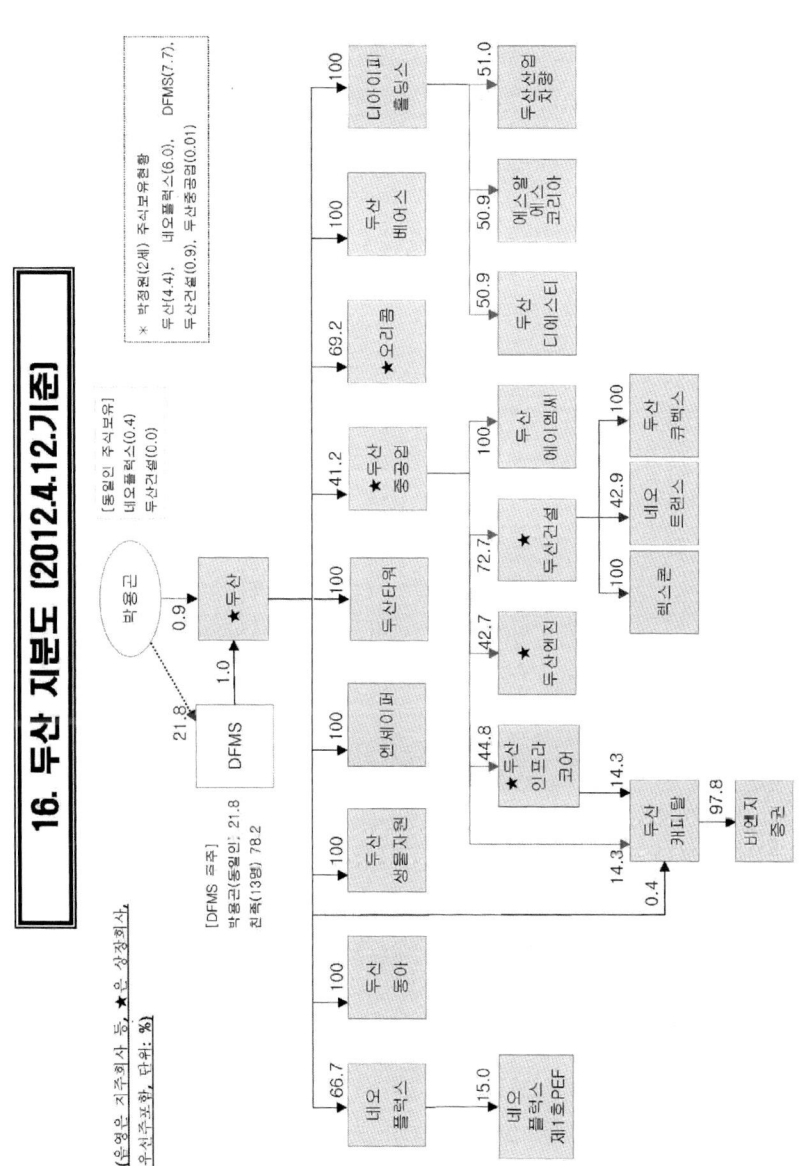

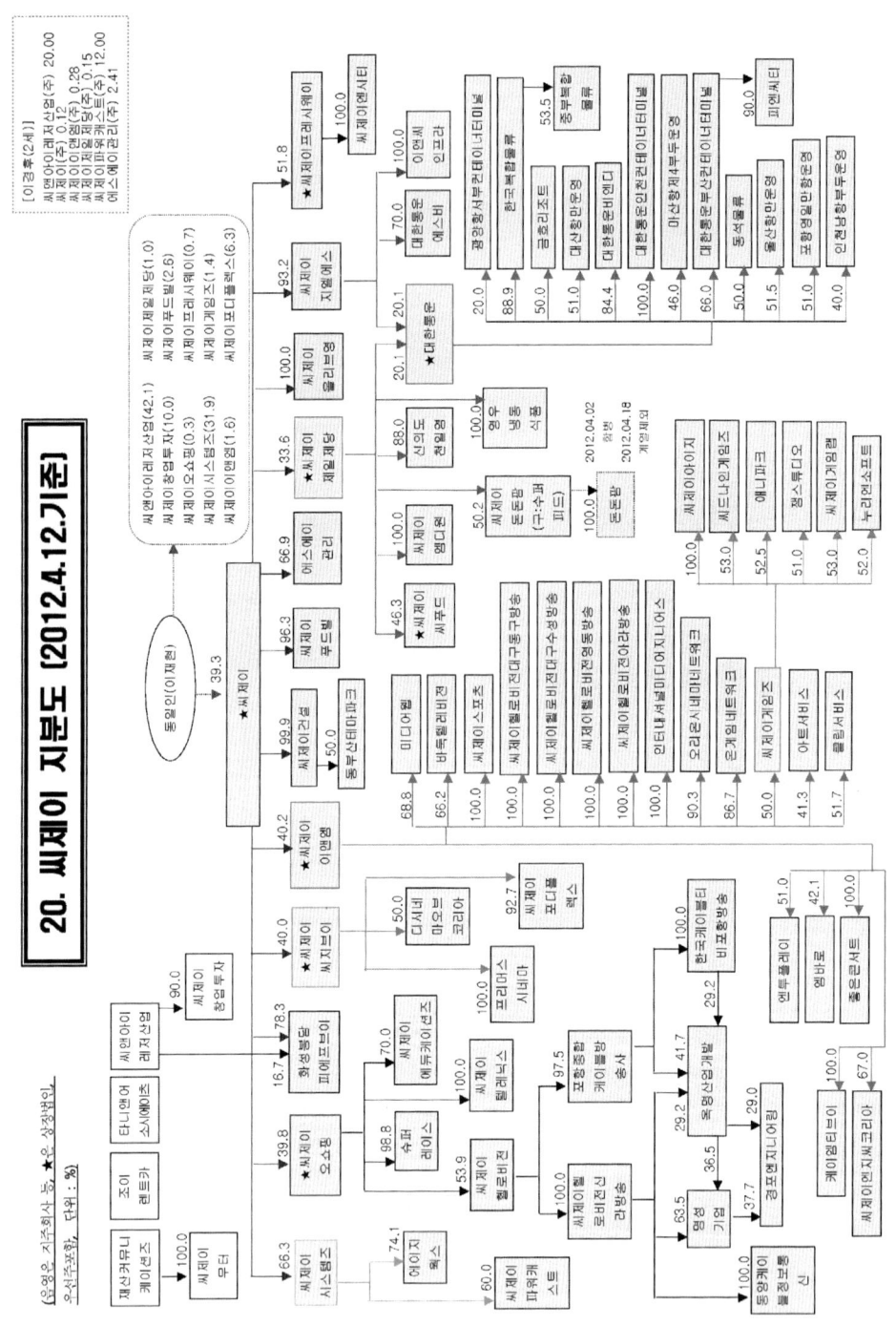

〈부록 그림 7.6〉 CJ그룹 소유지분도, 2012년 4월

〈부록 그림 7.7〉 LS그룹 소유지분도, 2012년 4월

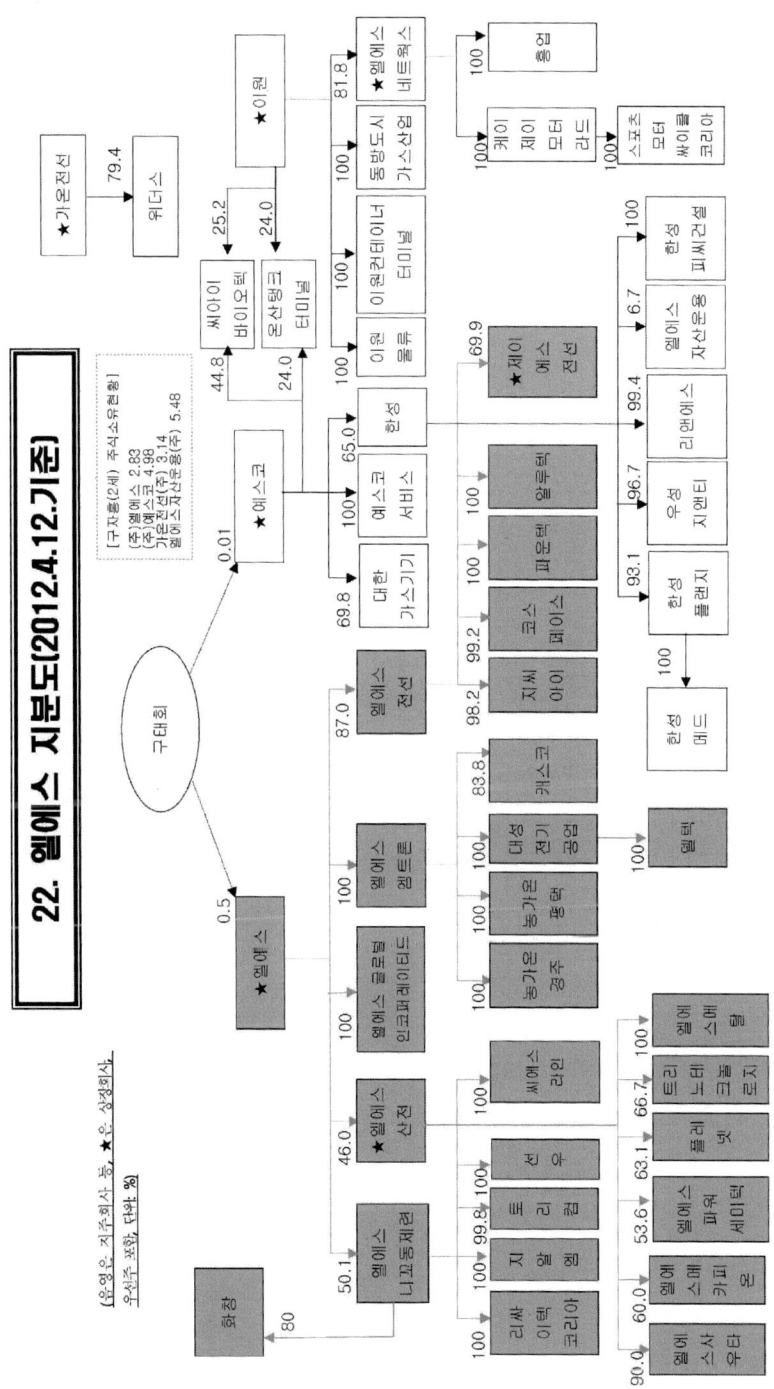

〈부록 그림 7.8〉 부영그룹 소유지분도, 2012년 4월

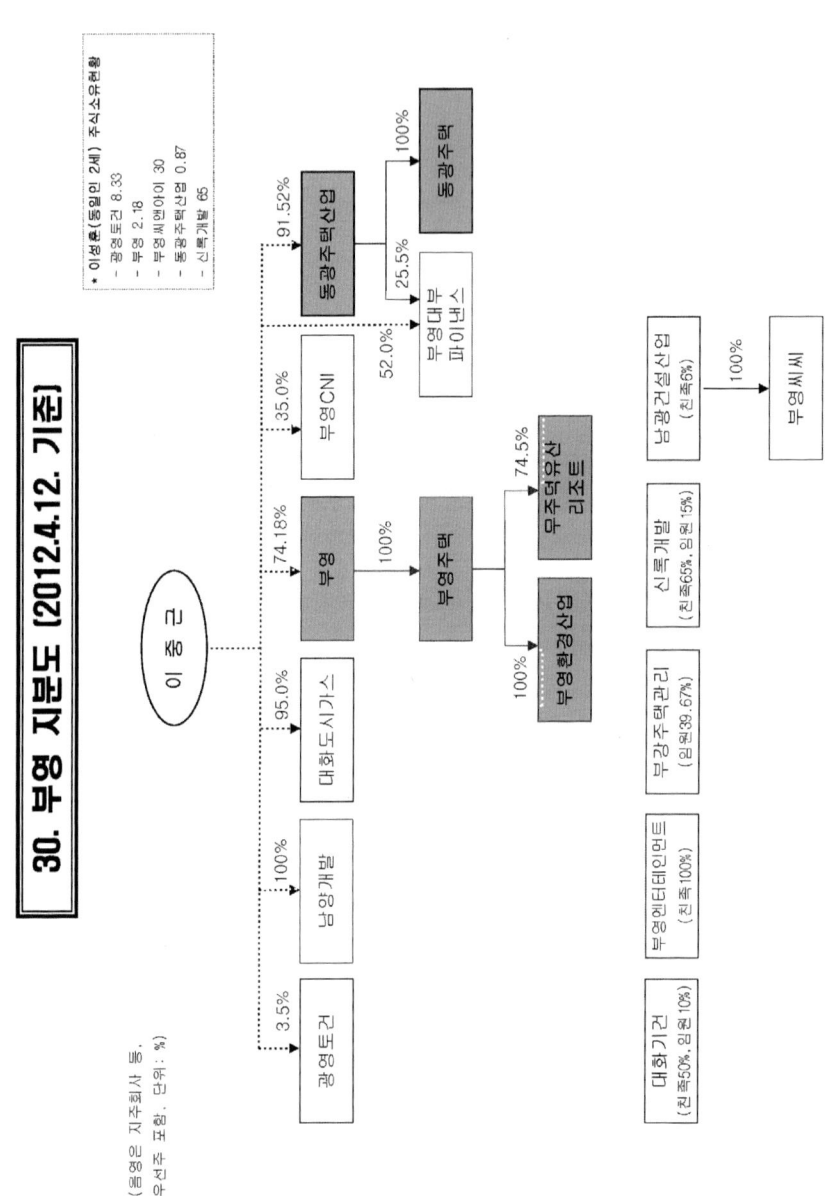

부록 그림 7.9 현대백화점그룹 소유지분도, 2012년 4월

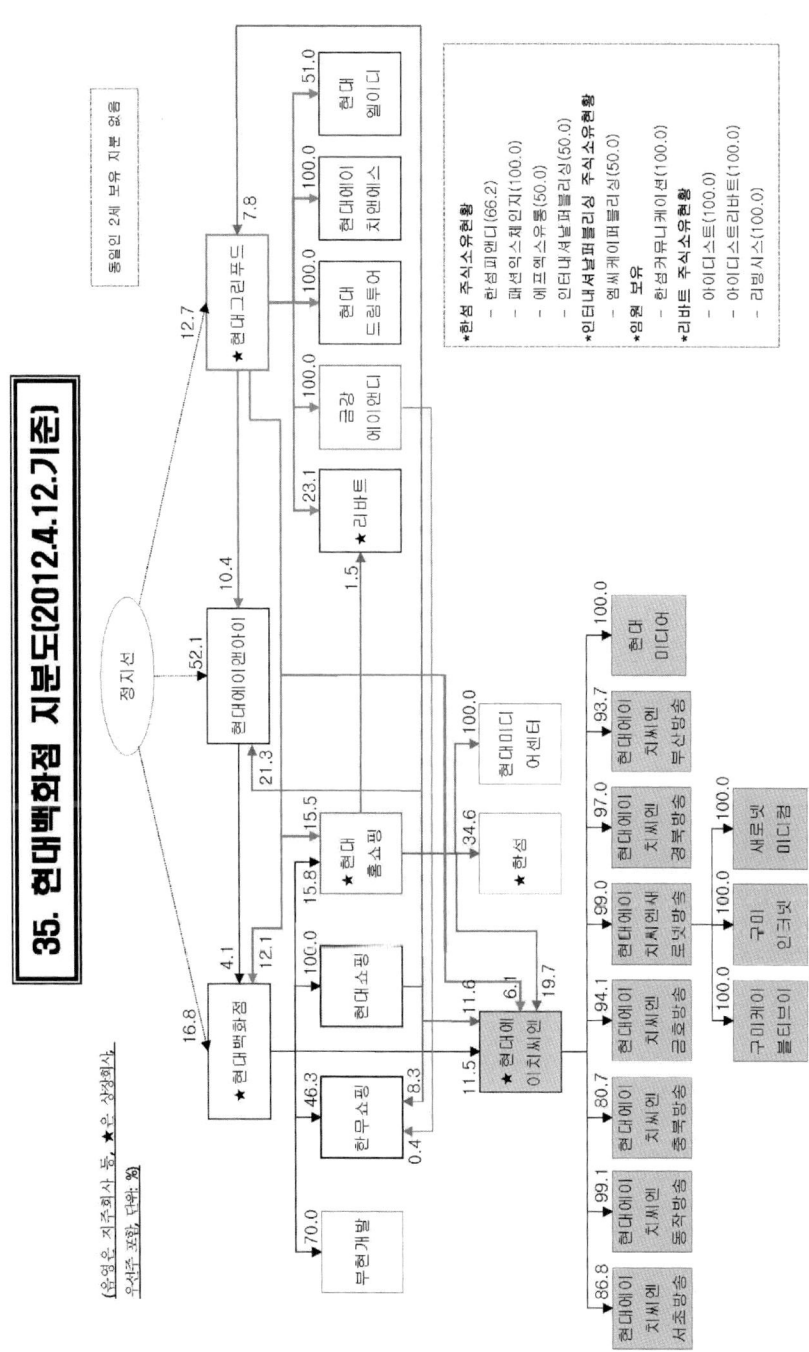

〈부록 그림 7.10〉 코오롱그룹 소유지분도, 2012년 4월

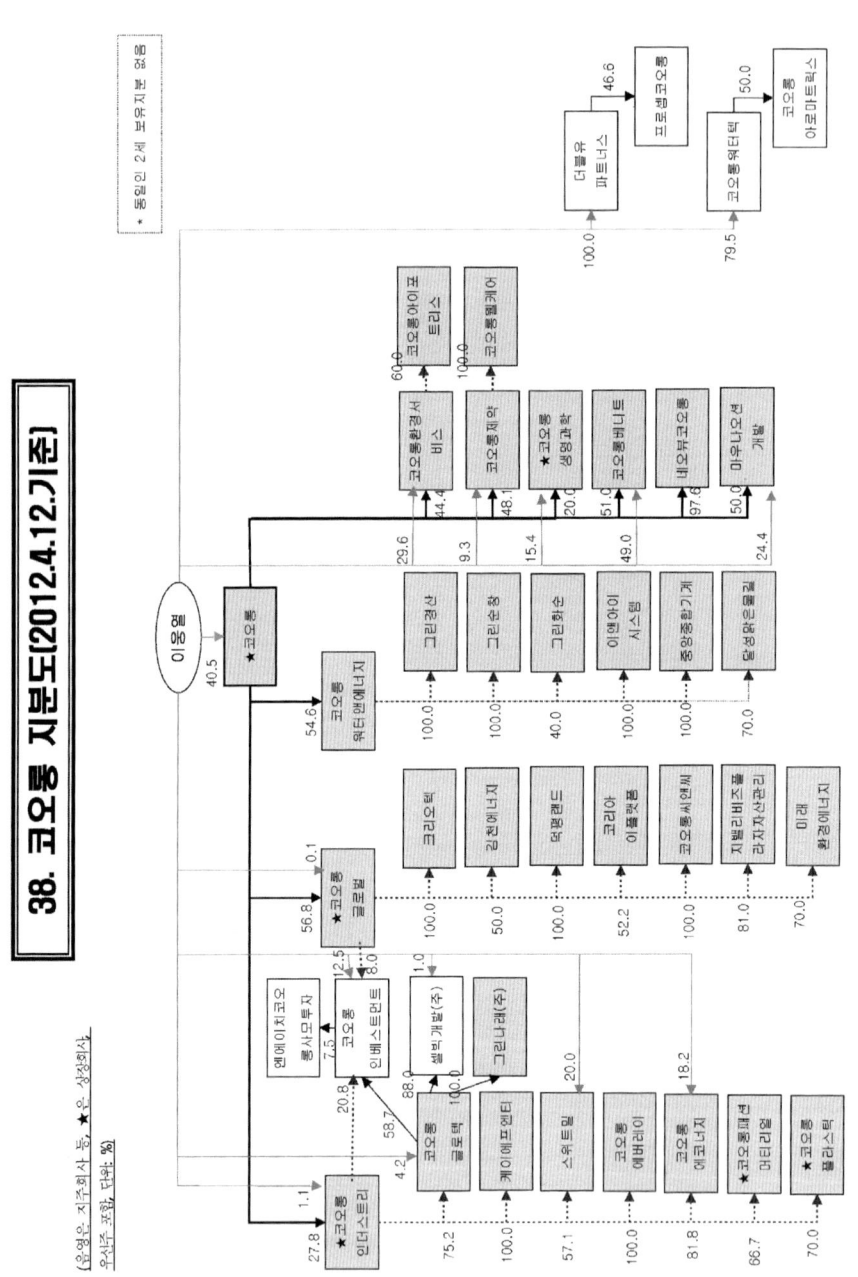

〈부록 그림 7.11〉 웅진그룹 소유지분도, 2012년 4월

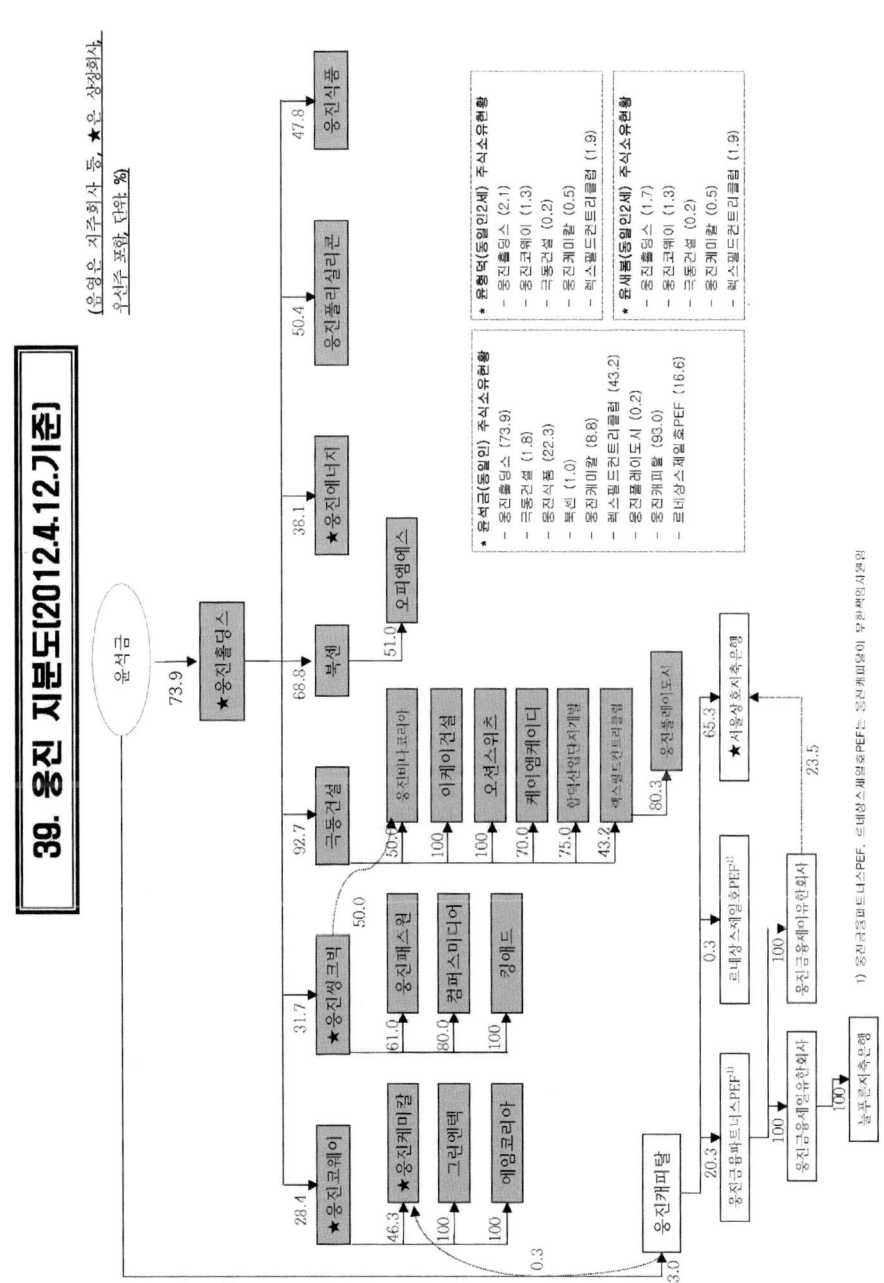

〈부록 그림 7.12〉 농협그룹 소유지분도, 2012년 4월

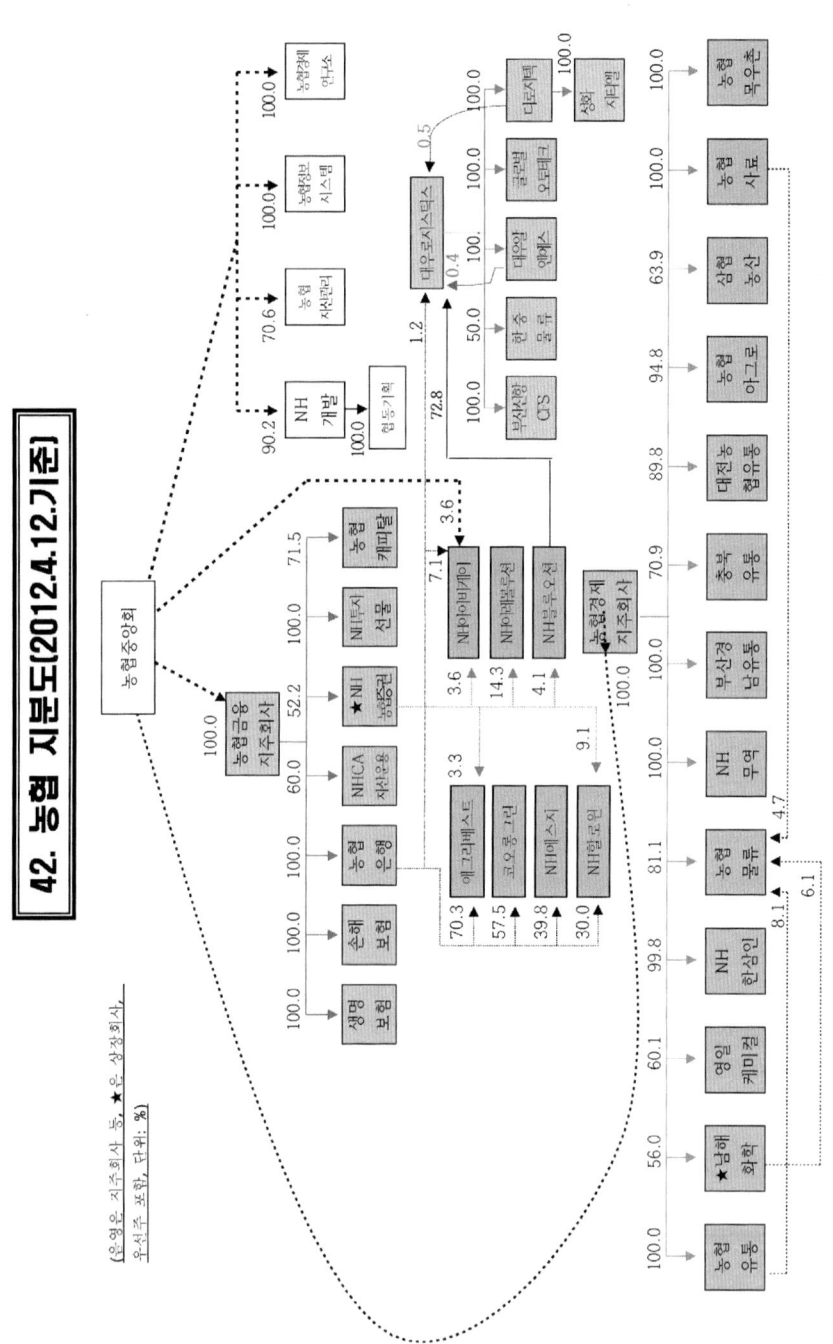

<부록 그림 7.13> 한진중공업그룹 소유지분도, 2012년 4월

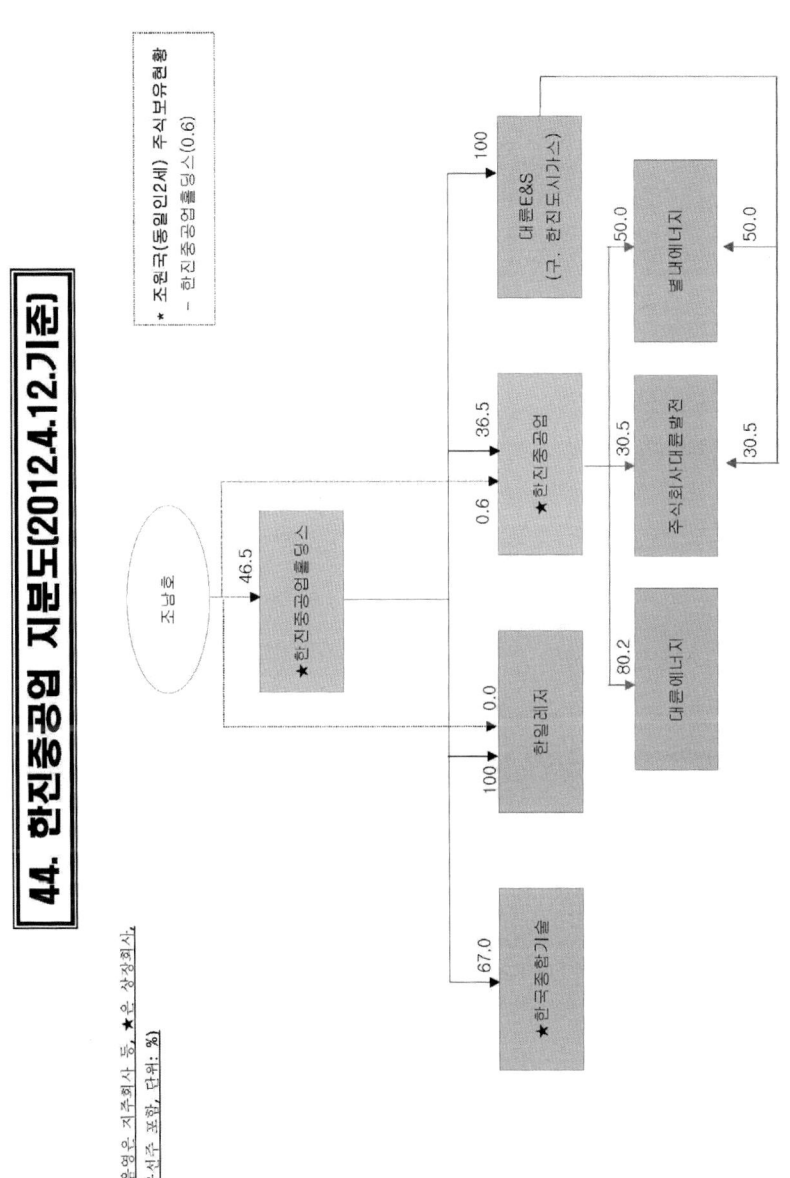

44. 한진중공업 지분도(2012.4.12.기준)

★ 조원국(동일인2세) 주식보유현황
- 한진중공업홀딩스(0.6)

(음영은 지주회사 등, ★은 상장회사,
우선주 포함, 단위: %)

〈부록 그림 7.14〉 대성그룹 소유지분도, 2012년 4월

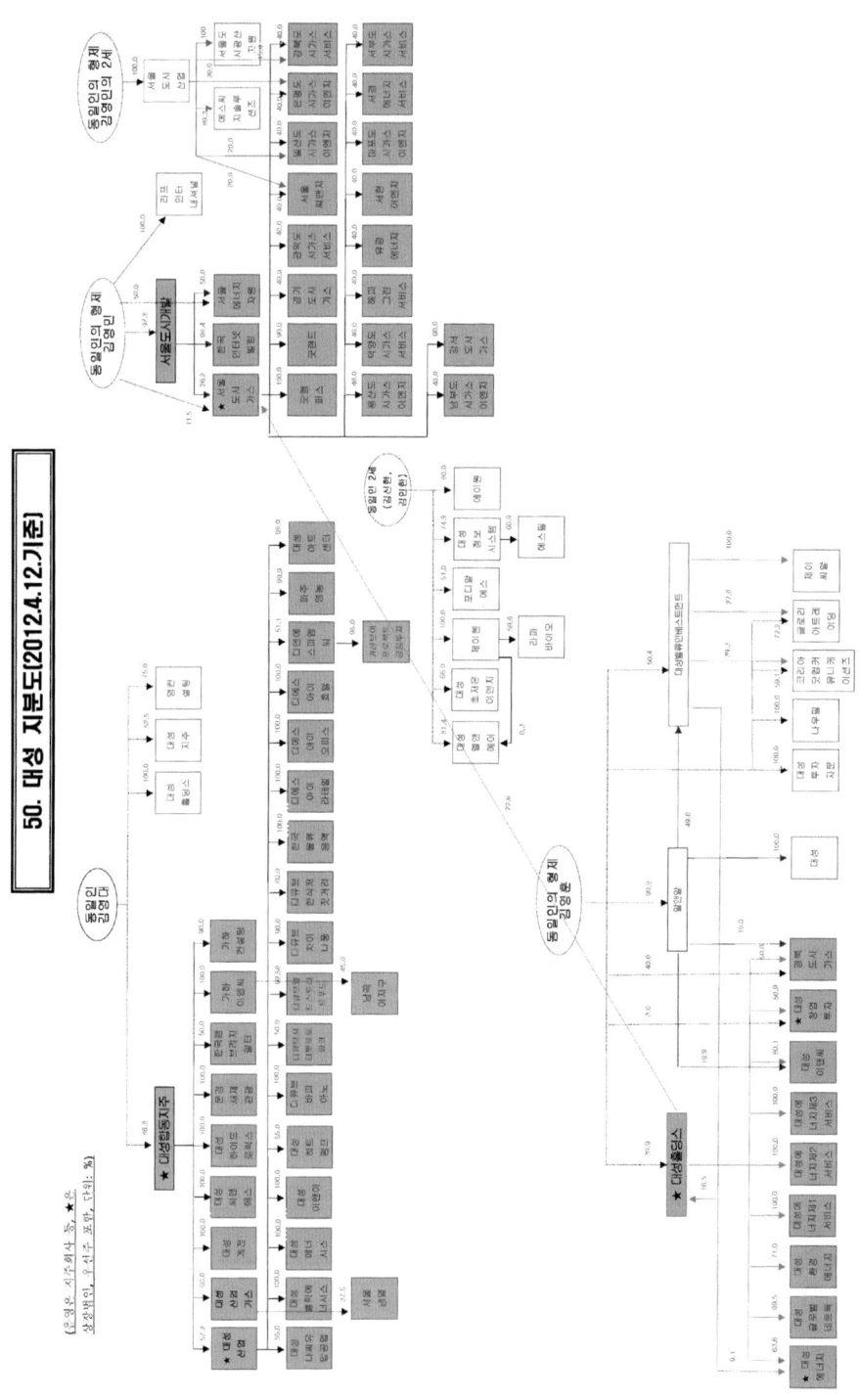

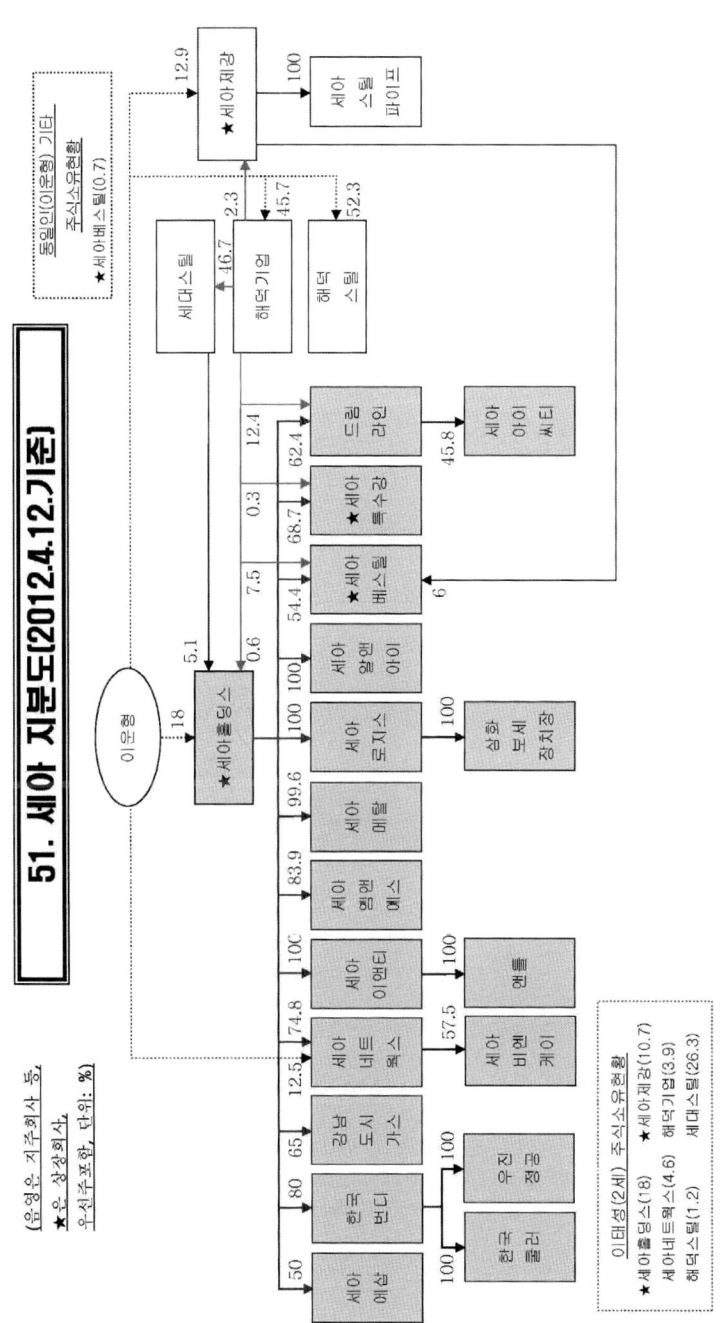

〈부록 그림 7.15〉 세아그룹 소유지분도, 2012년 4월

51. 세아 지분도(2012.4.12.기준)

(음영은 지주회사)
★은 상장회사,
우선주포함, 단위: %

동일인(이운형) 기타
주식소유현황
★ 세아베스틸(0.7)

이운형

이태성(2세) 주식소유현황
★ 세아홀딩스(18)   ★ 세아제강(10.7)
세아네트웍스(4.6)   해덕기업(3.9)
해덕스틸(1.2)   세대스틸(26.3)

세아지강 — 100 → 세아스틸파이프

세대스틸 ←16.7— 해덕기업 —2.3→ / —45.7→
해덕스틸 —52.3→

★ 세아홀딩스

드림라인 —45.8→ 세아이에스티
★ 세아특수강
★ 세아베스틸
세아알앤아이
세아로지스 —100→ 상하이세아정지강
세아메탈
세아엠앤에스
세아이엔티 —100→ 엔틀
세아네트웍스 —57.5→ 세아비엔씨케이
강남도시가스
한국번디 —100→ 우리정공 / 한국폴란
세아에삽

부록 449

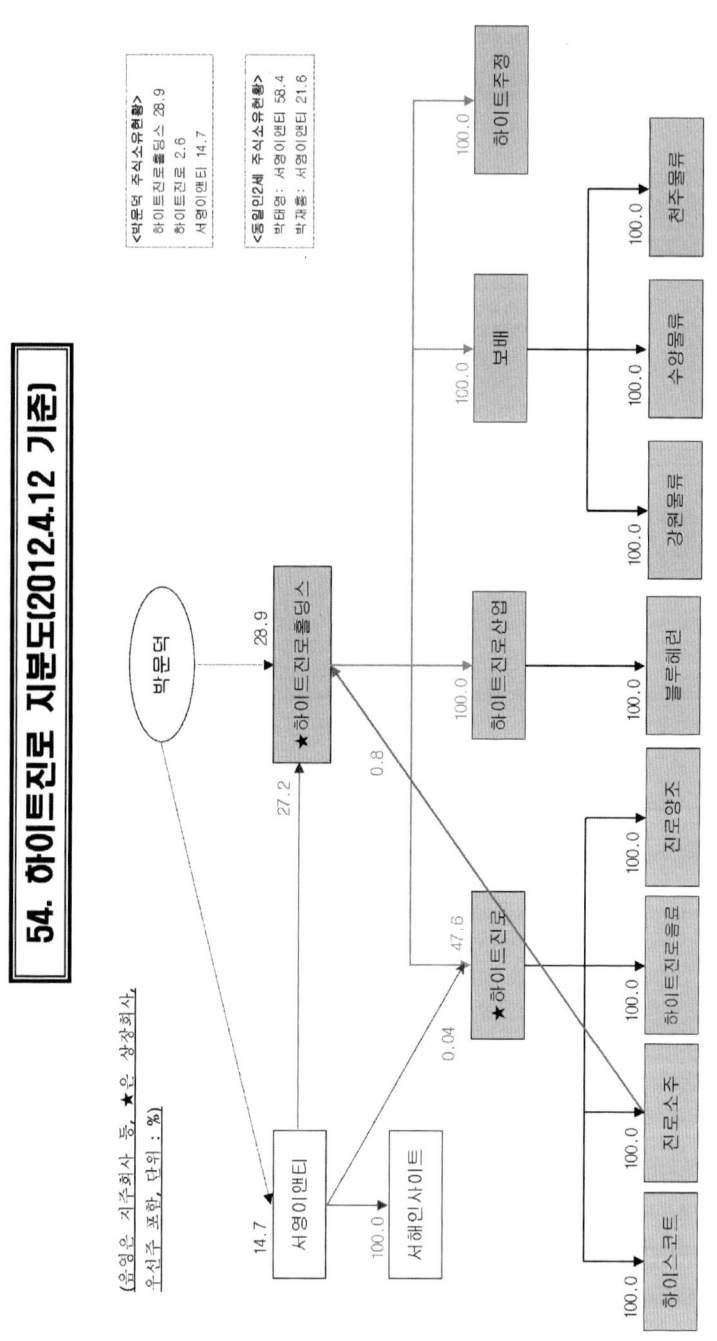

〈부록 그림 7.16〉 하이트진로그룹 소유지분도, 2012년 4월

〈부록 그림 7.17〉 한국투자금융그룹 소유지분도, 2012년 4월

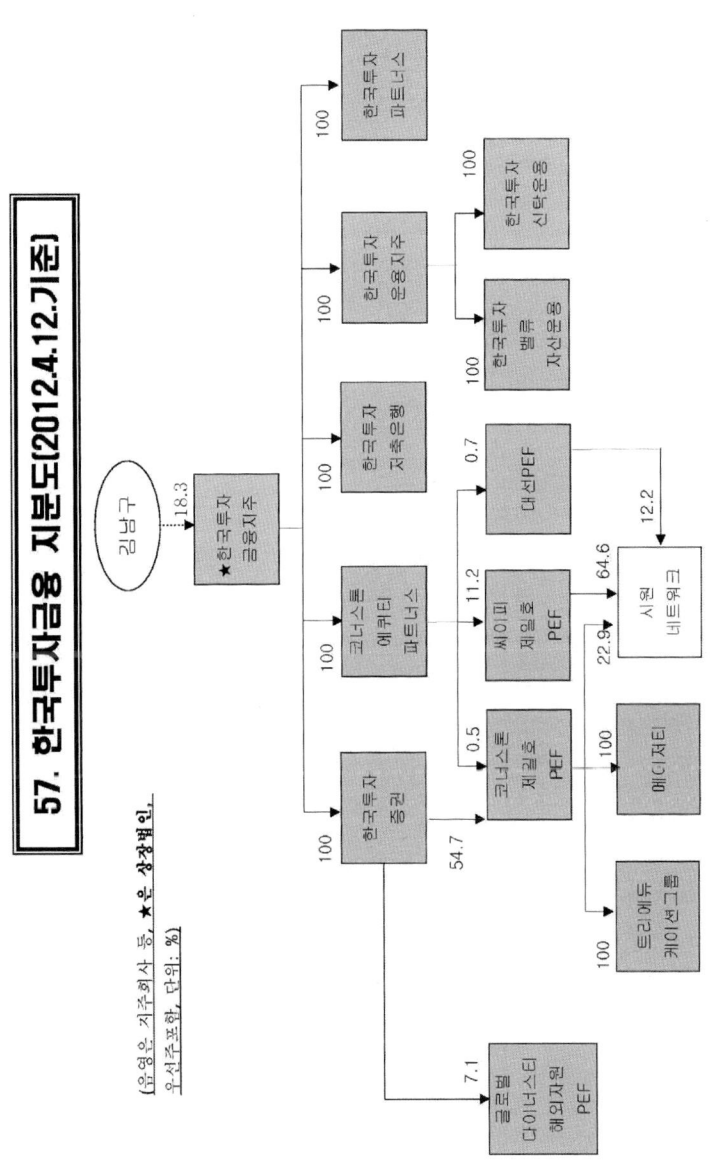

〈부록 그림 7.18〉 태영그룹 소유지분도, 2012년 4월

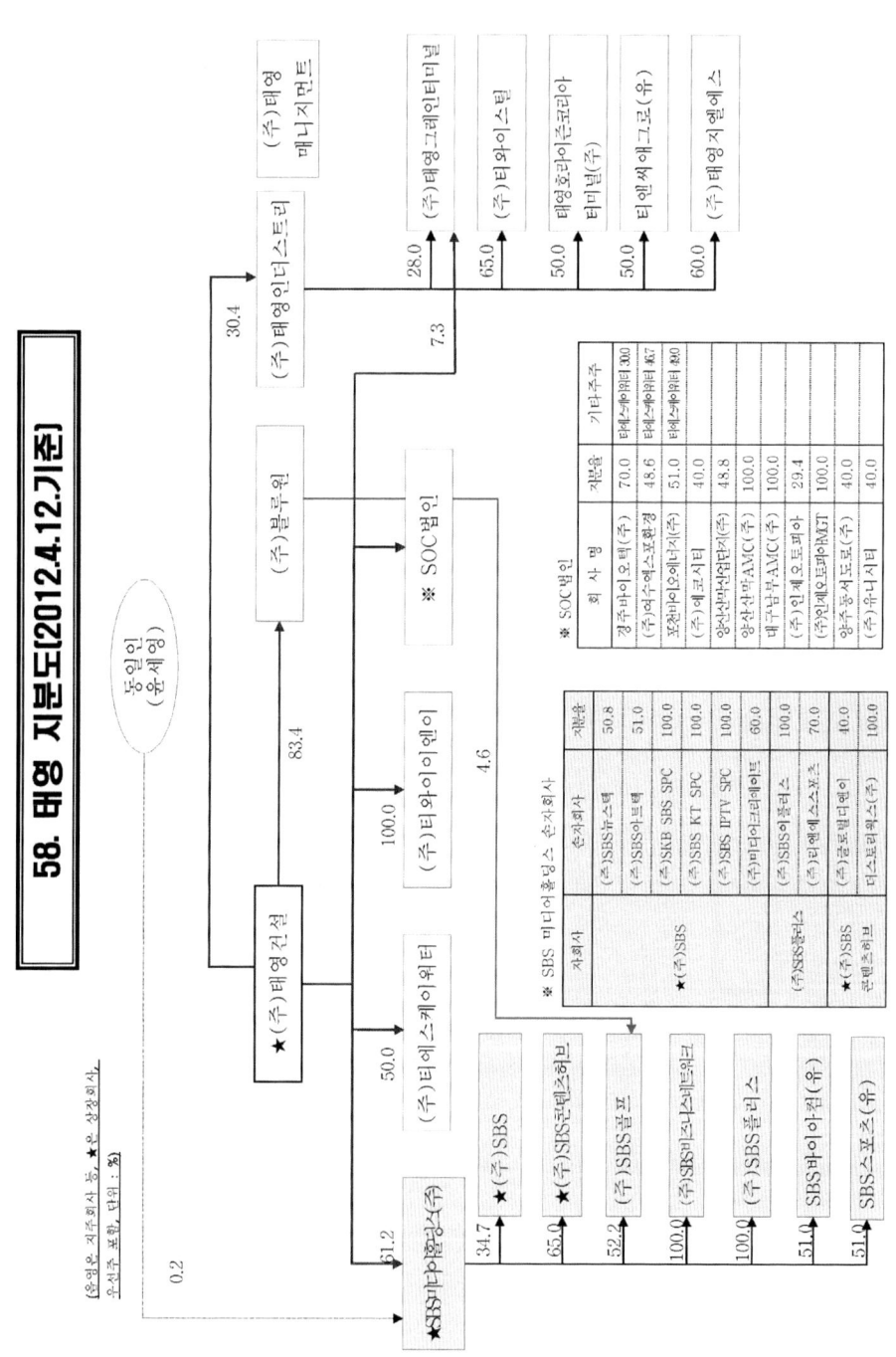

58. 태영 지분도(2012.4.12.기준)

(음영은 지주회사 등, ★은 상장회사.
우선주 포함. 단위 : %)

동일인
(윤세영)

0.2

★(주)태영건설

83.4 → (주)블루원

30.4 → (주)태영인더스트리

(주)태영매니지먼트

(주)태영그레인터미널 ← 28.0
(주)티아이스틸 ← 65.0
태양호라이즌코리아티미널(주) ← 50.0
티엔씨에그로(유) ← 50.0
(주)태영지헬스 ← 60.0

7.3

※ SOC법인

100.0 → (주)티와이아이엔이

4.6

50.0 → (주)티에스케이워터

51.2 → ★SBS미디어홀딩스(주)

34.7 → ★(주)SBS
65.0 → ★(주)SBS콘텐츠허브
52.2 → (주)SBS골프
100.0 → (주)SBS비즈니스네트워크
100.0 → (주)SBS플러스
51.0 → SBS바이어컴(유)
51.0 → SBS스포츠(유)

※ SBS 미디어홀딩스 손자회사

자회사	손자회사	지분율
(주)SBS	(주)SBS뉴스텍	50.8
	(주)SBS아트텍	51.0
	(주)SKB SBS SPC	100.0
	(주)SBS KT SPC	100.0
	(주)SBS IPTV SPC	100.0
	(주)미디어크리에이트	60.0
	(주)SBS플러스	100.0
(주)SBS콘텐츠	(주)티엔미디어스포츠	70.0
★(주)SBS 콘텐츠허브	(주)금보밀데인	40.0
	미스토토제스(주)	100.0

※ SOC법인

회 사 명	지분율	기타주주
경주마이오테(주)	70.0	티에스케이워터 30.0
(주)여수엑스로환경	48.6	티에스케이워터 46.7
포천바이오에너지(주)	51.0	티에스케이워터 49.0
(주)에코시티	40.0	
양산산부산단지(주)	48.8	
양산부부AMC(주)	100.0	
매주담부AMC(주)	100.0	
(주)인제오토파어	29.4	
(주)예오트파어HMT	100.0	
양수동석도로(주)	40.0	
(주)유나시티	40.0	

452 한국재벌과 지주회사체제: CJ와 두산

〈부록 그림 7.19〉 삼성그룹 소유지분도, 2012년 4월

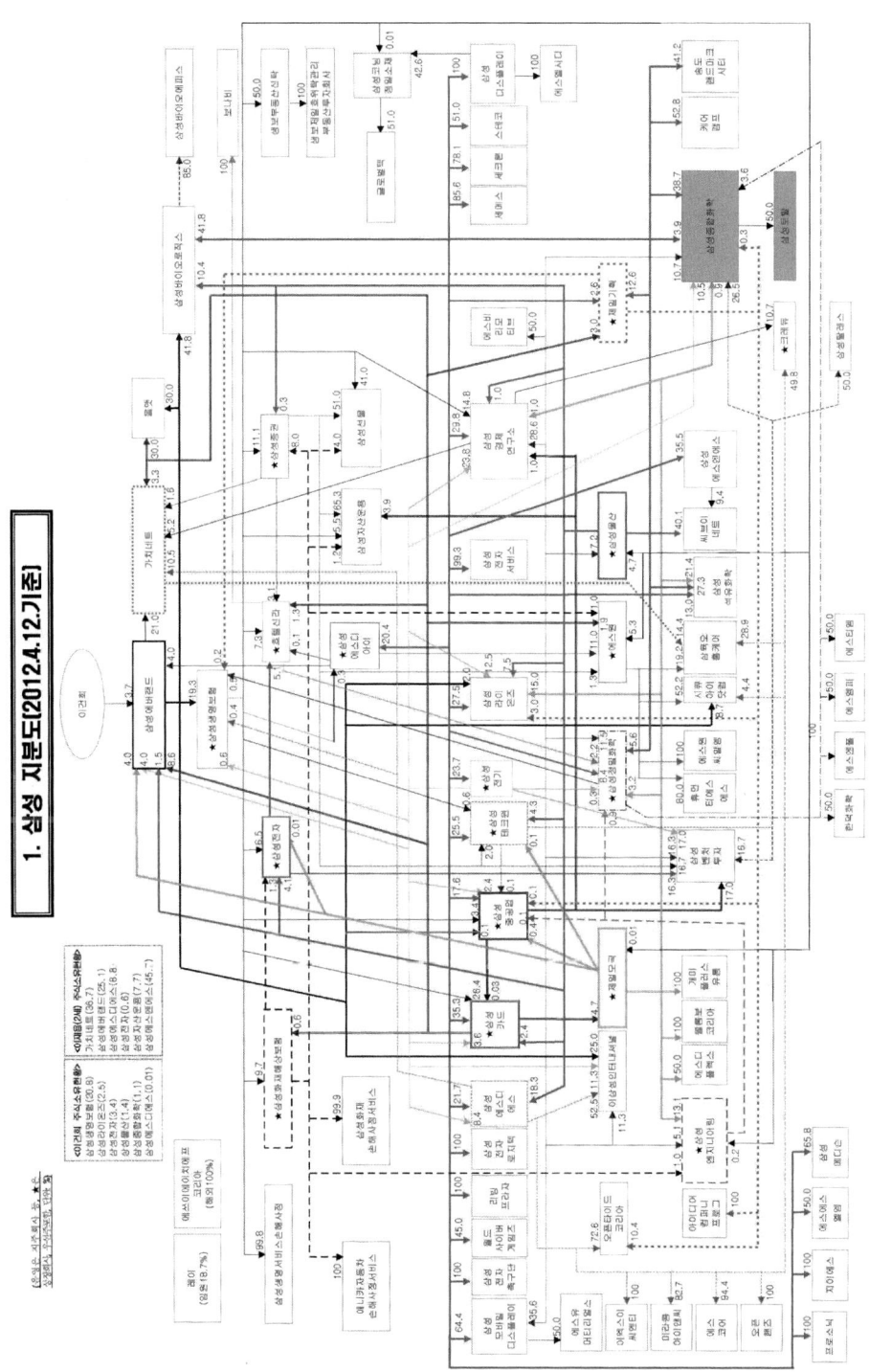

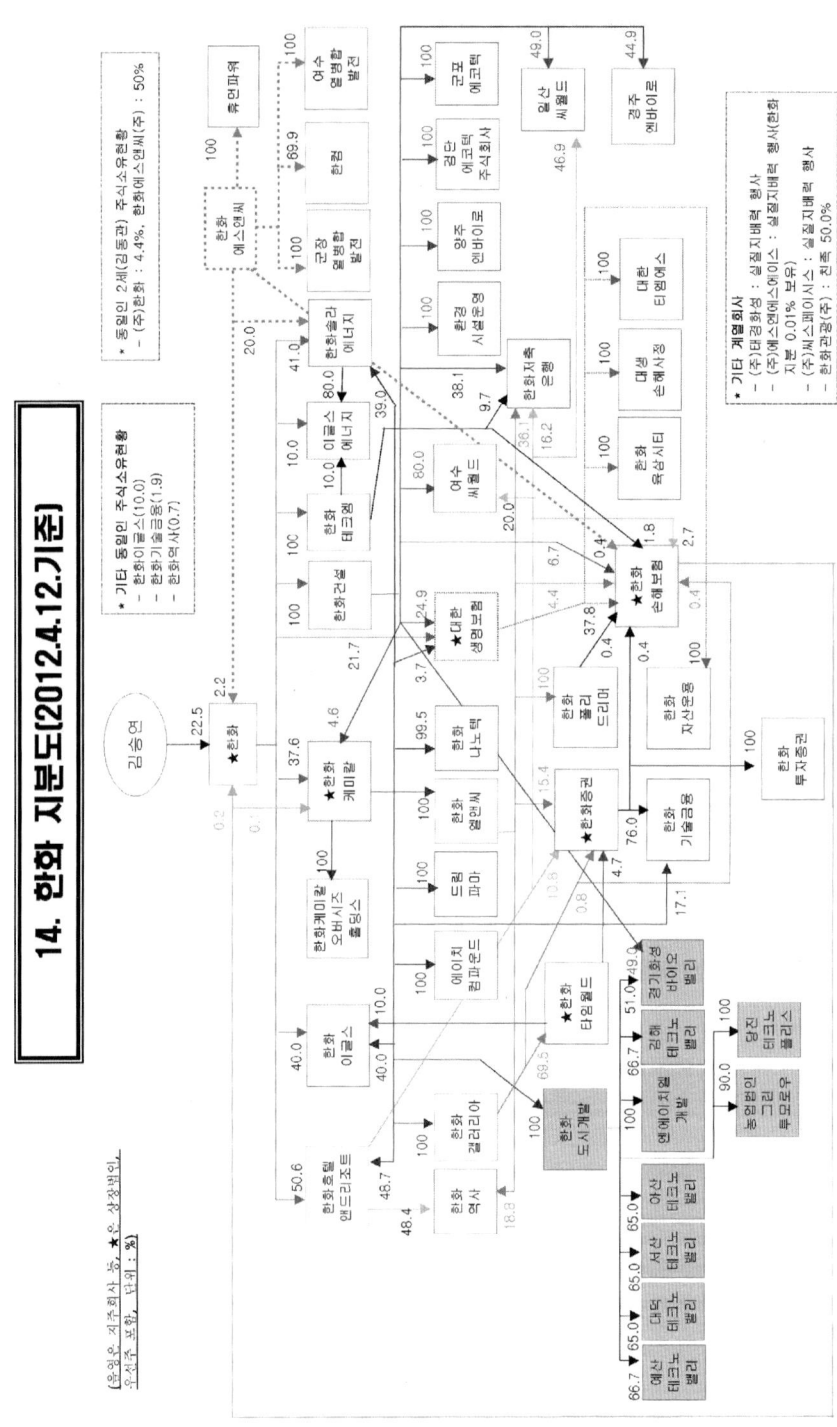

14. 한화 지분도(2012.4.12.기준)

〈부록 그림 7.21〉 동부그룹 소유지분도, 2012년 4월

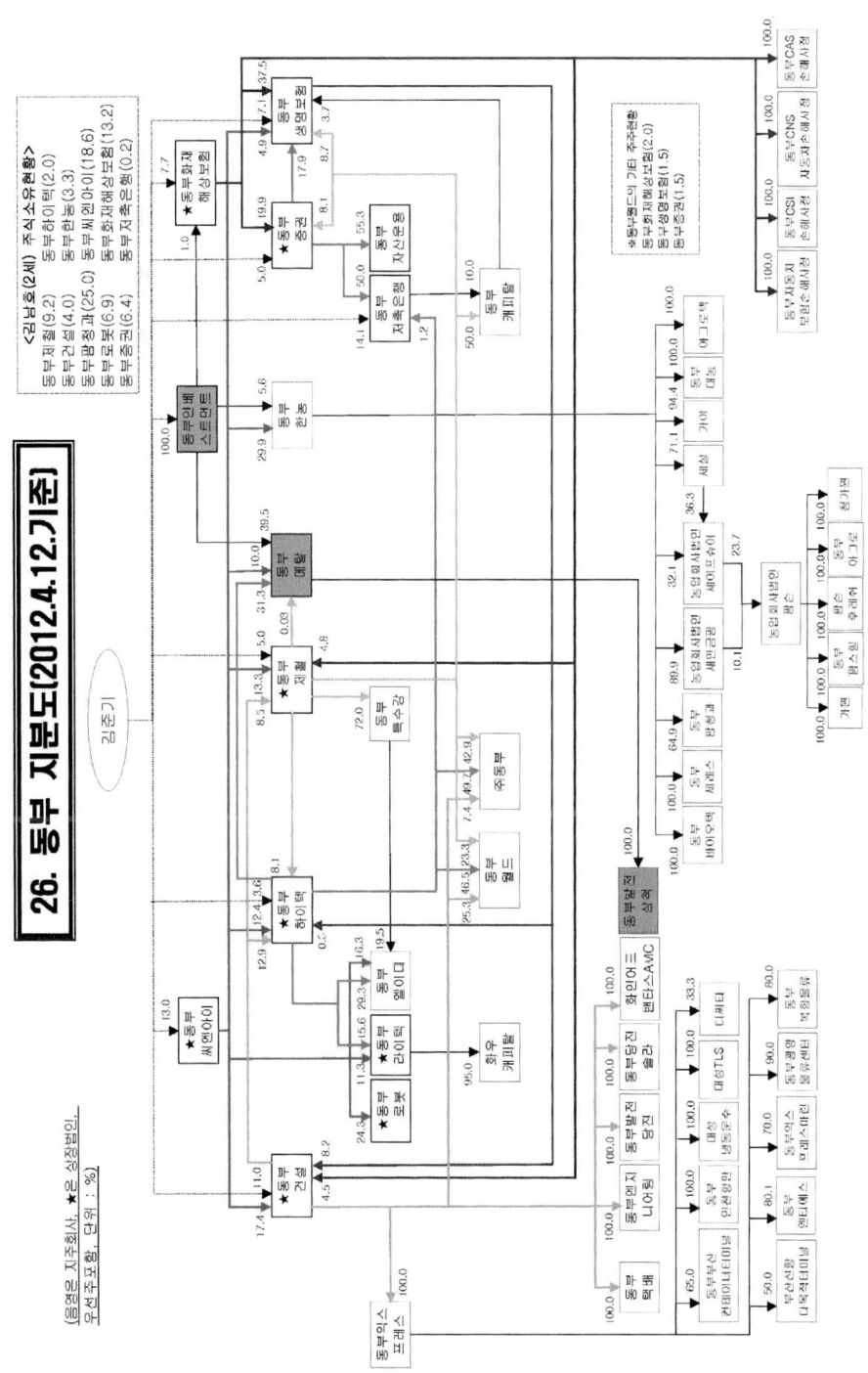

〈부록 그림 7.22〉 태광그룹 소유지분도, 2012년 4월

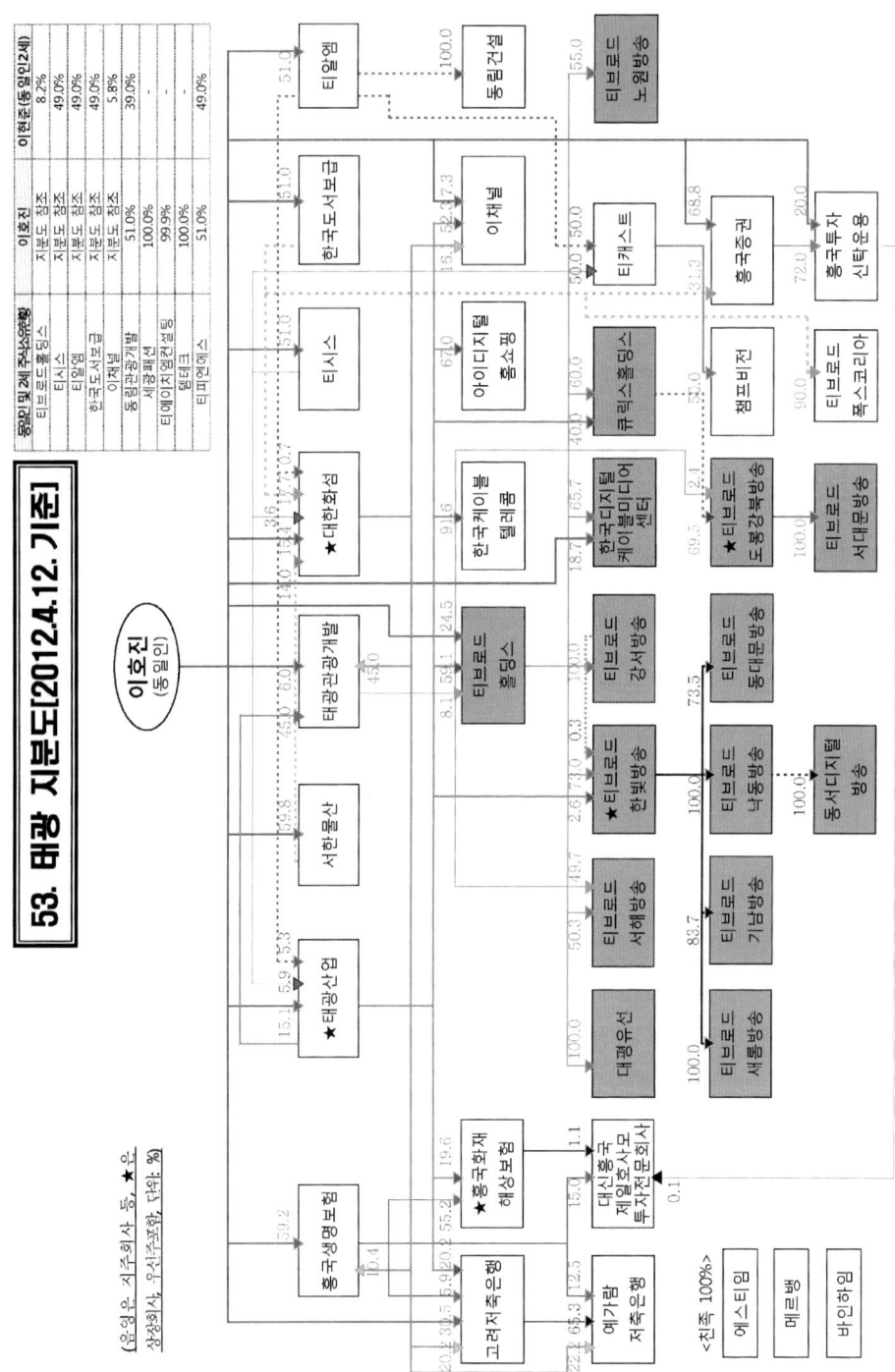

〈부록 그림 7.23〉 대한전선그룹 소유지분도, 2012년 4월

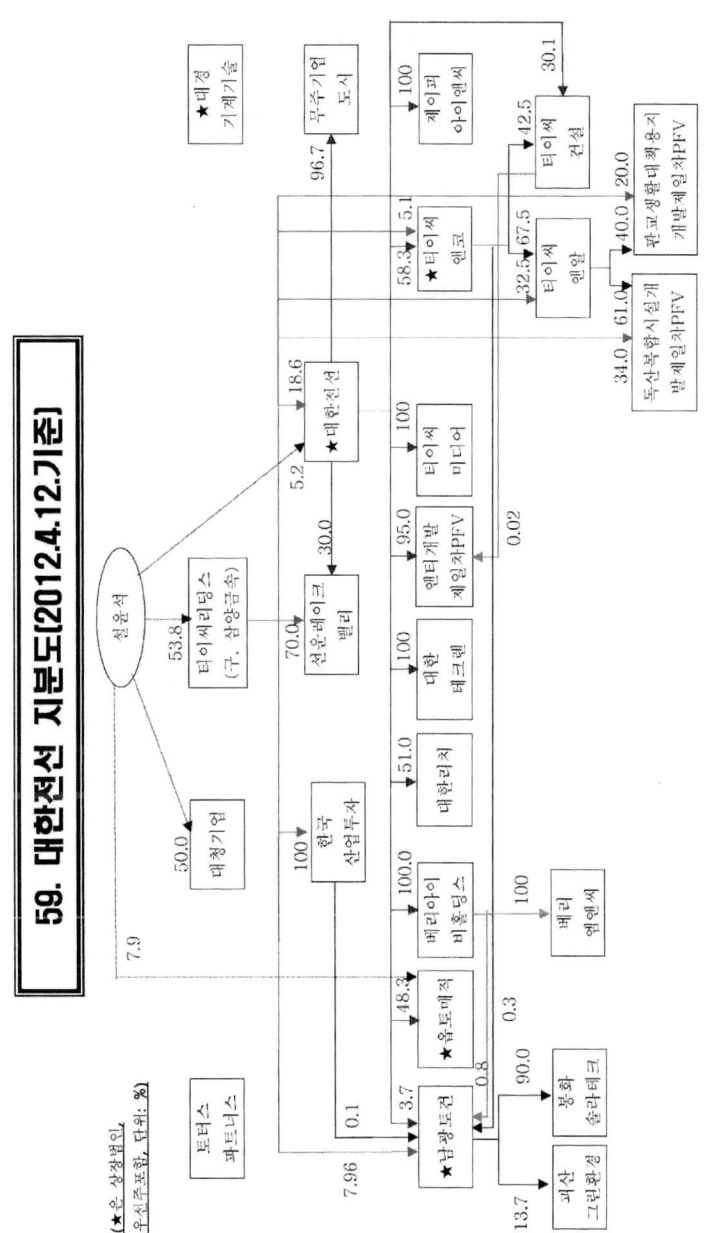

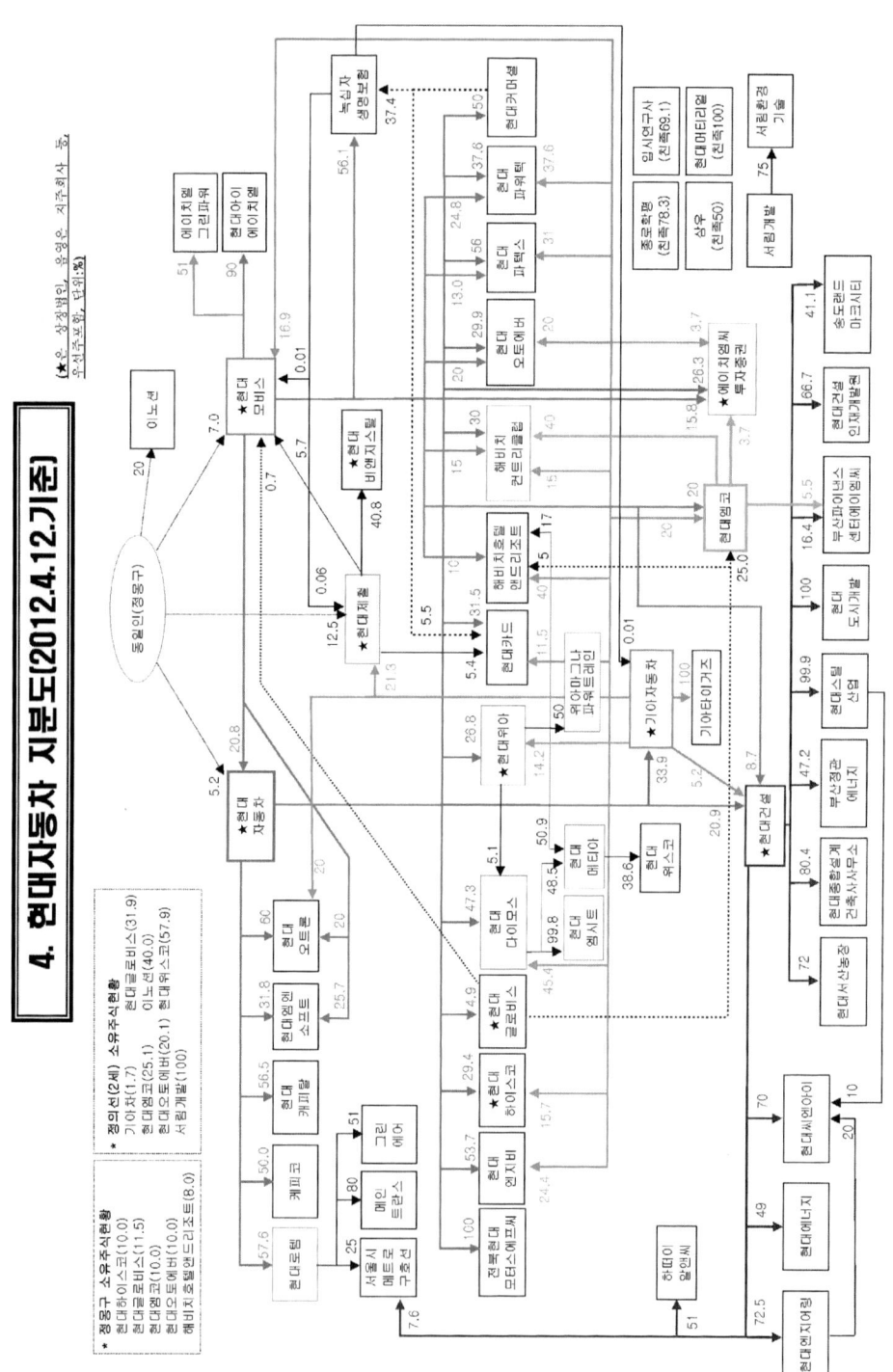

〈부록 그림 7.24〉 현대자동차그룹 소유지분도, 2012년 4월

〈부록 그림 7.25〉 롯데그룹 소유지분도, 2012년 4월

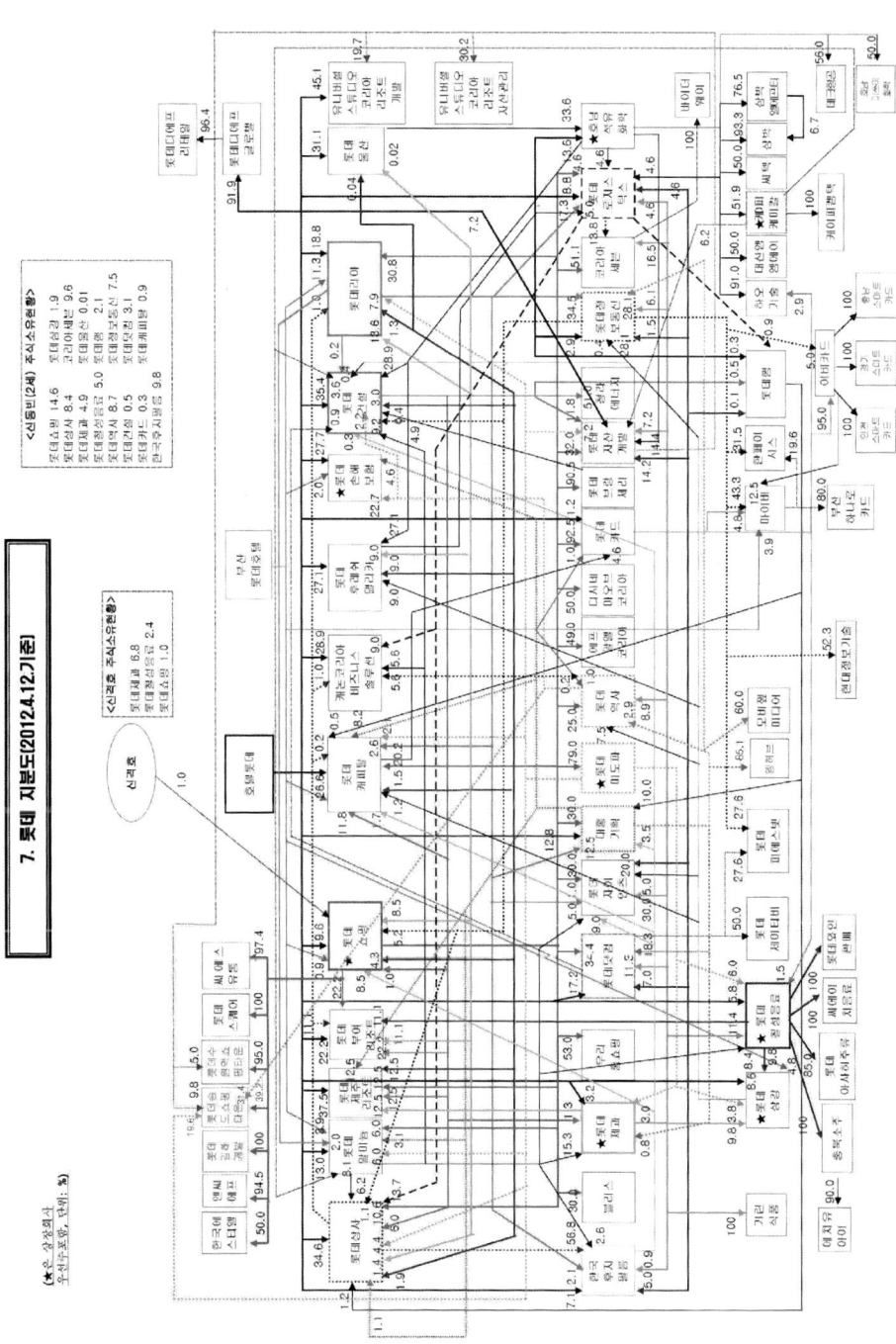

<부록 그림 7.26> 현대중공업그룹 소유지분도, 2012년 4월

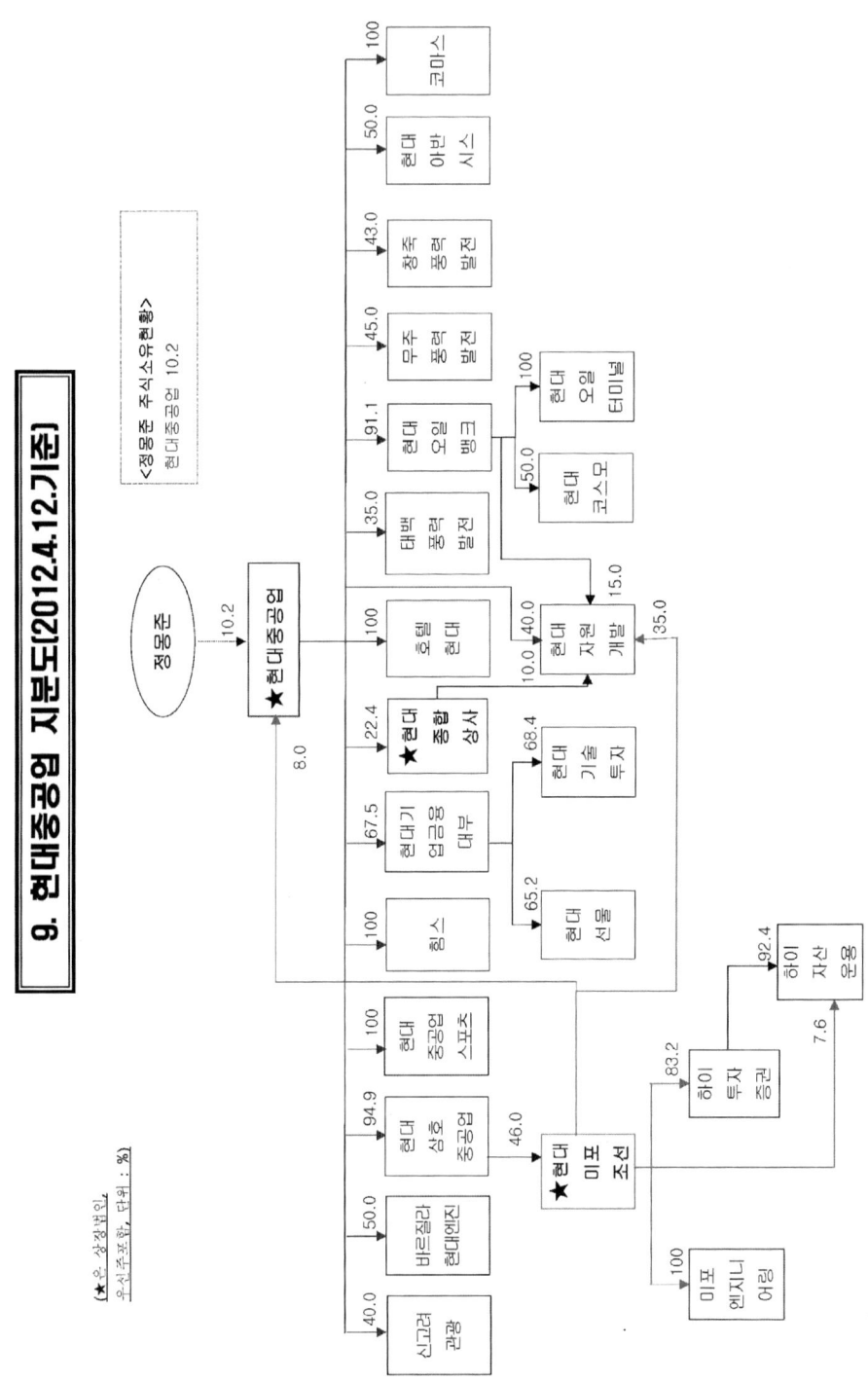

〈부록 그림 7.27〉 STX그룹 소유지분도, 2012년 4월

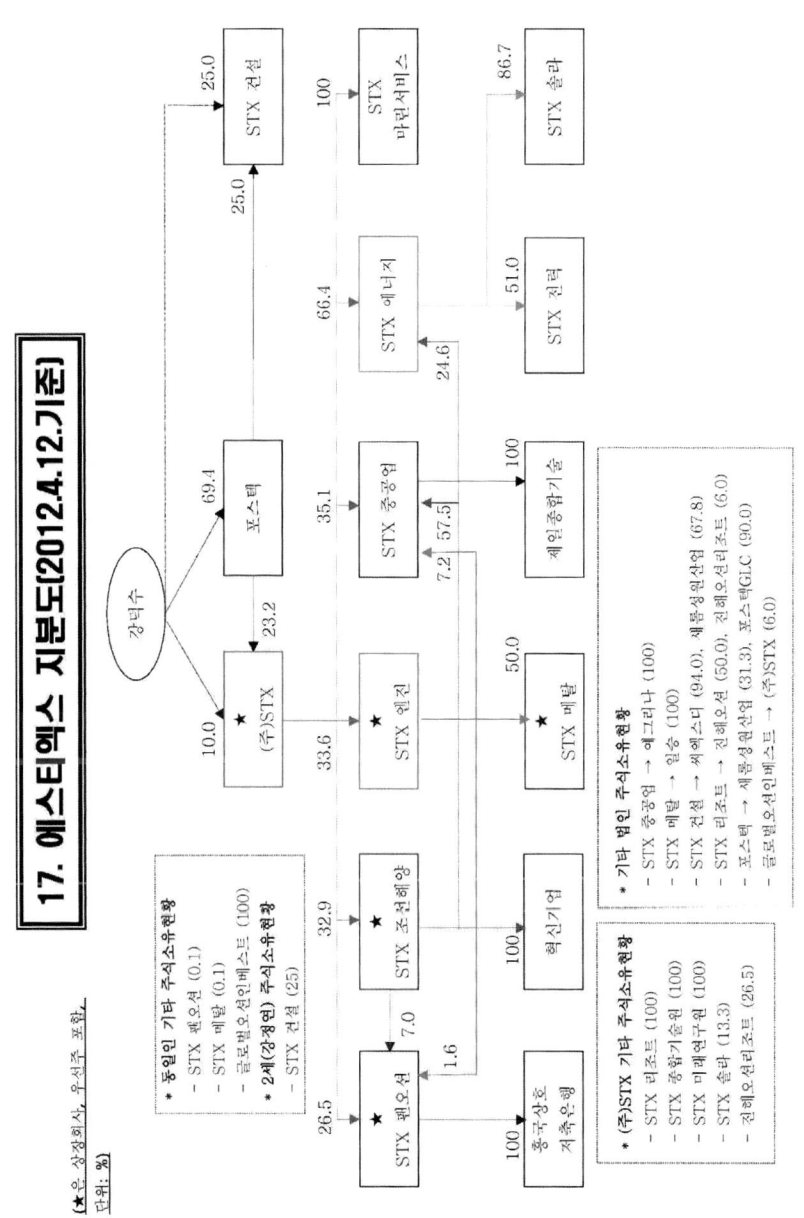

〈부록 그림 7.28〉 금호아시아나그룹 소유지분도, 2012년 4월

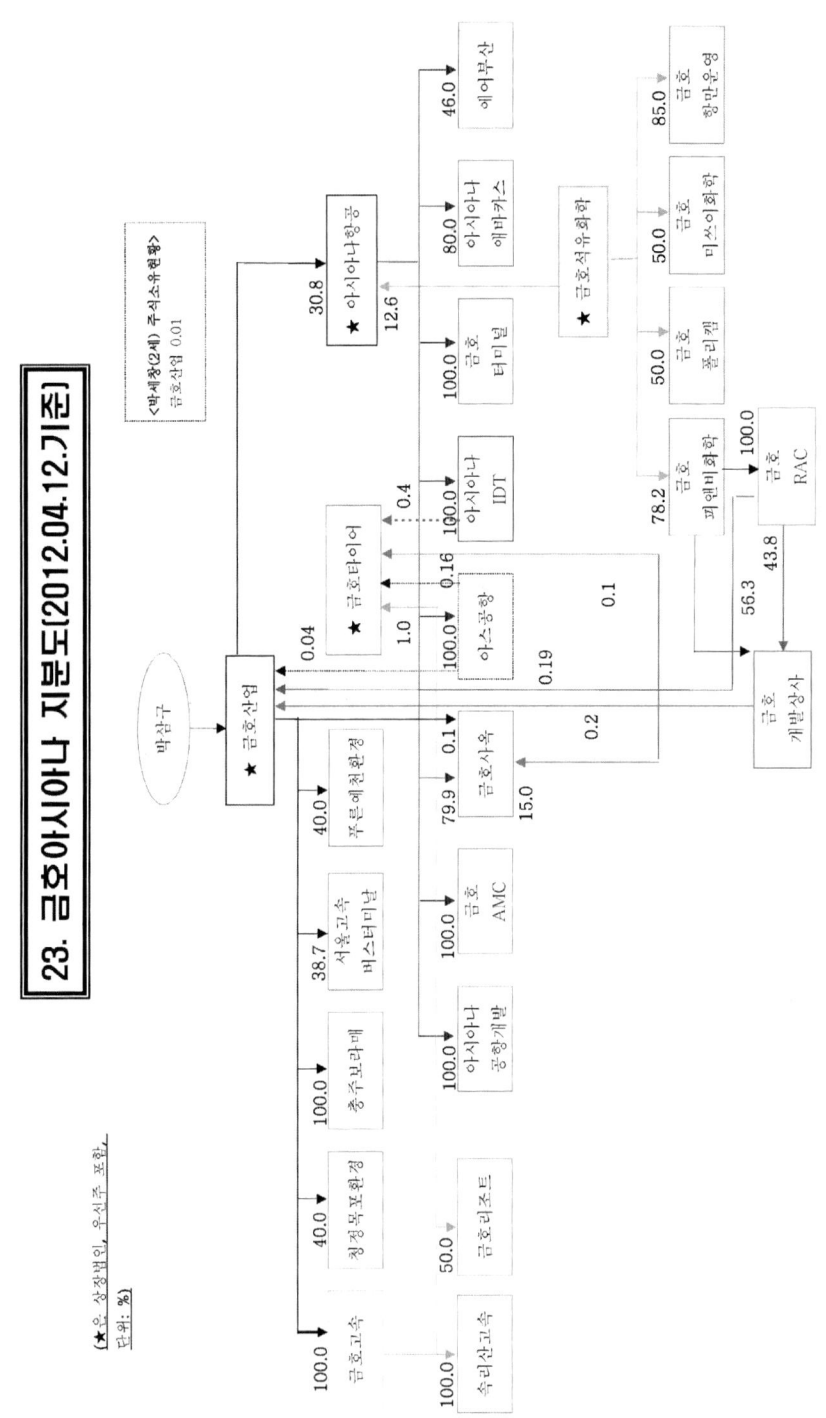

⟨부록 그림 7.29⟩ OCI그룹 소유지분도, 2012년 4월

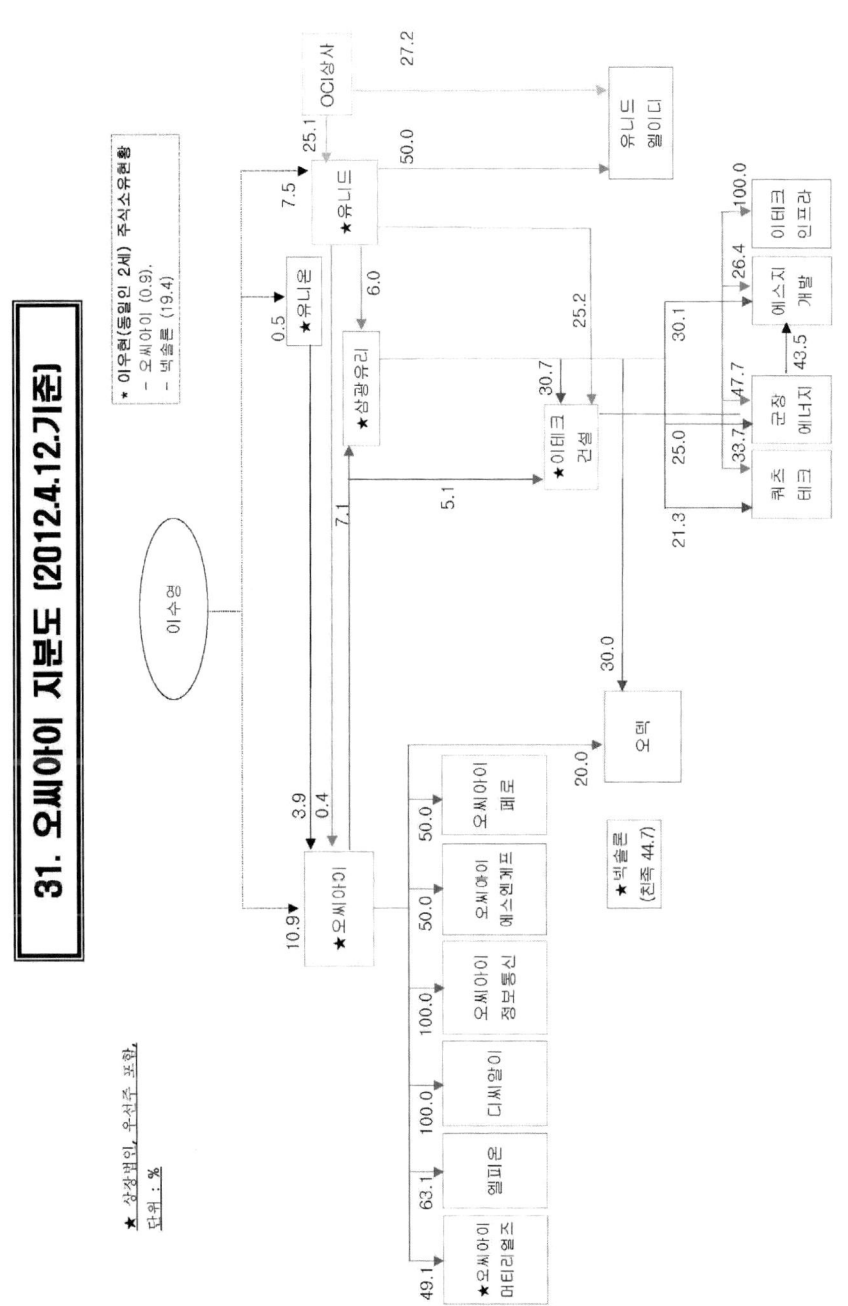

〈부록 그림 7.30〉 효성그룹 소유지분도, 2012년 4월

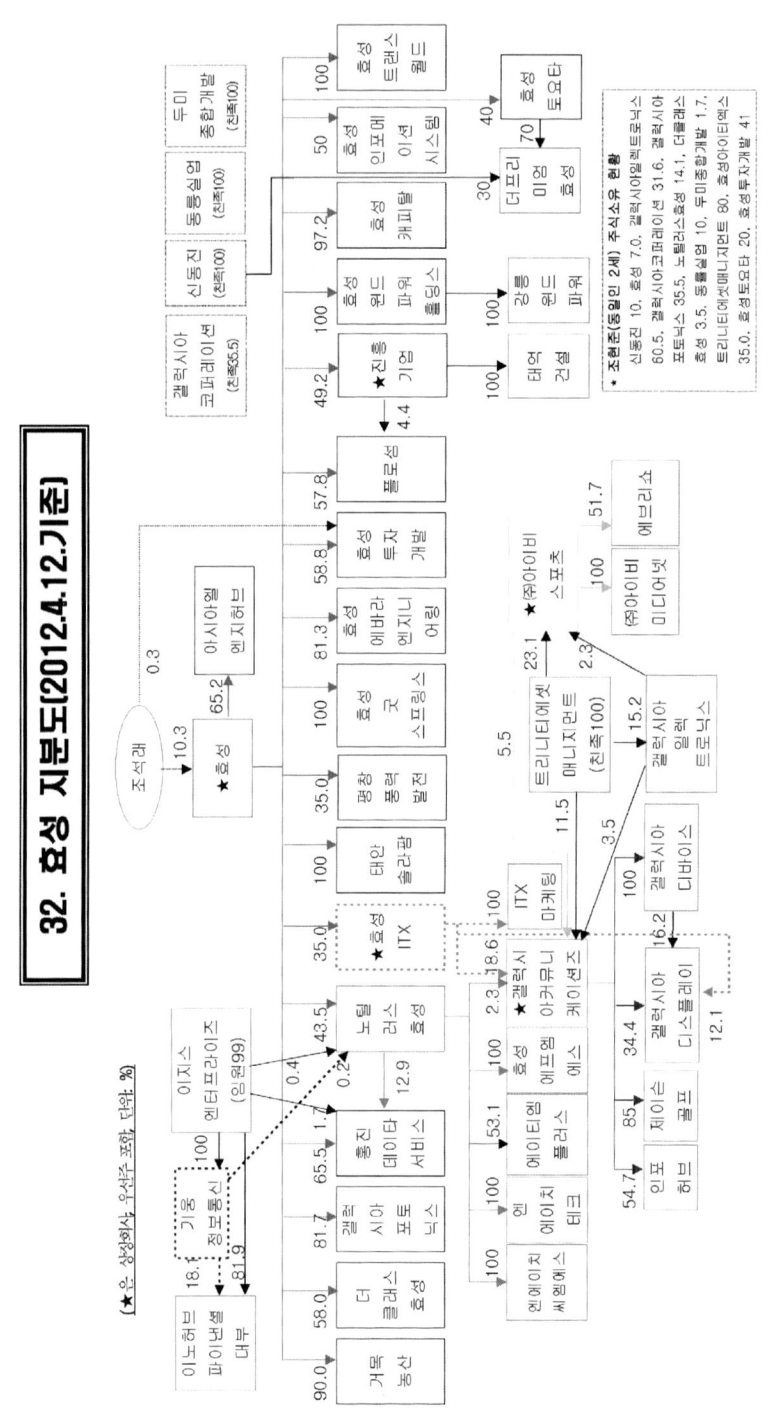

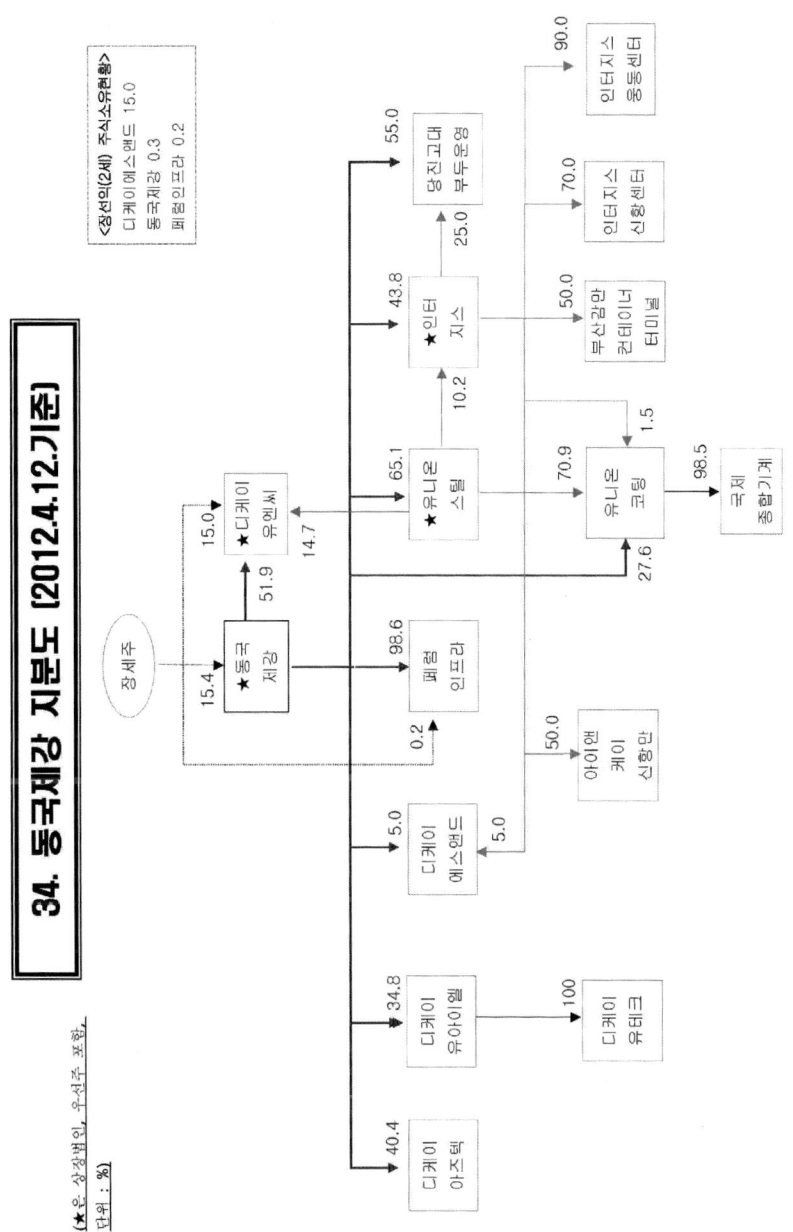

〈부록 그림 7.31〉 동국제강그룹 소유지분도, 2012년 4월

<그림 부록 7.32> KCC그룹 소유지분도, 2012년 4월

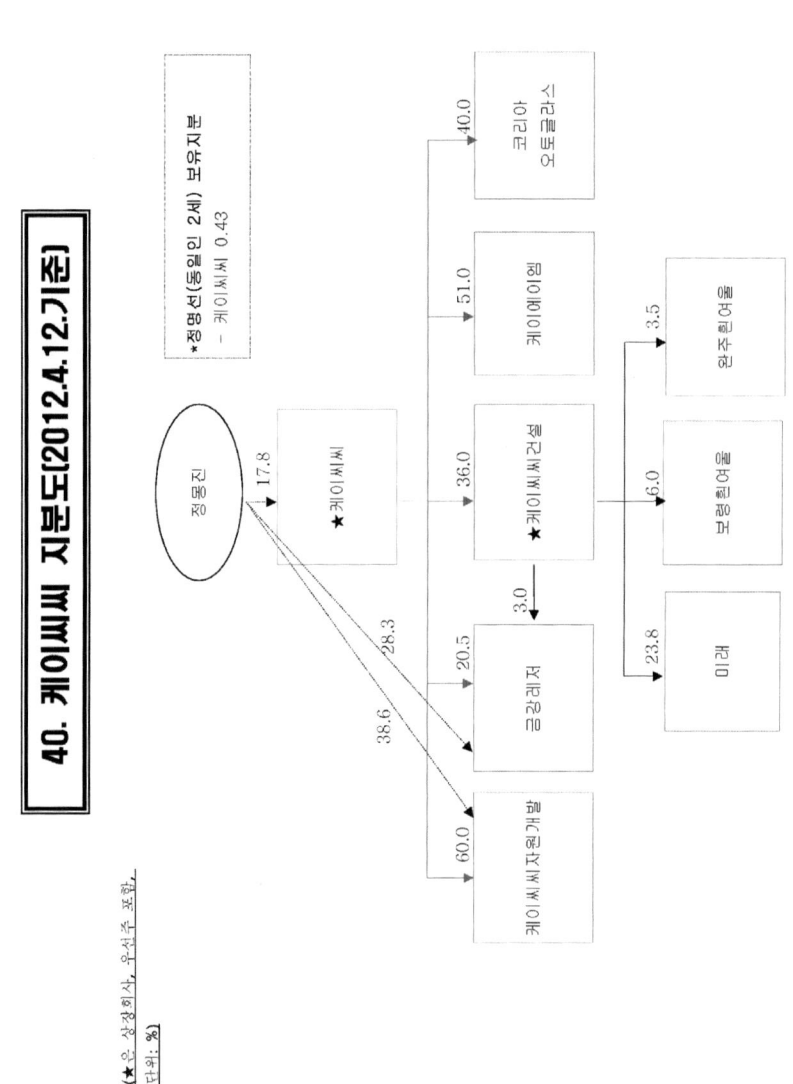

40. 케이씨씨 지분도(2012.4.12.기준)

★정명선(동일인 2세) 보유지분
- 케이씨씨 0.43

정몽진

★케이씨씨

케이에이이힘

코리아
오토글라스

★케이씨씨건설

금강레저

케이씨씨자원개발

현주희여

예크얼피여

미리아

17.8
40.0
51.0
36.0
3.0
20.5
28.3
38.6
60.0
3.5
6.0
23.8

(★)은 상장회사, 우선주 포함.
단위: %

〈부록 그림 7.33〉 영풍그룹 소유지분도, 2012년 4월

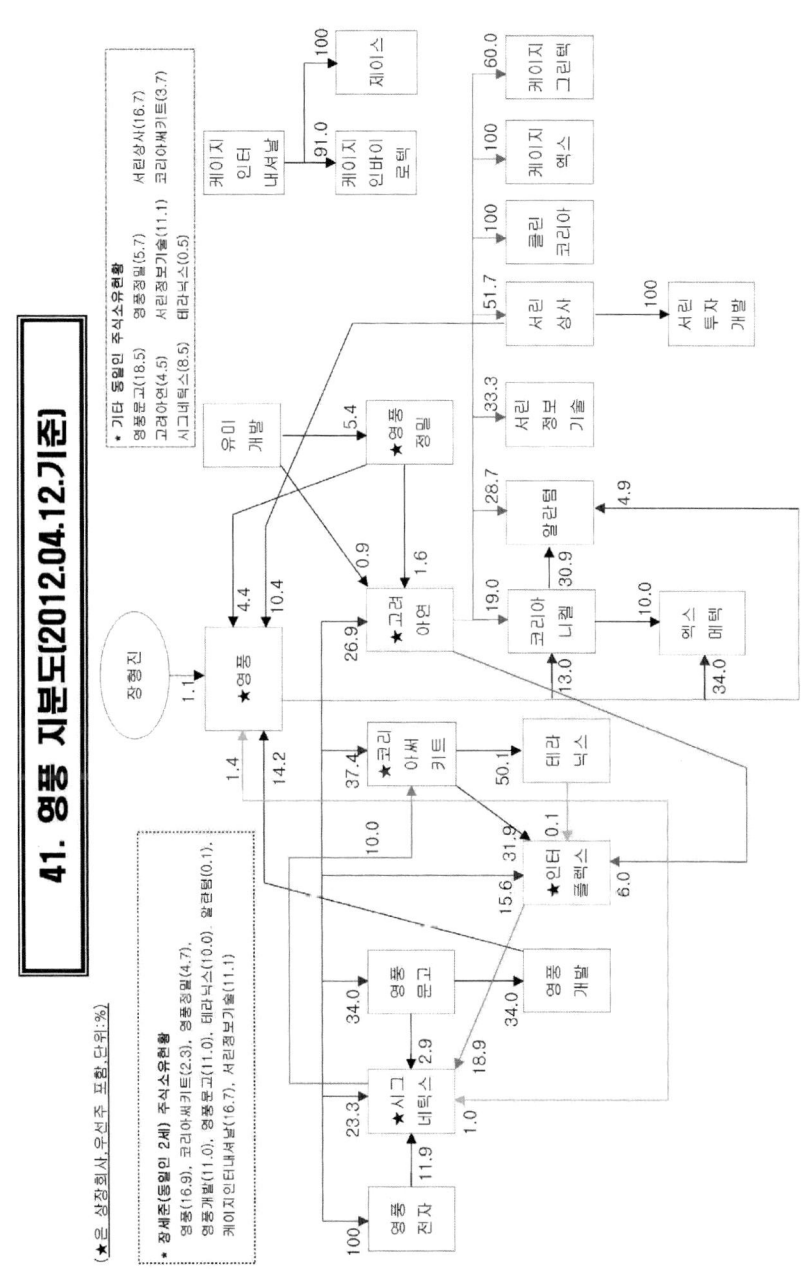

〈부록 그림 7.34〉 미래에셋그룹 소유지분도, 2012년 4월

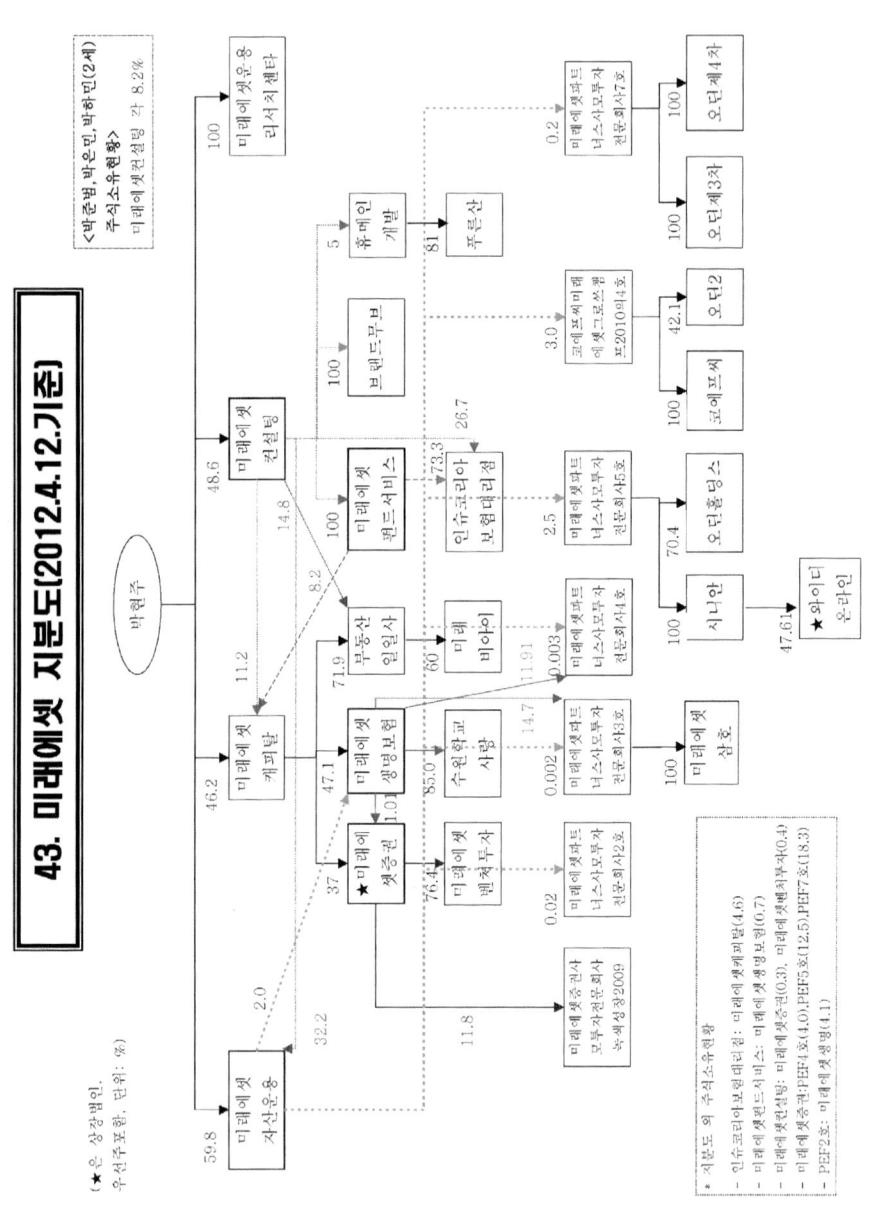

〈부록 그림 7.35〉 동양그룹 소유지분도, 2012년 4월

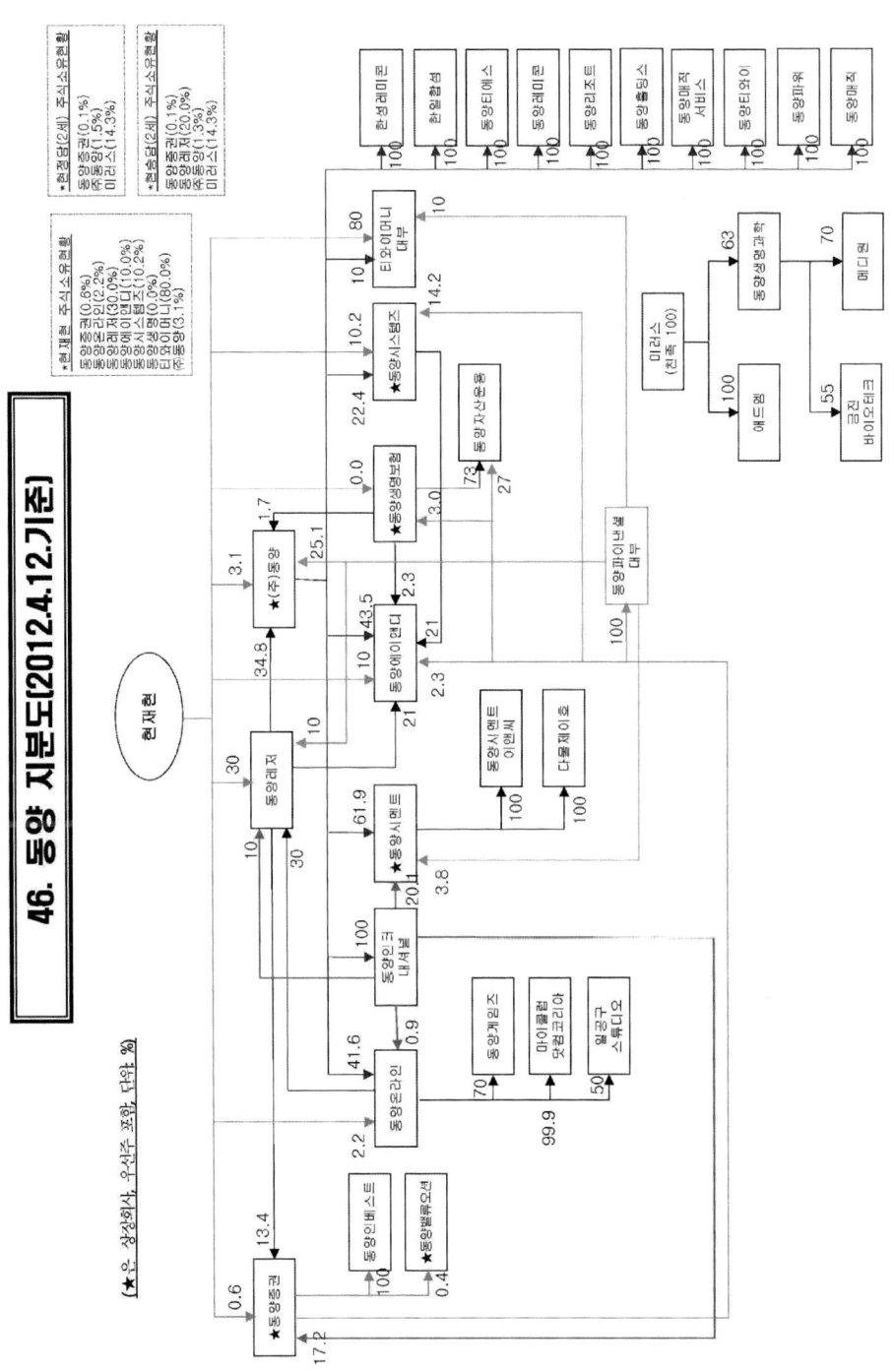

〈부록 그림 7.36〉 현대산업개발그룹 소유지분도, 2012년 4월

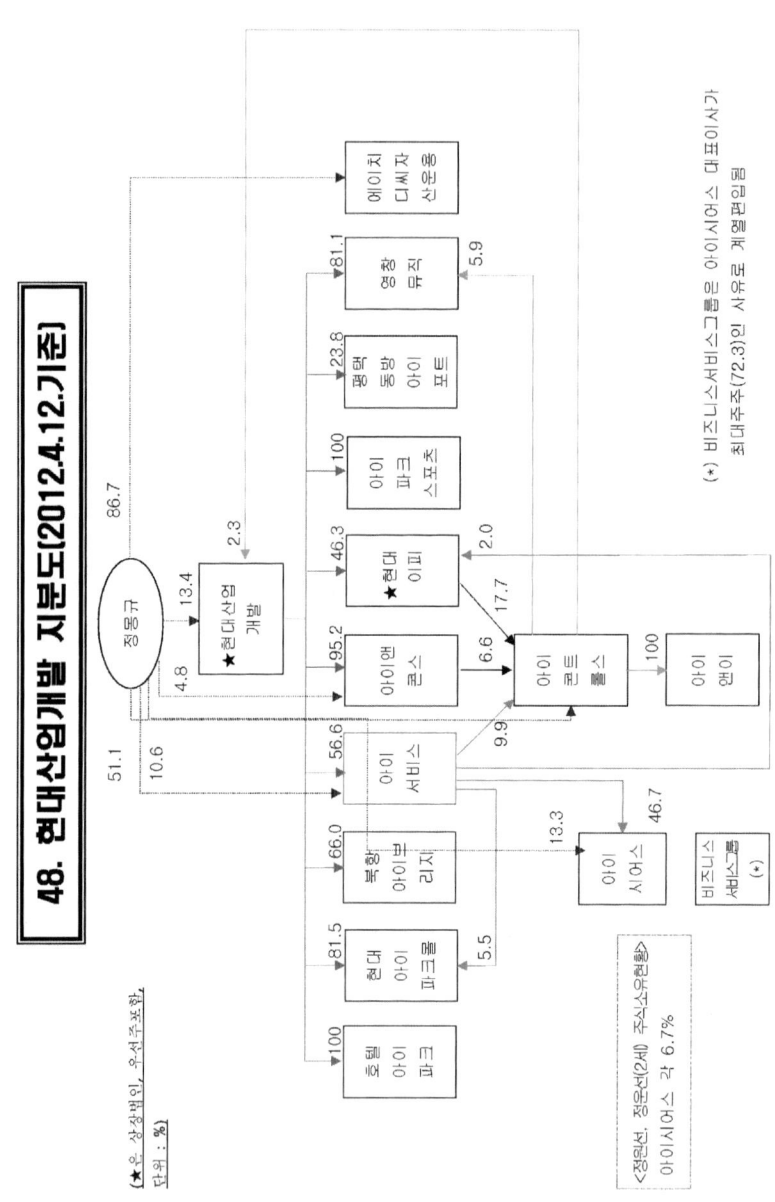

48. 현대산업개발 지분도(2012.4.12.기준)

(★은 상장회사, 우선주포함, 단위 : %)

(*) 비즈니스서비스그룹은 아이서비스 대표이사가 최대주주(72.3)인 사유로 계열편입됨

〈정몽규, 정몽선(2세) 주식소유현황〉
아이서비스 각 6.7%

〈부록 그림 7.37〉 한라그룹 소유지분도, 2012년 4월

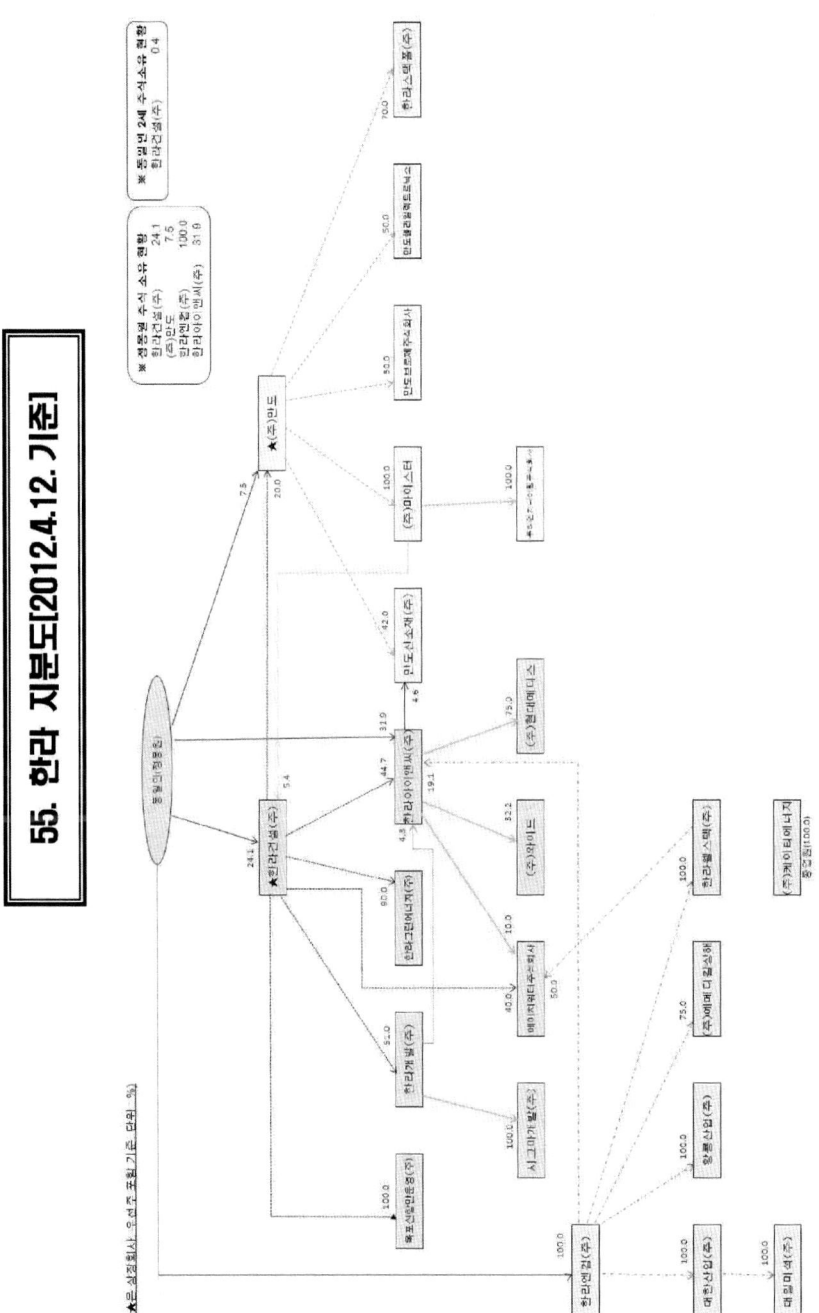

〈부록 그림 7.38〉 교보생명보험그룹 소유지분도, 2012년 4월

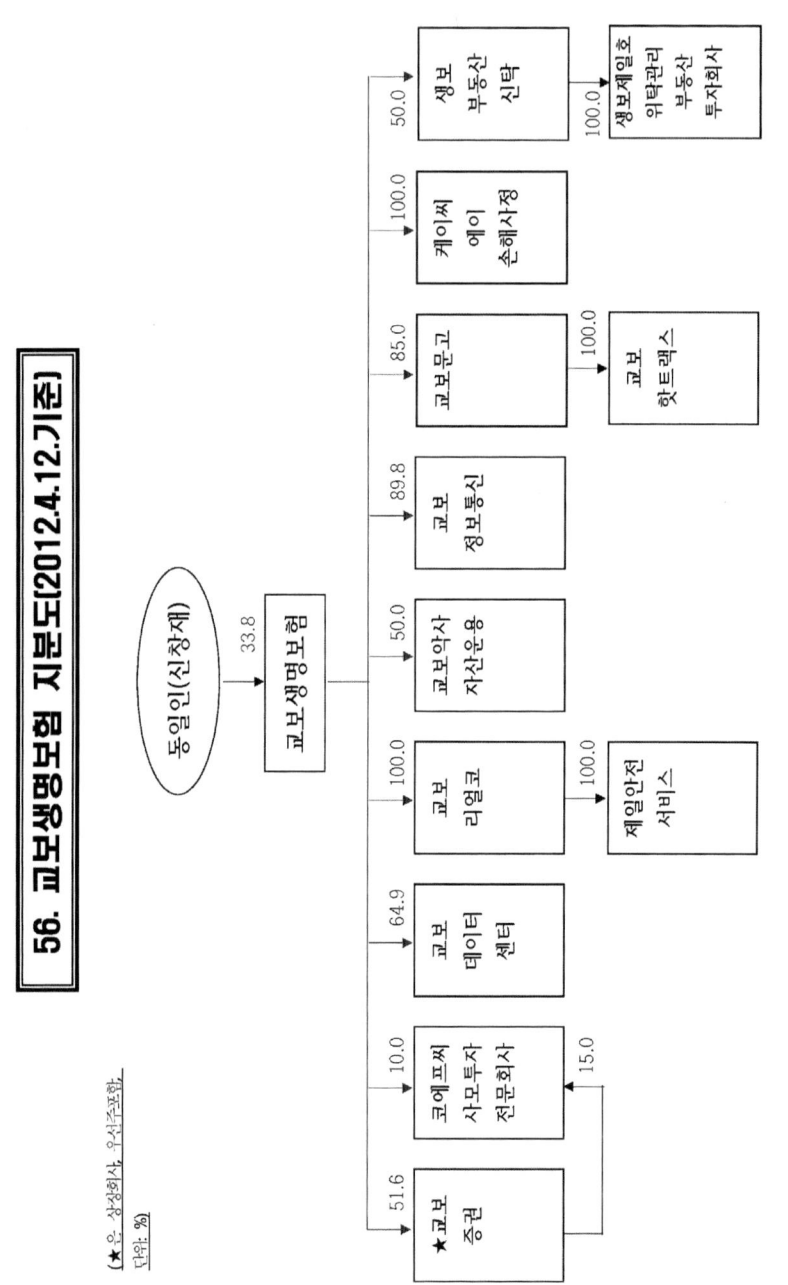

56. 교보생명보험 지분도(2012.4.12.기준)

(★은 상장회사, 우선주포함.
단위: %)

동일인(신창재)

33.8

교보생명보험

51.6 ★교보증권
10.0 코에프씨 사모투자 전문회사
64.9 교보 데이터 센터
100.0 교보 리얼코 → 100.0 제일안전 서비스
50.0 교보악사 자산운용
89.8 교보 정보통신
85.0 교보문고 → 100.0 교보 핫트랙스
100.0 케이씨에이 손해사정
50.0 생보 부동산 신탁 → 100.0 생보재일호 위탁관리 부동산 투자회사

15.0

- 1 -

472 한국재벌과 지주회사체제: CJ와 두산

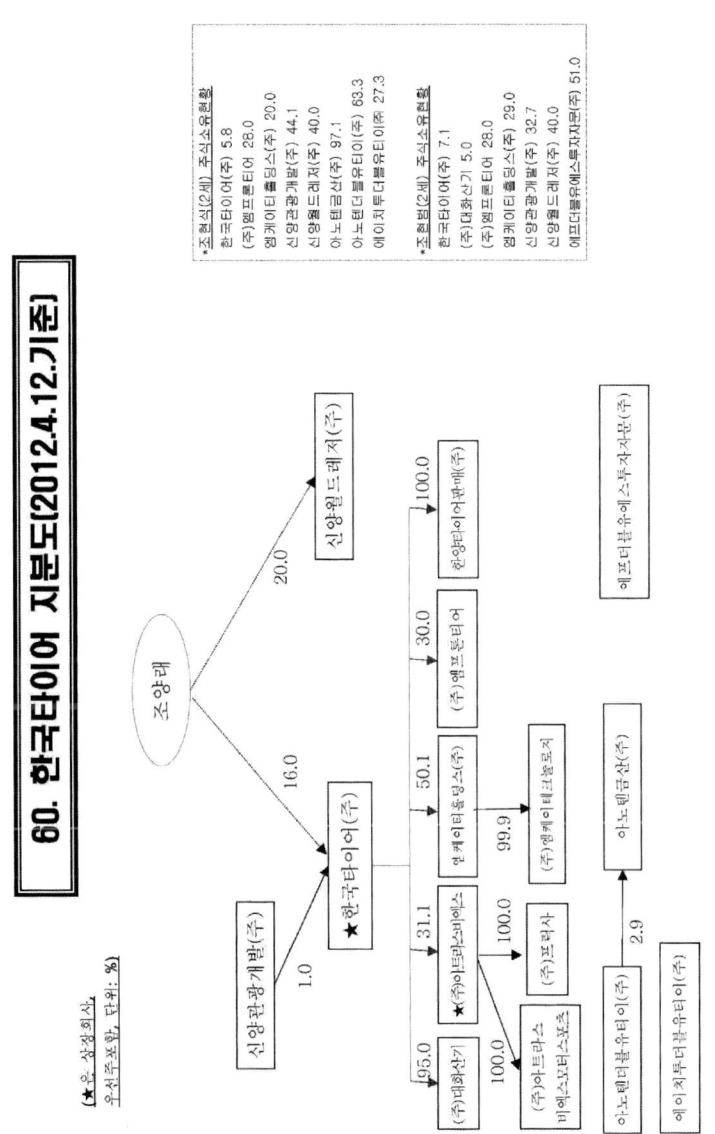

〈부록 그림 7.40〉 이랜드그룹 소유지분도, 2012년 4월

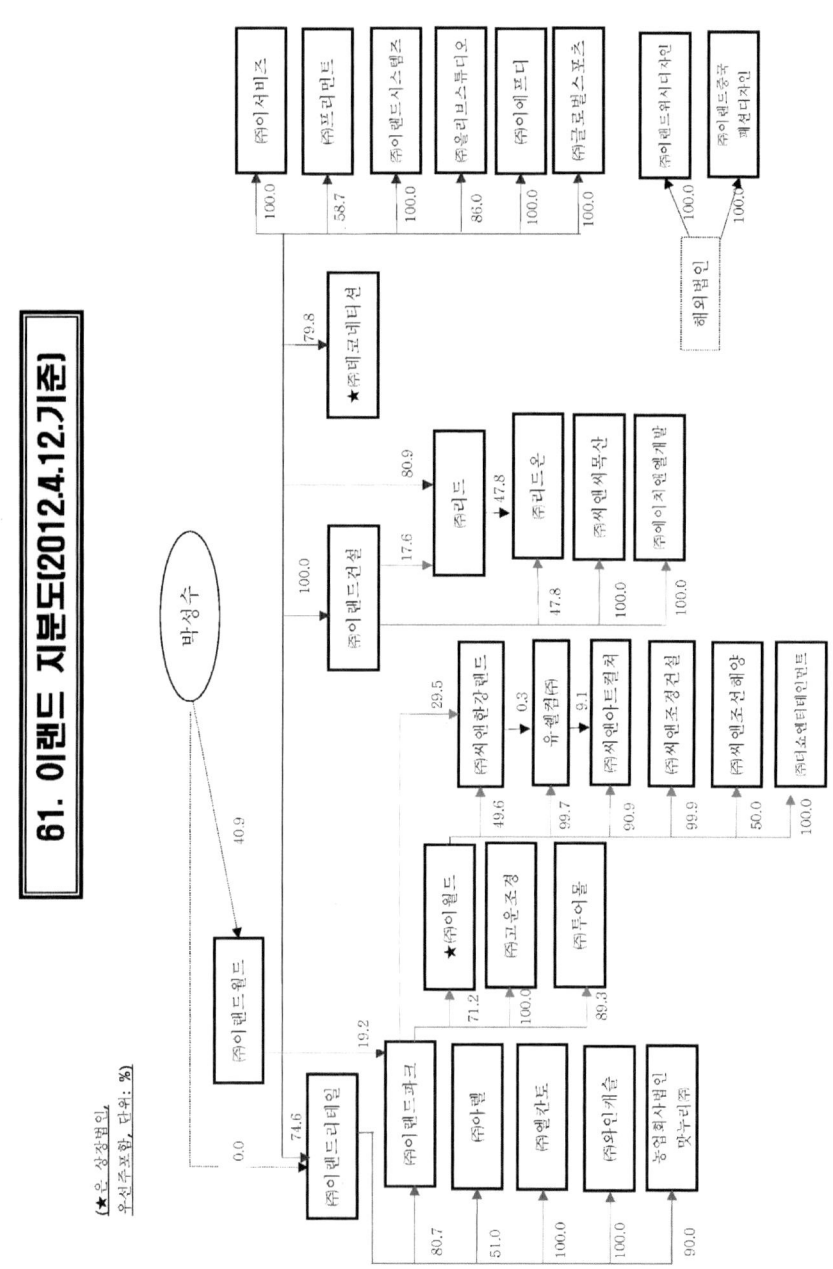

61. 이랜드 지분도(2012.4.12.기준)

(★은 상장법인, 우선주포함, 단위: %)

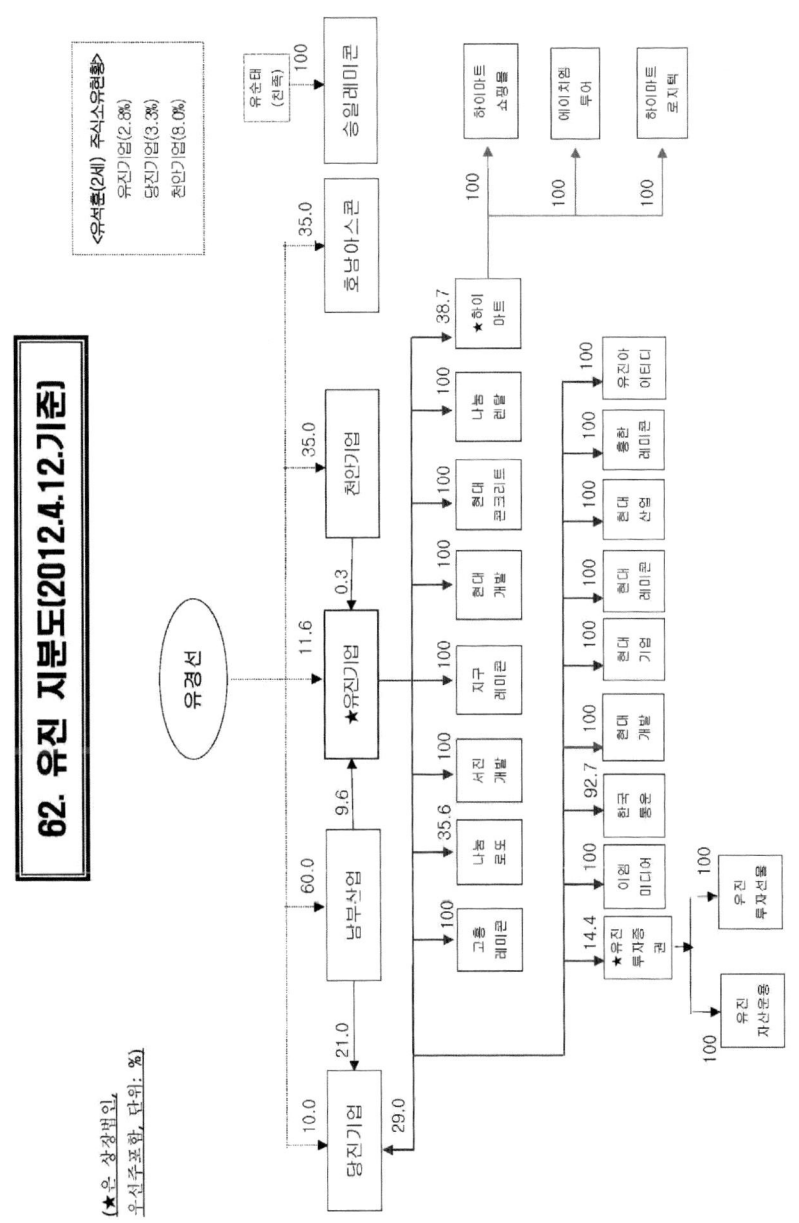

〈부록 그림 7.41〉 유진그룹 소유지분도, 2012년 4월

62. 유진 지분도(2012.4.12.기준)

〈유석훈(2세) 주식소유현황〉
유진기업(2.8%)
당진기업(3.3%)
천안기업(8.0%)

유순태
(친족) 100

(★은 상장법인.
우선주포함, 단위: %)

유경선

〈부록 그림 7.42〉 포스코그룹 소유지분도, 2012년 4월

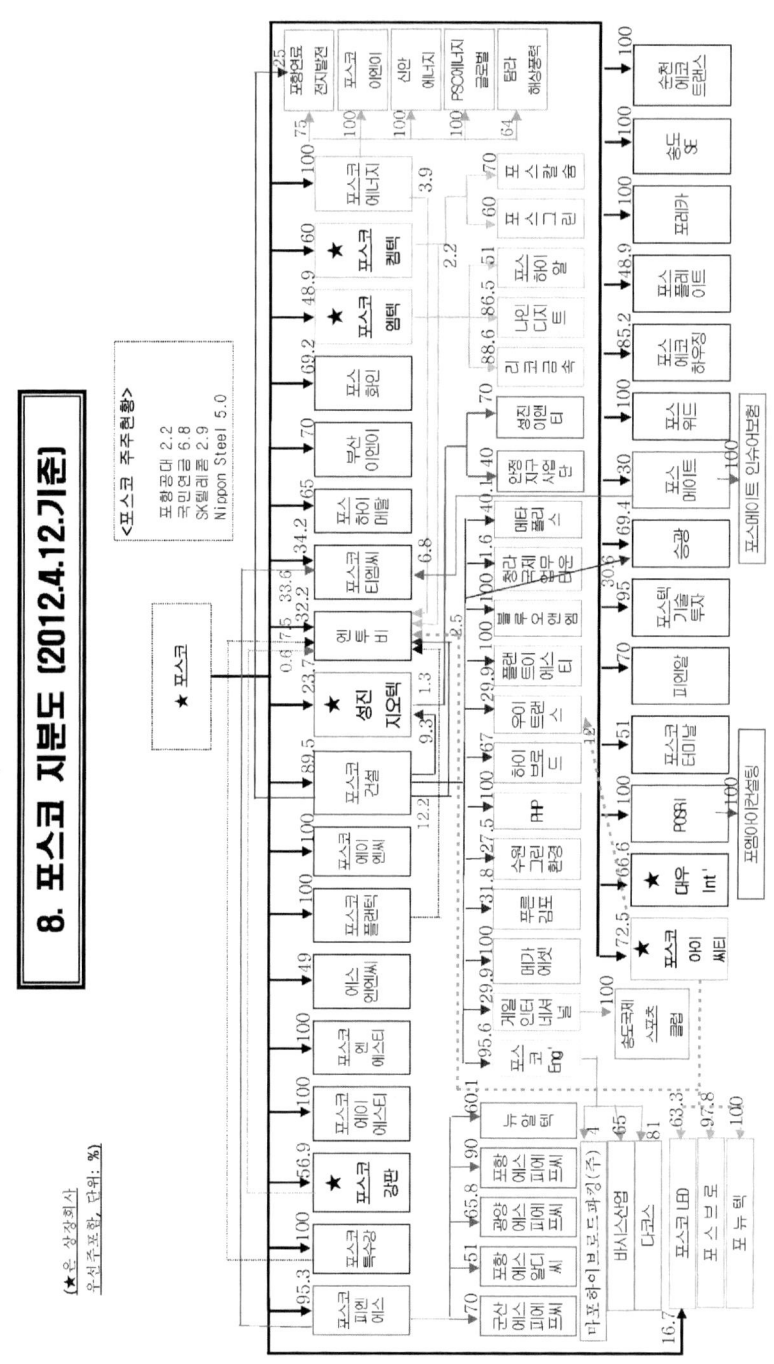

〈부록 그림 7.43〉 KT그룹 소유지분도, 2012년 4월

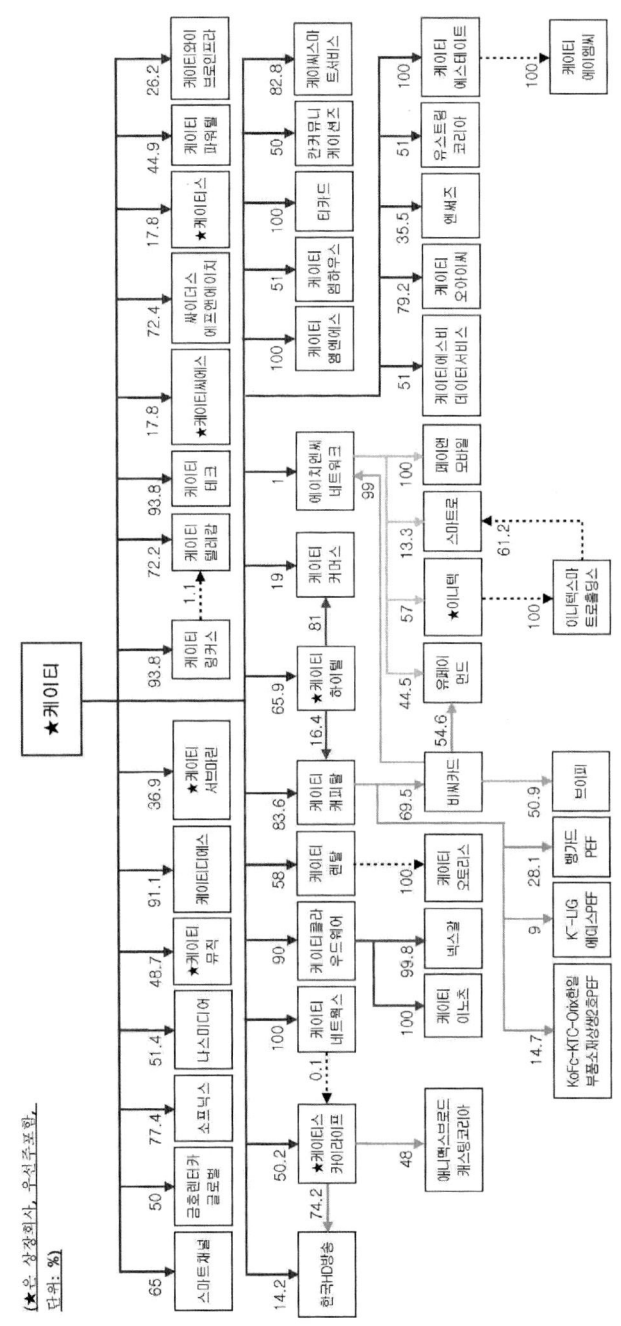

〈부록 그림 7.44〉 대우건설그룹 소유지분도, 2012년 4월

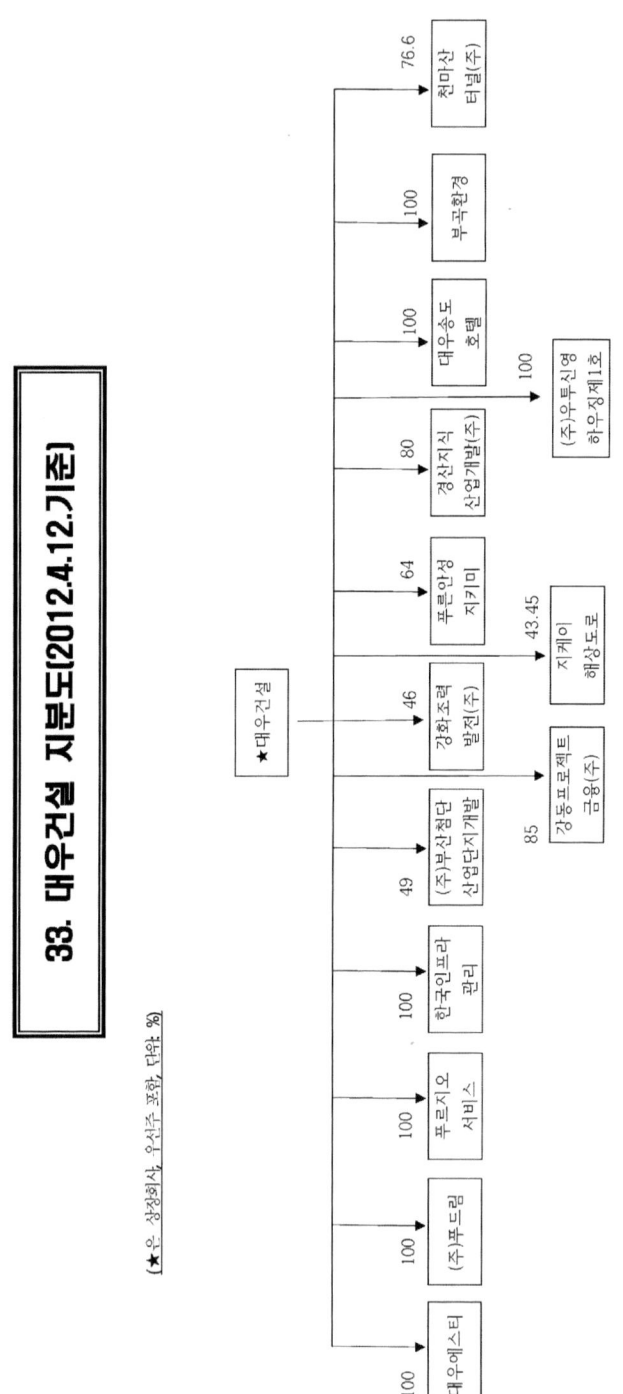

〈부록 그림 7.45〉 한국GM그룹 소유지분도, 2012년 4월

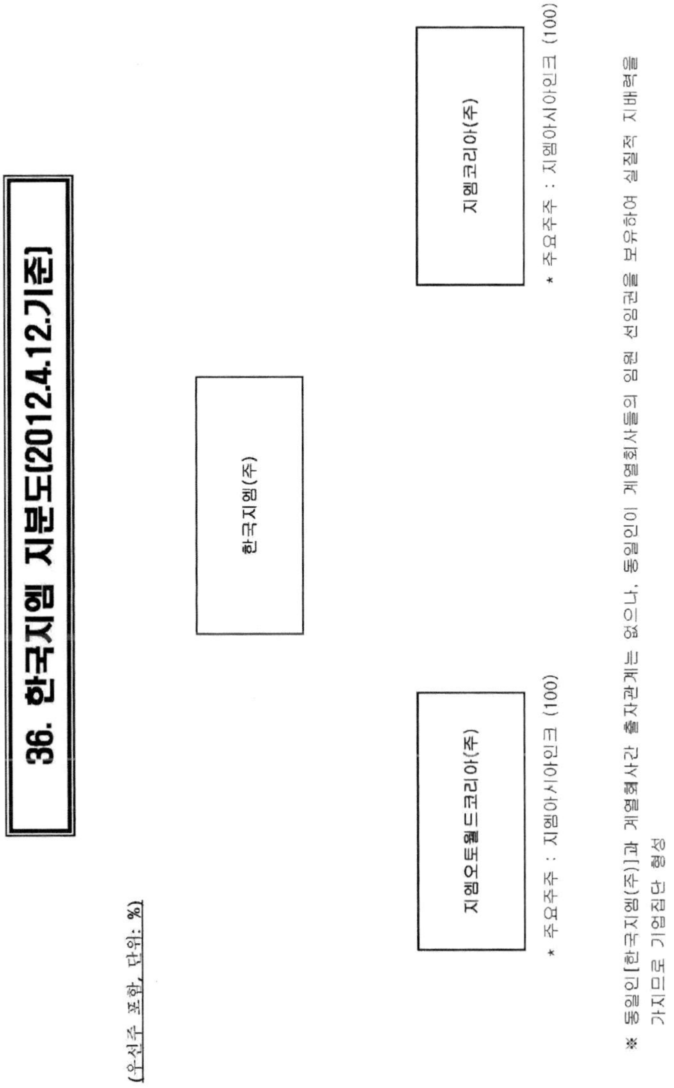

36. 한국지엠 지분도(2012.4.12.기준)

(우선주 포함, 단위: %)

한국지엠(주)

지엠코리아(주)

* 주요주주 : 지엠아시아인크 (100)

지엠오토월드코리아(주)

* 주요주주 : 지엠아시아인크 (100)

※ 동일인[한국지엠(주)]과 계열회사간 출자관계도 없으나, 동일인이 계열회사들이 임원, 동일인이 계열회사들의 임원 선임권을 보유하여 실질적 지배력을 가지므로 기업집단 형성

부록 479

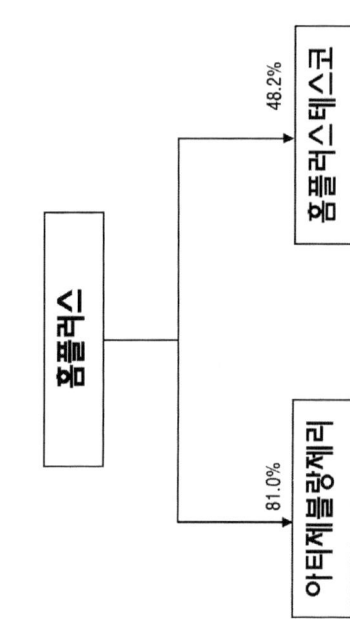

47. 홈플러스 지분도[2012.4.12.기준]

홈플러스

홈플러스테스코 48.2%

아티제블랑제리 81.0%

(우선주 포함, 단위: %)

〈부록 그림 7.47〉 KT&G그룹 소유지분도, 2012년 4월

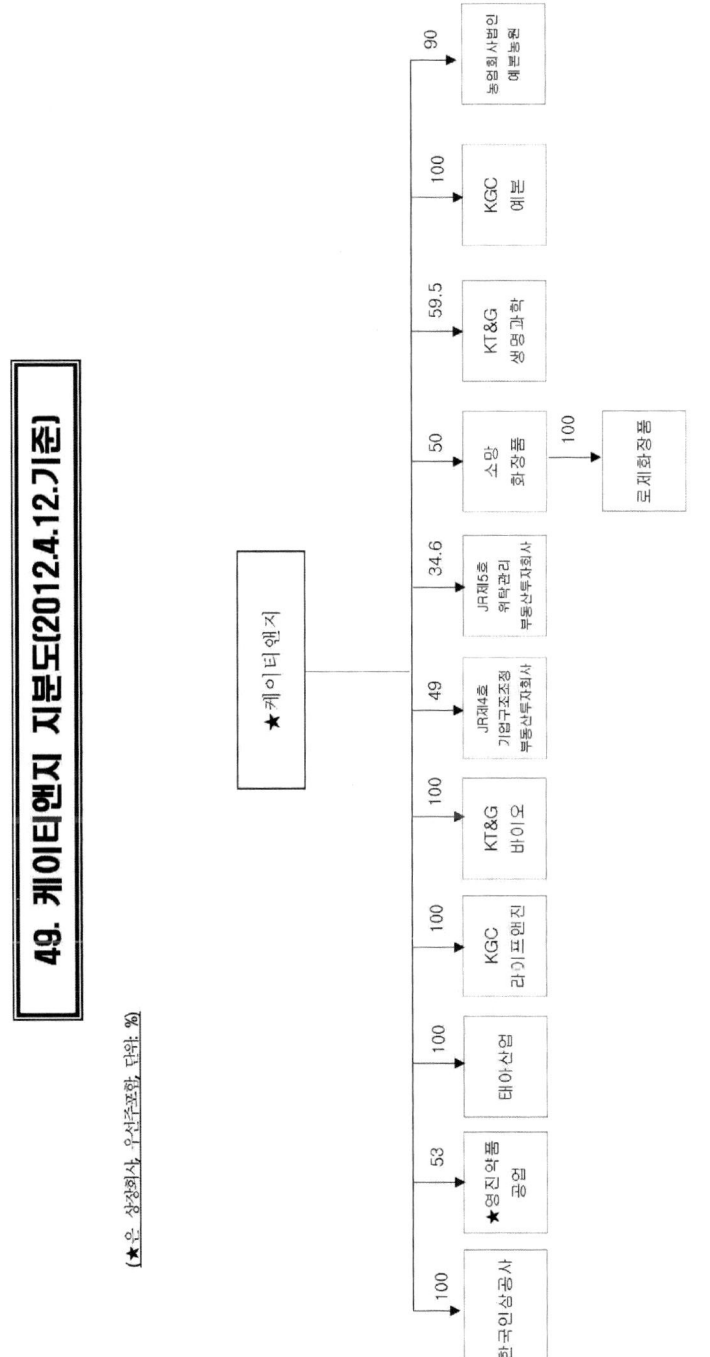

49. 케이티앤지 지분도(2012.4.12.기준)

(★은 상장회사, 우선주포함, 단위: %)

부록 481

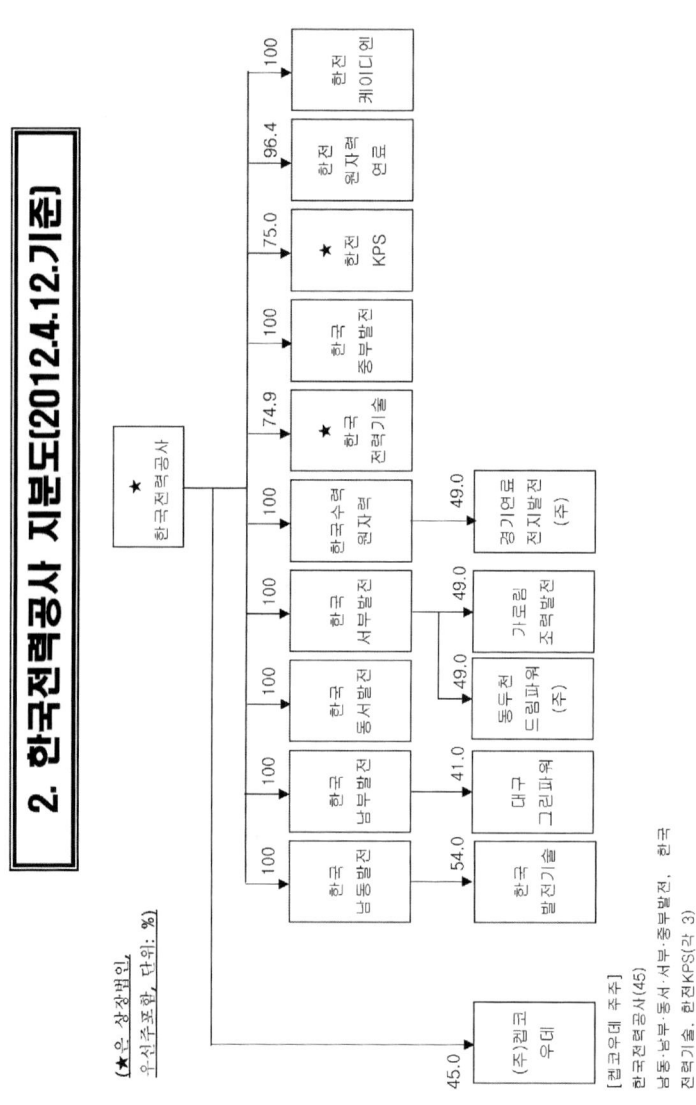

2. 한국전력공사 지분도 [2012.4.12.기준]

(★은 상장법인.
우선주포함, 단위: %)

[계열외 주주]
(주)현대우데 45.0

[계열주 주주]
한국전력공사(45)
남동·남부·동서·서부·중부발전, 한국
전력기술, 한전KPS(2곳 3)

한국전력공사 ★

- 한국남동발전 100 → 한국발전기술 54.0
- 한국남부발전 100 → 대구그린파워 41.0
- 한국동서발전 100 → 동두천드림파워(주) 49.0
- 한국서부발전 100 → 기룡길 조력발전 49.0
- 한국수력원자력 100 → 경기연료전지발전(주) 49.0
- 한국전력기술 74.9 ★
- 한국중부발전 100
- 한전KPS 75.0 ★
- 한전전동자원연료 96.4
- 한전케이디엔 100

〈부록 그림 7.49〉 한국토지주택공사그룹 소유지분도, 2012년 4월

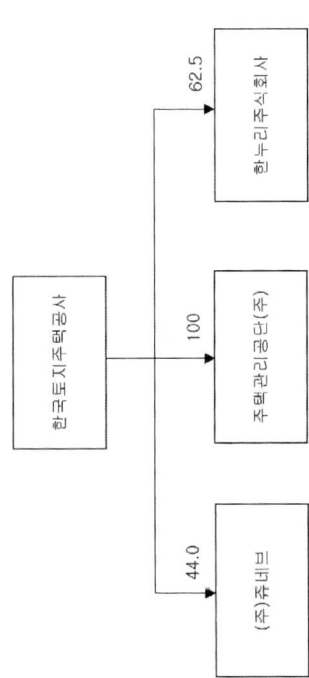

3. 한국토지주택공사 지분도(2012.4.12.기준)

한국토지주택공사

(주)뉴네트 44.0
주택관리공단(주) 100
한누리주식회사 62.5

(우선주 포함, 단위 : %)

〈부록 그림 7.50〉 한국도로공사그룹 소유지분도, 2012년 4월

11. 한국도로공사 지분도(2012.4.12.기준)

한국도로공사

42.5

한국건설관리공사

(우선주 포함, 단위: %)

〈부록 그림 7.51〉 한국가스공사그룹 소유지분도, 2012년 4월

13. 한국가스공사 지분도(2012.4.12.기준)

```
┌──────────────┐
│ ★ 한국가스공사 │
└──────────────┘
        │ 100
        ▼
┌──────────────┐
│ 한국가스기술공사 │
└──────────────┘
        │ 56.3
        ▼
┌──────────────┐
│  경기씨이에스   │
└──────────────┘
```

(★은 상장회사, 우선주 포함)
단위: %)

18. 한국석유공사 지분도(2012.4.12. 기준)

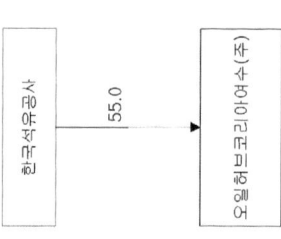

한국석유공사

55.0

오일허브코리아여수(주)

(우선주 포함, 단위: %)

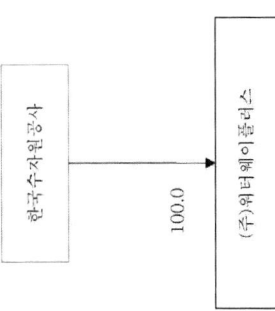

19. 한국수자원공사 지분도[2012.4.12.기준]

한국수자원공사

100.0

(주)워터웨이플러스

(우선주 포함, 단위: %)

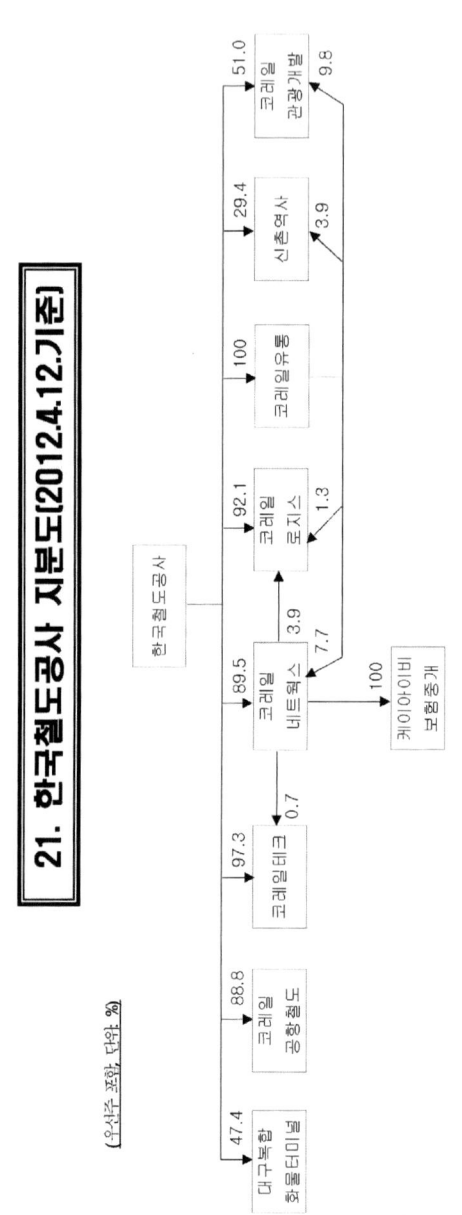

21. 한국철도공사 지분도(2012.4.12.기준)

(소유주 포함, 단위: %)

〈부록 그림 7.55〉 인천국제공항공사그룹 소유지분도, 2012년 4월

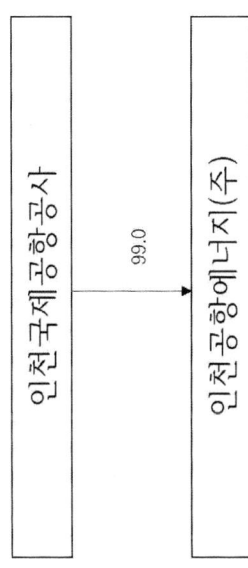

45. 인천국제공항공사 지분도(2012.4.12.기준)

인천국제공항공사

99.0

인천공항에너지(주)

(우선주 포함, 단위: %)

52. 서울특별시도시철도공사 지분도(2012.4.12.기준)

(음선주포함, 단위: %)

```
      서울특별시
     도시철도공사
         │
        100
         │
      서울도시철도
     엔지니어링(주)
```

<부록 그림 7.57> 부산항만공사그룹 소유지분도, 2012년 4월

63. 부산항만공사 지분도(2012.4.12.기준)

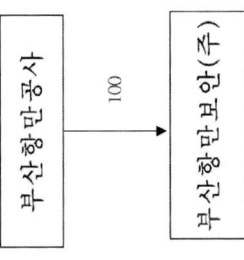

부산항만공사

100

부산항만보안(주)

(우선주포함, 단위: %)

〈부록 8〉 「 한국재벌과 지주회사체제: LG와 SK 」 (김동운, 2011년, 이담북스)의 차례, 표·그림 차례

(1) 차례

제1장 공정거래법상 지주회사의 설립 동향:

1. **머리말**; 2. **신설 및 존속 지주회사** (2.1 신설 지주회사 / 2.2 존속 지주회사); 3. **지주회사의 계열회사** (3.1 계열회사의 유형 / 3.2 계열회사 수 / 3.3 계열회사 수의 범위); 4. **지주회사의 지주비율**; 5. **지주회사의 자산총액** (5.1 자산총액의 범위 / 5.2 10대 일반지주회사); 6. **요약·정리**

제2장 한국재벌과 지주회사체제:

1. **머리말**; 2. **대규모사기업집단 소속 일반지주회사**; 3. **대규모사기업집단 소속 10대 일반지주회사**; 4. **대규모사기업집단과 지주회사체제, 2001~2010년** (4.1 적극적인 지주회사체제: (1) 2010년 현재 13개 집단 [4.1.1 1~10위 4개 집단 / 4.1.2 11~30위 4개 집단 / 4.1.3 31위 이하 5개 집단] / 4.2 적극적인 지주회사체제: (2) 2010년 이전 6개 집단 / 4.3 소극적인 지주회사체제: 6개 집단); 5. **대규모사기업집단과 지주회사체제, 2010년** (5.1 지주회사체제를 채택한 대규모사기업집단 / 5.2 대규모사기업집단 소속 지주회사); 6. **요약·정리**

제3장 LG그룹의 지주회사체제:

1. **머리말**; 2. **LG그룹의 성장 과정**; 3. **LG그룹 지주회사체제의 성립 과정** (3.1 지주회사체제 성립 5단계 과정, 2001~2005년: 개관 / 3.2 지주회사체제 달성 비율, 2001~2010년 / 3.3 지주회사체제 성립 1단계: LG화학의 분할 및 사업지주회사 (주)LGCI로의 전환, 2000~2001년 / 3.4 지주회사체제 성립 2단계: LG전자의 분할 및 순수지주회사 (주)LGEI로의 전환, 2001~2002년 / 3.5 지주회사체제 성립 3단계: (주)LGCI의 분할 및 순수지주회사로의 전환, 2002년 / 3.6 지주회사체제 성립 4단계: (주)LGCI의 (주)LGEI 합병 및 통합지주회사 (주)LG로의 확대 개편, 2002~2003년 / 3.7 지주회사체제 성립 5단계: (주)LG의 2개 순수지

강화·집중 / 2.5 소유지배구조의 왜곡 지속, 그리고 가시적인 경영성과의 미비 [2.5.1 소유지배구조의 왜곡 / 2.5.2 경영성과의 미비]); 3. **과제 및 전망**

부록:

<부록 1> 독점규제 및 공정거래에 관한 법률, 2010년 11월; <부록 2> 독점규제 및 공정거래에 관한 법률 시행령, 2010년 11월; <부록 3> 신설 및 존속 공정거래법상 지주회사 현황, 2000~2010년; <부록 4> LG그룹의 지주회사체제, 2001~2010년; <부록 5> SK그룹의 지주회사체제, 2000~2010년

참고문헌

(2) 표·그림 차례

<표 1.1> 신설 및 존속 지주회사 수, 2000~2010년 (개); <표 1.2> 지주회사의 계열회사 수, 2001~2010년 (개); <표 1.3> 지주회사의 계열회사 수 범위, 2001~2010년 (개, %); <표 1.4> 지주회사의 지주비율 범위, 2001~2010년 (개, %); <표 1.5> 지주회사의 자산총액 범위, 2001~2010년 (개, %); <표 1.6> 10대 일반지주회사, 2001~2010년: (1) 연도별 순위; <표 1.7> 10대 일반지주회사, 2001~2010년: (2) 회사별 순위; <표 1.8> 10대 일반지주회사, 2001~2010년: (3) 자산총액 (A, 억 원) / 계열회사 수 (B, 개)

<표 2.1> 대규모사기업집단 소속 일반지주회사, 2001~2010년 (개, %): 집단 총 수 (A), 지주회사 총 수 (B), 지주회사 보유 집단 수 (A1), 집단 소속 지주회사 수 (B1); <표 2.2> 대규모사기업집단 소속 일반지주회사, 2001~2010년; <표 2.3> 대규모사기업집단 소속 일반지주회사의 순위 분포, 2001~2010년 (개); <표 2.4> 대규모사기업집단 소속 10대 일반지주회사, 2001~2010년: (1) 연도별 순위; <표 2.5> 대규모사기업집단 소속 10대 일반지주회사, 2001~2010년: (2) 회사별 순위; <표 2.6> 대규모사기업집단 소속 10대 일반지주회사, 2001~2010년: (3) 회사별 자산총액 (억 원); <표 2.7> 2010년 현재 적극적인 지주회사체제를 채택하고 있는 13개 대규모사기업집단: 1~10위 집단 4개, 11~30위 집단 4개, 31

위 이하 집단 5개; <표 2.8> 2010년 이전 적극적인 지주회사체제를 채택한 6개 대규모사기업집단: 1~30위 집단 2개, 31위 이하 집단 4개; <표 2.9> 소극적인 지주회사체제를 채택하고 있는 6개 대규모사기업집단: 2010년 현재 1~30위 집단 3개, 31위 이하 집단 1개, 2010년 이전 1~30위 집단 2개; <표 2.10> 17개 대규모사기업집단과 지주회사체제, 2010년 9월: (1) 집단 계열회사 중 지주회사체제 편입 회사 비중; <표 2.11> 17개 대규모사기업집단과 지주회사체제, 2010년 9월: (2) 집단 소속 22개 일반지주회사 현황

<표 3.1> LG그룹의 성장, 1987~2011년: 순위 (A. 위), 계열회사 (B, 개), 자산총액 (C, 10억 원), 1개 계열회사 평균 자산 (D, 10억 원); <표 3.2> LG그룹 지주회사체제 성립 5단계 과정, 2001~2005년; <표 3.3> LG그룹의 지주회사체제: 그룹 계열회사 중 지주회사체제 편입 회사 비중, 2001~2010년 (개, %); <표 3.4> LG화학 분할의 일정 및 주요 내용, 2000년 11월~2001년 5월; <표 3.5> LG전자 분할의 일정 및 주요 내용, 2001년 11월~2002년 4월; <표 3.6> (주)LGCI 분할의 일정 및 주요 내용, 2002년 5~8월; <표 3.7> (주)LGCI 합병의 일정 및 주요 내용, 2002년 11월~2003년 3월; <표 3.8> (주)LG 분할의 일정 및 주요 내용, 2004년 4~8월; <표 3.9> LG그룹의 지주회사체제, 2010년 9월; <표 3.10> LG화학·(주)LGCI·(주)LG 및 주요 계열회사의 지분 보유 회사, 1997~2010년 (개); <표 3.11> LG화학·(주)LGCI·(주)LG의 주요 계열회사에 대한 보유 지분, 1998~2010년 (%); <표 3.12> LG화학·(주)LGCI·(주)LG의 최대주주 및 특수관계인 지분, 1998~2010년 (%); <표 3.13> LG화학·(주)LGCI·(주)LG의 최대주주 및 특수관계인 수, 1998~2010년 (명·개); <표 3.14> 분할 전후 존속·신설 회사의 최대주주 및 특수관계인 지분: (1) LG화학 vs. 지주회사 (주)LGCI, LG화학 및 LG생활건강, 2001년 (%); <표 3.15> 분할 전후 존속·신설 회사의 최대주주 및 특수관계인 지분: (2) 지주회사 (주)LGCI vs. 지주회사 (주)LGCI와 LG생명과학, 2002년 (%); <표 3.16> 분할 전후 존속·신설 회사의 최대주주 및 특수관계인 지분: (3) 지주회사 (주)LG vs. 지주회사 (주)LG와 지주회사 GS홀딩스, 2003~2004년 (%); <표 3.17> LG전자·(주)LGEI의 최대주주 및 특수관계인 지분, 1998~2002년 (%); <표 3.18> LG전자·(주)LGEI의 최대주주 및 특수관계인 수, 1998~2002년 (명·개); <표 3.19> 분할 전후 존속·신설 회사의 최대주주 및 특수관계인 지분: LG전자 vs. 지주회사 (주)LGEI와 LG전자, 2001~2002년 (%); <표 3.20> 구본무, 구자홍 및 구본준의 직책, 1998~2011년; <표 3.21> 허창수와 허동수의 직책, 1998~2004년; <표 3.22> 강유식의

체제, 2002년 12월; <부록 표 4.3> LG그룹의 지주회사체제, 2003년 7월; <부록 표 4.4> LG그룹의 지주회사체제, 2004년 5월; <부록 표 4.5> LG그룹의 지주회사체제, 2005년 8월; <부록 표 4.6> LG그룹의 지주회사체제, 2006년 8월; <부록 표 4.7> LG그룹의 지주회사체제, 2007년 8월; <부록 표 4.8> LG그룹의 지주회사체제, 2008년 9월; <부록 표 4.9> LG그룹의 지주회사체제, 2009년 9월; <부록 표 4.10> LG그룹의 지주회사체제, 2010년 9월; <부록 표 4.11> LG그룹의 지주회사체제, 2010년 12월

<부록 표 5.1> SK그룹의 지주회사체제, 2000년 3월; <부록 표 5.2> SK그룹의 지주회사체제, 2001년 7월; <부록 표 5.3> SK그룹의 지주회사체제, 2002년 12월; <부록 표 5.4> SK그룹의 지주회사체제, 2003년 7월; <부록 표 5.5> SK그룹의 지주회사체제, 2004년 5월; <부록 표 5.6> SK그룹의 지주회사체제, 2005년 8월; <부록 표 5.7> SK그룹의 지주회사체제, 2006년 8월; <부록 표 5.8> SK그룹의 지주회사체제, 2007년 8월; <부록 표 5.9> SK그룹의 지주회사체제, 2008년 9월; <부록 표 5.10> SK그룹의 지주회사체제, 2009년 9월; <부록 표 5.11> SK그룹의 지주회사체제, 2010년 9월; <부록 표 5.12> SK그룹의 지주회사체제, 2010년 12월

참고문헌

(1) 금융감독원 전자공시시스템(http://dart.fss.or.kr) 자료

(1.1) CJ그룹

제일제당 <사업보고서> 제46기(1998.1~12), 제47기(1999.1~12), 제48기(2000.1~12), 제49기(2001.1~12).
　　　　<분기보고서> 제48기 제1기(2000.1~3).

CJ(주) <사업보고서> 제50기(2002.1~12), 제51기(2003.1~12), 제52기(2004.1~12), 제53기(2005.1~12),
　　　　　　　　　제54기(2006.1~12), 제55기(2007.1~12), 제56기(2008.1~12), 제57기(2009.1~12),
　　　　　　　　　제58기(2010.1~12), 제59기(2011.1~12).
　　　<분기보고서> 제55기 제3분기(2007.1~9), 제56기 제3분기(2008.1~9), 제58기 제1분기(2010.1~3),
　　　　　　　　　제60기 제1분기(2012.1~3).
　　　<반기보고서> 제55기 반기(2007.1~6).
　　　<분할신고서> (2007.6.12; 정정 2007.7.10).
　　　<분할종료보고서> (2007.9.5; 정정 2007.9.28).

CJ제일제당 <사업보고서> 제1기(2007.9~12), 제2기(2008.1~12), 제3기(2009.1~12), 제4기(2010.1~12),
　　　　　　　　　제5기(2011.1~12).
　　　　<분기보고서> 제1기 제3분기(2007.9.1~9.30), 제2기 제3분기(2008.1~9),
　　　　　　　　　제4기 제1분기(2010.1~3).

삼구쇼핑 <사업보고서> 제6기(1999.1~12), 제7기(2000.1~12).

CJ삼구쇼핑 <사업보고서> 제8기(2001.1~12).

CJ홈쇼핑 <사업보고서> 제9기(2002.1~12), 제10기(2003.1~12), 제11기(2004.1~12), 제12기(2005.1~12),
　　　　　　　　　제13기(2006.1~12), 제14기(2007.1~12).
　　　<분기보고서> 제14기 제1분기(2007.1~3), 제15기 제3분기(2008.7~9),
　　　　　　　　　제17기 제1분기(2010.1~3).
　　　<반기보고서> 제14기 반기(2007.1~6).

CJ오쇼핑 <사업보고서> 제15기(2008.1~12), 제16기(2009.1~12), 제17기(2010.1~12), 제18기(2011.1~12).
　　　　<증권신고서(분할)> (2010.6.21).
　　　　<증권발행실적보고서(분할)> (2010.9.16; 정정 2010.10.11).

CJ엔터테인먼트 <사업보고서> 제5기(2001.1~12), 제6기(2002.1~12), 제7기(2003.1~12),
　　　　　　　　　　　　　제8기(2004.1~12), 제9기(2005.1~12).

오미디어홀딩스 <증권신고서(합병)> (2010.11.30).

CJ E&M <사업보고서> 제1기(2010.9.15~12.31), 제2기(2011.1~12).
　　　　<분기보고서> 제2기 제1분기(2011.1~3).
　　　　<증권발행실적보고서(합병)> (2011.3.10).
　　　　<주요사항보고서> (2011.8.26).
　　　　<합병등 종료보고서(분할)> (2011.11.22).

온미디어 <사업보고서> 제7기(2006.1~12), 제8기(2007.1~12), 제9기(2008.1~12), 제10기(2009.1~12).
　　　　　<분기보고서> 제11기 제3분기(2010.1~9).
　　　　　<반기보고서> 제11기 반기(2010.1~6).

(1.2) 두산그룹

(주)두산 <사업보고서> 제62기(1998.1~12), 제63기(1999.1~12), 제64기(2000.1~12), 제65기(2001.1~12),
　　　　　　　　　　　제66기(2002.1~12), 제67기(2003.1~12), 제68기(2004.1~12), 제69기(2005.1~12),
　　　　　　　　　　　제70기(2006.1~12), 제71기(2007.1~12), 제72기(2008.1~12), 제73기(2009.1~12),
　　　　　　　　　　　제74기(2010.1~12), 제75기(2011.1~12).
　　　　<분기보고서> 제73기 제1분기(2009.1~3).
　　　　<흡수합병 결의> (2001.10.15, 두산테크팩, 아이케이엔터프라이즈), (2002.9.9, 대한주류).
　　　　<합병 결정> (2005.5.19, 비스톰, 두산타워).
　　　　<합병신고서> (2000.4.27, 세왕화학), (2001.10.15, 두산테크팩, 아이케이엔터프라이즈),
　　　　　　　　　　　(2002.9.9, 대한주류), (2005.5.19, 비스톰, 두산타워).
　　　　<합병종료보고서> (2002.1.9, 두산테크팩, 아이케이엔터프라이즈), (2002.12.23, 대한주류),
　　　　　　　　　　　　　(2005.8.8, 비스톰, 두산타워).
　　　　<분할 결정> (2004.11.12, 씨앤에이치코리아).
　　　　<분할신고서> (2004.11.12, 씨앤에이치코리아),
　　　　　　　　　　　(2007.11.21, 정정 11.21, 타워·생물사업(두산타워, 두산생물자원)),
　　　　　　　　　　　(2008.9.17, 정정 9.17, 출판사업(두산동아)),
　　　　　　　　　　　(2008.12.1, 정정 12.1, 테크팩사업(테크팩솔루션)).
　　　　<분할종료보고서> (2004.12.29, 씨앤에이치코리아),
　　　　　　　　　　　　　(2007.12.26, 타워·생물사업(두산타워, 두산생물자원)),
　　　　　　　　　　　　　(2008.10.2, 정정 11.14, 출판사업(두산동아)),
　　　　　　　　　　　　　(2008.12.3, 정정 12.30, 테크팩사업(테크팩솔루션)).
　　　　<증권신고서> (2010.3.31, 합병(두산모트롤홀딩스, 두산모트롤)).
　　　　<증권발행실적보고서> (2010.7.5, 합병(두산모트롤홀딩스, 두산모트롤)).
　　　　<주요사항보고서> (2010.3.26, 정정 6.25, 합병(두산모트롤홀딩스, 두산모트롤)).
　　　　<기타 주요경영사항에 대한 공시> (2005.6.28, (주)두산과 비스톰, 두산타워와의

소규모합병계약 승인 결의).

<주요 경영사항 신고> (2006.10.27, 식품사업 양도),

(2007.11.21, 정정 11.21, 분할(타워사업, 생물사업)),

(2008.7.29, 분할(출판사업)), (2008.3.3, 목적사업 변경),

(2008.5.9, 두산모트롤홀딩스 설립), (2008.6.26, 두산모트롤 인수),

(2008.9.2, 분할(테크팩사업)), (2008.11.13, 주식처분(테크팩솔루션)),

(2009.1.6, 주류사업 양도).

<특수관계인에게 영업 양도> (2007.10.29, 매거진사업).

<영업 양수·도 신고서> (2009.2.27, 주류사업 양도).

<장래 사업·경영 계획(공정공시)> (2006.8.1, 조직변경).

<기타 주요경영사항(자율공시)> (2006.9.25, 외국인 CEO 선임),

(2009.4.29, 공정거래위원회로부터 지주회사 전환신고 심사
결과 통지 접수),

(2009.7.28, 정정 2011.12.21, 두산 상표권 사용계약 체결),

(2010.5.27, 소규모합병 승인 이사회 결의
(두산모트롤홀딩스, 두산모트롤)).

<매출액·영업손익·경상손익 또는 당기순이익 등에 대한 전망 또는 예측(공정공시)>

(2006.3.16, 2006년 경영계획).

<대표이사 변경> (2005.7.22, 2006.3.24).

<대표이사 변경(안내공시)> (2007.3.16, 2009.3.27, 2012.3.30).

<타법인 주식 및 출자증권 취득 결정> (2009.6.3, 디아이피홀딩스),

(2009.6.19, 두산모트롤홀딩스).

<지주회사의 자회사 편입> (2009.7.1, 디아이피홀딩스).

오리콤, <주요 경영사항 신고> (2007.10.29, (주)두산 매거진사업 양수)

(2) 공정거래위원회 홈페이지(http://www.ftc.go.kr) 자료

'지주회사 설립동향' (2000.3.10).

'지주회사 설립동향' (2000.5.31).

'지주회사 전환, 설립 신고현황' (2001.5.11).

'지주회사 설립, 전환 신고동향' (2001.7.31 현재; 2001.8.9).

'지주회사 설립, 전환 신고현황' (2003.1 현재).

'지주회사 설립, 전환 신고현황' (2003.7.31 현재).

'2003년 지주회사 현황' (2003.7.31 현재; 2003.8.15).

'지주회사 설립, 전환 신고현황' (2003.12.31 현재).

'2004년 지주회사 현황' (2004.5.31 현재; 2004.7.1).

'2005년 8월말 현재 지주회사 현황' (2005.9.30).

'2006년 공정거래법상 지주회사 현황 분석' (2006.8 현재; 2006.11.1).

'2007년 공정거래법상 지주회사 현황 분석' (2007.8.31 현재; 2007.10.4).
'2008년 공정거래법상 지주회사 현황 분석 결과 발표' (2008.9.30 현재; 2008.10.30).
'2009년 공정거래법상 지주회사 현황 분석 결과' (2009.9.30 현재; 2009.10.28).
'지주회사 증가 추세 지속' (2010.5.30 현재; 2010.5.25).
'지주회사 증가 추세 계속' (2010.9.30 현재; 2010.11.8).
'2011년 공정거래법상 지주회사 현황 분석 결과 발표' (2011.9.30 현재; 2011.10.27).
'2012년 공정거래법상 지주회사 현황 분석 결과 발표' (2012.9.30 현재; 2011.10.25).

'지주회사 관련 법령' (2006.6).
'지주회사제도 안내' (2006.7).
'지주회사제도 해설'(2008.4).
'독점규제 및 공정거래에 관한 법률'.
'독점규제 및 공정거래에 관한 법률시행령'.
<공정거래백서> (1999, 2001, 2002, 2003, 2004, 2005, 2006, 2009).
권오승(2007), '지주회사에 대한 정책 방향' (한국이사협회 강연원고, 6월 13일 연세대).

'99년도 대규모기업집단 지정' (1999.4.6).
'2000년도 대규모기업집단 지정' (2000.4.17).
'2001년도 대규모기업집단 지정' (2001.4.2).
'2002년도 출자총액제한대상 기업집단 지정' (2002.4.3).
'2003년도 상호출자제한기업집단 등 지정 '(2003.4.2).
'2004년도 상호출자제한기업집단 등 지정' (2004.4.2).
'2005년도 상호출자제한기업집단 등 지정' (2005.4).
'2006년도 상호출자제한기업집단 등 지정' (2006.4.14).
'2007년도 상호출자제한기업집단 등 지정' (2007.4.13).
'2008년도 상호출자제한기업집단 등 지정' (2008.4.4).
'공정위, 자산 5조 원 이상 48개 상호출자제한기업집단 지정' (2009.4.1).
'공정위, 자산 5조 원 이상 53개 상호출자제한기업집단 지정' (2010.4.1).
'공정위, 자산 5조 원 이상 상호출자제한기업집단으로 55개 지정' (2011.4.5).
'공정위, 자산 5조 원 이상 상호출자제한기입집단으로 63개 지정' (2012.4.12).

'대기업집단의 소유지분구조 공개' (2004.12.28).
'2005년 대기업집단의 소유지배구조에 관한 정보공개' (2005.7.13).
'2006년 대규모기업집단 소유지배구조에 대한 정보공개' (2006.7.31).
'2007년 대규모기업집단 소유지분구조에 대한 정보공개' (2007.9.3).
'2008년 대규모기업집단 소유지분구조에 대한 정보공개' (2008.11.6).
'2009년 대기업집단 주식소유 현황 등 정보공개' (2009.10.23).
'2010년 대기업집단 주식소유 현황 등 정보공개' (2010.10.11).
'2011년 대기업집단 지배구조 현황에 대한 정보 공개' (2011.11.4).
'2012년 대기업집단 주식소유 현황 및 소유지분도에 대한 정보 공개' (2012.6.29).
'2012년 대기업집단 지배구조 현황에 대한 정보 공개' (2012.9.27).

(3) 학술논문, 단행본

강길환(2001), '기업지배구조 개선을 위한 지주회사제도 활용방안', <경기교육논총> 제10호.

강석규(2008), 'DEA를 이용한 지주회사 편입 이후의 은행 효율성 분석', <금융공학연구> 제7권 제3호.

강희갑(2000), '지주회사에 있어서의 주주의 보호에 관한 연구', <사회과학논총> 제16호.

경제정의연구소(2005), <글로벌 스탠다드에 적합한 한국기업집단들의 지배구조 개선방안 연구: 국제적 비교를 중심으로>.

고동수(2008), <기업구조조정 촉진을 위한 지주회사 관련 제도의 개선방향>, 산업연구원.

고동원(2012), '금융지주회사의 경영지배구조에 관한 법적 검토', <은행법연구> 제5권 제1호.

고려대학교 기업지배구조연구소(2010), <지주회사제도 운영 성과와 향후 과제>.

고승희 외(2002), <매헌 박승직, 연강 박두병 연구>, 수서원.

고인배(2012), '금융지주회사, 은행 사외이사의 감시 의무', <동아법학> 제54호.

곽수환·최석봉(2008), '지주회사 전환이 자회사의 경영성과와 기업 가치에 미치는 영향', <규제연구> 제17권 제2호.

국제무역경영연구원(2009), <금융지주회사제도의 본질과 효율적 운영 및 정책 방향: 금산분리 완화를 중심으로>.

권영애(2006), '기업지배구조의 변환 과정과 지주회사 이사 책임의 문제점', <상사판례연구> 제19권 제3호.

권오승(2011), <독점규제법 30년>, 법문사.

권종섭·전인오(2009), '금융지주회사 마케팅 환경 요인이 경영성과에 미치는 영향 – 지주회사 도입 여부에 따른 조절 효과 차이 비교를 중심으로', <한국협동조합연구> 제26권 제1호.

김건식 외(2005), <지주회사와 법>, 소화.

김건식(2010), <금융회사 지배구조 개선방안 연구>, 한국기업지배구조원.

김광동(2002), '금융지주회사 도입에 따른 재무건전성', <국제회계연구> 제7호.

김광록(2009), '보험지주회사 도입 논의를 위한 미국법제 연구', <기업법연구> 제23권 제2호.

_____(2009), '금융지주회사법의 최근 개정을 통해 본 보험지주회사 관련 주요국의 법제 고찰', <경제법연구> 제8권 제2호.

김동운(1996), '한국재벌의 초기 형성 과정: 두산그룹의 1대 박승직상점, 1925~1945년', <경제학연구> 제44권 제3호.

_____(1997), '박승직상점, 1882~1925년', <경제학논집> 제6권 제2호.

_____(1998), '두산그룹의 형성 과정, 1952~1996년', <경영사학> 제18권.

_____(2001), <박승직상점, 1882~1951년>, 혜안.

_____(2007), 'LG그룹 지주회사체제의 성립과정과 의의', <경영사학> 제22권 제1호.

_____(2008), <한국재벌과 개인적 경영자본주의>, 혜안.

_____(2009), 'STX그룹과 지주회사체제', <경영사학> 제24권 제4호.

_____(2010), '한진중공업그룹 지주회사체제의 성립과정과 의의', <지역사회연구> 제18권 제1호.

_____(2010), '한국재벌과 지주회사체제 – SK그룹의 사례', <경영사학> 제25권 제2호.

_____(2010), '금호아시아나그룹과 지주회사체제', <지역사회연구> 제18권 제3호.

_____(2011), '대규모기업집단과 지주회사', <지역사회연구> 제19권 제1호.

_____(2011), '공정거래법상 지주회사의 주요 추세와 특징 – 신설·존속 지주회사, 계열회사, 지주비율, 자산총액을 중심으로', <기업경영연구> 제18권 제2호.

_____(2011), <한국재벌과 지주회사체제: LG와 SK>, 이담북스.

_____(2012), '지주회사체제와 개인화된 지배구조의 강화: CJ그룹의 사례, 1997～2012년', <경영사학> 제27권 제3호.

_____(2012), '두산그룹 지주회사체제와 개인화된 소유지배구조의 강화, 1998～2011년', <질서경제저널> 제15권 제3호.

_____(2012), 'CJ그룹과 두산그룹의 지주회사체제 성립과정: 주요 추세 및 특징의 비교', <유라시아연구> 제9권 제3호.

_____(2013), '두산그룹 지주회사체제와 개인화된 경영지배구조의 강화, 1998～2011년', <질서경제저널> 제16권 제1호.

_____(2013), '한국재벌과 지주회사체제: 주요 추세 및 특징, 2001～2011년', <경영사학> 제28권 제2호.

_____외 (2005), <재벌의 경영지배구조와 인맥 혼맥>, 나남출판.

김동훈(2002), '금융지주회사의 규제와 책임', <상사법연구> 제20권 제4호.

_____(2000), '금융지주회사에 대한 법 규제', <외법논집> 제9호.

김문재(1999), '순수지주회사의 허용과 관련 법제의 대응 방향', <상사판례연구> 제10권 제1호.

_____(1999), '지주회사의 도입에 따른 회사법의 향방', <상사법연구> 제18권 제1호.

_____(2001), '금융지주회사법에 대한 분석과 제언', <비교사법> 제8권 제1호.

김병곤・김동욱(2006), '한국기업의 지배구조 특성 분석 및 개선 방안에 관한 연구', <금융공학연구> 제5권 제1호.

김병구(2011), '중국 내 지주회사 설립을 통한 중국시장 진출 전략에 관한 연구', <China연구> 제10호.

김병주(1989), '금융업무 통합의 방식: 은행지주회사제도를 중심으로', <경상논총>.

김상조(2006), '미국 보험지주회사제도에서의 금융자본과 산업자본의 분리 원칙 – 보험지주회사법상의 자산운용규제를 중심으로', <사회경제평론> 제26호.

김선구・류근관・빈기범・이상승(2004), '출자총액제한제도의 바람직한 개선 방향', <산업조직연구> 제12권 제1호.

김선정(2009), '최근 금융지주회사법 개정에 대한 보험사업자의 반응과 남겨진 문제', <경제법연구> 제8권 제2호.

김성환・김태동・김상기(2009), '지주회사 전환 과정에서 지배주주와 소수주주의 이해상충', <회계연구> 제14권 제1호.

김용열(1998), <IMF 체제 이후 기업지배제도의 전개 방안: 한국과 일본의 제도 개선 논의를 중심으로>, 산업연구원.

_____(2000), <선진경제 도약을 위한 기업지배구조 개혁>, 산업연구원.

김용재(2000), '금융지주회사법 제정 시 고려하여야 할 논점', <정보와 법연구> 제2호.

김우진(2002), <금융지주회사의 설립과 운영>, 한국금융연구원.

김우찬・이수정(2010), '지주회사체제로의 전환은 과연 기업집단의 소유지배구조 개선을 가져오는가?', <기업지배구조연구> 제36호.

김인・신철호(2011), 'CFO의 전략가적인 역할의 사례연구: 두산그룹 지주사의 전문경영인 CFO를 중심으로', <전문경영인연구> 제14권 제1호.

김정렬(2003), <금융지주회사의 리스크와 리스크 관리>, 예금보험공사.

김정호(2000), <지주회사 규제의 경제학적 검토>, 자유기업원.

김종우(2011), '중국 금융지주회사 감독 시의 주요 쟁점과 입법 과제', <중국법연구> 제16권.

김주영・이은정・이주영(2003), '지주회사 전환과 기업지배구조', <Business Finance Law>, 제2호.

김지홍・신현한・고재민(2009), '지주회사 전환이 이익조정에 미치는 영향', <회계정보연구> 제27권 제4호.

김진빙(2005), <재벌의 소유구조>, 나남출판.

김진수(1998), '일본 지주회사의 해체 과정과 해금 과정', <재정포럼>.

_____(1999), '지주회사제도의 도입에 따른 과세 문제', <재정포럼> 제34호.

_____(1999), <지주회사제도와 조세정책 방향>, 한국조세연구원.

_____(2001), '금융지주회사제도의 도입과 전망', <재정포럼> 제56호.

김재형·최장현(2002), '지배 종속 관계의 종료 시 지주회사의 충실 의무', <기업법연구> 제10호.

_____(2001), '개정 상법상 지주회사의 설립 방식의 검토', <기업법연구> 제8호.

김춘성·석지웅(2009), '은행 및 금융지주회사의 사외이사제도 개선 방안', <은행법연구> 제2권 제2호.

김학현(2004), '지주회사의 규제논리와 향후 과제: 소유와 지배의 괴리 문제를 중심으로', <상장협> 제49호.

김현종(2006), <순환출자 금지에 대한 최근 논의와 대안적 검토>, 한국경제연구원.

김형욱(2005), '지주회사 설립의 법적 문제에 관한 고찰', <비교법학> 제5호.

김홍기(2010), '개정 금융지주회사법의 주요 내용과 관련 법제의 개선 방향', <연세 글로벌 비즈니스 법학연구> 제2권 제1호.

김효신(2009), <주식회사 지배구조의 법리>, 경북대학교출판부.

김희경(2001), '금융지주회사의 도입과 향후 과제', <산업과학연구> 제11호.

나석보(1999), '지주회사의 회사법상 문제에 대한 연구', <성균관법학>.

나승성(2007), <금융지주회사법>, 한국학술정보.

남상욱(2012), '아시아 지역총괄 지주회사에 대한 서설적 고찰: 일본 손해보험회사 사례를 중심으로', <아시아연구> 제15권 제1호.

노택환·최용석(2000), '일본과 한국의 금융지주회사제도 도입 현황과 과제', <산경연구> 제8호.

노혁준(2004), '공정거래법상 지주회사의 설립 또는 전환 – 관련자들의 법적 이해관계를 중심으로', <분쟁해결연구> 제2권 제2호.

_____(2004), '완전지주회사의 설립 및 운용', <비교사법> 제11권 제1호.

대한·서울상공회의소(1997), <지주회사의 원리와 경영전략>.

_____(2000), <지주회사 활성화를 위한 연결납세제도의 도입방안>.

라채원·고윤성(2009), '지주회사제도 도입 효과 및 사례에 관한 연구', <산업경제연구> 제22권 제5호.

류혁선(2010), '미국 금융지주회사제도에 관한 고찰과 그 시사점', <은행법연구> 제3권 제1호.

맹수석(2006), '자은행의 경영 부실과 은행지주회사의 책임', <기업법연구> 제20권 제1호.

_____(2010), '일본의 금융지주회사제도의 현황', <기업법연구> 제24권 제1호.

박경서(1997), <금융지주회사제도에 관한 연구>, 한국금융연구원.

박길준(1997), <지주회사제도에 관한 연구: 지주회사의 금지와 그 규제 완화에 관한 논의를 중심으로>, 한국상장회사협의회.

박노경·손용정(2000), '금융지주회사제도의 문제점과 활성화 방안', <경영경제연구> 제23권 제2호.

박민우(2011), '대형금융기관(금융지주회사)의 도산처리 방향', <비교사법> 제55호.

박상수(2000), <지주회사의 역할 모델과 운영 방안>, LG경제연구원.

박상인(2008), <한국의 기업지배구조 연구>, 법문사.

박승두(2000), '금융지주회사의 인사정책과 노동법상의 문제점 고찰', <인천법학논총> 제3권.

박종국·김은호·홍영은(2011), '지주회사 전환과 회계투명성', <대한경영학회지> 제24권 제4호.

박창욱·최종범(2008), 'SK그룹 지주회사 전환 사례', <경영교육연구> 제12권 제2호.

박철순·진문균·신동훈(2010), '기업지배구조로서 지주회사체제의 성공적 도입 및 실행: 신한금융지주
     회사', <경영교육연구> 제14권 제1호.

박춘광(2003), '인적 분할(Spin-offs)과 공시효과 - 인적 분할 이유별 비교', <금융공학연구> 제2권 제1호.

백정웅(2007), '한국 금융지주회사에 대한 적기 시정조치', <원광법학> 제23권 제2호.

_____(2008), '2008년 10월 금융지주회사법 개정안의 자회사', <법학연구> 제19권 제2호.

_____(2008), '금융지주회사법 개정안의 법적 쟁점과 과제', <은행법연구> 제1권 제2호.

_____(2010), '비은행지주회사에 대한 한국 금융지주회사법과 EU 지침의 비교법적 연구', <상사판례연
     구> 제23권 제4호.

_____(2011), '한국 금융지주회사법상 비은행지주회사에 대한 비교법적 연구', <비교사법> 제53호.

백재승(2006), '기업지배구조와 주주의 부', <경영교육연구> 제10권 제1호.

_____·박종하(2010), '지주회사 정보가 주주가치와 신용등급에 미치는 영향에 관한 연구', <대한경영학
     회지> 제23권 제5호.

백제흠(2009), '해외지주회사의 과세 문제', <조세법연구> 제15권 제2호.

삼성경제연구소(2000), <금융지주회사 도입 전망과 과제>.

서세원(2007), '지주회사의 지휘권과 책임', <기업법연구> 제21권 제4호.

_____(2009), '금융지주회사법에 관한 고찰: 개정안을 중심으로', <무역보험연구> 제10권 제3호.

서완석(2010), '미국에 있어서 금융지주회사법제의 현황', <기업법연구> 제24권 제1호.

서울신문사 산업부(2005), <재벌家 脈 (상)>, 무한.

_____(2007), <재벌家 脈 (하)>, 무한.

성승제(2009), '일본 보험지주회사 입법 그리고 한국 보험지주회사론', <비교사법> 제45호.

송원근(2008), <재벌개혁의 현실과 대안 찾기>, 후마니타스.

송혁준(2007), '지주회사제도의 도입 실태 및 국제 간 비교와 정책적 시사점', <사회과학연구> 제13호.

신장철(1997), '최근 일본의 순수 지주회사제에 관한 고찰 - 해금의 내용과 논리를 중심으로', <사회과
     학연구>.

_____(1998), '일본의 순수 지주회사 부활', <경영사학>.

신태호(2002), '금융지주회사 정착을 위한 규제 개선 방안', <산업연구> 제15호.

신호영·박회윤(2008), '지주회사 전환 기업의 이익조정과 지배구조개선', <국제회계연구> 제23호.

심영(2006), '미국 은행지주회사법상의 끼워팔기 규제 내용과 판례 동향', <중앙법학> 제8권 제3호.

안상인(2000), '금융지주회사제도의 도입에 관한 연구', <산업경제연구> 제13권 제6호.

안철경(2006), <보험지주회사제도 도입 및 활용 방안>, 보험개발원 보험연구소.

안철경·민세진(2006), '보험지주회사에 관한 규제 연구', <보험학회지> 제75호.

양동석(2006), '출자총액제한제도의 문제점과 대체 방안', <기업법연구> 제20권 제3호.

양병찬(2010), '중국 금융지주회사 규제의 현황', <기업법연구> 제24권 제1호.

양효령(2004), '중국의 외국인 투자 지주회사 설립에 관한 연구', <중국법연구> 제4호.

오일환(2010), '중국에 있어서 외국인투자 지주회사제도의 현황과 향후 개선 과제', <경제법연구> 제9권
     제2호.

원동욱(2010), '한국 금융지주회사의 법제 현황', <기업법연구> 제24권 제1호.

위정범(2003), '금융지주회사의 위험과 규제', <재무연구> 제16권 제2호.

유관영(1996), <일본의 기업제도 혁신과 지주회사>, 산업연구원.

유주선(2010), '독일의 보험지주회사에 대한 법적 규제', <기업법연구> 제24권 제1호.

윤병철(1999), '구조조정 목적의 지주회사 설립과 관련된 조세 문제', <조세학술논집> 제15호.

윤창술(2000), '금융지주회사에 대한 일고', <법학연구> 제9호.

_____(2004), '현행의 금융지주회사제도에 관한 소고', <기업법연구> 제16호.

윤현석(1998), '지주회사의 법적 문제에 관한 연구', <인천법학논총>.

_____(2008), '지주회사 관련 세제의 개선 방안', <조세법연구> 제14권 제1호.

이건범(2006), <금융지주회사의 효율적 운용을 위한 제도개선 방안 연구>, 한국금융연구원.

_____(2011), '금융지주회사 지배구조 개선방향: 금융그룹의 시각을 중심으로', <민주사회와 정책연구> 제20호.

이동원(1998), '지주회사 도입에 따른 노동법적 문제', <비교사법>.

_____(1999), '지주회사 허용에 따른 법적 문제점', <안암법학> 제9호.

_____(1999), '지주회사에 관한 상법상의 문제', <상사법연구> 제18권 제1호.

_____(1999), '지주회사에 관한 법적 문제', <경영법률> 제9호.

_____(2000), '금융지주회사에 있어서의 법적 문제', <경영법률> 제11호.

_____(2000), <지주회사>, 세창출판사.

_____(2001), '지주회사에 관한 최근의 법적 쟁점', <상사법연구> 제20권 제1호.

_____(2006), '지주회사의 현대적 의의', <경제법연구> 제5권 제2호.

_____(2007), '지주회사의 현대적 의의', <비교사법> 제14권 제1호.

이명철·박주철(2010), '금융지주회사 설립 전후 투자자 반응', <대한경영학회지> 제23권 제1호.

_____(2010), '금융지주회사 자회사인 은행의 수익성', <금융공학연구> 제9권 제4호.

이석영·유상열(2004), '회사 분할을 이용한 지주회사 설립과 계열 분리', <관리회계연구> 제4권 제1호.

이성봉(2007), '독일과 프랑스의 지주회사 사례 분석 및 시사점', <질서경제저널> 제10권 제2호.

이성우(2006), '현행 지주회사 과세체계의 문제점 및 개선 방안', <조세학술논집> 제22권 제1호.

이승욱·이화성(2000), '한국의 지주회사제도에 관한 연구', <산업연구> 제22호.

이양복(2008), '공정거래법상 지주회사 규제의 문제점과 개선방안', <고려법학> 제51호.

이영대(2001), '금융지주회사의 규제에 관한 연구', <상사법연구> 제20권 제1호.

이용찬(2001), '금융지주회사의 설립 방법에 관한 연구', <중앙법학> 제4호.

이우택(2000), '지주회사의 유용성과 연결납세방안에 관한 연구', <세무학연구> 제15호.

이은정·이주영(2003), '지주회사 LG의 설립과정 및 특징: 소유구조를 중심으로', <기업지배구조연구> 제8호.

이은정(2004), '삼성에버랜드의 긍융지주회사법 위반을 통해 본 삼성그룹 소유구조의 문제', <기업지배구조연구> 제11호.

이원흠(2008), '지주회사와 대기업집단 규제의 정책효과에 대한 연구: 대리인비용의 추정을 중심으로', <규제연구> 제17권 제2호.

이주영(2007), '지주회사 현황과 전환 가능성: 상호출자제한기업집단을 중심으로', <기업지배구조연구> 제24호.

이재형(1999), <기업의 주식소유제도: 자사주, 상호주, 지주회사>, 한국개발연구원.

_____(2000), <지주회사의 본질과 정책 과제>, 한국개발연구원.

이재희(1998), '일본의 지주회사제 도입에 관한 연구', <산업혁신연구>.

_____(2004), '재벌과 지주회사제도', <상경연구> 특별1호.

이태윤(2004), '지주회사 설립 사례: (주)세아홀딩스', <상장협> 제49호.

이형규(1998), '지주회사 규제에 관한 공정거래법 개선안의 검토', <비교사법>.

이화성(2007), <지주회사의 경영전략>, 한국학술정보.
임영완(2001), '금융지주회사제도 도입에 따른 금융산업 재편 방향', <무역학회지> 제26권 제2호.

전국경제인연합회(1997), <지주회사제도의 도입 과제>.
＿＿＿＿＿＿＿(2009), <현행 지주회사제도의 문제점과 개선방안: 공정거래법상 지주회사를 중심으로>.
전극수(2009), '금융지주회사법의 이행강제금에 대한 연구', <법학논총> 제22호.
전삼현(2002), <금융지주회사법의 문제와 대안>, 자유기업원.
＿＿＿＿＿(2004), '지주회사의 주식 소유 규제', <규제연구> 제13권 제2호.
＿＿＿＿＿(2009), '일반지주회사 자회사 국내 회사 주식 소유 제한', <상사판례연구> 제22권 제3호.
＿＿＿＿＿(2009), '보험지주회사 규제에 관한 소고', <중앙법학>, 제11권 제1호.
전성인(2001), '금융지주회사와 금융 감독 − Gramm−Leach−Bliley Act와의 비교를 중심으로', <경제발전연구> 제7권 제2호.
정구현(2008), <한국의 기업경영 20년>, 삼성경제연구소.
정규언(2000), '지주회사 과세제도의 현황과 개선방안', <세무와 회계 저널> 제1권 제1호.
정기승(2007), <금융회사 지배구조론>, 법문사.
정도진(2008), '지주회사 전환 기업집단과 상호출자제한기업집단의 경영성과와 기업가치 및 지배구조 투명성 비교', <대한경영학회지> 제21권 제2호.
정용상(2006), <미국 금융지주회사법의 이해>, 부산외국어대학교출판부.
정준우(2006), '사업자회사에 대한 지주회사 주주의 법적 지위 − 주식 교환, 이전에 의한 순수지주회사의 주주 보호 방안을 중심', <법과정책연구> 제6권 제2호.
정진향・홍지윤(2012), '지주회사 전환이 재무분석가의 이익 예측 정확성에 미치는 영향', <상업교육연구> 제26권 제2호.
정재욱・이석호(2009), '보험지주회사 규제 및 감독에 관한 연구', <한국경제의 분석> 제15권 제1호.
정호열(2006), '한국에 있어서 지주회사 규제의 최근 동향', <경쟁법연구> 제14호.
조성봉(2003), '지주회사제도의 주요 논점', <질서경제저널> 제6권 제1호.
조용미・홍창목(2011), '지주회사 전환이 기업지배구조에 미치는 영향', <상업교육연구> 제25권 제4호.
조재영(2010), '금융지주회사와 기업지배구조에 관한 법적 고찰', <비교사법> 제49호.
좋은기업지배구조연구소(2008), '지주회사 전환을 통한 지배주주의 지배권 확대', <기업지배구조연구> 제26호.
주수익(2012), '공정거래법상 지주회사의 규제에 대한 개선 방안 − 행위규제를 중심으로', <상사판례연구> 제25권 제1호.
지광운(2010), '보험지주회사의 효율적 운영을 위한 관련 법제 개선 방안에 관한 연구', <인문사회과학연구> 제11권 제2호.
지동현(2000), '금융구조조정과 금융지주회사', <금융연구> 제14권 제1호.
지현미・박홍조・이영한, '지주회사 전환이 이익조정과 가치 관련성에 미치는 영향', <회계정보연구> 제26권 제3호.

최병규(2003), '독점규제법상 기업집단(재벌)에 대한 규제와 출자총액제한의 문제', <상사판례연구> 제15호.
최성근(1997), '지주회사제도의 도입과 과세문제', <조세법연구>.
＿＿＿＿＿(1999), '지주회사의 설립 방식', <상사법연구>.
＿＿＿＿＿(1999), <지주회사의 해금과 상법 관련 제도에 관한 연구>, 한국법제연구원.
＿＿＿＿＿(2003), '지주회사와 사업회사 간 지배・견제의 적정화를 위한 해석론・입법론', <비교사법> 제10

권 제2호.

최성백(2002), '일본 재벌의 소유, 지배 형태', <한일경상논집> 제24호.

최수미·임묘경(2009), '지주회사의 지배구조와 이익의 질', <회계저널> 제18권 제4호.

최승재(2010), <전략적 기업경영과 법: 기업지배구조와 재무구조의 이해>, 한국학술정보.

최정표(2006), '지주회사와 재벌', <상경연구> 제31권 제2호.

_____(2011), <공정거래정책: 허와 실>, 해남.

최장현(2002), '지주회사의 회사법적 문제에 관한 고찰', <기업법연구> 제9호.

최충규(2006), <대규모기업집단시책의 개편 논의 검토와 바람직한 정책 방향>, 한국경제연구원.

파이낸셜뉴스신문산업부(2004), <집념과 도전의 역사 100년>, 아테네.

한국금융연구원(2000), <금융지주회사제도 개선 방향>.

한국법제연구원(2009), <보험산업구조의 변화에 따른 보험지주회사 관련 법제 개선 방안>. 한국증권연구원(2001), <금융지주회사의 감독과 건전성 규제>.

_____(2008), <금융투자지주회사제도 도입 방안>.

한병영(2009), '금융지주회사의 자회사 은행에 대한 자본 확충에 관한 법리적 고찰', <기업법연구> 제23권 제2호.

한상범(2001), <종합금융서비스의 시대: 금융지주회사>, 한국증권연구원.

한정미(2010), '금융지주회사 관련 규제 현황 분석 및 제도 보완을 위한 고찰', <경제법연구> 제9권 제1호.

허인(2006), '지주회사의 설립과 소수주주의 보호', <외법논집> 제22호.

홍승표(2001), '금융지주회사제도의 발전 방향에 관한 연구', <전문경영인연구> 제4권 제1호.

황근수(2002), '지주회사의 주주대표소송', <법률행정논총> 제22권 제1호.

_____(2003), '우리나라 지주회사 규제에 관한 일고', <법률행정논총> 제23권 제1호.

_____(2003), '지주회사의 주주 보호 방안', <기업법연구> 제14호.

_____(2006), <지주회사의 법리>, 한국학술정보.

_____(2008), '독일, 일본, 미국에서 지주회사의 주주보호 방안에 관한 고찰', <상사판례연구> 제21권 제2호.

_____(2009), '지주회사에서 주주의 법적 이익 보호와 이사의 책임 문제', <원광법학> 제25권 제2호.

(4) 학위논문

강경수(2002), '독점규제법상 지주회사에 관한 연구', 연세대 석사논문.

강석봉(2002), '금융지주회사에 관한 법적 연구', 부산외국어대 석사논문.

강선정(2010), '보험지주회사 활성화 방안에 관한 법적 고찰', 한국외국어대 석사논문.

강성호(2010), '금융지주회사 설립에 따른 노동법적 제문제 연구', 고려대 석사논문.

강수환(2012), '97년 외환위기 이후 한국 기업지배구조 변화에 관한 연구: 삼성, LG, SK의 지배구조 변화를 중심으로', 고려대 석사논문.

강지인(2011), 'A Legal Analysis on Problems in Corporate Governance － With Focus on Chaebol', 고려대 박사논문.

고동호(2011), '지주회사와 자회사의 행위 제한에 관한 법적 연구', 연세대 석사논문.

권오상(2001), '순수지주회사에서의 소수주주 보호에 관한 연구', 충남대 석사논문.

권오승(2002), '금융지주회사에 관한 법적 연구', 숭실대 석사논문.

_____(2006), '지주회사 설립 및 전환에 관한 연구: 주식의 포괄적 교환 및 이전 방식을 중심으로', 숭실대 박사논문.

권종섭(2008), '금융지주회사 마케팅 환경 요인이 경영성과에 미치는 영향', 호서대 박사논문.

권재현(2003), '금융지주회사 설립에 의한 은행 합병의 주식시장 반응: 한·일 은행 중심으로', 경성대 석사논문.

권태두(2009), 'KB금융지주의 자회사 포트폴리오 최적화 방안에 대한 연구: 합병을 통한 전략목표 달성을 중심으로', 서울대 석사논문.

권혜영(2012), '지주회사 재무성과로 살펴본 도입 효과의 실증분석', 연세대 석사논문.

김경곤(2004), '지주회사의 법적 문제점에 대한 연구: 상법 및 독점규제법을 중심으로', 고려대 박사논문.

김경민(2007), '지주회사체제 하 금융기관의 시너지 활성화 연구: 은행의 겸업화에 따른 금융규제 개선을 중심으로', 연세대 석사논문.

김광언(2008), '한국 대규모기업집단의 소유·지배구조 개선 방안에 관한 연구', 창원대 석사논문.

김동찬(2003), '한국에서의 지주회사 설립과 경영투명성 확보에 관한 실증적 연구', 단국대 석사논문.

김미경(2007), '지주회사의 회사법적 과제', 경북대 석사논문.

김미옥(2005), '금융지주회사의 활성화를 위한 연결납세제도에 관한 연구', 경희대 석사논문.

김범수(2005), '지주회사로의 전환이 기업투명성에 미치는 영향: 공시효과를 중심으로', 고려대 석사논문.

김병균(2010), '지주회사 전환이 재무구조와 경영성과에 미치는 영향', 숭실대 석사논문.

김상일(2011), 'Chaebols' transitions effects into holding companies', 연세대 박사논문.

김상호(2002), '금융지주회사에 관한 경쟁법적 연구', 서울대 석사논문

김선홍(2010), '금융지주회사제도에 관한 연구', 한양대 석사논문.

김성배(2001), '미국 금융지주회사의 업무와 그 규제에 관한 연구', 건국대 박사논문.

김영복(2001), '금융지주회사의 도입에 따른 금융산업 재편 방향에 관한 연구', 전북대 석사논문.

김윤정(2009), '금융지주회사로의 전환이 소유구조에 미치는 영향에 대한 연구', 단국대 석사논문.

김은호(2011), '지주회사 전환에 따른 시장반응 연구', 영남대 석사논문.

김종상(2005), '주식가치와 기업지배구조 간의 상호 관련에 관한 실증연구', 중앙대 석사논문.

김종우(2001), '금융지주회사제도의 도입이 금융산업 경쟁력 제고에 미치는 영향에 관한 연구', 동국대 석사논문.

김지영(2005), '계량경제적 방법을 이용한 X-효율성 측정: 미국의 은행지주회사를 중심으로', 이화여대 석사논문.

김지현(2002), '지주회사의 허용에 따른 법적 문제점 고찰', 한국외국어대 석사논문.

김천웅(2012), '지주회사의 연결납세제도 선택에 영향을 미치는 요인에 관한 연구', 경원대 박사논문.

김현경(2001), '금융지주회사제도에 관한 연구', 이화여대 석사논문.

나석진(1999), '지주회사의 세제에 관한 연구', 성균관대 박사논문.

남가희(2004), '금융지주회사 제도 내 프라이빗 뱅킹의 적극적 추진 방안: 씨티그룹 사례를 중심으로', 고려대 석사논문.

라기훈(2002), '지주회사에 관한 회사법상 법적 문제', 충북대 석사논문.

류경환(2010), '우리나라 금융지주회사제도에 관한 연구: 국제경쟁력을 중심으로', 배재대 석사논문.

류영기(2008), 'Alternative strategy to build non-bank financial holding company for Dongbu Insurance Co.', 서울대 석사논문.

문명순(2010), '금융지주회사의 경영지배구조와 노사관계', 서강대 석사논문.

문현성(2010), '보험지주회사 설립의 법적 문제: 개정 금융지주회사법을 중심으로', 한국외국어대 석사논문.

박대현(2003), '금융지주회사에 관한 규제', 조선대 석사논문.

박미정(2008), '금융지주회사제도의 도입이 금융기업의 성과에 미치는 영향에 대한 연구: 증권회사의 수익성과 건전성 중심으로', 서울대 석사논문.

박상수(2003), '기업의 소유구조와 기업의 성과에 관한 실증분석: 4대 재벌의 소유와 지배의 괴리 문제를 중심으로', 인하대 석사논문.

박상욱(2007), '지주회사 전환 효과에 관한 연구: 농심 사례를 중심으로', 한국과학기술원 석사논문.

박승근(2005), '국내 지주회사 PR조직 및 활동에 관한 연구', 연세대 석사논문.

박승희(2005), '국내 금융지주회사의 경영전략 및 리스크관리 발전 방안', 고려대 석사논문.

박영섭(2002), '금융지주회사제도의 일반화와 감독 방안에 관한 연구', 연세대 석사논문.

박정민(2007), '공정거래법상 지주회사 제도의 효율성에 관한 연구: 실증분석을 중심으로', 연세대 석사논문.

박정옥(2001), '지주회사의 법제에 관한 연구: 상법 및 세법을 중심으로', 이화여대 석사논문.

박종하(2008), '지주회사 공시가 주주가치에 미치는 영향에 관한 연구', 한국외국어대 석사논문.

박준범(2004), '금융지주회사의 회사법상 문제점', 경북대 석사논문.

박준형(2003), '순수지주회사의 법적 지위에 관한 고찰', 세명대 석사논문.

박지욱(2012), '국제회계기준 도입에 따른 지주회사의 차별적 시장반응', 영남대 석사논문.

박철훈(2008), '한국 기업집단의 지배구조와 경영성과 간의 관계', 부산대 석사논문.

박화윤(2008), '지주회사 전환 기업의 이익조정과 지배구조 개선', 한양대 석사논문.

백승일(2007), 'Restructuring of Daelim Conglomerate', 서울대 석사논문.

백정웅(2005), 'A Critique of the Korean Financial Holding Company Act: The Need for a "Consolidation – Centered" Regulatory Approach', Southern Methodist University 박사논문.

서보형(2000), '지주회사에 관한 경제법적 연구', 서울대 석사논문.

서윤수(1998), '지주회사의 허용과 관련 법제의 정비에 관한 입법론적 고찰', 한양대 석사논문.

석태현(2009), '금융지주회사가 은행 자회사의 수익성과 건전성에 미치는 영향', 부산대 석사논문.

성낙홍(2008), '금융지주회사제도의 효율적 운영 방안에 관한 연구', 한밭대 석사논문.

성준호(2009), 'SK그룹 지배구조 개선에 관한 사례연구', KAIST 석사논문.

손성호(2001), '금융지주회사의 활성화 방안', 명지대 석사논문.

송승훈(2000), '금융지주회사제도에 관한 연구', 고려대 석사논문.

신현대(2001), '지주회사제도에 관한 일 고찰', 고려대 석사논문.

신홍기(2001), '금융지주회사제도 도입의 문제점과 대응 방안', 창원대 석사논문.

안주영(2009), '지주회사와 기업지배구조 연구', 서울대 석사논문.

어기동(2003), '금융지주회사제도의 활성화 방안에 관한 연구', 경상대 석사논문.

우상현(2005), 'An Analysis of the Effect of a Financial Holding Company System in Financial Restructuring: A Study on the Case of Korea', Institut d'Etudes Politiques de Paris 박사논문.

우정아(2003), '금융지주회사의 규제에 관한 연구', 연세대 석사논문.

윤지의(2009), '지주회사체제가 기업지배구조의 투명성과 사업집중화에 미치는 영향', 한국외국어대 석사논문.

윤상옥(2009), '금융지주회사의 노사관계 연구: KB금융지주회사 사례를 중심으로', 고려대 석사논문.

윤진수(2004), '기업집단의 지주회사 전환에 관한 연구: LG 사례', 중앙대 석사논문.

이건규(2008), '지주회사 설립 제도의 문제점 및 개선 방안', 연세대 석사논문.

이경실(2001), '국내 금융지주회사제도 도입 현황과 과제에 관한 연구', 연세대 석사논문.

이광우(2000), '지주회사에서의 소수주주 및 채권자 보호 방안에 관한 연구', 서울대 석사논문.

이광준(2001), '금융지주회사 정착을 위한 운용전략', 한양대 석사논문.

이동길(2002), 'Korean bank restructuring: the effectiveness of financial holding company system', 이화여대 석사논문.

이동원(1998), '지주회사에 관한 연구: 법적 문제점을 중심으로', 고려대 박사논문.

이범진(2002), '금융지주회사제도의 도입과 발전방향에 관한 연구: 금융그룹은행과 독립은행과의 효율성 비교 분석을 중심으로', 경희대 석사논문.

이상경(2004), '지주회사 설립 단계에의 주주 및 채권자 보호에 관한 연구', 연세대 석사논문.

이상주(1999), '민법 제103조 반사회적 법률행위의 유형으로서의 경제력집중에 관한 연구: 기업결합 및 지주회사 설립을 중심으로', 전남대 석사논문.

이석정(2011), '지주회사의 연결납세제도 도입 효과 실증 분석', 숭실대 박사논문.

이영대(2000), '금융지주회사 제도의 도입과 규제', 연세대 석사논문.

_____(2002), '금융지주회사의 규제에 관한 연구', 서울대 박사논문.

이용찬(2003), '금융지주회사의 감독제도에 관한 연구', 중앙대 박사논문.

이욱(2003), '지주회사의 법적 규제에 관한 연구', 고려대 석사논문.

이윤주(2001), 'Introduction of the financial holding company scheme in Korea and its implications as a restructuring vehicle', 연세대 석사논문.

이인로(2008), '금융지주회사로의 전환이 일반은행의 경영성과에 미치는 영향에 관한 연구: 수익성과 건전성을 기준으로', 서울대 석사논문.

이인배(2001), '금융환경 변화와 금융지주회사제도의 도입', 창원대 석사논문.

이재만(2008), '우리나라 금융지주회사제도의 현황과 발전 방향', 고려대 석사논문.

이주연(2004), '지주회사의 법적 구조에 관한 연구', 대진대 석사논문.

이철성(2006), '지주회사체제로의 전환이 자회사의 수익률에 미치는 영향', 홍익대 석사논문.

이철현(2009), '금융지주회사 경영 지배체제 및 노사관계 발전에 관한 연구: KB금융지주(주) 사례를 중심으로', 고려대 석사논문.

이화성(1999), '한국의 지주회사제도에 관한 연구: 제한적 허용에 따른 문제점과 개선책', 단국대 박사논문.

이환무(1997), '우리나라 기업의 소유구조 개선방안에 관한 연구: 순수지주회사 허용 방안을 중심으로', 연세대 식사논문.

임묘경(2008), '지주회사의 지배구조와 이익조정', 충남대 석사논문.

임성희(2003), '한국에서의 금융지주회사제도에 관한 연구', 연세대 석사논문.

임원식(2007), '금융지주회사법의 개선 방안에 관한 연구', 한양대 석사논문.

장병용(2003), '금융지주회사의 운영 성과 및 조직에 관한 연구: 국내 금융지주회사의 운영성과 및 외국 금융지주회사의 조직을 중심으로', 고려대 석사논문.

장준홍(2010), '지주회사 설립 시의 과세체계에 관한 연구', 서울시립대 석사논문.

장창우(2003), '지주회사 설립 및 운영에 있어서 세제상 문제점에 관한 연구', 고려대 석사논문.

전선희(2004), '우리나라 지주회사 설립에 관련된 문제점 및 개선방안: 사례연구를 중심으로', 성균관대 석사논문.

정공호(2005), '금융지주회사법의 개선 방안에 관한 연구', 단국대 석사논문.

정슬기(2011), '지주회사 전환이 기업의 가치평가에 미치는 영향 분석', 연세대 석사논문.

정원일(2009), '은행의 금융지주회사 편입이 국내은행의 경영성과에 미치는 영향', 성균관대 석사논문.

정영봉(2009), '은행산업의 금융지주회사 전환에 따른 경영성과 변화에 관한 연구: 지배구조를 중심으로', 부산대 석사논문.

정영현(2010), '금융지주회사의 다각화에 따른 시너지 효과에 관한 연구', 부산대 석사논문.

정우철(2001), '금융지주회사가 국내금융에 미치는 영향과 과제 및 대응방안', 연세대 석사논문.

정재호(2004), 'A study on the risk management – based financial supervision of financial holding companies in Korea', 연세대 석사논문.

정찬엽(2006), '지주회사 전환 시 기업가치 변화에 대한 연구', 고려대 석사논문.

정화정(2004), '지주회사의 소수주주 보호에 관한 연구', 조선대 석사논문.

정희정(2011), 'DEA모델을 이용한 일본금융지주회사의 효율성 분석', 서울대 석사논문.

조명숙(2004), '지주회사 설립 제도의 개선방안에 관한 연구', 한양대 석사논문.

조민순(2009), '금융지주회사의 법적 문제 연구', 서울시립대 석사논문.

조용미(2011), '지주회사 전환이 기업지배구조와 이익조정에 미치는 영향', 국민대 박사논문.

조용호(2010), '지주회사 전환 기업의 소유구조가 경영성과와 기업 가치에 미치는 영향', 중앙대 석사논문.

지광운(2008), '우리나라의 보험지주회사제도와 그 개선방안에 관한 연구', 한양대 석사논문.

지광운(2012), '보험지주회사의 운영 및 감독에 관한 법적 연구', 한양대 박사논문.

천유현(2011), '지주회사 디스카운트 현상의 고찰과 결정요인에 관한 실증분석', 서울대 석사논문.

최경옥(2011), '금융지주회사제도의 활성화를 위한 지원세제 연구', 고려대 석사논문.

최동일(2004), '지주회사제도에 대한 규제 및 법적 문제점에 관한 연구', 연세대 석사논문.

최륜경(2006), '금융위기 이후 지주회사 도입 사례연구: (주)LG 사례를 중심으로', 서울시립대 석사논문.

최미강(2010), 'Essays on Holding Company Structure and Korean Large Business Groups', 서울대 박사논문.

최세일(2001), '지주회사에 있어서 주주 보호에 관한 연구', 중앙대 석사논문.

최영철(2006), '중소기업형 지주회사의 설립 및 전환에 관한 법적 연구', 숭실대 박사논문.

최영하(2003), '한국 금융지주회사의 운영조직에 관한 연구: 경영지배구조를 중심으로', 건국대 박사논문.

최은미(2009), 'KB금융지주의 시너지 창출을 위한 방안', 서울대 석사논문.

최인림(2011), '지주회사의 규제에 관한 연구', 조선대 박사논문.

최장현(2002), '지주회사의 법적 문제에 관한 연구: 회사법상의 문제를 중심으로', 조선대 박사논문.

최효선(2012), '지주회사로의 전환이 기업집단의 회계투명성에 미치는 영향', 중앙대 석사논문.

채지윤(2009), 'CFMA 도입이 미 금융기관의 경영성과에 미치는 영향에 대한 연구: 은행지주회사와 투자은행을 중심으로', 한국외국어대 석사논문.

표영선(2008), '합병과 지주회사 형식에 따른 은행산업의 효율성 분석', 서강대 석사논문.

함형태(2008), '효율적인 기업지배구조에 대한 고찰', 서강대 석사논문.

허윤(2002), '금융지주회사의 규제와 책임에 관한 연구', 연세대 석사논문.

허준석(2010), '금융기관의 겸업 구조에 대한 규제 연구: 타 제도와의 비교를 통한 금융지주회사제도 도입 평가', 서울대 석사논문.

홍승표(2000), '금융지주회사제도의 도입과 발전 방향에 관한 연구', 숭실대 박사논문.

황근수(2002), '지주회사에 관한 연구: 주주 및 회사 채권자의 이해조정을 중심으로', 전남대 박사논문.

황옥현(2007), '금융지주회사의 운영 및 감독과 규제에 관한 연구', 원광대 박사논문.

황인옥(2002), '지주회사의 설립 방법과 세제 연구', 동아대 석사논문.

현경숙(1998), '지주회사 설립 허용과 경제력집중', 연세대 석사논문.

(5) 기타

(5.1) 회사사

<10년지> (제일제당공업, 1964), <제일제당20년사> (1974>, <제일제당30년사> (1983),
<제일제당40년사> (1993), <CJ 50> (2003), <CJ for Better Life – Imagine> (화보, 2003),
<두산그룹사> (상・하, 1989), <배오개에서 세계로: 두산 100년 이야기> (1996).

(5.2) 홈페이지

CJ그룹 (www.cj.net), CJ미디어 (www.cjmedia.net), CJ CGV (www.cgv.co.kr), CJ인터넷 (www.cjinternet.com),
엠넷미디어 (www.cjmnetmedia.com), CJ문화재단 (www.cjculturefoundation.org),
CJ Donors Camp (www.donorscamp.org),
두산그룹 (www.doosan.com),
네이버 인물 검색 (www.naver.com), 위키피디아백과사전(www.wikipedia.com; www.wikipedia.or.kr).

김동운

1958년 부산 출생
고려대학교 경제학과 학사, 석사, 박사
Oxford University, Harris Manchester College, Visiting Fellow
현) 동의대학교 경제학과 교수
　　한국경영사학회 부회장, 『경영사학』 편집위원
　　한국경제학회 『경제학연구』 편집위원
　　경제사학회 이사

『한국재벌과 지주회사체제: LG와 SK』(2011)
『대한민국기업사 2』(공저, 2010)
『The Encyclopedia of Business in Today's World』(공저, 2009)
『한국재벌과 개인적 경영자본주의』(2008)
『대한민국기업사 1』(공저, 2008)
『재벌의 경영지배구조와 인맥 혼맥』(공저, 2005)
『A Study of British Business History』(2004)
『The Oxford Encyclopedia of Economic History』(공저, 2003)
『박승직상점, 1882~1951년』(2001)

한국재벌과
지주회사체제
CJ와 두산

초 판 인 쇄 | 2013년 8월 2일
초 판 발 행 | 2013년 8월 2일

지 은 이 | 김동운
펴 낸 이 | 채종준
펴 낸 곳 | 한국학술정보㈜
주   소 | 경기도 파주시 문발동 파주출판문화정보산업단지 513-5
전   화 | 031) 908-3181(대표)
팩   스 | 031) 908-3189
홈 페 이 지 | http://ebook.kstudy.com
E - m a i l | 출판사업부 publish@kstudy.com
등   록 | 제일산-115호(2000. 6. 19)

ISBN   978-89-268-4443-4 93320 (Paper Book)
          978-89-268-4444-1 95320 (e-Book)

이담 Books 는 한국학술정보(주)의 지식실용서 브랜드입니다.